Enfants eurasiens d'Indochine aux vents de la décolonisation

Yves Denéchère

Enfants eurasiens d'Indochine aux vents de la décolonisation

Bruxelles · Berlin · Chennai · Lausanne · New York · Oxford

Information bibliographique publiée par Die Deutsche Nationalbibliothek.
Die Deutsche Nationalbibliothek répertorie cette publication dans la Deutsche Nationalbibliografie ; les données bibliographiques détaillées sont disponibles sur le site http://dnb.d-nb.de.

Image de couverture : Mihagui (Robert Bouchin dit), Sông Hông, 2012. Huile sur toile, 120 x 120 cm. Collection particulière.

Publié avec le soutien de l'Université d'Angers.

Cet ouvrage bénéficie du soutien de l'Agence Nationale de la Recherche (ANR) dans le cadre du programme EN-MIG « Enfants en décolonisation : migrations contraintes et construction individuelle (France 1945-1980) ».

ISBN 978-3-0343-4909-3 (Print)
E-ISBN 978-3-0343-4910-9 (E-PDF)
E-ISBN 978-3-0343-4911-6 (E-PUB)
DOI 10.3726/b21819 D/2024/5678/20

© 2024 Peter Lang Group AG, Lausanne
Publié par Peter Lang Éditions Scientifiques Internationales - P.I.E. SA, Bruxelles, Belgique

info@peterlang.com www.peterlang.com

Tous droits réservés.

Cette publication, toutes parties incluses, est protégée par le droit d'auteur. Toute utilisation sans l'autorisation de la maison d'édition, en dehors des limites strictes de la loi sur le droit d'auteur, est passible de poursuites. Ceci s'applique en particulier aux reproductions, traductions, microfilms, ainsi qu'au stockage et au traitement dans des systèmes d'extraction électroniques.

Cette publication a fait l'objet d'une évaluation par les pairs.

À la mémoire de ma mère

À mon épouse
À mes filles

Avant-propos

Tout travail de recherche à une histoire. J'ai découvert les enfants métis d'Indochine il y a un peu plus de quinze ans lorsque je commençais à travailler sur l'histoire de l'adoption internationale. Cherchant à répertorier les différents mouvements d'adoption d'enfants vers la France, j'ai remarqué un flux d'enfants métis venant du Laos, notamment de la base militaire française de Seno, au début des années 1960. Pris en charge par une association, ces enfants étaient adoptés par des familles françaises. En fait, ces quelques dizaines de cas de transplantation d'enfants ne constituaient que la partie émergée d'un mouvement beaucoup plus vaste. En effet, des milliers d'enfants métis nés en Indochine de pères français et de mères autochtones ont été envoyés en France pendant presque trente ans, des années 1940 aux années 1970. Ceux-ci n'étaient pas destinés à être adoptés (ou bien peu d'entre eux) mais plutôt à grandir en France, peu ou prou ensemble, et à se construire loin de leur pays de naissance et souvent de leurs familles. Le moment de cette découverte a été suivi par plusieurs années consacrées à d'autres recherches historiques, mais sans jamais perdre de vue ce sujet, en écrivant un article programmatique, en repérant des sources, en nouant des contacts. Le temps qui passait sur les personnes concernées a été propice à la rédaction par celles-ci de témoignages, plutôt confidentiels, à la production de films documentaires. Peu à peu, les choses ont muri et est arrivé un autre moment, celui de prendre à bras-le-corps ces déplacements contraints d'enfants et d'en faire l'histoire, c'est-à-dire de les reconstruire en les faisant resurgir du passé, à partir des traces laissées, en mettant en œuvre les méthodes de l'historien, afin de produire un récit.

Je tiens à remercier toute l'équipe du programme financé par l'Agence nationale de la recherche (ANR) EN-MIG « Enfants et décolonisation : migrations contraintes et construction individuelle (France 1945-1980) ». Les réflexions collectives constructives ont nourri cette recherche depuis trois ans, notamment avec Raphaëlle Branche, Daniel Foliard, Bénédicte Grailles, Zoé Grumberg, Daouda Gary-Tounkara, Aurélie Hess, Patrice Marcilloux, David Niget et Violaine Tisseau. De même, les échanges au sein de l'équipe du projet « Être métis·ses dans les Empires », coordonné par Françoise Blum avec Martin Mourre, ont été très féconds. Des résultats partiels de cette recherche ont été présentés dans une dizaine de colloques et séminaires ou ont été publiés dans des revues (*Outre-Mers. Revue d'Histoire, Annales de Démographie Historique, Revue d'histoire de l'Enfance « irrégulière »*) et dans des ouvrages collectifs. Je remercie toutes et tous les collègues qui ont bien voulu les accueillir. Depuis plusieurs années, des étudiant·es des masters « Pratiques de la recherche historique » et « Archives » de l'Université d'Angers ont contribué à la recherche en travaillant sur des sources et des données disponibles, je les en remercie.

Ce livre n'a pu voir le jour que grâce à la confiance que les personnes concernées par cette histoire ont bien voulu m'accorder, alors que je n'avais aucun lien avec elles, ni avec leur passé. Dès mes premières sollicitations, les Eurasien·nes – comme ils se qualifient eux-mêmes de préférence à métis·ses – se sont montré·es très intéressé·es par mon travail et ont tout fait pour faciliter mes recherches en reconnaissant la légitimité du chercheur. Les responsables des associations mémorielles – notamment Jacqui Maurice et Germaine Schuller – m'ont accueilli chaleureusement dans diverses rencontres conviviales ce qui m'a permis de tisser de nombreux liens et de pouvoir observer la sociabilité à l'œuvre. Je remercie les personnes qui ont accepté de témoigner de leur expérience en partageant avec moi des fragments de leur vie lors d'entretiens, mais aussi celles qui ont échangé informellement avec moi, parfois ne se sentant pas capables d'aller au-delà. D'autres ont préféré répondre à une enquête par questionnaire et coucher sur le papier des souvenirs et des ressentis parfois intimes et difficiles que le temps qui passe n'atténue que partiellement. Les documents personnels qui m'ont été confiés, et notamment des photographies, ont constitué un corpus très riche qui a permis d'incarner les diverses mémoires collectives et individuelles et de construire des expositions en amont de cet ouvrage. Ces rencontres et ces échanges ont constitué des moments privilégiés de la réalisation de cette recherche. J'ai conçu mon rôle social d'historien en passeur empathique produisant un récit historique susceptible de permettre à chacun·e de replacer son parcours personnel, son expérience vécue, sa mémoire, dans le cadre plus général de l'histoire. Le titre de l'ouvrage, *aux vents de la décolonisation*, est inspiré par le témoignage d'une Eurasienne racontant qu'enfant elle a été « une feuille ballotée, allant de-ci de-là ». Je remercie enfin Christophe, Ysabelle et Shanni Bouchin qui m'ont autorisé à reproduire pour la couverture de cet ouvrage une œuvre de Robert Bouchin dit Mihagui (1945-2017), qui fut l'un des enfants eurasiens évoqués dans ce livre.

Abréviations

ADOSC	Association pour le développement des œuvres sociales coloniales
AEF	Afrique-Equatoriale française
AET	Anciens enfants de troupe
AFNFA	Association familiale nationale des foyers adoptifs
AMEAE	Archives du ministère de l'Europe et des Affaires étrangères (La Courneuve)
AN	Archives nationales (Pierrefitte-sur-Seine)
ANAPI	Association nationale des anciens prisonniers internés déportés d'Indochine
ANOM	Archives nationales d'outre-mer (Aix-en-Provence)
ANS	Archives nationales du Sénégal
AOF	Afrique-Occidentale française
APEP	Association des pupilles de l'école publique (Hell-Bourg)
APPEL	Association pour la protection des enfants du Laos
ASE	Aide sociale à l'enfance
BMFS	Base militaire française de Seno
BUMIDOM	Bureau pour le développement des migrations intéressant les départements d'outre-mer
CADN	Centre des archives diplomatiques de Nantes
CAFI	Centre d'accueil des Français d'Indochine
CARI	Centre d'accueil des rapatriés d'Indochine
CEFEO	Corps expéditionnaire français en Extrême-Orient
DDASS	Direction départementale de l'action sanitaire et sociale (1964-1977) ;
	Direction départementale des affaires sanitaires et sociales (après 1977)
DDPAS	Direction départementale de la population et de l'aide sociale
FEFI	Fondation de l'enfance française d'Indochine
FFEI	Fondation fédérale eurasienne de l'Indochine

FOEFI	Fédération des œuvres de l'enfance française d'Indochine
FOM	France d'outre-mer
IGAS	Inspection générale des affaires sociales
INA	Institut national de l'audiovisuel
JO	Journal officiel
LICA	Ligue internationale contre l'antisémitisme
LICRA	Ligue internationale contre le racisme et l'antisémitisme
ONACVG	Office national des anciens combattants et victimes de guerre
OTASE	Organisation du traité de l'Asie du Sud-Est
SHD	Service Historique de la défense (Vincennes)
TGI	Tribunal de grande instance

Avertissements

Les noms vietnamiens sont le plus souvent écrits dans l'orthographe française, sans les accents diacritiques, mais aussi parfois tels qu'ils figurent dans les sources, notamment dans les citations.

L'écriture inclusive est utilisée car elle évite l'emploi du masculin générique pour désigner des groupes diversifiés et propose une meilleure visibilité des membres qui les composent.

Sommaire

Avant-Propos 9
Abréviations 11
Avertissements 13
Introduction 17

Première partie Enfances racisées

Chapitre 1 L'Indochine française au risque du « fait eurasien » . 37

Chapitre 2 L'impérieuse assistance aux enfants métis 57

Chapitre 3 De nouveaux enjeux après 1945 77

Chapitre 4 Enfances métisses en guerre(s) 97

Chapitre 5 Récupérer les enfants eurasiens et les éduquer à la française 115

Deuxième partie Histoire parallèles

Chapitre 6 Des « rapatriements » imposés par les événements ? 143

Chapitre 7 Expériences enfantines de la transplantation 167

Chapitre 8 Les filles de l'abbaye et d'ailleurs 191

Chapitre 9 Les foyers de garçons 213

**Chapitre 10 Les enfants africasiens entre Indochine,
Afrique et France** 241

Chapitre 11 Les enfants métis de Seno 259

TROISIÈME PARTIE CONSTRUCTIONS SUBJECTIVES

Chapitre 12 Les voies de l'acculturation 279

Chapitre 13 S'affirmer entre contrainte et agentivité 301

Chapitre 14 (Re)Faire famille en France 329

Chapitre 15 Fin de mission pour la FOEFI 353

**Chapitre 16 Identité et mémoires du métissage et du
déplacement** 381

Conclusion 417

Sources 427
Bibliographie 439
Annexes 451
Table des tableaux, graphiques et cartes 489
Table des matières 491

Introduction

Dès l'implantation de la présence française en Indochine au XIXᵉ siècle, comme au cours d'autres épisodes de domination coloniale, sont nés des enfants métis, fruits de relations sexuelles amoureuses ou forcées, passagères ou plus durables, entre des Européens (colons, fonctionnaires, militaires, etc.) et des femmes du pays. Dès le tournant des siècles mais surtout dans l'entre-deux-guerres, différents acteurs (notables, militaires, écrivains, journalistes, fonctionnaires, etc.) interrogent le « fait eurasien ». Des réformateurs sociaux, des associations philanthropiques, des congrégations religieuses et des administrations publiques s'intéressent au sort des enfants nés des unions mixtes. Pendant la guerre d'Indochine (1946-1954), la présence d'un important corps expéditionnaire français accroît considérablement le nombre d'enfants métis eurasiens mais aussi africasiens et issus d'autres métissages ; en même temps s'aggrave la question de la place de ces enfants dans des sociétés en voie de décolonisation. Après la défaite de Dien Bien Phu et les accords de Genève (1954) qui consacrent l'indépendance du Cambodge, du Laos et du Vietnam divisé en deux États, la guerre se poursuit, bientôt avec l'intervention américaine, jusqu'en 1975[1].

Dans ce contexte continu de « la guerre des dix mille jours » (1945-1975), où temps colonial et temps postcolonial s'imbriquent, la majorité des enfants métis demeure auprès de leurs mères dans leur pays de naissance. Environ 5 000 autres quittent seuls la péninsule indochinoise, surtout pour la France mais aussi pour d'autres pays, notamment d'Afrique, d'où leurs pères sont originaires. Ces migrations contraintes sont liées à tout un ensemble complexe de questions politiques et diplomatiques, économiques et sociales, démographiques et humaines, philosophiques et religieuses[2]. Présentés comme des « rapatriements » par les autorités

---

[1] Christopher Goscha, *The Road to Diên Biên Phu: A History of the First War for Vietnam*, Princeton University Press, 2022 ; Ivan Cadeau, François Cochet et Rémy Porte (dir.) *La guerre d'Indochine. Dictionnaire*, Paris, Perrin-ministère des Armées, 2021 ; Ivan Cadeau, *La guerre d'Indochine. De l'Indochine française aux adieux à Saigon 1940-1956*, Paris, Tallandier, 2015 ; John Prados, *La guerre du Viêt Nam*, Paris, Perrin, 2015.

[2] *Revue d'Histoire de l'Enfance "irrégulière"*, numéros thématiques 'Enfances déplacées', 1 – en situation coloniale, n°14 (2012), 2 – en temps de guerre, n°15, 2013,

françaises, ces transplantations ont eu des impacts considérables sur la vie et la subjectivité des enfants concernés puis des adultes qu'ils sont devenus[3]. Si la mémoire de ces déplacements est vive chez les personnes concernées, l'histoire de leur expérience commune restait à écrire.

La jeunesse, en tant que fait social global, a joué un rôle important dans la construction des empires coloniaux, et elle demeure un enjeu essentiel dans les contextes de fin d'empire[4]. Pour les autorités politiques françaises, comme pour les acteurs engagés en Indochine (militaires, services sociaux, humanitaires, promoteurs de sociétés nouvelles censées repousser la décolonisation), « sauver les enfants » devient un impératif moral. En ce sens, le mouvement migratoire singulier de milliers d'enfants métis d'Indochine s'inscrit dans une mobilisation humaniste mais aussi idéologique. Les enjeux démographiques sous-tendus par les migrations contraintes d'enfants – définis ici comme les mineurs de moins de 21 ans jusqu'en 1974 et de moins de 18 ans ensuite – en contexte de décolonisation s'expliquent en partie par un tropisme populationniste considérant des enfants venant d'ailleurs comme une contribution bénéfique à la puissance démographique de la France[5].

Parmi les ouvrages qui ont abordé la question des enfants métis d'Indochine, spécifiquement ou en les englobant dans des études plus larges, quatre sont brièvement présentés ici, beaucoup d'autres seront cités par la suite. Il faut en premier lieu mentionner le remarquable livre d'Emmanuelle Saada intitulé *Les enfants de la colonie. Les métis de l'Empire français entre sujétion et citoyenneté*. Optant pour une approche juridique et sociologique de la question des métis, notamment dans ce qu'elle nomme « le laboratoire indochinois », l'historienne décrypte magistralement les dimensions et les implications de la politique de la race mise en œuvre par un décret daté du 4 novembre 1928 qui stipule que pour être considéré de « race française », l'enfant métis doit avoir du sang français dans

---

'Enfances (dé)colonisées', n°22, 2020, sous la direction d'Yves Denéchère et Violaine Tisseau.

[3] Yves Denéchère, « Les "rapatriements" d'enfants eurasiens en France à la fin de la guerre d'Indochine », *Revue d'Histoire de l'Enfance "irrégulière"*, n°14, 2012, p.123-139.

[4] David M. Pomfret, *Youth and Empire. Trans-colonial Childhoods in British and French Asia*, Stanford University Press, 2016 ; Ellen Boucher, *Empire's Children: Child Emigration, Welfare, and the Decline of the British World, 1867-1967*, Cambridge University Press, 2014 ; Manfred Liebel, *Decolonizing Childhoods. Fron Exclusion to Dignity*, Policy Press, University of Bristol, 2020.

[5] Paul-André Rosental, *L'intelligence démographique. Sciences et politiques des populations en France (1930-1960)*, Paris, Odile Jacob, 2003.

les veines, mais aussi être socialisé dans un milieu de « culture française ». En fin d'ouvrage, elle évoque les milliers d'enfants « rapatriés » en métropole, ces « Français par la race » qui ont dû payer un prix lourd en contrepartie de ce statut[6].

L'angle choisi par Christina Elizabeth Firpo dans *The Uprooted. Race, Children, and Imperialism in French Indochina. 1890-1980* est différent, plus social. Dans le sillage d'Emmanuelle Saada, l'historienne américaine retrace les réflexions sur la question métisse en Indochine depuis le XIXe siècle, les évolutions des politiques menées et les différents acteurs qui s'intéressent au phénomène. Pour ce qui est de la période postérieure à 1945, elle s'attache surtout à montrer le caractère implacable de la politique menée envers les enfants métis, ce que met bien en avant le titre de l'ouvrage : *The Uprooted* (les déracinés). Pierre Brocheux (1931-2022), un des meilleurs historiens français de l'Indochine, métis né à Cholon, lui a reproché de ne pas avoir suffisamment tenu compte du contexte politique de la péninsule et d'avoir versé dans une littérature de victimisation[7].

La grande spécialiste de l'histoire des Indiens des États-Unis Nelcya Delanoë a abordé la question des métis d'Indochine à travers l'histoire des quelques centaines de soldats marocains du Corps expéditionnaire français en Extrême-Orient (CEFEO) ayant rallié le Vietminh. Sous le titre très bien choisi et fortement évocateur de *Poussières d'Empires*, elle a bien montré les enjeux portés par les familles mixtes constituées au Vietnam où elles ont vécu. Elle explique notamment comment en 1972, des pères marocains, des mères vietnamiennes et des enfants métis rejoignent le Maroc[8]. L'anthropologue Dominique Rolland, elle-même issue du métissage franco-vietnamien, a écrit sur son expérience croisée de chercheuse et de personne concernée par la subjectivité des personnes métisses. Elle a choisi des mots très forts pour se raconter, placer son histoire personnelle dans un cadre plus large, cerner la construction de l'identité entre, ou plutôt avec, deux cultures, et la notion de « l'inconfort de l'entre-deux »[9].

---

[6] Emmanuelle Saada, *Les enfants de la colonie. Les métis de l'Empire français entre sujétion et citoyenneté*, Paris, La Découverte, 2007, p.236-238 et p.253-259.

[7] Christina Elizabeth Firpo, *The Uprooted. Race. Children and Imperialism in French Indochina. 1890-1980*, Honolulu, University of Hawai'i Press, 2016 ; Pierre Brocheux, compte rendu de l'ouvrage dans *Outre-Mers*, 2017/1, 394-395, p.351-353.

[8] Nelcya Delanoë, *Poussières d'Empires*, Paris, PUF, 2002.

[9] Dominique Rolland, *De sang mêlé. Chronique du métissage en Indochine*, Toulouse, Elytis, 2006 ; Dominique Rolland, « Métis d'Indochine, l'inconfort d'un entre-deux », *L'Autre*, 8, 2007, p.199-212.

Malgré ces travaux, l'arrivée et l'intégration en France de milliers d'enfants métis ne sont pas suffisamment connues comme le montre leur absence dans les ouvrages consacrés à l'histoire de l'Indochine ou aux relations franco-vietnamiennes, ou encore dans un récent ouvrage franco-vietnamien de sciences humaines et sociales. Les différents éléments vietnamiens présents en France, au cours d'un « siècle d'histoire commune, partagée, imbriquée, traversée par des guerres mais aussi par des aspirations communes », y sont étudiés, sans évoquer les enfants métis d'Indochine[10].

À la suite d'Emmanuelle Saada, les politiques de race et de citoyenneté ont été bien cernées[11]. Il est possible d'aller désormais dans une autre direction et de se concentrer sur les enfants et les jeunes métis d'Indochine eux-mêmes pour mieux comprendre comment ils ont pu vivre ces déplacements. Pour cela sont mobilisés les apports récents de différents champs historiographiques, notamment les études postcoloniales qui interrogent les articulations complexes entre temps postcolonial et temps colonial, les prolongements de celui-ci dans celui-là et le legs colonial[12]. Il est aussi essentiel de prendre en compte les approches développées en études sur le genre afin de saisir les expériences individuelles et collectives[13]. Les connexions entre histoire transnationale et *Child Studies* sont précieuses pour déterminer la place et le rôle des déplacements des enfants métis dans les relations internationales[14]. Les concepts et les

---

[10] Michel Espagne, Ba Cuong Nguyen, Thi Hanh Nguyen (dir.) *Hanoi-Paris. Un nouvel espace des sciences humaines*, Paris, Éditions Kimé, 2020, notamment Michel Espagne, « Écrire une histoire vietnamienne de la France ? », p.71-89. Les enfants eurasiens déplacés en France ne sont pas plus présents dans la thèse de Maura Kathrin Edwards, « Le Mal Jaune: The Memory of the Indochina War in France 1954-2006 », University of Toronto, 2010.

[11] Frederick Cooper, *Français et Africains ? Être citoyen au temps de la décolonisation*, Paris, Payot, 2014.

[12] « Qu'est-ce que la pensée postcoloniale ? », entretien avec Achille Mbembe, *Esprit*, décembre 2006, p.117-133 ; Jean-Frédéric Schaub, « La catégorie "études coloniales" est-elle indispensable ? », *Annales. Histoire, Sciences Sociale*, n°3, 2008, p.625-646 ; Ann Laura Stoler et Frederick Cooper, *Repenser le colonialisme*, Payot, 2013 ; Guillaume Blanc, *Décolonisations. Histoires situées d'Afrique et d'Asie (XIXᵉ-XXIᵉ siècle)*, Paris, Le Seuil, 2022, p.50-58.

[13] Tim Allender, *Learning femininity in colonial India, 1820-1932*, Manchester University Press, 2016. Sur les problématiques liant enfance et décolonisation, voir Yves Denéchère (dir.), *Enjeux postcoloniaux de l'enfance et de la jeunesse. Espace francophone (1945-1980)*, Berne, PIE Peter Lang, 2019.

[14] Richard Jobs & David Pomfret (eds.), *Transnational Histories of Youth in the Twentieth Century*, London, Palgrave Macmillan, 2015 ; Yves Denéchère et Joëlle Droux

méthodes des *Intersectional Studies*[15] et des *Subaltern Studies*, plus que dans leurs schémas globaux d'explication, sont également opérants pour aider à complexifier les réalités vécues ; tout comme les questionnements les plus récents en géographie des migrations[16].

Le croisement des approches est un parti pris revendiqué dans cet ouvrage, au nom de la nuance et conformément à l'ambition de brosser une histoire globale d'un phénomène complexe à l'intersection des champs politique, juridique, social, médiatique et scientifique[17]. Il est par exemple essentiel de s'interroger sur les termes à utiliser. Le déplacement s'applique aussi bien à des objets que l'on change de place ; la transplantation renvoie à la métaphore végétale si souvent utilisée pour évoquer les êtres humains dans leur développement. Il est aussi heuristique de nuancer la notion de migrations contraintes pour les enfants métis d'Indochine qui se déplacent sans leurs parents de naissance. Les *childcentered research* – qui partent du point de vue des enfants – ont mis en lumière des dynamiques sociales, individuelles et collectives. Les enfants migrants, filles et garçons, cessent ainsi d'apparaître uniquement comme des victimes passives de leur situation[18]. Des bébés, des enfants, des adolescent·es ont été transplanté·es et sont devenu·es des sujets de politiques décidées par les autorités françaises et mises en œuvre par divers acteurs. Des mères ont été séparées de leurs enfants, des pères ont été ignorants du sort de leurs enfants et de celui de leurs mères, des adelphies (frères et sœurs) ont été séparées. En même temps, il est important de pouvoir saisir l'agentivité des enfants dans les migrations vécues, c'est-à-dire leur capacité à être des agents actifs de leur propre vie, à exercer un contrôle et une régulation de leurs actes[19]. Il faut interroger les migrations des enfants métis d'Indochine à la fois comme source de vulnérabilité et

---

(dir.), *Enfants et relations internationales au XXᵉ siècle*, numéro thématique de *Relations Internationales*, n°161, 2015.

[15] Sumi Cho, Kimberlé Williams Crenshaw, Leslie McCall, "Toward a Field of Intersectionality Studies: Theory, Applications, and Praxis". *Signs Journal of Women in Culture and Society*, 38/4, 2013, p.785-810.

[16] Virginie Baby-Collin et Farida Souiah (dir.), *Enfances et jeunesses en migration*, Paris, Le Cavalier Bleu, 2022.

[17] Quelques références récentes : Jean Birnbaum, *Le courage de la nuance*, Paris, Seuil, 2021 ; Henry Laurens, *Le passé imposé*, Paris, Fayard, 2022 ; Pierre Bourdieu, *Microcosmes. Théorie des champs*, Paris, Raisons d'agir, 2022.

[18] Pia Christensen et Allison James (eds.), *Research with Children: Perspectives and Practices,* Routledge, 2017 (1999).

[19] Mary Jo Maynes, « Age as a Category of Historical Analysis: History, Agency, and Narratives of Childhood », *The Journal of the History of Childhood and Youth*, 2008,

comme support de construction de leur autonomie ou de leur affranchissement, et saisir comment les enfants et adolescents ont navigué entre contraintes et opportunités. Cet ouvrage a donc pour ambition de proposer une histoire globale à partir des traces du passé, avec méthode, en vue de produire un récit. Il ne s'agit ni de dénoncer ni d'encenser, ni de noircir ni d'enjoliver mais d'établir les faits et de comprendre les tenants et les aboutissants des transplantations des enfants métis d'Indochine et les effets induits sur les personnes concernées.

Les sources mobilisées pour écrire cette histoire sont variées et riches. Les Archives nationales d'outre-mer (ANOM, Aix-en-Provence)[20] conservent les fonds les plus fournis, dont celui de la Fédération des œuvres de l'enfance française d'Indochine (FOEFI). Pendant 30 ans la FOEFI s'est occupée d'enfants métis dans leurs pays de naissance et en a accueillis en France plus de 4 300 dont les dossiers individuels se trouvent aux ANOM, élagués de nombreuses pièces avant d'y être déposés. Les archives de l'administration de l'Indochine sont essentielles pour replacer les faits dans leur contexte et suivre « le filigrane de l'histoire coloniale » cher à Ann Laura Stoler[21]. De même, les archives du ministère de l'Europe et des Affaires étrangères, dans les centres de La Courneuve et de Nantes – où se trouvent aussi des dossiers individuels d'enfants arrvés dans les années 1960[22] – et les archives du Service Historique de la Défense[23] (Vincennes) permettent de déterminer les rôles respectifs des deux principaux ministères impliqués. Les Archives nationales (AN, Pierrefitte) conservent les fonds d'autres ministères (Santé publique et population, Rapatriés, Relations avec les États associés, Affaires sociales, etc.) qui interagissent dans la prise en charge des enfants[24]. Les archives

---

vol. 1, n°1, p.114-124 ; Marie-Hélène Bacqué et Carole Biewener, *L'empowerment, une pratique émancipatrice*, Paris, La Découverte, 2013.

[20] Archives Nationales d'Outre-Mer (désormais ANOM), fonds du Haut-Commissariat en Indochine, fonds Guernut, fonds FOEFI, fonds iconographique.

[21] Ann Laura Stoler, *Au cœur de l'archive coloniale. Questions et méthodes*, Paris, Éditions de l'EHESS, 2019 (Princeton University Press, 2009).

[22] Archives du ministère de l'Europe et des Affaires étrangères (désormais AMEAE), centre de La Courneuve : fonds de l'administration centrale ; Centre des Archives diplomatiques de Nantes (désormais CADN) : notamment les fonds des postes à Hanoi, Saigon et Vientiane mais aussi AOF Dakar.

[23] Service Historique de la Défense (désormais SHD), fonds de l'Armée de terre, notamment série H Outre-mer, et série T État-major de l'armée de Terre et organismes rattachés.

[24] Archives Nationales (désormais AN), différents fonds ministériels sur la période 1947-1983.

nationales du Sénégal sont très précieuses pour suivre la question des enfants africasiens rentrés au pays avec leurs pères[25]. L'examen attentif des inventaires des archives nationales du Vietnam, et d'études effectuées à partir de ces sources, a montré que les archives de l'époque coloniale qu'elles conservent ne constituent pas un corpus primordial pour notre étude. En revanche les archives postérieures à l'indépendance doivent permettre de saisir la position du Vietnam sur ces déplacements d'enfants après 1954. Les archives éparses d'autres acteurs qui, à un degré moindre que la FOEFI, ont participé à la prise charge d'enfants métis, en Indochine comme en France, révèlent les motivations des uns et des autres, les luttes d'influence, les enjeux de pouvoir internes. L'Association pour la protection des enfants du Laos (APPEL) a organisé l'adoption en France de centaines d'enfants, métis ou non. L'Association pour le développement des œuvres sociales coloniales (ADOSC) a participé à l'accueil en France des enfants pendant la guerre d'Indochine. L'Office national des anciens combattants et victimes de guerre (ONACVG), dépendant du ministère de la Défense/des Armées, a pris en charge directement des enfants métis pupilles de la nation nés en Indochine. Les congrégations religieuses, notamment celle de Notre-Dame des Missions, qui a accueilli dans un foyer dépendant de la FOEFI à Saint-Rambert-en-Bugey pendant trente ans près de 500 filles venues de la péninsule indochinoise conservent des traces de cette prise en charge. Des témoignages de personnes impliquées (plusieurs religieuses, éducateurs et responsables d'association) sont venus compléter ces corpus archivistiques.

L'histoire du temps présent ne peut pas être menée sans les témoignages des personnes concernées en premier lieu, c'est-à-dire pour notre sujet les enfants eux-mêmes devenus aujourd'hui octogénaires pour les plus anciens (et même nonagénaires pour quelques-un·es), et encore quinquagénaires pour les plus jeunes. La production enfantine, c'est-à-dire des dessins et des écrits intimes ou sollicités, est très rare – un cahier de chants illustré comme rare exemple –, il est donc impossible de suivre une démarche méthodologique à partir de ces sources[26]. En revanche, une histoire de l'expérience enfantine est possible en s'appuyant sur la parole différée de ces personnes, avec tout ce que ce cela comporte de limites

---

[25] Archives Nationales du Sénégal (désormais ANS), série H santé et assistance. Remerciements à Martin Mourre.
[26] Comme l'a fait Manon Pignot, notamment dans *Allons enfants de la patrie. Génération Grande Guerre*, Paris, Seuil, 2008 ; Rose Duroux et Catherine Milkovitch-Rioux (dir.), *Enfances en guerre. Témoignages d'enfants sur la guerre*, Genève, Georg Éditions, 2013.

et de précautions méthodologiques[27]. En effet, il s'agit d'une entreprise d'« anachronisme contrôlé »[28] qui permet d'observer le passé à partir du présent, tout en tenant compte des « régimes de mémorialité », c'est-à-dire de l'ensemble des éléments contextuels qui composent le dispositif social et collectif de remémoration stable et durable pour les personnes concernées sous l'influence duquel un individu se souvient[29]. À cette condition seulement peut être reconstruite historiquement l'expérience du déplacement telle qu'elle a été vécue ou plutôt telle que remémorée par les adultes qui l'ont vécue enfants. Cette parole différée, c'est-à-dire une parole au long cours, explicite, avec les récits que les personnes concernées produisent elles-mêmes en avançant en âge sur leurs trajectoires de vie, reconstruite individuellement – et parfois collectivement aussi –, est très variée.

Quelques ouvrages de mémoires ou de souvenirs ont été publiés par les personnes concernées[30], de courts portraits ont été rassemblés[31]. La parole a pu être partagée avec les pairs, notamment dans le bulletin associatif *Grain de riz*[32], ou filmée pour des documentaires[33]. Entre 2017 et 2023, j'ai sollicité la parole des personnes concernées dans une démarche de construction de sources orales qui a permis de recueillir 42 témoignages individuels longs (entre 40 minutes et plus de deux heures), dont la plupart sont complètement inédits. Les femmes ont été plus

---

[27] Raphaëlle Branche, Florence Descamps, Frédéric Saffroy et Maurice Vaïsse, « La parole et le droit. Recommandations pour la collecte, le traitement et l'exploitation des témoignages oraux », in Véronique Ginouvès et Isabelle Gras (dir.), *La diffusion numérique des données en SHS - Guide de bonnes pratiques éthiques et juridiques*, Presses universitaires de Provence, 2018, p.103-127.

[28] Nathalie Loraux, « Éloge de l'anachronisme en histoire », *Espaces Temps*, 2005, n°87-88, p.127-139.

[29] Florence Descamps, *Archiver la mémoire. De l'histoire orale au patrimoine immatériel*, Paris, Éditions de l'EHESS, 2019.

[30] Notamment Laby Camara, avec Nadine Bari, *L'enfant de Seno*, Paris, L'Harmattan, 2011.

[31] « Le déracinement silencieux » (2017), exposition de Sophie Hochart avec portraits et témoignages de 34 hommes et de 5 femmes. Un ouvrage portant le même titre a été publié à compte d'auteur en 2018.

[32] *Grain de riz* est depuis 1990 le bulletin de l'« Association FOEFI », créée en 1987, qui regroupe d'anciens pupilles eurasiens pris en charge par cette association. Dans le cadre de notre travail, les premiers numéros de *Grain de riz* (jusqu'au n°37, 2006), existant uniquement en version papier, ont été scannés et sont désormais disponibles sur le site Internet de l'association.

[33] Philippe Rostan, *Inconnu, présumé français*, France, 90 min, 2009 ; Frédérique Pollet-Rouyer, *Né sous Z*. France-Belgique, 75 min, 2010.

Introduction 25

particulièrement ciblées dans un premier temps car elles se sont moins exprimées que les hommes, notamment dans *Grain de riz*, et ont publié peu de mémoires. Ces entretiens ont eu lieu au domicile des personnes concernées, ou dans des lieux neutres, ou par rendez-vous téléphonique. D'abord considérée comme un pis-aller, notamment en contexte de pandémie de Covid 19, cette modalité d'entretien s'est révélée propice à recueillir une parole intime, les personnes concernées se trouvant chez elles, confortablement installées, sans regard intrusif ou impudique posé sur elles. Dans le cadre d'un projet de recherche consacré aux migrations contraintes d'enfants en contexte de décolonisation[34], un atelier d'archives et d'écriture croisée a été organisé entre chercheurs et personnes concernées. Il a permis de recueillir des témoignages supplémentaires, exprimés en groupe. Les une·s et les autres ont pu se retrouver autour de papiers et de photographies, confronter leurs points de vue, chacun·e apportant sa lecture, découvrant les expériences personnelles des autres. Depuis les années 2000, le silence familial qui a pesé sur ces expériences individuelles s'est estompé, notamment avec les questions des petits-enfants. Mes sollicitations ont croisé l'urgence à témoigner avant la vieillesse ressentie par certaines personnes, soucieuses que l'on ne déforme pas leurs histoires[35]. Les réseaux sociaux, sites Internet associatifs et forums ont permis d'étudier les expressions les plus actuelles des personnes concernées, par exemple sur la question du recours aux tests ADN pour rechercher leurs origines[36]. Bien sûr, une approche par les représentations a été suivie grâce aux médias (presse écrite, actualités télévisées) qui ont donné de l'écho à ces déplacements d'enfants propices à susciter l'émotion du public.

Une enquête par questionnaire a également été menée en 2021-2022, inspirée notamment par celle de Raphaëlle Branche auprès des familles d'anciens appelés pendant la guerre d'Algérie[37]. Soixante-neuf personnes ont ainsi répondu à 99 questions abordant toutes les étapes de leur

---

[34] Projet de recherche collaboratif financé par l'Agence nationale de la recherche (ANR), « Enfants et décolonisations. Migrations contraintes et constructions individuelles (France – 1945-1980) », 2022-2024, sous la direction d'Yves Denéchère, avec Raphaëlle Branche et Violaine Tisseau.

[35] Florence Descamps, *Les sources orales et l'histoire. Récits de vie, entretiens, témoignages oraux*, Paris, Bréal, 2006.

[36] Notamment les avis de recherche du site Internet de « Association FOEFI » : <http://www.foefi.net/messages.html> ; le forum « Anciens du Laos » : anciensdulaos@yahoogroupes.fr

[37] Raphaëlle Branche, « *Papa, qu'as-tu fait en Algérie ? ». Enquête sur un silence familial*, Paris, La Découverte, 2020.

parcours de vie, avant, pendant et après leur déplacement, mais aussi sur leurs ascendants, leurs frères et sœurs et leurs descendants. Grâce à des annonces dans la presse régionale, il a été possible de toucher des gens qui ne font pas partie d'associations ou de groupes mémoriels, ce qui a été précieux pour embrasser la diversité des expériences et des mémoires. Cette enquête a nécessité un investissement important de la part des répondants. Certains n'ont pas souhaité aller au bout, d'autres ont beaucoup développé leurs réponses. Quelques entretiens ont été réalisés à la suite du questionnaire mais certaines personnes ont préféré l'écrit à toute autre forme d'expression. Les informations recueillies ont fait l'objet d'une double analyse qualitative et quantitative, tout comme les archives.

Des échanges collectifs, des moments forts d'observation participante[38] lors de rassemblements associatifs et des discussions sur le travail de l'historien et sa progression ont été propices à la construction de relations personnelles avec les personnes concernées, toujours en respectant leur intégrité. En effet, l'historien n'est pas psychologue[39] mais doit être conscient que sa démarche, ses sollicitations peuvent provoquer chez elles des chocs. Plusieurs m'ont indiqué que nos échanges les remuaient, faisaient resurgir des choses enfouies, les amenaient à s'interroger sur leurs passés. Certain·es m'ont écrit : « le réveil fut assez brusque », « je me suis posée beaucoup de questions », « ça m'est très difficile de parler », « j'ai eu du mal à dormir », « pour moi c'est une thérapie, une reconstruction », « j'ai pu reconstituer ma vie comme un puzzle », etc. À plusieurs reprises, j'ai partagé des résultats partiels de mes recherches avec les personnes concernées lors de présentations formelles à l'Université d'Angers ou ailleurs[40]. Ces interventions ont permis de nourrir le dialogue en recueillant leurs réactions lors de discussions consécutives très enrichissantes et lors de moments conviviaux comme des soirées ou repas organisés par les associations[41].

---

[38] Bastien Soulé, « Observation participante ou participation observante ? Usages et justifications de la notion de participation observante en sciences sociales », *Recherches Qualitatives,* n°27, 2007, p.127-140.

[39] Voir un exemple de travail de psychologie clinique avec des personnes déplacées enfants : Marion Feldman, Malika Mansouri (dir.), « Recherche en psychologie clinique et accompagnement d'ex-enfants réunionnais dits "enfants de la Creuse" », rapport, 2021-2023.

[40] Notamment lors de manifestations scientifiques et pédagogiques organisées à l'Université d'Angers en juin 2019 et décembre 2023 et à Paris en 2021, avec la participation de personnes concernées.

[41] Par exemple, entre 2016 et 2023, lors de huit rassemblements organisés par les associations.

Sans viser une démarche de recherche participative, des interactions ont eu lieu entre l'historien et les personnes concernées, celles-ci envoyant spontanément quelques documents ou informations personnelles et contribuant ainsi au travail de recherche. Au-delà du lien entre don et contre-don bien connu dans la pratique des sciences humaines et sociales, une collaboration étroite s'est instaurée, chacun·e avec ses motivations, ses envies, ses besoins. Les photographies personnelles ont été au centre de ces échanges en tant qu'archives essentielles pour restituer l'expérience individuelle. Elles viennent confirmer ou infirmer ce qui ressort des collections de photos des établissements d'accueil des enfants en Indochine et en France. Pour les différents responsables de ces structures, il s'agissait de faire la preuve par l'image que les foyers étaient bien tenus, que les enfants étaient bien encadrés, que tout était en ordre. Plus tard, des photographies de mariage, preuves d'une bonne intégration, ont été compilées dans des albums[42]. Pour les personnes concernées, les photographies de famille, de leur mère, bien plus rarement de leur père, sont les seules traces matérielles qui peuvent leur rappeler leurs origines familiales. Ces photographies constituent un excellent point de départ pour déclencher l'anamnèse, le récit de soi ou des autres. Une exposition virtuelle, une notice d'encyclopédie en ligne et une capsule vidéo ont été réalisées à partir des photographies et sont très facilement accessibles[43]. C'est pourquoi le choix a été fait de ne pas reproduire de photos dans cet ouvrage, mais elles sont des sources de premier ordre qui ont contribué au récit proposé ici.

Dans un constant souci d'administration de la preuve, le choix a été fait de beaucoup citer les archives et les témoignages, une fois passés au crible de l'analyse critique. Les personnes concernées ou impliquées apparaissent sous leur identité complète lorsqu'elles se sont déjà exprimées publiquement (émissions de radio par exemple) ou ont signé de leur nom des textes publiés (ouvrages, opuscules, articles ou contributions dans des bulletins). Pour les autres, concernant la question de l'anonymisation, j'ai respecté le souhait de chacun·e. Dans l'immense majorité des

---

[42] ANOM 151 Fi 1 à 5, albums photographiques réalisés par des centres de la FOEFI en France, ou par Marguerite Graffeuil.
[43] Exposition virtuelle : « "Comme les rayons différés d'une étoile" : photos d'Eurasiennes "rapatriées" en France (1947-2020) », disponible en français, anglais et vietnamien sur <http://musea.frexhibits> ; notice : « Avant le "grand départ" pour la France : photos d'enfants eurasiens en Indochine » sur <https://ehne.fr/fr> avec une capsule vidéo intitulée : « La photo de Camille ». De nombreuses photos sont disponibles sur le site de l'Association FOEFI <https://foefi.net/>

cas, c'est le prénom réel qui a été choisi, rarement un autre prénom. Dans seulement quelques cas une anonymisation complète a été demandée incluant l'absence de mention de l'année de naissance par exemple. Très majoritairement, la volonté des personnes concernées de faire connaître ce qu'elles ont vécu, collectivement, mais aussi individuellement était très forte. Dans les réponses à l'item « pourquoi avez-vous accepté de répondre à ce questionnaire ? », la volonté de laisser une trace pour la famille, les enfants, les petits-enfants est très prégnante, tout comme l'espoir d'obtenir des réponses à certaines questions, l'envie de participer à un travail de recherche et d'enrichir ainsi l'histoire de la France et de l'Indochine.

À partir de ces vastes corpus, et en replaçant les faits dans le contexte géopolitique, diplomatique et social dans lequel s'inscrit le sort des enfants métis, il est possible de montrer en quoi leur déplacement relève d'une réflexion et de pratiques biopolitiques. Concept avancé par Michel Foucault, « attentif aux mécanismes spécifiques qui encadrent la vie des individus et des populations », la biopolitique – ou pouvoir sur la vie et les êtres humains[44] – est exercée essentiellement par l'État mais aussi par d'autres acteurs en lien avec lui. C'est la même logique qui a été mise en œuvre dans l'Allemagne occupée après 1945 par les autorités françaises pour récupérer des centaines d'enfants nés de pères soldats d'occupation et de mères allemandes et les faire adopter en France. De même en pleine guerre d'Algérie, à partir de 1957, une association créée par Suzanne Massu prend en charge des centaines d'enfants des rues d'Alger (*Yaouleds*), et en envoie des dizaines en métropole[45]. Et comment ne pas penser aux 2 000 mineurs de La Réunion déplacés en France de 1962 à 1984 ? Transplantation qui offre des points de comparaison intéressants avec celle des enfants eurasiens d'Indochine et qui seront mobilisés à plusieurs reprises dans ce livre[46]. Ces flux qui convergent vers l'Hexagone ont été générés au sein d'une matrice constituée par le processus des fins

---

[44] *Lexique de biopolitique. Les pouvoirs sur la vie* (Toulouse, Érès, 2009) : « Biopolitique » par Ottavio Marzocca, p.43-50 et « Migrations » par Anna Simone, p.202-206 ; Katia Genel, « Le biopouvoir chez Foucault et Agamben », *Methodos*, avril 2004.

[45] Yves Denéchère, « Des adoptions d'État : les enfants de l'occupation française en Allemagne, 1945-1952 », *Revue d'Histoire Moderne et Contemporaine*, n°57-2, 2010, p.159-179 ; Yves Denéchère, « Les "enfants de Madame Massu". Œuvre sociale, politique et citoyenneté pendant et après la guerre d'Algérie (1957-1980) », *Revue d'Histoire Moderne et Contemporaine*, n°64-3, 2017, p.125-150.

[46] Ivan Jablonka, *Enfants en exil. Transfert de pupilles réunionnais en métropole (1963-1982)*, Paris, Le Seuil, 2007 ; Philippe Vitale, Wilfrid Bertile, Prosper Ève, Gilles

de guerres, des fins d'empires et un contexte postcolonial[47]. À chaque fois, la dimension biopolitique est bien présente dans les idéologies à l'œuvre et à travers les processus d'intégration/assimilation poussés qui sont mis en œuvre. Et enfin il faut constamment comparer le sort des Eurasien·nes à celui des enfants de l'Assistance publique puis de l'Aide sociale à l'enfance (ASE) afin de caractériser la prise en charge dont ils ont été l'objet. Plus globalement il est nécessaire de replacer cette histoire dans celle des enfants et des jeunes dans la France des « Trente Glorieuses »[48].

L'historien Gérard Noiriel distingue ainsi les processus de l'intégration et de l'assimilation : « l'intégration signifie qu'un individu devient membre d'un groupe, c'est-à-dire un élément fonctionnel dans une structure sociale donnée [...] En revanche, l'assimilation désigne le processus social qui conduit à l'homogénéisation (linguistique, culturelle, politique) plus ou moins poussée des membres du groupe »[49]. Nous utiliserons ces deux termes selon cette définition, même si le débat sur l'utilisation des mots et les réalités qu'ils recouvrent ne s'ouvre en France que dans les années 1980, donc postérieurement à la période étudiée dans cet ouvrage. Selon le sociologue Michel Wieviorka, l'intégration interroge « le social (la place des individus et des classes ou couches sociales dans la société), le politique et l'institutionnel (et en particulier le rapport de chacun à l'État), et le culturel (à commencer par l'appartenance à la Nation) ». Mais la politique d'intégration, est « surtout dans les périodes de rapide changement, et plus encore dans les contextes de crise, appel à la mise au pas »[50]. Le sociologue François Héran estime que le débat intégration/assimilation est « surfait », que l'on « ne peut pas philosopher indéfiniment sur l'intégration des immigrés ou même sur l'intégration de la société en général sans s'appuyer à un moment donné sur des faits d'observation ». Il préconise donc d'appréhender « l'intégration telle qu'elle se

---

Gauvin, « Étude de la transplantation de mineurs de La Réunion en France hexagonale (1962-1983) », rapport à Madame la ministre de l'Outre-Mer, 2018.

[47] En dehors du cas français, on peut évoquer les enfants métis des colonies belges d'Afrique centrale envoyés en Belgique à l'approche de l'indépendance, voir Sarah Heynssens, *De kinderen van Save: een geschiedenis tussen Afrika en België*, Pelckmans uitgevers, 2017.

[48] Ludivine Bantigny, *Le plus bel âge ? Jeunes et jeunesse en France de l'aube des « Trente Glorieuses » à la guerre d'Algérie*, Paris, Fayard, 2007.

[49] Gérard Noiriel, *Population, immigration et identité nationale en France XIXe-XXe siècles*, Paris, Hachette, 1992.

[50] Michel Wieviorka, « L'intégration : un concept en difficulté », *Cahiers internationaux de sociologie*, 2008, n°125, p.224 et 227.

fait, telle qu'elle se constate empiriquement[51] ». C'est ce que nous ferons ici en interrogeant la manière dont les enfants et les jeunes ont réagi à une forme d'injonction à l'intégration/assimilation qui pesait sur eux.

La période couverte par cet ouvrage courant sur environ un siècle, la notion de générations, au pluriel, doit constamment restée à l'esprit. Les enfants qui arrivent en 1947, nés dans les années 1930 pour certains d'entre eux, n'ont pas grand-chose à voir avec les garçons et les filles nés à la fin des années 1960 (qui ont l'âge d'être leurs enfants) qui arrivent en 1974. Ils ne vivent pas les mêmes expériences, ne sont pas éduqués de la même manière, leurs mémoires sont différentes, etc. Les moments coloniaux et postcoloniaux sont à conjuguer avec les passages multimodaux et différenciés de l'enfance à la jeunesse, en fonction des différentes générations. Les personnes nées en Indochine et qui ont grandi sous domination coloniale n'ont pas le même cadre de référence, ni la même perception/appréhension que celles nées après les indépendances. De même, la dimension de genre est très prégnante car aux filles et aux garçons sont assignés des rôles et des fonctions qui dépendent des acteurs de la transplantation et des évolutions de la société. Les logiques biopolitiques qui pèsent sur les constructions collectives et individuelles sont envisagées ici comme étant à la fois une condition structurelle et une forme d'action morale et d'interaction sociale. Si cet ouvrage se place sans ambiguïté dans une démarche historique, les apports d'autres sciences humaines et sociales (anthropologie, sociologie, psychologie, droit) ont été mobilisés. Il a en effet vocation à mettre en regard les politiques et les dimensions individuelles subjectives qui peuvent être activées en réponse aux discours de l'intégration comme injonction politique et/ou sociale. Il s'agit, en mobilisant les catégories d'analyse du genre, de la race et de l'âge, d'interroger les expériences migratoires des enfants saisies dans leur dimension diachronique, dynamique et non linéaire.

L'ensemble des sources mobilisées permet d'interroger l'intimité des expériences individuelles vécues et pas seulement dans l'enfance. Il s'agit d'évaluer les impacts du déplacement et d'une biopolitique postcoloniale sur la construction subjective des personnes métisses, au-delà de l'expérience collective. Étaient-elles conscientes d'être considérées par les organisateurs de cette migration contrainte comme un enjeu

---

[51] François Héran, « Assimilation/intégration : un débat surfait » in *Avec l'immigration : mesurer, débattre, agir*, Paris, La Découverte, 2017, p.296-306 ; « L'intégration des immigrés : débats et constats », 14/01/2020, <https://laviedesidees.fr/L-integration-des-immigres-debats-et-constats.html> cours au Collège de France.

postcolonial ? Comment ont-elles ressenti et vécu l'injonction d'intégration/assimilation pesant sur elles ? Comment ont-elles pu se construire individuellement en tant que femme ou homme, métis·se et migrant·e entre le sentiment d'avoir été sauvé·e et celui du déracinement ? Tenter de répondre à ces questions implique de croiser les conflits de mémoire liés à la présence coloniale française en Indochine, ses prolongements postcoloniaux et aussi des plaies promptes à se rouvrir. L'ambition est de reconstruire historiquement les expériences intimes uniques des enfants et des jeunes métis déplacés en privilégiant les processus de subjectivation, c'est-à-dire de prise de conscience par le sujet de sa propre individualité.

La construction de leur identité par les enfants métis d'Indochine déplacés résulte d'une articulation entre la relation au cadre et à l'environnement (politiques de racisation, organisation de la prise en charge, lieu et type d'hébergement, école, camps, foyers), la relation aux autres (famille, parents, adelphies, autres enfants, personnels d'éducation religieux ou laïcs, Français·es de métropole) et les processus d'identification (race, genre, pays d'origine, affiliation religieuse, climat et nourriture, langue et culture, changement de prénom et/ou de nom, famille restée au pays). Par exemple, la revendication de l'utilisation par les personnes concernées des substantifs englobants « Eurasien(s) » et « Eurasienne(s) »[52] pour se désigner elles-mêmes ressort de ces trois relations, même si certain·es ne sont pas Eurasien·nes au sens littéral du terme.

À côté des relations parents/enfants, le poids des autres relations internes aux familles a été pris en compte : les grands-parents mais aussi les tantes et les oncles voire les cousins. Au sein des liens familiaux, la relation entre frères et sœurs a été privilégiée car elle est l'une des données essentielles de l'expérience de ces transplantations d'enfants. La question des séparations, puis des relations familiales qui évoluent ensuite dans l'exil est au cœur de la reconstruction historique. Les enfants déplacés ont souvent eu un sentiment de grande incompréhension. La place des émotions dans le processus migratoire vécu enfant est aussi questionnée[53]. S'appliquant à des individus vulnérables ou définis comme tels, l'expérience du déracinement a pu être ressentie par les enfants de manière passive et parfois douloureuse, sans qu'il leur soit possible de résister aux injonctions des acteurs, et ce pour différentes raisons : incapacité

---

[52] Le choix a été fait d'écrire avec une majuscule les substantifs Eurasiens(s) et Eurasienne(s), ainsi que les autres catégories de populations comme Africasiens.

[53] Cécile Vermot (coord.), *Les émotions des migrants. Une approche sociologique*, numéro thématique de *Migrations Société*, n°168, 2017, p.15-118.

juridique, précarité économique, soumission symbolique attendue des plus jeunes, renvoi à une identité racisée aliénante et construction de hiérarchies raciales, assignations genrées redoublées par leurs origines, etc. Mais le regard des enfants sur l'expérience vécue a pu aussi permettre des déplacements de sens : transformer la séparation en « aventure », se réinventer une famille parmi ses camarades d'infortune, faire de l'ailleurs sa maison, etc.

Ce livre est divisé en trois grandes parties. La première intitulée « Enfances racisées » rappelle les données de la « question eurasienne » socialement et politiquement construite à partir de la fin du XIXe siècle, et comment celle-ci implique une prise en charge des enfants métis. Le rôle des acteurs et leurs diverses intentions interrogent la notion d'intérêt de l'enfant au prisme des dimensions politiques, humanistes et idéologiques de l'entreprise (chapitres 1 et 2). Les dispositions de 1928, bien connues depuis Emmanuelle Saada, et de 1943, trop minorées jusqu'ici, cadrent la position des autorités françaises sur la place des métis dans le système colonial. De nouveaux enjeux liés au « fait eurasien » émergent à la fin de la Seconde Guerre mondiale et au début de la guerre d'Indochine (chapitres 3 et 4). La prise en charge des enfants métis et leur éducation « à la française » constitue la pierre d'angle de la politique de la FOEFI qui s'impose comme le principal acteur de la prise en charge de l'enfance eurasienne. Elle met en évidence la dimension (post)coloniale des rôles assignés aux enfants métis, pour en faire des traits d'union avec les (ex)colonies (chapitre 5).

Les déplacements d'enfants vers la France ouvrent la deuxième partie qui présente les « Histoires parallèles » de différents groupes d'enfants arrivés en France. Tous ont d'abord en commun de vivre l'expérience de la transplantation, celle-ci étant présentée comme inéluctable face à l'évolution politico-militaire de la guerre d'Indochine. Les structures familiales, non suffisamment prises en compte par les protagonistes, éclatent, notamment les adelphies (chapitres 6 et 7). Une fois arrivés en métropole, les filles et les garçons accueilli·es dans des foyers de la FOEFI vivent séparément des modalités de prise en charge très genrées (chapitres 8 et 9). Les enfants africasiens et issus d'autres métissages, ainsi que les enfants qui se retrouvent à Seno (Laos), avec les derniers militaires français présents dans la péninsule, connaissent d'autres expériences spécifiques (chapitres 10 et 11).

Sous le titre « Constructions subjectives », la troisième partie explore les diverses voies d'acculturation, d'intégration, d'assimilation et de (re)construction familiale suivies par les enfants et les jeunes. Entre contrainte et agentivité, en faisant preuve, peu ou prou, de résilience ils/elles deviennent des hommes et des femmes accomodé·es à la société française, malgré des liens familiaux brisés ou abîmés, recomposés ou nouveaux (chapitres 12 à 14). Alors que la FOEFI, considérée comme anachronique dans la décennie 1965-1975, ferme ses portes (chapitre 15), en avançant en âge, les personnes concernées évoluent sur les chemins de la mémoire de leur expérience. Les questions de l'identité, de la transmission entre générations, de la postmémoire deviennent pour eux des enjeux décisifs (chapitre 16). Puisse ce livre contribuer à éclairer toutes ces questions.

PREMIÈRE PARTIE

Enfances racisées

Dans le patchwork colonial indochinois, dès la fin du XIXe siècle, le métissage apparait comme un risque que les autorités françaises gèrent dans ses dimensions démographiques et juridiques, politiques et économiques. Les enfants focalisent l'attention des acteurs locaux de la colonisation et les débats sont à la fois nombreux et vifs sur les moyens à consacrer et les méthodes à mettre en œuvre pour appréhender le « fait eurasien », parfois présenté comme un « problème eurasien ». Les approches raciales ou racistes sont très prégnantes avec leur lot de clichés, de stéréotypes, d'éléments idéologiques et culturels. Des normes juridiques sont produites, notamment en 1928 et 1943, qui permettent aux enfants métis de devenir des citoyens français, si les caractéristiques de la « race française » leur sont reconnues, et d'être pris en charge. Lors des guerres (Seconde Guerre mondiale ou guerre de décolonisation), la racisation des jeunes métis est particulièrement forte de la part des protagonistes des conflits qu'ils soient Français (républicains ou vichystes), Japonais, Vietnamiens. Pas assez « français » pour les uns, trop pour d'autres, ces enfants issus d'hybridités raciales, subissent des violences de guerre. Pendant la guerre d'Indochine, la question strictement eurasienne est dépassée avec les naissances d'enfants africasiens, indoeuropéens, etc. Tous ces enfants métis sont racisés, c'est-à-dire renvoyés à leur race et font l'objet de biopolitiques mises en œuvre par l'État français. Pendant toute la période, l'expression des adultes eurasiens sur les enfants métis, humaniste voire humanitariste, se double d'une dimension politique liée à l'avenir de la présence française dans la péninsule indochinoise. C'est un Eurasien, William Bazé, à la tête de la Fédération des œuvres de l'enfance française d'Indochine (FOEFI), qui s'impose comme l'acteur principal de la prise en charge des enfants métis en Indochine, puis en France. L'association définit de quelle manière les enfants métis doivent être éduqués pour pouvoir être envoyés en métropole et les modalités de ces « rapatriements ».

Chapitre 1

L'Indochine française au risque du « fait eurasien »

Dès les débuts de la colonisation française en Indochine au XIXe siècle, des Français, colons, fonctionnaires et surtout militaires, eurent des relations avec des femmes autochtones. Ann Laura Stoler a montré que ce phénomène se produit dans tous les pays colonisés[54]. De ces unions mixtes, de natures très diverses, naquirent des enfants métis. Dans toute l'Asie colonisée, se pose alors une « question eurasienne »[55] et les colonisateurs s'interrogent sur le métissage, comme dans d'autres colonies, par exemple en Afrique de l'Ouest ou à Madagascar[56]. Selon Alain Ruscio, le terme « eurasien » naît sous sa forme anglaise *eurasian* en 1844 pour désigner une personne qui mêle en elle une part de sang européen et une part de sang asiatique avec des proportions variables, par exemple quarteron (1/4 de sang asiatique) ou octavon (1/8e). Le mot apparaît vingt ans plus tard dans la langue française au moment des débuts de la conquête de l'Indochine par la France. Mais il est alors très peu usité dans l'administration coloniale française et ne se rencontre guère dans les archives d'avant la Seconde Guerre mondiale. C'est alors, et de loin, les termes « métis » et métisse » qui l'emportent pour désigner une personne née de père et de mère de couleurs différentes[57]. Une question s'impose alors : dans le système colonial français en Indochine, quel rôle attribuer aux milliers de personnes métisses qui naissent chaque année sous le rapport de domination colonisateurs/colonisés ? Certains métis constituent

---

[54] Ann Laura Stoler, *Carnal Knowledge and Imperial Power: Race and the Intimate in Colonial Rule*, Berkeley, University of California Press, 2002.

[55] Liesbeth Rosen Jacobson, *"The Eurasian Question": The colonial position and postcolonial options of colonial mixed-ancestry groups from British India, Dutch East Indies and French Indochina compared*, Uitgeverij Verloren, 2018.

[56] Owen White, *Children of the French Empire, Miscegenation and Colonial Society in French West Africa, 1895-1960*, Oxford, Clarendon Press, 1999 ; Violaine Tisseau, *Être métis en Imerina (Madagascar) aux XIXe-XXe siècles*, Paris, Karthala, 2017.

[57] Alain Ruscio, « Le regard français sur le phénomène eurasien en Indochine française à travers les sources littéraires (1858-1954) », *L'Information Psychiatrique*, vol.80, n°6, 2004, p.477-484 ; David M. Pomfret, *Youth and Empire. Op. cit.*, p.243.

des forces vives, des traits d'union entre les communautés. D'autres, mal acceptés de part et d'autre trouvent difficilement leur place.

Métissages dans le patchwork colonial indochinois

Selon Pierre-Alphonse Huard, médecin et anthropologue français, longtemps en poste en Indochine, et Do Xuan Hop, membre de la faculté de médecine d'Indochine, les Eurasiens sont apparus en Indochine par vagues successives. Aux deux premières générations des XVIIe et XVIIIe siècles, très peu nombreuses, a succédé une bien plus importante lors de la colonisation, à la fin du XIXe et au début du XXe siècle, puis celle née dans l'entre-deux-guerres[58].

Depuis les premières missions catholiques en Annam au XVIIe siècle jusqu'à l'intervention militaire française décidée par Napoléon III en 1857, la présence française est insuffisante pour que puisse se poser une « question métisse ». Mais à partir des années 1860 et jusque dans les années 1880 sous la Troisième République, avec l'implantation et l'expansion française du Sud au Nord de la péninsule, davantage d'enfants métis naissent. Une petite minorité est issue de mariages légitimes mais une grande majorité est constituée d'enfants naturels, le plus souvent abandonnés par leurs pères français.

L'Union indochinoise, créée en 1887 et affermie au tournant des siècles, est composée, sous l'autorité d'un gouverneur général, de la colonie de Cochinchine et des protectorats du Cambodge, de l'Annam, du Tonkin et du Laos (carte 1, p.459). Le terme « Indochine » s'impose à cette période pour englober un véritable patchwork colonial avec des statuts divers pour ses cinq composantes. La population française, variant entre 23 000 en 1913 et 40 000 en 1940, dont beaucoup de fonctionnaires, se concentre essentiellement dans les villes de Cochinchine et du Tonkin. En nombre, elle pèse peu sur une population totale qui sur la même période passe de 16 à 22 millions. L'Indochine n'est pas une colonie de peuplement ; les Français d'Indochine constituent une « population d'encadrement »[59].

---

[58] ANOM 1HCI 665, « Importance du stock ethnique eurasien en Indochine en 1943 » par P. Huard et Do Xuan Hop, 2 p.
[59] Pierre Brocheux et Daniel Hémery, *Indochine, la colonisation ambiguë*, Paris, La Découverte, 2001, chapitres 2 et 3 ; François Joyaux, *Nouvelle histoire de l'Indochine française*, Paris, Perrin, 2022.

Malgré la présence en Indochine d'éléments français bien plus faibles que dans d'autres possessions coloniales, l'Algérie en particulier, les naissances d'enfants métis y sont relativement nombreuses. Malgré une volonté indéniable de dénombrer, comme le montrent des enquêtes successives, les statistiques fiables manquent. Existent surtout des estimations mal taillées en raison des confusions entre « race » et « nationalité » et la difficulté d'établir des catégories stables : entre les « Européens et assimilés » (ou « race blanche et assimilée ») et les « indigènes ou assimilés », dans les statistiques, les « métis » semblent constituer comme un résidu. Mais ils sont bien présents et Emmanuelle Saada évoque un « laboratoire indochinois » de la question métisse – par opposition au « silence algérien » –, parce que les enfants y ont été plus nombreux qu'ailleurs[60].

En 1912, la *Revue Anthropologique de Paris* précise la définition des métis :

> « on doit entendre, de façon générale par métis les individus provenant de l'union de deux personnes appartenant à des races nettement différentes. Rejetant toute théorie a priori sur l'origine des types humains, nous entendons par race pure tout type ethnique actuellement bien constitué et suffisamment stable pour avoir mérité une appellation définie. Nous appelons donc métissage les unions entre Blanc et Nègre, Jaune et Blanc, Nègre et Indien d'Amérique, Européen et Hindou, Sémite et Européen, Nègre et Chinois, etc. »[61].

Des observateurs français qui s'intéressent au métissage marquent de l'intérêt pour les situations créées par la présence britannique aux Indes et la présence néerlandaise en Indonésie. Ainsi, en 1901, dans un article sur Java et ses habitants, Joseph Chailley-Bert (1854-1928) note que « les nouveaux venus de la colonisation, et c'est bien ce qu'est la France, [...] ont intérêt à se mettre à l'école de leurs devanciers : Anglais et Hollandais »[62]. D'où un certain nombre de publications de toutes sortes sur le sujet à partir du moment où l'Union indochinoise devient une entité administrative plus organisée, après quelques décennies d'hésitations, et un territoire colonisé complexe et porteur d'un imaginaire exotique fort. Ces écrits portent prioritairement sur la place et le rôle des métis dans le système colonial en Indochine.

---

[60] Emmanuelle Saada, *Les enfants de la colonie. Op. cit.*, p.35-57 et 51.
[61] « Enquête sur les croisements ethniques », *Revue d'Anthropologie de Paris*, Tome XXII, 1912.
[62] Liesbeth Rosen Jacobson, *"The Eurasian Question"... op. cit,* , p.101-102.

Dans un très instructif article publié en 1995, l'historien Pierre Guillaume a dressé un florilège des réflexions sur la question métisse vue par les observateurs français entre 1900 et 1940, qu'ils soient écrivains, publicistes, anthropologues ou militaires[63]. Il signale notamment que l'étude sur le métissage en Indochine du Lieutenant-colonel d'infanterie Auguste Bonifacy (1856-1931), parue en 1910 dans un numéro des *Bulletins et mémoires de la Société d'Anthropologie de Paris*, a été très souvent reprise par la suite. Après avoir affirmé qu'« il est évidemment regrettable qu'il y ait des métis, surtout si on veut les laisser en marge de la société, comme nous le faisons en Indochine », et que « ce qui discrédite tout d'abord le métis c'est qu'il est, à nos yeux, le produit d'une union irrégulière », « un bâtard », Bonifacy explique les raisons des unions entre Indochinoises et Français. Selon lui – concerné à titre personnel puisqu'il partage sa vie avec une Vietnamienne –, les Indochinoises n'ont « aucune répugnance physique, aucune répugnance morale, parce que la position de femme secondaire est admise dans le pays ». Quant aux Français, ils désirent « se procurer des plaisirs peu coûteux avec une sécurité à peu près absolue contre les maladies » et trouver « une compagne ou plutôt une servante qui le soignera, ainsi que son intérieur ». En s'appuyant sur quelques photographies, Bonifacy développe ensuite longuement les caractères physiques, intellectuels et moraux des métis, puis conclut en proposant des « mesures à prendre pour donner aux métis la place qui leur est due ». Il affirme qu'il est possible de tirer parti de leur influence sur les indigènes, en raison de leurs connaissances parfaites de la langue et des mœurs, et que la France pourrait retirer du prestige vis-à-vis des Annamites qui lui reprochent d'abandonner « ses propres fils »[64].

La véritable nature des relations entre les Européens et les femmes indigènes est au centre des écrits sur les couples mixtes. Des études récentes ont montré que la prostitution et plus globalement la colonisation des corps constituent des pistes de réflexion intéressantes[65]. Mais à l'époque, la chambre de commerce de Haiphong développe un argumentaire plus utilitariste et affirme que dans les concubinages, « le cas de séduction est extrêmement rare », l'union des Annamites avec des Européens étant une

---

[63] Pierre Guillaume, « Les métis en Indochine », *Annales de démographie historique*, 1995, p.185-195.
[64] Lieutenant-colonel Bonifacy, « Les métis franco-tonkinois », *Bulletins et mémoires de la Société d'Anthropologie de Paris*, 1ᵉʳ décembre 1910, p.607-642.
[65] François Guillemot et Agathe Larcher-Goscha (dir.), *La colonisation des corps. De l'Indochine au Viet Nam*, Paris, Vendémiaire, 2014 ; Martine Spensky (dir.), *Le contrôle du corps des femmes dans les empires coloniaux*, Paris, Karthala, 2015.

« opération fructueuse » au profit des deux parties : congaïs (mot vietnamien signifiant filles et dérivé en filles de joie, filles de rien) et militaires français encongayés. Pour le Résident supérieur en Annam, la liaison entre un Européen et une femme indigène est même parfois davantage vue comme une association que comme une union[66]. Cette approche est constamment reprise par la suite jusque dans les années 1950.

Charles Gravelle (1864-1929), cadre de la banque d'Indochine, délégué au Cambodge de l'Alliance Française, passionné d'Angkor, membre de l'École Française d'Extrême-Orient et fondateur de la Société de protection de l'enfance au Cambodge en 1909, trouve des circonstances atténuantes aux hommes et aux femmes (« des déracinées, des déclassées. Leur destin est d'avoir plusieurs maris blancs ») qui se rencontrent et ont des enfants métis. Et c'est le sort de ceux-ci qui le préoccupe : « dans tout cela, que devient l'enfant, garçon ou fille, d'une santé plus délicate qu'un pur indigène, qu'un obscur atavisme rend conscient de ce en quoi il diffère des autres, et pour lequel la "famille" consiste à changer de "père" tant de fois ? »[67]. Pour sa part, Charles Gravelle est marié à une Cambodgienne avec qui il a neuf enfants eurasiens. En 1920, il avertit le gouverneur général de l'Indochine du risque que les enfants métis abandonnés par leurs pères, devenus adultes, se tournent contre la France. Et de rappeler le rôle d'Emilio Aguinaldo aux Philippines[68]. Métis né d'un père espagnol, Aguinaldo devient un leader de la lutte contre la puissance coloniale, puis contre les Américains. Gravelle semble être l'un des premiers à identifier le risque politique du métissage pour la rationalité coloniale, il est rejoint très vite par beaucoup d'autres.

Une autre vision est proposée par P. Douchet, dans son ouvrage *Métis et Congaïes d'Indochine* paru en 1928. Précisons d'emblée que l'auteur a été condamné pour avoir abandonné sa femme indochinoise. Il affirme :

> « la congaï n'aime pas le Français avec lequel elle n'a jamais consenti à vivre que par intérêt, sans amitié ni amour. Elle en arrive même à la haine plus ou moins dissimulée car elle ne peut pardonner à ce Français, dès qu'elle a obtenu de sa liaison avec lui suffisamment d'avantages d'ordre financier, de

---

[66] Emmanuelle Saada, *Les enfants de la colonie… op. cit.*, p.174-176. Rapport de la chambre de commerce de Haiphong, 26 décembre 1910 ; Rapport du Résident supérieur en Annam, 4 février 1911.

[67] Charles Gravelle, « Enquête sur la question des métis », *Revue Indochinoise*, 1er janvier 1913, p.31-43.

[68] Christina E. Firpo, *The Uprooted op. cit.*, p.48-49 ; Magali Bigaud, « La France et le Cambodge, 1953-1970 : du protectorat à la coopération », thèse 2023, p.70-71.

l'empêcher de vivre avec un homme de sa race ». Quant aux métis, il leur trouve surtout « les défauts et les médiocres qualités de leurs mères »[69].

Pour les métropolitains, les femmes d'Indochine sont surtout incarnées dans la chanson « La petite Tonkinoise », créée en 1906, et qui connait un grand succès jusque dans les années 1950. Chanson coloniale par excellence qui sexualise la femme indigène et abonde de sous-entendus paillards où un mot en suggère un autre plus osé. Pour Alain Ruscio « rarement les fantasmes de l'homme blanc auront été étalés avec autant de complaisance »[70]. Des bustes du sculpteur Évariste Jonchère, réalisés pendant qu'il était en poste en Indochine, montrent de belles jeunes femmes laotiennes, eurasiennes, plusieurs sont intitulées « congaïes »[71]. Les couples mixtes sont très nombreux dans la littérature. Selon Eugène Pujarniscle, « la proportion des romans coloniaux qui prennent pour héros un blanc marié avec une jaune ou une noire est environ de deux sur trois ». Les personnages métis connaissent le plus souvent des destins tragiques, répertoriés par Henri Copin sous le terme « drames métis ». Dans son roman *Confidences de métisse*, publié en 1927, l'écrivaine Clothilde Chivas-Baron, qui a vécu quatre ans en Indochine, met en scène une Eurasienne habitée par des sentiments et ressentiments qui la mènent à sa perte[72]. Pour Alain Ruscio, la quasi-permanence des Eurasiennes et des Eurasiens dans la littérature coloniale n'illustre pas une passerelle entre deux mondes, mais plutôt le tiraillement, le déchirement entre deux races et entre deux sociétés, la colonisatrice et la colonisée[73].

Dans l'entre-deux-guerres, les représentations dominantes de l'Eurasien demeurent celle du bâtard, fruit d'une union irrégulière qui n'a gardé aucune des qualités de son géniteur et de sa génitrice mais au contraire réunit les vices des deux races dont il est issu. À l'inverse, les Eurasiennes

---

[69] P. Douchet, *Métis et Congaïes d'Indochine*, Hanoï, 1928, p.8-10.

[70] Alain Ruscio, *Que la France était belle au temps des colonies... Anthologie de chansons coloniales et exotiques françaises*, Paris, Maisonneuve et Larose, 2001 ; Maryse J. Bray, et Agnès Calatayud, « La chanson populaire en France au temps des colonies : de l'insouciance à la contestation », *Remembering Empire*, n°1, 2002, p.81-98.

[71] Évariste Jonchère (1892-1956), la plupart de ses œuvres sont au conservatoire d'art et d'histoire d'Annecy et au musée des Années trente de Boulogne-Billancourt.

[72] Eugène Pujarniscle, préface de Henri Copin, *L'Indochine dans la littérature française des années 1920 à 1954*, Paris, L'Harmattan, 1996, p.224 ; Clothilde Chivas-Baron, *Confidences de métisse*, Paris, Fasquelle, 1927.

[73] Alain Ruscio, « Le regard français sur le phénomène eurasien en Indochine... » in *Op. cit.* ; « Littérature et colonialisme. L'exemple du phénomène eurasien », *Ultramarines*, n°28, 2015, p.103-113.

sont présentées comme cumulant les qualités plastiques des deux races, suscitant pour cela la haine des femmes blanches[74]. D'où un type de littérature coloniale française bien identifié par Alain Ruscio qui précise, exemples à l'appui, que dans les romans des Français d'Indochine, l'Eurasien est un personnage méprisé, partagé entre deux races, entre deux mondes et par là même ambigu, malheureux et frustré, alors que l'enfant eurasien est quasiment absent[75]. Les ouvrages de l'écrivain Jean Marquet (1883-1954) se distinguent des stéréotypes récurrents, notamment dans *La Jaune et le Blanc* (1926). L'auteur, ayant vécu longtemps en Indochine, dépeint d'une manière très équilibrée les mœurs locales, ce qui diffère de la vision européenne étrangère habituelle[76].

Les observateurs de l'entre-deux-guerres s'accordent sur l'attitude de la société annamite hostile aux métis qu'elle rejette et craint, et sur l'attitude de la communauté française qui ne leur fait pas confiance et nourrit de lourds préjugés à leur égard. D'où un sentiment d'« entre-deux » imagé par l'adage vietnamien *đầu gà đít vịt* : tête de poulet, cul de canard. Pour Honoré Tissot, président de la Société des enfants abandonnés franco-indochinois, il faut « faire entrer franchement les métis dans les cadres français, les imprégner profondément de notre civilisation et éviter ainsi qu'ils ne deviennent des parias »[77].

Les dimensions démographiques et juridiques de la question eurasienne

Pour dépasser une histoire fondée sur les représentations, l'historien spécialiste de l'Indochine Gilles de Gantès propose de faire une histoire sociale des métis fondée notamment sur la démographie, malgré des données éparses. Il s'agit de s'interroger sur les Eurasiens en tant que catégorie sociale. Les métis auraient été 2 000 vers 1900 ; un millier environ en Cochinchine en 1916, dont ils représentent 13 % de la population française en 1921 ; entre 6 000 et 8 000 en 1937 dans l'ensemble de

---

[74] Gilles de Gantès, « 'đầu gà đít vịt'. La place improbable des métis franco-vietnamiens en situation coloniale », communication au 1er congrès du Réseau Asie, 2003.
[75] Alain Ruscio, *Le credo de l'homme blanc*, Bruxelles, Complexe, 1995 et « Le regard français sur le phénomène eurasien en Indochine… » in *Op. cit.*
[76] Jean Marquet, *La Jaune et le Blanc : roman des mœurs indochinoises*, Les Éditions du Monde Moderne, 1926.
[77] H. Tissot, « La Société d'Assistance aux enfants Franco-Indochinois du Tonkin », Hanoï, 1937, dans Pierre Guillaume, « Les métis en Indochine », *Op. cit.*, p.188.

l'Indochine, sur une population française d'environ 40 000. Ils constituent donc une infime minorité des 22 millions d'habitants de la péninsule, même moindre en proportion que les 5 500 métis comptés en 1938 à Madagascar sur une population d'un peu moins de 4 millions d'habitants[78].

Dans les années 1930, le nombre de mariages mixtes (entre un·e Européen.ne et un·e Indochinois·e) augmente très sensiblement. Ils constituent 14 % des mariages de statut européen en 1922. En 1934, sur 123 mariages célébrés dans la population européenne du Tonkin, 89 concernent deux personnes européennes, 21 unissent un Européen et une Indigène, selon les catégories utilisées à l'époque, et 4 un Indigène et une Européenne[79]. Sur l'ensemble de l'Indochine, en 1936 on compte 274 mariages impliquant des Européen·nes, dont 27 % entre un Européen et une Indigène et 7 % entre une Européenne et un Indigène. En 1940 sur un total de 534 mariages (forte augmentation qui s'explique en partie par le contexte de guerre), si la proportion de mariages entre une Européenne et un Indigène demeure à 6 %, les mariages entre un Européen et une Indigène sont désormais plus nombreux que ceux entre Européens (260 contre 241). Et il est intéressant de remarquer que les mariages qui ont uni légitimement une Européenne et un Indigène sont au nombre de 26 en 1937, 33 en 1940, 32 en 1947, ce qui ne constitue pas un phénomène marginal[80]. À l'époque, le juriste Jacques Mazet le regrette vivement :

> « le problème était jadis inexistant, à la colonie du moins, où les Européennes avisées éprouvaient généralement à l'égard de l'autochtone une souveraine répulsion. La simple crainte parfois de ne pas trouver en l'époux la supériorité, la protection que l'idée du mariage suggère d'ordinaire à l'esprit féminin suffisait à empêcher la formation de tels foyers »[81].

---

[78] Violaine Tisseau, *Être métis en Imerina… op. cit.*, p.97.

[79] Marie-Paule Ha, *French Women and the Empire. The Case of Indochina*, Oxford University Press, 2014, « mixed european mariages » p.137-140 ; Gilles de Gantès, « Histoire sociale et représentations contemporaines du passé colonial. Une étude de cas : les métis franco-vietnamiens », in Isabelle Felici et Jean-Claude Vegliante (dir.), *Oublier les colonies. Contacts culturels hérités du fait colonial*, Paris, Mare et Martin, 2011, p.105-128.

[80] ANOM 1HCI 665, « Importance du stock ethnique eurasien en Indochine en 1943 » par P. Huard et Do Xuan Hop ; Pierre Guillaume, « Les métis en Indochine », *op. cit.*, p.187 ; Marie-Paule Ha, *French Women and the Empire… op. cit.*, p.133.

[81] Jacques Mazet, *La condition juridique des métis dans les possessions françaises*, thèse de droit, Paris, Éditions Domat-Montchrestien, 1932.

Les statistiques des naissances montrent également l'accentuation de la question métisse dans les années 1930. Sur la décennie 1922-1932, pour 100 naissances de statut européen, on compte 32 bébés métis ; dans la décennie suivante 1933-1943, la proportion monte à 44 %[82]. Dans la population française du Tonkin des années 1934 à 1936 sont comptabilisées 882 naissances de couples père européen/mère européenne (dont seulement 7 enfants non-reconnus), 643 naissances de couples père européen/mère indigène et 6 de couples père indigène/mère européenne ; 28 % des enfants métis sont des enfants légitimes, 65 % des enfants reconnus et 7 % des enfants non-reconnus[83]. Les enfants de la première catégorie fréquentent la société européenne de la colonie ; les deuxième et troisième catégories rassemblent une multitude d'anonymes, de conditions sociales beaucoup plus modestes voire misérables, dont le sort est très incertain. Les chiffres confirment également l'augmentation rapide de la population métisse et de son poids social comme politique. En 1930, les naissances légitimes ou reconnues issues de couples mixtes représentent un tiers de l'ensemble des naissances ; en 1940, la proportion monte à 46 %[84].

La dimension démographique est alors une donnée essentielle de la question métisse en Indochine et de ses implications sur l'organisation du territoire colonisé. Conscient des tensions qui montent dans les colonies et soucieux d'y apporter des réponses, le gouvernement du Front Populaire charge en 1937 la commission Guernut (du nom de son président, Henri Guernut, ancien ministre) d'étudier « les besoins et les aspirations légitimes des populations habitant les colonies, les pays de protectorat et sous-mandat » et de rassembler tous les « renseignements indispensables à l'élaboration d'une doctrine coloniale neuve ». Les archives de la commission conservent de nombreuses traces de cette attention et permet de saisir les différents aspects de la question métisse et surtout les paroles et analyses des Indochinois comme des Français[85]. Ainsi, en 1937

---

[82] ANOM 1HCI 665, « Importance du stock ethnique eurasien en Indochine en 1943 » par P. Huard et Do Xuan Hop.

[83] Gilles de Gantès, « Histoire sociale… » in *Op. cit*. p.106. On compte également 33 naissances d'enfants de père européen/mère métisse et 2 enfants de père métis/mère française, tous étant légitimes ou reconnus.

[84] Pierre Guillaume, « Les métis en Indochine », *op. cit.*, p.187.

[85] La commission d'enquête dans les territoires d'outre-mer présidée par Henri Guernut, ancien député et ancien ministre, fut créée en 1937. Composée de sénateurs, députés, administrateurs des colonies, universitaires, elle fut divisée en trois sous-commissions dont la troisième a travaillé sur l'Indochine, l'Inde française, l'Océanie. Jusqu'à sa démission en juillet 1938, elle recueillit une importante

le sénateur radical-socialiste du Rhône Justin Godart, consulté par la commission, énonce clairement un risque majeur en écrivant :

> « en 1940 les métis feront la majorité aux élections législatives… Les Français mariés légalement à des Annamites, occupant les situations les plus honorables, sont bien résolus à ne plus supporter la situation diminuée faite à leurs enfants et ils votent avec eux ». Et de citer une lettre reçue du groupement des chefs de famille qu'ils ont constitué : « il importe donc, si l'on ne veut pas créer, dans ce pays, des adversaires de la colonisation française comptant parmi eux des Français de sang et de race, d'abandonner cette idée désuète de la supériorité de la race et de la civilisation européennes ». Pour le sénateur, « cet avertissement, digne et ferme, doit être entendu. Il faut que disparaisse, au plus tôt, de notre législation et de notre réglementation applicables en Indochine, toute mesure à tendance raciale. […] Les métis sont l'élément français permanent et par eux-mêmes et par l'attachement définitif à la colonie de leurs parents. Notre devoir et notre intérêt sont de faire pour eux une politique exempte de tout préjugé de race, si nous ne voulons pas qu'ils fassent contre nous une politique de rancœur »[86].

L'affirmation forte de la nécessité de considérer les métis comme des Français à part entière montre qu'on en est loin à la veille de la Seconde Guerre mondiale, mais que le risque d'une prise en compte insuffisante de cette population désaffiliée est bien identifié.

Le statut légal des métis et son évolution sont au cœur du travail de référence d'Emmanuelle Saada, d'où le sous-titre de son ouvrage sur les enfants de la colonie : « entre sujétion et citoyenneté ». Car dans le système colonial, les métis sont-ils citoyens français ou sujets indigènes ? Un décret de 1897 a étendu aux colonies les dispositions de la loi sur la nationalité de 1889 qui accorde la nationalité à tout individu né d'un père français, en France ou à l'étranger. En vertu de ce texte « tout individu né aux colonies de parents inconnus et dont la nationalité est inconnue » est Français. Mais l'application de cette loi est laborieuse en Indochine et la confusion s'installe entre les sujets français (indigènes), les naturalisés et les métis nés de père français qui sont de nationalité française. Gilles de Gantès relève qu'au cours du dénombrement de 1911, « certains administrateurs provinciaux classent les métis suivant leur nationalité, d'autres les mettent à part, soit totalement, soit parmi les Français, soit parmi les Annamites »[87]. Par ailleurs, l'Indochine est la seule colonie où la loi du

---

documentation auprès de tous les protagonistes. Ses archives sont conservées aux ANOM : fonds Guernut 1 à 107.

[86] Justin Godart, *Rapport de mission en Indochine 1ᵉʳ janvier-14 mars 1937*, Paris, L'Harmattan, 1994, présentation d'Alain Ruscio ; ANOM, fonds Guernut, 33 et 97.

[87] Gilles de Gantès, « 'đâu gà đít vịt'… » *Op. cit.*

16 novembre 1912 sur la recherche de paternité est promulguée. Celle-ci devient donc possible là-bas comme en métropole, alors qu'elle ne l'est pas dans d'autres colonies. Mais les archives ne conservent pas de traces d'actions judiciaires de recherche de paternité, les conditions imposées apparaissant comme insurmontables.

Le décret du 4 novembre 1928 étend à l'Indochine la loi du 10 août 1927 – qui permet l'acquisition plus large de la nationalité en diminuant l'importance du droit du sang – et donc permet d'attribuer la nationalité française aux enfants de père/mère français·e et de père/mère indochinois·e. Le décret stipule dans son article premier:

> « Tout individu, né sur le territoire de l'Indochine de parents dont l'un, demeuré légalement inconnu, est présumé de race française, pourra obtenir, conformément aux dispositions du présent décret, la reconnaissance de la qualité de français ».

Pour Emmanuelle Saada, l'utilisation de l'expression « de race française » implique que « c'est la race blanche qui est visée et non la citoyenneté française »[88]. Pour Gérard Noiriel, le décret de 1928 sur les métis s'inscrit dans le prolongement de la « tradition républicaine », au sens où cette catégorisation raciale vise à ouvrir les portes de la citoyenneté aux métis coloniaux[89].

Cependant, plusieurs arrêtés du Gouvernement général limitent la portée effective de ces dispositions et la condition sociale de nombreux métis demeure difficile. Dans un contexte de racisme latent, certaines professions sont tacitement interdites aux métis, notamment les postes d'autorité dans les services civils ou l'armée. L'administration continue de rejeter les métis dans une des catégories indigènes pour des raisons d'économie budgétaire car ils sont moins payés que les fonctionnaires français. S'y ajoutent le stigmate de la bâtardise et l'impensable idée de laisser un jaune, même de nationalité française, en position potentielle d'autorité sur un blanc[90]. À propos de la situation des fonctionnaires métis, Justin Godart développe un exemple précis relatif à un texte du 31 mai 1930 qui stipule que : « est considéré comme originaire d'Europe, au sens du présent article, le fonctionnaire né dans une colonie, un pays de protectorat ou un territoire sous mandat, de père et mère tous deux Européens ». Il démontre que ce texte introduit une distinction entre citoyens

---

[88] Emmanuelle Saada, *Les enfants de la colonie… op. cit.*, p.131-132, p.186, p.226-227.
[89] Gérard Noiriel, préface du livre d'Emmanuelle Saada, p.9-10.
[90] Gilles de Gantès, « 'đâu gà đít vịt'… » *Op. cit.*

français, les uns étant de souche européenne, les autres métis, avec, pour résultat, des conditions de salaires, traitements et avancement différents. Il dénonce une situation particulière :

> « ainsi le Français, Français légalement, inscrit au tableau de recrutement, électeur, né en Indochine d'une mère non européenne, dont le père est français, dont la mère est devenue française par son mariage, établis définitivement à la colonie, sont exclus du bénéfice créé par l'arrêté. Il est vrai que la mère, devenue française par son mariage, n'est pas devenue européenne. Quelle maladresse pour ce Français de n'avoir pas épousé une Allemande ou une originaire de la République de Saint-Marin. Tout de même, quelle récompense pour un Français, qui s'est tellement donné à la colonie, qui s'y est marié, qui entend y finir ses jours, qui y a fait souche ! »[91].

En cette même année 1937, c'est le Gouverneur général de l'Indochine lui-même qui dénonce les effets pervers de dispositions datées de juin 1933 et d'avril 1934 limitant à 20 % du personnel européen la proportion d'assimilés pouvant être employés par une entreprise, ce qui pénalise les métis sur le marché de l'emploi. Il estime également que l'administration indochinoise aurait tout intérêt à recruter des fonctionnaires connaissant le pays, la langue et la société et qui « seraient, en outre, de très précieux auxiliaires en période de trouble ». Selon Pierre Guillaume, « il y a là un projet tout aussi cynique que classique de transformer des éléments potentiellement dangereux en membres des forces de l'ordre et en indicateurs »[92].

De fait, l'insertion sociale des métis se limitait à des fonctions subalternes d'encadrement dans l'armée, les plantations, les travaux publics, la police. Mais il y eut des exceptions dans l'administration et les professions libérales, et des emplois tertiaires s'ouvrirent aux Eurasiens[93].

Expressions indochinoises et métisses

Beaucoup d'hommes blancs se sont exprimés sur la question métisse en Indochine, connaissant peu ou prou les réalités coloniales après avoir séjourné longuement, ou seulement un peu voire pas du tout dans le pays. Qu'en disent les Indochinois·es et les personnes concernées ? De décembre 1934 à janvier 1935, l'écrivain et journaliste vietnamien Vu

---

[91] Justin Godart, *Rapport de mission en Indochine… op. cit,*
[92] Pierre Guillaume, « Les métis en Indochine », *op. cit.*, p.190.
[93] Pierre Brocheux, Daniel Hémery, *Indochine… op. cit.,* p.186-187.

Trong Phung (1912-1939), publie dans l'hebdomadaire de Hanoï *Nhât Tân* une enquête sur les unions entre des Vietnamiennes et des soldats de la légion étrangère. En 1936, il en tire un livre paru sous le titre *Ki nghê lây Tây* (*L'industrie du mariage avec les occidentaux*). Il cherche à répondre à la problématique suivante : « le lien qui unit les femmes de chez nous aux Occidentaux est-il réellement sincère ? Ou bien ne relève-t-il pas plutôt… même vaguement…. Un tant soit peu… d'une "industrie" ? » Il développe sa réponse en brossant les portraits de plusieurs femmes qui lui ont raconté leur vie et comment elles communiquent avec leur « maris ». L'idée de cette enquête lui est venue lors d'une séance au tribunal correctionnel et d'un dialogue inspirant :

– Votre nom ? – Nguyen Thi Ba
– Votre âge ? – 25 ans.
– Profession ? – Alors d'abord, j'ai épousé un douanier, ensuite un…
– Silence ! On vous demande votre profession, pas celle de vos maris !
– Après, j'ai épousé un « cap-ten ».
L'interprète, irrité : – Vous êtes sans profession, n'est-ce pas ? Il se tourne vers le magistrat : « sans profession. »
– Comment ça sans profession ?
– Mais que faites-vous alors ?
– Ce que je fais ? Je fais… Je… J'épouse des Occidentaux !

Et la salle s'esclaffe.

Les écrits de Vu Trong Phung mettent en lumière « les perfidies moqueuses du petit peuple et les admonestations moralisatrices de la haute à l'endroit des femmes qui se livraient à "l'industrie matrimoniale" avec les sans-grades de l'armée française ». Il rencontre des femmes qui affirment qu'elles ne sont pas avec des Français par amour : « si vous écrivez un article, mettez franchement que nous les épousons pour l'argent, et rien d'autre ! Les femmes comme nous sont exclues par la société de toute façon, on ne compte plus »[94]. En effet, la société annamite n'est pas favorable aux métis qu'elle craint et pour lesquels elle n'éprouve pas de sympathie. Avec le recul du temps, dans la préface d'un livre de Nelcya Delanoë, le sociologue Trinh Van Thao s'interroge sur l'attitude de la société vietnamienne vis-à-vis des enfants métis – « ces "poussières de la vie" ou *bụi đời* comme elle aime à désigner ces enfants » – et de leurs mères. Il répond nettement : « là-bas comme ailleurs, le sentiment de

---

[94] Vu Trong Phung, *Profession ? Épouse d'Occidentaux !*, Collection Nous les autres, traduit du vietnamien par Stéphane Wattier, 2020 (1936), p.13-14, 67.

fraternité humaine demeurait le moins bien partagé dans un monde où racisme, xénophobie et mépris de l'autre étaient de mise. Être réduite à épouser un étranger, a fortiori un soldat sans grade ou un homme de couleur sans fortune, exposait ainsi une Vietnamienne aux mêmes discriminations et persécutions qu'ailleurs »[95].

Kim Lefèvre, métisse franco-vietnamienne, auteure de nombreux romans, écrit : « cette relation entre colon et colonisée était faite d'un mélange complexe de fascination exotique, de désir et de mépris, qui n'excluait ni une certaine tendresse, ni un attachement réel. Mais elle avait pour fondement essentiel l'intérêt ». Elle brosse les portraits de ces « Èves jaunes », ces *con gaï*, jeunes filles souvent âgées de 16 à 22 ans, orphelines ou veuves. Souvent elles sont considérées comme déshonorées et ne peuvent pas prendre un mari vietnamien, d'où leur destin de passer d'un blanc à un autre. L'auteure eurasienne identifie un tournant dans les années 1920 avec l'arrivée en nombre plus important d'Européennes, les *ba dam*. Il en résulte un changement dans les relations entre colons et concubines, celles-ci étant désormais moins bien considérées[96].

Mal perçus, comment les personnes métisses en Indochine sont-elles organisées et comment s'expriment-elles dans les années 1930 ? Dès la fin du XIXe siècle, des organisations regroupant des métis ont été créées en Indochine, notamment l'Amicale des Métis en 1895 qui prend ensuite comme nom Les Français d'Indochine. Cette évolution dans les termes n'est pas anodine, il s'agit de (dé)montrer que les Eurasiens sont bien des Français et non des indigènes, ce qui fait toute la différence entre citoyens et sujets. Dans la même volonté d'affirmer une identité française, est créée à Saigon en 1927 une Amicale des Français d'Indochine qui devient ensuite la Mutuelle des Français d'Indochine. L'organisation des métis se retrouve ailleurs dans les colonies. La Société de Secours mutuels des Métis de la Guinée française est fondée en 1933, d'autres suivent en Côte d'Ivoire, au Soudan, au Niger et au Togo. Ces sociétés n'ont pas d'objectif politique mais constituent à la fois des groupes sociaux, des organismes de charité, des groupes de pression et des assurances[97]. Emmanuelle Saada note que seules les grandes villes d'Indochine connaissent ce mouvement

---

[95] H. Tissot, « La Société d'Assistance aux enfants Franco-Indochinois du Tonkin », 1937 ; Trinh Van Thao, « Préface » de Nelcya Delanoë, *Poussières d'empire… op. cit.*, p.15-16.

[96] Kim Lefèvre, « Èves jaunes et colons blancs », in Philippe Franchini (dir.), *Saigon 1925-1945. De la Belle Colonie à l'éclosion révolutionnaire ou la fin des dieux blancs*, Paris, Autrement, 1994, p.111-119.

[97] Owen White, *Children of the French Empire… op. cit.*, p.172.

associatif, limité. En réponse aux questions de l'enquête Guernut sur les « groupements de métis » et sur « leurs revendications », la presque totalité des rapports couvrant les différents territoires indochinois portent la mention « néant »[98].

À partir de juillet 1937, l'hebdomadaire saïgonnais *Blanc et Jaune*, dont la devise est « Une place pour chacun et chacun à sa place » et l'emblème une poignée de main, se définit comme un « organe de rapprochement franco-annamite » et le journal « des métis et naturalisés qui sont l'indispensable trait d'union entre la France tutélaire et l'Indochine par la situation privilégiée qu'ils occupent en étant "à cheval" sur deux races ». C'est là l'un des grands thèmes constamment développés par le titre qui considère que les métis doivent agir avec « pondération », « mesure » et « bon sens », avec celui de l'augmentation du nombre de métis en Indochine et l'intérêt pour la France de s'appuyer sur eux pour pérenniser la colonie.[99]. Constamment, *Blanc et Jaune* dénonce la discrimination dont sont victimes les Eurasiens (plus que les Eurasiennes qui sont très peu évoquées) et revendique l'égalité de traitement entre les Eurasiens et les Français de souche, réclame que des emplois leur soient réservés, notamment comme interprètes dans l'administration judiciaire. Le titre revendique aussi un droit à l'occupation du sol avec un accès privilégié à la concession de terres : une « politique que l'on pourrait appeler celle du *jus soli* »[100]. Dans *Continental Saigon*, Philippe Franchini, né en 1928 d'une mère vietnamienne et d'un père français directeur de l'hôtel Continental à Saigon, décrit très bien l'ambiguïté dans laquelle se trouvent les métis du fait de leur double origine, conscients de ne pas être des citoyens français à part entière[101]. Le sentiment d'inconfort psychologique des Eurasiens et leur volonté d'être incorporés au groupe des colonisateurs accentue le fossé avec les colonisés : leur envie d'intégrer les dominateurs renforce leur rejet par les dominés. Pour Pierre Brocheux et Daniel Hémery, l'évolution historique des possessions françaises et la faiblesse du peuplement européen ne permirent pas aux Eurasiens de devenir une composante majeure de l'Indochine[102].

---

[98] Emmanuelle Saada, *Les enfants de la colonie… op. cit.,* p.243.
[99] *Blanc et Jaune*, « À nos lecteurs Français », « À nos lecteurs Annamites », n°1, 11 juillet 1937.
[100] Emmanuelle Saada, *Les enfants de la colonie… op. cit.,* p.245-246 ; *Blanc et Jaune*, « Dans l'œuvre de colonisation, pensez aux jeunes métis », n°10, 12 septembre 1937.
[101] Philippe Franchini, *Continental Saigon*, Paris, O. Orban, 1977.
[102] Pierre Brocheux et Daniel Hémery, *Indochine, op. cit.,* p.186-187.

Parmi les porte-parole des métis, émerge dans les années 1930 William Bazé (1899-1984), comme l'un des plus ardents défenseurs de la présence française en Indochine. Il est né de Gustave Bazé (1864-1912), légionnaire puis garde principal de la Garde indigène d'Indochine et planteur, et de Marie Pulchérie Schmitt (1879-1907), une Eurasienne qui décède prématurément et le laisse orphelin de mère à 8 ans, avec deux frères (Georges et André) et deux sœurs (Madeleine ct Paulette)[103]. Tous sont élevés par leur père, qui meurt en 1912, et leur tante Laure[104]. William Bazé étudie au lycée Chasseloup-Laubat à Saigon. Dès 1917, il entre à la Société des plantations de Xuan Loc, l'une des plus anciennes et florissantes de Cochinchine. Après trois ans de service militaire (1918-1921) il y revient et crée une école primaire pour les enfants des travailleurs. Il gravit tous les échelons de responsabilités jusqu'au poste de directeur général. En 1927, la presse signale son mariage à la cathédrale de Saigon avec Marie Anne Yvonne de Miribel (1900-1992), « la très gracieuse fille de feu M. le Résident supérieur p. i. au Tonkin », Eurasienne par sa mère[105]. C'est le Président de la chambre de commerce de Saigon qui fait office de père à la jeune mariée métisse, et le gouverneur de la Cochinchine figure parmi les témoins[106]. Le couple n'aura pas d'enfants mais accueille en son foyer Liliane, une nièce de Bazé dont la mère est décédée.

L'année de son mariage, William Bazé co-écrit un ouvrage intitulé *L'hévéaculture en Indochine*, préfacé par Albert Sarraut. Il est alors reconnu comme un technicien de tout premier ordre[107]. En 1931, il devient membre du conseil provincial de Bien Hoa et les journaux parlent régulièrement de lui. *L'Avenir du Tonkin*, le présente comme « notre ami William Bazé ». « Sportman bien connu », chasseur de tigres, il organise des chasses pour des hôtes de marque comme le baron de Rothschild[108]. En

---

[103] ANOM, registres de naissances et de mariages ; extraits d'arbre généalogique et témoignage de Jean Bazé, petit neveu de William Bazé, 10 février 2022.

[104] Une autre de leur tante, Georgina Bazé (1859-1946) a fait l'objet d'une biographie romancée rédigée par son arrière-petite-fille : Marie Dufon-Roche, *Georgina Bazé: une femme dans l'histoire*, Villefranche-sur-Cher, Itinéraires Éditions, 2020.

[105] Gilles de Gantès relève que l'existence de sa fille métisse a pu nuire à la carrière du bref résident supérieur Joseph de Miribel (1909) : le « manque d'autorité » qui lui était attribué étant vu comme résultant de ses liens familiaux avec la société vietnamienne.

[106] *L'Avenir du Tonkin*, 18 juin 1927, « Mariage ».

[107] Société des Plantations d'hévéas de Xuân-Lôc, www.entreprises-coloniales.fr

[108] *L'Avenir du Tonkin*, 19 avril 1932, « Les grandes chasses ».

Expressions indochinoises et métisses 53

1934, il reçoit le Gouverneur de Cochinchine au domaine de Xuan Loc dont les plantations de 2 788 hectares sont présentées comme « modèles » avec 1 420 hectares complantés de 360 000 hévéas dont 110 000 greffés. La presse précise que dans cette société, « la main-d'œuvre ne comprend que des travailleurs libres »[109]. En mai 1938, Bazé est nommé par le Gouverneur de l'Indochine au Conseil supérieur de la Colonisation, en tant que « membre français »[110]. En 1939, il est le président de la Mutuelle des Français d'Indochine qui défend les intérêts des métis[111]. Dans les colonnes de *Blanc et Jaune* – qui appartient à son frère aîné Georges Bazé (1898-1988) –, comme dans le monde des affaires et les cercles politiques, William Bazé incarne dans l'entre-deux-guerres l'Eurasien quarteron qui a réussi, qui est reconnu comme une personnalité de la colonie. En 1923, il a rejoint la Société de Protection de l'Enfance de Cochinchine et en devient le président en 1938. Il s'impose en tant que représentant et défenseur de la communauté eurasienne.

Dans la génération suivante, l'Eurasien Jean Leroy (1920-2005) écrivit dans ses mémoires : « être Eurasien ce n'est point être né de l'Orient et de l'Occident, c'est un état d'esprit créé par de fausses valeurs, des préjugés, l'ignorance et les méfaits du colonialisme. Nous devons nous débarrasser d'un tel état d'esprit et nous comporter avec assurance ». En 1940, au peloton d'élèves officiers de Tong, il est « un des dix premiers officiers à peau jaune que l'Indochine ait connus » et certains officiers se méfient de lui, l'estimant toujours susceptible de fomenter une révolte[112]. Lorsque la Seconde Guerre mondiale débute en Europe, de nombreux sous-officiers eurasiens servent dans l'armée française et commandent aux autochtones dans leur langue.

---

[109] *L'Avenir du Tonkin*, 7 novembre 1934, « Le gouverneur général visite les plantations de l'est cochinchinois », article repris par *L'Ère Nouvelle*, 2 décembre 1934, « Les tournées d'inspection du Gouverneur Robin ».

[110] *L'Avenir du Tonkin*, 4 juillet 1938, « M. Jules Brévié, inaugure le conseil supérieur de la colonisation ».

[111] Service historique de la Défense (désormais SHD), GR 16 P 40467, dossier William Bazé ; Christopher E. Goscha, *Historical Dictionary of the Indochina War. An International and Interdisciplinary Approach*, Copenhagen, NIAS Press, 2011, p.57-58 ; Jacques Dalloz, *Dictionnaire de la guerre d'Indochine 1945-1954*, Paris, Armand Colin, 2006, entrée « William Bazé », surtout sur la période après 1945 ; *Who's Who*, 1979.

[112] Colonel Jean Leroy, *Fils de la rizière*, Paris, Robert Laffont, 1977, p.41 et 50.

L'approche raciste de l'Indochine vichyste

Incapable de résister à la pression japonaise qui s'exerce sur l'Indochine depuis les années 1930, à partir de juin 1940, dans le contexte de la défaite de la France face à l'Allemagne nazie, les autorités de Vichy doivent accepter une présence militaire nippone en Indochine. Pendant ce qui a pu être appelée « la période japonaise » de l'histoire de l'Indochine, ce sont bien le gouvernement de Vichy et ses représentants sur place qui conservent entre leurs mains pratiquement toutes les activités de police, d'enseignement, de fiscalité, etc. L'amiral Jean Decoux, nommé gouverneur général par Pétain, met en œuvre avec zèle et autoritarisme les nouvelles orientations de l'État Français, et ce jusqu'en mars 1945, c'est-à-dire bien après la chute de Vichy en métropole[113].

La politique vichyste en Indochine, soutenue par la communauté européenne, rejette la construction coloniale républicaine, prône un fédéralisme indochinois – qui demeurera de façade avec le remplacement de l'Union indochinoise par une Fédération indochinoise en 1941 –, abandonne le discours assimilationniste républicain, sans renoncer à des idées de supériorité et de diversité[114]. Ainsi, pour l'historien Éric Jennings, « sous le couvert du respect de l'altérité, les peuples indochinois devaient être réenracinés dans leur culture et leur "race" et de fait de plus en plus ségrégués ». Les décrets des 16 février 1942, 16 mars 1943 et 21 juillet 1944 aggravent la situation des citoyens français d'origine asiatique, en réduisant leur solde. Ces textes successifs définissent un Asiatique de la même manière qu'en métropole Vichy définit un Juif : « est considéré comme d'origine asiatique tout fonctionnaire qui n'est pas issu d'au moins deux grands-parents d'origine européenne ». En septembre 1943, Decoux institue un formulaire demandant une identification raciale à toute nouvelle recrue de l'administration. Les demandes de naturalisation déposées par des Indochinois sont suspendues jusqu'en 1943 alors que des dénaturalisations sont prononcées pour des « activités antifrançaises » aux contours flous. Quant aux Eurasiens, ils sont considérés comme Asiatiques s'ils ne comptent qu'un seul grand-parent européen et comme Européens si leur généalogie blanche peut être confirmée par

---

[113] Sébastien Verney, *L'Indochine sous Vichy. Entre Révolution nationale, collaboration et identités nationales*, Paris, Riveneuve éditions, 2012.

[114] Adrien Blazy, « Vichy et l'Indochine, entre réforme et continuité. L'exemple de la réforme du statut personnel », *Outre-Mers*, 2017, n°396-397, p.103-118.

des « preuves tangibles »[115]. Ces mesures sont considérées par William Bazé comme des « décrets iniques », des « décrets racistes »[116]. Alors que le décret de 1928 s'appuyait sur la notion de race dans une démarche inclusive des métis, la politique de l'Indochine vichyste vise leur exclusion.

Après avoir rédigé des ouvrages sur la race en 1938 et 1939, le docteur René Martial, professeur d'anthropobiologie et expert en matière de sélection raciale sous le régime de Vichy, livre en 1942 son analyse raciste du métissage :

« Ce qui caractérise les races métissées, mêmes animales, c'est la vulgarité, une vulgarité qui va jusqu'à la bestialité. La laideur physique, autre signe de dégénérescence, lorsqu'elle s'ajoute à la vulgarité, donne une sensation d'horreur, de répulsion aux âmes bien nées… Il n'y a pas de préjugé de couleur. C'est un instinct qui veut que le Blanc répugne à l'union avec le Noir ou le Jaune… […] La vulgarité du métis n'est pas un exemple à donner à la nouvelle France. Vulgaire, laid, décousu, mal réussi, timoré ou indécis, ou brutal par accès, dissimulé, perfide, menteur, d'une morale élastique, sa conscience du bien et du mal ne s'accorde pas avec nos critères. Il n'a ni le sens de la bassesse ni celui de la générosité. Tiraillé entre deux hérédités, il n'agit que dans son intérêt personnel ».

La conclusion de Martial est sans ambages : « dans le code de la famille, interdiction du mariage d'un Français ou d'une Française avec un Jaune ou un Noir »[117].

Dans le contexte de Vichy, le film *Mahlia la métisse* (1943) montre l'ambiguïté du rapport aux hybridités raciales. L'héroïne – jouée par une actrice d'origine hongroise – née d'un père officier français et d'une Indochinoise, est élevée par un couple de Français qui s'oppose catégoriquement à l'amour que lui porte Henri le fils de la famille. Celui-ci meurt en tentant de protéger Mahlia des avances d'un riche et louche Chinois. Inconsolable, elle voue sa vie à élever dans une mission catholique des enfants métis, « dans l'amour de la France »[118].

---

[115] Éric Jennings, *Vichy sous les tropiques. La Révolution nationale à Madagascar, en Guadeloupe, en Indochine 1940-1944*, Paris, Grasset, 2004, p.241-244.

[116] ANOM, 1 HCI 715, Rapport « Le problème eurasien » par William Bazé, adressé au conseiller des affaires sociales du Haut-Commissariat, 24 août 1949.

[117] René Martial, *Les Métis - Nouvelle étude sur les migrations, le mélange des races, le métissage, la retrempe de la race française et la révision du code de la famille*, Paris, Flammarion, 1942.

[118] Delphine Robic-Diaz, *La guerre d'Indochine dans le cinéma français. Images d'un trou de mémoire*, Presses universitaires de Rennes, 2015, p.108 ; Walter Kapps, *Mahlia la métisse*, 1943.

Selon Éric Jennings, avec sa politique « Vichy creuse sa propre tombe » : le Vietminh profite doublement du développement des nationalismes et de la politique ambiguë de la France vis-à-vis du Japon[119]. Le coup de force des Japonais du 9 mars 1945 met à terre l'Indochine Vichyste en quelques jours et impose une autre domination aux populations locales. Les métis ayant du sang français dans les veines se retrouvent dans une situation difficile. Parmi eux, les enfants demeurent un enjeu considérable pour les maîtres de l'Indochine.

---

[119] Éric Jennings, « Vichy aux colonies, un racisme décomplexé », in Pierre Singaravélou (dir.), *Colonisations. Notre histoire*, Paris, Seuil, 2023, p.225-227.

Chapitre 2
L'impérieuse assistance aux enfants métis

Le statut d'un enfant métis dans l'Indochine coloniale dépend des conditions de sa naissance, du statut social de ses parents et du lien qui les unit. Trois catégories bien distinctes peuvent être définies : les enfants légitimes du point de vue du droit français car nés de mariages enregistrés par l'état civil français ; les enfants naturels reconnus par leurs pères, colons installés, fonctionnaires ou militaires, ce qui n'empêche pas leur abandon ; les enfants non reconnus, totalement abandonnés par leurs pères, considérés, à l'instar de leurs mères, comme indigènes (sujets et non citoyens). Dominique Rolland écrit qu'« il n'est pas rare que l'on rencontre, dans la descendance d'un même homme, des enfants de statuts différents, selon qu'ils ont été reconnus ou non, issus d'un mariage ou d'une situation de concubinage, d'une relation adultérine ou d'une rencontre occasionnelle », ainsi, « la question du statut de l'union conditionne le statut de l'enfant métis et son intégration ou non dans la société blanche. Ce n'est pas tant une affaire de couleur de peau qu'une affaire de droits, une affaire de statut juridique »[120]. Emmanuelle Saada a bien montré que le statut des enfants métis abandonnés et des métis reconnus puis abandonnés, évolue en fonction de deux conceptions contradictoires à partir de la fin du XIXe siècle : d'un côté, l'administration, soutenue par une partie de l'opinion publique coloniale, tente de rejeter les métis vers la catégorie indigène, de l'autre, des juges bataillent pour imposer la promulgation puis l'application des grandes lois républicaines qui réforment profondément le Code civil après 1880[121]. Dans ce contexte, quelle prise en charge mettre en œuvre pour des enfants métis dont les pères français se désintéressent ? Quelle responsabilité de l'État français vis-à-vis d'eux ? Pour les protagonistes de la « question métisse », il s'agit d'éviter qu'en grandissant ces enfants souffrent de discrimination et éprouvent du ressentiment envers la France, envers les blancs. Cette position se double d'une préoccupation politique : affirmer l'autorité coloniale et la

---

[120] Dominique Rolland, *De sang mêlé... op. cit.*, p.203.
[121] Gilles de Gantès, « 'đầu gà đít vịt'... » *Op. cit* ; Emmanuelle Saada, *Les enfants de la colonie... op. cit.*, chap.4.

hiérarchie raciale. Pour les autorités coloniales, abandonner les métis à leur sort serait une atteinte au prestige de l'homme blanc. D'où l'impérieuse nécessité de s'occuper d'eux dès leur enfance.

Mobilisations pour les enfants métis au tournant des siècles

Pour le lieutenant-colonel Bonifacy, les enfants métis sont :

> « le produit d'une sélection du point de vue physique. Les pères sont dans la force de l'âge, exempts de tares physiques qui auraient rendu impossible leur entrée dans l'armée ou leur séjour dans la colonie. Comme on le pense bien, les femmes indigènes choisies comme compagnes sont en grande partie bien portantes, bien faites et agréables, sans cela le choix de l'Européen ne se serait pas porté sur elles ».

L'intérêt à s'occuper des enfants eurasiens abandonnés ne fait donc pas de doute, pour des raisons humanitaires certes, mais aussi pour capter un élément de la population particulièrement prometteur pour leur « utilisation » en Indochine[122]. Cela passe par leur prise en charge, leur éducation, leur formation.

Dès 1859, l'évêque de Cochinchine invitait la congrégation des Sœurs de Saint-Paul de Chartres, installée à Hong Kong depuis 1848, à fonder un établissement de la « Sainte enfance » à Saigon. C'est chose faite dès 1860 à Cholon puis en 1874 les sœurs ouvrent une école pour filles qui reçoit des métisses. Ensuite, la congrégation installe des maisons dans diverses provinces, puis un centre d'accueil à Dalat. Les Frères des Écoles Chrétiennes arrivent en Indochine en 1866, ils y fondent l'École Mossard à Thu-Duc (Cochinchine), et par la suite l'École Pellerin à Hué, l'Institution Saint-Joseph à Haiphong, l'Institution Puginier à Hanoi. En 1874, les Missions étrangères de Paris fondent dans la capitale du Tonkin l'Institut Taberd pour l'instruction des garçons eurasiens (qui sera repris par les Frères des Écoles chrétiennes en 1889). Les Sœurs de la Providence de Portieux arrivent en Indochine en 1876 et fondent le Foyer Culao-Gien (Cochinchine), puis s'installent au Cambodge en 1885 et créent à Phnom-Penh, avec le soutien de Charles Gravelle, un orphelinat pour les enfants malheureux, dont des petits métis[123].

---

[122] Lieutenant-colonel Bonifacy, « Les métis franco-tonkinois », *Op. cit.*
[123] Jacques Mazet, *La condition juridique des métis… op. cit.*

Cependant ces initiatives demeurent limitées et la prise en charge des enfants métis devient une véritable préoccupation de la société coloniale à la fin du siècle. Ce sont les enfants métis nés de pères inconnus qui cristallisent le débat. En effet, si le père Français a épousé une Indochinoise et a reconnu l'enfant, ce dernier prend la nationalité du père, mais si le père français est déjà marié et donc ne peut pas reconnaître l'enfant, ou s'il s'en désintéresse, celui-ci prend la nationalité de la mère. À la fin du XIXe siècle, différents réformateurs sociaux laïcs (notables, militaires, philanthropes, francs-maçons) portent un diagnostic sur les maux de la société coloniale et s'interrogent sur le maintien dans les rangs indigènes d'enfants ayant du sang français dans les veines[124]. De nombreuses mères restent en effet seules avec leurs enfants et rencontrent bien des difficultés à assurer les soins nécessaires, sans parler de la pression sociale pesant sur elles. Le plus souvent, elles les abandonnent auprès des œuvres tenues par des congrégations religieuses françaises. En 1893, pour régler la question des enfants sans père, Eugène Haffner, directeur du Jardin botanique de Saigon, propose de créer un orphelinat agricole dans le but de former des cadres pour l'agriculture. Il affirme que par leurs origines croisées, les enfants métis auront des prédispositions pour les pratiques de la greffe et de l'hybridation[125], ce qui laisse aujourd'hui songeur.

Des sociétés de bienfaisance locales et laïques sont créées : la Société de Protection de l'Enfance de la Cochinchine en 1895, puis la Société d'Assistance aux Enfants franco-indochinois du Tonkin en 1897 par le directeur des postes du Tonkin, le chef du contentieux de l'administration des travaux publics et un pharmacien. Celle-ci est reconnue d'utilité publique en 1907. Pour Pierre Guillaume, « il n'est pas interdit de voir dans cette convergence de personnalités diverses une influence maçonnique. Les loges ont en effet toujours porté attention à ce problème des métis »[126]. Et des enfants en général pourrait-on ajouter, lorsque, par exemple la loge Les Inséparables du Progrès soumet en février 1911 un projet de décret visant à remédier à la traite des enfants en Indochine[127]. Il faut préciser qu'à la suite de la loi de séparation de l'Église et de l'État, depuis 1906, les subventions du gouvernement général aux œuvres religieuses ont cessé, d'où une aggravation de la situation des enfants métis et

---

[124] Dominique Rolland, *De sang mêlé… op. cit.*
[125] David M. Pomfret, *Youth and Empire, op. cit.*, p.247.
[126] Pierre Guillaume, « Les métis en Indochine », *op. cit.*, p.188.
[127] Patrice Morlat, *La République des frères. Le Grand Orient de France de 1870 à 1940*, Paris, Perrin, 2019, p.280.

la création de nouvelles associations laïques. La Société de Protection des Métis abandonnés de l'Annam est créée en 1905, puis la Société de Protection de l'Enfance de Cochinchine en 1906-1908 par Frédéric Drouhet, maire de Cholon de 1907 à 1912, qui est reconnue d'utilité publique en 1911. Sont également fondées la Société d'Assistance aux Métis en 1908 au Laos et la Société de Protection de l'Enfance au Cambodge, par Charles Gravelle, en 1909. Celui-ci déclare que cette appellation « n'indique pas l'exclusivité pour les demi-blancs ; mais, en fait eux seuls sont en cause, car il n'y a pas d'enfants asiatiques dont la détresse, physique et morale, égale la leur ». Et il précise que sa conduite est dirigée par « l'intérêt exclusif de l'enfant, et la satisfaction d'abord du besoin affectif qui domine en lui »[128], cette dimension est peu partagée, en tout cas pas énoncée, par les autres acteurs philanthropiques. En 1911, le journaliste Albert de Pouvourville écrit dans *La Dépêche Coloniale*, que l'abandon des enfants métis donne à voir la pauvreté blanche, ce qui remet en cause la stabilité de la société coloniale[129]. Bien plus tard, Kim Lefèvre évoquera les enfants métis présentés souvent comme tarés de « l'atavisme de leur race », et dont tout le destin est contenu dans l'expression « peau blanche mais misère jaune »[130].

Les sociétés de prise en charge de l'enfance métisse sont toutes créées et dirigées par des hommes. La question eurasienne, au niveau politique et philanthropique, est une question d'hommes car engageant la paternité et le pouvoir. Ces responsables exercent des professions libérales ou sont fonctionnaires à des postes à responsabilité, militaires, certains sont pères d'enfants métis et mariés avec leurs mères. Outre le lieutenant-colonel Bonifacy, on peut citer Georges Coedes, directeur de l'école française d'Extrême-Orient ou le « commandant » Jules Révérony, planteur. Faiblement présentes dans la société coloniale, les Européennes ne sont pas actives dans ces associations avant les années 1920, époque à laquelle l'on reconnait « l'aide maternelle » qu'elles peuvent apporter. Ce sont surtout des épouses de membres de ces sociétés de bienfaisance, issues de la

---

[128] ANOM 90 APC 4295, assemblée générale de la FOEFI, le 8 novembre 1983, « Implantations des Eurasiens sur le sol indochinois » par William Bazé qui reprend notamment des éléments de Jacques Mazet, *Op. cit.* ; Charles Gravelle, « Enquête sur la question des métis », *Revue Indochinoise*, 1er janvier 1913, p.32.

[129] Albert de Pouvourville, « L'Indochine et ses métis », *La Dépêche Coloniale*, 16 septembre 1911.

[130] Kim Lefèvre, « Èves jaunes et colons blancs », in *Op. cit.*, p.111-119.

notabilité coloniale, qui s'engagent[131]. En revanche, les femmes sont très présentes sur le terrain dans les établissements catholiques.

De nouvelles congrégations religieuses s'installent dans les années 1920 et s'occupent des enfants métis : les Religieuses de Notre-Dame des Missions en 1926 à Thanh Hoa, puis à Lang Son en août 1935 où les enfants eurasiens étaient nombreux en raison de la forte présence des militaires français le long de la frontière chinoise[132]. Les Filles de la Charité de Saint-Vincent de Paul arrivent en Cochinchine en 1928 et s'installent à Gia Dinh, puis à Thu Duc, Saigon, Nha Trang et Quinhon. Leur « Domaine de Marie » à Dalat, recueille et éduque de nombreux enfants eurasiens à partir des années 1930[133].

Les œuvres religieuses et laïques couvrent alors l'ensemble de l'Indochine et assurent l'accueil de milliers d'enfants abandonnés, dont des Eurasien·nes. Elles veillent à faciliter l'intégration des métis·ses dans la société coloniale en leur donnant une éducation décente et une instruction minimale de type européen. Pour Pierre Brocheux, les motivations de l'ensemble des acteurs sont de plusieurs ordres : secourir des enfants abandonnés par leurs géniteurs et parfois rejetés par le milieu maternel ; leur donner de la dignité et une vie normale ; éviter qu'ils souffrent de la discrimination et éprouvent du ressentiment envers la race de leurs pères. Sans oublier une préoccupation politique : affirmer et consolider le pouvoir et l'autorité coloniale dans un contexte de hiérarchie raciale. Car au-delà d'un problème moral, ces enfants constituent un problème politique en brouillant les frontières raciales que la colonisation a mis en place et fait respecter[134]. Au lendemain de la Première Guerre mondiale, vient s'ajouter l'idée que la France, qui a subi de lourdes pertes humaines, a besoin de régénérer sa population et plus prosaïquement de main-d'œuvre pour la reconstruction[135].

Les sociétés d'assistance disposent de peu de ressources : quelques souscriptions, cotisations et dons. En 1913, Charles Gravelle réclame une déclaration d'utilité publique pour sa Société de Protection de l'enfance

---

[131] Emmanuelle Saada, *Les enfants de la colonie… op. cit.*, p.86-87 ; Marie-Paule Ha, *French Women and the Empire… op. cit.*, p.75-76.

[132] Marie-Bénédicte Ollivier, *Missionnaire aux quatre vents du monde. Euphrasie Barbier (1829-1893)*, Roma, Instituti Salesiano Pie XI, 2007.

[133] Élisabeth Dufourcq, *Les aventurières de Dieu. Trois siècles d'histoire missionnaire française*, Paris, Jean-Claude Lattès, 1993, p.406-408.

[134] Ann Laura Stoler, *Carnal Knowledge and Imperial Power… op. cit.*

[135] Pierre Brocheux et Daniel Hémery, *Indochine, op. cit.*, p.186.

au Cambodge. Celle-ci, qui s'occupe surtout d'enfants métis, compte une cinquantaine de membres et son budget atteint péniblement 10 000 piastres. Un établissement géré directement par la société accueille alors 38 garçons de 6 à 20 ans ; 34 filles sont confiées à l'orphelinat des sœurs de la Providence de Portieux ; d'autres enfants, y compris des filles, sont scolarisés dans divers établissements. Il précise : « nous nous appliquons à marier nos filles, à défaut de Français (très rares), avec des Asiatiques, Annamites ou Cambodgiens, susceptibles de les rendre heureuses. Nous les voulons honnêtes mères de famille, toujours protégées par nous ». En 1926, la Société d'Assistance aux Enfants abandonnés franco-indochinois de Hanoi s'appuie sur 128 cotisations pour un total de 540 piastres, alors que l'administration lui accorde une subvention annuelle de 55 000 piastres[136]. Les observateurs, comme les autorités françaises en Indochine, sont conscients du problème de prestige que la question des enfants métis pose à la métropole mais également du potentiel démographique et politique qu'ils représentent.

Débat sur les moyens à mettre en œuvre

Au début du XXᵉ siècle, à Hanoi comme à Saigon, dans certaines écoles, des enfants eurasiens sont séparés des élèves européens. Cette discrimination est justifiée par le fait qu'ils seraient maltraités par les autres élèves, mais il est vrai aussi que des parents d'élèves et des enseignants réclament cette séparation et critiquent la politique d'inclusion scolaire des enfants métis non-reconnus par leurs pères[137]. Même les enfants métis légitimes rencontrent de l'hostilité et du racisme latent dans les établissements scolaires. Jean Leroy raconte ainsi son arrivée à la pension Taberd de Saigon à la fin des années 1920 :

> « J'avais tellement honte de ma peau que je volais du talc pour me blanchir un peu. Je venais de découvrir que je n'étais ni totalement français, ni totalement vietnamien ; j'étais un être à part : un Eurasien. J'étais pauvre aussi. Dans notre île d'An Hoa, tout le monde était pauvre. Nous vivions en parfaite harmonie, sans haine ni envie. En arrivant à l'école je connus un autre monde : celui du mépris et de l'envie »[138].

---

[136] Charles Gravelle, « Enquête sur la question des métis », *Op. cit*, p.35. Gilles de Gantès, « 'đầu gà đít vịt'. … *Op. cit.*
[137] David M. Pomfret, *Youth and Empire, op. cit.*, p.257.
[138] Colonel Jean Leroy, *Fils de la rizière, op. cit.*, p.28.

Dans certaines écoles françaises, alors que, de manière éparse, quelques enfants indigènes ayant démontré leurs aptitudes sont admis, les enfants métis sont rejetés vers les écoles vietnamiennes, surtout s'ils ne sont pas reconnus. Des responsables des œuvres insistent sur le danger que représentent ces enfants désaffiliés destinés à devenir « vicieux », « rebelles et ennemis de la France », « prêts à prendre les armes contre leurs pères ». Il faut au contraire les éduquer dans un système de prise en charge patriotique, en leur inculquant « l'amour et le respect de notre chère France ». D'où la réticence de certaines sociétés de protection de l'enfance à laisser les enfants retourner régulièrement chez leurs mères au risque de retomber dans des travers considérés comme ataviques. C'est pourquoi les établissements qui accueillent les Eurasiens ont l'ambition de remplacer les familles. Alors que les filles ne font guère l'objet de débats sur la nécessité de les éduquer, le risque politique et social qu'elles présentent étant moindre, il semble nécessaire d'encadrer fortement les garçons afin de les distraire du destin misérable qui les attend. Puis, peu à peu progresse l'idée qu'il faut éduquer tous les enfants métis, en les plaçant dans des établissements dédiés, séparés des enfants français, et financés par les deniers publics plutôt que de verser des aides à leurs mères[139].

Sont ainsi créés des établissements spécifiquement dédiés aux Eurasiens comme un orphelinat à Hanoi en 1909 où les enfants « trouvent le vivre et le couvert en même temps qu'un intérieur, un "home" remplaçant pour eux la famille absente ». La même année, le collège agricole de Hung Hoa ouvre ses portes en s'inspirant des colonies agricoles de métropole destinées aux enfants trouvés, abandonnés et aux orphelins pauvres. De 20 à 30 enfants de 8 à 12 ans, envoyés par diverses associations de protection, y reçoivent une éducation élémentaire voire sommaire et un apprentissage aux travaux agricoles. Là encore, le collège est présenté comme une grande famille, le directeur est comme un père pour les enfants avec une métaphore paternaliste poussée à fond. Mais les dysfonctionnements sont nombreux, la nourriture insuffisante, les punitions trop nombreuses et trop dures. En 1910 les élèves se rebellent, une inspection a lieu et le collège est finalement fermé, ce qui met fin à une expérience qui a fait long feu[140].

---

[139] Christina E. Firpo, *The Uprooted op. cit.*, p.29-30.
[140] Emmanuelle Saada, *Les enfants de la colonie, op. cit.*, p.82 ; Christina E. Firpo, *The Uprooted op. cit.*, p.31-32.

Selon Trinh Van Thao, « tous les coloniaux ne se comportèrent pas comme de froids bureaucrates dépourvus de pitié et d'éthique », il rapporte même « les trésors d'ingéniosité et de sagesse dont ils furent capables pour résoudre, pas si mal que cela, le problème posé par l'existence des enfants issus de rencontres légitimes ou illégitimes »[141]. Peut-être pense-t-il au lieutenant-colonel Bonifacy déjà évoqué, père d'une enfant eurasienne née en 1909, engagé pour la protection de l'enfance, qui démontre que les enfants métis ont des résultats scolaires et des caractéristiques morales comparables aux enfants européens. Pour ce faire, il a envoyé un questionnaire à des professeurs et instituteurs. Auguste Bonifacy constate alors que le discrédit qui frappe les métis tire ses raisons moins de leur race que de leur bâtardise. Il fustige l'« insouciance et l'égoïsme féroces » des pères qui abandonnent leurs enfants. Pour lui, « les métis franco-tonkinois sont à bien des égards supérieurs aux Annamites purs » et il ne voit que des avantages à leur reconnaissance en tant que Français[142].

Selon un observateur, l'année 1913 « voit brusquement apparaître toute une série d'articles et de rapports documentés essayant d'émouvoir l'opinion publique, s'efforçant de trouver une solution au problème que posait déjà à l'époque l'accroissement des métis en Indochine »[143]. *La Revue Indochinoise* diffuse une vaste enquête qui permet de rassembler de nombreux points de vue et d'abord ceux des responsables de sociétés d'assistance qui « avec un inlassable dévouement et un désintéressement parfait, travaillent à résoudre par une charité active et intelligente » la question métisse. La condition sociale des enfants métis, l'assistance aux métis abandonnés, l'éducation et l'apprentissage, le statut légal des Eurasiens sont autant de questions abordées. *La Revue Indochinoise* publie notamment un texte de Charles Gravelle et une étude de l'avocat Henri Sambuc (1864-1944). Tous les deux réclament que la France s'occupe vraiment des enfants métis en les retirant du milieu indigène et demandent que pour ce faire des moyens soient alloués. Le second va plus loin en espérant voir le jour « où l'État, c'est-à-dire le Gouvernement général d'Indochine, se décidera d'assumer comme il le doit, la protection de tous les enfants dans le besoin et à organiser dans la colonie le

---

[141] Trinh Van Thao, « Préface » de Nelcya Delanoë, *Poussières d'empire, op. cit.*, p.15-16.
[142] Laurent Dartigues, *L'orientalisme français en pays d'Annam, 1862-1939. Essai sur l'idée française du Viêt Nam*, Paris, Indes Savantes, 2005, p.140-141.
[143] René Bonniot, *L'enfance métisse malheureuse*, rapport présenté au Congrès de l'enfance, Saigon, Imprimerie de l'Union, 1940, 18 p.

service de l'Assistance publique »[144]. Car jusqu'alors, seuls des acteurs privés, religieux ou laïques, s'intéressent à cette question.

Un autre débat porte sur l'envoi d'enfants métis en métropole. Il est posé dès la Grande Guerre à l'occasion de l'enrôlement de métis comme interprètes dans les troupes coloniales. Mais en 1916 le président de la Société pour la protection des enfants métis de Hué refuse d'envoyer ses protégés en France. Il argumente sur l'inhumanité de séparer ainsi les enfants de leurs mères et préfère les placer à Dalat. Après la fin des combats, une cinquantaine d'adolescents envoyés par la société du Tonkin restent en métropole. Pour les responsables, il s'agit d'acculturer le plus complètement possible ces éléments à la population française, la rencontre avec la société française étant censée les convaincre de devenir d'honnêtes citoyens. À partir de 1924, 159 enfants rejoignent le vice-président de la société d'assistance aux enfants abandonnés du Tonkin qui a pris sa retraite en Normandie. Ils sont placés dans des familles d'agriculteurs « qui offrent la garantie de la meilleure moralité » en Normandie, en Bretagne, dans les Landes, dans la vallée du Rhône, etc. Certains sont en apprentissage chez des artisans, d'autres suivent un cursus scolaire quand leurs capacités le permettent. Considérée comme positive par ses promoteurs, l'expérience a été très douloureuse pour certains enfants. Sur les 39 enfants envoyés en 1925, 20 arrivent dans un état déplorable, certains sont hospitalisés pendant plusieurs mois. L'un d'eux, arrivé en France en 1927, écrit en 1932 qu'il ne voulait pas quitter l'Indochine ni sa famille, qu'il a rencontré des difficultés à s'acclimater à la Normandie, que sa famille d'accueil le considérait mal. En réponse, les responsables du programme l'envoient en séjour dans un asile pour malades mentaux. Tous ceux qui se rebellent sont considérés comme déviants et ingrats. En 1928, des filles âgées de 8 à 14 ans sont également envoyées en France pour leur assurer « une honorable existence », c'est-à-dire les soustraire à la prostitution. En plus des inconvénients de ces transplantations, le nombre d'enfants envoyés en métropole est trop faible pour que cette migration apparaisse comme une solution au problème métis. L'expérience est stoppée en 1931 dans le contexte de la grande dépression économique. Mais le débat resurgit à la fin des années 1930, alimenté par

---

[144] *La Revue indochinoise*, 1er janvier 1913, « Enquête sur la question des métis » par Ch. Gravelle, , p.31-43 ; « La question des enfants métis et le rôle des sociétés de protection » par H. Sambuc, p.200-210.

la question de la faiblesse démographique de la France, quelques départs sont donc organisés[145].

Cependant, dans les sociétés de bienfaisance la principale question demeure la place à donner aux métis dans la société coloniale en Indochine. Les antiracistes ethnocentrés préconisent l'assimilation complète des enfants métis aux Français, tandis que les ségrégationnistes souhaitent pour eux une prise en charge spécifique. H. Tissot, président de la Société d'assistance des Enfants franco-indochinois du Tonkin, distingue nettement d'une part les enfants légitimes, naturels ou reconnus dont les familles, y compris les pères, s'occupent et d'autre part les enfants abandonnés qui reçoivent « une éducation, dans un milieu presque toujours d'une moralité déplorable, pendant leur première enfance, qui laisse sur eux une empreinte fâcheuse dont ils jouissent »[146]. Cela renvoie à ce qu'écrivait le Résident supérieur au Cambodge François Baudouin en 1916 : « nous devons définitivement rompre le lien qui attache ces enfants à leurs origines indochinoises et même aller aussi loin que de leur faire perdre tous leurs souvenirs d'Indochine »[147]. Pour sa part, Douchet n'attend rien de bon des enfants eurasiens :

> « parce que le caractère de l'enfant est façonné par la mère et dans le métissage indochinois, la mère est toujours de basse extraction de la société indigène… En général un métis parvenu à l'âge d'homme n'a que la mentalité de sa mère de basse extraction de la société indigène, malgré l'instruction que son père a pu lui faire donner. [...] Mais bien plus, la mère a communiqué à son enfant non seulement la haine du père français, mais même la haine de tous les Français »[148].

Selon Brocheux et Hémery, de nombreux enfants métis abandonnés par leurs pères grandissent en milieu indigène dans la famille maternelle, lorsqu'il y en a une, et deviennent de fait vietnamiens, cambodgiens ou laotiens, « sans perdre complètement le stigmate défavorable de leur double origine. Déracinés ou tiraillés entre deux cultures, les métis sans famille sombrent dans la délinquance : vols, prostitution, vagabondage »[149]. Tous

---

[145] Emmanuelle Saada, *Les enfants de la colonie, op. cit.*, p.97-98 ; Christina E. Firpo, *The Uprooted op. cit.*, p.39 et 58-59 ; David M. Pomfret, *Youth and Empire, op. cit.*, p.272.

[146] H. Tissot, « La Société d'Assistance aux enfants Franco-Indochinois du Tonkin », Hanoï, 1937.

[147] Charles Rollet, « Les enfants volés du Cambodge », *Grain de riz (désormais GDR)* n°52, 2016.

[148] P. Douchet, *Métis et Congaïes. op. cit*, p.8-10.

[149] Pierre Brocheux et Daniel Hémery, *Indochine, op. cit.*, p.186.

ces constats sur l'enfance métisse, ainsi que les débats sur la nationalité et la citoyenneté aux colonies mènent à une clarification du statut des enfants métis nés de parents inconnus en Indochine.

Le tournant du décret de 1928

Emmanuelle Saada souligne que « la question métisse » ne s'applique que lorsque les conditions sociales des « enfants de la colonie » ne leur permettent pas de s'intégrer à la communauté blanche ou à la communauté indigène, autrement dit, ni au milieu social du père, ni à celui de la mère[150]. Le décret du 4 novembre 1928 règle la situation des enfants non reconnus par un père mort au combat, décédé ou ayant abandonné sa compagne et son ou ses enfants. Outre son article 1 qui stipule que « tout individu, né sur le territoire de l'Indochine de parents dont l'un, demeuré légalement inconnu, est présumé de race française, pourra obtenir, conformément aux dispositions du présent décret, la reconnaissance de la qualité de Français », son article 2 précise : « La présomption que le père ou la mère demeuré légalement inconnu est d'origine et de race françaises peut être établie par tous les moyens. Les principaux éléments d'appréciation sont le nom que porte l'enfant, le fait qu'il a reçu une formation, une éducation et une culture françaises, sa situation dans la société ». Pour être considéré de « race française », l'enfant métis doit donc avoir du sang français dans les veines mais aussi être socialisé dans un milieu de culture française. La mise en application de ces dispositions suppose bien sûr de recenser ces enfants, de les placer et les éduquer sous l'autorité d'une société protectrice de l'enfance, avec l'accord de leur mère. Ces établissements se chargent ensuite des démarches nécessaires afin qu'ils puissent obtenir la nationalité française par jugement (article 4). Il est prévu que le jugement reconnaissant à l'individu la qualité de citoyen français soit transcrit sur les registres d'état civil français et tienne lieu d'acte de naissance (article 5). Il est précisé que ce « jugement qui reconnaîtra la qualité de citoyen français à un enfant mineur lui désignera en même temps un tuteur » qui peut être une société protectrice de l'enfance agréée par l'administration (article 6)[151].

Pour de nombreux acteurs de la philanthropie et de la bienfaisance, cette mesure répare une injustice. Le texte de 1928 permet la mise en

---

[150] Emmanuelle Saada, *Les enfants de la colonie…op. cit.*
[151] Décret du 4 novembre 1928 sur le statut des métis nés de parents inconnus en Indochine, *JORF* du 8 novembre 1928.

œuvre d'une entreprise d'assimilation pour tous les enfants pour lesquels prouver leur appartenance à la « race française » est possible. Ainsi, des arguments basés sur la race sont invoqués à des fins d'inclusion des enfants eurasiens dans la population française, en Indochine comme en métropole. Dans les années 1930, la prise en charge des enfants métis prend un caractère d'urgence alors que le mouvement national vietnamien monte en puissance et s'exprime violemment, par épisodes, à partir de 1930-1931. C'est aussi le moment où le péril de l'expansion japonaise inquiète et pose la question de la défense de la colonie. Face à un risque de déclin de l'Indochine française, la question métisse prend une nouvelle dimension[152]. Et parmi tous les métis, les enfants nés d'un Français et d'une femme du pays semblent à privilégier, d'où dans ces années-là la généralisation du discriminant positif « eurasien » par les philanthropes, la presse, les administrations[153]. Pour Henri Bouchon, responsable d'une association de métis, les Eurasiens sont des Français d'un type nouveau parce que produits d'un milieu spécifique, irréductible à celui de la métropole. Il s'oppose donc à l'envoi en France de ces enfants :

> « Aucun enfant métis ne pourra se sentir physiquement attaché à la terre de France comme un Parisien ou un Béarnais, bien qu'il puisse effectivement se sentir l'héritier de vingt siècles de civilisation française. [...] Pour être attaché à un pays, il faut y être né, il faut y avoir vécu, il faut qu'un concept se soit formé dans l'esprit. Ce n'est pas vers douze ans, à l'âge où l'image locale s'est déjà fixée, qu'il sera possible de lui en substituer une autre. On ne transforme pas en amours secondes des amours premières. C'est faire bon marché, semble-t-il, de la puissance d'action du pays natal. À son insu, par une sorte de mimétisme physique qui déborde dans l'ordre sentimental, l'enfant du pays subit l'action du milieu : il s'y intègre en acquérant son individualité de naissance, de race, sa qualité bien définie de Français d'Indochine »[154].

Pour lui et beaucoup d'autres, les enfants eurasiens doivent donc devenir des Français d'Indochine, sur leur terre natale. Pour cela, il faut les soustraire au milieu indigène et les intégrer à l'élément français. Le sénateur Godart, déjà cité, écrit en 1937 :

---

[152] Pierre Brocheux et Daniel Hémery, *Indochine, op. cit.*, p.186.
[153] William Bazé, « Le problème eurasien » *Agence coloniale d'information*, 15 février 1948.
[154] Henri Bouchon, *Mousson du Sud. Essai sur la vie indochinoise*, 1942, p.248-249, cité par Emmanuelle Saada, *Les enfants de la colonie, op. cit.*, p.246.

« les métis abandonnés doivent être traités comme n'importe quel orphelin français et préparés à la vie, pratiquement, à la française » ; « L'aide aux métis abandonnés doit être organisée à la colonie, par la colonie, et elle doit être orientée de façon à les mêler, dès leur plus jeune âge, à la vie de tous les enfants de leur âge, à abolir et non à souligner la distinction d'origine, à les traiter comme des Français qu'ils sont et à leur en donner conscience »[155].

Cette même année, la Société d'assistance aux enfants franco-indochinois du Tonkin prend en charge des enfants dès 7 ans car « il y a intérêt du plus haut degré à ce que l'enfant à assister soit retiré le plus tôt possible du milieu semi-indigène où il vit, avant tout au moins qu'il ait contracté des habitudes vicieuses et subi l'empreinte fâcheuse d'un milieu en général dangereux pour son éducation morale »[156]. C'est exactement conforme à un vœu de l'Association des légionnaires d'Indochine qui réclame que les autorités retirent les enfants à leurs mères – celles-ci les corrompant par leurs manières indigènes –, et préconise que ces « enfants moralement abandonnés » soient plutôt pris en charge par les sociétés d'assistance[157].

Dans ses deux établissements, la société tonkinoise s'occupe en 1937 de 105 garçons et 67 filles. 82 garçons et 40 filles suivent les enseignements de l'école primaire supérieure, deux garçons et une fille sont au lycée, les autres se dispersent dans différentes filières professionnelles. La société s'occupe aussi de 44 autres enfants qui poursuivent une formation en France. Sur 30 anciens pupilles dont le sort est connu, 19 sont engagés volontaires dont 13 sous-officiers, 2 sont instituteurs en France, à Coutances et à Saint-Lô, 3 sont contremaîtres, les autres sont artisans. Une fois de plus est rappelé l'argument censé convaincre les autorités françaises de financer cette politique : éviter que ces enfants ne se tournent un jour vers le clan des mécontents et ne suivent les fauteurs de troubles[158].

Un autre risque est identifié par le publiciste Camille Aymard, concernant les filles seulement :

---

[155] Justin Godart, *Rapport de mission en Indochine 1er janvier-14 mars 1937… op. cit.* ; ANOM, fonds Guernut, 97.
[156] H. Tissot, « La Société d'Assistance aux enfants Franco-Indochinois du Tonkin », Hanoï, 1937, dans Pierre Guillaume, « Les métis en Indochine », *op. cit.*, p.188-189.
[157] ANOM, fonds Guernut 33, « Vœux de l'association des légionnaires d'Indochine ».
[158] H. Tissot, « La Société d'Assistance aux enfants Franco-Indochinois du Tonkin », *op. cit.*, p.188-189.

« le plus grand péril qui guette la jeune fille née de l'union des races, c'est son âme imaginative, sensible et compliquée. Quiconque s'est penché avec amour sur ces fleurs merveilleuses de notre humanité, qui n'a point cherché auprès d'elles le simple assouvissement d'un désir brutal, mais a voulu comprendre et conquérir leur cœur, a bientôt été pris de vertige »[159].

Le journaliste Vu Trong Phung recueille ces confidences d'une jeune femme eurasienne : « les occidentaux n'ont aucun respect et les Vietnamiens ne nous aiment pas du tout. Dans la bonne société européenne, avoir du sang annamite c'est une infamie. Et dans la bonne société vietnamienne, avoir du sang français ce n'est pas un honneur. Mon Dieu ! En vérité, je n'ai pas de patrie ! ». Une mère vietnamienne indique au journaliste vouloir confier sa fille eurasienne à une œuvre, « comme ça, quand elle aura 16 ans, ils lui trouveront du travail ici ou bien ils l'enverront en France. Une fille c'est une bouche inutile. À part peut-être si elle avait la nationalité française, alors là je m'en occuperais »[160].

La prise en charge des enfants métis intéresse la génération, peu nombreuse, des Eurasiens nés à la fin du XIXe siècle. Tel est le cas de William Bazé, Eurasien marié à une Eurasienne, sans enfant, mais assurant sur ses deniers personnels la charge financière de plusieurs enfants métis et animant la Société de Protection de l'Enfance de Cochinchine[161]. Dans cette tâche, il peut compter sur les engagements du père Robert Seminel (1902-1955) des Missions étrangères de Paris, de Sœur Durand des Filles de la Charité de Saint-Vincent de Paul ou de Pierre Varet (1902-1991), administrateur de la France d'Outre-mer en poste en Indochine depuis 1927 et franc-maçon[162]. Quelques décennies plus tard, il rappellera que malgré les subventions de l'administration : « nos ressources restaient cependant fort limitées et nos résultats étaient faibles ». Faute de moyens, les enfants assistés ne dépassent pas le niveau de l'école primaire, sauf rares exceptions[163].

L'action de Jules Brévié (1880-1964), en tant que gouverneur général de l'Indochine (1936-1939) nommé par le Front Populaire, modifie profondément la donne. Incarnant une approche coloniale plutôt libérale, et fort de son expérience sur la question métisse dans son précédent poste

---

[159] Henri Bonvicini, *Enfants de la colonie*, Saigon, Éditions Orient-Occident, 1938.
[160] Vu Trong Phung, *Profession ? Épouse d'Occidentaux !... op. cit.*, p.56 et 72.
[161] AN, fonds FOEFI 126, « Notice biographique de William Bazé », s. d.
[162] Christopher E. Goscha, *Historical Dictionary... op. cit.*, p.481 ; *GDR* n°14, « Attestation de Pierre Varet », 11 février 1969, p.15.
[163] ANOM 90 APC 4295, assemblée générale de FOEFI, 8 novembre 1983.

en Afrique-Occidentale française, il prend la mesure du problème eurasien. Mobilisant tous les acteurs concernés, il soumet au gouvernement le projet de création d'un organisme central chargé de financer les sociétés de bienfaisance laïques et les œuvres religieuses afin de leur permettre de développer rationnellement leurs activités. Après de nombreuses négociations avec tous les protagonistes, en Indochine et avec le ministère des Colonies, la « Fondation Jules Brévié », telle que dénommée dans ses statuts, est créée en août 1939. Elle est alimentée par des prélèvements sur le pari mutuel (3 %), sur les droits de l'alcool européen (10 %) et sur plusieurs produits d'importation. Elle devient la principale source de financement de l'aide aux enfants eurasiens en répartissant les fonds entre les sociétés affiliées en considération de leurs besoins et pour l'exécution des programmes ayant reçu son approbation. La Fondation exerce également un contrôle strict sur l'emploi des fonds, ce qui revient à renforcer le contrôle du Gouvernement général sur la politique de prise en charge des enfants métis[164]. Afin que la Fondation dispose d'une source de revenus propre, William Bazé – qui en est une figure marquante en tant que président de la Société de Protection de l'Enfance de Cochinchine – propose la création d'une plantation d'hévéas de 500 hectares dont les revenus permettraient d'alimenter les œuvres et de constituer des réserves. L'affaire était assez avancée quand Brévié dut repartir pour la métropole en raison du début de la Seconde Guerre mondiale[165].

En juin 1939, quelques semaines avant la création de la Fondation, Brévié a créé l'École d'enfants de troupe eurasiens de Dalat[166]. Cette école préparatoire militaire permet de soulager la charge des autres établissements accueillant des enfants métis puisqu'elle est destinée à accueillir « les enfants nés sur le territoire de l'Indochine de père demeuré légalement inconnu mais présumé de race française ; les enfants nés sur le territoire d'Indochine d'une mère indigène et d'un père de race française »[167]. Les premiers enfants accueillis viennent d'une annexe pour Eurasiens de l'école des enfants de l'école d'enfants de troupe indochinois de Cap

---

[164] ANOM 1 HCI 715, historique, statuts et règlement intérieur de la Fondation Brévié.

[165] ANOM 90 APC 4295, assemblée générale de FOEFI, 8 novembre 1983.

[166] Thèse en cours sur l'histoire de cette école à l'Université Aix-Marseille par Violette Dolin, qui a rédigé un mémoire de master 2, « L'école des enfants de troupe eurasiens de Dalat: une œuvre française en Indochine », Université Lumière Lyon 2, 2022.

[167] CADN 590POA162, création de l'École des enfants de troupe eurasiens de Dalat, 1939, article 2.

Saint-Jacques. Il s'agit de former et de « favoriser le recrutement pour les Troupes Françaises d'Extrême-Orient de cadres subalternes français originaires du pays, connaissant sa langue, ses coutumes et adaptés aux conditions locales de vie et de climat »[168]. La Fondation Brévié et l'école fonctionnent pendant toutes les années de guerre, et permettent notamment le développement d'un complexe intégré de prise en charge de l'enfance à Dalat.

La création des « pupilles eurasiens d'Indochine »

En 1940, lors de la semaine de l'enfance à Saigon, René Bonniot (1901-1943), pharmacien des troupes d'Indochine, réformateur social, présente un rapport intitulé « L'enfance métisse malheureuse », très précieux pour dresser un état des lieux de l'aide aux enfants métis. Souhaitant saisir l'enfance eurasienne, il indique d'emblée qu'il doit la juger « sans ménagement et la faire apparaître telle qu'elle est ou plus exactement telle qu'on l'a faite ». Bonniot commence par regretter que les réformes préconisées en 1913 par plusieurs spécialistes de la question n'aient pas été mises en œuvre et estime que plus de 25 ans après elles sont encore d'actualité : « et voici que surgit à nouveau la question des métis abandonnés ! » ; « Alors, on interroge : comment se fait-il que tant d'enfants métis soient à la rue sans instruction, sans profession, sans métier, voués souvent à la pire des déchéances. […] On n'a donc rien fait pour eux ? » Selon Bonniot, les métis qui ont réussi – et il évoque entre autres William Bazé, sans le citer – le doivent à « une enfance instruite et privilégiée » et pour eux « il n'y a pas de problème métis ». Pour les autres, les non-reconnus, les abandonnés, « il ne faut pas attendre qu'une influence médiocre les ait dévoyés, il faut les mettre dès leur premier âge dans un cadre français. Il ne faut pas se contenter de secourir quelques-uns, les plus pitoyables. Il faut les prendre tous. Il ne faut pas les subir, il faut les rechercher », notamment en allant au-devant de ces enfants et de leurs mères. Tel est le message de Bonniot : la question métisse n'est ni une affaire de charité, ni de pitié, c'est une question sociale, une question d'économie générale, une question politique, en un mot une question nationale. Et il affirme un grand principe : tous les enfants métis ne bénéficiant pas d'une tutelle paternelle effective doivent être obligatoirement reconnus comme pupilles de l'État, c'est-à-dire des enfants placés

---

[168] SHD 10 H 1112, Arrêté du Gouverneur général de l'Indochine portant création de l'École d'enfants de troupe eurasiens de Dalat, 27 juin 1939.

sous la responsabilité directe de l'État. Pour ce faire, il prévoit même un schéma général d'organisation dans lequel les sociétés d'assistance, les œuvres religieuses et la Fondation Brévié auraient chacune un rôle, mais sous la tutelle d'un organisme central dont « il ne doit pas être impossible d'en assurer le fonctionnement par une judicieuse association de l'administration à l'initiative privée »[169].

L'analyse de Bonniot, très incisive, suscite des réactions de la part des sociétés et des œuvres qui se sentent visées et aussi de la part des administrations qui sont interpellées. Pourtant, comme il l'écrit lui-même, ses propositions ne sont pas totalement neuves. Elles ont le mérite de remettre l'ouvrage sur le métier au moment de la bascule dans la guerre. Elles seront aussi partiellement suivies d'effets, sans doute pas de la manière dont il l'espérait. Ainsi, au tri précoce des enfants qu'il proposait, fait écho en décembre 1942 une instruction des autorités de Vichy stipulant que les enfants « rachitiques, débiles mentaux ou noirs » doivent être laissés en milieu indigène[170]. Outre la dimension eugénique et raciste déjà évoquée avec les écrits de René Martial, il faut remarquer une première mention d'une nouvelle facette de la question métisse qui est appelée à prendre une importance considérable avec les années de guerre : aux enfants eurasiens viennent se joindre des enfants africasiens, métis noirs.

En avril 1943, le gouverneur Decoux institue un système de fiches individuelles pour « qu'aucun mineur eurasien en position d'être secouru ne puisse échapper à l'administration ». Il s'agit là d'un premier pas vers l'affirmation d'un rôle accru de l'État. Cette année-là, la Fondation Brévié aide 1 231 enfants et avance le chiffre de 313 autres enfants répertoriés qu'il conviendrait de secourir, en précisant que cette estimation est très inférieure aux besoins réels. La prise en charge systématique de tous les enfants eurasiens est instituée par un décret du 24 novembre 1943 dont l'article 1 précise qu'il « s'applique à tout enfant mineur de l'un et l'autre sexe dont un des parents est réputé d'origine européenne [on note un changement de périmètre par rapport au décret de 1928] et l'autre d'origine asiatique et qui en outre entre dans l'une des catégories suivantes : 1) enfant recueilli, déposé ou trouvé ; 2) enfant abandonné ; 3) enfant maltraité ou moralement délaissé ; 4) orphelin indigent; 5) enfant moralement abandonné ». « Ces enfants peuvent être placés sous la tutelle de l'autorité publique et dits "pupilles eurasiens de l'Indochine" » (article 2).

---

[169] René Bonniot, *L'enfance métisse malheureuse*, rapport présenté au Congrès de l'Enfance, Saigon, Imprimerie de l'Union, 1940, 18 p.
[170] Emmanuelle Saada, *Les enfants de la colonie... op. cit.*, p.228.

Les modalités d'admission des enfants concernés en tant que « pupilles eurasiens d'Indochine » sont réglées par les articles 3 à 7[171].

Emmanuelle Saada a cherché l'inspiration de ce décret dans l'institution des « pupilles de la Nation » par la loi du 27 juillet 1917. À sa suite, Christina Firpo indique que le décret de 1943 crée un statut de « *pupille de la nation Eurasien* » (p.97) et évoque une « Eurasian *pupille de la nation* law » (p.138). Or ces expressions ne figurent nulle part dans le texte de 1943 et ne recouvrent aucune réalité, mais sont néanmoins reprises par Liesbeth Rosen Jacobson et Eva Käuper[172]. Il y a là une confusion dommageable à la bonne compréhension de ce texte si important pour les années et même les décennies qui vont suivre. En réalité c'est la loi du 27 juin 1904 sur les « enfants assistés » et la loi du 15 avril 1943 – qui notamment, définit les « pupilles de l'État » (article 1) – qui ont inspiré le décret[173]. Le terme « pupille » cache des statuts différents et est source de confusions. Les pupilles de la Nation sont des enfants dont les parents ont disparu ou sont incapables d'assumer leurs fonctions du fait de séquelles liées à la guerre. Ces pupilles de la Nation bénéficient du soutien de l'Office des anciens combattants et victimes de guerre (ONACVG). Les pupilles de l'État sont des mineurs pour lesquels est organisée une tutelle administrative.

La finalité du texte de 1943, et même les intitulés de ses différents titres et chapitres, renvoient à la loi de 1904 et organise la prise en charge directe des enfants eurasiens par l'État ; tandis que la loi de 1917[174], aussi importante et symbolique soit-elle, institue une « adoption par la Nation » pour les enfants de soldats tombés pour la France[175]. Le statut de « pupille eurasien d'Indochine » n'organise pas une protection

---

[171] Décret n°2986 du 24 novembre 1943 portant institution des pupilles eurasiens d'Indochine, *JO de l'État Français* du 27 novembre 1943.

[172] Emmanuelle Saada, *Les enfants de la colonie… op. cit.* p.229 ; Christina E. Firpo, *The Uprooted… op. cit.*, p.97 et 138 ; Liesbeth Rosen Jacobson, *The Eurasian Question… op. cit.*, p.158 ; Eva Käuper, « Children born of the Indochina War: national 'reclassification', diversity, and multiple feelings of belonging », in Sabine Lee et Alii (eds), *Children Born of War. Past, Present and Future*, London, Routledge, 2021, p.261 et 281.

[173] Loi du 28 juin 1904 sur le service des enfants assistés, *JORF* du 30 juin 1904 ; Loi n°182 du 15 avril 1943 relative à l'assistance à l'enfance, *JO de l'État Français* du 21 avril 1943.

[174] Loi du 27 juillet 1917 instituant des pupilles de la Nation, *JORF* du 29 juillet 1917.

[175] Voir Christiane-Catherine Canel-Dol, « Les adoptions en France de 1789 à 1923. Rêvées, instituées et vécues », thèse de doctorat en histoire soutenue à l'EHESS en 2021.

La création des « pupilles eurasiens d'Indochine » 75

supplémentaire de l'État en complément de celle exercée par la famille, ce qui est le cas pour les pupilles de la Nation, mais vise bien à l'institution d'une tutelle de l'État en remplacement de celle des parents défaillants. Concrètement, le décret de novembre 1943 organise l'attribution de la tutelle des enfants, relevant des cinq catégories définies, au chef d'administration locale, celle-ci étant exercée en son nom par le président de la Fondation Jules Brévié ou par délégation aux responsables d'associations ou établissements affiliés à la Fondation (article 8). Les conditions et les modalités de cette tutelle (tuteur et conseil de famille) sont précisément définies (articles 9 à 15) dans le sens du texte de 1904 : « les attributions du tuteur et du conseil de famille sont celles que détermine le code civil » ; et comme la loi de 1904, celle de 1943 ménage la possibilité pour les familles de reprendre l'enfant qu'elles ont abandonné, mais l'administration est seul juge de l'opportunité de la restitution[176]. Il est précisé à l'article 14 : « l'enfant réclamé par ses parents leur est remis à moins que le tuteur estime que la remise est contraire à l'intérêt de l'enfant » ; « Dans le cas de la remise de l'enfant, les parents devront rembourser en une seule fois ou par versements mensuels échelonnés sur une ou plusieurs années, les dépenses faites pour l'entretien de leur enfant, à moins que sur leur demande le président de la Fondation Brévié, après approbation du chef d'administration locale, ne les exonère de tout ou partie ». Les pupilles eurasiens d'Indochine doivent obligatoirement être confiés à une œuvre agréée par la Fondation ou à des particuliers honorables sur autorisation du président de la Fondation Brévié (article 16). L'intérêt de l'enfant et toutes les décisions le concernant sont du ressort du tuteur et non de la mère (articles 17 et 18). Sous certaines conditions, les pupilles peuvent être adoptés (article 19). Les dépenses de la prise en charge sont supportées par les associations qui reçoivent de la Fondation Brévié une allocation à un tarif fixé annuellement (article 20). Les derniers articles (21 à 27) précisent certaines dispositions d'application[177].

Un mois après le décret de novembre 1943, un autre vient le compléter qui modifie l'article 5 de celui du 4 novembre 1928 sur le statut des métis en Indochine. Tout en maintenant l'obligation de la transcription du jugement sur les registres de l'état civil, il est désormais précisé : « Le jugement reconnaissant à l'intéressé la qualité de citoyen français lui

---

[176] Sur la loi de 1904, voir Antoine Rivière, « De l'abandon au placement temporaire: la révolution de l'assistance à l'enfance (Paris, 1870-1920) », *Revue d'histoire de la protection sociale*, 2016, n°9, p.26-51.

[177] Décret n°2986 du 24 novembre 1943 portant institution des pupilles eurasiens d'Indochine, *JO de l'État Français* du 27 novembre 1943.

attribuera un nom patronymique français. Dans le choix du nom, le tribunal devra se conformer aux règles posées par les instructions générales du Haut-Commissaire aux procureurs généraux ». Et six mois plus tard un paragraphe y est ajouté pour étendre son application aux personnes ayant obtenu un jugement antérieur à la promulgation de la mesure[178].

Les différentes mesures arrêtées en 1943 bouleversent la question eurasienne. L'État Français de Vichy prend la main sur l'organisation de la prise en charge des enfants et fait de la Fondation Brévié une sorte d'autorité centrale s'imposant à tous les territoires de l'Indochine quels que soient leurs statuts vis-à-vis de la France. Désormais, les sociétés laïques et les œuvres religieuses disposent de moyens, d'un mandat de l'État qui en quelque sorte leur délègue un pouvoir pour s'occuper des pupilles eurasiens d'Indochine. Il faut noter au passage que les Africasiens et les autres métis ne sont pas concernés par cette réforme de 1943. Le tournant est d'autant plus important qu'il est durable. En effet, la fin du régime de Vichy, sanctionnée par l'ordonnance du 9 août 1944 « relative au rétablissement de la légalité républicaine sur le territoire continental » ne touche pas aux décrets de 1943[179]. Si le coup de force japonais de mars 1945 et la désorganisation de l'administration française consécutive à la fin de la guerre sonnent le glas de la Fondation Brévié, les décrets de 1943 demeurent. Ses dispositions imposent pour longtemps les modalités de prise en charge des enfants eurasiens.

---

[178] Décret n°3374 du 27 décembre 1943 abrogeant et remplaçant l'article 5 du décret du 4 novembre 1928 fixant en Indochine, le statut des métis nés de parents légalement inconnus, *JO de l'État Français*, 1ᵉʳ janvier 1944. Décret n°1492 du 8 juin 1944, complétant le décret n°3374 du 27 décembre 1943, *JO de l'État Français*, 15 juin 1944.

[179] AN FOEFI 128, lettre de William Bazé au ministre des Affaires sociales, 17 avril 1967.

Chapitre 3
De nouveaux enjeux après 1945

Alors que des millions d'enfants, perdus, isolés, orphelins incarnent le chaos de l'Europe à la sortie de la Seconde Guerre mondiale[180], en Indochine, 1945 « l'année du temps suspendu », selon l'expression de Pierre Brocheux, mène à la guerre d'indépendance qui accentue fortement les enjeux autour des enfants métis en Indochine. L'arrivée du Corps expéditionnaire français en Extrême-Orient (CEFEO) renforce la « question eurasienne » avec davantage de naissances d'enfants nés de pères français et de mères autochtones. Un « problème africasien » s'impose désormais puisque de nombreux combattants viennent des colonies françaises en Afrique, bien identifié par les protagonistes militaires et politiques. La réponse des autorités se fonde en partie sur les décrets de 1928 et de 1943, mais il s'agit de savoir quelle entité va mettre en œuvre la prise en charge des enfants eurasiens métis. Entre les services sociaux du Haut-Commissariat de France pour l'Indochine d'une part, et les associations laïques et les œuvres religieuses d'autre part, un bras de fer s'engage. La Fédération des œuvres de l'enfance française d'Indochine, héritière de la Fondation Brévié, en sort vainqueur avec sa tête une personnalité eurasienne emblématique, William Bazé.

Transitions d'après-guerre

Pendant la Seconde Guerre mondiale, la Fondation Brévié a pu, malgré la présence japonaise, assurer sa tâche sur le territoire indochinois. Mais le 9 mars 1945 les Japonais éliminent brusquement toutes les autorités vichystes et l'organisation eurasienne se trouve disloquée. La capitulation japonaise et la proclamation de l'indépendance de la République démocratique du Vietnam par Hô Chi Minh (2 septembre 1945) ponctuent la transition vers une nouvelle donne en Indochine. Dès l'arrivée des nouvelles autorités françaises en Indochine, William Bazé entreprend la remise en marche des établissements accueillant des enfants eurasiens.

---

[180] Tara Zahra, *The Lost Children. Reconstructing Europe's Families after World War II*, Harvard University Press, 2011.

Grâce à son parcours pendant la guerre, Bazé peut en effet facilement dialoguer avec les gaullistes. Dès la mainmise japonaise sur l'Indochine et l'installation de l'administration vichyste, il a cessé de siéger au Conseil supérieur de la colonisation en Indochine – dont il était membre depuis 1938 –, mais a conservé la présidence de la Mutuelle des Français d'Indochine. Dès 1940, il a organisé un réseau de résistance face à la présence japonaise, dans des zones reculées, à proximité de ses plantations dans le sud du Vietnam et s'est distingué par plusieurs actions[181]. Capturé, emprisonné et torturé par la Kempeitai japonaise, à sa libération le 24 août 1945 il est dans un état physique déplorable. Il s'engage néanmoins dans le corps expéditionnaire français dès l'arrivée du Général Leclerc (octobre 1945), auquel il apporte sa connaissance du pays et de la langue vietnamienne. Après avoir participé à des opérations dangereuses, il est cité à l'ordre de la Division par Leclerc, et décoré sur le front des troupes par l'Amiral Thierry d'Argenlieu, Haut-Commissaire de France pour l'Indochine, qui le considère comme « un résistant authentique »[182]. Bazé est admis dans les Forces Françaises Libres et fonde la Fédération indochinoise de la Résistance[183]. Sur le plan politique, Bazé prend beaucoup d'ampleur après 1945 : gaulliste convaincu, il devient « un des hommes qui dominent la scène politique saïgonnaise ». À la création du Rassemblement du peuple français (RPF) gaulliste, il en est le principal représentant en Indochine et devient conseiller de l'Union Française, nouvelle organisation coloniale créée par la constitution de la IVe République (1946). Face au Vietminh, Bazé se montre très hostile à négocier et semble avoir poussé d'Argenlieu à encourager le séparatisme cochinchinois[184]. Il est présenté comme « le type même de l'Eurasien, que les injustices et les difficultés du début, loin de rebuter, ont su au contraire pousser à forcer son destin. À ce titre, il est un exemple pour ses jeunes compatriotes et un guide éclairé »[185]. Fort de ses engagements, de ses réseaux et de ses responsabilités, Bazé s'impose tout naturellement

---

[181] Jean Lacouture, *De Gaulle, 2 Le politique*, Paris, Seuil, 1885, p.157.

[182] Amiral Thierry d'Argenlieu, *Chroniques d'Indochine 1945-1947*, Paris, Albin Michel, 1985, p.90.

[183] Il totalise comme volontaire, deux ans et huit mois de service dans les zones opérationnelles. Il est fait Commandeur de la légion d'honneur au titre de déporté-résistant, commandeur de l'ordre du mérite, croix de guerre 39-40, médaille de la résistance avec rosette, médaille des forces françaises libres, il est également titulaire de plusieurs décorations étrangères.

[184] SHD GR 16 P 40467, dossier William Bazé ; Christopher E. Goscha, *Historical Dictionary... op. cit.* ; Jacques Dalloz, *Dictionnaire... op. cit.*

[185] AN FOEFI 126, « Notice biographique de William Bazé », s. d.

à la tête de ceux qui veulent poursuivre l'œuvre de la Fondation Brévié en faveur des enfants métis, avec un argument supplémentaire qui sera souvent répété : l'engagement des Eurasiens dans la résistance.

La Fondation doit cependant impérativement changer de nom. En effet, d'avril 1942 à mars 1943, Jules Brévié a été secrétaire d'État aux Colonies dans le gouvernement de Pierre Laval avant d'être ambassadeur de l'État Français de Vichy en Hongrie. Ainsi, il a servi un régime et une politique qui méprisaient les valeurs qu'il avait lui-même incarnées en Indochine. En 1945, il est déchu de son grade de gouverneur général honoraire des Colonies et du droit de porter toute décoration française ou étrangère, puis privé de sa pension de retraite. En 1947, il est condamné par la Haute Cour de justice à dix ans de prison et à la dégradation nationale à vie. Il est finalement amnistié en 1954. Ce parcours explique l'absolue nécessité de tourner la page Brévié au lendemain de la guerre et de faire oublier jusqu'à son nom. En janvier 1946 quelques membres du conseil d'administration de la Fondation Brévié (Bazé, Seminel, Cordier) constituent le bureau provisoire d'une nouvelle organisation, la Fondation fédérale eurasienne de l'Indochine (FFEI), reconnue par arrêté le 13 juin. Il y a une certaine urgence, car les services du Haut-Commissariat réfléchissent à faire prendre en charge tous les enfants par les services sociaux. Une des raisons de ce projet étant qu'« au début de 1946 pas un pupille sur dix ne possède une identité régulière », il apparaît donc impérieux de recenser les enfants, de les orienter, de régulariser leur état civil, etc. D'où, dans les années qui suivent de nombreuses divergences de vue, récurrentes, sur la « doctrine applicable en matière eurasienne » entre les services sociaux du Haut-Commissariat, qui élaborent un projet de prise en charge de ces enfants, et la FFEI, qui prend le relais de la Fondation Brévié[186].

Cette question s'inscrit aussi dans le contexte plus général de la réorganisation des colonies françaises. Dans la suite de la conférence de Brazzaville (février 1944), la loi Lamine Guèye du 7 mai 1946 a mis fin au régime de l'indigénat – qui faisait des indigènes des nationaux, ressortissants de l'État français, mais pas des citoyens avec toutes les prérogatives attachées à cette qualité – et leur a accordé la « qualité de citoyen ». Les statuts de l'Union Française, qui font de l'État du Viêt Nam, du Royaume du Cambodge et du Royaume du Laos des États Associés (voir

---

[186] ANOM 1 HCI 715 « Note sur la Fondation fédérale eurasienne et le problème de l'enfance française abandonnée en Indochine » du conseiller des affaires sociales, « secret », s. d. (194), 55 p.

carte n°2, p.460), stipulent que « tous les ressortissants des territoires d'outre-mer ont la qualité de citoyens, au même titre que les nationaux français de la métropole ou des départements d'outre-mer » (article 80). Mais sur le plan électoral, il n'y a pas d'égalité puisqu'est institué un système de double collège. En Afrique, les sociétés de métis, créées dans les années 1930 en Guinée, en Côte d'Ivoire, au Niger et ailleurs sans avoir d'objectif politique, évoluent et affichent des ambitions pour la reconnaissance des métis et leur participation à la vie politique. Ainsi, l'Union des Eurafricains de l'Afrique-Occidentale française revendique à la fois la culture européenne et la culture africaine des métis[187]. En Indochine, les décrets racistes pris entre 1942 et 1944 sont abrogés mais cette mesure n'est pas totalement appliquée aux naturalisés et Eurasiens qui ne peuvent pas justifier de deux ascendants français. Les Eurasiens peuvent donc, à juste titre, se considérer comme une minorité ethnique. Pierre Brocheux, plutôt privilégié pour un adolescent métis, partage ainsi son expérience de la discrimination :

> « 1945. J'ai fait environ un trimestre au lycée Yersin et là il y avait des gars de Hanoï, dont le fils du procureur général de la République, des gens qui avaient le même âge que nous et nous faisaient vraiment sentir la différence. Les Vietnamiens étaient entre eux, et les métis, les Eurasiens, également. Moi, je ne voulais pas ; en fait, j'essayais d'aller partout, mais il y avait des métis qui s'étaient repliés sur eux-mêmes. […] un métis disait : "Oui, on nous considère comme des types de seconde zone, mais il ne faut pas y faire attention, moi quand on me dit des choses comme ça, ça glisse par-dessus". Cela m'avait frappé, parce que c'était la première fois que j'entendais exprimer ces choses-là de la part d'Eurasiens »[188].

Les négociations laborieuses entre les autorités françaises et Hô Chi Minh en 1946 et la guerre ouverte déclenchée en fin d'année constituent un contexte lourd pour toutes les grandes questions indochinoises. Celle des métis n'y fait pas exception. Pour d'Argenlieu :

> « ethniquement, [les Eurasiens] semblent nés pour devenir un lien solide entre Français et Indochinois. Malheureusement, après l'effondrement de l'administration française, le 9 mars 1945, la passion partisane du Viet-minh se plait à les signaler à la vindicte de leur nationalisme effréné. Cette fusion entre race jaune et race blanche, dont les fruits sont parfaitement

---

[187] Owen White, *Children of the French Empire* op. cit., p.172-179.
[188] « Une adolescence indochinoise », entretien avec Pierre Brocheux, réalisé par Agathe Larcher-Gosha et Daniel Denis dans Nicolas Bancel (dir.), *De l'Indochine à l'Algérie. La jeunesse en mouvements des deux côtés du miroir colonial, 1940-1962*, Paris, La Découverte, 2003, p 32-53.

irresponsables, est présentée par le Vietminh, aujourd'hui, comme une trahison originelle à l'égard du Vietnam »[189].

Philippe Franchini ne rapporte pas autre chose en évoquant le massacre de la cité Héraud à Saigon le 25 septembre 1945. Selon lui, au regard des Vietnamiens, les Eurasiens étaient :

> « le symbole de quelque péché originel, les témoins et les preuves tangibles des relations sexuelles coupables entre la race blanche et la race jaune, les produits de péchés contre nature [...] Le récit de ces atrocités fut pour moi insoutenable. Elles allaient au-delà de la simple horreur physique ou morale. Elles mettaient en cause le principe même de mon existence de métis. De ce jour je ne songeais plus qu'à partir. Je ne savais où, mais sûrement loin, très loin »[190].

Bazé est lui aussi dans une position délicate. En présidant diverses œuvres d'entraide aux Eurasiens, il est devenu « leur guide et protecteur ». Ce faisant, il fait partie, avec d'autres membres du Conseil Consultatif de Cochinchine créé en février 1946, des « hommes courageux, convaincus, de bon sens », menacés par le Vietminh. Dans les souvenirs de d'Argenlieu est reproduit un document du Vietminh du 27 septembre 1946 qui indique : « Attaquez directement les points faibles, les plantations, les usines et veillez particulièrement à détruire les biens des rebelles sans oublier ceux de M. Bazé »[191].

Avec la dimension politique et idéologique, dans une ambiance populationniste très prégnante[192], l'évolution démographique est une autre donnée essentielle de la nouvelle question eurasienne. La République française et les forces vives en Indochine, soucieuses du potentiel démographique que constituent les enfants eurasiens, s'attachent à fixer les contours d'une nouvelle question métisse, dont les données ont changé. Pendant la guerre d'Indochine (1946-1954), les effectifs du CEFEO sont considérables et n'ont plus rien à voir avec la présence militaire antérieure. Il y avait 8 000 militaires basés en Indochine en 1945 ; de 1945 à 1954, 480 000 hommes et femmes débarquent en Indochine[193]. La présence de cet important corps expéditionnaire accroît considérablement le

---

[189] Amiral Thierry d'Argenlieu, *Chroniques d'Indochine op. cit*, p.90.
[190] Philippe Franchini, *Continental Saigon op. cit.,* p.137-138.
[191] Amiral Thierry d'Argenlieu, *Chroniques d'Indochine op. cit.*, p.90, 133 et 330.
[192] Paul-André Rosental, *L'intelligence démographique. op. cit.*
[193] Maurice Vaïsse, *L'Armée française dans la guerre d'Indochine (1946-1954) : adaptation ou inadaptation ?*, Bruxelles, Éditions Complexe, 2000, p.146.

nombre d'enfants métis alors que le contexte de guerre aggrave la question de leur place dans des sociétés en voie de s'affranchir de la domination coloniale. La répartition des naissances et la présence des enfants sur le territoire indochinois sont plus que jamais liées au stationnement des troupes et à leurs déplacements en fonction de l'évolution des faits de guerre. Ainsi, au Nord-Vietnam, les associations, moins nombreuses qu'au Sud, se consacrent dans les premières années de la guerre aux nourrissons et aux jeunes enfants, ce qui s'explique par la présence récente des troupes. Au début de l'année 1947, un collège est créé à Cholon (Saigon) pour accueillir les pupilles évacués du Tonkin après l'attaque Vietminh sur Hanoi en décembre 1946. En 1949, la FFEI note que l'activité de ses établissements du Nord-Vietnam « ira en progressant par suite de la forte concentration de troupes françaises stationnées à la frontière de Chine et par voie de conséquence, du nombre d'enfants qui naîtront des unions mixtes qui sont le résultat inévitable de cet état des choses »[194].

L'élargissement du « problème eurasien »

Le président de l'Association tonkinoise des Français d'outre-mer évoque en 1946, c'est-à-dire avant les naissances induites par l'arrivée des grands effectifs militaires, l'augmentation constante du « stock ethnique eurasien » estimant qu'il comptait pour 16 % de la population française en 1936 et qu'il atteint désormais 50 % en 1946, « demain, il l'emportera de beaucoup sur les autres Français »[195]. Les responsables des diverses sociétés de bienfaisance et de la FFEI répètent toujours les mêmes chiffres, sans les étayer : il y avait 10 000 Eurasiens en 1937, ils sont 100 000 aujourd'hui et seront 500 000 dans 10 ans. Mais ce substantif « Eurasiens » n'est plus adapté pour recouvrir l'ensemble des enfants concernés.

Le CEFEO compte 224 000 Français de métropole, 123 000 Algériens, Tunisiens ou Marocains, 60 000 Africains noirs, 73 000 légionnaires (dont près de la moitié sont des Allemands). En 1948, les militaires africains représentent 17 % des troupes débarquées et cette proportion va en augmentant jusqu'à plus de 40 % à partir de 1952. Si les études sur ces soldats ne parlent pas ou très peu de leurs enfants, ceux-ci existent bien. Selon Michel Bodin, « les Indochinoises ne déplaisaient pas aux Africains » et ils sont nombreux à être « encongayés », surtout les sous-officiers

---

[194] AN FOEFI 126, assemblée générale de la FFEI, année 1949.
[195] Emmanuelle Saada, *Les enfants de la colonie… op. cit.*, p.245.

et notamment les rengagés avec une solde plus importante. Les enfants qui naissent de ces unions – que Bodin appelle des « zambos », insistant avec ce vieux mot sur la noirceur des enfants métis – font la fierté des soldats africains[196]. Alors que ces cas étaient très rares dans l'entre-deux-guerres, ils deviennent nombreux pendant les années de la guerre d'Indochine et doivent être pris en compte par la FFEI.

En réponse à l'apparition du « problème africasien », se constitue un Comité pour promouvoir la création d'un Office des pupilles de l'Union Française, porté par Simone Noël (1894-1977) épouse du diplomate et homme politique Léon Noël (1888-1987). Son but est de « venir en aide aux enfants délaissés, particulièrement ceux qui sont nés depuis la présence des militaires du corps expéditionnaire, tant métropolitains qu'étrangers de l'Union Française ». Puisque l'Union Française est une association de peuples libres unis, les conditions de vie de tous doivent s'approcher de celles des « citoyens des grandes nations civilisées ». L'association veut « poser les bases de la future charte de l'enfance malheureuse dans l'Union Française » et créer un Office des pupilles de l'Union Française sous l'égide de son Haut conseil avec une délégation sur chacun des territoires de l'Union. Il est fait expressément référence au « droit à tous les enfants d'être aidés à vivre et à devenir un membre actif de la société, en réparation du préjudice qui leur a été causé par la carence de leur père »[197]. Aucune trace postérieure de ce projet n'a été retrouvée, il semble qu'il ait fait long feu.

L'initiative globalisante de la question métisse n'est de toute façon pas du goût des responsables de la FFEI. Pour eux, le problème eurasien est spécifique et doit être traité en tant que tel, par ceux qui le connaissent bien. En 1948, Bazé écrit que le terme « métis » « manque de précisions » et « est péjoratif car valant pour tous les descendants de croisements ». Il plaide pour « une discrimination en faveur de nos enfants » en mettant en avant le terme « eurasien » – comme dans Fondation fédérale eurasienne d'Indochine[198]. À l'opposé de cette position, un certain Brossard, du service juridique du Haut-Commissariat, écrit : « c'est dans les geôles

---

[196] Michel Bodin, *Les Africains dans la Guerre d'Indochine 1947-1954*, Paris, L'Harmattan, 2000, p.10 et 59-60 ; « Les Marocains dans la guerre d'Indochine (1947-1954) », *Guerres mondiales et conflits contemporains*, 2015, n°259, p.57-76.

[197] ANOM 1 HCI 802, note sur le comité pour promouvoir la création d'un Office des pupilles de l'Union Française, s.d.

[198] ANOM 1 HCI 715, texte de l'article de William Bazé paru dans *l'Agence coloniale d'Informations* « Les enfants nés de l'union de français et d'annamites ne doivent pas être abandonnés », s. d. (1948).

allemandes que je fis connaissance avec le vocable "eurasien, Eurasie". C'était à l'apogée de la propagande pour l'Europe nouvelle. L'Eurasie devait être sous l'influence des Teutons une marche diminuée de cette nouvelle et grande Europe ». Tout à fait hostile à l'utilisation d'un mot qu'il considère comme raciste, il assène que « les ethnographes, même ceux convertis au nazisme comme M. Montaudun [sic][199], ignoraient ce terme qui ethniquement ne signifie rien, pas plus que les qualificatifs de nègre, jaune, rouge, métis, etc. appliqués aux diverses races humaines ». Arrivant en Indochine, il est très surpris de voir le terme utilisé et que l'administration utilise « les imprimés et les formules du gouvernement de Vichy et maintienne le qualificatif d'eurasiens pour désigner une certaine catégorie de ses agents ». Sa conclusion est nette : « à mon sens, la nécessité du maintien de la présence française effective en Indochine ne peut admettre ce racisme »[200]. Et cette idée fait son chemin.

En juillet 1948, une circulaire du Haut-Commissariat évoque « l'inopportunité de l'emploi du terme eurasien qui est actuellement utilisé dans le langage administratif pour désigner les métis d'Européens et d'Asiatiques »[201]. Brossard suggère au Haut-Commissaire de modifier le nom de la FFEI en « Fondation française d'Indochine » et celui de l'École d'enfants de troupe eurasiens en « École française d'enfants de troupe »[202]. Le remplacement du vocable « eurasien » par « français » ne doit pas aller de soi car quelques mois plus tard, le service juridique du Haut-Commissariat fait des propositions de remplacement par un terme générique, mais aucun ne semble satisfaisant : Eurindochinois (mais ne mentionne pas le statut de français) ; Indo-Français (ne convient pas, trop hindou) ; Français d'Indochine (risque de confusion avec les créoles) ; Francasiens ou Francasiates (néologismes discutables) ; Indochinois français (confusion avec les citoyens français d'origine purement asiatiques) ; seul « Français d'Asie » semble correspondre à la qualification recherchée. Quelques semaines plus tard, le même service, qui estimait peu auparavant « ne pouvoir retenir le vocable actuel d'Eurasien qui a le grand tort de ne pas spécifier la qualité fondamentale de citoyens français des intéressés »,

---

[199] En fait George-Alexis Montandon (1879-1944), médecin, anthropologue et explorateur, théoricien du racisme, collaborateur et antisémite. Avec René Martial, déjà cité, ils sont les cautions d'un racisme dit « scientifique ».

[200] ANOM 1 HCI 665, note de Brossard, service juridique, pour le directeur de cabinet du HC, 8 mai 1948.

[201] ANOM 1 HCI 665, circulaire du HC service juridique, juillet 1948.

[202] ANOM 1 HCI 665, notes du HC service juridique, adressées à William Bazé et au Général commandant en chef, juillet 1948.

L'élargissement du « problème eurasien » 85

estime finalement « qu'il n'y a pas lieu de susciter l'emploi d'un qualificatif nouveau qui, qu'on le veuille ou non, restera discriminatoire »[203]. L'épisode est intéressant car il montre que six mois n'ont pas suffi à trouver un « meilleur vocable » que le celui d'Eurasiens.

Un médecin militaire écrit la même année que « Eurasiens » est le « nom par lequel on désigne en Indochine les métis de Jaunes avec une race étrangère, blanche dans la majorité des cas »[204]. Cette définition est intéressante car, dans une acception très générale, elle semble englober tous les métis, en étant plus neutre et moins stigmatisante que le terme « métis ». Et ce au moment où la question du devenir des enfants eurasiens, africasiens et issus d'autres métissages devient un enjeu pour la France, pour les autorités civiles et militaires sur place et pour le Vietminh en guerre bien sûr. Pour les protagonistes de l'assistance et leurs soutiens politiques et diplomatiques, il ne s'agit pas seulement de « sauver » ces *tây lai* (métis) mal vus de la population, mais aussi de les préserver de la guerre, de leur assigner une fonction précise. La démarche relève de l'humanitaire et de l'humanisme, d'une idéologie coloniale, du populationnisme, d'une conception biopolitique et de l'intérêt supérieur de la Nation, les enfants eurasiens étant considérés comme une population porteuse d'avenir[205].

Comme aime à le rappeler Bazé, des Eurasiens nés de mariages ont donné à la France en maintes circonstances des éléments de valeur, notamment dans la Résistance pendant la guerre. En 1948, il tente de convaincre l'administration de le laisser s'occuper des enfants eurasiens : « un programme a été mis sur pied par le signataire de ces lignes et ses collaborateurs. Il suffirait de l'appliquer, en dehors de toute ingérence de l'administration, et de faire appel pour cela à des Eurasiens instruits et compétents ». Et il développe un discours patriotique et colonial : « si la France sait faire confiance à ceux qui s'intéressent à ses enfants d'outre-mer, depuis toujours – et non aux convertis de la dernière heure à la recherche d'un "job" – elle est certaine de fixer définitivement sa présence en Indochine et d'assurer là la permanence de son rayonnement spirituel,

---

[203] ANOM 1 HCI 665, notes du service juridique pour le HC, octobre 1948 et décembre 1948, lettre du HC au Conseiller aux affaires sociales, 14 décembre 1948.
[204] Médecin-Commandant Ravoux, « Aspects sociaux d'un groupe d'eurasiens », *Bulletins et Mémoires de la Société d'anthropologie de Paris*, n°9, 1948. p.180-190.
[205] Yves Denéchère, « Biopolitics, State, and Displacements of Children in France between the End of World War II and the Fall of the Empire, 1945-1970 », *in* B. Scutaru et S. Paoli (eds), *Child Migration and Biopolitics. Old and New Experiences in Europe*, Londres, Routledge, 2020, chapter 12.

le maintien de son drapeau et la pérennité de ses institutions »[206]. Bazé stigmatise ici le personnel des services sociaux du Haut-Commissariat qui n'a pas renoncé à prendre en charge ces enfants, alors que lui est bénévole, travaillant à cette cause huit à dix heures par jour[207].

Cette attitude est critiquée par le service des affaires sociales du Haut-Commissariat qui reproche à Bazé d'avoir mené campagne en Indochine et en France contre ce qu'il appelle « une ingérence intolérable de l'administration dans le fonctionnement d'une œuvre privée ». Et de critiquer une certaine duplicité des dirigeants de la FFEI :

> « les Eurasiens en vue, tout en souhaitant voir donner à leurs congénères tous les droits attachés à la qualité de Français, semblent vouloir cependant conserver localement toute son unité et toute son importance au bloc ethnique auquel ils appartiennent ; ils ont de plus en plus tendance à le présenter comme une sorte de "troisième force" s'intercalant entre Français et autochtones et sur laquelle ils voudraient assoir leur influence ».

C'est ainsi que s'expliquerait l'attachement des responsables de la FFEI à l'adjectif « eurasienne ». Le rédacteur de ces lignes dénonce un manque de direction précise : « du fait de la carence du bureau de la Fondation, une tendance anarchique n'a pas tardé à se développer dans la gestion des œuvres de certains pays comme le Tonkin dont les dirigeants accusent d'ailleurs les membres dudit bureau, tous trois cochinchinois, de favoriser de façon marquée les œuvres du sud de l'Indochine ». Ainsi, Bazé aurait « présidé d'assez haut et d'assez loin », le père Seminel (secrétaire général) se serait surtout intéressé au centre de Cholon, et Henri Cordier (trésorier) aurait perçu les subventions et les aurait distribuées en tenant une comptabilité trop sommaire. Plusieurs tentatives des services sociaux pour mettre de l'ordre et réorganiser la FFEI sont rejetées. Bazé ne veut surtout pas entendre parler d'une modification du décret du 24 novembre 1943 sur les pupilles eurasiens d'Indochine et propose un contreprojet de réorganisation de la FFEI, « particulièrement excessif en sa forme qui trahit de sa part des préoccupations au moins autant politiques que sociales », selon les services du Haut-Commissariat[208].

---

[206] William Bazé, « Les enfants nés de l'union de français et d'annamites ne doivent pas être abandonnés, *L'Agence coloniale d'Informations*, 1948.
[207] ANOM 1 HCI 715, lettre de Bazé au directeur du cabinet du HC, 24 janvier 1949.
[208] ANOM 1 HCI 715, « Note sur la Fondation fédérale eurasienne et le problème de l'enfance française abandonnée en Indochine » par le conseiller aux affaires sociales du Haut-Commissariat, « secret », s.d. (1948), 55 p.

Le procureur général près la cour de Saigon estime lui aussi que dans la question de l'enfance eurasienne, « l'aspect politique y domine l'aspect juridique »[209]. Au-delà des « motifs d'humanité », la prise en charge de ces enfants doit éviter de rejeter un certain nombre d'Eurasiens dans une opposition toute prête à les accueillir[210]. Il est vrai que les dimensions politiques et juridiques sont très entremêlées dans la philosophie et le positionnement de la FFEI. Bazé estime en 1949 qu'il n'y a pas lieu de faire des Eurasiens des citoyens à part : « le terme eurasien est un particularisme régional qui nous permet de défendre nos enfants et nos anciens pupilles, lorsque, d'aventure, ils sont brimés. Mais là doit s'arrêter la discrimination ». Face à l'évocation peu étayée émise par certains d'une éventuelle relocalisation des Eurasiens ailleurs dans l'Union Française, sa position est ferme et rappelle son opposition : « un déplacement forcé de population rappellerait fâcheusement les procédés des pays totalitaires contre lesquels, comme tous les bons français, les Eurasiens se sont dressés au premier jour de la mobilisation. Il est donc inutile d'y songer »[211].

L'affirmation de la Fédération des Œuvres de l'Enfance Française d'Indochine

À plusieurs reprises depuis 1946, des tentatives de réorganisation de la FFEI – qui n'était qu'un prolongement de la Fondation Brévié – ont été envisagées par les services sociaux du Haut-Commissariat. Mais elles ont fait long feu en raison de l'incompréhension entre les deux parties d'où la création d'une « commission chargée de procéder à l'examen de la question eurasienne » en février 1948[212]. Elle identifie assez vite les carences de la FFEI. Le « Centre eurasien de Cholon » qui a ouvert en janvier 1948 est particulièrement visé. Son responsable, employé de la FFEI, s'est attribué le titre de « directeur du collège fédéral des eurasiens d'Indochine ». Le conseiller des affaires sociales évoque sa « moralité douteuse » et son « honnêteté sujette à caution » ; « sur un autre plan que je qualifierais de "spécial", il m'est revenu de plusieurs sources que je considère comme sérieuses que son comportement vis-à-vis de certains de ses élèves serait

---

[209] ANOM 1 HCI 665, lettre du procureur général, chef des services judiciaires de l'Indochine, 29 décembre 1948.
[210] ANOM 1 HCI 665, note « La question des enfants eurasiens abandonnés », s. d. (1949), 5 p.
[211] ANOM 1 HCI 715, « Le problème eurasien », note de Bazé, 24 août 1949.
[212] Arrêté n°56/780 du 25 février 1948, *Journal Officiel de l'Indochine*, 11 mars 1948.

assez douteux, mais il est difficile d'apporter des preuves dans un pareil domaine ». L'établissement est décrit comme mal tenu, sale, vétuste, propice au développement de maladies (typhoïde), avec un encadrement insuffisant ce qui aurait favorisé la fugue de quinze élèves. Le conseiller dénonce des « parasites » qui profitent d'une manne financière. Bazé est d'accord avec lui pour y mettre bon ordre[213].

Il admet également que la Fondation fédérale eurasienne de l'Indochine, ne serait-ce que par sa dénomination, est devenue beaucoup trop limitative. Quand elle recueille un enfant non franco-indochinois, elle est obligée de le faire par dérogation. « Or, parmi les pères de famille tués ou disparus figurent également des métropolitains purs et des citoyens français issus des autres parties de l'Union Française. Leurs enfants doivent être traités sur le même pied d'égalité que les autres orphelins ». Fort de ce constat et de cette volonté, les responsables de la FFEI font évoluer l'association. Ils sont accompagnés fermement par les services sociaux du Haut-Commissariat, mais une fois encore c'est l'initiative privée qui s'impose[214]. En mai 1949, la FFEI devient la Fondation de l'enfance française d'Indochine (FEFI) dont le nom abandonne la référence aux seuls Eurasiens. Les statuts précisent bien que cette nouvelle association prend la suite de la Fondation Brévié et de la FFEI et que son objet demeure le même : fédérer les œuvres laïques et religieuses prenant en charge des enfants et être un organe de liaison entre les œuvres et les autorités (article 2). Son siège social est fixé à Saigon, 145 boulevard Charner, avec cinq comités locaux à Saigon, Hanoi, Phnom Penh, Vientiane et Hué[215]. Le bureau de la FEFI demeure inchangé avec Bazé, Seminel et Cordier.

Ce tournant est aussi une occasion de resserrer quelques boulons. Les assistantes sociales sont mises au pas. Bazé est très critique vis-à-vis de celles qui constitueraient un « État dans l'État ». Si quelques-unes trouvent grâce à ses yeux car elles « accomplissent leur tâche avec un dévouement exemplaire », il refuse « de défendre, a priori, toute la corporation, car, il y aura un tri sérieux à faire » ; « celles que j'ai gardées, peu nombreuses d'ailleurs, savent qu'avec moi il faut se soumettre ou

---

[213] ANOM 1 HCI 715, « Note sur la Fondation fédérale eurasienne et le problème de l'enfance française abandonnées en Indochine » par le conseiller aux affaires sociales du HC, « secret », s.d. (1948), 55 p.

[214] ANOM 1 HCI 715, procès-verbal de la réunion du 3 mars 1949 ; arrêté du HC Bollaert portant réorganisation provisoire de la FFEI, 17 avril 1949.

[215] Rédigés le 13 mai 1949, les statuts de la FEFI sont approuvés par le HC le 21 mai 1949.

se démettre »[216]. Tout à fait conscient du risque d'une prise en charge des enfants par l'Assistance publique à un coût moindre pour l'État, Bazé fait la chasse au gaspillage en fixant un prix commun à toutes les œuvres, celles qui refuseront ne recevront plus d'enfants de la FEFI. Le Collège de Cholon est trop dispendieux : un pensionnaire y coûte 790 piastres par mois, ce qui est deux fois plus cher que chez les Sœurs de Saint-Paul de Chartres[217]. Malgré le bras de fer avec les services du Haut-Commissariat, la Fondation est largement subventionnée sur le budget de l'Indochine : 1,2 million de francs en 1946, 5,8 millions en 1947, 8,2 en 1948 et 16,3 (plus 3 millions pour des achats immobiliers) en 1949. Cette même année, ses dépenses s'élèvent à 17,5 millions, dont 8 pour la Cochinchine et 6 pour le Tonkin[218]. En quelques années, elle est devenue le rouage essentiel de la politique sociale en faveur des enfants métis.

Forte de cette position, une demande de reconnaissance d'utilité publique est déposée par la FEFI, ce qui suscite des navettes du texte entre Paris et Saigon, des compléments d'information, la réécriture de certains articles des statuts, etc.[219]. Mais avant que cette demande n'aboutisse, la FEFI prend un nouveau nom, tel que le précise le *Journal Officiel* du 23 décembre 1949. Elle devient la Fédération des œuvres de l'enfance française d'Indochine (FOEFI) en gardant les mêmes statuts, seulement toilettés en avril 1950. Cette nouvelle dénomination met l'accent sur le caractère fédéral de l'association, abandonnant au passage la référence à la Fondation Brévié, et son article 1 précise que son but est « l'éducation et le placement des enfants français abandonnés ou moralement délaissés », sans aucune priorité affichée envers les Eurasiens[220].

---

[216] ANOM 1 HCI 715, lettre de W. Bazé au HC, 23 mai 1949.
[217] ANOM 1 HCI 715, « Le problème eurasien », par William Bazé, 30 avril 1949, 10 p.
[218] ANOM 1 HCI715, « Rapport sur la gestion de la Fondation de l'Enfance française d'Indochine en 1949 », 21 avril 1950.
[219] ANOM 1 HCI 715, note du service d'études et du contentieux du HC au sujet de la demande de reconnaissance d'utilité publique de la FOEFI, 7 novembre 1950.
[220] ANOM 1 HCI 715, statuts de la FOEFI.

Généalogie de la FOEFI

```
Fondation Brévié
(août 1939 – janvier 1946)
⇩
Fondation fédérale eurasienne d'Indochine (FFEI)
(janvier 1946 – mai 1949)
⇩
Fondation de l'enfance française d'Indochine (FEFI)
(mai 1949 – décembre 1949)
⇩
Fédération des œuvres de l'enfance française d'Indochine (FOEFI)
(décembre 1949 – novembre 1983)
```

La FOEFI est reconnue d'utilité publique le 15 décembre 1950[221]. Un observateur militaire signale que Bazé « a eu l'habileté de faire accepter ses statuts directement par le ministre de la France d'outre-mer, sous la tutelle duquel elle est placée, cherchant ainsi à s'assurer une certaine indépendance politique en Indochine »[222]. De son côté, le Haut-Commissariat donne cette définition très intéressante et très claire de la FOEFI :

> « c'est en fait un organisme chargé par le Gouvernement français d'exercer les droits de tuteur légal des enfants dits "eurasiens" ou plus généralement "franco-indochinois" abandonnés ou semi abandonnés, moralement ou physiquement, à qui leur famille est incapable d'assurer une subsistance matérielle convenable, encore moins une éducation moderne et une condition morale conforme à celle d'un enfant français normalement élevé »[223].

L'État français délègue effectivement à la FOEFI un biopouvoir sur ces enfants. Dans une énième note intitulée « Le problème eurasien », William Bazé met l'État en face de ses responsabilités vis-à-vis des deux groupes d'Eurasiens, les adultes et les enfants, car « la moindre brimade peut conduire rapidement à la neutralisation du premier groupe dont le destin impressionnera fatalement le second. C'est celui-ci, d'ailleurs, qui fait l'objet des convoitises des agents de propagande ». Or, selon Bazé,

---

[221] *Vietnam Presse*, 1er octobre 1954, longue présentation de la FOEFI, 15 p.
[222] ANOM 1 HCI 802, fiche à l'attention du Général de brigade, directeur du cabinet militaire du HC : « Enfants eurasiens », 11 septembre 1951.
[223] ANOM 1 HCI 715, note du service d'études et du contentieux du HC au sujet de la demande de reconnaissance d'utilité publique de la FOEFI, 7 novembre 1950.

les Eurasiens sont les gardiens de la présence française en Indochine, et même de l'influence française, si et seulement si, ils sont considérés. Sinon, la France prend un risque considérable :

> « les enfants blonds et bruns de type nettement européen [qui] abondent dans les villages de paillotes [...] constitueront, un jour, un danger pour la France, si celle-ci n'envisage aucune mesure à leur profit. Devenus hommes, conscients d'avoir été abandonnés par leur père français, ils éprouveront à notre égard une hostilité profonde. Ils feront payer sans pitié à la France la créance qu'ils seront certains d'avoir sur elle ».

D'où le devoir moral, humanitaire mais aussi dans l'intérêt politique de la France de sauvegarder les intérêts des adultes d'une part et d'avoir une vraie politique en faveur des enfants d'autre part. Bazé propose deux grands volets. En premier lieu, le repérage de ces enfants afin de leur donner une culture française ; la France doit être proactive et les rechercher, sans attendre que ces enfants lui arrivent. Ensuite, pousser le plus loin possible les sujets d'élite et assurer aux sujets les moins doués une formation professionnelle ou à l'école d'enfants de troupe. Certes tout cela à un coût estimé à 800 piastres par mois et par enfant en Indochine (et à 7 000 francs par mois et par enfant en France, ce qui est beaucoup moins onéreux, une piastre valant 17 francs)[224]. En tout cas, « on ne comprendrait pas que la France puisse lésiner sur quelques centaines de millions de francs, quand son existence ici est en jeu ». En conclusion, Bazé s'appuie sur son expérience passée :

> « il y a un quart de siècle, nous avons connu le banc d'infamie des tribunaux pour avoir osé plaider, avant l'heure, la cause des intellectuels vietnamiens que l'on payait au rabais. Les événements, hélas, nous donnent raison aujourd'hui. On ne fait pas impunément la sourde oreille et on ne rejette pas constamment d'équitables revendications sans déchaîner, tôt ou tard, d'implacables réactions. Il serait criminel, devant cette leçon, que la France récidivât. À vouloir étouffer la voix d'une poignée d'Eurasiens, à présent, elle risque d'entendre, un jour, le réquisitoire impitoyable d'un demi-million de proscrits [...] Cette catastrophe nous voulons l'éviter à tout prix »[225].

L'épisode que Bazé situe dans l'entre-deux-guerres n'a pas pu être documenté, mais effectivement, certains métis choisissent le camp des indépendantistes, tel Albert Luri par dépit de se sentir un « Français

---

[224] De 1945 à 1953, le taux de change est fixé à une piastre pour 17 francs. En 1953-1954 le taux de change est d'une piastre pour 10 francs.
[225] ANOM 1 HCI 715, « Le problème eurasien », note de Bazé, 24 août 1949.

de seconde zone » qui devient capitaine du Vietminh. Certains d'entre eux, capturés, sont condamnés lourdement par les tribunaux militaires français[226].

Le nombre de 10 000 enfants eurasiens à secourir, avancé par la FOEFI en 1950, n'est qu'une estimation, « personne ne peut dire combien il existe actuellement d'enfants eurasiens ; il n'y a pas de recensement officiel, ni de dépistage systématique », écrit un conseiller militaire. En tout cas, la FOEFI dit ne pas avoir les moyens de recueillir tous les abandonnés. En 1949, elle prend en charge 3 773 enfants, 4 374 en 1950[227]. En élargissant son action à tous les enfants déshérités – sous la pression des services sociaux – elle regrette d'être devenue « un organisme dont le seul droit est de servir » alors qu'elle était à l'origine une œuvre de charité. Trop de familles s'adresseraient à elle pensant que c'est un dû, alors qu'auparavant elles sollicitaient l'admission de leur enfant. Une reprise en main est opérée dès 1950 afin de préciser les obligations des parents vis-à-vis de la Fédération puisque leurs enfants deviennent ses pupilles[228].

Si elle entretient des relations complexes avec les services du Haut-Commissariat, la FOEFI s'appuie sur des réseaux solides et très politiques. Jacques Chancel (1928-2014), jeune correspondant de guerre en Indochine, vit un temps chez Bazé et est en quelque sorte son protégé. Chancel lui-même s'intéresse à la question métisse et publie un premier roman intitulé *L'Eurasienne* en 1950. Dans ses mémoires, il brosse le portrait d'un homme très influent, très riche, très respecté, qui contrôle beaucoup de choses, est capable d'organiser la récupération d'un enfant eurasien en quelques heures. Il est vrai que les réseaux du conseiller de l'Union Française se déploient dans le monde politique (français comme vietnamien), militaire, associatif. Il est aussi le conseiller aux Affaires eurasiennes auprès de l'ex-empereur Bao Dai devenu chef de l'État du Vietnam. Ils chassent ensemble et Yvonne Bazé est la confidente de l'ex-impératrice Nam Phuong[229]. Les Bazé sont également en relation avec Marguerite Graffeuil (1895-1991), veuve de Maurice Graffeuil

---

[226] Marcel Bourgeois, *Itinéraire d'un coq de combat*, Marseille, à compte d'auteur, s.d. [1995], p.67, 82 et 134.

[227] ANOM 1 HCI 802, fiche à l'attention du Général de brigade, directeur du cabinet militaire du HC: « Enfants eurasiens », 11 septembre 1951.

[228] AGO FOEFI 1950.

[229] Jacques Chancel, *La nuit attendra*, Paris, Flammarion, 2013. Témoignage tempéré par François Joyaux, *Nam Phuong. La dernière impératrice du Vietnam*, Paris, Perrin, 2019, qui relève certaines incohérences, p.210-212. Jacques Chancel, *L'Eurasienne*, Saigon, Éditions Catinat, 1950.

(1882-1941), résident supérieur à Hué (1934-1941). Cette « grande dame », déjà engagée dans l'action sociale en faveur des Eurasiens avant la guerre, devient un fort soutien de la FOEFI.

Bazé préside toujours la Mutuelle des Français d'Indochine, fonction qui avec la présidence de la FOEFI le fait reconnaître comme le leader de la communauté eurasienne. Ainsi, en janvier 1952, une grande soirée de gala (diner, spectacle musical, tombola) organisée au profit des orphelins eurasiens rassemble 520 personnes au Cercle indochinois à Saigon et est diffusée sur Radio France-Asie. Le bénéfice de la soirée s'élève à 38 000 piastres, mais la philanthropie et la charité ne sont pas seules à l'œuvre. Placée sous la présidence d'honneur de Tran Van Huu, président du gouvernement du Vietnam, et du gouverneur général Georges Gautier représentant le Haut-Commissaire de Lattre de Tassigny, c'est aussi un événement politique important. La brochure réalisée a posteriori, avec textes des discours et photos, met en exergue une phrase du président de la Mutuelle : « Qui mieux que nous les Eurasiens, issus de deux races et de deux civilisations, peut être pour la France et le Viêt-Nam une raison d'espoir, de paix et de fraternité. William Bazé ». Le *Journal de l'Extrême-Orient* en fait sa une le 7 janvier 1952 avec le titre : « Un problème émouvant : l'avenir de 300 000 Eurasiens du Viêt-Nam », qui seront 500 000 avant 10 ans et un million dans 25 ans, selon les chiffres avancés par Bazé. Dans son discours, qui n'est pas que de convenance mais très politique, le président de la Mutuelle et de la FOEFI rappelle le soutien de De Lattre de Tassigny[230] et explique que le problème eurasien revêt un aspect différent selon qu'on l'examine sous l'angle français ou vietnamien. Il dénonce ceux qui continuent de proposer la réinstallation des Eurasiens ailleurs, « comme s'il s'agissait d'un cheptel », et de rappeler que « les Eurasiens que l'on a dirigés de force sur la France en 1950 sont malheureux et n'aspirent qu'à une chose : réintégrer le pays natal » ; « nous avons notre place dans ce pays qui est aussi notre pays ». Bazé termine en estimant impossible pour les Eurasiens de choisir entre la France et le Vietnam : « nous n'envisageons pas d'affection exclusive », conclut-il en insistant sur sa franchise en toutes circonstances[231].

---

[230] Depuis décembre 1950, de Lattre est Haut-Commissaire, commandant en chef en Indochine et commandant en chef du CEFEO. Il meurt en France le 11 janvier 1952.

[231] « Un problème émouvant : l'avenir de 300 000 Eurasiens du Viêt-Nam », *Le Journal de l'Extrême Orient*, 7 janvier 1952.

En réponse à ce discours, le chef du gouvernement vietnamien ouvre la porte aux Eurasiens : « dans l'association de deux pays coopérant sur un pied d'égalité, les Eurasiens ne peuvent et ne doivent plus redouter de déchoir s'ils décident d'installer leur foyer sur cette terre où le destin de leur famille maternelle les appelle. Nulle conséquence d'une discrimination qui, dans le passé, a pu être douloureuse ne saurait maintenant les atteindre ». L'option vietnamienne est donc offerte aux Eurasiens et, comme depuis le début de la colonisation, un exemple proche est rappelé : « n'avons-nous pas, d'ailleurs, près de nous, l'exemple proche des Philippines où les descendants des Espagnols sont tout naturellement devenus des nationaux philippins ? ». Représentant de Lattre, le gouverneur Gautier propose une relecture du métissage en Indochine : « il est des systèmes coloniaux qui ont orgueilleusement interdit le mélange des sangs, il en est d'autres qui l'ont érigé en moyen de conquête, pacifique mais insidieux, la France par respect de l'individu a laissé le choix à l'amour ; et l'amour a fait beaucoup de mélanges que je crois heureux ». Et de reprendre, en le dépassant, le thème du trait d'union : « nos deux pays – qui n'ont pas besoin de traits d'union pour s'entendre – ont trouvé dans ces enfants les témoins d'une histoire commune déjà longue »[232]. Gautier évite ainsi soigneusement d'aborder frontalement le choix de nationalité qui se pose aux Eurasiens entre la France et le Vietnam, contrairement au président du gouvernement vietnamien.

Toutes les questions ayant trait à la nationalité, et donc à la souveraineté des États, sont en effet sensibles. On les retrouve dans une demande formulée par la FOEFI en janvier 1953. Elle souhaite que ses droits de tutelle soient fixés pour empêcher les mères de ses pupilles de les retirer contre leur propre intérêt et qu'elle puisse être la seule destinataire des aides financières. Le Haut-Commissaire considère cette demande assez importante pour en référer au ministre des Relations avec les États associés, car Bazé est conseiller de l'Union Française et pourrait évoquer cette question à la tribune de cette assemblée. Dans sa réponse, le Haut-Commissariat estime que le décret du 24 novembre 1943 suffit puisqu'il « n'a pas été abrogé, explicitement ou implicitement » ni par la France ni par les États associés. En effet, l'article 1 alinéa 2 et l'article 14 dudit décret sont très clairs en stipulant que la tutelle des « pupilles eurasiens d'Indochine » passe de la mère au président de la Fondation Brévié. Celle-ci ayant été remplacée par la FOEFI, la tutelle est bien

---

[232] ANOM 1 HCI 802, brochure de la soirée de gala de la Mutuelle des Français d'Indochine du 5 janvier 1952.

entre les mains du président de la FOEFI. D'ailleurs la filiation entre la Fondation Brévié et la FOEFI est tellement évidente, que sur certains documents celle-ci est présentée comme ayant été créée en 1939, date de la création de celle-là. Mais plutôt qu'un problème juridique, le Haut-Commissariat identifie ce qui pourrait être un problème politique car cela pourrait être compris comme une atteinte à la souveraineté des États et contraires aux accords d'indépendance. En 1952, afin de pallier toute difficulté et que les parents ne puissent ignorer la dévolution de la tutelle, le Haut-Commissariat valide le fait que la FOEFI leur fasse signer un certificat de décharge[233]. Il sera question plus loin de ce document, car il constitue la pierre d'angle de l'envoi en France de milliers d'enfants métis.

La FOEFI revoie ses statuts qui sont approuvés par décret le 25 juin 1953 après un avis favorable du ministre de la Santé publique et de la Population. Bazé en demeure le président. À la mort du père Seminel en 1955, il écrit que celui-ci n'a jamais accepté de prendre la présidence de l'œuvre. Sans doute cela lui aurait-il été de toute façon difficile en tant que clerc et Bazé présentait objectivement un profil bien plus adapté à cette responsabilité. Pierre de Monjour, missionnaire en Indochine depuis 1940, succède à Seminel comme supérieur local de la communauté missionnaire de Saigon-Dalat et devient vice-président du conseil d'administration de la FOEFI. Parmi les dix membres qui siègent à l'assemblée générale ordinaire de 1954, six sont chevaliers de la légion d'honneur, un autre est chevalier du Million d'éléphants et un autre Croix de Guerre 1914-1918. Parmi eux, une seule femme, Louise Aucouturier, chevalier de la légion d'honneur, médaille de la santé de la Marine et chevalier du mérite agricole. Tous sont issus des mêmes milieux que Bazé : la philanthropie, la Résistance, la propriété terrienne, la notabilité. Des Eurasiens s'investissent dans les associations qui dépendent de la FOEFI, comme un certain Joubert, président du comité local de la FOEFI à Vientiane[234]. Tous ces protagonistes œuvrent pour les enfants métis pris dans la tourmente de la guerre.

---

[233] ANOM 1 HCI 802, lettre du secrétariat général du HC à Bazé, 2 avril 1953 et lettre du HC au ministre des Relations avec les États associés, 2 avril 1953.
[234] AGO FOEFI 1954.

Chapitre 4
Enfances métisses en guerre(s)

De 1945 à 1975, la guerre constitue la toile de fond dramatique du sort des enfants métis d'Indochine. La Seconde Guerre mondiale, notamment avec le coup de force japonais de mars 1945, la première guerre d'indépendance vietnamienne suivie immédiatement par une deuxième guerre d'Indochine (guerre américaine) sont autant de moments au cours desquels, la question des enfants eurasiens, africasiens ou issus d'autres métissages se pose de manières différentes. Mais le dénominateur commun est la « guerre de trente ans » : tous les enfants sont confrontés à la guerre, qu'elle soit proche ou lointaine, violente ou insidieuse. La place et le rôle assignés aux enfants métis, la manière dont ils sont considérés par les protagonistes des conflits successifs, ont évidemment tout à voir avec le contexte politique de la décolonisation et les principales idéologies à l'œuvre. Il faut aussi se placer à hauteur d'enfant pour saisir ce que la guerre a signifié pour eux. Les dessins et autres modes d'expression sont bien sûr à privilégier, quand ils existent, ce qui n'est pas le cas pour les enfants métis[235]. Les productions enfantines retrouvées sont très insuffisantes, c'est donc la parole différée de ces personnes qui doit être mobilisée. Alors peut être reconstruite historiquement l'expérience de la guerre telle qu'elle a été vécue ou plutôt telle que remémorée par les adultes qui l'ont vécue enfants.

Enfants nés de la guerre

Le temps et l'espace définissent plusieurs cohortes d'enfants métis différentes dans leur rapport à la guerre. Tout dépend du lieu et de l'année de naissance. Plus qu'une génération de guerre[236], on peut en distinguer au moins deux des années 1930 aux années 1960. D'abord une génération

---

[235] Voir par exemple, Zérane Girardeau, *Déflagrations. Dessins d'enfants, guerres d'adultes*, Paris, Anamosa, 2017. Aucun des dessins d'enfant présentés n'est relatif à la guerre d'Indochine.

[236] Sur le concept de génération, voir Manon Pignot, *Allons enfants de la patrie. Op. cit.* et Ludivine Bantigny, *Le plus bel âge ? Op. cit.*

métisse née dans les années 1930 et au début des années 1940 qui est à l'âge d'enfant pendant la Seconde Guerre mondiale et à l'âge adolescent voire jeune adulte pendant la guerre d'Indochine. Ces personnes ont des souvenirs de ces deux conflits, certains d'entre elles feront la guerre d'Algérie en tant qu'appelés ou militaires de carrière. Elles grandissent donc et se construisent subjectivement dans un continuum guerrier, une matrice de guerre longue de pratiquement deux décennies.

Les enfants métis nés pendant la guerre d'Indochine entre 1946 et 1954 de pères militaires du CEFEO constituent un autre groupe bien identifié de ces enfants nés de la guerre[237]. Selon les sources, ou plutôt les estimations car il n'y a pas de statistiques précises, le nombre de ces enfants varie entre quelques dizaines de milliers et quelques centaines de milliers. Le chiffre avancé par la FOEFI dès 1950 est celui de 100 000, et à la fin de la guerre d'Indochine de 200 000, sans éléments justificatifs probants. Mais dans tous les cas, cela signifie que le nombre d'enfants métis secourus par la FOEFI ne concerne qu'une toute petite minorité de ces enfants. Parmi ceux nés au début de la guerre d'Indochine, certains ont des souvenirs de la fin de cette guerre, et de la guerre du Vietnam qui l'a suivie, sauf s'ils ont été envoyés en France avant bien sûr. *Tout Savoir* fait paraître en juin 1956 un dossier intitulé « Quatre cent mille enfants sans père sont à demi étrangers dans leur patrie ». Ce chiffre est présenté comme global pour les enfants de toutes les guerres depuis 1940, dont 300 000 en Europe et 100 000 en Extrême-Orient. Le dossier, avec des photos et des commentaires, est surtout consacré aux enfants métis d'Indochine dont la prise en charge est présentée comme un modèle. « Les pères imprévoyants et inconstants ont eu des circonstances atténuantes », mais « le sort des épouses d'un jour est lamentable et risque de le rester car bien souvent leur vie en a été brisée », peut-on lire. Le message est qu'il faut accueillir en France ces enfants victimes de la guerre, « les seules fleurs de vie qui aient éclos sous le soleil de la mort »[238].

Une cohorte est constituée des enfants nés après 1954, beaucoup moins nombreux, alors que restent encore des éléments militaires français dans le Sud du Vietnam jusqu'en 1956 et même après et au Laos jusqu'au début des années 1960. Certains d'entre eux verront la fin de la guerre américaine en 1975. Chacune des personnes concernées entretient

---

[237] Sabine Lee, Heide Glaesmer and Barbara Stelz-Marx (eds), *Children Born of War. Past, Present and Future*, London, Routledge, 2021.

[238] AN FOEFI 128, *Tout Savoir*, juin 1956, dossier « Quatre cent mille enfants sans père sont à demi étrangers dans leur patrie ».

Enfants nés de la guerre

donc avec la guerre une relation déterminée par son année de naissance et le contexte de son parcours de vie.

Un autre élément de positionnement essentiel vis-à-vis de la guerre relève de la géographie et des lieux de vie qu'il faut mettre en corrélation avec la cartographie des conflits. Ainsi, les enfants du Tonkin (puis du Nord-Vietnam) ont pu connaitre les bombardements et l'exil dès 1946 quand ceux de Cochinchine (puis Sud-Vietnam) ont connu les affres de la guerre plus tardivement. De même vivre en ville ou à la campagne, à côté d'une base militaire ou éloignés des axes routiers, constituent autant de facteurs qui contribuent à rendre unique chaque expérience enfantine de guerre.

La guerre est faite par des hommes et ces hommes qui font la guerre font aussi des enfants dont le sort dépend beaucoup de l'attitude de leurs géniteurs. En 1950, la FOEFI évoque les « fortes concentrations de troupes françaises stationnées à la frontière de Chine, et, par voie de conséquence, le nombre d'enfants qui naitront des unions mixtes qui sont le résultat inévitable de cet état de choses »[239]. Dans les diverses configurations familiales des enfants métis liées au régime matrimonial des couples, la place et le rôle du père sont déterminantes. Le plus souvent, les pères sont très absents, car morts (40 000 militaires du CEFEO ont été tués), ou partis avant la grossesse sans en avoir eu connaissance, ou en la sachant mais en refermant la parenthèse indochinoise de leur vie lorsqu'ils rentrent en France.

Marinette est née en 1935 d'un père militaire en instance de rapatriement sanitaire décédé trois jours avant sa naissance[240]. Les parents de Paule (née en 1941) vivent ensemble avec leur fille et leur fils. La mort du père en opération contre les Japonais en octobre 1945 complique sérieusement la situation de la famille. « Les circonstances ont fait que je n'ai pas pleuré mon père. Personne ne m'avait annoncé sa mort. Il était parti et n'était pas revenu ». De même, le père de Jacques et celui de Jean-Claude sont tués par les Japonais[241]. D'autres meurent lors des combats contre le Vietminh, sans que leurs enfants en sachent davantage. Le père de Nicole et Sylviane, jumelles nées en 1949, est tué en 1953[242]. La mère

---

[239] ANOM FOEFI 90 APC 4291, assemblée générale ordinaire 1950 (désormais AGO FOEFI 1950).

[240] Marinette, questionnaire, 2021.

[241] Paule Migeon, *Chinoise verte !*, témoignage imprimé, s.d., s.l., p.28-30 ; Jacques Farnot et Jean-Claude Marcel dans *Le déracinement silencieux op. cit.* (désormais *LDS*), p.59 et 123.

[242] Témoignage écrit de Nicole et Sylviane F., 16/11/2019.

de Rémy (né en 1948) lui ordonne impérieusement : « tu diras que ton père est mort à Dien Bien Phu ». Paul (né en 1947) ne sait que ce que lui a dit sa mère : son père français, avec qui elle était mariée, a été porté disparu[243].

Certains militaires ont une double vie, avec deux familles, entre l'Indochine et la France où ils sont mariés, comme cet officier français, père de deux enfants en métropole, qui vit en concubinage avec une Vietnamienne avec qui il a cinq enfants. En 1946, il meurt et est enterré militairement au cimetière de Saigon, sans que sa compagne vietnamienne puisse assister à la cérémonie. Quelques années plus tard, les enfants sont confiés à la FOEFI, dont Colette, née en 1944[244]. En 1949, un officier se marie à distance avec sa fiancée française, alors qu'il vit avec une Chinoise qui est enceinte et accouchera de Paul en février 1950 ; il repart ensuite pour la France. Louis, né en 1952, vit à Tourane avec sa mère, sa sœur et son frère. Son père est un lieutenant français qui vit parfois avec eux mais il n'y a pas eu de mariage. C'est surtout cette situation qui a cours quand le père est connu et présent mais cela se termine le plus souvent par le départ du père. Après Dien Bien Phu, le père de Louis rentre en France retrouver son épouse et ses deux filles : « ma mère est venue avec nous trois au départ du bateau pour lui dire au revoir. Mon père a embrassé ses enfants avant de quitter définitivement le Vietnam »[245]. Parfois la relation entre père et mère ne dure pas. Ainsi, Pham Ngoc Lân, nait en 1944 d'une mère vietnamienne qui après avoir échangé par correspondance avec un officier français en garnison sur l'île de Binh Ba, le rejoint et reste 17 jours avec lui avant de repartir chez elle à Saigon[246]. Martha, née en 1947, vit un manque comparable. Elle n'a pas connu sa mère vietnamienne et a été recueillie au domaine de Marie à Dalat. Son père est un autrichien engagé dans la légion étrangère : « il venait rarement me voir mais c'était le personnage clé de mon existence. Je l'ai toujours attendu et admiré »[247].

L'absence des pères conduit les mères à se mettre en ménage avec d'autres militaires français, car elles sont mal acceptées par la société vietnamienne. Pierre Louis est né en 1935 d'une mère vietnamienne et

---

[243] Rémy Gaston et Paul Garnier, *LDS*, p.70 et 79.
[244] Colette P., questionnaire, 2022.
[245] Louis Paqueville, *GDR*, n°54, 2018, p.16-17.
[246] Pham Ngoc Lân, *De père inconnu. Récits sur le Viêt Nam de la deuxième moitié du XXe siècle*, Paris, L'Harmattan, 2015, p.36-39.
[247] Martha, questionnaire, 2021.

d'un père français dont il ne sait rien, mais connait d'autres Français qui successivement vivent avec sa mère. Le dernier, un légionnaire d'origine allemande, souvent ivre, le maltraite et le bat violemment sans que sa mère puisse l'en empêcher[248]. Le père d'Imre Szabo (né en 1936), un Hongrois engagé dans la légion étrangère, quitte l'Indochine en 1937 après avoir reconnu son fils, lui avoir donné un prénom, son nom et sa nationalité tchécoslovaque, « la conscience tranquille » en ayant recommandé à un camarade de prendre soin de son fils et de sa mère, ce que celui-ci fit en emménageant avec eux[249]. Né en 1937 à Lang Son, Émile Tissot, est reconnu par son père militaire qui lui donne son nom mais part en 1939 pour faire la guerre en France. Sa mère vietnamienne vit ensuite avec un officier français, « pour ne pas mettre en danger son fils métis et elle-même », écrit-il[250].

Les enfants métis, eurasiens ou africasiens, ne sont pas bien vus par les familles et la société en général[251]. Au départ du père de Jean-Jacques Barieux (né en 1944), un ingénieur en chef de la Schell d'Indochine de 60 ans, sa mère, de la minorité des Thaïs blancs, se retrouve seule, sans ressource, reniée par sa famille à cause du déshonneur de la naissance d'un enfant métis. Aussi, elle l'abandonne et vit avec un autre homme[252]. Quand une mère d'enfant métis veut se mettre en couple avec un Vietnamien, même si celui-ci accepte son passé, la progéniture eurasienne pose un problème. La mère de Jacqui et Roger se remarie avec un Vietnamien mais pour cela les abandonne en 1952 à l'âge de 3 et 5 ans[253]. Vo Thi Tra raconte que, comme elle, beaucoup de ces femmes étaient en quelque sorte condamnées à passer d'un Français à un autre[254]. Après le départ du père de Louis en 1954, sa mère vit avec un autre Français qui n'apprécie guère les enfants de son prédécesseur. Pierre est né en 1944 d'une

---

[248] Pham van Thanh dit Pierre Louis, *Enfance d'un petit Eurasien*, Éditions Thé Giori, imprimé au Vietnam, 2014, p.48-49 et 80-83. Sur les légionnaires d'origine allemande en Indochine, voir Pierre Thoumelin, *L'ennemi utile. 1946-1954 Des vétérans de la Wehrmacht et de la Waffen-SS dans les rangs de la Légion étrangère en Indochine*, Schneider Tex, 2014.

[249] Imre Szabo, *Mémoires d'entre deux mondes*, TheBookEdition.com, 2019, p.20-21.

[250] Émile Tissot, *Métis déraciné*, édité à compte d'auteur, 2013, p.11-13.

[251] Les enfants métis noirs sont les plus difficilement acceptés. Voir Dominique Rolland, *De sang mêlé. Op. cit.*,. Voir le documentaire sur les enfants de pères antillais : Arlette Pacquit, *Héritiers du Vietnam*, France, 84 min, 2015.

[252] Jean-Jacques Barieux, *GDR*, n°51, 2015.

[253] Jacqui Maurice, *GDR*, n°51, 2015.

[254] Expérience personnelle de Vo Thi Tra racontée dans le documentaire *Inconnu, présumé français* de Philippe Rostan.

mère vietnamienne et d'un père légionnaire italien retourné en France. Sa mère vit ensuite avec un militaire français[255]. De ces couples qui se forment, naissent d'autres enfants : les personnes concernées évoquent souvent des demi-frères et demi-sœurs eurasien·nes.

Les témoignages font aussi part des risques de de déclassement familial dus à la mort ou au départ du père, à la guerre ou à l'exode. Les premiers souvenirs de Marie-Dominique, née en 1951 à Hanoi, sont ceux « d'une mère très belle, toujours très bien habillée, très bien maquillée, parfumée. Je ne la voyais pas beaucoup, on vivait très bien dans le Nord, elle avait un café-restaurant avec beaucoup de Français ». Après Dien Bien Phu, Marie-Dominique se retrouve avec sa mère sur les routes de l'exode vers le Sud : « pendant longtemps j'ai fait des cauchemars… sur le pont d'un grand bateau, c'est comme ça que nous avons été évacuées de Haiphong vers Saigon, on a tout perdu ». Alors que la famille vivait confortablement dans le Nord, la vie est très difficile à Saigon : « certains jours on ne mangeait pas à notre faim, c'était dur »[256]. D'autres évoquent une vie facile, aisée et stable qui se transforme en une vie laborieuse et errante. Une chute. La grande maison avec des domestiques et les commerces qui rapportent laissent la place à des logements précaires et à des petits métiers de misère.

Tous les protagonistes de l'assistance à l'enfance sont unanimes pour affirmer qu'il faut secourir les enfants de la guerre. Mais à qui appartiennent-ils ? La FOEFI voit d'abord en eux des Eurasiens, alors que l'Office des Anciens combattants et Victimes de guerre les considèrent d'abord comme des enfants victimes de guerre. Pour l'ONACVG :

> « les enfants d'Indochine, les enfants eurasiens comme les autres, doivent, s'ils remplissent les conditions, être déclarés pupilles de la Nation [statut créé en 1917] et bénéficier en tant que tels, dans les formes prévues par la loi, de la protection et de l'aide de l'État, exprimées par les Offices des anciens combattants et victimes de guerre ».

C'est le cas de Paule et d'autres, comme Simon dont la mère, après plusieurs années d'exode dans le delta du Fleuve Rouge au Tonkin, a pu prouver en 1951 qu'il pouvait prétendre au statut de pupille de la Nation, fils d'un militaire mort pour la France en juin 1940, sur le front de la Meuse[257]. C'est donc une bagarre contre la FOEFI que semble vouloir

---

[255] Pierre Paneri, *LDS*, p.154.
[256] Témoignage de Marie-Dominique L., 11/01/2018.
[257] Lettre de Simon Riquier, 20 janvier 1999, *GDR*, n°23, 1999, p.8.

engager l'ONACVG en estimant que ces enfants dont les pères sont morts au combat sont à considérer d'abord comme des pupilles de la Nation, et non prioritairement en tant que « pupilles eurasiens d'Indochine », statut créé en 1943 qui rappelons-le s'apparente à celui de pupille de l'État et non à celui de pupille de la Nation[258].

Cacher les enfants eurasiens

Comme les situations familiales, les expériences de guerre des enfants sont très diverses. Être métis en temps de guerre opposant deux camps n'est pas une situation confortable. Les Japonais et les combattants du Vietminh considèrent les enfants métis comme des enfants de l'ennemi français, ce qui renvoie à d'autres expériences de la Seconde Guerre mondiale en Europe[259]. Il est donc fréquent qu'ils soient cachés par leurs familles afin de les préserver. René, né en 1940, raconte : « un Vietnamien aux yeux bleus, ce n'est pas courant. Jusqu'à notre installation à Saigon, je vis souvent un peu caché. Parfois on m'isole dans une plantation. Lors du coup de force des Japonais, pendant un mois [en 1945], je n'ai pu sortir que la nuit »[260]. Simone, née en 1939, d'un père militaire breton, placée à 4 ans dans un orphelinat tenu à Lang Son par les religieuses de Notre-Dame des Missions, se souvient : « certaines filles avaient la peau blanche, elles ressemblaient trop à des Françaises, alors quand les Japonais venaient, on leur barbouillait la figure de charbon de bois pour les noircir un peu. On en parle encore entre nous »[261]. Colette (née en 1944) rapporte la même chose mais dans le cercle familial : « maman nous badigeonnait de suie pour nous cacher des Japonais ». La mère de Jean-Jacques Barieux (né en 1944 avec des cheveux très clairs) lui rase le crâne pour qu'il ne soit pas identifié comme bébé de race blanche par les Japonais[262]. En mars 1945, les Japonais arrêtent à Vinh la mère

---

[258] AN FOEFI 126, « Indochine. Les enfants victimes de la guerre », 19 octobre 1955, 5 p.

[259] Fabrice Virgili, *Naître ennemi. Les enfants de couples franco-allemands nés pendant la Seconde Guerre mondiale*, Payot, 2009 ; Lynne Taylor, *In the Children's Best Interests. Unaccompanied Children in American-Occupied Germany 1945-1952*, University of Toronto Press, 2017.

[260] René Leblond, *LDS*, p.103.

[261] Témoignage de Simone L., 5/03/2018.

[262] Jean-Jacques Barieux, *GDR*, n°51, 2015.

de Marguerite, née en 1943, « au seul motif d'être la compagne vietnamienne d'un administrateur français »[263].

Pendant la guerre d'indépendance vietnamienne, les femmes qui ont eu des relations avec des Français sont considérées comme des traitresses ayant manqué de patriotisme, leurs enfants métis, des « traitres d'union » plutôt que des « traits d'union », constituent des preuves irréfutables pour les identifier. C'est ce qui arrive à la mère de Pham Ngoc Lân (né en 1944) en décembre 1946 lors de l'exode de Hanoi. Contrôlée par des miliciens vietminh, elle est accusée de trahison parce qu'elle tient dans ses bras un enfant eurasien. Elle ne doit sa libération qu'à la déclaration d'un Vietnamien qui assure être son mari[264]. Dès la naissance de Jean (1955) à Viet Tri au Nord-Vietnam, sa mère doit partir avec lui pour fuir l'hostilité envers les « femmes collabos »[265]. À Hanoi, quand la mère de Paule (née en 1941) sort dans la rue avec sa fille, elle la couvre d'un fichu dissimulant ses cheveux blonds. Elles se font passer pour une bonne promenant la fille de ses employeurs afin d'éviter toute stigmatisation ou de se faire arrêter. Cette mère rase aussi complètement les cheveux et les sourcils de son fils eurasien âgé de 11 ans avant de l'envoyer à la campagne pour le mettre à l'abri : « il fait moins européen, non ? ». Lui estimait ainsi ressembler à un Japonais (*Nhut*). Paule se rend compte que sa mère est de plus en plus isolée et mal vue dans son quartier où tout le monde se méfie de tout le monde[266]. Dramatique est le sort de la mère de Germaine (née en 1943). Après avoir vécu avec un militaire français tué par les Japonais, elle est empoisonnée, ainsi que le petit garçon qu'elle allaitait, « probablement parce qu'elle fréquentait des Français »[267].

Même à la campagne, l'attention est de rigueur. Rémy, qui était chez sa grand-mère raconte : « je vivais à moitié caché, rejeté à la fois par les Vietnamiens et les Français ». À l'opposé, Jean-Claude (né en 1945) qui vivait à la campagne avec sa famille, se souvient : « lorsque des militaires français passaient, on me tendait vers eux et je recevais des sucreries parce que j'étais blond ». Paul, arrivé démuni dans le Sud connait le mépris de certains Vietnamiens qui voient en lui un émigré nordiste pauvre, « avec un nom français et un faciès asiatique, preuve que je n'étais qu'un bâtard »[268]. « Certains gamins anti-français nous cherchaient des

---

[263] Margie Sudre, *Du Mekong au Quai d'Orsay*, Paris, Flammarion, 1998, p.20-23.
[264] Pham Ngoc Lân, *De père inconnu… op. cit.*, p.67-69.
[265] Jean Andrès, *LDS*, p.22.
[266] Paule Migeon, *Chinoise verte… op. cit.*, p.36.
[267] Témoignage de Germaine D., 5/02/2018.
[268] Jean-Claude Marcel, *LDS*, p.123 ; Paul Garnier, *GDR*, n°51, 2015.

noises », raconte encore Rémy, « de temps en temps des bagarres éclataient », « depuis la défaite de Dien Bien Phu, nous sommes la risée de la population vietnamienne ». Marie-France, à 6 ans, s'entend traiter de « sale française » dans les rues de Saigon[269]. Les relations ne sont pas toujours meilleures avec les Français. Madeleine habite avec sa famille à Hué, dans le quartier français sécurisé, face à une caserne : « les enfants des colons bien implantés nous lançaient des pierres en nous signifiant que nous n'étions même pas Vietnamiens ni Français, se moquant de nos cheveux jaunes et notre peau de poulet ».

La situation des enfants reflète celle des Eurasiens adultes, considérés comme des parias. Leur latitude est finalement très limitée pendant la guerre d'Indochine. Certains tentent de rester mais la défaite des Français les oblige au départ ou à se fondre dans la société vietnamienne comme l'y encourage la République du Sud-Vietnam. En 1948, l'Eurasien Jean Leroy s'engage très pragmatiquement dans le conflit. Il crée des milices catholiques qui se battent aux côtés des Français : « je me bats pour ma survie. Il se trouve que pour le moment les intérêts de la France coïncident avec nos intérêts à nous, Vietnamiens. Les Français rentreront chez eux à terme. Nous, nous resterons ici, sur notre terre et je ne veux pas être communiste »[270]. Se positionnant comme Vietnamien, il exprime l'espoir de beaucoup d'Eurasiens d'être des Vietnamiens tout en conservant leur héritage culturel français. Cela explique pourquoi tant d'entre eux, ne connaissant pas la France, tentèrent de rester au Sud-Vietnam après 1954. Selon Gilles de Gantès, reprenant une estimation de Jean Lartéguy, dans les années 1960, sur les 15 000 Français résidant au Sud-Vietnam, 4 000 auraient été des Eurasiens[271].

Au cours des opérations militaires, certaines unités accueillent dans leurs rangs des enfants abandonnés, tant Eurasiens que Vietnamiens. Le Commandement en chef de l'Indochine déplore « cette situation particulièrement irrégulière et instable gravement préjudiciable pour l'avenir » et qui ne saurait être plus longtemps tolérée. D'où un recensement de ces enfants recueillis afin de préparer leur placement dans des œuvres ou l'école des enfants de troupe. Ainsi, Joseph, enfant africasien né en 1941 de mère vietnamienne et de père inconnu mais présumé français, a été récupéré par la 71e compagnie du Quartier Général pendant 7 mois. Un

---

[269] Rémy Gaston, Gérard Addat et Jean-Jacques Barieux, *LDS*, p.79, 19 et 27 ; témoignage de Marie-France, 23/05/2023.
[270] Jean Leroy, *Fils de la rizière op. cit*, p.139.
[271] Gilles de Gantès, « 'đầu gà đít vịt'… » *Op. cit.*

caporal-chef a été nommé tuteur par jugement du tribunal, mais celui-ci étant rapatrié, il a confié l'enfant à un soldat. Un autre enfant, sans état civil, né vers 1935, a été recueilli sur la route par le détachement Nord d'une compagnie d'artillerie en 1940 et y reste pendant douze ans. Il va à l'école, notamment à l'institution Puginier à Hanoi, et a été « adopté par le mess des sous-officiers du détachement ». La 52ᵉ compagnie de sapeurs routiers a recueilli deux bébés eurasiens en mars 1952 : l'un de 7 mois trouvé sur les rails du tramway à Hanoi et une autre de 2 mois trouvée dans une rue de la ville. Un an plus tard, le service social répertorie 114 enfants recueillis (dont 90 âgés de 13 à 19 ans). Les enfants de moins de 12 ans font l'objet d'adoptions ou de placements, mais les œuvres susceptibles d'accueillir les enfants indochinois sont rares. Les Eurasiens peuvent eux être pris en charge par la FOEFI, mais la majorité rejoint l'école des enfants de troupe alors repliée au Cap Saint-Jacques[272].

À Lang Son, tout près de la frontière chinoise, où se trouve en pension Simone et beaucoup d'autres fillettes eurasiennes sous la houlette des Sœurs de la congrégation de Notre-Dame des Missions, la guerre est bien présente. De 1940 à 1945, la pression japonaise est très forte au Tonkin : l'établissement que les religieuses tenaient à Thanh Hoa a été fermé. Celui de Lang Son doit être évacué trois fois : d'abord le 22 septembre 1940 puis, après un retour sur les lieux, le 13 décembre 1941, avant un nouveau retour et un troisième départ, définitif celui-là, le 10 mai 1945, soit deux mois après le coup de force japonais. En mars 1945, la maison où se sont réfugiées des femmes françaises et eurasiennes essuie des tirs et un obus tombe dans la cour. Sœur Marie Sainte-Jeanne-d'Arc (1899-1979), alias Mère Jeanne, qui dirige la maison, s'oppose avec fermeté aux officiers japonais et protège tout le monde. Simone, 6 ans alors, se souvient : « les Japonais ont débarqué et puis la mère Jeanne d'Arc, elle nous protégeait, elle mettait ses bras en croix pour éviter que les Japonais nous emmènent. Je crois qu'elle a même reçu des gifles. Pendant deux ou trois mois, ça a été des tirs épouvantables. Ce qui m'a marqué, c'est de voir des noirs débarquer tout ensanglantés dans la tranchée. J'ai terminé sans chaussures pendant des mois »[273]. En 1947, Sœur Jeanne-d'Arc recevra la Croix de guerre 1939-1945 et sera faite chevalier de la légion d'honneur (officier en 1978) « pour avoir assuré avec courage et détermination, la

---

[272] SHD 10H2267, lettre du commandement en chef de l'Indochine aux généraux commandant les territoires, 10 mars 1952 ; synthèse du directeur du service social, 26 février 1953.
[273] Témoignage de Simone L.

protection des enfants et des femmes qui étaient sous sa responsabilité ». Jusqu'à la fin avril 1945, avec d'autres sœurs, elle a tout fait pour atténuer les conditions de vie difficiles des enfants avant l'évacuation sur Hanoi, puis face à la menace Vietminh, sur le Cap Saint-Jacques[274].

Violences de guerre sur enfants

Dans les témoignages recueillis et les réponses apportées au questionnaire, beaucoup de personnes concernées affirment ne pas avoir eu d'expériences de guerre particulières, même quand ils sont en âge d'en avoir car nés dans les années 1940 et partis en France dans les années 1950. Dans un numéro du bulletin de l'association FOEFI qui regroupe des anciens pupilles de la fédération, *Grain de riz*, il est écrit : « nous avons beaucoup parlé de notre enfance, de nos souvenirs, des instants plutôt heureux, de la camaraderie. Mais des souffrances, des blessures très peu »[275]. Il est vrai que celles et ceux qui étaient dans les établissements de Dalat, comme Pierre-Marie ou Jean-Paul, se trouvaient dans une zone privilégiée, relativement préservée des combats. Jacqui se souvient : « lorsque nous entendions des fusillades dans les collines environnantes, le lendemain nous accourions pour ramasser les douilles des cartouches et parfois des balles non utilisées ». Son frère Roger ajoute : « je n'ai pas entendu le bruit du canon, ni vu de soldats armés jusqu'aux dents »[276].

D'autres enfants, ailleurs, ne voient pas grand-chose de la guerre d'Indochine, comme Gustave, né en 1947, qui se souvient d'avoir été très protégé à Nha Trang. Surtout, des enfants n'ont pas conscience de la guerre. Par exemple, Geneviève, née en 1948 : « je jouais avec les enfants du village, nous nous couchions sur la route et mettions notre oreille sur le sol pour entendre l'arrivée des camions militaires, puis nous courrions vers nos maisons pour aller nous cacher sous les lits. Dans chaque maison il y avait un trou creusé sous les lits pour se cacher ». Elle se souvient aussi d'un oncle maternel tué alors qu'il gardait les buffles. Après l'arrestation de sa mère par les Japonais, Marguerite se retrouve avec elle dans une résidence surveillée. Dans ces conditions précaires, nait une petite sœur, Madeleine le 15 avril 1945 ; toutes les trois sont libérées en septembre. Trop jeune, elle n'a pas le souvenir d'avoir été confrontée à la violence

---

[274] « Extraits du journal de mère Jeanne d'Arc », *GDR*, n°19, 1996, p.1-9.
[275] *GDR*, n°48, 2013, p.10.
[276] *GDR*, n°58, 2021, p.4.

de la guerre, ni de l'exode de Vinh à Saigon[277]. Jean-Pierre et Rémy, nés en 1947 et 1948, et tous les deux pensionnaires au collège de Cholon en 1953-1954, se souviennent que lors des regroupements des élèves, des soldats français armés montaient la garde pour les protéger[278]. Les populations des villes risquaient davantage les bombardements. Paule, alors à Hanoi avec sa mère, raconte : « on s'affola lorsque la sirène hurla pour la première fois. Dès lors on appréhendait la nuit, lorsque l'appel strident ordonnait à chacun de rejoindre les abris ». Ensuite, l'habitude prit le dessus[279].

Pierre Louis, né en 1935 à Quang Yen (Tonkin) et entré dans un établissement tenu par des religieuses à Dap Cau en 1941, raconte l'arrivée des Japonais en mars 1945, puis celle des Chinois en novembre, ensuite celle des Français au début de l'année 1946 et enfin l'arrivée des combattants du Vietminh. Mais les épisodes les plus marquants pour lui furent les inondations de l'été 1945, le choléra, les réquisitions de nourriture, et l'évacuation en car vers Hanoi pour ne pas rester dans la zone d'influence Vietminh, puis sur le *Duquesne* vers Thu Duc au sud[280]. D'autres groupes d'enfants furent évacués du Tonkin selon le même calendrier et les mêmes modalités, notamment de Bac Ninh.

L'expérience de la guerre la plus partagée par les enfants eurasiens est en effet celle du déplacement, de la nécessité de fuir les combats, que ce soit lors du coup de force japonais en 1945 ou face à l'avancée des troupes du Vietminh. Les périples au gré de l'évolution de la situation militaire, globalement du Nord vers le Sud, ou vers les pays voisins (Laos), surtout après Dien Bien Phu, imposent des expériences douloureuses à des femmes et des enfants qui n'ont d'autre choix que « de suivre le corps expéditionnaire [français] jusqu'au bout »[281]. Ainsi la mère de Louis préfère suivre les troupes françaises évacuées au Laos en 1956 par crainte des représailles pour elle et ses trois enfants[282].

Marcelle est née en 1950 à Hanoi. Après Dien Bien Phu, sa famille descend vers le sud : « on a vécu à Hanoi, Haiphong, Tourane, Cap Saint-Jacques puis Cholon » ; « je me souviens seulement de la peur pendant le

---

[277] Margie Sudre, *Du Mekong au Quai d'Orsay op. cit.*, p.23.
[278] Pierre et Rémy, questionnaires, 2022.
[279] Paule Migeon, *Chinoise verte… op. cit.*, p.36-37.
[280] Pham van Thanh dit Pierre Louis, *Enfance d'un petit Eurasien… op. cit.*, p.108-127.
[281] « Registre des enfants eurasiens Seno », Laos-1963, archives privées, p.1-2.
[282] Louis Paqueville, *GDR*, n°54, 2018.

Violences de guerre sur enfants 109

trajet nord-sud »[283]. Jean-Paul né aussi en 1950 à Hanoï a connu le même parcours après la chute de Dien Bien Phu, Tourane puis Saigon :

> « de bien mauvais souvenirs, hélas ! La peur, l'angoisse, la fuite vers le Sud et la crainte de se faire prendre par le Vietminh ! Le quotidien stressant dans les camps de réfugiés, la queue pour la distribution des repas organisée par l'armée française grâce aux innombrables camions GMC avec leurs remorques cantines ! Et le pire ce furent les balles traçantes au-dessus de nos têtes le soir dans nos lits de camp sous les abris en toile fournis par l'armée ! »[284].

L'expérience des camps de réfugiés est aussi vécue en 1954-1955 par Paul (7 ans), son frère aîné Robert (9 ans) et sa mère après avoir fui le Nord. Tous les trois se retrouvent dans un camp d'accueil où vivent des familles eurasiennes dans une grande précarité. Ils errent affamés dans les rues des banlieues de Saigon[285]. Ils sont nombreux, ces enfants et ces mères contraints à l'exode, tel Pierre qui quitte Hanoï pour le Sud en 1954 avec sa mère et son frère : « pendant deux ans nous avons vécu en émigrés dans plusieurs camps militaires hérissés de tentes grises, où les familles étaient séparées par des couvertures tendues ». En 1958, la famille quitte le Vietnam pour le Laos[286]. Nina née en 1940 d'un père légionnaire russe écrit : « mon enfance insouciante et heureuse prit fin à l'exode de Nam Dinh ». Elle est évacuée avec sa sœur et d'autres fillettes eurasiennes vers Hanoï en camion militaire, puis en avion militaire et en chaloupes « où nous étions terrées, serrées les unes contre les autres » jusqu'au Cap Saint-Jacques[287]. Jean-Pierre né en 1947, résume ainsi cette période : « Hanoï, Haiphong, Quang Gien, Saigon ; déménagements, exode, décès papa ». La mère de Lang (né en 1949 à Hué) suit son compagnon français mobilisé à Tourane : « nous habitions près de la caserne où travaillait mon père. Dans mon souvenir je revois des camions chargés de cadavres ». Louis nait et vit à Tourane, puis à Saigon, puis à Seno (Laos) avant de revenir à Saigon d'où il part pour France en 1960 à l'âge de 8 ans.

Imre Szabo raconte dans un livre de souvenirs « sa » guerre. En 1944, pour échapper aux bombardements américains sur Hanoï tenue par les Japonais, son école est installée hors de l'agglomération, des tranchées

---

[283] Marcelle, questionnaire, 2022.
[284] Jean-Paul, questionnaire, 2021.
[285] Paul Garnier, *GDR*, n°51, 2015.
[286] Pierre Paneri, *LDS*, p.154.
[287] Nina V. « Réflexions de Nina V. », 2011, ego-document, 8 p.

sont creusées entre les rangées de tables pour s'y accroupir au premier coup de sirène. Pour lui, l'épisode le plus traumatisant est la famine de la fin de l'année 1944 et les corps décharnés ramassés dans les rues de Hanoi. Sa mère se résout à demander des cartes de ravitaillement aux autorités françaises pour lui et sa sœur, en tant que fils et fille de légionnaire. Pour pouvoir les obtenir, les enfants doivent être inscrits dans une école française. Il y étudie sous le portrait du Maréchal Pétain, avant qu'il ne soit remplacé par celui de De Gaulle. Imre Szabo se souvient d'avoir eu le sentiment d'être dans le camp des vaincus après l'attaque japonaise du 9 mars 1945 et la découverte de la maison familiale éventrée par un obus. Ensuite, ce sont les mois incertains de 1946 et l'arrestation de son oncle nationaliste pendant la « révolution d'août » puis sa libération, sa fuite et sa mort, alors qu'un autre de ses oncles est engagé dans le Vietminh[288].

Des Eurasien·nes expriment aujourd'hui clairement les maux de la guerre qu'ils ont subis : la peur, les bombes, le feu, l'exode, la soif, la faim… Jeannette (née en 1939) se souvient d'un incendie : « je suppose que c'est dans les années 47-48 et je devais être dans une caserne. J'ai été brûlée gravement aux deux jambes »[289]. Rosette a trois ans quand en 1950, un soir, sa mère est enlevée devant elle par des hommes armés. Marie-Thérèse, née en 1952 est présente le 9 avril 1954 lors de l'attaque de la gare de Suoi Kiet (Sud-Vietnam). Son père qui était garde voies-ferrées est tué : « j'ai eu des cauchemars pendant de nombreuses années, réveil en criant et pleurant… Le bruit des avions dans le ciel, sursauts au moindre bruit, peur de descendre dans une cave, peur du noir. Peur de mon ombre. Je me sentais mal quand je rentrais dans une gare, j'ai compris bien plus tard… ». Alors que Jeanine a six ans et est en France depuis peu, se promenant sur un pont quand éclate un orage, elle panique et crie « des bombes, des bombes ! ». Annie, né en 1953 au Cambodge, a été cachée dans un puits, pendant longtemps après elle a eu peur du noir[290].

Paul, né en 1943, sa sœur née en 1941 et leur mère sont arrêtés en 1945 par les Japonais et internés dans un camp. Même pendant la captivité, les enfants sont barbouillés de cendre pour paraître moins blancs. La faim les tenaille, la dysenterie aussi. En sortant du camp au bout de quelques mois, ils sont dénutris[291]. Le 12 mars 1945, Émile Tissot, âgé de

---

[288] Imre Szabo, *Mémoires… op. cit.*, p.37-38, 41-42, 45-46, 63-70.
[289] Témoignage de Jeannette, 12/01/2018.
[290] Témoignages et questionnaires.
[291] Témoignage de Paul, 16/02/2022.

7 ans, assiste à genoux et ligoté au massacre de militaires français après la prise du fort de Dong Dang par les Japonais. Sa mère, qui a participé à la bataille, est transpercée de coups de baïonnette et décapitée devant ses yeux avant de tomber dans une fosse commune. « Je n'avais rien pu faire », écrit-il, « je suivais impuissant cette scène atroce. Je pensais que j'allais subir le même sort ». Il ne doit la vie qu'à l'intervention d'un officier japonais, mais est violemment interrogé pendant 10 jours avant d'être remis à des religieuses françaises. Il est ensuite évacué sur Bac Ninh, profondément choqué et avec une envie de vengeance chevillée au corps. Il est dans l'école Sainte-Marie de Hanoi quand des combattants du Vietminh l'encerclent et l'attaque en décembre 1946. Il entre ensuite à l'École des enfants de troupes eurasiens de Dalat[292].

Si depuis l'entre-deux-guerres, les philanthropes et les Eurasiens eux-mêmes répètent que le problème eurasien ne concerne que l'enfance abandonnée malheureuse, les contextes de guerre n'épargnent personne, surtout pas les enfants légitimes de couples mixtes. Leurs pères sont des ennemis, leurs mères des traitresses, et ils partagent leur sort. Ainsi, Louis et Guy Armantier, nés en 1933 et 1936, fils d'un Français employé de la Société des Houillères de l'Indochine et d'une mère vietnamienne, sont arrêtés le 20 décembre 1946 à Mao Khan. Ils connaitront les camps vietminh jusqu'à la fin de l'année 1950.[293]. Rappeler la mémoire de ces internements est un des buts de l'ANAPI, association nationale des anciens prisonniers internés déportés d'Indochine[294]. Jean Doornbos, né en 1940 d'un père français d'origine hollandaise et d'une mère tonkinoise devenue française par son mariage, écrit avoir subi trois guerres successives : la guerre franco-japonaise de mars à septembre 1945, la guerre franco-vietminh de 1946 à 1954 et la guerre civile à Saigon entre les sectes religieuses au printemps 1955[295]. Avec son frère et sa mère, ils sont arrêtés par le Vietminh le 19 décembre 1946 et resteront prisonniers jusqu'en septembre 1950. Pendant les deux premières années, le père, qui n'avait pas été arrêté, a cru sa famille morte. Dans les camps, les conditions sont dures : peu de nourriture, pas de soin, des corvées. À la sortie du camp, un an est nécessaire pour remettre Jean vraiment sur

---

[292] Émile Tissot, *Métis déraciné, op. cit.*, p.35-38.
[293] Louis Armantier, *Le balancier. Indochine-Vietnam. Le temps des souvenirs*, Paris, L'Harmattan, 2012.
[294] <https://anapi.fr/>
[295] Ivan Cadeau, « Sud-Vietnam, printemps 1955 : la "guerre des sectes" à travers les archives du service historique de la défense », *Guerres mondiales et conflits contemporains*, 2019, n°273, p.49-68.

pied. En 1956, la famille perd tout ce qui lui restait dans les combats de Saigon[296].

Les parents de Monique Wolff (née en 1935) sont mariés. Henri est un policier français et Thi Cam une marchande de fruits vietnamienne. Ils vivent très correctement à Hanoi avec leurs six enfants. Mais tout bascule en décembre 1946, lors de l'attaque du Vietminh sur Hanoi et l'insurrection générale :

> « Dès le début de la guerre, les Vietminh sont venus chez nous, le 21 décembre, et ont commencé à incendier toutes les fenêtres en nous disant de se rendre. Papa s'est rendu avec cinq de ses enfants et sa femme. Je me souviens que je suis sortie de la maison qui brulait en sandalettes et avec une petite robe d'été. C'était très tôt le matin. On a marché de nombreux kilomètres. On marchait de camp en camp. Plus les Français avançaient, plus on se repliait vers la forêt. On est allé de Hanoï jusqu'à Bac Ha, à l'époque j'avais onze ans »[297].

La famille Wolff fait partie des 450 hommes, femmes et enfants, d'origine métropolitaine ou vietnamienne, qui sont emmenés en captivité par le Vietminh dès le début de l'insurrection armée[298]. Commence alors quatre ans de captivité dans les camps du Vietminh. « Un jour ils nous ont enlevé mon père, sûrement car il travaillait dans la police. Ils enlevaient des hommes mais je ne sais pas ce qu'on leur faisait, sûrement pour les interroger. Il est resté trois ou quatre mois loin de nous, après il est revenu. Nous à cette époque, on était des gosses et mon père ne nous a pas dit ce qu'ils lui avaient fait ». Les conditions de vie sont très difficiles malgré le soutien familial. « On manquait de tout mais nous étions quand même en famille et on pouvait sortir dehors. Le camp était gardé, on n'avait pas le droit de dépasser une certaine ligne mais on pouvait circuler à l'intérieur. Nous ne mangions pas grand-chose. On était remplis de puces, de sangsues ». C'est dans le camp que la famille se délite, tragiquement ;

> « mon père est tombé gravement malade et tout le monde nous disait qu'il avait pris une insolation. Mais je ne sais pas si c'était ça ou la suite de son

---

[296] Jean Doornbos, « Souvenirs d'enfance en Indochine » in Louis Armantier (éd.), *Paroles de rescapés Indochine-Vietnam. 2 – Le temps des souvenirs*, Paris, L'Harmattan, 2016, p.89-93.
[297] Témoignage de Monique Wolff, 09/02/2018.
[298] Julien Mary, « Réparer l'histoire ». Les combattants de l'Union française prisonniers de la République démocratique du Vietnam de 1945 à nos jours, thèse en histoire, Université de Montpellier 3, 2017, p.266-267.

interrogatoire. Il est tombé dans l'inconscience, il délirait, il tremblait et il est mort. On l'a enterré mais il n'y avait pas de cercueil. [...] On a survécu. Maman était de plus en plus malade et donc je ne la quittais pas, étant une fille c'était normal. Elle n'a pas résisté longtemps. Papa est mort le 28 mai 1947 et maman est morte le 20 juillet 1947, deux mois après. Ce qui est appréciable, c'est qu'elle a pu être enterrée à côté de mon père dans la forêt ».

Monique et ses frères se retrouvent donc orphelins :

« moi j'avais 11 ans, mon frère Charles avait 12 ans, François 10 ans[299], Roger 9 ans et Edmond 8 ans. À cinq orphelins nous nous sommes débrouillés comme on pouvait, personne ne s'occupait de nous. Dans cette situation nous vivions un peu chacun pour soi. On a vécu comme ça pendant longtemps. Un jour, on a entendu que nous allions être libérés, c'était fin 1950. Plus tard, début 1951, on a fait du sampan pour traverser le fleuve et l'on est arrivé dans une garnison française. Des militaires nous ont reçus, des avions volaient, j'avais une frousse terrible car au camp il fallait que l'on se cache quand on entendait un avion. On avait vécu comme des sauvages pendant quatre ans, on ne savait plus ce qui se passait dehors, on ignorait tout »[300].

Tous sont pris en charge par la FOEFI et envoyés en France.

Ces épisodes constituent des risques traumatiques graves pour les enfants concernés, qui ont été peu ou prou conjurés par une grande capacité de résilience chez Émile, Jean, Louis et Guy comme chez Monique et ses frères. Pour d'autres, les (re)constructions personnelles semblent avoir été plus difficiles. La période de la guerre américaine a laissé également son lot de souvenirs douloureux à celles et ceux qui l'ont connue. Joseph, né en 1955, parti en France en 1974, a traversé toute la guerre du Vietnam à Saigon où sa mère travaillait comme infirmière à l'hôpital Grall. Il se souvient des chars dans les rues lors du coup d'État militaire de 1963, de la crainte lors de l'offensive du Têt (février 1968), de l'afflux de réfugiés du nord, des raids aériens américains. Tout le secteur de l'hôpital était une cible des Vietnamiens, des armes étaient pointées sur les logements entourant l'hôpital : « ce n'était pas beau des deux côtés, traumatisant ». Arrivé en France, la première nuit, il ne peut pas dormir tant le silence est assourdissant par rapport aux bruits de la guerre qu'il a connus[301].

---

[299] Charles et François Wolff ont écrit sur cette expérience : « 4 ans et 2 mois. Prisonniers du Viet-Minh », in Louis Armantier (éd.), *Paroles de rescapés Indochine-Vietnam 2 op. cit.*, p.67-88.
[300] Témoignage de Monique Wolff, 09/02/2018.
[301] Témoignage de Joseph L., 2022.

Valérie, née elle aussi en 1955 mais partie pour la France en 1968, a des souvenirs choquants de la guerre du Vietnam, de la forte présence militaire américaine dans le Sud : « on vivait dans le stress en permanence à la maison. Les informations du front sudiste nous rendaient "parano" envers le Viêt-Cong. […] Lors de l'offensive du Têt, ma mère a accepté de nous laisser partir car c'était la panique totale à Saïgon ». Geneviève-Chantal Combes, née en 1958 d'un père français démobilisé devenu mécanicien et d'une mère issue de la dynastie royale Nguyen, a vécu toute la guerre américaine. Elle se souvient de l'offensive du Têt à Nha Trang, l'exode vers Saigon avant de partir pour la France avec sa famille en août 1975 après la chute Saigon[302]. Michèle, née en 1968, de mère vietnamienne et de père civil américain, partie en France en 1974, se souvient d'un soldat Viêt-Cong entré dans la maison pour voler la petite télévision familiale, « et aussi des sirènes et qu'il ne fallait ni bouger, ni parler, ni faire de bruit. Et de ma mère avalant à toute vitesse des bouts de papier qu'elle venait de déchirer »[303].

Quelles soient traumatisantes, insidieuses, occultées, les expériences de guerre constituent pour les enfants métis envoyés en France des souvenirs d'une vie d'avant, au même titre que leur mémoire familiale ou celle de l'éducation reçue en Indochine avant le grand départ.

---

[302] Geneviève-Chantal Combes et Jean-Louis Dechaux, *Les larmes versées sur le Vietnam perdu*, Paris, Éditions des écrivains, 1998.
[303] Michèle, questionnaire, 2021.

Chapitre 5
Récupérer les enfants eurasiens et les éduquer à la française

Tous les enfants métis ne sont pas pris en charge par les différentes organisations qui succèdent à la Fondation Brévié après 1945 (FFEI, FEFI puis FOEFI), loin de là. Les critères d'admission en tant que « pupilles eurasiens d'Indochine » et ceux relatifs au « rapatriement » font l'objet de débats au moment où sont organisés les premiers départs en convois. L'admission d'un enfant dans un centre de prise en charge dépend essentiellement de trois facteurs : le cadrage réglementaire – qui ne bouge pratiquement pas puisque que le décret de novembre 1943 demeure valide –, l'état civil de l'enfant et sa situation familiale, enfin le contexte politique qui évolue avec des tournants marqués, comme la chute de Dien Bien Phu et les accords de Genève en 1954. Une fois un enfant métis pris en charge par la FOEFI, avec l'accord de sa mère, il reçoit une éducation à la française, peu ou prou selon les établissements et les circonstances. En effet, l'urgence du départ pour la France accélère parfois le processus.

Les modalités d'admission des « pupilles eurasiens d'Indochine »

La plupart des admissions d'enfants à la FFEI/FEFI/FOEFI se fait sur demande des mères sollicitant une aide. Mais la Fédération est également proactive pour repérer et récupérer des enfants eurasiens. Ainsi, des membres bénévoles des sociétés de protection de l'enfance signalent la situation de tel ou tel enfant, connue par ouï-dire ou repérée dans la rue. Ainsi, Roland Rémond, né en 1944, vit dans la campagne à Hué avec sa mère et son petit frère Gabriel. Des Françaises repèrent les deux enfants jouant dans la rue, remarquent leurs traits métis et proposent à leur mère de les confier à une œuvre française. La mère accepte pour Roland, pas pour Gabriel qu'elle juge trop jeune[304]. Paul, né en 1943, raconte qu'en 1948, un homme et une femme de l'armée convainquent

---
[304] Roland Rémond, *GDR*, n°51, 2015.

sa mère de confier ses deux enfants[305]. Dès avant cette période, en 1940, alors qu'il a 5 ans, Pierre Louis voit un Vietnamien « en costume et cravate comme les fonctionnaires français » venir plusieurs fois proposer à sa mère de le prendre en charge. À la troisième ou quatrième reprise, celle-ci accepte[306].

Lors de l'assemblée générale ordinaire de la FOEFI en 1954, un intéressant point rétrospectif est fait sur l'admission des pupilles. Y sont épinglées les autorités militaires qui, « au lieu d'éduquer leurs hommes », se bornent à signaler que dans tel secteur elles ont dénombré tant d'enfants eurasiens. Un colonel espère ainsi « repasser à la FOEFI une centaine de garçons, sans identité précise, sans éducation et ne sachant pas un mot de français ». Bazé refuse catégoriquement. Le président évoque aussi les assistantes sociales de l'armée arrivant de province avec des bébés qu'elles ont recueillis « sans se préoccuper autrement des difficultés auxquelles nous exposent ces pratiques (généreuses certes, mais parfois abusives) ». « C'est ainsi que nous avons vu surgir des mères qui venaient protester et réclamer des enfants qu'elles déclaraient être les leurs », après vérification c'était parfois vrai, d'autres fois non. D'où la fin de la collaboration avec les assistantes sociales de l'armée. En effet les conséquences de ce genre de pratiques sont désastreuses :

> « l'idée s'était accréditée dans certains milieux vietnamiens, que la FOEFI soucieuse d'assurer la pérennité du colonialisme, grâce à la constitution d'équipes adaptées à des visées occultes, ne reculait plus devant les "rapts d'enfants". Ainsi ont été interprétées les manifestations de bonne volonté émanant de femmes militaires, au cœur sensible, que l'extrême détresse des misères qu'elles côtoyaient conduisait à faire pour le mieux dans l'intérêt de la collectivité ».

La critique vise précisément l'ignorance de l'armée et de ces femmes sur la situation réelle des métis. Ce faisant, elle met en valeur les responsables de la FOEFI, et Bazé lui-même en tant qu'Eurasien connaissant parfaitement les réalités[307]. Mais il est aussi intéressant de constater que l'action de la FOEFI suscite des critiques, notamment à propos d'une motivation postcoloniale, un argument percutant aisément maniable par les Vietnamiens hostiles à la France.

---

[305] Témoignage de Paul S. 16/02/2022.
[306] Pham van Thanh dit Pierre Louis, *Enfance d'un petit Eurasien… op. cit.*, p.24.
[307] AGO FOEFI 1954 et 1955.

Parfois, ce sont les pères militaires qui, avant de mourir ou tout simplement de repartir pour la France, organisent ou préparent l'assistance en faveur de leurs enfants. Nicole et Sylviane, nées en 1949, assistent à l'enterrement militaire de leur père en 1953, celui-ci a auparavant prévu qu'elles soient confiées à la FOEFI[308]. Hugues Fairn, militaire guadeloupéen, reconnait dès sa naissance en 1948 son fils René qu'il a eu avec une Vietnamienne avec laquelle il n'est pas marié. Avant de partir d'Indochine, il le confie à la FOEFI[309]. Le plus souvent, ce sont des militaires, amis des pères ou qui se mettent en ménage avec les mères ayant déjà des enfants, qui font les démarches auprès des autorités. Georges, né en 1952 d'un père français d'origine hongroise architecte et d'une mère vietnamienne d'origine chinoise, a une tout autre histoire car il vit dans un milieu aisé. À son décès en 1961, le père laisse une femme et huit enfants ; Georges est alors confié à la FOEFI. Il se sent perdu au milieu des autres enfants qu'il estime issus d'un « milieu pauvre et dysfonctionnel (alcoolisme, illettrisme…) »[310]. Après le décès en 1965 du père de Valérie, la famille vit dans la pauvreté, une assistante sociale du consulat de France conseille à la mère vietnamienne de confier ses quatre enfants à la FOEFI[311].

Il y a aussi des pères qui refusent de prendre leurs enfants avec eux, ne veulent pas s'en occuper eux-mêmes mais souhaitent qu'ils ne soient pas laissés à leurs mères. C'est par exemple le père de Madeleine (née en 1948), un officier français, qui demande à Marguerite Graffeuil, une des responsables de la FOEFI, de convaincre la mère de confier l'enfant à la Fédération[312]. Simon Martin est né en 1948 après le départ de son père mais celui-ci l'a reconnu afin qu'il puisse être secouru. C'est ensuite un adjudant qui aide sa mère à placer l'enfant chez des religieuses à Bien Hoa[313]. Né en 1946, Jean Weber a deux demi-frères – qu'il ne connait pas – et une demi-sœur, nés de la relation de sa mère avec un Vietnamien et un grand frère, René, né comme lui de la relation de sa mère avec un militaire français. Ce dernier part avec une autre femme et laisse Jean, René et leur mère seuls, obligés en 1954 de fuir Hanoi pour Saigon où ils vivent dans un camp de réfugiés[314].

---

[308] Témoignage écrit de Nicole et Sylviane, 16/11/2019.
[309] Témoignage dans le film *Inconnu, présumé français op. cit.*
[310] Georges, questionnaire, 2021.
[311] Valérie, questionnaire, 2021.
[312] Madeleine Jillet, *GDR*, n°51, 2015.
[313] Simon Martin, *GDR*, n°51, 2015.
[314] Jean Weber, *LDS*, p.170-171.

Mais les demandes d'admissions de pupilles de loin les plus nombreuses sont le fait des mères qui s'adressent à des associations pour obtenir en premier lieu une aide financière afin de mieux vivre et de mieux élever leur enfant. En 1948, sur les 1 795 enfants assistés en Indochine par la FFEI, 767 reçoivent un secours à domicile (surtout en Cochinchine). En échange, les mères ont l'obligation de les faire instruire dans des écoles françaises ou franco-autochtones afin qu'ils acquièrent « une façon de penser qui sera incontestablement française »[315]. Une petite fille, née en 1943 d'un père marin français rapatrié sanitaire en 1946 sans plus donner de nouvelle, et d'une mère eurasienne (franco-cambodgienne), voit sa pension à la Sainte Enfance de Tandinh prise en charge par la FEFI à partir de 1949. En 1951, une carte de bénéficiaire de secours à domicile lui est attribuée. Le paiement de l'aide se fait chaque premier jeudi du mois au siège de la Fédération à Saigon, en détachant le coupon mensuel de la carte[316]. Après la mort de son père en 1953, Jean-Pierre (né en 1947) et sa mère vietnamienne reçoivent un secours à domicile de la FOEFI. Mais la Fédération préfère de loin que les mères confient pleinement leurs enfants, d'où des négociations qui souvent aboutissent au placement d'un ou de plusieurs enfants. Une mère de trois enfants eurasiens nés du même père rentré en France en 1954, tente plusieurs fois d'obtenir une aide de la part de la FOEFI. Mais à chaque fois on lui propose plutôt de confier ses enfants, ce qu'elle finit par accepter en 1960[317].

Des cas plus complexes se présentent. Par exemple celui de Germaine, née en 1943, orpheline très tôt, adoptée en 1946 par un Français et son épouse d'origine vietnamienne. À la mort de cet homme, la mère adoptive qui veut vivre sa vie place Germaine à la FOEFI. Des mères ont parfois les moyens de subvenir aux besoins de leurs enfants, mais souhaitent néanmoins s'en séparer. Dans ces cas-là, les associations et les œuvres leur demandent de payer les frais de prise en charge. En 1952, Jacqui (5 ans) et Roger (3 ans) sont placés par leur mère au Domaine de Marie à Dalat, contre le versement d'une pension mensuelle. Mais la mère ne paie pas la pension et ne vient pas voir ses enfants. Ceux-ci sont finalement pris en charge par la FOEFI en tant que pupilles eurasiens[318]. Ce genre de mise devant le fait accompli – car il faut bien garder ces enfants-là malgré tout – n'est pas apprécié par la Fédération qui souhaite choisir les enfants qui deviennent ses pupilles.

---

[315] ANOM 1 HCI 715, « Le problème eurasien », note de Bazé, 24 août 1949.
[316] ANOM 90 APC, dossier individuel.
[317] Imre, Jean-Pierre et Louis, questionnaires, 2021.
[318] Témoignages et questionnaires.

En juin 1953, la révision des statuts de FOEFI lui permet d'élargir son champ d'action[319]. Jusqu'alors la Fédération n'avait que le droit de recueillir des orphelins totaux (enfants n'ayant ni père, ni mère) et ne prenait des orphelins de père uniquement par dérogation à ses statuts et sur décision de son conseil d'administration. Désormais, l'article 1 stipule que la Fédération « a pour but l'éducation et le placement des enfants français moralement abandonnés ». Cela permet de coller au plus près des dispositions contenues dans le décret de 1943. Dès lors certaines œuvres de la FOEFI admettent très facilement – trop facilement selon Bazé – des enfants sans vérifier suffisamment la situation exacte de leurs parents et si elles ont affaire à « des pères et des mères de famille qui envisagent de refaire leur vie en se débarrassant de l'"héritage" du passé »[320].

La FOEFI se charge de toutes les démarches administratives pour la reconnaissance des enfants comme « pupilles eurasiens d'Indochine » puis, en tant que tutrice, exerce toute autorité sur eux. En 1949, des conditions drastiques sont imposées contre un trop grand laxisme alors que « dans l'Indochine de demain, il n'y aura plus de place pour les médiocres » ; d'où une politique sélective assumée : « les dirigeants de la Fédération ont le devoir de sélectionner leurs pupilles et de ne plus admettre n'importe qui ». Elle estime que pour trop de familles le placement est considéré comme un simple dépôt, un asile temporaire en fonction des aléas de la vie. Or, l'ambition de la FOEFI est tout autre : faire de ces enfants des Français à part entière. Il est décidé en 1949 que toute nouvelle admission sera accompagnée d'une attestation signée valant engagement à respecter le règlement et à éviter les sorties intempestives. Pour les fortes têtes et autres sujets perturbants, l'aménagement de deux maisons de redressement (une pour les garçons et une pour les filles) est en projet. Enfin il est acté de ne plus prendre d'enfants payants car les familles les abandonnent finalement, et en même temps de débusquer les parents qui auraient les moyens de payer, « car alors leurs enfants prennent la place des vrais malheureux »[321]. Mais il y a toujours des exceptions. Par exemple, ce mécanicien des chemins de fer qui a épousé une femme vietnamienne devenue française par mariage et a 8 enfants nés entre 1939 et 1952. À la mort de son épouse, il demande à la FOEFI d'accueillir les six ainés dans ses établissements. « Par mesure tout à fait exceptionnelle » – et aussi peut-être parce qu'il connait personnellement

---

[319] *JORF*, 29 et 30 juin 1953, décret n°21 du 25 juin 1953.
[320] AGO FOEFI 1955.
[321] AGO FOEFI 1950.

William Bazé et Marguerite Graffeuil à qui il assure un transport sécurisé lorsque ceux-ci voyagent dans le pays – sa demande est acceptée, moyennant le versement d'une pension alimentaire de 500 piastres par enfant et par mois[322].

Quand les mères autochtones confient leurs enfants à la FOEFI, les conditions de leur admission en qualité de pupilles eurasiens d'Indochine sont précisées dans un « Certificat de décharge », dont le titre unique est en français mais dont le texte est rédigé en français et en vietnamien. Le certificat apparait en 1952, puis s'étoffe en précisant les conditions que la mère doit accepter, notamment sur l'éventualité d'un envoi vers la métropole qui n'est pas mentionnée dans les premiers certificats[323]. À partir de 1953, les mères doivent obligatoirement signer le « Certificat de décharge ». Voici le texte exhaustif en français dans une version stabilisée au milieu des années 1950 :

CERTIFICAT DE DÉCHARGE

Je soussignée… déclare vouloir confier mon enfant… né le… à….

à la Fédération des œuvres de l'enfance française d'Indochine qui se chargera entièrement et jusqu'à sa majorité de son instruction et de son éducation.

Dans ce but, je donne tous pouvoirs sans exception aucune à la FOEFI. Celle-ci a le droit, sans accord ultérieur de ma part, d'envoyer mon enfant en France ou dans n'importe quel pays de l'Union Française, pour y poursuivre ses études ou acquérir une formation professionnelle.

Je déclare en outre avoir pris connaissance de l'Article 14 du décret 2.986 du 24 novembre 1943 portant institution des pupilles eurasiens d'Indochine qui subordonne le retrait de mon enfant à la décision de la Fédération et à l'obligation par moi de rembourser intégralement les dépenses faites pour son entretien.

Je m'engage, enfin, à reprendre mon enfant au cas où il se rendrait indésirable, tant par sa mauvaise conduite que par son refus de travailler.

---

[322] Marie-Claire, questionnaire, 2022 et ANOM 90 APC, dossiers individuels.
[323] ANOM 90 APC, dossiers individuels.

Cette version est ensuite complétée par quelques ajouts qui précisent certains points. À partir de 1961, ce document n'est plus estampillé « Certificat de décharge » mais « Engagement/*tò' cam-kêt* », même si le terme de « certificat » continue d'être usité. En voici le texte en français[324] :

ENGAGEMENT

Je soussignée…

demeurant à…

déclare vouloir confier mon enfant…

né le… à….

à la Fédération des Œuvres de l'Enfance Française d'Indochine qui se chargera entièrement et jusqu'à sa majorité, de son entretien, de son instruction et de son éducation.

Cette remise d'enfant a lieu en application du décret n°2986 du 24 novembre 1943 portant institution des Pupilles d'Indochine, qui confie à la Fédération des Œuvres de l'Enfance Française d'Indochine, la tutelle des mineurs qui lui sont confiés. En conséquence, je donne tous pouvoirs sans exception aucune à la Fédération des Œuvres de l'Enfance française d'Indochine, particulièrement ceux qui sont énumérés aux articles 8, 9 et 10 de ce décret, relatifs à la tutelle.

La Fédération des Œuvres de l'Enfance Française d'Indochine aura notamment le droit d'envoyer mon enfant à l'étranger, de lui faire subir les vaccinations, traitements médicaux et interventions chirurgicales qui seraient reconnus nécessaires. La Fédération des Œuvres de l'Enfance Française d'Indochine me subrogera dans mes droits éventuels aux allocations familiales, pensions ou suppléments de pension d'orphelin qui pourraient être concédés au titre de mon enfant.

Je déclare en outre avoir pris connaissance de l'Article 14 du décret précité qui subordonne le retrait de mon enfant à la décision de la Fédération des Œuvres de l'Enfance Française d'Indochine et à l'obligation par moi de rembourser intégralement les dépenses faites pour son entretien.

---

[324] ANOM, certificats de décharge qui se retrouvent dans les dossiers individuels des pupilles. Exemple de décharge visible sur le site Internet des ANOM dans une exposition réalisée sur la FOEFI : <http://www.archivesnationales.culture.gouv.fr/anom/fr/Action-culturelle/Dossiers-du-mois/1904-FOEFI/Contexte.html>

Quelles que soient les rédactions successives, les années qui passent et les évolutions politiques, il faut remarquer que le décret de 1943 est la seule référence juridique sur laquelle s'appuie ces documents, et non le décret inclusif de 1928. Cependant, la FOEFI sélectionne les dispositions du texte de 1943 qui l'arrangent. Par exemple elle ne précise pas dans le certificat de décharge ou l'engagement que l'article 14 du décret de 1943 – présenté ici comme portant l'obligation d'un remboursement intégral en cas de retrait de l'enfant – comporte une clause moins coercitive : « à moins que sur leur demande [des parents] le président de la Fondation Brévié, après approbation du chef d'administration locale, ne les exonère de tout ou partie ». Puisque la FOEFI revendique à la fois la succession de la Fondation Brévié et la permanence du décret de 1943, elle aurait dû indiquer dans les documents soumis aux mères, cette possibilité d'exonération. La formulation de la FOEFI est d'ailleurs surtout dissuasive car les archives montrent que peu de réclamations d'argent ont été effectuées par la Fédération auprès de parents reprenant leurs enfants. Mais la dissuasion a pu être efficace. Par exemple, quand Marie-Paule, arrivée à l'âge de 4 ans en France, reprochait dans ses lettres à sa mère de l'avoir « abandonnée », celle-ci lui répondait qu'elle n'avait pas l'argent nécessaire pour la reprendre avec elle, mais peut-être était-ce seulement une manière de dire qu'elle n'avait les moyens de l'élever[325].

Les signataires ne connaissent sûrement pas toujours le contenu exact du décret de 1943 et tout ce que la signature du certificat ou de l'engagement implique. Selon Christina Firpo, qui ne voit que contrainte dans la prise en charge des enfants métis par la FOEFI, le consentement des mères est rarement libre et éclairé. En outre, l'auteure cherche à identifier des différences de rédaction entre les versions française et vietnamienne du texte en s'appuyant sur des traductions en anglais de deux versions (français et vietnamien), mais non datées et non parallèles et donc sans tenir compte de l'évolution de la rédaction. En réalité, une comparaison entre deux versions en français (1958 et 1961) et la traduction littérale et certifiée en français des deux versions parallèles en vietnamien ne montre pas de différence notable[326]. Mais surtout, les mères qui ne savaient ni lire, ni écrire, parfois, ni le vietnamien ni le français, pouvaient-elles comprendre les clauses contenues dans le document ?

---

[325] Témoignage de Marie-Paule, 10/05/2023.
[326] Traductions certifiées d'un « Certificat de décharge » daté de 1958 et d'un « Engagement » daté de 1961, effectuées par le service de traduction de l'ambassade de France et de l'Institut français à Hanoï, 2023.

Un document – tardif, daté de 1968 – précise les modalités très cadrées du recueil de la signature de la mère : « la mère lit le certificat de décharge qu'elle ne signe que si elle l'approuve. L'interprète assermenté en donne lecture à la mère analphabète et lui demande son accord avant de la faire signer ». Et il est bien indiqué « qu'il ne s'agit nullement d'un acte d'abandon »[327]. Une fois ce document signé, la Fédération considère l'enfant comme un pupille dont elle a pleinement la charge jusqu'à sa majorité[328]. Si l'esprit et la lettre semblent claires sur un plan juridique, la pratique est plus floue, du recueil du consentement des mères aux modalités de la tutelle de la FOEFI. Par exemple sur certains certificats de décharge, seule l'une des deux parties, en français ou en vietnamien, est renseignée. Il faut aussi relever que certains de ces certificats sont signés par des pères français et non des mères[329]. La question de la connaissance réelle des implications par les mères d'Indochine est la même pour l'« autorisation » que les mères des enfants de La Réunion signaient avant leur départ en France, ou le consentement à l'adoption des mères de naissance des enfants de pays étrangers envoyés à l'adoption internationale qui se développe alors[330].

La nécessité de la sélection des pupilles, y compris pour des raisons de ressources financières, est constamment rappelée lors des assemblées générales de la FOEFI du début des années 1950, preuve sans doute que cette orientation a du mal à être imposée aux œuvres locales qui sur le terrain reçoivent les demandes des mères. En 1954 sont évoquées « les libertés que les œuvres persistent à prendre », vis-à-vis de la Fédération[331]. « Nous réservons volontiers le préjugé favorable au bénéfice des mères repentantes qui revenues un jour de leur aberration passée, désirent se racheter et veulent entourer d'affection les petits qu'elles n'ont pas su aimer, un instant », mais cela n'exclut pas la plus grande fermeté. Toute demande de retrait d'un enfant « sera impitoyablement refusée dans le cas où l'indignité de l'existence que mène la mère est de notoriété publique »[332]. La FOEFI présente cette position comme « une véritable

---

[327] AGO FOEFI 1968.
[328] ANOM 90 APC 4290, règlement intérieur de la FOEFI, 1957.
[329] ANOM 90 APC, dossiers individuels.
[330] Vitale, Bertile, Ève, Gauvin, « Étude de la transplantation de mineurs de La Réunion… *op. cit*, p.643 ; Yves Denéchère et Fabio Macedo, « Étude historique sur les pratiques dans l'adoption internationale en France », 2023, <https://univ-angers.hal.science/hal-03972497v1>
[331] AGO FOEFI 1954.
[332] AGO FOEFI 1953.

défense de nos pupilles – des jeunes filles notamment – contre des mères versatiles qui, en les retirant à leurs fantaisies, risquent de les exposer aux plus dégradantes turpitudes »[333]. En clair, c'est la FOEFI qui sera juge et partie, elle qui examinera la situation de la mère et décidera ou non de garder son enfant. D'autres parents sont présentés comme des profiteurs : des mères revendent au marché noir le lait et autres denrées fournies par la FOEFI dans les secours à domicile ; « certains pères reconnaissent leurs enfants sous un autre nom et s'en déchargent sur notre dos, tandis qu'ils gagnent largement leur vie dans des emplois lucratifs » ; « reste enfin les militaires qui reconnaissent leurs enfants », les confient à la FOEFI, se font attribuer des allocations familiales et disparaissent sans laisser d'adresse[334].

Le premier élément pris en compte pour accorder le statut de pupille selon le décret de 1943 est la situation de l'enfant au regard de la loi et de l'état civil. Si l'enfant métis est légitime, ou s'il a été reconnu par son père, sa situation est simple : il est Français et peut donc être pris en charge. Les problèmes concernent les enfants nés de légionnaires, de soldats africains ou de « père inconnu présumé français ». Pour la première catégorie, le problème semble insoluble pour la FOEFI :

> « les orphelins de légionnaires tombés au Champ d'honneur, sont dans l'ensemble des sujets fort beaux, typiquement européens, souvent châtains clairs ou blonds. Jamais nous ne sommes parvenus à leur faire octroyer la nationalité française, aucun texte n'ayant été prévu à leur intention. Nous ne pouvions les abandonner dans les villages et les avons pris. Ils sont au régime de leurs petits camarades et font les mêmes études qu'eux ou le même apprentissage. Mais, pour l'heure, ils demeurent des apatrides ».

Comme le montrent des dossiers individuels de pupilles, dans certains cas, alors que le nom et la nationalité d'origine du père légionnaire sont connus, l'enfant est enregistré comme né de père inconnu, présumé français, ce qui ouvre la possibilité de le prendre en charge en application des décrets de 1928 et de 1943[335]. Les « preuves » de l'origine et la race française de l'enfant métis ne sont pas difficiles à établir. Quant aux enfants africasiens, de plus en plus nombreux, la FOEFI ne veut pas leur réserver un traitement à part. C'est pourtant ce qu'elle devrait faire au regard du décret de 1943 qui ne porte que sur les « pupilles eurasiens

---

[333] AGO FOEFI 1954.
[334] ANOM 1 HCI 715, « Le problème eurasien », par William Bazé, 30 avril 1949, 10 p.
[335] ANOM 90 APC, dossiers individuels; AGO FOEFI 1954.

d'Indochine ». Mais là encore, les limites sont floues et tout est question de définition. Si l'on considère que le terme « Eurasien » englobe tous les métis de mères indochinoises, il n'y a pas lieu de délaisser les enfants africasiens[336]. D'ailleurs, des certificats de race établis par des médecins valident des « caractéristiques de métissage européano-asiatique » pour des enfants métis noirs[337].

Enfin, les enfants nés de « père inconnu présumé français » sont nombreux : « presque dans tous les villages, nous trouvons ces enfants blonds aux yeux bleus et des bruns au type européen indiscutable » qui croupissent dans la misère, courent dans les rues, sont sous-alimentés. « La population, dans son immense majorité, ne peut les regarder sans se livrer à des pénibles commentaires : "Voilà le travail des Français, entend-t-on en général. Les responsables ont filé sans éprouver le moindre remords et les autorités dont la tâche normale consisterait à racheter de tels péchés, ne comprennent pas l'œuvre de réparation qui leur incombe" ». Les effets de cette propagande étant néfastes, « le président [de la FOEFI] estime donc que, sur le double plan humain et national, la France a le devoir de s'occuper de tous les Eurasiens non reconnus que les mères vietnamiennes acceptent de lui confier et ce, sans exiger que la question de la nationalité soit tranchée par les tribunaux, comme elle l'a été jusqu'à présent ». Cet assouplissement s'explique par le fait que la règle du *jus soli* va s'imposer dans le Vietnam indépendant, et que ces enfants seront *ipso facto* de la nationalité de leur mère. Cette évolution juridique ne doit pas faire oublier le problème eurasien estime Bazé : « la guerre n'a pas tué tous les sentiments, en ce sens que les unions mixtes se multiplient, légales ou non. Il serait regrettable de ne pas spéculer sur le fait qu'elles existent car, lorsqu'avec le temps s'apaiseront les passions, les enfants issus de deux races seront véritablement le plus solide liant que l'on puisse souhaiter »[338]. Il est donc impératif de créer pour ces enfants non-reconnus un état-civil et leur attribuer la nationalité française selon les modalités prévues par le décret de 1928.

Cela passe généralement par un jugement déclaratif de naissance, une procédure qui permet de constater une naissance qui n'a pas été déclarée dans le délai légal. Le juge examine alors différents éléments : un certificat médical de race établi par un médecin qui valide, après examen, que l'enfant « présente les caractères ethniques de la race eurasienne » ou « des

---

[336] AGO FOEFI 1954.
[337] ANOM 90 APC, dossiers individuels.
[338] AGO FOEFI 1954.

caractéristiques raciales eurasiennes » ou « des signes caractéristiques de métissage européano-asiatique »[339] ; des déclarations de témoins français qui attestent avoir connu le père de l'enfant, qui était bien de race française, et qui a quitté l'Indochine en l'abandonnant. Par sa décision, le juge ordonne la transcription du jugement déclaratif de naissance sur les registres d'état civil[340]. Dans les faits, les sociétés de bienfaisance locales recueillent les enfants puis déposent les demandes de jugement déclaratif de naissance, les tribunaux de première instance statuent sur les requêtes et reconnaissent que les enfants sont français. Les implications sont immédiates.

Jean-Jacques Barieux écrit :

« pendant mes quatre premières années, je portais le nom de Tran Van Ba et j'étais Vietnamien. Par un jugement de 1948, je deviens Français et mon nouveau nom est Jean-Jacques Barieux. Mon nom, Barieux, a été inventé par mon père en hommage à une actrice qu'il admirait particulièrement, Danielle Darrieux, et dont il a transformé légèrement le nom »[341].

Souvent, les pères biologiques ne sont pour rien dans l'octroi du nom. L'étude de l'attribution de prénoms et noms aux enfants est complexe. Les cas de figures du phénomène que l'on pourrait appeler renomination ou transnomination des enfants sont très variés. Généralement, pour les métis, « que le nom soit de consonance purement française ou d'allure plus ou moins étrange, son origine ne peut absolument pas être décelée » écrit un médecin militaire en 1948[342]. Lorsque le père est connu mais n'a pas reconnu l'enfant, le nom donné à l'enfant peut y faire référence, avec une initiale modifiée par exemple. Parfois le patronyme paternel est raccourci de quelques lettres. Ce peut être aussi et très souvent un nom de hasard, un substantif quelconque de la langue française, un prénom. Pham Van Than, né en 1935, devient Pierre Louis à l'âge de 14 ans, « ce qui était pour moi très dur à vivre » écrit-il. Lê Thi Hein, née en 1941 devient Paule Migeon deux ans plus tard. Tran Van Mai, né en 1940, devient René Leblond en 1944. De même Jean, né en 1946, prend le nom de Weber ; Pham Van Lang, né en 1949, devient en 1956 Lang Jeannot puis, après un quiproquo, Jean Lang[343].

---

[339] ANOM 90 APC, dossiers individuels.
[340] Loi du 20 novembre 1919, article 55 du code civil.
[341] Jean-Jacques Barieux, FOEFI site <http://foefi.net/Textes/Bio_JJB.pdf>
[342] Médecin-Commandant Ravoux, « Aspects sociaux d'un groupe d'eurasiens », *Op. cit*, p.181.
[343] Lang Jeannot, René Leblond, Paule Migeon et Jean Weber, *LDS* p.86-87, p.102, p.134, p.170.

Au début des années 1950, la FOEFI déplore régulièrement que certains enfants aient deux ou trois identités différentes. Certains ont un acte de naissance en bonne et due forme, mais aussi un jugement déclaratif qui ne correspond pas à l'acte de naissance[344]. Robert Baignol né le 18 juin 1940, devient à dix ans, tout à coup, Robert Bongnon né le 27 décembre 1940. Minh, née en 1949 au Cambodge devient Micheline. à 3 ans, mais un an plus tard un militaire français la reconnaît, lui donne son nom et la ramène en France[345]. Au moment où elle le confie à la FOEFI en 1958, la mère de Pierre Paneri – né en 1944 mais qui n'a pas la nationalité française –, le fait passer pour Joseph Roman, un enfant qu'elle a eu avec un militaire français en 1947 et qui est décédé à l'âge de quelques mois[346]. En ce domaine, la fin justifie les moyens. Parés d'un état civil français et de la nationalité française, sous la tutelle juridique de la FOEFI et avec le moins possible de relations avec leurs mères, les enfants eurasiens sont prêts à être éduqués.

Les établissements de prise en charge en Indochine

Les organisations successives ont tissé un réseau d'établissements de prise en charge des enfants eurasiens puis plus largement des métis, dont les africasiens. La montée en puissance de la FFEI/FEFI entre 1948 et 1949 est spectaculaire. En 1948, la FFEI prend en charge entre 1 900 à 2 000 enfants (les chiffres varient selon les sources), dont 1 795 en Indochine. Hormis les 767 enfants aidés à domicile déjà évoqués, 1 028 enfants sont placés dans des établissements. 320 sont en pension dans des centres gérés par Société de protection de l'enfance en Cochinchine (120 garçons et 200 filles), 134 dépendent de la Société d'assistance aux enfants franco-indochinois du Tonkin (74 et 60), 71 de la Société d'assistance aux enfants franco-indochinois du Cambodge (41 et 30), 22 de la Société d'assistance aux Eurasiens du Laos (13 et 9). D'autres enfants sont dans des établissements provisoirement administrés par la FFEI : 202 en Annam (147 et 55) et 279 en Cochinchine (le Centre eurasien de Cholon avec 205 garçons et les missions au Cap Saint-Jacques avec 74 filles)[347].

---

[344] AGO FOEFI 1951.
[345] Robert Bongnon et Minh P., *LDS,* p.34 et 142.
[346] Pierre Paneri, *LDS,* p.154-155.
[347] ANOM HCI 665, État des enfants pris en charge par la Fédération fédérale eurasienne de l'Indochine, s. d. (1948).

En 1949, le nombre d'enfants pris en charge a presque doublé. Désormais la FEFI s'occupe de 3 773 enfants (2 002 garçons et 1 771 filles), 368 sont en France, nous y reviendrons, et 3 405 en Indochine, surtout au Sud-Vietnam (1 450) et Nord-Vietnam (1 214) comme le montre la carte n°3 page 461. Sont placés sous le contrôle direct de la FOEFI le collège de garçons de Cholon, l'établissement pour filles de la société de protection de l'enfance de Cholon, le foyer Saint-Antoine. Des œuvres religieuses se consacrent spécialement aux pupilles de la FEFI comme l'école Lucien Mossard de Thu duc, d'autres réservent des places pour les pupilles comme l'institution Taberd et les lycées. Des pupilles sont aussi accueillis dans des écoles libres dirigées par des Vietnamiens, mais « avec un personnel de choix enseignant le français ». Dalat constitue un véritable complexe de prise en charge avec différents établissements : le Domaine de Marie des Sœurs de Saint-Vincent de Paul, le foyer Nazareth des Sœurs de Saint-Paul de Chartres, le collège d'Adran des Frères des Écoles chrétiennes, le lycée Yersin, tandis que 270 enfants eurasiens sont à l'école d'enfants de troupe eurasiens installée dans cette ville. À Hanoi, les principales œuvres sont l'orphelinat Honoré Tissot, le centre d'accueil « Clairs matins », la pouponnière Chatoiseau. Au Cambodge, la Fondation Gravelle, est la seule œuvre active, avec quelques établissements, dont l'orphelinat des sœurs de la Providence de Portieux, qui sont insuffisants. Au Laos, « il y a moins d'enfants abandonnés qu'ailleurs, en raison de la faiblesse de nos garnisons » constatent les responsables de la FOEFI[348].

Le passage par les pensionnats, écoles ou foyers peut être considéré comme une initiation à la France pour les enfants métis, une transition, un sas, entre la première phase de leur vie et celle qui va suivre. Ces établissements en Indochine sont souvent, pour quelques mois ou quelques années, les premières structures d'éducation que fréquentent les enfants[349]. Ils doivent respecter les règles de la vie en collectivité, reçoivent les premiers rudiments de l'instruction, entendent parler de la France, montrée sur une carte par une baguette de bambou. En contexte de guerre, les moyens sont précaires. Si l'enseignement et l'esprit sont français, la nourriture, la plupart du personnel et l'environnement sont vietnamiens[350].

---

[348] AGO FOEFI 1950.
[349] Juliette Varenne, *Juliette du Tonkin*, Publibooks, 2008.
[350] Témoignages de Jeannette G., Binta B., Paule M., 2018 et 2021.

Les souvenirs d'Henri Boivin de la Fondation Gravelle au Cambodge illustrent bien une acculturation progressive :

> « j'ai environ 7 ans, au début ma mère me fit comprendre que c'est pour mon bien d'avoir une éducation à la française, apprendre à lire, à compter et plus tard avoir du travail qui serait bien rémunéré. Elle m'emmena de plus en plus souvent à la Fondation où je suis très bien accueilli, et je commençai à me familiariser avec les autres enfants qui sont à l'Institution, au début ce fut comme une demi-pension ; au fil des jours je m'habituais et finissais par être pensionnaire » ; « À la Fondation, nous avons de quoi manger, dormir, s'instruire, s'habiller, jouir des jeux d'enfants. Nous étions gâtés, les autres, c'est-à-dire les autochtones nous enviaient ».

Mais quand il arrive quelques mois plus tard au collège de Cholon, situé dans le quartier chinois de Saigon, il vit une autre expérience :

> « cela n'était pas du tout le paradis, c'étaient les grands qui faisaient la loi. Au bout de quelques jours, les clans se formaient, il fallait être dans une bonne équipe. La galère dans ce bahut, on pleurait pratiquement tous les jours. Des corvées, des baffes, des bleus faits par la ceinture d'un grand, lorsque l'on n'obéissait pas assez vite. Après quelques semaines, on a vite compris, on n'était avec aucun groupe et on nous laissait tranquille ; généralement les bagarres se faisaient entre clans. Nous, on les regardait ; ils se battaient à coups de couteau parfois ».

Quant aux surveillants, « c'étaient des vaches. Les éducateurs français n'avaient pas la loi avec les grands. Il fallait simplement s'y plier, si on ne voulait pas dérouiller. Il y avait souvent des vols et des violences corporelles. Cela ne se disait pas… Le silence ! »[351]. Plusieurs autres témoignages dans *Grain de riz* ou dans les questionnaires évoquent « des humiliations » et « des brimades » infligées par des « surveillants sadiques » à Cholon. Jean-Jacques Barieux, né en 1944, se retrouve lui aussi, à 4 ans, placé dans ce qu'il appelle « l'enfer de Cholon ». Étant parmi les plus petits, son intégration est laborieuse : « faible et sans défense, il m'était difficile de me faire une place. À table, les meilleurs plats me filaient sous le nez, je n'avais pas grand-chose à manger. La faim me tenaillait constamment ». Il se fait immédiatement dépouiller des rares colis qu'il reçoit.

> « La loi du silence régnait, la loi du plus fort dominait ». « Sans ami, sans famille (mais nous étions tous logés à la même enseigne), malingre, livré à un monde de brutes. C'est ainsi que je m'alimentais de moins en moins, victime de saignements de nez quasi quotidiens et des maux d'estomac

---

[351] Henri Boivin, « Ce qu'a fait la FOEFI. Mes souvenirs », égo-document, s. d.

chroniques », « je souffrais de dysenterie sévère ». « Je me suis laissé dériver vers une fin probable. J'étais squelettique. C'était l'enfer de Cholon ».

En raison de son état de santé lamentable la FOEFI l'envoie à Dalat quelques mois plus tard[352].

Le collège eurasien de Cholon est totalement réorganisé en 1951, sous la houlette de Maurice Grolleau (1893-1974). Pendant la guerre, le capitaine Grolleau a été adjoint au Commissaire général à l'Éducation physique, au Sport et à la Jeunesse en Indochine. En 1941, il prononce plusieurs conférences à Saigon en présence de l'amiral Decoux, mais aussi à Phnom Penh, notamment sur l'aviatrice Hélène Boucher ou les vertus de l'athlétisme qu'il a pratiqué dans sa Touraine natale et jusqu'aux jeux olympiques de 1912, 1920 et 1924. Après avoir été moniteur et instituteur à l'école de Joinville de 1923 à 1934, puis chef du service de l'éducation physique et des sports de 1935 à 1938 aux Antilles, et ensuite adjoint au Commissaire Général à la Jeunesse pour l'Afrique du Nord en 1940, il est arrivé en Indochine dans l'administration de Vichy[353]. Grolleau a donc de l'expérience et apparait comme l'homme de la situation sur qui Bazé s'appuie pour réformer le collège de Cholon. Paul Susini (1927-2022) entre au collège comme surveillant général en 1953, sans aucune formation pour ce métier, ayant quitté sa Corse natale à l'invitation de son frère qui est en Indochine. Il se souvient de maraudes organisées dans les rues de Saigon pour localiser des enfants eurasiens et contacter leurs mères.

Susini se souvient avoir vu William Bazé trois ou quatre fois, notamment quand Joséphine Baker vint dans l'établissement[354]. Sans doute a-t-elle chanté « j'ai deux amours, mon pays et Paris » qui correspond pleinement au discours de la FOEFI, peut-être pas « La petite Tonkinoise »… Peut-être que cette visite de l'artiste à contribuer à sa sensibilisation aux malheurs des enfants de la guerre, des enfants métis. L'année suivante, Joséphine Baker ramène du Japon deux enfants amérasiens nés de pères américains puis les adopte : c'est le début de sa « Tribu Arc-en-ciel » qui comptera 12 enfants. Avant elle, l'écrivaine américaine Pearl Buck a fondé aux États-Unis en 1949 l'association Welcome House, première institution internationale interraciale pour l'adoption, notamment entre l'Asie et l'Occident. Elle-même a adopté sept enfants de diverses origines

---

[352] Jean-Jacques Barieux, *Né de père inconnu présumé français, op. cit.*, p.7-9.
[353] <https://www.entreprises-coloniales.fr/inde-indochine/Jeunesses_Ducoroy.pdf>
[354] Témoignage de Paul Susini, 03/12/2021.

dans les années 1920 et 1930, soit une trentaine d'années avant Joséphine Baker[355].

Après la réforme du collège opérée par Grolleau, il y a désormais une infirmerie, deux instituteurs envoyés par le ministère de l'Éducation nationale et les admissions sont recentrées sur les plus jeunes tandis que les élèves retardataires quittent l'établissement[356]. Ainsi, un pupille âgé de 14 ans est renvoyé pour « très mauvaise conduite envers ses maîtres et ses camarades, totalement inintelligent, incapable de poursuivre ses études ». Sa mère en est avisée par un formulaire qui montre que ce cas n'est pas isolé[357]. Cependant, Michel Thomassin, né en 1949, conduit au collège de Cholon par sa mère en 1954 raconte la même histoire de colis reçus et aussitôt volés par des plus grands et le choc face à l'inconnu : « je suis liquéfié, c'est le vide sous mes pieds. Accroupi dans la cour, je pleure longuement »[358]. Alexandre Thomas, qui y arrive la même année se souvient :

> « les nouveaux arrivants dans cet établissement devaient subir une séance de bizutage : il fallait commencer par "donner" nos petites possessions personnelles (bonbons, porte-plume, cahier, crayons, etc.), suivi par une séance de passage à tabac. Mais le plus dur c'étaient les brimades exercées par les Eurasiens les plus grands à qui la direction avait confié les rôles d'aides-surveillants, c'était les plus sadiques et je pèse mes mots. Les anciens que j'ai contactés se rappellent encore un dénommé B., le plus méchant »[359].

Paul Garnier, arrivé à la rentrée 1955 au collège, d'un camp de réfugiés où sa famille a connu la misère, vit une autre expérience, « une bouée de secours inespérée ». « Comme une baguette magique, du jour au lendemain, je m'étais retrouvé dans l'enceinte et l'ambiance d'un pensionnat joyeux avec de nombreux enfants de mon âge, nourris, logés et scolarisés "à la française" ». Il mange à sa faim, loin du tumulte de la guerre qui a marqué son enfance, va souvent à la bibliothèque, reçoit des jouets pour Noël[360].

---

[355] Yves Denéchère, « Vivre un idéal de fraternité universelle: la "Tribu Arc-en-ciel" de Joséphine Baker », *Frères et sœurs du Moyen Age à nos jours*, F. Boudjaaba, C. Doucet, S. Mouysset (éd.), Berne, Peter Lang, 2016, p.589-602 ; Pearl Buck, *Children for adoption*, New York, Random House, 1964, traduit en français sous le titre inapproprié : *Les enfants abandonnés*, Paris, Stock, 1964.
[356] AGO FOEFI 1952.
[357] ANOM 90 APC, dossier individuel.
[358] Michel Thomassin, *LDS*, p.162
[359] Témoignage d'Alexandre Thomas, mai 2023.
[360] Paul Garnier, *GDR*, n°51, 2015.

Colette, née en 1944, évoque un autre établissement de Cholon : le pensionnat de la Maison de la Sainte-Enfance, tenu par les Sœurs de Saint-Paul de Chartres dans le quartier de Cholon. Elle parle d'« une prison !!!! [sic] et un martyr... avec des punitions atroces ». Camille, née en 1948, y est placée par sa mère, sous une forte pression familiale et sociale, en 1953, tout comme Marie-Claire, née également en 1948, et ses sœurs après la mort de leur mère. Germaine y est placée par sa mère adoptive et y est complètement perdue, sans aucun repère. Les fillettes se trouvent dans un entre-deux : encore en Indochine, avec ses langues, ses goûts, ses bruits, mais entendant parler de la France. Les plus grandes s'organisent en petits groupes très solidaires et certaines réussissent même à faire le mur, puis reviennent. En revanche, J. qui entre dans l'établissement le 16 septembre 1953 se sauve trois fois en quelques jours pour retrouver sa mère. Celle-ci la reprend définitivement et doit s'engager par écrit « à ne plus demander l'assistance de la FOEFI pour J. » ; sur le document figure son empreinte digitale qui vaut signature[361].

Les évocations de Dalat, de son site magnifique en altitude et tempéré, la ville du printemps éternel, sont également très nombreuses. Comme toutes les autres, leurs contenus dépendent des parcours de chacune des personnes concernées mais le domaine de Marie des Filles de la Charité, tenu par les sœurs de Saint-Vincent de Paul a marqué les esprits positivement. Pour Jean-Jacques Barieux, qui y arrive en 1949 à 5 ans, c'est une nouvelle étape de sa vie :

> « par rapport à mon calvaire de Cholon, je renais à la vie », « je commence par un séjour de trois mois à l'infirmerie des religieuses pour recouvrer ma santé. J'ai surtout été frappé par la présence féminine, la première depuis que j'ai quitté mes parents, celle des sœurs infirmières, jeunes, douces, attentionnées. J'étais aussi intrigué par leur tenue vestimentaire, d'immenses robes bleues et sur la tête une grande cornette blanche ».

En 1955, alors que beaucoup d'enfants partent pour la France, lui reste et fait sa rentrée en 6ᵉ au lycée Yersin. Il part finalement en 1956[362]. Roland Rémond, né en 1945, qui a passé 6 ans au Domaine de Marie se souvient : « nous ne mangeons pas à notre faim, mais nous sommes heureux. Notre terrain de jeu, c'est la forêt »[363].

Roger Maurice, arrivé à 3 ans en 1952, fait partie des petits :

---

[361] ANOM 90 APC, dossier individuel.
[362] Jean-Jacques Barieux, *Né de père inconnu présumé français*, op. cit.
[363] Roland Rémond, *LDS*, p.150.

« je me souviens de quelques moments désagréables que nous infligeaient les sœurs de la Charité, comme nous mettre les matelas mouillés sur la tête quand nous faisions pipi au lit, car cela m'arrivait de temps à autre, ou nous faire passer la nuit dehors pour de grosses bêtises, et notre terreur c'était de rencontrer des tigres, car nous n'étions pas loin d'une forêt. Et puis comme nous étions dans une institution religieuse, nous avons tous été baptisés, les plus grands ont fait leur première communion »[364].

Pierre-Marie Béryl a vécu au Domaine de Marie dès sa naissance. Né en 1944 de père français inconnu et de mère vietnamienne inconnue, il a été déposé dès ses premiers jours de vie chez les Filles de la Charité. Reconnu comme Français par jugement, il vit une enfance « heureuse, sans trop de souffrance ni déchirure, en effet j'ai été choyé, aimé et reçu de la part de ces religieuses (cela n'exclut pas qu'elles étaient sévères) l'affection que mérite tout enfant ». Il se souvient également que les filles étaient séparées des garçons et chez ces derniers il y avait d'un côté les Vietnamiens et de l'autre les Eurasiens (y compris africasiens)[365]. Martha, née en 1947, délaissée par sa mère, loin de son père légionnaire autrichien, écrit avoir eu une enfance heureuse au Domaine de Marie, « un paradis pour les enfants. Sans papa, ni maman. Une liberté d'aller et venir dans les bois, forêts et collines. Les religieuses nous donnaient beaucoup d'affection et de liberté »[366]. Henry, né en 1949, a les mêmes souvenirs, bien que pris en charge par les Sœurs de Saint-Vincent de Paul à Tourane. De constitution fragile, il y reçoit « une éducation française catholique en collectivité, assurée par des sœurs bienveillantes. J'ai été remis sur pied, bien nourri, bien soigné, bien instruit, bien éduqué, bien pris en mains, bien protégé entre les murs de l'école »[367].

Dans ces établissements, les mères qui viennent rendre visite à leurs enfants sont parfois les bienvenues, d'autres fois beaucoup moins. La FOEFI veut des enfants sans partage, en limitant au strict minimum les relations entre les mères et ceux qui deviennent ses pupilles. Le déplacement des enfants d'un établissement à un autre est un moyen de restreindre de fait ces relations. Ainsi, Roland, né en 1944, confié à la FEFI en 1948, passe d'un orphelinat à Hué, à un autre à Tourane, et enfin au Domaine de Marie à Dalat. Suivre ces affectations n'est pas aisé pour sa

---

[364] Roger Maurice, *GDR*, n°58, 2021.
[365] Pierre-Marie Béryl, « Vie et anecdotes d'un Eurasien », fascicule autoédité, 55 p.
[366] Martha, questionnaire, 2021.
[367] Henry, questionnaire, 2022.

mère, mais elle y réussit. Quand il lui faut prouver qu'elle est bien la mère de Roland, elle signale la cicatrice qu'il a sur la fesse droite[368].

Tous les établissements de Cholon et de Dalat et bien d'autres, visaient à donner aux enfants métis une culture française afin de les préparer au grand voyage vers la métropole. Mais ces enfants, que savaient-ils de la France vers laquelle ils allaient être envoyés ?

La préparation au départ

Beaucoup des personnes concernées disent ne pas avoir su qu'elles allaient partir ou alors tardivement, ou vaguement. Bien sûr le facteur de l'âge est déterminant. Les petits ne se rendaient pas compte, les grands savaient, les autres devinaient ou percevaient les signes d'un départ prochain, sans savoir forcément que c'était pour la France, que c'était pour longtemps. Extrêmement rares sont ceux qui étaient déjà allés en métropole, comme Raymond emmené par son père pour des vacances ou Jean ayant suivi sa mère lors d'un séjour pour raison de santé en 1951[369]. Tous les autres, de Nina et Pierre Louis partis dès 1947 à Michèle et Joseph partis en 1974, avaient les mêmes images en tête enjolivant le pays. Jacques (né en 1944) se souvient : « je vais à l'école française de Dalat. On nous parle de la France comme d'un pays merveilleux ». Pour Gustave (9 ans, parti en 1956), c'est le pays des pommes, du saucisson et de la neige. Pour Marie-Claire (6 ans, partie en 1954), « la France était attirante, il y avait des cerises, des pommes, des fromages. À la maison nous avions un gramophone dont on tournait chacun son tour la manivelle. On écoutait des disques, je me souviens de "Une chanson douce" de Henri Salvador ». Le froid, la neige et l'eau qui se transforme en glace reviennent souvent dans les souvenirs de ce qui leur a été inculqué. Tout comme l'abondance de la nourriture et des fruits de la nature. Germaine (11 ans, départ en 1954), apprend la France à travers des chansons (*La Paimpolaise*) que des militaires français viennent apprendre aux fillettes de Cholon et en regardant des cartes postales. Valérie (13 ans, départ en 1968), ne sait « pas grand chose. Sinon que c'est un pays lointain, riche avec de la nourriture en abondance et pas de guerre ». Geneviève (8 ans, 1956) ne connait rien de la France « à part le nom "de Gaulle" ». Michèle (6 ans, 1974) ne sait rien de la France, ni même que son père est français. La mère de Pierre (10 ans, 1959) ne lui explique rien. Il n'a aucune connaissance de la France et

---

[368] Témoignage de Roland Rémond, 2021.
[369] Raymond, questionnaire, 2021 et Jean Weber, *LDS* p.170.

dit ne pas vouloir partir. Annie (11 ans, 1965) est prise en charge par la Fondation Gravelle et doit partir pour être adoptée en France. Elle passe quelques jours chez une Française du Cambodge, « pour apprendre à dormir dans un lit et à manger avec une fourchette et un couteau, à me doucher […] j'avais les cheveux jusqu'aux fesses, donc on me les a coupés pour faire plus propre. On m'a acheté une robe avec une paire de chaussures. Je n'avais jamais mis de chaussures de ma vie ». Tout comme Louis (8 ans, 1960) qui en porte pour la première fois pour prendre l'avion. Jean-Paul (8 ans, 1955) se souvient des vaccins, des habits et des chaussures distribués avant de rejoindre la France, « un beau pays et propre »[370].

Les mères, quand elles sont encore présentes, jouent évidemment un rôle essentiel dans la préparation au départ. Marcelle (10 ans, 1960) imagine un pays très moderne avec des buildings : « maman nous avait tracé un tableau un peu idyllique du pays de notre père, à tel point que ma sœur aînée, de deux ans de plus que moi, était jalouse et réclamait de partir aussi ». « Notre mère nous préparait de son mieux » rapporte Jean-Paul (12 ans, 1962), « elle cachait sa peine derrière des sourires et nous disait à longueur de journée que l'on serait bien là-bas, que l'on serait tranquille pour faire nos études : "tu verras la neige, sa couleur blanche… le pays du père Noël…" ». Et de généraliser : « nos mères savaient dissimuler leur tristesse et nous tranquillisaient avec des paroles »[371].

La situation sanitaire est un des éléments clés de la préparation au départ car il s'agit de n'envoyer en France que des enfants sains. La FOEFI mène une politique d'amélioration de l'état général des enfants qu'elle prend en charge et l'on peut suivre les progrès réalisés dans les comptes rendus des assemblées générales annuelles. En 1950, elle déplore huit décès et un cas de poliomyélite, en 1951 de nombreux enfants sont atteints de paludisme, il y a aussi un cas de typhoïde, quatre de typhus, dix de rougeole et un de lèpre. Sur les neuf décès, trois sont dus à des accidents. Les médecins de l'hôpital Grall à Saigon soignent les enfants restés avec leurs mères dont la situation sanitaire est globalement moins bonne. La FOEFI organise des colonies de vacances pour envoyer les enfants au bon air, des centaines d'enfants font des séjours à Dalat, Poulo-Condore, Thu Duc, Cap Saint-Jacques, Vatchay, Nha Trang…[372] En 1952, les 15 décès sont surtout dus à des gastroentérites chez les nourrissons, quelques cas de rougeole. Pour se renforcer, les filles de la Société

---

[370] Témoignages et questionnaires.
[371] Ibidem.
[372] AGO FOEFI 1952.

de protection de l'enfance et les garçons du collège de Cholon suivent des cours d'éducation physique donnés par un professeur de l'Éducation nationale. En 1953, il y a 10 décès. Cette année-là, les 4 enfants envoyés en sanatorium, « à des titres différents, sont dignes d'intérêt, sérieux et travailleurs », comme si cet intérêt justifiait les dépenses engagées pour eux. Les cinq décès enregistrés en 1955, dont 4 enfants qui vivaient chez leur mère, sont dus à la variole, la typhoïde et une broncho-pneumonie. En 1956, le nombre de décès remonte à 16 : 3 garçons du collège de Cholon morts de paludisme infectieux et 13 décédés chez leurs mères[373].

L'autre préparation au départ importante est d'ordre linguistique. Dans l'empire colonial français, le français est la langue obligatoirement enseignée[374]. En Indochine, dans un ensemble linguistique très varié (langues austroasiatiques, austronésiennes, etc.), les colonisateurs ont imposé un alphabet romanisé pour le vietnamien (*chữ quốc ngữ*) et le français en tant que langue d'éducation[375]. En 1945, sur 12 millions d'enfants scolarisables, un million l'est effectivement (8 %). Un enfant sur 10 va à l'école primaire, un sur 100 fréquente le primaire supérieur et moins de deux sur 1 000 l'enseignement supérieur[376].

Peu d'enfants eurasiens fréquentent les lycées français, tel Imre Szabo (né en 1936) au lycée Albert Sarraut à Hanoi puis au lycée Chasseloup-Laubat à Saigon, avant de partir pour la France[377]. Peu de lycéens métis choisissent le vietnamien comme seconde ou troisième langue. Pour eux, le vietnamien est la langue des boys, des *nhà quê* (paysans), des déclassés et ils ne veulent pas l'apprendre[378]. Pour les adolescents eurasiens plutôt privilégiés, la culture française passe aussi par des bandes dessinées comme *Tintin*, mais aussi des magazines comme *Nous Deux*, le catalogue Manufrance ou les chansons françaises diffusées sur Radio-Hirondelle à Hanoi. D'une autre génération, né 18 ans plus tard,

---

[373] AGO FOEFI 1954 et 1955.

[374] Pour replacer la situation indochinoise dans un contexte plus large, voir le numéro thématique « L'enseignement dans l'empire colonial français (XIXᵉ-XXᵉ siècles) », *Histoire de l'éducation*, 128, 2010 ; Pascale Bezançon, *Une colonisation éducatrice ? L'expérience indochinoise (1860-1945)*, Paris, L'Harmattan, 2002.

[375] Viet Anh Nguyen, « De l'acculturation à l'acculturation linguistique. Le cas de la rencontre entre les langues et les cultures françaises et vietnamiennes », Colloque « Dialogue social – Rapprochement des cultures par les langues », UNESCO, 16 mai 2017.

[376] Thuy Phuong Nguyen, *L'école française au Vietnam de 1945 à 1975. De la mission civilisatrice à la diplomatie culturelle*, Paris, Encrage, 2017, p.27-28 et 63-64.

[377] Imre Szabo, *Mémoires d'entre deux mondes, op. cit.* ; Raymond, questionnaire, 2021.

[378] Témoignage de Robert K., 26/06/2021.

La préparation au départ

Raymond (né en 1954) vit avec sa mère vietnamienne et son père français qui est ingénieur au lycée de Vientiane, il apprend le français et l'anglais. En 1969, au décès de son père, sa mère le confie à la FOEFI[379].

La majorité des enfants métis accèdent au français à un niveau beaucoup plus modeste. Pierre Louis l'apprend pendant la Deuxième Guerre mondiale chez les religieuses, avec le calcul, la géographie et l'histoire de la France. Pour apprendre le « *floncé* », l'oral est encore plus difficile que l'écrit, avec des lettres imprononçables : le « r », le « j », le « ch ». Le vietnamien est également enseigné, mais très sommairement[380]. Avant de confier leurs enfants à la FOEFI, de nombreuses mères tiennent à ce que leurs enfants apprennent cette langue, sachant qu'elle est aussi une condition d'admission. C'est notamment le cas pour des enfants qui ont été reconnus par leur père et qui sont pris en charge par le service social de l'armée ou une association ou encore la Mission culturelle française qui propose des cours audiovisuels. Parler le français est considéré comme un marqueur fort dans la société coloniale. La mère de Gérard (né en 1942) veut que ses enfants gardent « les deux mentalités : la française et la vietnamienne ». C'est le cas aussi pour Solange (née en 1946) : « dans ma famille on parle le vietnamien mais aussi un peu le français. Moi-même je vais à l'école française »[381]. Les enfants métis qui vivent dans leurs familles maternelles, sans autre soutien ou prise en charge, ne vont généralement pas à l'école française. Pour certains, le seul rapport avec la langue française est le son de la voix des militaires français qui fréquentent les commerces tenus par leurs mères. D'autres vont parfois à l'école locale, comme Anne qui se souvient : « on n'y allait que de temps en temps. On apprenait l'alphabet en cambodgien et entre temps à la maison on parlait chinois, vietnamien et cambodgien ». Un de ses oncles travaille comme serveur dans un grand hôtel : « j'allais le voir et il m'apprenait à dire bonjour en français et deux ou trois petits mots »[382].

En 1954, la FOEFI tente de dispenser à la plupart de ses jeunes pupilles une instruction élémentaire. Mais certains arrivent à 13, 14 ou 15 ans sans savoir ni lire, ni écrire, « dans ces conditions on conçoit que la tâche de les instruire soit ingrate ». Pour remédier à cet état de chose, la FOEFI veut persuader les mères de lui confier leurs enfants dès leur jeune âge « afin qu'il soit possible de les former et de les envoyer

---

[379] Imre Szabo, *Mémoires… op. cit.*, p.209-217.
[380] Pham van Thanh dit Pierre Louis, *Enfance d'un petit Eurasien… op. cit.*, p.94-104.
[381] Gérard Addat et Solange Jouglat, *LDS* p.18 et 90.
[382] Témoignage d'Anne E., 19/03/2018.

normalement à l'école »[383]. L'âge intéressant pour l'admission est fixé à partir de 5 ans (l'idéal étant à 6 ou 7 ans) et en tout cas pas après 12 ans. Pour les plus grands, de 15 voire 16 ans, existe « le danger, à cause de leur retard, de les mêler à des petits, et de soumettre ce faisant ces derniers à une promiscuité dont on peut appréhender les plus fâcheux exemples ». Les témoignages sur le collège de Cholon montrent clairement que des violences ont bel et bien existé. Certains de ces jeunes sont rendus à leurs familles, car la Fédération refuse « que des ignorants ou des fruits secs dont personne ne veut nous soient confiés ». Dans ces cas-là, des secours à domicile remplacent la prise en charge directe[384].

Les situations sont donc très diverses et inégales au regard de la langue française. Il y a notamment une grande différence entre les enfants qui sont confiés à la FOEFI en vue d'un départ très prochain et ceux qui ont été pris en charge dans des centres en Indochine pendant plusieurs années, parfois depuis leur naissance. Mais encore faut-il que ces établissements enseignent le français. Parfois ce n'est que face à l'imminence du départ que les enfants apprennent un peu de français. Tel Jean (né en 1955) qui entre 7 et 13 ans vit à Saigon dans un pensionnat tenu par des religieuses : « je ne parle pas un mot de français, mais depuis peu, nous fréquentons une école française où nous sommes censés apprendre de quoi pouvoir nous débrouiller une fois arrivés en France. Car le départ est proche »[385]. De même, Louis, passe cinq mois à l'orphelinat Phu My à Saigon, « un centre de transit en attente du départ pour la France » tenu par les Sœurs de Saint-Paul de Chartres, où il reçoit les rudiments de la langue française et des cours de catéchisme.

Dans certains établissements, le baptême catholique est administré à tous les enfants avant qu'ils ne partent pour la France. Ainsi, le 10 décembre 1954, 33 enfants sont baptisés en l'église Jeanne-d'Arc de Cholon[386]. Colette, née en 1947, était peut-être parmi eux : « à la maison, on suivait les principes bouddhistes comme toute la famille. En rentrant à Cholon, on m'a baptisée, communiée, confirmée, tout le même jour, quelque temps avant le départ en 1954 ». Monique se souvient de baptêmes « à la chaine, les bonnes sœurs nous disaient qu'on allait bientôt

---

[383] AGO FOEFI 1951.
[384] AGO FOEFI 1954.
[385] Jean Andrés, *LDS*, p.22 ; Louis, questionnaire, 2021.
[386] Extrait du registre des baptêmes, site Internet association FOEFI <https://foefi.net/images/baptemes-eglise-jeanne%20d'arc-CHOLON.jpg>

La préparation au départ

partir en France et qu'en France, on ne voulait pas des petits diables qui ne sont pas baptisés »[387].

Constamment renvoyées à leurs origines et à leur race, les enfants métis d'Indochine ont fait l'objet de politiques visant à les reconnaître, à les contrôler, à les éduquer. Ceux nés de la guerre d'indépendance sont de loin les plus nombreux, porteurs d'un enjeu considérable au regard de l'évolution de la colonie. C'est pourquoi certains d'entre eux ont droit à un traitement spécial qui consiste à les envoyer en métropole dans le cadre d'un projet colonial devenant, par la force des choses, postcolonial. Là-bas, ils vont vivre des expériences diverses dont le point commun est la migration contrainte d'enfants en tant que pratique colonialiste, même si les dimensions humanitaire et humaniste n'en sont pas absentes.

---

[387] Témoignage de Monique P., 23/03/2018.

DEUXIÈME PARTIE

Histoire parallèles

Les déplacements d'enfants métis de la péninsule indochinoise vers la France sont indissociables de la guerre et de la décolonisation dans leur temporalité qui se traduit par des vagues en fonction de l'évolution des événements et de la situation militaire et politique. De coloniale, la transplantation d'enfants en métropole devient postcoloniale avec des modalités qui demeurent mais des objectifs qui évoluent. À hauteur d'enfant, les expériences de la séparation familiale (de la mère, des adelphies), du départ du pays de naissance et de l'arrivée dans un pays méconnu génèrent une grande incompréhension et des effets traumatiques parfois durables. En France, ces enfants vivent des parcours divers selon leur sexe, leurs origines, leurs dates de départ. Ils sont environ 5 000 à être transplantés ainsi, sans leurs parents le plus souvent, pris en charge très majoritairement par la FOEFI dont les archives conservent 4 300 dossiers individuels : 2 400 garçons et 1 900 filles[388]. Ces dernières sont dispersées dans divers établissements confessionnels partout en France, mais un quart d'entre elles grandissent dans un foyer tenu par des religieuses à Saint-Rambert-en-Bugey. Les garçons sont d'abord rassemblés dans des foyers gérés directement par la FOEFI, mais très vite les limites de cette prise en charge imposent à la Fédération une réorientation de sa politique vers une large dispersion. Parmi les enfants africasiens, certains sont emmenés par leurs pères en Afrique, d'autres sont envoyés en métropole. Le dernier grand flux d'enfants, après les pics des années 1950, concerne les enfants qui avec leurs mères ont suivi la présence militaire française jusqu'à son dernier moment, à Seno (Laos), au début des années 1960. Chacune de ces expériences de la migration est spécifique et si tous les enfants vivent le même déplacement, leurs histoires sont parallèles.

---

[388] ANOM 90 APC FOEFI, répertoire nominatif.

Chapitre 6
Des « rapatriements » imposés par les événements ?

La question de savoir si les déplacements d'enfants eurasiens d'Indochine vers la France ont été ou non imposés par les événements est essentielle car elle interroge leurs motivations profondes. Une première hypothèse peut être avancée en lien avec le contexte de la guerre et de la décolonisation : les « rapatriements » d'enfants seraient alors une réponse à une situation critique impliquant des enfants qu'il faut absolument sauver des affres du chaos postcolonial et du communisme. Cette approche que l'on peut qualifier de fonctionnaliste, dictée par les événements donc, mérite d'être confrontée à une hypothèse plus intentionnaliste interrogeant les raisons profondes, philosophiques ou idéologiques, des acteurs. Les convois collectifs d'enfants organisés vers la France débutent en 1947, la FOEFI accentue ensuite le mouvement. C'est la logique populationniste qui a présidé à la récupération en Allemagne occupée d'enfants d'ascendants français[389] qui pousse l'État à déléguer à la FOEFI et à d'autres acteurs l'envoi en France d'enfants métis. La pratique s'appuie sur un discours où les notions de trait d'union entre deux pays, de formation de cadres pour l'Indochine, de continuation de la présence et de l'influence françaises sont très prégnantes. Cette migration singulière d'enfants est d'abord conçue comme un projet colonial – pendant la guerre d'Indochine – visant à les éduquer en métropole et en faire des cadres après leur retour en Indochine. Après les indépendances – et pendant la guerre du Vietnam –, il s'agit de sauver des enfants et de les assimiler à la société française[390].

---

[389] Paul-André Rosental, *L'intelligence démographique. Op. cit.* ; Yves Denéchère, « Des adoptions d'État: les enfants de l'occupation française en Allemagne », *Revue d'Histoire Moderne et Contemporaine*, n°57-2, 2010, p.159-179.

[390] Yves Denéchère « Le projet postcolonial de la Fédération des Œuvres de l'Enfance française d'Indochine (FOEFI 1949-1983) », in Y. Denéchère (dir.), *Enjeux postcoloniaux de l'enfance et de la jeunesse. Espace francophone (1945-1980)*, Berne, PIE Peter Lang, 2019, p.121-130.

Un projet colonial dans le contexte de la guerre d'Indochine

Plusieurs expériences d'envois en France d'enfants métis ont eu lieu pendant l'entre-deux-guerres, elles ont déjà été évoquées. Le contexte de la guerre d'indépendance amène tous les protagonistes à se déterminer sur cette option. L'attaque Vietminh sur Hanoi et l'insurrection générale de décembre 1946 au Tonkin provoquent les premiers convois organisés dès le début de l'année 1947, sous l'égide du ministère de la France d'Outre-mer. Dans le Nord, des établissements d'assistance destinés aux enfants eurasiens sont fermés et la situation de ceux-ci devient de plus en plus précaire. Trente-sept enfants confiés aux pères salésiens de Don Bosco sont ainsi envoyés en France par la Société d'aide et d'assistance aux enfants franco-indochinois du Tonkin. Le 31 mars 1947, ils arrivent à Marseille après un mois de traversée sur le navire *Athos II*. Après un court séjour au centre d'accueil colonial de la ville, ils sont dispersés vers différents établissements des Salésiens à Marseille, Nice, Grasse, La Crau, Montpellier, Toulouse, Bordeaux, Caluire, Romans. Le prix de pension dans les établissements Don Bosco est de 100 francs par jour, considéré comme un « tarif modeste ». Les moins de 14 ans vont à l'école, les plus âgés suivent une formation professionnelle, notamment en mécanique et en reliure. Le service social colonial qui a accueilli les enfants à Marseille estime que « leur adaptation a été immédiate ».

Quelques mois plus tard, le 4 août, le même *Athos II*, parti de Saigon le 10 juillet, débarque 66 garçons et 81 filles venant de plusieurs œuvres. Leur hébergement provisoire est un peu plus difficile en raison de la période de vacances, mais leur dispersion dans des établissements d'accueil est rapide[391]. Parmi les 37 filles prises en charge par les religieuses de Notre-Dame des Missions, deux sœurs, Anastasia et Marie-jeanne, nées en 1939 et 1940, rejoignent un établissement de la congrégation à Lyon[392]. Renée et sa sœur Jeanne sont dirigées vers Montpellier. Arrivé sur le même navire le même jour, Pierre Louis rejoint un internat dans la Loire[393]. Le 7 juillet 1948, des enfants partis notamment du Cambodge débarquent du *Chantilly*, 42 d'entre eux sont atteints de la teigne. La plupart d'entre eux rejoignent les établissements des sœurs de la Providence de Portieux[394].

---

[391] ANOM 1 HCI 715, rapport du service social colonial, 17 octobre 1947, 7 p.
[392] Témoignage de Nina V., 17/01/2018.
[393] Pham van Thanh dit Pierre Louis, *Enfance d'un petit Eurasien… op. cit.*, p.166-178.
[394] ANOM 151 Fi 5, album photos de Marguerite Graffeuil.

À leur arrivée en France, ces enfants sont confiés à l'Association pour le développement des œuvres sociales coloniales (ADOSC). Au sein de l'association, une « section eurasienne », désignée par la FFEI, est chargée de cet accueil. Il s'agit de deux personnes connaissant bien la question eurasienne pour avoir vécu en Indochine : Marguerite Graffeuil, rentrée en France après 1945 et sollicitée par Bazé, qui s'occupe des filles, et d'un certain Rivière, administrateur des services civils de l'Indochine qui fut membre de la Fondation Brévié, qui s'occupe des garçons, mais prend vite sa retraite en 1949[395]. L'article 17 des statuts de la FEFI (1949) précise que pour faciliter l'admission en France des enfants qu'elle est appelée à y envoyer, la « section eurasienne » de l'ADOSC joue un rôle équivalent aux cinq comités locaux de la FEFI en Indochine.

Après une période de flottement dans l'organisation des arrivées, la coopération avec l'ADOSC est saluée par Bazé comme essentielle pour assurer l'accueil en France des pupilles[396]. Pour chaque enfant envoyé, le président de la FFEI/FEFI signe un « pouvoir » en faveur du président de l'ADOSC afin qu'il puisse prendre toutes les décisions relatives à l'enfant et qui le décharge de toute responsabilité[397]. Mais en 1950, devant l'augmentation de ses activités en métropole, la FOEFI, envisage de créer une délégation en France, pour être en relation directe avec les administrations et ministères, pour accueillir les enfants, les suivre et « procéder éventuellement à leur rapatriement » en Indochine. Il est à noter que le terme rapatriement est utilisé dans les deux sens : d'Indochine vers la France mais aussi de métropole vers la colonie. « La foi nous l'avons, l'organisation, nous l'avons créée, organisée, développée, assouplie. Cette machine fonctionne maintenant sans heurt et répond excellemment au but que nous attendons d'elle. Seule, se pose pour nous la question de la suffisance des crédits », affirment les dirigeants de la FOEFI. Ils estiment avoir « le devoir impérieux de poursuivre notre but humanitaire, c'est-à-dire que par-delà les intérêts légitimes qu'ont les pays de s'attacher leurs nationaux, nous avons avant tout à faire œuvre sociale »[398]. En fait les deux arguments sont maniés de conserve en fonction des circonstances

---

[395] ANOM 1 HCI 715, rapport du service social colonial, 17 octobre 1947, 7 p.

[396] ANOM 1 HCI 715, le conseiller des affaires sociales pour le HC, 12 avril 1948 ; AGO FOEFI 1950.

[397] Document du 31 mars 1950 reproduit dans l'exposition consacrée à la FOEFI par les ANOM : <http://www.archivesnationales.culture.gouv.fr/anom/fr/Action-culturelle/Dossiers-du-mois/1904-FOEFI/Accueil-en-France.html>

[398] AGO FOEFI 1951.

et des interlocuteurs : tantôt la FOEFI insiste sur le côté humanitaire et social de l'entreprise, tantôt sur sa dimension politique et patriotique.

En 1952, la FOEFI dénonce l'accord avec l'ADOSC, afin de « garder le contrôle constant et permanent sur nos enfants et non dépendre pour la France d'une association qui agit à sa guise et nous renvoie, à tous propos, des sujets dits déficients, sans la plupart du temps daigner nous consulter auparavant et sans se préoccuper de ce que deviendront ces malheureux en Indochine dans les conjonctures du moment ». La Fédération fait même appel à l'arbitrage du ministre d'État Jean Letourneau, chargé des relations avec les États associés d'Indochine. Celui-ci rend un avis favorable à la création d'une délégation de la FOEFI en France, non sans s'inquiéter du coût engendré, car c'est bien l'État qui finance par subvention la Fédération[399]. Il faut deux années de formalités pour arriver à la modification des statuts de la FOEFI, approuvée par décret du 25 juin 1953[400]. Le gouverneur de la France d'Outre-mer Jean Aurillac (1903-1967) et les administrateurs de la France d'outre-mer (FOM) Paul Guidi (1911-1996) et Pierre Varet (1902-1991)[401], tous les trois ayant été en poste en Indochine, jouent un rôle important pour faire avancer les choses[402].

Les premiers déplacements d'enfants vers la France sont envisagés comme provisoires. Les enfants, « jeunes et malléables », doivent devenir des « traits d'union entre la France et leur pays », formule qui devient l'antienne de la Fédération. Le séjour en métropole d'enfants qui vont acquérir la conscience d'appartenir par leur mère à un monde de dominés, et par leur père à un monde dominant doit permettre de former les futurs cadres de l'Union Française[403]. Les Eurasiens « sont destinés à revenir en Indochine et à y demeurer, pour la plupart ». En 1949, la FEFI se félicite d'un de ces retours : « une jeune fille extrêmement intéressante et courageuse nous est revenue avec son diplôme d'infirmière d'État et travaille actuellement au Nord-Vietnam »[404]. Les acteurs de ces

---

[399] AGO FOEFI 1952.

[400] *JORF*, 29 et 30 juin 1953, décret n°21 du 25 juin 1953.

[401] Pierre Varet a écrit deux ouvrages : *Du concours apporté à la France par ses colonies et pays de protectorat au cours de la guerre de 1914*, Paris, 1927 et *Au pays d'Annam. Les Dieux qui meurent*, Paris, Ed. Eugène Figuière, 1932, préface de Maurice Graffeuil.

[402] AGO FOEFI 1953.

[403] Dominique Rolland, « Métis d'Indochine, l'inconfort d'un entre-deux », *L'Autre*, vol. 8, 2007/2, p.199- 212.

[404] AGO FOEFI 1950.

déplacements espèrent que les Eurasiens « feront souche en Indochine et assureront la pérennité de la présence de la France dans les États associés, et amis également, souhaitons-le de tout cœur »[405].

En 1948, 227 enfants (125 garçons et 102 filles) sont pris en charge en France via l'ADOSC (voir tableau 12 p.453). Une « cinquantaine d'autres enfants ont été envoyés en France chez les membres de leur famille qui ont été retrouvés »[406]. Car il ne faut pas oublier que l'une des premières missions des sociétés d'assistance et de la FFEI est, quand cela est possible, d'encourager les pères (ou les familles paternelles) à prendre en charge les enfants qu'ils ont un temps délaissés[407]. En 1949, 368 enfants sont présents en France, l'augmentation suit celle du nombre d'enfants pris en charge en Indochine qui croît fortement entre 1948 et 1949. Le modèle économique de la FFEI est alors complètement dépassé, même si le commissaire aux comptes relève la très bonne gestion de la Fondation qui consacre 4 630 piastres par enfant et par an. En effet, le nombre de naissances d'enfants eurasiens étant estimé entre 10 000 à 12 000 par an, il faut penser à d'autres ressources ou à diminuer les dépenses. Surtout il est impossible que la FFEI puisse s'occuper de tant d'enfants en Indochine[408]. L'envoi de pupilles en France, avec une prise en charge qui coûte moins cher, est une des options suivies.

« La solution idéale aurait été d'envoyer tous les enfants en métropole » écrit William Bazé en 1949. Comme c'est impossible, la FFEI détermine les catégories de pupilles prioritaires : d'une part les sujets d'élite pour les grandes écoles, de retour au pays, plus tard, ces sujets constitueront « l'armature supérieure de la présence française » ; d'autre part les retardés mentaux et caractériels pour lesquels il n'existe pas d'établissement de prise en charge en Indochine. Tous les autres enfants doivent restés sur place puis, à l'âge de 18 ans, ils pourront être envoyés en France pour suivre une formation professionnelle accélérée et y faire leur service militaire avant de revenir au pays. Mais dans un autre document, il est question, « afin d'éviter la formation ou le renforcement d'un prolétariat eurasien, de désigner pour partir prioritairement les sujets inaptes à exercer en Indochine une fonction ou un métier qui les place au-dessus du

---

[405] AGO FOEFI 1952, historique des déplacements en France.
[406] ANOM 1 HCI 665, état des enfants pris en charge par la Fédération fédérale eurasienne de l'Indochine, s. d. (1948).
[407] ANOM 1 HCI 715, « Le problème eurasien », note de Bazé, 24 août 1949.
[408] ANOM 1 HCI 715, rapport sur la gestion de la Fondation de l'enfance française en 1949, 21 avril 1950.

menu peuple indochinois »[409]. La doctrine n'est donc pas très arrêtée en 1949 et cette année-là marque un tournant comme le précise Bazé : « si je me suis opposé à des envois massifs d'enfants en France [c'était effectivement sa position en 1948], je suis également opposé à toute proscription inconsidérée, sous prétexte de déracinement » : les autochtones vont bien en France parachever leurs études, « il serait paradoxal que seuls les Eurasiens aient à souffrir d'un ostracisme injustifié »[410] On retrouve-là des accents du discours victimaire qui est une des postures adoptées par Bazé et la comparaison avec les étudiants montre bien qu'il s'agit alors d'envoyer des enfants en France pour une durée temporaire.

La dimension financière est comme souvent une donnée déterminante. La FFEI reçoit en 1948 une subvention de 7 millions de piastres et de 11 millions en 1949, ce qui pèse sur le budget du Haut-Commissariat. Le conseiller aux affaires sociales l'exprime sans détour :

> « la question qui se pose est donc de savoir si les raisons politiques et sociales qui motivent notre action en matière eurasienne justifient un pareil effort financier sur le plan local ou bien s'il ne serait pas préférable d'envisager d'envoyer en métropole ces jeunes enfants pour la plupart fils de Français (il y a aussi des fils de légionnaires) que les circonstances ont conduit à procréer dans un pays où ils ne seraient jamais venus en temps normal, et qui retourneraient ainsi à la communauté française ».

Le fonctionnaire connait la difficulté de trouver en France suffisamment de places, mais estime que la prise en charge des enfants ne doit pas incomber exclusivement au budget indochinois[411]. Bazé rappelle qu'il faut garder un élément stable sur place, mais concède que « l'envoi en France des éléments féminins n'offre pas les mêmes inconvénients et, pour des raisons économiques, nous pouvons l'envisager sur une vaste échelle »[412]. Effectivement, dès les premiers convois, de nombreuses filles partent en France. Au total, sur toute la période considérée, elles sont 44 % des effectifs contre 56 % pour les garçons[413]. Nous reviendrons

---

[409] ANOM 1 HCI 665, note « La question des enfants eurasiens abandonnés », s.d. (1949), 5 p.
[410] ANOM 1 HCI 715, « Le problème eurasien », par William Bazé, 30 avril 1949, 10 p.
[411] ANOM 1 HCI 715, « Note sur la Fondation fédérale eurasienne et le problème de l'enfance française abandonnée en Indochine » par le conseiller aux affaires sociales du HC, « secret », s.d. (1948), 55 p.
[412] ANOM 1 HCI 715, « Le problème eurasien », note de Bazé, 24 août 1949.
[413] Calcul réalisé à partir de 4 240 dossiers du répertoire nominatif des dossiers individuels ANOM 90 APC FOEFI, consulté sous dérogation.

sur le caractère genré très marqué de la prise en charge des pupilles de la FOEFI.

Par ailleurs, le retour en tant que chef d'État de Bao Dai pèse fortement sur la question de l'envoi d'enfants en métropole. Par les accords dits Auriol-Bao Dai du 8 mars 1949, la France a reconnu la constitution de l'État du Vietnam par la réunion de la Cochinchine, de l'Annam et du Tonkin, y compris les villes de Hanoi, Haiphong et Tourane. La cession de territoires français entraînant celle de populations françaises suscite des problèmes complexes liés à la question de la nationalité. Déjà auparavant, l'administration du Haut-Commissariat avait constaté que « le transfert des compétences accompli au profit des États associés, particulièrement en matière d'état-civil, a aggravé cette situation et ne permet plus la détection des enfants eurasiens, dont le père européen est inconnu »[414]. Selon les conventions d'application du 30 décembre 1949, l'État du Vietnam doit notamment récupérer le contrôle des associations. Pour Bazé, qui après le Vietminh craint les nationalistes vietnamiens, les Eurasiens ne doivent pas être les victimes de ces nouvelles dispositions institutionnelles et administratives. Pendant 90 ans ils ont été « la faute qu'il convenait de masquer, le remords vivant qu'il fallait étouffer. La lâcheté humaine n'a pas de limite ». Pourtant, les Eurasiens ont soutenu le drapeau français : « les représailles sanglantes déclenchées par les Vietnamiens contre les Eurasiens s'expliquent par l'ampleur des déceptions pressenties », mais « à l'heure présente, les Eurasiens craignent d'être offerts en Holocauste sur l'Autel des accords Vincent Auriol-Bao Dai »[415]. Face à ce risque, exprimé en termes forts et choisis pour marquer les esprits, Bazé ne peut rester inerte.

Entre 1948 et 1950, celui qui incarne la communauté eurasienne publie nombre d'articles dans divers journaux pour alerter l'opinion publique sur la situation des enfants non reconnus par leur père que « les États associés revendiquent à juste titre comme ressortissants en vertu du "jus soli" qui tend de plus en plus à l'emporter sur le décret de 1928 ». C'est là une inquiétude constante des responsables de la Fondation comme des autorités françaises. Elle est clairement exprimée à l'été 1949 quand le conseiller aux affaires sociales craint que le gouvernement vietnamien ne demande l'abolition des décrets de 1928 et 1943[416]. D'où

---

[414] ANOM 1 HCI 665, le HC au conseiller des affaires sociales, 29 décembre 1948.
[415] ANOM 1 HCI 715, « Le problème eurasien », note de Bazé, 24 août 1949.
[416] ANOM 1 HCI 715, lettre du conseiller aux affaires sociales du HC, 29 août 1949 rappelant différentes correspondances depuis juillet sur cette question.

l'importance pour la FFEI d'obtenir la reconnaissance d'utilité publique afin de pouvoir assoir son action dans les États associés. Bazé lie d'ailleurs cette question au maintien de la présence française : « rien ne sera perdu d'une façon irrémédiable tant que le français sera parlé en ce pays », tant qu'il y aura un « rayonnement de notre pensée, de nos idées, de notre langue ». Certains de ses articles lui valent d'être considéré comme « un des plus violents porte-paroles de la colonisation »[417].

Les accords et conventions avec les États associés impliquent une prise en charge par le budget de la métropole des dépenses de l'administration française en Indochine et une notable réduction des rouages administratifs. Ainsi le Haut-Commissariat supprime en 1950 le poste de conseiller aux affaires sociales et la section eurasienne du service social est transférée à la FOEFI. C'est un tournant important pour la Fédération car désormais c'est elle qui a la responsabilité des aspects juridiques de la nationalité des enfants : « si cette responsabilité nouvelle constitue un surcroit de préoccupations, elle nous donne l'avantage de centraliser entre nos mains l'ensemble des problèmes délicats et complexes de l'état-civil de nos pupilles ». Cela peut sembler étonnant, mais c'est la FOEFI qui désormais constitue le dossier des enfants à admettre comme pupilles, en étant donc un peu juge et partie[418].

À la fin de l'année 1950, sur fond de victoire communiste en Chine, de déclenchement de la guerre de Corée et de mondialisation de la guerre froide[419], des mouvements « décidés en haut lieu à la suite des événements survenus en fin d'année au Nord-Vietnam » se produisent : l'évacuation sur Saigon et Nha Trang des 34 bébés de la pouponnière de Hanoi et l'envoi en France de 31 filles de l'orphelinat Honoré Tissot. Auparavant, la FOEFI avait fait procéder à des aménagements de fortune pour accueillir ses pupilles du Nord à l'annonce des mesures d'évacuation générale qui, finalement, furent reportées. Les réquisitions de bâtiments par l'armée touchant les établissements de la FOEFI, le travail social de celle-ci est rendu plus difficile[420]. Néanmoins, les importants travaux

---

[417] Articles de William Bazé dans *Marchés Coloniaux*, septembre 1949 ; *L'Aube*, « Les Eurasiens d'Indochine ne doivent pas être les victimes d'une option qu'ils n'ont pas voulue », 25 juillet 1950 ; *Combat*, 14 août 1948 ; ANOM 1 HCI 715, ANOM 1 HCI 715, note du service d'études et du contentieux du HC, 7 novembre 1950.

[418] AGO FOEFI 1951.

[419] Pour ne pas oublier les imbrications entre guerre d'Indochine et guerre froide : Christopher Goscha « La décennie 1950 » in Pierre Grosser (dir.) *Histoire mondiale des relations internationales de 1900 à nos jours*, Paris Bouquins éditions, 2023, p.495-579.

[420] AGO FOEFI 1951.

menés en 1951 dans le bâtiment de la Société de Protection de l'Enfance (Cholon), l'agrandissement prévu du foyer Saint-Antoine[421], ainsi que des achats d'immeubles en 1952[422] démontrent que la FOEFI veut rester sur place, que sa présence comme son travail s'inscrivent encore dans une Indochine toujours française.

La réduction des crédits alloués à la FOEFI en 1951 l'oblige à opérer « un tri sévère », à « rayer de la liste des secours un nombre important d'enfants », à faire des « coupes sombres » au Nord-Vietnam. Les secours distribués aux familles dans le Sud (50 piastres par enfant) « servent à maintenir le contact avec les mamans », afin de suivre puis d'admettre les enfants comme pupilles. Le nombre de demandes d'admission est en forte croissance surtout à la fin de l'année 1951. Même si les crédits augmentaient, la FOEFI ne pourrait « jamais prendre la totalité des orphelins ni même tous ceux qui viennent frapper à notre porte, un choix inévitable s'imposera toujours parmi les postulants ». Les adolescents sont les premiers visés : « il faudra éviter d'admettre les sujets trop âgés qui nous seront amenés et qui à 15 ou 16 ans ne savent ni lire ni écrire, lesquels par surcroît sont rebelles à toute action éducatrice » ; « nous avons encore un certain nombre d'adolescents de cette catégorie, qui avaient été ramassés par les Services sociaux et au sujet desquels des problèmes difficiles se posent qui sont la plupart du temps insolubles ». C'est sans doute à ce moment, même si ce n'est pas clairement exprimé – et l'on comprend pourquoi –, que la FOEFI laisse tomber l'idée d'envoyer en France les enfants retardés mentaux ou handicapés. La préférence va aux enfants sains de 6 à 7 ans, « malléables, que nous pouvons façonner d'autant plus aisément qu'ils sont enlevés plus tôt au milieu social maternel ». Ensuite ils pourront être envoyés en France à 10 ou 12 ans pour les plus doués, « à cet âge en effet, les enfants ont une grande facilité d'adaptation et s'accoutument très vite à la vie française et à l'atmosphère de la métropole »[423].

Le consentement des mères au départ vers la France des enfants constitue un point névralgique. En 1951, sur 50 dossiers de fillettes à faire partir, « la presque totalité des mères sollicitées de nous donner leur autorisation s'y sont dérobées ». D'où une attitude plus ferme de la FOEFI :

---

[421] AGO FOEFI 1952.
[422] AGO FOEFI 1953.
[423] AGO FOEFI 1952.

> « Quelque désir que nous ayons de respecter dans la mesure du possible les desiderata des mères, notre action et l'intérêt des enfants qui sont complètement à notre charge ne doivent pas pâtir de leur incompréhension ou de leurs scrupules. Celles qui à l'avenir, demanderont l'admission de leurs enfants, devront souscrire par écrit, à l'obligation pour elles de se plier à la discipline et d'abandonner à la FOEFI le droit entier de s'occuper de l'éducation et de l'instruction de ces derniers, soit en Indochine, soit en France. Sans adopter le règlement strict et sévère de l'Assistance publique, les mères qui donnent leurs enfants à élever devront désormais se soumettre à nos directives »[424].

De fait, le consentement des mères devient un élément supplémentaire, peut-être désormais le principal, de la sélection des pupilles que la FOEFI considère comme devant être sous son entière responsabilité. D'où l'instauration du « certificat de décharge » imposé par la FOEFI, avec, rappelons-le, l'aval des autorités françaises.

En 1952, la FOEFI compte 3 148 pupilles : 2 822 en Indochine et 326 en France (cf. tableau 12 p.453). L'année suivante, face à l'augmentation du nombre d'enfants eurasiens et africasiens, la FOEFI donne la « priorité absolue » aux orphelins complets avec une justification qui en dit long sur les intentions de la FOEFI : « l'orphelin 100 % devient l'enfant exclusif, le pupille indiscutable de la Fédération ». D'ailleurs, la réussite de ces enfants plaide pour une orientation et un suivi très serrés. Ensuite, la préférence est donnée aux orphelins de père « dont les mamans croupissent dans la misère », surtout les enfants en bas âge. Pour les autres cas, dont certains sont très problématiques, « il n'est pas question que nous manquions à la charité » affirment les dirigeants de la FOEFI, mais ils veulent tenir le cap d'une grande ambition pour leurs pupilles. C'est d'ailleurs très nécessaire, car régulièrement les administrations françaises évoquent l'intégration des pupilles de la FOEFI dans l'Assistance publique au moment où celle-ci est en train de devenir l'Aide sociale à l'enfance. Il faut donc rappeler que la Fédération n'est pas une simple œuvre alimentaire mais qu'elle entend « préparer des Français et des Françaises capables, plus tard, de faire honneur à la France au sein des États Associés d'Indochine, c'est-à-dire des intellectuels et des techniciens »[425]. Le projet colonial est donc toujours d'actualité mais le contexte de guerre n'est pas favorable à ces retours.

---

[424] AGO FOEFI 1952.
[425] AGO FOEFI 1953.

C'est pourquoi la FOEFI répond négativement à la demande d'un pupille de 17 ans qui veut retourner en Indochine auprès de sa mère. Il s'engage finalement dans la marine, peut-être pour avoir une chance de retourner vers l'Indochine[426]. De même en 1953 se pose la question épineuse de grandes filles envoyées en France qui, « torturées par la nostalgie du pays natal », veulent rentrer en Indochine. Pour la FOEFI, trois facteurs s'y opposent : la guerre, le chômage, le problème de logement, l'ensemble créant un grand risque d'« effroyable misère » pour ces filles dès leur débarquement : « dans leur intérêt, nous leur avons conseillé de patienter et travailler dans la métropole, restant entendu que la FOEFI leur paiera leurs frais de voyage » le moment favorable venu. La guerre impose effectivement une restriction considérable du marché du travail. En 1951, la FOEFI constate : « en Indochine, le placement de nos pupilles parvenus à l'âge de travailler s'avère de plus en plus difficile ». Il est vrai que les administrations des États associés sont moins accessibles et que le nombre d'employeurs privés se réduit. Et chaque année de guerre qui passe empire la situation. Les « débouchés » qui restent les plus ouverts sont le service militaire ou l'engagement dans l'armée : en 1952-1953, 43 garçons s'engagent et 20 sont embauchés dans des organismes militaires en attendant leur service militaire. Même si quatre pupilles ont été placées en Indochine comme aide-infirmières dans l'armée, celle-ci ne peut pas être un débouché pour les jeunes filles : « les œuvres nous les remettent précisément à l'âge où elles demandent à être défendues contre les tentations de la vie et contre elles-mêmes. Leur placement relève d'un véritable cas de conscience »[427].

Évoquant 16 filles placées (dont 4 sténodactylos) en France, la Fédération estime leur situation temporaire satisfaisante : « elles gagnent toutes correctement leur vie et peuvent ainsi attendre des temps meilleurs pour solliciter leur retour au pays natal ». Les filles majeures peuvent rentrer si elles le veulent, malgré tout, mais munies obligatoirement d'un certificat d'accueil de la part de leur famille[428]. Ces dispositions montrent qu'en 1953 encore, le retour en Indochine est toujours d'actualité, mais retardé par une conjoncture défavorable. Le projet est clairement colonial, s'agissant de faire revenir au pays des éléments de valeur formés en France et ayant appris à aimer leur patrie. C'est toujours affirmé en septembre 1954, même après Dien Bien Phu : « obtenir soit des intellectuels de

---

[426] ANOM 90 APC, dossier individuel.
[427] AGO FOEFI 1951, 1952 et 1953.
[428] AGO FOEFI 1953.

valeur, soit des techniciens appréciés qui nous feront honneur plus tard, au sein des États associés »[429]. Mais cette position est alors devenue évidemment intenable.

Par humanisme ou idéologie, en tout cas persuadée de soustraire « toute une jeunesse aux pires turpitudes et au sort le plus misérable », la FOEFI organise pendant la guerre la migration de centaines d'enfants métis (cf. graphique 1). En 1954, après la défaite de Dien Bien Phu (mai) et les accords de Genève (juillet), « sauver les enfants » devient un impératif moral pour les acteurs engagés sur le terrain. La décolonisation devenant inéluctable, l'entreprise de la FOEFI évolue vers un objectif postcolonial : il s'agit désormais d'intégrer dans la population française les enfants métis envoyés en métropole. Cette transition se fait assez brutalement en 1954-1955.

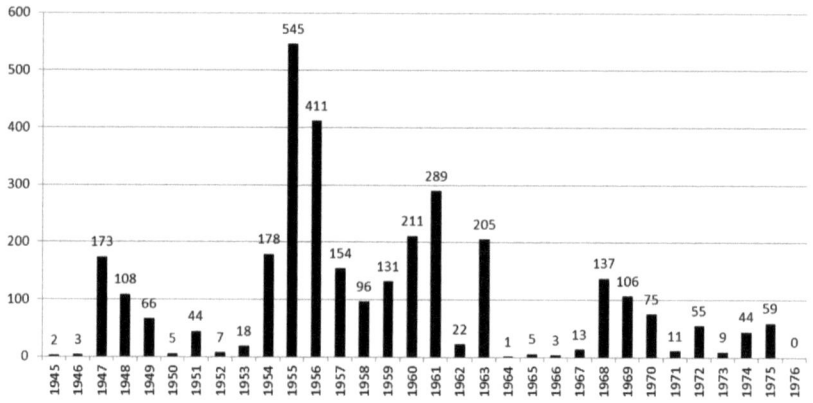

Graphique 1 – Nombre d'arrivées en France de pupilles de la FFEI/FEFI/FOEFI, par année.

Ces données sont incomplètes (il en manque au moins 1 100), mais illustrent bien le mouvement général. On compte aussi une arrivée en 1977, une en 1979 et une en 1980.

Sources : ANOM répertoire du fonds FOEFI 90 APC (3 189 informations)

Un projet postcolonial après les indépendances

À la fin de la guerre d'Indochine, émerge une nouvelle catégorie d'enfants à secourir : des enfants en mauvais état, de pères français, non militaires, réduits à la pauvreté par les combats, par les expropriations,

---

[429] AGO FOEFI 1954.

Un projet postcolonial après les indépendances 155

les réquisitions, le chômage, l'exode. Face aux demandes d'aide de ces familles pour leurs enfants, souvent, par humanité, la FOEFI accorde des aides d'urgence. Surtout, elle abjure les autorités françaises de les prendre en charge : « la France ne peut fermer les yeux, les oreilles et la bouche, pendant que ses propres ressortissants sombrent dans un abandon lamentable et que des enfants français sont voués au pire destin, du fait qu'ayant des parents, ils échappent à la sollicitude de la FOEFI ». En revanche Bazé refuse de nombreuses demandes d'admission émanant de personnes, notamment des anciens fonctionnaires ayant servi en Indochine, qui avaient recueilli des enfants eurasiens « dans le but de bénéficier d'une évacuation prioritaire en 1946 ou 1951, c'est-à-dire aux périodes graves que nous avons traversées ». Arrivées à Paris, nombre d'entre elles souhaitent se débarrasser de ces enfants. La FOEFI reste sur une position ferme, sinon « n'importe qui rentrerait avec des enfants, quitte à s'en débarrasser ensuite sur le dos de la Fédération »[430].

Les accords de Genève génèrent la création de quatre États dans la péninsule indochinoise : le Laos, le Cambodge et le Vietnam divisé en deux, de fait, par le 17e parallèle, la « ligne de démarcation militaire provisoire » se transformant vite en véritable frontière[431]. Désormais, les Américains, qui n'ont pas ratifié les accords de Genève et veulent mettre en place une défense anticommuniste collective en Asie du Sud-Est, jouent le premier rôle, en soutenant fortement le gouvernement de Ngo Dinh Diem, qui n'a pas non plus ratifié les accords. Diem, formé aux États-Unis, n'a aucune sympathie pour les Français et refuse de reconnaître l'autorité de Bao Dai qu'il considère comme une « créature coloniale ». Dès 1955, Diem dépose Bao Dai et proclame la République du Vietnam (Sud) qui fait face à la République démocratique du Vietnam (Nord)[432] (voir carte 4, p.462).

Dans le contexte incertain de l'année 1954, en septembre, les responsables de la FOEFI se préparent à toutes les hypothèses : « si les évènements nous imposaient des évacuations massives, pour une période indéterminée, le problème du placement [en France] se poserait pour nous sur une vaste échelle[433] ». Pour la FOEFI, il s'agit de très vite

---

[430] AGO FOEFI 1954 et 1955.
[431] Marcel Dorigny, Jean-François Klein, Jean-Pierre Peyroulou, Pierre Singaravélou et Marie-Albane de Suremain, Grand *Atlas des empires coloniaux. Des premières colonisations aux décolonisations XV-XXIe siècle*, Paris, Autrement, 2019 (2015), p.214-215.
[432] Alain Ruscio, *La guerre française d'Indochine*, Bruxelles, Éditions Complexe, 1992, p.221-232
[433] AGO FOEFI 1954.

« examiner les répercussions des évènements sur l'ensemble des œuvres laïques et religieuses, notamment au Nord-Vietnam », et « d'envisager les éventualités d'un proche avenir, ainsi que les différentes façons d'y faire face, le cas échéant ». L'enjeu est bien la situation des enfants qui sont dans les œuvres, et plus largement ceux qui n'ont pas pu y être admis faute de moyens. L'éventualité d'un rapatriement massif des pupilles n'est pas exclue : « nous savons qu'en cas d'évacuation sur la France nous trouverons du travail pour les anciens pupilles dont nous sommes sûrs. Mais l'avenir des autres, de moins en moins nombreux heureusement, nous parait plutôt précaire ». En France, parmi les pupilles arrivés depuis 1947, 35 sont en emploi, 18 filles et 17 garçons, mais certains ont des salaires insuffisants et doivent être encore aidés. Quinze garçons ont été placés en attendant leur service militaire ; 53 autres sont déjà sous les drapeaux. 18 pupilles ont été engagés dans le corps expéditionnaire en Indochine. L'un d'entre eux, caporal, a été tué à Dien Bien Phu, un autre est porté disparu et deux ont été faits prisonniers. Ils ne sont pas les seules victimes : « nous n'avons pas encore la liste de ceux qui, sortis de l'école d'enfants de troupe de Dalat, sont tombés au Champ d'honneur pour que la France reste présente dans le Sud-Est asiatique. Cette liste est longue depuis la libération et il serait utile de la dresser »[434].

Le 16 septembre 1954, la suppression des tribunaux mixtes entre les États associés et la France rend caduc l'article 9 du décret du 24 novembre 1943 qui instituait un conseil de famille de 5 membres nommés par le Gouverneur général de l'Indochine. L'assemblée générale ordinaire de la FOEFI de mai 1955 acte que désormais, en attendant d'autres précisions, c'est le conseil d'administration de la Fédération qui fait office de conseil de famille et est donc habilité à prendre toutes les décisions concernant les pupilles : placement éventuel dans une maison d'éducation spécialisée, autorisation de devancer l'appel du service militaire, de passer le permis de conduire, autorisation au mariage, demande de nationalité française[435]. La suppression des tribunaux mixtes met également fin aux « dispositions bienveillantes » des décrets de 1928 et 1943 concernant l'état-civil des enfants eurasiens. Ces tribunaux, qui conféraient par jugement la nationalité française, ont été remplacés par des tribunaux nationaux (vietnamiens, cambodgiens, laotiens) qui n'ont pas

---

[434] AGO FOEFI 1954.
[435] Ensuite, un conseil de famille sera constitué ad hoc. Par exemple en 1967, y siègent Pierre Varet, Marguerite Graffeuil, les assistantes sociales Bourgeac, Cany et Mundler, et Léandre Hamon, membre du conseil d'administration et secrétaire général d'académie en Indochine.

la qualité pour attribuer la nationalité française. Néanmoins, ceux-ci prononcent des jugements supplétifs de naissance où figurent en clair les noms et prénoms français des enfants eurasiens, la date et le lieu de leur naissance avec la mention « père inconnu mais présumé français ». Cette pratique atténue les conséquences des indépendances car ces jugements permettront, plus tard, à ceux qui le voudront, de solliciter la naturalisation française. Une autre difficulté porte sur les actes de naissance plus anciens, mais incomplets, lorsque ceux-ci ne mentionnent pas la nationalité de l'enfant. Il est alors impossible d'obtenir un certificat de nationalité française ce qui est très problématique au moment de s'engager dans l'armée, de passer un concours français ou quand les jeunes filles sont demandées en mariage par des militaires français.

Bazé regrette de ne pas avoir obtenu des États associés un vrai statut pour les Eurasiens abandonnés, « non pas parce qu'il poursuivait un objectif machiavélique d'emprise par la bande sur le pays, comme d'aucuns l'ont prétendu », mais pour renforcer le trait d'union avec la France. Il croit fermement que cela aurait pu mener à « une position équivalente à celle du Canada français ». En tant que conseiller de l'Union Française, il avait déposé en novembre 1952 une proposition tendant à demander au gouvernement français de trouver une solution au problème eurasien, notamment en concluant un accord avec les États associés. Proposition retenue en séance plénière en février 1953, instruite pendant plus de deux ans, arrivée en débat public… en mars 1955. Entre-temps, l'indépendance totale des États associés avait été proclamée et l'administration de la justice transférée sans restriction au gouvernement du Vietnam le 16 septembre 1954, frappant de forclusion toute idée de statut des Eurasiens. Pour Bazé, « les malheureux petits Français d'Indochine, lâchement délaissés par leurs pères, connaissent le suprême abandon : celui de la France elle-même ». Son discours est toujours le même : la France ne fait rien pour les Eurasiens, la FOEFI essaie de pallier au mieux cette incurie. Consciente de l'acuité de la question, l'Assemblée de l'Union Française propose le 18 mars 1955 que le gouvernement français prenne des initiatives pour abolir toute discrimination entre Eurasiens et Français et pour étudier avec les trois États concernés « toute mesure provisoire susceptible de faciliter aux Eurasiens leur adaptation à un nouveau genre de vie consécutif aux circonstances intervenues en Indochine »[436].

Dès l'été 1954, de nombreux Eurasiens adultes ont fui le régime communiste de la République Démocratique du Vietnam et sont passés au

---

[436] AGO FOEFI 1955.

sud du 17ᵉ parallèle. En République du Vietnam, le gouvernement les oblige à opter soit pour la nationalité française, soit pour la nationalité vietnamienne. Dans le cas où ils veulent conserver la nationalité française, ils sont interdits de fonctions publiques et en tant que résidents étrangers doivent payer une taxe. Celle-ci s'impose dès l'âge de 15 ans, ce qui pousse des mères à demander à la FOEFI d'envoyer en France leurs enfants car elles ne peuvent payer cette taxe[437]. Nombreux sont les Eurasiens à opter pour la nationalité vietnamienne afin de conserver leurs emplois mais aussi pour rester dans le milieu social où ils vivent. Cette situation convient aux autorités françaises. Ainsi, dans la convention franco-vietnamienne sur la nationalité du 16 août 1955, la double nationalité est supprimée. Mais sont bien reconnus comme Français et non comme Vietnamiens « les enfants de moins de 18 ans le 16 août 1955 [...] nés d'un père français et d'une mère originaire du Vietnam » et aussi « les enfants nés après le 16 août 1955 d'un père français et d'une mère vietnamienne et qui n'ont pas opté pour la nationalité vietnamienne à l'âge de 18 ans ». En revanche, sont considérés comme Vietnamiens et non comme Français : « les enfants âgés de moins de 18 ans le 16 août 1955, nés d'un père vietnamien et d'une mère française ou originaire du Vietnam et citoyenne française, s'ils n'ont pas opté pour la nationalité française à l'âge de 18 ans » et « les enfants nés après le 16 août 1955, d'un père vietnamien et d'une mère française s'ils n'ont pas opté pour la nationalité française à l'âge de 18 ans »[438]. Le décret de 1928 étant de fait abrogé, la FOEFI, estime « devoir respecter scrupuleusement » la convention de 1955, et décide de ne pas effectuer de transferts en France susceptibles d'être le moindrement contestés. Ne pourront partir en France que des enfants dont la nationalité française aura été clairement établie selon les règles en vigueur. Les autres enfants doivent être dirigés vers les services sociaux nationaux des États de la péninsule[439].

Un accord entre les gouvernements français et vietnamien, sous la forme d'un échange de lettres, permet que les enfants métis eurasiens et africasiens recueillis par une œuvre française puissent être établis en métropole :

---

[437] CADN Saigon 590POA207, lettre du consulat général à Saigon au MAE, 2 avril 1959.
[438] Simone Massicot, « Effets sur la nationalité française de l'accession à l'indépendance de territoires ayant été sous la souveraineté française », *Population*, 1986, n°3, p.533-546. Cette convention reste en vigueur jusqu'au 30 avril 1975.
[439] AGO FOEFI 1956.

« Les mineurs eurasiens et africasiens nés et résidant au Vietnam et dont la filiation n'est pas établie ont la nationalité vietnamienne. Le gouvernement de la République française voit ici une application du principe classique du *jus soli* en matière de nationalité, mais il voudrait être assuré que ceux de ces enfants qui furent recueillis par des œuvres sociales françaises ne verront pas leur sort se modifier du fait de l'entrée en vigueur de la convention.

En raison de l'éducation qu'ils ont commencé à recevoir, le gouvernement de la République Française attacherait de l'importance à ce que toutes facilités soient accordées à la FOEFI qui souhaite établir en territoire français la résidence des enfants dont elle a pris charge.

Par la suite, en vue de faciliter l'intégration de ces enfants dans la communauté française, le gouvernement de la République Française voudrait être également assuré que le gouvernement du Vietnam ne soulèvera pas d'objections à leur naturalisation française au cas ils en feraient la demande à l'âge de 18 ans »[440].

Ces vœux des autorités françaises sont entendus et accordés par les autorités vietnamiennes, à la satisfaction de la FOEFI[441].

Au-delà de la question fort épineuse de la nationalité des Eurasiens, le tournant de 1954 renforce le rôle de la FOEFI auprès des autorités françaises. Au Cambodge, les services consulaires de l'ambassade de France à Phnom Penh organisent en lien avec la Fédération le « rapatriement » de 76 enfants en 1955 (218 sur la période 1954-1961). Ils affirment que « de nombreuses affaires récentes montrent que les Français déclassés sont conduits presque inévitablement à commettre des actes répréhensibles et les lois locales leur sont alors appliquées avec une rigueur extrême ». Il est du devoir de la représentation française de s'occuper de ces enfants, devenus un enjeu diplomatique entre les deux États. Selon l'ambassadeur, « la FOEFI est la seule organisation qui donne à ces enfants une chance de leur préparer un avenir dans le cadre français »[442].

Mais la position de la FOEFI est aussi devenue très délicate. Au Nord-Vietnam, toutes les œuvres ont fermé, la Fédération a supprimé son comité local et a perdu tous ses biens immobiliers, dont l'estimation a été fixée à 20 900 000 piastres, mais l'indemnisation est moins

---

[440] CADN, Vientiane, 732 PO A4, lettre de Michel Wintrebert, premier conseiller du HC de la République Française au Vietnam, à Nguyen Van Si, ministre de la Justice du gouvernement du Vietnam, 16 août 1955, accusé de réception et accord de Nguyen Van Si à Wintrebert du 16 août 1955.
[441] AGO FOEFI 1956.
[442] AMEAE, 117 QO/106, lettres de 1961 et 1962 citées par Magali Bigaud, « La France et le Cambodge… », op. cit, p.176 et 178.

que certaine. Au Sud-Vietnam, des œuvres chapeautées par la FOEFI ont disparu ou réduit leurs activités et de nombreux immeubles ont été réquisitionnés par l'armée française (voir carte n°5, p.463). L'inspecteur général de la France d'Outre-Mer Monguillot, en constatant en janvier 1955 les travaux en cours d'achèvement du foyer de jeunes filles de Saigon, s'étonne que la FOEFI ait engagée cette construction, « sans avoir prévu les événements et le dénouement qui en résulterait ». Ce à quoi un Bazé vexé répond que « d'autres, mieux placés et mieux documentés que lui, n'avaient pas prévu Dien Bien Phu » et de railler le commandement militaire français. Il estime que même après les accords de Genève, « on avait de nouvelles raisons d'espérer ». Pour autant, l'immeuble est vendu, ce qui permet de financer en partie la réimplantation en métropole. La FOEFI ne conserve plus qu'un bureau restreint à son siège social de Saigon (100, rue Chasseloup-Laubat) pour maintenir une présence, conserver les dossiers des enfants assistés à domicile et assurer le lien entre les mères et les enfants qui sont en France. Les services sociaux de la représentation française devraient prendre le relais pour les secours à domicile, même si le président Bazé doute de l'engagement du personnel français. Dans un plaidoyer *pro domo* à la troisième personne, il rappelle son engagement de 30 ans pour la cause eurasienne, sa connaissance des us et coutumes du pays, de sa langue aussi : « les problèmes dont l'ampleur impressionne [les fonctionnaires français] sont précisément ceux auxquels le Président a consacré le meilleur de lui-même, depuis plusieurs décennies »[443].

L'exode du Nord et les réquisitions au Sud imposent un entassement et une promiscuité des pupilles dans les centres désormais moins nombreux du Sud-Vietnam et du Laos (voir carte n°6, p.464), sous la menace que ces territoires deviennent le théâtre d'événements graves. Le plan est clair : « ouvrir en France de nouveaux foyers que nous ferons occuper, en premier lieu, par des orphelins complets ». Pour autant, la FOEFI affirme que ce tournant « ne signifie nullement que soit venue à son esprit d'abandonner tout espoir de réintégrer l'Indochine, lorsque les circonstances le permettront »[444]. D'ailleurs, le conseil d'administration de la FOEFI continue de se tenir tous les mois au siège social à Saigon. Mais c'est bien surtout en France qu'elle œuvre désormais.

La délégation métropolitaine de la FOEFI prend définitivement le relais de l'ADOSC le 1er octobre 1954. Elle est bien installée à Paris dans

---

[443] AGO FOEFI 1955.
[444] AGO FOEFI 1955.

un grand appartement sis au troisième étage du 7 rue Washington (Paris 8ᵉ), avec bureaux, salles de réunion, chambres pour les pupilles en transit, et toutes les commodités. Marguerite Graffeuil est la directrice de la Section féminine métropolitaine, Maurice Grolleau, rentré de Cholon, est délégué provisoire de la FOEFI en France, chargé de l'inspection des foyers et d'expédier les affaires courantes quand le président Bazé est au Vietnam pour suivre les œuvres et ses affaires professionnelles[445]. Les Bazé s'installent en métropole en 1956. Ils possèdent un bel appartement dans le 17ᵉ arrondissement et ils achètent un domaine avec château et vignoble à Baurech en Gironde[446]. Cette année-là, pour la première fois, le nombre de pupilles pris en charge en France est plus important que celui des enfants aidés dans leur pays de naissance (voir graphiques n°8 et 9 p.457).

Autre changement de taille bien identifié par les responsables de la FOEFI : la Fédération « condamnée à se replier au maximum, sinon en totalité, sur la France, du fait même des événements, tombera à brève échéance sous le contrôle métropolitain », beaucoup moins souple que celui du Commissariat général de France en Indochine dont la bienveillance a facilité la tâche de la Fédération. Sous la tutelle du ministère chargé des relations avec les États associés, jusqu'à la disparation de celui-ci en 1955, la FOEFI passe ensuite sous la tutelle du ministère des Affaires étrangères. Il faut donc plus que jamais veiller à la constitution des dossiers des pupilles et la question de la nationalité est cruciale car « en cas d'évacuation forcée de l'Indochine, le visa de sortie sera refusé aux pupilles qui n'ont pas la qualité de Français »[447]. Tout laissez-passer permettant aux enfants de partir ne peut être émis qu'après l'obtention de ce visa[448].

Bazé développe constamment un discours sur des menaces qui pèsent sur la FOEFI (« intrigues qui se fomentent contre nous », « la réussite ne plait pas toujours aux esprits chagrins », etc.) peut-être pour resserrer les rangs entre la Fédération et les œuvres qui doivent être tenues très fermement, notamment sur la question des admissions, mais il vise aussi un public externe : les financeurs, les autorités françaises, les administrations et les ministères. Le but est d'obtenir suffisamment de moyens pour

---

[445] AGO FOEFI 1955.
[446] Témoignage de Jean Bazé, 10/02/2022.
[447] AGO FOEFI 1955.
[448] Voir le billet de blog de Daniel Foliard du programme EN-MIG <https://enmig.hypotheses.org/666>

« non seulement survivre, mais encore faire école dans les autres territoires de l'Union Française »[449]. Néanmoins, le discours de Bazé s'appuie sur une menace bien réelle qui refait surface.

L'Office national des anciens combattants et victimes de guerre veut récupérer les enfants eurasiens, du moins ceux qui pourraient être reconnus comme pupilles de la Nation, tout en maintenant « autant que possible, les liens qu'ils peuvent avoir avec la FOEFI ». Un rapport estime à plus de 100 000 les enfants victimes de la guerre d'Indochine, Eurasiens de mère vietnamienne, cambodgienne ou laotienne dont le père, soldat du CEFEO, est mort, disparu ou rentré. Mais seulement 326, dont 48 orphelins complets, ont le statut de pupille de la Nation (206 de moins de 15 ans, 120 de 15 à 21 ans). L'ONACVG remet en question la politique de la FOEFI : « doit-on systématiquement procéder à l'envoi en France des pupilles ? » L'office pense que l'opportunité de cette « transplantation » – elle emploie ce mot, à l'instar de nombreux acteurs sociaux, psychologues ou médecins de l'époque, pour souligner en général les difficultés d'adaptation de tout enfant déplacé – doit être examinée dans son principe et ensuite « les départs ne peuvent être décidés qu'au fur et à mesure que les dispositions d'accueil sont réglées, tous les services responsables étant alertés en temps utile ». Il s'agit d'une critique à peine voilée de la FOEFI qui opère seule et met devant le fait accompli les services qui en métropole pourraient participer à la prise en charge des enfants. Pour ceux qui sont déjà en France, l'Office propose « que leur situation d'orphelin de guerre et de pupille de la Nation soit régularisée au regard du code des pensions, ce qui permettrait d'aider financièrement les établissements qui les reçoivent »[450]. Les discussions entre l'ONACVG et la FOEFI ne mènent pas à grand-chose. La FOEFI déplore que l'Office puisse laisser penser qu'elle lui soustrait des enfants, mais estimant qu'elle ne peut pas effectuer le travail des autorités françaises, elle propose seulement de mettre à disposition les dossiers des enfants[451]. Mais en fait, la question est fondamentale : les enfants eurasiens français doivent-ils être considérés d'abord en fonction de leur race, c'est la position assumée et constante de la FOEFI qui en fait ses pupilles ; ou au regard de leur situation personnelle et familiale, c'est-à-dire, au moins pour certains d'entre eux, des orphelins de père en raison de la guerre et qui doivent

---

[449] AGO FOEFI 1954.
[450] AN FOEFI 126, « Indochine. Les enfants victimes de la guerre », 19 octobre 1955, 5 p.
[451] AGO FOEFI 1956.

obtenir le statut de pupille de la Nation. La FOEFI emporte facilement la partie. Au vu de ses résultats, Robert Mialin, délégué général de France au Sud-Vietnam, préconise au contraire du souhait de l'ONACVG que les jeunes Français d'Indochine pupilles de la Nation soient placés dans des établissements de la FOEFI en France « où ils se retrouveront dans leur milieu »[452].

Il faut aussi toujours rappeler que la FOEFI ne s'occupe elle-même que d'une toute petite partie des enfants eurasiens. En décembre 1954, elle prend en charge 3 650 pupilles, dont 711 en France et 2 939 en Indochine. Ces chiffres s'entendent comme un point à un moment précis, mais au cours d'une année il y a des entrées et des sorties ce qui empêche un dénombrement précis. Ainsi en 1954, des pupilles sont entrés sur le marché du travail, d'autres ont été repris par leurs mères, certains envoyés dans leurs familles paternelles (100 en Indochine et 9 filles en France), des orphelins complets ont été adoptés. Cette même année, des convois sont organisés en urgence vers la France. En juillet et août 1954, le *Cyrenia*, le *Henri Poincaré*, le *Claude Bernard* et d'autres navires amènent en France des centaines d'enfants eurasiens. Pour la FOEFI, il s'agit d'un « début de transferts massifs d'Indochine »[453].

Le 15 décembre 1954, 85 garçons sont embarqués à destination de la France, mais les visites et les rapports de l'inspecteur général de la France d'Outre-Mer Monguillot entrainent la suspension des départs collectifs pendant dix mois. Ils reprennent à l'automne 1955. Trois convois d'enfants sont organisés : 70 filles arrivent à Marseille sur le *Fair Sea* le 10 septembre ; 217 pupilles (dont 98 filles et 4 garçons de moins de 5 ans) sur le *Cyrenia* le 30 octobre ; 179 pupilles (dont 78 petites filles) sur l'*Aurelia* le 6 novembre. S'y ajoutent en novembre et décembre les premiers transferts en avion avec quinze grandes filles voyageant sur trois avions de ligne. Enfin, le 12 décembre 1955, 99 pupilles âgés de 11 mois à 6 ans partent dans un avion affrété tout exprès. Au total ce sont donc 580 enfants qui sont acheminés sur la métropole en trois mois, avec des manquements reconnus : « la cadence précipitée des derniers convois a laissé apparaitre des lacunes regrettables. Les enfants, notamment, n'étaient pas assez chaudement vêtus et souffrirent du froid, ce qui eût pu être évité »[454].

---

[452] AGO mars 1956. lettre de R. Mialin à l'ambassadeur de France, 2 mars 1956.
[453] AGO FOEFI 1955 et 1956.
[454] AGO FOEFI 1956.

Après l'envoi d'un gros contingent de 300 enfants vers Marseille en mars 1956, « nous aurons fait le vide de nos établissements du Vietnam, du Cambodge et du Laos » prédisent les responsables de la FOEFI. Le constat est fait qu'il n'y a plus de débouchés pour les pupilles en âge de travailler en Indochine, « la situation est donc sans issue sur place. Nos pupilles doivent en prendre conscience et comprendre que leur avenir est ailleurs tout au moins pour l'instant : en France ou dans un autre territoire de l'Union Française ». En effet, en métropole les 41 pupilles ayant terminé leurs études ou formation professionnelle ont trouvé facilement un emploi. La FOEFI maintient néanmoins sur place les secours à domicile, avec toutes les réserves exprimées de manière récurrente. Elle a bien conscience que de nombreux enfants eurasiens vivent au Cap Saint-Jacques et dans tous les lieux où les troupes françaises sont encore stationnées et qu'il y aura « une véritable ruée des mères, après le départ de nos troupes »[455]. Et c'est ce qui se produit effectivement à la fin de l'année 1956. Auparavant, en février, l'École des enfants de troupe de Dalat, après s'être repliée au Cap Saint-Jacques en 1954, est rapatriée en France, à Fréjus pour quelques semaines, puis à Autun. Il faut noter que le nouveau code de la Famille établi en 1956 précise les catégories d'enfants à prendre en charge et que l'ensemble des mineurs pris en charge par l'aide sociale à l'enfance sont assimilés aux pupilles de l'État, n'a aucun effet sur les activités de la FOEFI.

Sur le plan de son organisation interne et de sa tutelle administrative, la FOEFI connait des changements notables. En août 1957, un nouveau conseil d'administration (dit « de France ») est institué ce qui crée une situation complexe et irrégulière sur un plan juridique, le siège social demeurant à Saigon. Pierre Varet, ancien administrateur de l'Indochine, est nommé directeur administratif. Il a en commun avec Bazé d'avoir été prisonnier des Japonais. À sa libération, il avait conseillé Jean Sainteny puis le général Valluy sur les affaires politiques du nord du Vietnam avant de rentrer en France[456]. Bazé, Graffeuil, Varet et Grolleau, tous ayant vécu en Indochine, constituent le cœur de l'organisation. À partir de janvier 1959, la tutelle de la FOEFI passe du ministère des Affaires étrangères au ministère de l'Intérieur. En effet un décret daté du 7 janvier stipule que les attributions en matière d'accueil et de reclassement des Français rapatriés d'Indochine sont transférées d'un ministère à l'autre.

---

[455] AGO FOEFI 1956.
[456] Christopher E. Goscha, *Historical Dictionary… op. cit.*, p.481.

S'ensuit une réflexion sur les statuts de la Fédération qui ne peut mener son action que grâce à la subvention qu'elle reçoit de l'État (310 millions de francs en 1959), mais celle-ci est très insuffisante et finalement c'est 350 millions que reçoit la FOEFI, ce qui correspond à 90 % de son budget total. Se posent donc les questions de la présence de représentants des administrations concernées au sein de son conseil d'administration, corollairement le transfert de son siège social en France, l'éventuel statut de pupilles de la Nation pour certains enfants, etc. Ces évolutions permettraient de faciliter le versement de la subvention qui est toujours effectué avec retard et après des demandes de précisions récurrentes[457]. Un rapport daté du 29 juin 1959 et réalisé par M. Rochefort, inspecteur général adjoint de l'administration, propose des pistes d'évolution. Mais ce rapport n'est pas communiqué à la FOEFI qui n'a donc pu se conformer qu'à des recommandations orales, notamment en matière financière. Consulté, l'ambassadeur de France au Vietnam apporte son plein soutien à la FOEFI dont l'action est selon lui « extrêmement utile et efficace ». Il estime que les derniers éléments du corps expéditionnaire étant partis à la fin de 1956, et que les mères vietnamiennes abandonnant plutôt leurs enfants vers l'âge de 4 ou 5 ans, c'est au cours des premières années de la décennie 1960 que les derniers enfants nés de soldats français pourront être recueillis. Il ne voit pas une autre organisation capable d'assurer le travail de la FOEFI en qui les mères ont confiance. Aussi, le projet de révision des statuts de la Fédération est-il abandonné : il risquerait de donner au gouvernement vietnamien une occasion de remettre en cause la situation dont jouit l'association au Vietnam[458]. C'est également en 1959, après son échec pour entrer au Sénat comme représentant les Français établis hors de France, que William Bazé quitte définitivement l'arène politique et se consacre entièrement à la Fédération, à la tête d'une équipe qui au siège parisien compte désormais une dizaine de personnes[459].

Les nombreuses fluctuations voire les revirements dans les positions de la FOEFI en ce qui concerne les modalités d'admission des enfants plaide pour une explication fonctionnaliste des déplacements de pupilles vers la France et la contingence. Ces évolutions sont incontestablement dues aux événements militaires et politiques, aux données démographiques de

---

[457] AN FOEFI 126, note du 16 février 1959 et compte rendu de la réunion du 10 décembre 1959 tenue au ministère de l'Intérieur sur la FOEFI.

[458] AN FOEFI 126, rapport de l'ambassadeur de France au Vietnam Roger Lalouette, du 16 février 1960.

[459] AN FOEFI 126, lettre de William Bazé à Jacques Chaban-Delmas, Président de l'Assemblée nationale, 12 décembre 1966.

la question métisse. Le contexte historique a donc pesé lourd sur l'action de la FOEFI. En même temps, la volonté de la FOEFI de déplacer les enfants vers la France est très résolue. En acteur de l'histoire en train de se faire, William Bazé incarne cette intention et la détermination à la mettre en œuvre, envers et contre tout.

Après avoir décrypté l'économie générale de la FOEFI et l'organisation des convois vers la France, il est temps de se concentrer sur ce que vivent les enfants qui sont bien entendu les principales personnes concernées. Certes leurs expériences de la transplantation sont diverses, mais a posteriori, ils reconnaissent tous avoir vécu là l'un des événements les plus importants de leur vie.

Chapitre 7
Expériences enfantines de la transplantation

Si la guerre a marqué, peu ou prou, plusieurs générations d'enfants en Indochine et si certains en ont gardé dans leur chair et dans leur âme les traces les plus graves, une autre épreuve attend celles et ceux qui vont quitter leur pays de naissance. La métaphore végétale est très souvent filée pour évoquer l'arrachement, le déracinement[460], la transplantation des enfants coupés brusquement de leurs racines, contraints de s'acclimater ailleurs, dans l'objectif d'y faire souche, si la greffe prend… Sans oublier l'image de l'enfant-arbrisseau qu'il est possible de redresser s'il a poussé de travers. Les expériences du « rapatriement » – euphémisme qui minore le phénomène subi – sont très variées. Des enfants métis arrivent en France avec leurs parents. C'est le cas d'Yves et Roger, nés en 1943 et 1945, qui font le voyage avec leur père lieutenant et leur mère eurasienne, bien que ceux-ci ne soient pas encore mariés[461]. Tel est aussi le cas de Marguerite, Madeleine et Simone arrivées en 1951 avec leurs parents à bord du paquebot *Félix Roussel*[462]. D'autres débarquent en France avec leur père, mais sans leur mère, telle Martine à l'âge de deux ans en 1954 et qui le suit en Belgique puis en Algérie. Minh, née en 1949 au Cambodge, est reconnue par un militaire français qui lui donne son nom et la ramène en France[463]. Après 1954, certaines femmes ayant la nationalité française, dont des Eurasiennes, arrivent en France avec leurs enfants[464] : « rapatriement ou… expatriation », voir dépatriation, s'interrogent des personnes concernées[465]. Ces familles sont installées dans des Centres d'accueil des rapatriés d'Indochine (CARI devenant CAFI,

---

[460] Christina E. Firpo, *The Uprooted… op. cit.* ; Sophie Hochart, *Le déracinement silencieux… op. cit.*

[461] Dominique Féger, *Les trois cousines en Indochine*, Atelier Fol'fer, 2017, p.15-20.

[462] Margie Sudre, *Du Mékong au Quai d'Orsay… op. cit.*, p.35-39.

[463] Minh P., *LDS*, p.142

[464] Parmi les films documentaires : *Rapatriés d'Indochine, les oubliés*, documentaire de Marie-Christine Courtès et My-Linh Nguyen, FR3 Aquitaine, 2017 ; *Le petit Vietnam*, documentaire de Philippe Rostan, 2011, 67 min.

[465] « Rapatriement ou… expatriation », Pierre-Jean Simon, *GDR* n°55, 2019 ; Guy Levilain, *GDR* n°57, 2021.

le terme « Français » remplaçant celui de « rapatriés ») à Noyant-d'Allier (Allier), à Bias ou encore à Sainte-Livrade-sur-Lot (Lot-et-Garonne). C'est le cas de Jean-Pierre, né en 1947, qui arrive avec sa mère et ses sœurs en 1956. Les CAFI sont l'objet d'une histoire que Dominique Rolland a déjà bien commencée et que d'autres poursuivent[466]. Certains enfants font même le trajet dans l'autre sens comme Mauricette, née en 1949 en France d'une mère française et d'un père vietnamien arrivé en 1939 et reparti en 1952. Avec sa mère, son frère ainé et sa sœur cadette, elle part le rejoindre à Hanoi en 1953[467]. Les parcours et les expériences sont donc multiples, ce chapitre se concentre surtout sur les enfants métis nés en Indochine qui partent pour la France sans parent, entre 1947 et 1975, sous la responsabilité de la FOEFI.

Les incompréhensions et les adieux

À la première séparation, au moment où en Indochine les mères confient leurs enfants à la FFEI/FEFI/FOEFI, succède un entre-deux pendant lequel les mères qui le souhaitent peuvent, peu ou prou selon les établissements, garder un contact avec leurs enfants. Mais elles sont généralement encouragées à prendre du champ afin de ne pas gêner le processus d'acculturation qui commence, modestement. Après un laps de temps qui peut varier de quelques années à quelques jours seulement, intervient la seconde séparation, beaucoup plus violente car, sinon définitive, sans horizon, sans borne. L'envoi d'un enfant en France est toujours subordonné au consentement de la mère stipulé dans le « certificat de décharge ». Si certaines mères pouvaient penser – ou voulaient croire – que cette prise en charge ne serait que temporaire, ou encore l'ont fait croire à leurs enfants au moment du départ, la Fédération considère

---

[466] Dominique Rolland, *Petits Viêt-Nams. Histoires des camps de rapatriés français d'Indochine*, Elytis, 2016 ; Dominique Rolland, « De Saigon à Sainte-Livrade-sur-Lot, l'épopée des rapatriés d'Indochine, 1956-2009 », *L'Autre : Cliniques, cultures et sociétés*, n° 1, 2010, p.49-60 ; thèse en cours et publications récentes d'Alice Voisin, notamment, « Quitter la colonie : l'accueil en métropole des Français d'Indochine de 1945 à aujourd'hui » in Olivier Dard et Anne Dulphy (dir.), *Déracinés, exilés, rapatriés ? Fins d'empires coloniaux et migrations*, Peter Lang, 2019, p.19-38 ; Alice Voisin, « Le Centre d'accueil des Français d'Indochine de Sainte-Livrade : un lieu de formation pour les jeunes eurasiens (1956-1981) ? », in Yves Denéchère (dir.), *Enjeux postcoloniaux de l'enfance op. cit*, p.111-120. Plusieurs sites Internet sont consacrés à ces mémoires, notamment : <http://www.rapatries-vietnam.org/index.php> et <https://cafi47.com/>

[467] Témoignage de Mauricette N., 16/02/2022.

Les incompréhensions et les adieux 169

les enfants qui lui ont été confiés comme ses pupilles – conformément au décret de 1943 – dont elle est entièrement responsable jusqu'à leur majorité.

De nombreuses mères ont hésité à laisser partir leurs enfants, partagées entre le risque de la séparation et celui de l'incertitude de leur sort si elles les gardaient auprès d'elles. Les archives montrent que face aux événements les refus initiaux évoluent vers l'acceptation. Sur des fiches individuelles est portée la mention « Ne veut pas laisser partir son enfant » remplacée quelques mois plus tard par « Accepte de laisser partir son enfant »[468]. Le dossier de Camille montre qu'après avoir longtemps hésité, la mort dans l'âme, sa mère consent à la laisser partir en 1954. La même année, il est prévu que Jeanne (9 ans) parte avec ses amies eurasiennes pour la France, mais sa mère veut la garder avec elle. Elle ne part finalement qu'en 1956. La mère de Pierre (né en 1949) le confie à la FOEFI mais refuse de le voir partir, le reprend avec elle, puis le laisse prendre l'avion en 1959 avec deux de ses sœurs[469]. Comme beaucoup, la mère de Marie-Dominique fait ce qu'elle peut pour retarder l'échéance à plusieurs reprises, avant de céder en 1960. Le déchirement des mères qui confient leurs enfants est considéré par les responsables de la FOEFI comme un acte d'amour les sauvant du mauvais sort qui les attend s'ils restent dans leur pays de naissance tourmenté par la guerre, la menace communiste et le sous-développement[470].

Hormis les plus jeunes qui n'ont pas de souvenir de leur départ, à la question « Saviez-vous que vous alliez partir pour la France? », la très grande majorité des réponses sont affirmatives. Même si la préparation au départ a été minimale, les enfants avaient bien connaissance de leur destination. On leur dit que c'est pour échapper aux affres de la guerre, pour faire des études ; leurs mères leur expliquent qu'elles n'ont pas les moyens de les garder avec elles, que c'est pour leur bien, qu'ils reviendront ou qu'elles les rejoindront en France. Cependant, Lang, qui part en 1956 à 7 ans, affirme : « j'ignorais où on allait m'emmener en montant dans cet avion ». Même lorsqu'ils savent qu'ils vont partir pour la France, les enfants sont dans l'incompréhension des causes. Pierre (né

---

[468] Notamment dans le « Registre des enfants eurasiens Seno », archives privées et les dossiers individuels ANOM 90 APC FOEFI.
[469] Jeanne Coupeau et Pierre Cesario, *LDS*, p.51 et 47 ; témoignages de Marie-Dominique L. et Camille G., 2018 et 2023.
[470] Récit de Marguerite Graffeuil recueilli en 1990 par plusieurs Eurasien·nes. Consultable sur <http://www.foefi.net/>

en 1950) raconte une de ses dernières rencontres avec sa mère : « elle m'a fait asseoir sur un banc et m'a dit que j'allais partir pour la France. J'ai demandé pourquoi. Elle n'a pas su m'expliquer ». Pendant de longs mois, la mère de Marie-Dominique (née en 1951) lui explique qu'elle doit partir, pour son bien, elle ne comprend pas ce que cela veut dire. En septembre 1961, l'échéance du départ approche, « pour aller bien apprendre en France », lui répétait sa mère ; « moi je me disais qu'elle me punissait parce que je n'avais pas assez travaillé à l'école. Je n'avais pas d'explication. Ma mère pleurait ». Au même âge et la même année, Jacqueline est gâtée de cadeaux le jour de son 10e anniversaire, puis sa mère lui apprend qu'elle va partir en France pour un avenir meilleur. Elle n'a pas du tout envie de partir et ne se souvient pas du tout du départ : « un immense trou noir »[471].

Les mères sont le plus souvent acculées à laisser partir leurs enfants et les enfants acceptent leur sort avec résignation parfois. Mais dans ces départs y a-t-il une place pour l'agentivité des enfants ? Ont-ils été, d'une manière ou d'une autre, des acteurs conscients et agissants dans ces moments ? Roland, Martha, Pierre Louis, Jean-Paul C., Marie-Paule et d'autres expriment aujourd'hui qu'ils étaient contents de partir. Raymond affirme « j'ai choisi de venir en France, je voulais quitter le pays qui avait pris mon père ». Marcelle écrit : « on m'a toujours raconté que c'était moi qui voulais absolument partir en France. J'étais donc contente lorsqu'on m'a préparée pour le départ mais une fois à Saigon, j'ai réalisé que je ne reverrai plus ma famille, j'ai changé d'avis et regretté d'avoir émis ce souhait ». Madeleine se souvient avoir été contente de partir, mais seulement « pour un beau voyage avec retour ». En revanche, Gustave, Jacqui et d'autres n'étaient pas du tout contents de partir. Colette aurait préféré rester avec sa mère. Jean-Paul G. est partagé : « content de partir : oui et non », tout comme André : « sans doute, le voyage était fantastique ». Lang écrit : « l'inconscience de l'âge m'a permis de transformer cette séparation avec ma famille en un voyage extraordinaire, le premier voyage en avion. C'est ensuite que la douleur est venue, une douleur que je ressens encore malgré mon âge, j'ai 72 ans »[472].

Partir pour la France ce n'est pas rien, mais partir pour combien de temps ? Raymond savait que c'était « pour toujours, ce n'était pas une immigration pour moi et encore moins contrainte ». Jean-Paul G. pensait

---

[471] Lang et Jacqueline, questionnaires, 2021 ; Pierre Vitet, *LDS*, p.167 ; témoignage de Marie-Dominique L.
[472] Témoignages et questionnaires.

Les incompréhensions et les adieux 171

que c'était pour longtemps, mais avec l'espoir de revenir un jour. Roland, Gustave et Madeleine n'avaient pas conscience de partir pour longtemps. Lang non plus, et il pense que « c'était ça le pire ». Colette affirme : « personne ne nous a parlé de notre future vie. Il fallait suivre le troupeau ». Martha pensait revenir pour les vacances : « nous n'avions pas conscience des distances ». « Le petit garçon que j'étais », écrit Louis, « n'avait pas conscience que ce départ était définitif ». Pour rassurer Marcelle, sa mère lui a dit qu'elle-même et le reste de la famille la rejoindraient rapidement. Au moment de monter dans l'avion en décembre 1954, Michel (5 ans), entend sa mère lui dire « tu vas partir en France, ne t'inquiète pas, je te rejoindrai plus tard », ce qu'elle fit quelques mois après, mais sans reprendre son fils avec elle. Simone, partie en 1949, raconte : « j'étais très contente de venir en France, même si on quittait nos mamans. On n'a pas été enlevés à nos mamans, elles étaient d'accord, elles nous ont accompagnés »[473].

Les adieux sont le plus souvent d'une grande intensité dramatique[474]. Des décennies plus tard, des personnes concernées s'expriment avec émotion et difficilement ou écrivent encore sur ce moment de la séparation, qui a été pour beaucoup définitive[475]. Des archives audiovisuelles de l'époque montrent le terrible moment du départ avec les pleurs, les cris et les gestes des mères en direction d'un navire ou d'un avion qui s'éloigne[476]. Le choix des mères, présenté comme un sacrifice par la FOEFI – idée partagée par les témoins – est d'une immense violence, peut-être davantage pour elles que pour eux selon certains témoignages. Roland a dix ans quand il part en 1955 : « sur le moment je ne me suis pas rendu compte de ce qu'elle vivait ». « Avec le recul, je pense que ça a dû être plus difficile pour nos mères que pour nous », raconte aujourd'hui André, parti en 1954 à l'âge de 6 ans[477]. Simon, né en 1948, qui s'est envolé pour la France en 1954 se souvient d'avoir « rejoint une cohorte d'enfants eurasiens, accrochés aux grilles que les mamans de l'autre côté de la rue essayaient vainement de calmer, de rassurer cette meute hurlante dans un désordre sans fin ». Madeleine se souvient de l'énorme paquebot, de la cohue, de la passerelle, « des larmes silencieuses de [s]a

---

[473] Questionnaires et *LDS*.
[474] Entretiens réalisés par l'auteur et témoignages dans deux films documentaires : Rostan, P. *Inconnu, présumé français*, France, 2009, 90 mn et Pollet-Rouyer, F. *Né sous Z*, France-Belgique, 2010, 75 mn.
[475] *GDR*, n°40 et 51, avec plusieurs pages de témoignages.
[476] Images reprises dans le film *Inconnu, présumé français*.
[477] Témoignage d'André F.14/10/2019 ; Roland Rémond, *LDS*, p.148-151.

mère ». Martha, Pierre, Gustave, André et d'autres racontent cette même scène des mères en pleurs sur les quais ou à l'aéroport. Pour Jean-Paul G., « c'est un souvenir, comment dire… Atroce ! Des larmes, des cris de nos mamans, moment absolument douloureux ». Pour André, « à partir de ce jour-là je n'ai plus pleuré sauf à l'annonce du décès de ma mère, 11 ans après ». Henri pense que sa mère s'est retenue de pleurer pour l'épargner un peu. Valérie apprendra bien plus tard, qu'au moment du décollage de l'avion, sa mère s'est évanouie. La mère de Camille tombe malade dès après son départ[478].

Mais toutes les mères ne sont pas présentes lors du départ. Leur absence est alors cruellement ressentie par les enfants concernés, par exemple Jacques et Roger qui partent à 8 et 6 ans en 1955 : « un souvenir affreux, ma mère n'est pas venue pour les adieux, nous étions seuls au milieu des autres parents venus voir leur enfant » ; « nous regardions les mères et les enfants hurler toute leur peine. Le spectacle était terrible ». Jean-Jacques aussi se souvient que de nombreuses mères étaient venues dire au revoir à leurs enfants, pas la sienne. Cette défection renforce l'incompréhension de la séparation et pèse lourd dans le bagage des enfants qui quittent leur pays. Louis vit aussi l'absence de sa mère comme une épreuve supplémentaire : « à l'aéroport, mon frère et moi espérions nous aussi voir notre mère. Nous avons attendu en vain, elle n'est pas venue nous dire au revoir ». Quant à Martha, élevée au Domaine de Marie depuis son enfance, ce n'est pas sa mère qu'elle attend puisqu'elle ne l'a jamais connue, mais son père qu'elle a vu rarement : « je savais qu'il ne viendrait pas mais je le cherchais quand même. Je pleurais. À travers les hublots j'espérais voir la silhouette forte de mon père »[479].

Et puis c'est le départ, P. M. écrit : « je me revois, arrivant sur le quai de Saigon le soir, au pied de cet immense paquebot le *Cyrenia*. Ce qu'on peut se sentir minuscule à côté de cette masse… Dire que je vais rentrer dans son ventre pour aller en France. Moi qui n'ai jamais quitté mon Dalat natal, l'appréhension me noue l'estomac. Que de larmes ont coulé ce soir-là »[480]. Madeleine M., née en 1948 et partie en 1956 raconte :

> « sur le quai, il y avait toute la famille et puis je voyais ce grand bateau. Et maman nous a mis à la queue-leu-leu et puis on nous a demandé de dire au revoir au Vietnam. Pas à notre famille, au Vietnam ! On dit au revoir au

---

[478] Témoignages, questionnaires, *GDR, LDS*.
[479] Jacques et Roger Maurice dans *Inconnu, présumé français* ; Jean-Jacques, Louis et Martha, questionnaires, 2021 et 2022.
[480] P. M., *GDR* n°18, 1996.

Vietnam. Alors bien sûr, comme des petits enfants de sept ans et demi j'ai dit au revoir au Vietnam ».

Colette avait peur, était désorientée : « nous étions entassées toutes ensemble dans la cale du bateau. J'ai eu de la chance d'avoir ma sœur Lucette qui s'occupait bien de moi ». Jean-Paul C. n'était pas triste : « partir en voyage sur un grand bateau vers un pays inconnu car on partait en groupe ! Pas triste de partir ». De même, Lang avait hâte « de faire un voyage en avion avec des copains pour la première fois ». Dès que le bateau largue les amarres ou l'avion décolle, le lien avec le pays de naissance est rompu, la séparation d'avec la mère est consommée. Le risque que représentait pour les enfants l'éclatement familial n'a alors pas été évalué, ni pris en compte[481].

La FOEFI respecte strictement « le refus des mères vietnamiennes de laisser partir au loin leurs enfants en bas âge »[482]. Mais en 1955, la Fédération constate que des mères reviennent sur leur accord de départ (alors que le certificat de décharge ne prévoit aucun délai de rétractation), que d'autres qui se sont désintéressées de leur enfant pendant longtemps reviennent exiger qu'il reste au pays. Bazé croit savoir que ces femmes espèrent qu'en ne laissant par partir seul leur enfant, elles pourront partir avec lui en métropole. Mais pour la France comme pour les États indépendants, il n'en est pas question[483]. Seules celles qui ont la nationalité française – et elles ne sont pas nombreuses – peuvent être « rapatriées ». La FOEFI souhaite agir, « en évitant, si possible, les solutions de force », en tenant compte de la situation des mères vietnamiennes puisque « la législation en vigueur ne les autorise pas à suivre leurs enfants en France. Tout le problème est là. Il est d'autant plus complexe que, sur le plan humain et même légal, nul ne saurait admettre qu'un enfant puisse être arraché à sa mère contre la volonté de celle-ci ». Le cas de Pierre, né en 1948, d'un père sous-officier français originaire de La Réunion et d'une mère vietnamienne, est éloquent. Lorsque le père doit partir, il espère le faire avec son fils et sa compagne. Mais les règles s'y opposent et en novembre 1953, la mère signe, devant le commissaire de police de Hué, un document dans lequel elle « déclare volontairement vouloir laisser partir » son fils avec son père « qui l'a reconnu à la naissance » ; Pierre affirme aujourd'hui qu'elle ne savait ni lire, ni écrire le français. Père et fils embarquent en 1954 pour La Réunion. Peu après leur arrivée, par

---

[481] Madeleine, Jean-Paul C. et Lang, questionnaires, 2021.
[482] AGO FOEFI 1950.
[483] AGO FOEFI 1956.

une lettre accompagnée d'une mèche de cheveux, Pierre apprend que sa mère a donné naissance à sa petite sœur. Le père, qui avait l'intention de les faire venir sur l'île, part pour une nouvelle campagne à Madagascar et la famille ne sera jamais réunie[484].

En 1957, les responsables de la FOEFI évoquent encore « des enfants dont les mères, pour la plupart, sont réfractaires au départ » :

> « nous n'en évacuerons donc qu'une infime minorité, ceux que nos efforts de persuasion auprès des mamans nous permettront de récupérer. Quant aux autres, il faut attendre qu'une évolution psychologique transforme en faveur de leur transfert l'ambiance dans laquelle ils vivent. Ceci dépend de la propagande que feront les mères dont les enfants sont heureux en France »[485].

C'est pourquoi la FEOFI maintient des secours à domicile aux « mères vietnamiennes refusant, comme elles en ont le droit, de se séparer de leurs enfants français ». Cependant, en 1956 la Fédération arrête de prendre en charge une fille de 11 ans au motif « que sa mère refuse de la laisser partir pour la France ». Celle-ci doit d'ailleurs signer un formulaire – à trous, à compléter, ce qui montre que ce cas de figure n'est pas isolé – qui indique qu'elle « certifie s'opposer catégoriquement au départ » de sa fille et « dans la crainte que cette dernière ne soit envoyée en France à mon insu », la retire de la FOEFI, « sans possibilité de faire machine arrière »[486]. En 1957, décision est prise par le Conseil d'administration de supprimer le secours mensuel aux enfants de plus de 15 ans, puis en 1959 aux enfants de plus de huit ans[487]. La position de la FOEFI est en fait difficile à suivre et à tenir, parfois paradoxale. Il est question de persuader les mères de laisser partir leurs enfants, sans trop de pression, mais un peu quand même, mais aussi en même temps enfant ne devrait être séparé de sa mère. Ces contradictions reflètent la complexité des situations et le dilemme des mères.

Pour des enfants qui n'ont pas ou plus de parents, la séparation avec les personnes qui se sont occupées d'eux est également difficile. Pour Henry, « le vrai départ a été précédé par le transfert en avion de Tourane à Saigon en septembre 1955. Au pied de l'avion, au moment de la photo souvenir, je me suis mis à pleurer. Je comprenais que je devais quitter définitivement Tourane, l'école du Sacré-Cœur, et que je ne reverrai pas

---

[484] Témoignage de Pierre S. et documents personnels, février 2022.
[485] AGO FOEFI 1957.
[486] ANOM 90 APC, dossier individuel.
[487] AGO FOEFI 1957 et 1960.

les Sœurs qui s'étaient si bien occupées de moi depuis 1951, à la place de ma mère ». Marguerite, née en 1947 est confiée à une nourrice : « j'étais heureuse, ma nourrice et son mari c'étaient papa-maman. Je n'ai rien compris quand on m'a mise en pension, quand ma nourrice m'a présenté ma mère, je n'ai rien compris non plus quand je suis montée sur le bateau *Henri Poincaré*. Je n'ai pas vu ma nourrice sur le quai ni ma mère mais seulement le mari de ma nourrice et leur enfant ». Mais Jacques, né en 1949, qui n'a connu ni son père, ni sa mère et a été élevé dans une pouponnière à Hanoi, puis au Domaine de Marie à Dalat, part sans regret en 1956 : il est « euphorique de partir en voyage en groupe, bien habillé, avec mon bracelet identitaire », mais il ne sait pas qu'il part pour longtemps[488].

Les incompréhensions liées au départ sont accentuées par le manque d'informations précises sur le voyage, la durée, la destination. En fonction de leur âge, les enfants partent avec en tête des souvenirs de leur vie de famille, de leur pays de naissance, des établissements dans lesquels ils ont été pris en charge. Parfois aussi avec quelques objets. Jean-Paul G., né en 1950, part à 12 ans en 1962, emportant dans sa valise, outre des vêtements, « un album photos, un carnet d'adresses, une chevalière en or, souvenir de ma tante, et une gourmette en argent avec une prière bouddhiste gravée au dos ». Lolo, 7 ans, fait le voyage en avion en 1956, en emportant photos, gourmette, chaine en or, gros cartable en cuir et chapeau colonial. Parti en même temps que lui de Tourane et au même âge, Henry n'emporte rien : « je n'avais aucune photo, aucune lettre, aucun objet personnel. Mes habits ont été changés dans le pensionnat de transit à Saigon. On m'avait pris mon chapeau colonial ». En juillet 1954, alors que Camille est déjà montée à bord du paquebot *Henri Poincaré* sa mère accourt sur le quai avec une « poupée française » et tente vainement de la lui lancer. En 1960 Louis part avec « une gourmette inscrite à mon prénom et quelques photos de ma mère ». Robert porte une gourmette sur laquelle est gravé le nom de sa mère et son adresse, celle-ci est perdue ou volée. Arrivé en France, Henri ne retrouve pas les quelques objets, dont un pendentif, donnés par sa mère avant de partir. Martha monte dans l'avion avec une mallette en osier renfermant « quelques photos de mon père, ma poupée et quelques fruits de la passion que j'avais cueillis la veille dans les bois. Cette mallette m'a été prise en montant dans l'avion avec la promesse qu'elle me serait remise à l'arrivée. Or la promesse n'a pas été tenue. Ma valise était le seul bien que je possédais ». Marcelle,

---

[488] Henry, Marguerite et Jacques, questionnaires, 2021 et 2022.

née en 1950 et partie en 1960 se souvient : « ma sœur et moi avions chacune une petite valise en fer coloré. Je l'ai gardée pendant des années, en souvenir. Notre Mémé nous avait préparé de la viande séchée et Maman avait mis quelques dollars dans un plastique caché dans nos chaussettes ». Quant à Marie-Paule, elle conserve encore aujourd'hui un laissez-passer qui atteste qu'elle arrive en France en 1956 avec une somme de 14 000 francs[489]. Bazé écrit être intervenu lui-même « lors des gros rapatriements de 1955-1957 » auprès de mères pour les empêcher de confier à leurs enfants des sommes trop importantes destinées à des membres de la famille installés en France[490].

L'objet par excellence porteur de ces souvenirs est la photographie de famille qui a fait l'objet d'une exposition virtuelle sur Musea, musée virtuel d'histoire des femmes et du genre, et d'autres travaux en 2020[491]. Lang se souvient être parti avec pour seul bagage un petit sac avec quelques photos, le seul lien qui le reliait encore à sa famille. André est né en 1948 d'un père « inconnu présumé français » dont il ne connaît rien et d'une mère chinoise tenant un petit restaurant à Saigon. Celle-ci le confie à la FOEFI qui l'envoie en France en 1954. Sur un cliché pris chez un photographe de Saigon en 1952, André pose avec un de ses demi-frères. Tous les deux portent à leur cou une chaînette avec un petit médaillon dans lequel leur mère a placé sa photo. Valérie et ses frères ont aussi autour du cou le même genre de médaillon. Marie-Dominique avait l'habitude d'aller chez le photographe comme en témoignent les photos prises à différents âges depuis sa naissance. Juste avant le départ en 1961, une séance est organisée pour la photo des adieux : « j'ai dix ans et je me rends compte. Je sais que c'est la dernière photo, que je vais partir », raconte-t-elle. Elle emporte cette photo et quelques autres avec elle en France. Près

---

[489] Témoignages et questionnaires. 14 000 francs 1956 correspond à environ 320 euros 2023 selon le convertisseur de l'INSEE.

[490] CADN Saigon 590 POA406, lettre de Bazé au consul général à Saigon, 8 juillet 1968.

[491] Exposition sur Musea intitulée : ""Comme les rayons différés d'une étoile": photos d'Eurasiennes "rapatriées" en France (1947-2020) » <https://musea.univ-angers.fr/exhibits/show/---comme-les-rayons-diff--r--s/notice-de-pr--sentation> disponible en français, anglais et vietnamien ; une notice de l'Encyclopédie pour une histoire numérique de l'Europe (EHNE) intitulée : « Avant le "grand départ" pour la France : photos d'enfants eurasiens en Indochine » <https://ehne.fr/fr/encyclopedie/th%C3%A9matiques/l%E2%80%99europe-et-le-monde/cadrages-coloniaux/avant-le-%C2%AB%C2%A0grand-d%C3%A9part%C2%A0%C2%BB%C2%A0pour-la-france%C2%A0-photos-d%E2%80%99enfants-eurasiens-en-indochine> La notice comporte une capsule vidéo intitulée « La photo de Camille » (4 min 30).

de vingt-cinq ans plus tard, en 1974, Michèle (née en 1968), quitte le Vietnam avec « une grosse poupée verte (que je n'avais pas avant le jour du départ donc que je n'aimais pas plus que ça), une chaînette en or avec au bout un pendentif cloche en or qui sonnait vraiment, une petite valise cabine blanche à liseré vert Air France. Et dans la doublure cousue, une lettre de maman avec son adresse et des photos »[492].

En bateau ou en avion

La FOEFI organise les convois d'enfants avec l'aide du service social de l'armée et les administrations françaises : les Affaires sociales du Haut-Commissariat, puis le bureau d'action sociale de la Délégation générale de France au Sud-Vietnam (1954-1956) puis l'ambassade et le consulat général de France à Saigon. Par exemple, en raison du retard d'un mois du départ du *Sontay* pour la France (repoussé de la fin août à la fin septembre 1948), le conseiller aux Affaires sociales du Haut-Commissariat s'inquiète pour les 71 enfants qui doivent y embarquer : « ces jeunes gens auront de sérieuses difficultés d'acclimatation s'ils arrivent trop tardivement en France », et cela compliquera le début de leurs études[493]. Les arrivées sont précédées des listes nominatives des enfants afin de préparer leur répartition. Mais les délais souvent très serrés placent la délégation métropolitaine de la FOEFI dans des situations délicates. En effet, la délivrance des visas de sortie par le gouvernement du Sud-Vietnam, qui étudie soigneusement les demandes, se fait parfois au dernier moment[494].

Les premiers départs massifs ont lieu à partir de 1947 par bateau, en profitant des transports de troupes réguliers vers la métropole jusqu'en 1956, date à laquelle ces mouvements deviennent beaucoup plus rares. C'est l'avion qui alors – sauf exceptions – emmène les enfants vers la métropole, les premiers vols ayant eu lieu en 1953. Même si elle est plus chère pour les autorités françaises qui prennent en charge directement les frais de voyage, selon la FOEFI, comparativement à la voie maritime, « la voie aérienne offre des avantages énormes », notamment en épargnant « une confusion invraisemblable dans les trousseaux ». Des accidents se produisent néanmoins, le 20 février 1956 lors du crash d'un avion de la

---

[492] Témoignages et questionnaires.
[493] ANOM I HCI 665, lettre du conseiller des affaires sociales au directeur de cabinet du HC, 18 août 1948.
[494] AGO FOEFI 1957.

TAI effectuant une liaison régulière Saigon-Paris, une petite fille adoptée par un couple de Français a été tuée[495].

Les deux modes de transport constituent deux expériences très différentes du déplacement. Si le transfert en bateau, par sa durée (une trentaine de jours), marque fortement la distance entre le pays de naissance et le pays d'arrivée, l'avion l'abolit plutôt (une quarantaine d'heures dans les années 1950, une trentaine dans les années 1960). Le voyage en bateau sur 17 000 kilomètres est en lui-même un moment, un épisode du déplacement qui est raconté par les témoins parce qu'il les a marqués ; le vol, dont une partie de nuit, est bien plus flou dans les mémoires des Eurasien·nes, ce qui est tout à fait comparable au cas des enfants de La Réunion envoyés en France[496]. Sur les navires, les enfants étaient nombreux, entre eux, ce qui a pu générer une mémoire collective ; les effectifs étaient bien moindres sur les vols, sauf exception, et les expériences étaient plus individuelles, comme les mémoires qu'elles ont produites.

Presque toutes et tous les Eurasien·nes arrivé·es en France par la mer se souviennent du nom du navire qui les a amené·es. Le plus souvent, ce sont des paquebots qui ont été aménagés pour des transports de troupes vers l'Indochine[497]. Lors de la traversée, les plus grands peuvent s'intéresser au fonctionnement du navire et à ses caractéristiques. Plus de soixante ans plus tard, Pierre Louis, qui en 1947 est parti à 12 ans sur l'*Athos II*, se souvient encore des dimensions du navire, de ses 7 chaudières à mazout, des remous causés par les hélices, etc. Il évoque également la vie à bord : le mal de mer, les douches à l'eau salée avant un rinçage à l'eau douce, les hauts parleurs annonçant les repas, les parties de cartes dont l'enjeu était des lamelles de pomme. L'interminable périple est accentué, au moins pour les plus petits, par l'interdiction de descendre lors des escales (Singapour, Colombo, Aden, Djibouti, Suez, Port-Saïd) avant d'atteindre enfin Marseille.

Pendant la traversée, les enfants cohabitent avec des militaires du CEFEO qui rentrent en France. Des relations fugaces se nouent, quelques discussions. Certains enfants nourrissent le fol espoir que l'un de ces hommes soit leur père[498]. Roger Maurice, âgé de 6 ans, était sur le

---

[495] AGO FOEFI 1957.
[496] Wilfrid Bertile, Prosper Éve, Gilles Gauvin et Philippe Vitale, *Les enfants de la Creuse. Idées reçues sur la transplantation de mineurs de La Réunion en France*, Paris, Le Cavalier Bleu, 2021, p.47.
[497] Aldo Bragagnolo, *Transports de troupes vers l'Indochine*, à compte d'auteur, 1999.
[498] Pham van Thanh dit Pierre Louis, *Enfance d'un petit Eurasien… op. cit.*, p.166-175.

Cyrenia en octobre 1955, il se souvient d'avoir pris un militaire en sympathie, « je le prenais pour mon père, et c'est ce qu'ont fait la plupart de mes camarades embarqués avec moi ». Son demi-frère Jacqui confirme et précise que ces hommes emmenaient les plus grands lors des escales et leur offraient des petits cadeaux. Sur le même navire deux mois plus tard, Madeleine vit la même expérience : « d'instinct, chacune s'est approprié un papa. Un papa français, un papa militaire puisque nous sommes toutes et tous des enfants de militaires français ». Paule Migeon, qui a 8 ans sur le *Champollion* en 1949, est prise en amitié par un marin qui l'appelle « mademoiselle bigoudi ». La veille de l'arrivée, il lui fait toucher son pompon pour lui porter chance et lui offre une barrette d'écaille pour ses cheveux. Mais cette promiscuité n'a pas toujours été aussi idyllique et des cas de violences sexuelles perpétrées par des militaires sur certains enfants ont été rapportés, dont un viol sur un garçon[499]. C'est peut-être ce genre d'exactions, et aussi le risque d'accident, qui fait écrire en 1955 au Délégué général de France au Sud-Vietnam : « d'aussi jeunes enfants demandent une surveillance extrêmement étroite et il n'est pas question de les faire voyager par bateau à moins qu'on y affecte un grand nombre de convoyeuses »[500]. Et d'après les témoignages recueillis ce n'est pas toujours le cas, hormis lorsque des religieuses accompagnent les enfants.

Le voyage en bateau est un temps de transition entre la vie asiatique et la vie occidentale, une sorte de sas d'acclimatation. Pour P. M., « à peine embarqué, l'insouciance revient. Nous étions entassés à fond de cale mais qu'importe ! L'aventure commençait… ». Il fait plusieurs expériences gustatives qui le surprennent dont la moutarde et le vin. Marie-Claire, 6 ans en 1954, se souvient des promenades sur le pont, des poissons volants, du bouillonnement de l'eau, des coursives, de l'odeur des pommes, du mal de mer, des haltes du navire et des marchands qui grimpaient à bord pour vendre des marchandises, des danses des plus grandes sur le pont avec des foulards, du dortoir très sombre et inconfortable en troisième classe. Henri Boivin, né en 1947 et qui part en 1955, évoque le mal de mer, les odeurs de vomi et d'urine dans les couchettes. Madeleine, née en 1948 et partie à 7 ans en 1955, trouve le voyage « interminable ! » :

> « le premier matin sur le pont, le bateau filait droit sur la France, je pensais : "Je suis loin de ma famille maintenant", le matin suivant, surprise,

---

[499] Roger Maurice, *GDR* n°38, 2009 ; Madeleine, questionnaire, 2021 ; Paule Migeon, *Chinoise verte !, op. cit.*, p.130-131 ; témoignage de Jacqui M., 2023.

[500] CADN Saigon 590POA406, lettre du délégué général au HC adjoint, 25 novembre 1955.

j'avais l'impression que le bateau avait fait demi-tour et je pensais : "Ah je reviens au Vietnam". Le surlendemain le bateau avait repris son chemin pour la France… J'étais complètement déboussolée. Ce phénomène a duré quelques jours et je n'ai plus vu ni le nord ni le sud mais que la platitude de l'horizon. Malgré tout une amitié s'est tissée entre les enfants, la présence de papas fictifs avec les militaires, l'escorte des dauphins ont fait que la traversée fut moins triste et monotone ».

« Sur le bateau j'ai compris que c'était un départ sans retour » raconte Jacqui[501]. En débarquant des navires, les enfants ont conscience qu'ils ne retourneront plus au Vietnam, que leur vie d'avant est terminée.

Celles et ceux qui font le voyage en avion ne gardent pas le même souvenir initiatique. Ils évoquent surtout les nuages et les bonbons distribués pour empêcher le mal d'oreilles, l'étonnement de voler, les hôtesses de l'air[502]. C'est pourquoi le témoignage de Jocelyne Odier (1917-2006) est précieux pour savoir comment ont été effectués les transferts en avion. Infirmière Croix Rouge pendant la Seconde Guerre mondiale et la guerre d'Indochine, en 1947 elle devient hôtesse-infirmière de la compagnie Transports Aériens Intercontinentaux (TAI)[503]. À ce titre, elle participe à des convoyages d'enfants eurasiens d'Indochine vers la France. Dans un livre de souvenirs, elle raconte précisément un vol Saigon-Paris en mars 1956. Elle indique très peu de choses sur l'origine et le parcours de ces enfants et l'explication qu'elle donne sur ces « rapatriements » d'enfants est curieuse : « il se serait établi un trafic d'enfants entre la Thaïlande et l'Indochine », les Thaïlandais « achetant ces enfants à leurs mères, car ils estiment que ces enfants métis sont plus intelligents et plus vifs que les leurs. Ils pensent que ce sont de bonnes recrues pour leur pays. Pour arrêter ce trafic, il a été décidé, par le gouvernement, de ramener ces enfants en France ». Aucun document d'aucune sorte ne permet de confirmer l'existence d'un telle traite d'enfants.

Bien plus intéressante est la narration par Jocelyne Odier des conditions de vol au cours duquel 122 enfants eurasiens sont convoyés sur un DC4. Sur la liste des enfants : 17 sont âgés de quelques mois à 2 ans, une cinquantaine de 3 à 5 ans, autant de 5 à 8 ans (dont Jeanine, Paul et Jacques) et moins d'une dizaine de 8 à 12 ans (dont Jean-Jacques

---

[501] Questionnaires et *GDR*.
[502] Jean Sern consacre quelques pages au vol dans *L'enfant aux yeux clairs*, Le Lys Bleu Éditions, 2023.
[503] Compagnie française créée en 1946, exploitant une ligne Paris-Saigon. En 1963, elle fusionne avec l'Union Aéromaritime de Transport (UAT créée en 1949) pour former l'Union de Transports Aériens (UTA).

Barieux). Des cars amènent les enfants à l'aéroport de Saigon le matin du 23 mars, des mères sont présentes pour l'au revoir. Les enfants sont installés dans l'avion deux par fauteuil, accoudoirs relevés, les bébés étant dans des hamacs suspendus au-dessus des fauteuils. Juste avant le départ, une femme vietnamienne tend à l'hôtesse de l'air un bébé âgé de huit mois environ en la suppliant de le prendre bien qu'il soit manifestement malade. Les enfants sont chaudement habillés en prévision du débarquement à Orly, mais cet équipement ne convient pas au climat saïgonnais, tous se déchaussent en arrivant dans l'avion[504].

L'atterrissage à Bangkok, première escale, est laborieux, beaucoup d'enfants vomissent. Après un déjeuner au restaurant de l'aéroport, c'est le décollage pour la prochaine étape : 12 heures de vol jusqu'à Karachi. Beaucoup d'enfants sont malades, y compris avec des diarrhées, les couches manquent, l'odeur est nauséabonde dans la cabine. Le bébé malade meurt en vol. Jocelyne Odier pense à sa mère : « le saura-t-elle seulement que son petit enfant est mort dans l'avion ? Peut-être même pas ». Dans un de ses comptes rendus, la FOEFI signale qu'un « bébé très fatigué, dont le transfert s'imposait d'urgence, a succombé en vol » et qu'à Karachi « ce décès a été pour la FOEFI une source d'ennuis considérables, d'autant qu'il a retardé le décollage de l'avion ». Le rapport précise que ce sont les autorités consulaires françaises qui se sont occupées d'inhumer décemment « notre infortuné pupille » au cimetière français[505]. Reprenons le récit de Jocelyne Odier : en pleine nuit, débarquement à Karachi et repas léger. Les enfants, à moitié endormis, n'ont pas bien faim, les grands aident un peu les petits. Ils sont couchés dans des chambres d'hôtel. Après un petit-déjeuner pris avec l'aide d'une dizaine de bénévoles de la Croix-Rouge, l'avion repart à 9h00 pour de nouveau 12 heures de vol vers Le Caire. Là-bas, les enfants, endormis, restent dans l'avion pendant que le plein de carburant est fait. Puis dernier décollage pour la France où l'avion atterrit à huit heures au matin du 25 mars après un périple de 48 heures[506].

Paul et Jeanine, âgés respectivement de 6 ans et 5 ans et demi, ne se souviennent pas du vol raconté par Jacqueline Odier, à la différence de

---

[504] Jocelyne Odier, *C'était hier... Souvenirs de 1917 à 1962*, Paris, La Pensée universelle, 1990, p.233-238.
[505] AGO FOEFI 1957.
[506] Jocelyne Odier, *C'était hier... op. cit.*, p.233-238. Certaines de ces arrivées sont médiatisées : « Arrivée à Paris d'orphelins eurasiens », *Paris vous Parle*, 14 décembre 1955 ; « Petits Eurasiens rapatriés en France », *Journal National*, 25 avril 1956.

Jean-Jacques Barieux, qui a alors 11 ans et demi. Il écrit presque soixante ans plus tard : « nous étions une centaine d'enfants, sans accompagnateur, [...] les hôtesses de l'air, belles et jeunes, nous manifestaient beaucoup de gentillesse ». Excité par le voyage, il dort peu et se passionne pour les escales, l'hôtel à Karachi, les repas à bord. Quant à Jacques, âgé de 7 ans, il se souvient d'une escale en Afrique (Le Caire) où il est effrayé à la vue de personnes noires[507].

Quelques années après leur arrivée en 1949 par bateau, des filles sont étonnées que d'autres les rejoignent après un voyage d'une journée et demie seulement. Certain·es eurasien·nes arrivé·es en avion, attendaient de retourner au pays, ne mesurant ni le temps, ni l'espace, demeurant déprimé·es face à l'incompréhension de ce qu'il leur arrivait, tel Guy, arrivé en 1961 à l'âge de 16 ans[508]. Yvonne déprime, « comme un enfant assis sur un banc si vous lui dites "tu ne bouges pas, maman revient", si elle ne revient pas l'enfant reste toujours là dans son coin à attendre ». Francine L. (né en 1950), qui fait le voyage en 1963 se souvient de sa prise de conscience de l'éloignement : « je ne réalisais pas la distance en fait. Quand j'ai réalisé que j'étais carrément de l'autre côté de la terre, ça a été terrible ». Antoine exprime aussi la même difficulté à ne pas pouvoir concevoir l'espace qui sépare la France du Vietnam. Quand en 1968 Valérie mange dans l'avion pour la première fois du poulet, elle veut en garder un peu pour sa mère... avant de réaliser qu'elle ne pourra jamais lui donner et de prendre conscience de la distance[509].

Michèle, née en 1968 et partie en avion à l'âge de 5 ans et demi en 1974 se souvient :

> « puis on m'a emmenée dans la file de gens qui allaient à l'avion, et là j'ai compris, j'ai pleuré, je voulais aller vers maman mais on m'a poussée doucement vers l'avant. Je suis montée dans un escalier, par une petite fenêtre je voyais maman et les autres en bas, qui ne bougeaient pas, puis ils devenaient de plus en plus petits. Puis on est monté dans un très gros avion avec un écran et un film (*Le grand blond avec une chaussure noire*, je crois), on nous a donné à manger sur un plateau. Puis on a dormi, moi je suis une des

---

[507] Paul, Jeanine et Jacques, questionnaires, 2021 ; Jean-Jacques Barieux, *Né de père inconnu... op. cit*, p.53.

[508] Certaines de ces arrivées sont médiatisées : « Arrivée à Paris d'orphelins eurasiens », *Paris vous Parle*, 14 décembre 1955 ; « Petits Eurasiens rapatriés en France », *Journal National*, 25 avril 1956.

[509] Guy, questionnaire, 2022 ; témoignage d'Yvonne F., 09/01/2018, de Francine L., 10/01/2018, de Valérie V., 23/05/2023 ; témoignage d'Antoine dans film *Inconnu, présumé français*.

dernières à m'endormir, je regardais les autres filles dormir, puis les images sur l'écran dans une langue que je ne comprenais pas. Je savais que je ne reviendrai plus jamais au Vietnam ».

Elle a beaucoup blagué plus tard en disant « je ne suis pas une boat-people mais une Boeing people »[510].

L'arrivée au port ou à l'aéroport est synonyme de nouveau départ. Le témoignage de Pierre décrit ce tournant de vie : « Marseille, après vingt-quatre jours en mer sur un bateau qui tanguait continuellement. En arrivant sur la terre ferme, nous avions les jambes flageolantes et presque tous nous tombions comme des mouches, incapables, pendant un bon moment de nous relever sans aide. Ce fut notre premier contact avec la France »[511].

Dispersion et séparation des adelphies

Jocelyne Odier poursuit son témoignage après l'atterrissage de l'avion en mars 1956. À l'aérogare d'Orly, des monitrices prennent en charge les enfants « sous la direction de deux hommes en pelisse de fourrure et deux dames fort élégantes dans de magnifiques manteaux de fourrure ». Il pourrait très bien s'agir de William Bazé et Pierre Varet, Marguerite Graffeuil et Mademoiselle Bourgeac, assistante sociale de la FOEFI venue du service social des Colonies. Marguerite Graffeuil, qui assiste à ces arrivées depuis 1947, se souvient à propos de l'atterrissage d'un autre avion le 15 décembre 1956 au Bourget : « on aurait dit que l'avion était un gros oiseau qui pondait des petits enfants habillés en coton »[512]. Jocelyne Odier poursuit : après un petit-déjeuner, « les monitrices regroupent les enfants par âge, séparant les frères et sœurs et les copains. Les enfants protestent, crient, pleurent. Ils essaient de se faire comprendre mais ne parlent que le vietnamien ». Ensuite ils montent dans des cars, « les manteaux de fourrure semblent indifférents aux cris de désespoir de ces enfants déracinés, perdus dans un monde qu'ils ne connaissent pas et dont ils ne connaissent pas le langage. Aucune parole ne peut les apaiser »[513]. Nicole J., née en Indochine en 1933 d'une mère française et d'un père officier de l'armée coloniale, hôtesse convoyeuse à la TAI et qui a

---

[510] Michèle, questionnaire, 2021.
[511] Pham van Thanh dit Pierre Louis, *Enfance d'un petit Eurasien… op. cit.*, p.176.
[512] « Madame Graffeuil raconte », *GDR* n°16, 1995.
[513] Jocelyne Odier, *C'était hier… op. cit.*, p.238.

travaillé avec Jocelyne Odier, se souvient également d'avoir servi sur des vols avec des enfants métis. Elle confirme que les personnels navigants trouvaient très douloureux d'accompagner les enfants sur ces vols spéciaux, conscients de participer ainsi à ce qu'ils considéraient comme des déracinements « tragiques et cruels »[514]. La FOEFI est bien consciente que « ces déplacements massifs d'orphelins dépaysés et parlant mal le français prennent au dépourvu » le personnel de bord des avions. C'est pourquoi elle adjoint parfois des convoyeuses parlant le vietnamien. Pour autant, elle reconnaît que « les hôtesses de l'air ont eu, dans l'ensemble, un comportement courageux et élogieux. Certaines ont fait montre d'une sollicitude touchante »[515].

L'arrivée en France provoque pour beaucoup d'enfants l'éclatement de leur adelphie. Certes des frères et sœurs ont parfois été séparé·es dès l'Indochine. Premier cas de figure : certains ont été placés à la FOEFI quand d'autres appartenant à la même adelphie restaient dans la famille maternelle. Toutes les configurations se rencontrent alors : un·e seul·e enfant part, tous partent sauf un·e, quelques-un·es et pas les autres. Et il est bien difficile de définir des critères de sélection relatifs à l'âge ou au sexe. Jacqueline et Marie-Paule, nées en 1951 et 1952 partent en France en 1956 alors que leur petite sœur reste avec leur mère. Marcelle, née en 1950, part en 1960 : « ma mère m'avait envoyée en France avec ma sœur de deux ans plus jeune que moi. Ma sœur ainée, mon frère et ma petite sœur sont restées au Vietnam. Maman voulait garder la plus grande pour l'aider à s'occuper des plus petits »[516]. Marcelle, partie en 1960 à l'âge de dix ans avec sa petite sœur, angoissait beaucoup :

> « on avait peur de ne plus revoir notre famille, en particulier notre Mémé. Ce fut d'ailleurs le cas. Et moi j'étais très angoissée d'avoir laissé mon petit frère de 5 ans et ma petite sœur de 4 ans au Vietnam. Je m'imaginais qu'ils avaient besoin de moi, qu'ils allaient tomber malades ou pire si je n'étais pas là pour m'occuper d'eux. Cette idée m'a beaucoup hantée au début de mon séjour en France. Je me sentais responsable d'eux »[517].

Second cas de figure de rupture des liens adelphiques en Indochine : tous les enfants d'une même adelphie sont placés à la FOEFI mais celle-ci les sépare. En 1951, dès la libération du camp où sont morts ses parents, Monique se retrouve isolée : « les frères et sœurs de papa et de

---

[514] Témoignage de Nicole J., 31/03/2022.
[515] AGO FOEFI 1957.
[516] Marcelle, questionnaire, 2022.
[517] Marcelle, questionnaire, 2022.

Dispersion et séparation des adelphies

maman ne nous voulaient pas car nous étions quand même cinq. On est donc partis à l'orphelinat, mes quatre frères ensemble avec des prêtres. Je suis partie chez les sœurs de Notre-Dame des Missions. On m'a donc enlevé de mes frères »[518]. En 1960, Louis est placé dans un foyer à Saigon avec son frère, mais ils sont séparés de leur petite sœur, envoyée dans un autre. Aucune rencontre n'est organisée, pourtant les deux orphelinats sont tenus par la même congrégation des Sœurs de Saint-Paul de Chartres, dans la même ville. Louis « imagine la détresse, l'angoisse, le désarroi de cette petite fille de 6 ans qui perd sa mère et ses frères et se retrouve toute seule, sans sa famille, du jour au lendemain »[519]. En 1953, Jean-Pierre, 7 ans et demi, est placé dans un foyer FOEFI à Phnom Penh, avec les « grands », sa sœur de 5 ans et son frère de 3 ans sont chez les « petits », et il n'a pas le droit de les voir. Ils partent tous ensemble pour la France sur le *Cyrenia*, mais arrivés à Marseille, c'est une nouvelle séparation, déchirante.

La dispersion des adelphies évoquée par Jocelyne Odier est en effet très courante à l'aéroport comme au port. Paul S. a fait le voyage sur le même bateau que sa sœur et sa cousine en 1955, mais ils sont séparés dès l'arrivée. Martha qui a 9 ans en 1956, se souvient de « beaucoup d'enfants qui pleuraient et qui appelaient leur maman. À la descente d'avion, les filles étaient séparées des garçons dans deux salles différentes. À travers les baies vitrées j'essayais d'échanger quelques regards avec mes frères mais très vite je les ai plus revus »[520].

Les huit frères et sœurs de l'adelphie de Marie-Claire sont séparés progressivement après leur arrivée en France en 1954. L'ainée part pour le Midi, puis les deux suivantes sont placées ensemble chez les religieuses de Notre-Dame des Missions à Toulon, puis une autre plus jeune en Suisse dans un autre établissement de la congrégation. Leur frère est au foyer FOEFI de Semblançay puis dans d'autres foyers et la plus petite sœur à Illiers. Marie-Claire reste avec une autre de ses sœurs au foyer FOEFI de Saint-Rambert-en-Bugey avant qu'elle ne parte en pension ailleurs :

> « nous n'avons pas été élevées ensemble. Pas de lettres, pas de nouvelles d'elles sauf par Mme Graffeuil parfois, lors de sa visite annuelle. Je questionnais. Nous avons été regroupés tous, mes sœurs, mon frère, opportunément, à l'occasion du mariage de ma deuxième sœur qui avait alors 20 ans. J'ai

---

[518] Témoignage de Monique W. 09/02/2018.
[519] Témoignage de Louis P., 09/05/2023.
[520] Jean-Pierre Boudiguet, *LDS*, p.39 ; Témoignage de Paul, 16/02/2022 ; Martha, questionnaire, 2021.

revu mon frère et ma dernière sœur que je n'avais jamais revus depuis notre départ pour la France. Ils avaient respectivement 16 ans et 11 ans. Dix ans s'étaient écoulés ».

De même, Lolo retrouve sa sœur qu'il avait perdue de vue et qui était au foyer de Saint-Rambert grâce au personnel du foyer de Semblançay qui aide également à ses retrouvailles avec elle à Paris lorsqu'elle est émancipée. André, né en 1947, arrivé avec sa sœur à Marseille en 1954, ne l'a plus revue ensuite et a éprouvé un fort sentiment de solitude. En 1961, dès son arrivée en France à l'âge de 10 ans, Christiane est séparée de sa sœur et de ses frères. Adolescent, alors qu'il est en France depuis plusieurs années, Jacques apprend qu'il a une sœur dont il ne se souvenait pas, car ils avaient été séparés très jeunes. À l'inverse, des Eurasiennes découvrent presque par hasard que leurs frères sont également dans des foyers, sans possibilité de les rencontrer. Marie-France, arrivée à Saint-Rambert en 1956 avec sa petite sœur, correspond avec son frère qui est dans les Ardennes, mais ils ne se voient pas pendant plus de 8 ans[521].

La séparation implique des effets traumatiques durables. Encore en 2023, Valérie, arrivée en 1968, « pour souligner l'importance de cette séparation qui nous a été imposée sans aucune explication en arrivant en France », raconte :

> « quand je repense à la séparation avec mes deux petits frères à notre arrivée en France, je ressens encore cette "peur au ventre" en m'apercevant de leur disparition soudaine, en les recherchant du regard, à l'arrivée à l'aéroport d'Orly. Pendant des années, je n'ai cessé de maintenir vivant le souvenir de mes petits frères, tels qu'ils étaient au départ du Vietnam. Ils me manquaient cruellement. Les sœurs me permettaient d'avoir une correspondance avec eux de temps à autre, peut-être une fois par an, et je recevais des courriers de leur part également. Le lien n'avait pas été rompu. Cependant, quand j'ai pu leur rendre visite pour la première fois après 6 ans de séparation, ils avaient grandi et nous avons dû réapprendre à nous connaître. Il a fallu des années pour retrouver chacun notre place dans la fratrie »[522].

Ces exemples, à différentes dates, montrent que la pratique de la FOEFI n'évolue pas sur ce point, elle dispose pourtant de toutes les informations sur l'identité et les familles de ses pupilles. Comment expliquer cette attitude ?

La dislocation des adelphies entre frères et sœurs peut s'expliquer par la non-mixité des établissements de prise en charge. Les différences d'âge

---

[521] Témoignages et questionnaires.
[522] Témoignage de Valérie, 2023.

constituent d'autres facteurs : les bébés et les enfants en bas âge sont admis dans des pouponnières, certains pupilles sont frappés par la limite d'âge scolaire[523]. Dans les années 1950 et 1960 les expériences respectant l'intégrité des adelphies, frères et sœurs, grands et petits, sont très rares. Le premier Village d'enfants SOS ouvre en 1956 à Busigny, basé sur le principe de ne pas séparer les frères et sœurs qui n'ont plus de parents, mais celui-ci est encore loin d'être généralisé[524]. Il faut aussi rappeler qu'après 1954 le projet de la FOEFI vise l'assimilation des Eurasien·nes dans la société métropolitaine. La séparation des garçons et des filles, et donc des frères et des sœurs, permet de limiter le risque de fréquentation de jeunes gens des deux sexes et la formation de couples d'Eurasien·nes, l'exogamie étant vue comme le facteur par excellence d'une bonne assimilation. Sans doute les dirigeants de la FOEFI craignaient-ils que les garçons ne détournent les filles de cet objectif comme le suggère en 2022 Cécile Grandjean, assistante sociale de la Fédération à partir de 1962. Celle-ci avance aussi que le continuel conflit et une certaine concurrence entre Marguerite Graffeuil, responsable des filles (et aussi de quelques garçons, sans que les raisons en soient connues) et l'assistante sociale Bourgeac, responsable des garçons, n'ont pas facilité l'organisation de rencontres entre frères et sœurs. Bouleversée par certaines situations dont elle avait connaissance, de sa propre initiative, Cécile Grandjean a parfois facilité des rencontres d'adelphies sans en référer à ses supérieures. Elle estime encore aujourd'hui que ces séparations constituent le passif le plus lourd de la FOEFI[525]. C'est aussi la principale critique formulée par les personnes concernées par ses séparations.

En effet, la volonté d'éloigner garçons et filles n'explique pas les séparations de frères et les séparations de sœurs dont les âges sont proches. Et celles-ci ne furent cependant pas systématiques ce qui ajoute encore à l'incompréhension. Les exemples sont nombreux de plusieurs sœurs et plusieurs frères ayant été placés ensemble. Mais il y eut aussi des ruptures dramatiques. Ainsi Solange (née en 1946) arrivée en France en 1954, réclame avec constance d'être réunie avec sa cadette. Elles ne se reverront qu'en 1965[526]. Jacqui et son demi-frère Roger sont également séparés dès leur débarquement à Marseille en 1955, ou plutôt arrachés. Roger raconte :

---

[523] AGO FOEFI 1957.
[524] Historique de l'association <https://www.sosve.org/>
[525] Témoignage de Cécile Grandjean, 08/03/2022.
[526] Solange Jouglat, *LDS*, p.91.

« Jacques et moi fûmes séparés sans savoir pourquoi, et ce fût un drame épouvantable. Je m'accrochais à lui, lui me serrait dans ses bras, nous pleurions tous les deux, mais nous fûmes séparés de force. On me conduisit dans un car où il y avait déjà plein de filles et deux garçons de mon âge. Mon destin et celui de Jacques était scellé, nous étions sans famille. Ce jour-là un petit garçon est mort ».

L'aîné va en Touraine, le cadet dans les Landes, ils ne se reverront que quatre années plus tard[527]. Paul ne peut s'empêcher « de voir dans le choix de casser les fratries, un choix politique. Privilégier l'isolement familial de chaque pupille a très certainement été pensé comme une manière de développer en nous plus "naturellement" la partie française de notre métissage »[528].

Que ces séparations soient maintenues pendant des années, que les membres d'une même adelphie ne puissent pas se voir semble bien difficilement justifiable. Sur la demande écrite datée de 1960 d'un garçon né en 1945 qui voulait voir pendant les vacances de Pâques ses deux petites sœurs (elles-mêmes séparées), a été portée au crayon rouge la mention « non », sans autre explication[529]. L'éclatement familial et adelphique a été au centre de l'entreprise biopolitique menée par la FOEFI. En effet, de la conception de cette opération à sa justification, en passant par sa mise en œuvre, maintenir l'isolement des enfants eurasiens – voire faire de certains d'entre eux des « sans famille » – a constitué une des conditions pour atteindre l'assimilation visée. Si la FOEFI affirme que sa politique est menée « sans toutefois qu'il y ait rupture avec la famille naturelle »[530], c'est pourtant bien ce qui se passe très concrètement dans de nombreux cas. Alexandre, né en 1947, est confié à la FOEFI en 1954 par sa mère, veuve depuis 1950. Alexandre et son frère partent en France sur l'*Aurélia* en octobre 1955. Sur le bateau, ils retrouvent leur mère et une de leurs sœurs, parties par un autre canal. Mais à l'arrivée, les deux binômes sont de nouveau séparés, Alexandre et son frère étant placés en foyer tandis que leur mère et leur sœur sont dirigées vers le CAFI de Noyant-d'Allier. Ils ne se reverront pas pendant un an, les deux frères ignorant où est leur mère et ne pouvant pas communiquer avec elle[531].

---

[527] Roger Maurice, *GDR* n°38, 2009 ; Jacqui et Roger Maurice dans *Inconnu, présumé français*.

[528] Paul, questionnaire, 2022.

[529] ANOM 90 APC, dossier individuel.

[530] AN FOEFI 126, note relative au fonctionnement de la FOEFI, Inspection générale des affaires sociales, 1971.

[531] Témoignage d'Alexandre Thomas, mai 2022.

Les premières impressions ressenties par les enfants lors de l'arrivée en France faisaient écho à ce qu'on leur avait appris. Si certaines personnes concernées n'ont aucun souvenir, en raison de leur bas âge ou du choc (l'expression « trou noir » revient souvent dans les témoignages), le voyage de Marseille ou de l'aéroport vers les lieux de placement est le premier contact avec un pays marqué par le froid. Geneviève, Gérard, Pierre, Annie, Jean-Paul, Henry et beaucoup d'autres se souviennent de ce froid inhabituel pour eux, de la grisaille aussi. Pour André, l'absence de la neige, tant promise, est une déception. Alexandre se souvient d'un verre de vin offert aux enfants pour les réchauffer. Henry a gardé en mémoire le froid du soir en arrivant au foyer, et le lendemain des pommes tombées à terre dans le parc. Il fait d'autant plus froid que tous les enfants ne sont pas bien équipés, surtout lors des premiers convois de la fin des années 1940. L'impression est renforcée par la fatigue du voyage exprimée notamment par Michèle et Lang. Arrivée en février, Valérie se demandait où étaient les raisins, les pommes, les fruits merveilleux qu'on lui avait tant vantés. Débarqué en automne, Henry découvre les pommes ; Paul au printemps les vergers en fleurs[532]. Tout cela contribue à générer un choc métropolitain.

Le sentiment d'abandon est profond chez certains enfants. Face à l'inconnu et à l'incertitude, Jacqueline, Marie-Thérèse, Denise et Jean-Paul ont le sentiment d'être vraiment seul·es. Pierre-Marie et Daniel, en route de Marseille à Vouvray, se souviennent d'avoir passé la nuit à Saint-Étienne : « où nous avons mangé ensemble avant d'être séparés pour aller dormir chez l'habitant. Le lendemain matin, nous sommes repartis pour finalement arriver à destination le soir. Nous avons mis deux jours pour faire Marseille-Vouvray avec deux bus où était écrit sur les flancs "Les Rapides de Touraine" ». Du foyer de Vouvray, Jacqui fugue, espérant retourner à Marseille où il a été séparé de son frère Roger, mais lui et ses amis sont vite rattrapés[533]. D'autres se retrouvent très vite dans des endroits clos, souvent tenus par des congrégations religieuses, comme c'est le cas pour les filles du foyer de l'abbaye à Saint-Rambert-en-Bugey.

---

[532] Témoignages et questionnaires.
[533] Questionnaires et *GDR*.

Chapitre 8
Les filles de l'abbaye et d'ailleurs

Les premiers enfants envoyés collectivement par la FFEI arrivent en France par bateau en 1947. En 1950, quelque 350 pupilles de la FOEFI sont accueillis dans 102 établissements : des centres éducatifs de la Ligue de l'enseignement, des établissements Don Bosco des Pères salésiens, des orphelinats de Saint-Vincent de Paul, des maisons des congrégations de la Providence de Portieux et de Notre-Dame des Missions, des centres professionnels ainsi que des « établissements pour caractériels et malades ». Cette grande dispersion des pupilles, organisée par l'ADOSC, vise « à les mêler aux petits Français de France et à leur enlever ce complexe d'infériorité qui affecte l'enfant eurasien conscient des misères de sa naissance ». Mais cette atomisation présente l'inconvénient pour la FOEFI de compliquer le suivi individuel de chaque enfant et la tenue des listes à jour, « car tous les mois des pupilles arrivent, d'autres sortent », notamment en retrouvant leur famille ou en atteignant un âge et une situation qui leur permettent de se débrouiller seuls[534]. Les événements militaires et politiques en Indochine et les réflexions sur le devenir de la FOEFI poussent à envisager d'autres modalités de prise en charge en métropole, plus collectives. Davantage que celle des garçons, la situation des filles inquiète la Fédération. Ce sont donc elles qui sont concernées par la première expérimentation d'une prise en charge en foyer, dans un établissement que la FOEFI possède en propre en métropole. Sur les quelque 1 900 filles transplantées en France jusqu'en 1975, environ 450 d'entre elles ont été élevées et éduquées, entre Eurasiennes, au foyer de « l'abbaye » à Saint-Rambert-en-Bugey (Ain) tenu par les Sœurs de Notre-Dame des Missions[535].

---

[534] AGO FOEFI 1950.
[535] Archives de l'abbaye de Saint-Rambert, « Répertoire pensionnat d'Eurasiennes », méticuleusement tenu par les religieuses.

L'abbaye : premier « foyer de groupement » de la FOEFI

Parmi les premières filles arrivées dès 1947, une vingtaine est accueillie à Toulon dans une maison de la congrégation de Notre-Dame des Missions, congrégation missionnaire et enseignante présente en Indochine depuis les années 1920. Quant à elles, Nina (née en 1940) et sa sœur ainée de deux ans rejoignent la maison-mère de la congrégation à Lyon, et demeurent dans la petite communauté de 1947 à 1949. « À l'époque, les sœurs étaient gentilles, elles nous donnaient de l'affection »[536], se souvient-elle. Selon la FOEFI, les pupilles placées dans ces deux maisons « s'étaient épanouies au point d'être méconnaissables à leur avantage. Elles travaillaient dans une atmosphère de sérénité qui contrastait singulièrement avec le climat troublé dont elles avaient souffert, pendant tant d'années en Indochine ». L'expérience ayant été jugée très satisfaisante, il est décidé de trouver un lieu spécifique pour accueillir d'autres petites Eurasiennes sous l'autorité de la congrégation[537].

C'est ainsi qu'en 1949, la FOEFI achète pour 6 millions de francs, avec des fonds du Haut-Commissariat de France en Indochine, une ancienne abbaye entourée de neuf hectares de terrain à Saint-Rambert-en-Bugey (Ain). La gestion du foyer, prévu pour 150 fillettes, est confiée à la congrégation de Notre-Dame des Missions[538]. Cet achat en ce lieu ne doit rien au hasard. C'est Mère Jeanne (Sœur Marie Sainte-Jeanne-d'Arc), qui partage avec William Bazé d'avoir résisté aux Japonais en 1945 – elle, en protégeant des civiles et des fillettes eurasiennes à Lang Son –, qui lui en a soufflé l'idée. En effet, elle est née Rose Bichon en 1899 à Saint-Rambert-en-Bugey et y a passé toute son enfance. Après vingt-six années de mission en Indochine, à cinquante ans, elle revient donc dans son village natal pour y diriger le premier foyer appartenant à la FOEFI et destiné aux Eurasiennes, car « il est nécessaire de les suivre de près, de leur apporter le soutien d'une présence bienveillante, compréhensive et maternelle ». S'il est affirmé que « les filles bénéficient des mêmes dispositions bienveillantes que les garçons, car le temps est révolu où la femme pouvait aborder la vie sans les moyens d'occuper un poste lui permettant de suffire à ses besoins »[539], en réalité leur prise en charge est bien spécifique.

---

[536] Témoignage de Nina V., 17/01/2018.
[537] AGO FOEFI 1967, contenant un historique des relations entre la FOEFI et la congrégation.
[538] AGO FOEFI 1950.
[539] AGO FOEFI 1950.

L'abbaye : premier « foyer de groupement » de la FOEFI

Mère Jeanne s'installe à l'abbaye début septembre 1949 avec 37 fillettes âgées de 8 à 10 ans qu'elle a convoyées sur le *Champollion*. Parmi elles, Simone et Ginette, qui auraient dû partir dès 1947 mais la maladie de la cadette avait fait repousser le départ. Elles sont sur le bateau avec Jeannette, Paule, Marie-Rose, Marianne. Jeannette, 10 ans alors, se souvient des couchettes dans les troisièmes classes du paquebot et qu'elles étaient toutes malades. Lors des escales à Colombo et à Djibouti, « il y avait des gens qui vendaient des fruits ou des articles à côté du paquebot avec des barques ». Le passage de la mer Rouge est une occasion pour les religieuses, de faire une leçon de catéchisme sur Moïse. Après Marseille, le groupe rejoint le Bugey en train[540]. Les premiers temps sont difficiles et le confort très spartiate. Les travaux d'aménagement nécessaires sont très importants et onéreux (3 millions de francs) : adduction d'eau courante, installation d'un chauffage, aménagement de dortoirs, achat de mobilier[541]. Jeannette se souvient des premiers hivers, très froids, « en jupe avec des chaussettes qui s'arrêtaient à mi-mollet ». Les chaussures ne valaient guère mieux selon Simone : « on avait des galoches en bois et on marchait dans la neige avec les pieds mouillés tout l'hiver. Quand on le signalait aux sœurs, elles ne voulaient rien savoir et on risquait de recevoir un coup de martinet ». Lors de la distribution des vêtements à chacune selon son numéro, Paule, qui a le 29, espère avoir les chaussures que sa mère lui a achetées juste avant de partir, elles sont attribuées à une autre[542].

Dans le rapport du conseil d'administration à l'assemblée générale de la FOEFI pour l'année 1950 on peut lire que l'abbaye « contient actuellement cent cinquante jeunes filles mais elle en recevra trois fois plus lorsque les travaux en cours seront terminés »[543]. Le chiffre est problématique, c'est plutôt 50 qu'il faut lire, avec un objectif de 150 pour plus tard. La Fédération assume l'entretien et la pension de ses pupilles, mais ne salarie pas les 6 ou 7 religieuses présentes, celles-ci poursuivant dans l'Ain leur mission d'éducation des Eurasiennes[544]. Il est convenu que la propriété du foyer revienne par dévolution à la congrégation le jour où la FOEFI fermerait ses portes par suite du non-renouvellement prévisible des effectifs d'enfants. Cet arrangement est une bonne affaire pour

---

[540] Témoignages de Jeannette, Paule, Marianne et Simone, 2018.
[541] ANOM 1 HCI715, « rapport sur la gestion de la Fondation de l'Enfance française d'Indochine en 1949 », 21 avril 1950.
[542] Témoignages de Jeannette, Paule, Marianne et Simone, 2018.
[543] AGO FOEFI 1950.
[544] AN 19760175/127, gestion comptable de la FOEFI.

la FOEFI : elle n'a pas à débourser de salaires ni payer les assurances sociales.

Les relations avec les habitants de la commune sont correctes, une fois passées la surprise et les interrogations initiales. La Fédération peut ainsi compter sur le dévouement du docteur Rigaud qui suit les premières pensionnaires. Lors de son décès en 1953, l'hommage que lui rend Bazé dépeint un humaniste engagé :

> « notre œuvre était devenue la sienne. À toute heure du jour et de la nuit, il se dérangeait dès qu'une enfant était malade, et ce malgré les intempéries. Jamais nous n'avons pu lui faire accepter le moindre centime d'honoraire. Il se serait plutôt fâché. Après sa mort, nous devions apprendre qu'il avait fait de son métier un apostolat. Il ne disposait d'aucune fortune »[545].

Plus globalement, en termes de stratégie de prise en charge des enfants métis, le foyer de l'abbaye est le « premier essai de groupement de cet ordre que la FOEFI entreprend avant de se prononcer définitivement sur l'opportunité des envois d'enfants en France »[546]. Comme la première expérience de 1947, celle de 1949 se révèle concluante pour la FOEFI. Une vingtaine de filles arrivent à Saint-Rambert entre 1950 et 1953 dont 18 en février 1951, parmi elles, Monique. Après l'expérience traumatisante des camps du Vietminh dans la jungle et la mort de ses parents, elle goûte peu ce nouvel environnement : « pour moi à l'époque, c'était la prison car c'était hors de la ville, en hauteur. Quoique nous vivions à l'abbaye, on était en prison car nous étions loin de tout le monde et nous ne savions plus rien de l'extérieur ». Quand on lui fait remarquer qu'elle parle d'une prison alors qu'elle a vécu quatre ans dans les camps, elle répond : « dans le camp j'étais libre d'aller voir mes amies, on pouvait parler, on pouvait sympathiser, se réunir les uns chez les autres. Chez les bonnes sœurs nous n'étions pas libres » ; « les sœurs étaient très strictes, pas de bavardage ». Et puis elle est séparée de ses frères, ne connait personne, doit se plier à la discipline, participer à l'entretien de l'abbaye : « je me disais que même les domestiques de chez moi, avant la guerre, travaillaient moins que nous à Saint-Rambert »[547].

Après Dien Bien Phu et les accords de Genève, l'abbaye reçoit immédiatement un gros contingent puisque le 4 août 1954, 95 fillettes âgées de 7 à 12 ans arrivent en France après avoir voyagé sur le *Henri Poincaré*.

---

[545] AGO FOEFI 1954.
[546] AGO FOEFI 1955.
[547] Témoignage de Monique W., 09/02/2018.

L'abbaye : premier « foyer de groupement » de la FOEFI 195

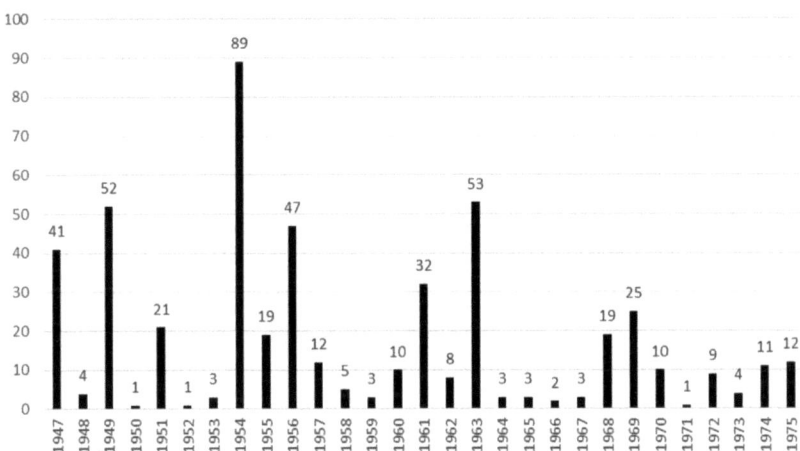

Graphique 2 – Nombre d'arrivées par année de pupilles de la FOEFI prises en charge par la congrégation Notre-Dame des Missions,
NB Toutes les filles mentionnées dans le Répertoire Pensionnat d'Eurasiennes n'ont pas été pensionnaires à l'abbaye, notamment pas celles arrivées en 1947 et 1948 lorsque le foyer n'existait pas encore.
Source : Répertoire Pensionnat d'Eurasiennes (503 informations)

Denise en fait partie et se souvient de son arrivée à l'abbaye, avec d'autres filles parties comme elle du Cambodge, et des groupes qui se forment selon les âges et les affinités[548]. Elles sont suivies par 17 autres à l'été 1955 et encore 96 entre janvier et novembre 1956. Il n'est cependant pas aisé de bien cerner les effectifs de fillettes présentes au foyer, car certaines ne font qu'y passer avant d'aller en pension ou dans d'autres établissements de la congrégation voire d'autres institutions, certaines filles quittent définitivement le foyer. D'où des écarts de chiffres entre différentes sources (répertoire du foyer de l'abbaye, rapports d'activités de la FOEFI). Néanmoins les flux correspondant aux événements politiques et militaires (Dien Bien Phu en 1954, retrait du CEFEO en 1955-1956, évacuation de Seno au Laos en 1963) ont des effets qui sont ressentis jusqu'à Saint-Rambert (cf. graphique n°2 et tableau n°1).

En 1955-1956, de nouveaux travaux d'envergure sont réalisés avec la création de six cabines de douche individuelles pour les grandes et huit douches collectives pour les petites, d'un nouveau dortoir et d'une nouvelle buanderie « dotée d'une machine à laver Gladel avec un dispositif

---

[548] Denise, questionnaire, 2021.

d'étendage correspondant ». Une pièce isolée, appelée l'orangerie, commence à être aménagée « afin que les grandes jeunes filles aient un local à elles pour se rassembler, s'abriter du mauvais temps ou vaquer à leurs occupations et à leur correspondance, sans être dérangées par les petites ». Une infirmerie, exigée par les services de la Santé publique et de la Population, est projetée pour 1957[549]. Après avoir été mal adaptée à sa destination dans ses premières années de fonctionnement, l'abbaye devient à la fin des années 1950 un foyer correctement équipé.

Pour la FOEFI, Mère Jeanne réunit toutes les garanties et les compétences pour tenir le foyer de l'abbaye, dirigeant une équipe « rompue à la discipline d'une tradition de longue haleine ». Elle tient « remarquablement » l'établissement, selon Marguerite Graffeuil[550]. Pourtant, sœurs missionnaires, les religieuses de Notre-Dame des Missions n'ont aucune formation professionnelle spécifique pour s'occuper d'autant d'enfants sur un temps aussi long. En 1956, le président de la FOEFI doit intervenir pour « faire comprendre aux pupilles que l'autorité des sœurs [doit] être respectée ». En effet, certaines grandes avaient rédigé et signé une pétition s'opposant au retour de Mère Jeanne après un an d'absence, considérant que sa remplaçante était moins dure, avait moins de « chouchoutes » et les respectait davantage. Les meneuses, « trois éléments difficiles », sont écartées et placées par la FOEFI dans des établissements laïcs, ce qui, selon les intéressées, a constitué une vraie chance de découvrir un autre monde[551]. À l'abbaye tout rentre dans l'ordre. En 1958, « les pupilles sont ouvertes et très confiantes » selon les rapports d'activités[552].

Faisant entièrement confiance aux sœurs de Notre-Dame des Missions et à Marguerite Graffeuil, responsable des filles à la FOEFI, Bazé vient très peu souvent à Saint-Rambert. Marie-Claire se souvient très précisément l'avoir vu une fois :

> « le pape nous aurait rendu visite que l'émoi n'eût pas été plus grand. Sœur Bernard nous a coupé les cheveux à la va-vite. Le résultat nous faisait rire. On a fait les répétitions pour l'accueil de M. Bazé, notre tuteur. Nous formions une haie d'honneur, alignées le long de l'allée de tilleuls, sur le passage de la voiture qui mènerait M. Bazé vers le bâtiment. À la première claque de la main de sœur Bernard nous devions incliner la tête sur le passage du président. Le plan n'a pas fonctionné, le Président Bazé a fait arrêter la voiture

---

[549] AGO FOEFI 1956.
[550] Récit enregistré de Marguerite Graffeuil, 1990.
[551] Témoignages de Nina V. et Jeannette G., 2018.
[552] AGO FOEFI 1959.

au portail et est venu à pied nous saluer de près, et il s'est esclaffé "mais qu'a-t-on fait à mes petites filles, on dirait des garçons". Je me sentis réhabilitée à l'instant de ces paroles. J'avais retenu "MES petites filles". Ce possessif m'a fait un bien fou, moi qui étais devenue l'enfant de personne »[553].

Mère Jeanne est également responsable de beaucoup d'autres filles confiées aux 12 maisons de la congrégation (dont une à Fribourg en Suisse), à des pensions ou des foyers, ou dispersées dans des écoles et familles d'accueil.

Tableau 1 – Effectifs des pupilles de la FOEFI sous contrôle de la congrégation Notre-Dame des Missions, dont celles qui sont hébergées au foyer de l'abbaye à Saint-Rambert-en-Bugey (au 31 décembre de chaque année)

	Sous contrôle de NDDM	Au foyer de l'abbaye	Pensionnaires arrivées d'Indochine
1947	20		Premières arrivées à Toulon et Lyon
1948	?		
1949	?	?	37 à l'ouverture de l'abbaye
1950	?	?	1
1951	?	?	18
1952	?	?	1
1953	?	?	3
1954	?	?	95
1955	156	?	17
1956	187	?	96
1957	190	77	14
1958	179	70	4
1959	166	80	4
1960	172	85	10
1961	179	97	66
1962	159	81	13
1963	192	114	59
1964	171	94	3
1965	152	85	1
1966	166	?	2
1967	129	82	3
1968	?	?	19
1969	117	81	18

(suite)

---

[553] Témoignage de Monique P., 2018 ; Marie-Claire, questionnaire, 2022.

Tableau 1 Suite

	Sous contrôle de NDDM	Au foyer de l'abbaye	Pensionnaires arrivées d'Indochine
1970	111	79	7
1971	99	69	1
1972	99	76	9
1973	97	64	2
1974	85	53	8
1975	?	?	13
1976	38	28	1
Total	-	-	525

Source : ANOM FOEFI 90 APC 4291 à 4295

Les établissements des autres congrégations

La FOEFI a envisagé de créer d'autres foyers pour les filles selon le modèle de l'abbaye, en les confiant aux autres congrégations avec lesquelles elle travaillait en Indochine, notamment les Sœurs de Saint-Paul de Chartres, les Filles de la Charité de Saint-Vincent de Paul et les Sœurs de la Providence de Portieux. Mais, « les religieuses n'étaient, nulle part, assez nombreuses pour accepter d'administrer des foyers uniquement réservés aux pupilles de la FOEFI. Leur champ d'activité en France accaparait tous leurs efforts ». Aussi, le foyer de l'abbaye resta, en définitive, « une heureuse exception, dont un véritable concours de circonstances avait favorisé l'implantation »[554]. Néanmoins, ces congrégations et d'autres apportent leurs contributions à la prise en charge des Eurasiennes.

En 1956, les sœurs de Saint-Vincent de Paul accueillent 185 eurasiennes dans 21 départements et à Monaco. Jeanine entre cette année-là au foyer qu'elles tiennent à Tours, et Jeanne à Bordeaux où elle est la seule Eurasienne[555]. Les sœurs de Saint-Paul de Chartres prennent en charge 181 pupilles dans 6 départements de la moitié nord de la France. Les sœurs de la Providence de Portieux accueillent 34 pupilles dont 22 garçons en bas âge[556] (voir carte n°7, p.565). En 1954, *Vietnam Presse* se fait l'écho de critiques adressées à la FOEFI qui pointent la prédominance des œuvres religieuses dans l'accueil des petits Eurasiens et l'accusent

---

[554] AGO FOEFI 1967.
[555] Jeanine et Jeanne, questionnaires, 2021.
[556] AGO FOEFI 1957.

de faire du favoritisme dans ce domaine. Il faut rappeler que pour la Fédération, les œuvres religieuses coûtent beaucoup moins cher que les institutions laïques pour la raison majeure qu'il n'y a pas de dépenses de personnel à payer. Au surplus, les œuvres religieuses sont les seules à ne jamais refuser d'enfants atteints par la limite d'âge, à recevoir des retardés scolaires et à ne pas renvoyer les enfants pendant les périodes de fermeture des écoles et des lycées. Toutes organisent des colonies de vacances ce qui enlève à la FOEFI le souci d'avoir à caser ses pupilles au cours de certains mois de l'année[557]. En 1966, 166 filles sont prises en charge par les Sœurs de Notre-Dame des Missions, 128 par les Sœurs de Saint-Vincent de Paul, 19 par les Sœurs de Saint-Paul de Chartres, 7 dans des établissements du Bon Pasteur.

Le sentiment d'enfermement n'est pas moins fort qu'à l'abbaye dans d'autres établissements religieux urbains emmurés et barreaudés où l'espace se limite à une cour et quelques tilleuls comme à Dreux, Chartres ou Bailleul par exemple. Martha, née en 1947, se retrouve en 1956 « dans un pensionnat à Bordeaux, sinistre et noir, toutes les fenêtres avec des barreaux. À cet instant j'ai pensé à la prison avec le sentiment que je ne pourrais plus en sortir ». À onze ans, elle quitte Bordeaux pour Saint-Brieuc, « même chose mais en pire. Les personnes chargées de notre éducation étaient très âgées et souvent perverses. Elles nous menaçaient sans cesse de nous mettre en maison de correction qui se trouvait dans le centre historique de la ville, entourée de hauts murs »[558].

Les portails ou les grilles des établissements sont des points de séparation et de clôture évoqués par beaucoup d'anciennes pensionnaires. À Dreux, les filles entendaient la vie de la ville, de l'autre côté des murs, montaient dans les étages pour voir ce qui se passait sur la place ; à Bailleul, une pensionnaire voulait grandir pour voir de l'autre côté du mur. L'isolement était pesant. Toutes les personnes concernées insistent sur leur vie de « recluses », l'absence totale d'ouverture sur le monde extérieur : pas de journaux, pas de télévision, pas de radio, sauf pour la bénédiction pascale du pape, mais rien sur la guerre du Vietnam. La « vie était très austère », répétitive : lever, tâches ménagères, repas, étude, extinction des feux, fermeture des dortoirs, le tout la plupart du temps en silence, avec des horaires à respecter comme le rappelaient la cloche ou le sifflet. Toute sortie du cadre était sanctionnée par des punitions allant de

---

[557] *Vietman Presse*, 1er octobre 1954, longue présentation de la FOEFI, 15 p. ANOM 1 HCI 287.
[558] Martha, questionnaire, 2021.

la privation de dessert aux coups de martinet. Nina, Jeannette, Marie-Claire, Marie-France, Marie-Paule et bien d'autres s'en souviennent[559].

En arrivant en France en 1961, Christiane (née en 1948) devient pensionnaire chez des religieuses à Houdan. Dans l'établissement, il y a une autre Eurasienne, plus petite qu'elle, et qui ne parle pas le vietnamien. La discipline y est « assez sévère » :

> « J'étais obligée de porter une des vieilles grosses paires de chaussures noires usées des religieuses. J'en ai pleuré toute une semaine, j'ai dû cesser car c'était interdiction de sortir. Une religieuse me traitait toujours d'orgueilleuse, je ne comprenais pas mais je sentais que ce n'était un compliment. Ce mot "orgueil" m'a blessée pendant des années. Le dimanche grand'messe et les vêpres avec uniforme bleu marine et béret, chapelet et missel ».

Madeleine connait une expérience plus collective quand elle arrive en 1955, à 7 ans, dans un pensionnat d'Illiers-Combray (Eure) où elle intègre un groupe de neuf Eurasiennes : « nous étions comme des sœurs qu'il ne fallait surtout pas séparer, à la vie à la mort c'était notre devise ». Elle qualifie les relations avec les adultes d'« instructives, respectueuses, familiales et amicales ». De même, Jeanine arrivée en France à 5 ans, en 1956, est placée à Tours chez les sœurs de Saint-Vincent de Paul. Elle en garde le souvenir d'une vie bien réglée avec des horaires fixes, « tout en douceur » et des religieuses « maternelles »[560]. Ces témoignages montrent la variété des expériences vécues. Il y a une part de hasard, de destin, de chance voire d'injustice dans les placements des enfants. Les éléments qui déterminent que telle ou telle pupille est placée dans tel ou tel établissement ne sont pas faciles à cerner. Sans doute le nombre de places disponibles à tel moment est-il déterminant.

L'absence d'informations entretenait l'incompréhension des pupilles sur le sort qui leur était réservé : mais qu'est-ce que je fais là ? En attendant quoi ? Et elles ne recevaient pas de réponses à ces questions, d'ailleurs peu ou pas formulées expressément. Marcelle, arrivée à 10 ans en 1960 à Moulins, ne sait pas pourquoi on l'a mise dans cet orphelinat avec sa sœur. Et la question va la tarauder longtemps, jusqu'à la poser bien longtemps après à Marguerite Graffeuil à qui elle rend visite chez elle à Paris, après son mariage et son premier enfant. « Elle m'a expliqué les raisons pour lesquelles elle nous avait envoyées à Moulins. À proximité il

---

[559] Témoignages de Nina V., Jeannette G., Yvonne F., Marie-Dominique L., Monique W., Marie-Paule C., Marie-France L., 2018-2023.
[560] Christiane, Madeleine et Jeanine, questionnaires, 2021-2022.

y avait Noyant, un village où se trouvait un centre d'accueil des Français d'Indochine à la suite des accords de Genève. En fait, tout le temps que j'étais à l'orphelinat, j'ignorais cela »[561]. S'il n'y a eu aucun contact organisé entre le CAFI et le pensionnat, l'argument de cette proximité n'est pas très convaincant.

Une « section féminine » du Service social de la FOEFI contrôle la multitude d'établissements religieux dans lesquels les filles ont été dispersées, des bébés aux grandes jeunes filles. Marguerite Graffeuil la dirige, aidée par deux assistantes sociales « qui ont suivi ses méthodes, dont l'efficacité ne se discute plus » d'après un compte rendu de 1957. Les inspections des établissements « aussi nombreuses que possible » ont pour but « de veiller aux intérêts moraux et matériels des enfants » et de défendre les intérêts de la FOEFI sur le plan financier. Ces visites servent à resserrer les liens avec les pupilles afin qu'elles ne se sentent pas isolées et à leur montrer que la FOEFI est comme « une grande famille ». Graffeuil « se consacre à cette tâche tout au long des douze mois de l'année, va à pied d'œuvre voir les enfants qui réclament sa présence et leur prodigue les conseils susceptibles de calmer leurs appréhensions »[562].

Les pensionnaires sont effectivement très nombreuses à rendre hommage à Marguerite Graffeuil qui apparait comme une des rares figures féminines, si ce n'est la seule, en dehors des religieuses auxquelles les filles ont constamment affaire. Comme beaucoup d'autres, Marie-Claire, arrivée à Saint-Rambert à six ans en 1954, se souvient :

> « Madame Graffeuil nous visitait une fois par an. Elle nous recevait individuellement dans l'appartement qui lui était réservé et que personne n'occupait autrement. L'entretien portait essentiellement sur notre carnet scolaire, notre conduite. Nous étions intimidées. Il lui arrivait de me confondre avec mes sœurs ».

D'autres parlent des bonbons qu'elle donnait comme récompenses, se souviennent de ses toilettes, de son parfum, et que les pensionnats étaient briqués juste avant son arrivée[563]. Les visites de Marguerite Graffeuil sont censées donner aux jeunes pupilles « la certitude qu'elles sont suivies maternellement, connues individuellement ». Le rapport de 1957 donne une intéressante définition de « l'enfant eurasienne, séparée de sa famille

---

[561] Marcelle, questionnaire, 2022.
[562] AGO FOEFI 1957, rapport sur les activités du service social de la FOEFI (section féminine).
[563] Marie-Claire, questionnaire, 2022 ; témoignage de Monique P., 2018.

et transplantée hors de son pays d'origine » : en proie à une méfiance instinctive, celle-ci a besoin d'être « comprise, aimée et protégée ». Le problème d'adaptation est bien identifié en faisant une nette distinction entre les filles arrivées en bas âge et les adolescentes voire les jeunes filles. Ces dernières ayant « une formation, des souvenirs, un passé pourrait-on dire, presque incompatibles avec le mode de vie européen ». Plus que les autres, ces « grandes » ont besoin « de conseils, et il faut bien le dire, d'une surveillance discrète mais vigilante ». L'objet de la surveillance n'est pas véritablement précisé, mais il ne fait pas de doute qu'il s'agit de veiller à leur bonne moralité. Pour les plus jeunes, il est admis qu'il est impossible de leur demander un travail scolaire efficace dans les premiers mois après leur arrivée, c'est-à-dire pendant la « période d'acclimatation ». Une fois passé ce temps d'adaptation et d'observation, les pupilles sont placées dans divers établissements scolaires, techniques ou de rééducation, « en fonction des possibilités intellectuelles ou manuelles, du caractère et de l'état de santé de chacune d'elles »[564].

Un paragraphe signale que « certaines pupilles, sans être caractérielles, sont néanmoins de nature très difficile » et se font renvoyer des établissements où elles sont placées. Ce qui implique des démarches pour les caser ailleurs. Mais il est affirmé que le recours aux établissements de rééducation n'est pas privilégié pour une raison bien identifiée : « il est souvent dangereux de placer une enfant, même très difficile, dans une maison spécialisée dans le redressement ; elle s'y trouvera en contact avec d'autres enfants prédélinquantes ou délinquantes dont la mauvaise influence pourra avoir des résultats désastreux ». Il est donc recommandé « la compréhension, la douceur, l'affection », plus qu'une « fermeté excessive ». Et de présenter le cas d'une pupille ayant des violents accès de colère, renvoyée successivement de trois établissements, qui chez les Dominicaines de Chatillon-sous-Bagneux se transforme : « elle travaille bien, s'est développée physiquement et moralement : elle est heureuse ». Ces adolescentes, ainsi accompagnées pourront devenir « des jeunes filles accomplies et, plus tard, des femmes équilibrées »[565]. Dans les faits, régulièrement, des « caractérielles » étaient retirées et placées en établissements spécialisés, et les filles « difficiles » étaient envoyées par Marguerite Graffeuil dans des établissements de la congrégation du Bon Pasteur, experte dans le redressement des « mauvaises filles »[566].

---

[564] AGO FOEFI 1957.
[565] AGO FOEFI 1957.
[566] Véronique Blanchard et David Niget, *Mauvaises filles. Incorrigibles et rebelles*, Paris, Textuel, 2016.

Certaines ont été reconnaissantes d'avoir été remises « dans le droit chemin », d'autres en ont gardé une incompréhension tenace et une rancune amère[567]. Marie-Thérèse, née en 1952, arrivée en France en 1955, est d'abord prise en charge à « l'Oasis » tenu par des religieuses à Soisy-sous-Montmorency (95) puis en 1960 au Pensionnat du Sacré-Cœur à Aire-sur-la-Lys (62) d'où elle est renvoyée. Elle intègre en 1965 le pensionnat Saint-Denis à Saint-Omer (62) après un deuxième renvoi, elle est placée au pensionnat Sainte-Anne à Abbeville (80), d'où elle est également renvoyée. En 1968 elle entre au « Refuge Saint-Cyr » à Rennes (35) tenu par les sœurs de Notre-Dame de Charité qui, à l'instar des établissements du Bon-Pasteur, redresse des « roseaux à demi-brisés » : « au moins là je ne pouvais pas me faire renvoyer ! » raconte-t-elle. Elle porte un jugement ambivalent sur ces années :

> « Je rejette mes années dans le Nord de la France, je n'y ai aucun bon souvenir, par contre les années à la maison de correction de Rennes m'ont beaucoup apporté. C'était pourtant difficile, quand vous rentrez dans une maison comme celle-là (d'août 1968 à septembre 1971) avec toutes ces portes fermées à clé à 16 ans, vous pensez que vous n'allez jamais en sortir !!! C'était impressionnant le trousseau de clés qui pendait à la ceinture des éducatrices !
>
> C'étaient des éducatrices religieuses et laïques, malgré le manque de liberté on sentait qu'elles étaient là pour nous. Indisciplinée, je suis passée par la chambre d'isolement, la cellule… J'ai fait des fugues en juin 1971. Les éducatrices ne voulaient pas que je reste à Rennes car j'avais connu pendant ma fugue des Italiens pas très fréquentables ! »[568]

Ce que la FOEFI veut éviter à tout prix, c'est la déviance des mœurs qui est sans doute en lien avec la sexualisation des Indochinoises, véhiculée par une littérature où les congais sont nombreuses[569]. Le cas de Raymonde, bien qu'elle ne soit pas une pupille de la FOEFI, est emblématique de ce que la Fédération veut éviter, et n'est pas s'en rappeler le parcours de Marie-Thérèse. Raymonde est née en 1953 à Saigon, son père, Eurasien, cheminot, est mort dans un accident avant sa naissance. Avec ses quatre frères et sœurs plus âgés, elle a donc été élevée par sa mère et sa grand-mère paternelle, toutes deux vietnamiennes. En 1965, elles arrivent en France, sa mère a trouvé un travail de plongeuse dans

---

[567] Témoignages de Sœur Marie-Laurent et Sœur Marie-Bénédicte, février 2018 ; Récit enregistré de Marguerite Graffeuil, 1987.
[568] Marie-Thérèse, questionnaire, 2022.
[569] Eugène Pujarniscle, *L'Indochine dans la littérature française… op. cit.*

un restaurant vietnamien à Bordeaux, elle ne parle pas le français. Raymonde vit chez sa grand-mère qui dénigre tout le temps sa mère. Son frère aîné Francis a dix ans de plus qu'elle et est dessinateur, c'est lui qui fait vivre tout le monde avec son salaire et il est considéré comme le chef de famille. Raymonde s'est vite adaptée à la langue française et sert d'interprète à sa mère, mais n'aime pas l'école, ni l'ambiance familiale. Elle est contrôlée en permanence par Francis, moquée par ses autres frères et sœurs, et fait plusieurs fugues pour retrouver des garçons. Son dossier signale qu'elle a été récupérée par la police à Paris après avoir eu « une relation sexuelle avec un noir » durant sa dernière fugue (août 1969) ; elle déclare que c'est un viol et témoigne ensuite au procès. Son frère aîné dit qu'elle a « tous les défauts » et a demandé, aussi au nom de sa mère, qu'elle soit placée dans un cadre éducatif. Mais son placement pour observation à l'institut Lamourous de Bordeaux (octobre 1969-janvier 1970) puis chez les Dames Blanches de La Rochelle (janvier-février 1970) ont été des échecs. Pour une psychologue, Raymonde « ressemble à une poupée dont l'attitude ingénue contraste absolument avec la hardiesse de ses propos ». Les expertises ont conclu : « dominée par ses instincts et ses pulsions très violents parfois. Comportement déjà asocial. Gros problèmes sexuels. Livrée à elle-même, elle se livrerait à la prostitution ». Le juge des enfants de Bordeaux prend en 1970 une ordonnance aux fins de placement provisoire de deux ans et demi pour une rééducation au Bon Pasteur d'Angers. À son départ de La Rochelle, les sœurs lui ont seulement dit qu'elle allait à Angers, mais n'ont pas prononcé le nom de Bon Pasteur. Ce n'est qu'en arrivant qu'elle se rend compte de ce qui l'attend et fait une colère terrible. Pour les sœurs, au bout de quelques jours « Raymonde est alors mise en confiance tout en étant dominée. Elle s'apaise ». Ses débuts sont difficiles, elle est qualifiée de « mauvaise pour les autres » avec un « sens moral embryonnaire, infantile et élastique en fonction du principe du plaisir » et aurait « des conversations très douteuses sur la sexualité ». Mais dès les premiers rapports de comportement il est noté qu'elle pourrait sans doute s'intégrer et évoluer positivement. Au bout d'un an, on la considère « comme ayant les traits de sa race » et « très complexée par sa petite taille ». Elle s'est réfugiée dans un CAP de sténodactylo qu'elle obtient en 1972. Après deux ans et demi de placement, elle est rentrée chez sa mère. Ensuite, ainsi qu'elle l'écrit aux sœurs du Bon Pasteur (août 1972), elle « mène une existence nouvelle, travaillant comme dactylofacturière »[570]. Ce parcours, que quelques pupilles de la FOEFI ont pu

---

[570] Dossier individuel de Raymonde.

avoir, est ce que la Fédération veut par-dessus tout éviter, même si la fin est rassurante.

Outre Marguerite Graffeuil, l'encadrement des filles est assuré par deux assistantes sociales, recrutées en 1955 et 1956 : Melle Jolly et Melle Cany. Cette dernière est « toujours en déplacement pour équiper les filles en vêtements, leur trouver des lieux scolaires, de formation ou professionnels et vers les foyers pour les installer ou résoudre leurs problèmes »[571]. Par exemple, lors de vacances à Castellane pour des filles sous la responsabilité de Mère Durand à Monaco, deux jeunes parisiens déclament des poèmes à deux Eurasiennes au clair de lune. Etant sorties du dortoir, elles sont conduites dès le lendemain en maison de correction à Marseille. Prévenue, Cany vient sur place pour les sortir de là. Les assistantes sociales s'occupent également de convoyer des enfants vers leur lieu de prise en charge. Ainsi, Marcelle, née en 1950, arrivée par avion en 1960, se souvient qu'une assistante sociale a accompagné le petit groupe de filles auquel elle appartenait jusqu'à l'orphelinat de Moulins-sur-Allier tenu par des Sœurs de Saint-Vincent de Paul. Ensuite, « Melle Cany venait deux fois par an à Moulins pour nous habiller, une fois en hiver et une fois au printemps »[572].

Grandir à l'abbaye

Les expériences vécues par les Eurasiennes dépendent des lieux d'accueil, des congrégations religieuses, de leurs regroupements en grands ou en petits nombres. Saint-Rambert, demeure le seul centre de la FOEFI spécifiquement dédié aux filles. Pendant toute la durée de son fonctionnement sous la tutelle de la Fédération (1949-1976), elles y sont nombreuses et exclusivement entre elles, ce qui diffère des autres établissements. L'abbaye constitue également une plaque tournante d'où beaucoup de filles partent et où elles reviennent. Ailleurs, les situations sont très variables. Le facteur chronologique est également déterminant et bien identifié par la FOEFI en fonction des vagues d'arrivées. Par exemple, la trentaine de filles âgées de 3 à 14 ans qui arrivent à Saint-Rambert en 1963 ne reçoivent pas exactement la même éducation que les premières pensionnaires. Il y a désormais, à quelques kilomètres de l'abbaye (à Onceu), une maison de vacances avec une piscine pour l'été[573], autant d'éléments

---

[571] « La FOEFI c'était aussi… », *GDR* n°16, 1995.
[572] Marcelle, questionnaire, 2022.
[573] Témoignages de Yvonne F. et Francine L., 2018.

que les anciennes, premières arrivées 15 ans plus tôt et déjà parties, n'ont jamais connus. Pour l'une d'elle, Marie-Claire, « les sœurs avaient déjà lâché du lest, se sont adoucies par la suite pour les générations suivantes qui ont joui de plus de liberté et beaucoup moins de sévérité, et c'est tant mieux ». Néanmoins, pour Valérie, arrivée à 13 ans en 1968, « la discipline était stricte. Lever et coucher aux heures fixes, entre les deux, école, repas, devoirs à faire, prières... Tout était chronométré, aux rythmes de la journée et de la semaine ». Le collectif pèse lourd, les temps d'isolement, d'intimité sont rares, recherchés, surtout par les plus grandes, la lecture est une évasion souvent évoquée. Valérie apprend le français en lisant *Sans famille* d'Hector Malot : « quelle coïncidence tout de même » souligne-t-elle[574].

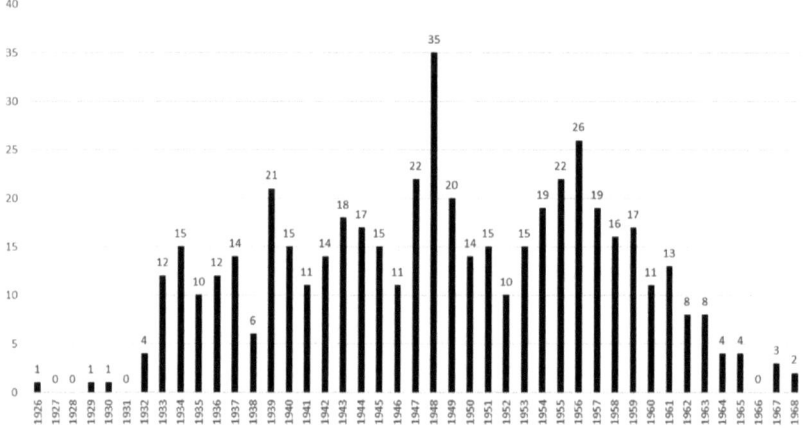

Graphique 3 – Répartition par année de naissance des pupilles de la FOEFI prises en charge par la congrégation Notre-Dame des Missions
Source : Répertoire Pensionnat d'Eurasiennes (502 informations)

Le temps passé à l'abbaye est également un critère fort d'individuation (voir graphiques n°3 et 4). Alors que les Eurasiennes arrivées grandes y demeurent deux ou trois ans avant de partir vers d'autres établissements, les plus petites y restent 8 ou 10 ans. Plus de dix ans pour Marie-Paule, née en 1952, avant de partir en pension, mais en dépendant toujours de Saint-Rambert et de la FOEFI jusqu'à sa majorité à 21 ans, ce qui est le

---

[574] Marie-Claire, questionnaire, 2022 ; témoignages de Valérie et Marie-Paule, 23/05/2023.

Grandir à l'abbaye

sort de beaucoup de pupilles. À la suite de la mort de sa mère, Josette née en 1962 passe d'abord par une pouponnière à Bourg-la-Reine, avant d'arriver à l'âge de 3 ans à Saint-Rambert où elle rejoint trois de ses sœurs. Elle en sort en 1976 : « il n'y avait pas beaucoup d'amour à l'abbaye mais on ne peut pas demander à un pensionnat de l'amour. Malgré tout je crois que j'ai bien grandi mais je sais que ça a laissé des séquelles chez certaines copines ». Camille estime avoir connu « une petite mort » à l'arrivée à l'abbaye à l'âge de 6 ans.

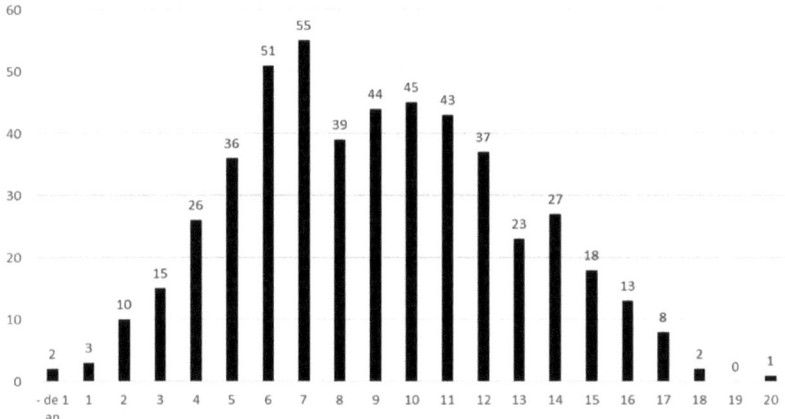

Graphique 4 – Âge à l'arrivée en France des pupilles de la FOEFI prises en charge par la congrégation Notre-Dame des Missions
Source: Répertoire Pensionnat d'Eurasiennes (498 informations)

Marie-Paule n'a pas de souvenirs des premières années au foyer, ensuite elle est « très révoltée, toujours punie ». Plusieurs témoignages insistent sur le peu d'attention porté aux émotions des pensionnaires : « nous ne recevions aucune manifestation d'affection, nous étions toutes vouvoyées par les religieuses »[575]. Les « observations » portées sur le répertoire des pensionnaires tenu par les sœurs apparaissent parfois dénuées d'empathie au milieu d'éléments plus positifs : « nous donne beaucoup de mal », « enfant ingrate », « très dure », « dure mais améliorable », « difficile, pénible, intelligente », « orgueilleuse, assez dure mais améliorable », « bonne conduite, mais caractère faible, très influençable », « apathique, très en retard », « mauvaise tête mais bon cœur »[576].

---

[575] Témoignage de Josette L., 31/01/2018 ; Marie-Claire, questionnaire, 2022 ; témoignages de Camille et Marie-Paule, 2023.
[576] Répertoire Pensionnat d'Eurasiennes.

Mère Jeanne et les sœurs exigent de très bons résultats scolaires de leurs pensionnaires, avec des objectifs toujours plus élevés (la première place) si bien que les filles n'ont pas souvent droit à des félicitations, ce qui a pour effet de les maintenir dans une certaine dévalorisation. Les moins douées ont régulièrement droit au martinet dominical. Cette injonction limite sans doute les effets de résilience liés à la réussite scolaire[577]. Mais incontestablement les résultats sont là : par exemple en 1967, toutes les élèves présentées au certificat d'études sont lauréates (9/9). En grandissant, les pupilles de la FOEFI sont inscrites dans d'autres établissements, collèges, écoles ménagères ou de formation professionnelle, plus rarement lycées[578].

À partir de 1960, les rapports d'activités annuels de la FOEFI répètent que « le développement des pupilles s'accomplit harmonieusement sous la direction ferme et maternelle de Mère Jeanne ». Celle-ci souligne « le bon esprit filial qui a régné parmi les enfants et le courant de confiance établi entre les Mères et les fillettes » ; « les pupilles sont heureuses, aiment l'abbaye, aiment les Mères et acceptent joyeusement l'ordre moral et matériel qui leur assure une ambiance paisible dans laquelle elles s'épanouissent ». Ce qui est confirmé par la directrice de l'école publique, surprise de constater que ses élèves « considèrent les sœurs comme leurs parents et l'abbaye comme leur maison et non un internat ». Les rapports évoquent aussi le travail collectif de ménage qui « assouplit » les filles… et fait tourner la maison, dans « une ambiance familiale ». Les pupilles sont « bien nourries » et ont « des mines resplendissantes », ce que montrent effectivement les photographies de l'époque sélectionnées dans des albums[579]. En 1961, le médecin qui les ausculte les trouve « très attachantes, avec un équilibre qui fait trop souvent défaut à leurs camarades françaises ». Il loue leur « gentillesse, amabilité, réserve et tenue ». Douées et travailleuses, « elles pourront presque toutes prétendre à un avenir intéressant ». En 1965, les sœurs récompensent d'un voyage à Lyon les grandes du collège qui « ont donné le ton du respect filial et de la gentillesse [et qui] dans l'ensemble ont été suivies »[580].

Cette présentation quasi idyllique de la relation entre les religieuses « maternelles et attentives » et les Eurasiennes « dociles et studieuses » ne

---

[577] Voir Évelyne Bouteyre, *La résilience scolaire, de la maternelle à l'Université*, Paris, Belin, 2008.
[578] Statistiques des réussites scolaires des eurasiennes, rapports d'activités annuels de la FOEFI, ANOM, 90 APC 4291 à 4295.
[579] Archives de l'abbaye de Saint-Rambert.
[580] AGO FOEFI 1960, 1961 et 1962.

se retrouve pas dans les témoignages des ex-pensionnaires, bien plus mitigés que les comptes rendus d'assemblée générale de la FOEFI. Certes, aujourd'hui les Eurasiennes considèrent que les religieuses se sont plutôt bien occupées d'elles, mais elles n'ont pas vu dans l'attitude des sœurs et des mères, malgré ces appellations, d'expressions maternelles, sororales ou affectueuses. Les adjectifs « filiale » et « maternelle », répétés par la FOEFI, ne sont jamais employés par les ex-pensionnaires pour qualifier l'éducation reçue. Certaines font même remarquer qu'en choisissant de consacrer leur vie à Dieu, ces religieuses avaient tourné le dos à leurs propres familles : comment auraient-elles pu être « maternelles » ? Dans les récits émergent quelques figures moins dures : « deux religieuses qui ont été les seules à nous montrer des signes de bienveillance et de douceur, signes toujours furtifs car elles-mêmes craignaient d'être prises en flagrant délit », une sœur infirmière, des sœurs étrangères de passage, celles qui les encadrent l'été, dont une a eu la vocation en rencontrant des Eurasiennes en Suisse. Mais globalement, les Eurasiennes estiment que les religieuses étaient insensibles et donnaient l'impression de faire la charité ; que, loin du mouvement de psychologisation de l'enfance qui est prégnant à l'époque, elles n'étaient pas dans l'empathie vis-à-vis de leurs situations et des traumatismes individuels liés à la guerre, au déracinement et à la migration ; qu'elles étaient constamment dans la rigueur éducative comme si elles avaient un « troupeau à dresser ». Les punitions, parfois collectives pour ne pas avoir dénoncé une responsable, étaient acceptées, mais pas l'injustice ni l'humiliation. Par exemple lorsque qu'une fille, considérée comme grande, faisait pipi au lit et se retrouvait sur une chaise dans la cour avec ses draps sur la tête ou contrainte de faire le tour du réfectoire avec un panneau accroché dans le dos « je suis une pisseuse », ou les brimades et les coups de martinet d'une religieuse, ou des « tortures psychologiques ». Toutes se souviennent de la « méchanceté » de cette sœur « se comportant comme un colon », les traitant de « paysannes », leur reprochant de « vivre à moitié nues », disant à une fillette métisse noire que son « âme est aussi noire que sa peau ». La plupart disent avoir ressenti une absence de considération en raison de leurs origines, de leur « bâtardise ». Pour autant, elles précisent que cette attitude racialiste était davantage implicite qu'explicite et que leur ressenti était dû au manque d'amour et d'affection[581].

---

[581] Témoignages de Jeannette, Paule, Nina, Monique, Yvonne Marie-France, Marie-Paule, Monique, 2018-2023 ; Marie-Claire et Camille, questionnaires, 2021-2022.

L'éducation religieuse telle que transmise dans les maisons des congrégations ne peut pas combler ce vide. Les jeunes immigrées doivent oublier les enseignements taoïstes ou bouddhistes reçus dans l'enfance. Toutes celles arrivées sans certificat de baptême sont baptisées, c'est l'occasion pour certaines d'entre elles de changer de prénom d'usage. Binta, née en 1950, est baptisée dès son arrivée à Saint-Rambert en 1961 du prénom de Marie-Hélène, qui porte une lourde charge mentale puisque c'est celui d'une pupille de la FOEFI décédée à l'abbaye peu avant son arrivée. En 1968, à l'âge de 13 ans, Farida, dont le père indo-vietnamien était musulman et la mère bouddhiste, est baptisée et devient Valérie. Toutes apprennent le catéchisme, font leur première communion, puis leur confirmation, deviennent « Enfants de Marie » pour les plus réceptives. Les activités religieuses sont nombreuses : prière tous les jours, confession le samedi, messe et angélus le dimanche… « On y croyait vraiment », rapporte l'une d'elles, « c'était tous les jours ». Une autre : « À la fin, nous les grandes, on en avait… comment vous dire… ras-le-bol ! ». La notion de péché est omniprésente : tout ce qui est interdit est péché. Ce n'est pas une religion d'amour qui est enseignée, mais une religion de culpabilité, sans échappatoire : « Dieu sait tout, entend tout, voit tout, même dans le noir ». La pénitence est très prégnante, car « on est toujours coupable devant Dieu »[582].

Les Eurasiennes ont le sentiment de s'être construites ensemble, entre elles, « à côté » des sœurs, pas avec elles, voire contre elles et à rebours de l'éducation reçue[583]. Même en ayant vécu des expériences différentes selon les cohortes successives et selon leurs situations familiales, toutes singulières, les Eurasiennes se considéraient « toutes pareilles ». Elles ne parlaient pas, ou très peu, de leur enfance d'avant, peut-être pour ne pas faire de différence entre elles : « on était ensemble puis c'est tout ». Bien sûr, il y avait des affinités particulières, mais les sœurs les surveillaient : « quand on parle à deux, le diable est au milieu », assénaient-elles. L'encadrement des « petites » par les « moyennes » et les « grandes » (appelées « petites mères ») est considéré comme ayant joué un rôle primordial dans leur construction subjective, mais les câlins n'étaient pas bien vus, trop sentimentaux et démonstratifs. Les trois niveaux étaient toujours distingués : dans les dortoirs, les classes, les activités. Par exemple, les

---

[582] Témoignages de Nina V., Jeannette G., Binta B., Monique P., Valérie V., 2018-2023.
[583] Yves Denéchère, « Expériences intimes et subjectivité juvénile des Eurasiennes envoyées en France à la fin de la guerre d'Indochine », *Outre-Mers. Revue d'Histoire*, 2020, n°406-407, p.227-247.

« moyennes » réveillaient les « petites » en début de nuit afin qu'elles ne fassent pas pipi au lit ; les « grandes » qui revenaient pendant les vacances apportaient de l'air frais de l'extérieur. Et les mouvements étaient nombreux, les filles devaient toujours être prêtes à faire leur valise (que certaines ont gardée comme objet symbole de leurs pérégrinations), d'un dortoir à un autre, de l'abbaye en pensions, de pensions en internats, avec des retours réguliers à la base. Cependant, en 1959, la FOEFI prend la décision de limiter le retour des filles de plus de 13 ans pendant les vacances, car les sœurs ne peuvent appliquer « la même discipline à des pupilles d'âges aussi différents »[584].

Le foyer de l'abbaye de Saint-Rambert, le premier organisé dès 1949 est aussi celui qui a fonctionné le plus longtemps, jusqu'à la fin de la prise en charge des enfants de la FOEFI en 1976, alors que les foyers de garçons, plus récents et plus erratiques dans leur fonctionnement et leur finalité ont fermé leurs portes plus tôt, à l'exception notable de celui de Vouvray.

---

[584] AGO FOEFI 1960.

Chapitre 9

Les foyers de garçons

Comme les filles, les premiers garçons arrivés d'Indochine en 1947 sont dispersés dans différents établissements, surtout religieux, disséminés sur le territoire métropolitain. Après plusieurs années de fonctionnement, l'expérience du premier foyer installé à Saint-Rambert ayant été jugée concluante par la FOEFI, celle-ci organise d'autres « colonies de groupement », pour les garçons. La première est fixée à Saint-Pierre-de-Vauvray dans l'Eure en 1953, le relais en sera pris par le foyer des Sablons à quelques kilomètres de là à Notre-Dame-de-Vaudreuil. Les importantes cohortes de garçons qui arrivent entre 1954 et 1956 sont captés par les nouveaux foyers de Vouvray et Semblançay (Indre-et-Loire), Rilly-sur-Loire (Loir-et-Cher), puis celui de Tours. À la différence du foyer de Saint-Rambert, ceux-ci sont tous tenus par des laïcs, l'expérience vécue par les garçons y est différente de celle des filles de l'abbaye – ne serait-ce que vis-à-vis des tâches ménagères –, et le carcan n'est pas le même. La diversité entre les foyers de garçons est grande, chacun ayant une identité propre due à sa localisation, la personnalité de son directeur, son organisation interne, etc. Aussi, il ne se vit pas la même chose d'un foyer à l'autre. Vouvray, le seul à fonctionner jusqu'en 1975, comme pour Saint-Rambert pour les filles, sert de base d'où les enfants partent vers d'autres établissements, et à laquelle ils reviennent le temps de vacances ou simplement pour reconstituer leur trousseau. Par ailleurs, tous les pupilles garçons de la FOEFI ne sont pas passés par ces foyers, beaucoup d'autres ont été pris en charge dans d'autres types d'établissements comme La Providence de Dijon, la maison des Saints-Anges à Marseille, L'Abri joyeux à Sarlat, l'orphelinat de garçons des Filles de la Charité de Saint-Vincent de Paul à Rennes, l'orphelinat de la Moëre à Savenay, etc. Plusieurs mémoires cohabitent donc.

Philosophie et organisation des foyers de garçons

Parallèlement aux placements de pupilles confiés à l'ADOSC par la FOEFI, la Fédération crée le premier foyer de garçons dénommé « William Bazé » en 1953 à Saint-Pierre-de-Vauvray (Eure). Entièrement géré et contrôlé par la FOEFI, il est placé sous la responsabilité de Louis Céré, précédemment directeur du collège de Cholon depuis 1951, une personnalité offrant « les plus hautes garanties morales »[585]. Une centaine d'enfants est accueillie dans deux bâtiments loués et une villa achetée en décembre 1953. Les petits y sont à demeure et suivent leur scolarité à l'école primaire de Saint-Pierre dans une classe spéciale ouverte à leur intention par l'inspecteur d'académie. Les plus grands y reviennent pour les vacances quand ils ne sont plus dans les internats normands où ils ont été inscrits : collège technique et lycée d'Évreux, collège moderne de Louviers, etc. Pour Bazé, « le foyer de Saint-Pierre est une initiative riche de promesses. Les pupilles évoluent dans une ambiance qui leur est en tous points profitable » . La FOEFI se donne pour mission de faire grandir ensemble ses pupilles eurasiens « rapatriés » afin d'atténuer le choc brutal de leur changement de vie grâce à une acculturation groupale, générationnelle même. « Les enfants ne se quittent pas, tant qu'ils sont petits », mais dès qu'ils sont en âge de le supporter, ils sont dispersés dans des établissements différents où ils s'aguerrissent. « La fraternité qui les lie les uns aux autres ne peut souffrir de leur séparation, puisqu'ils se retrouvent aux vacances et ont alors conscience de ce dont chacun d'entre eux est capable. De là découle une heureuse émulation dont on mettra les résultats en parallèle aux vacances suivantes »[586]. Dans ce projet éducatif réside le subtil équilibre prôné par la FOEFI entre ouverture vers les autres, indispensable à l'intégration, et entre soi nécessaire pour conserver une identité commune.

Lors de l'assemblée générale de 1955, William Bazé explique son plan « arrêté au terme de longues réflexions » :

> « [il] consiste à ouvrir en France de nouveaux foyers – du genre de Saint-Rambert et de Saint-Pierre-du-Vauvray – que nous ferons occuper, en premier lieu, par des orphelins complets, c'est-à-dire n'ayant plus ni pères ni mères. Un certain nombre de places disponibles nous permettra, en second lieu, d'accueillir les orphelins de pères seulement, dont les mères malheureuses solliciteront le départ »[587].

Bien entendu, c'est la défaite de Dien Bien Phu et le choix d'envoyer en France de gros contingents d'enfants qui motivent surtout cette évolution. La FOEFI cherche donc des domaines à acheter pour y accueillir

---

[585] AN FOEFI 128, lettre du préfet de l'Eure au ministre de la Santé publique et de la Population, 10 février 1953 ; lettre du ministre des Relations avec les États associés au ministre de la Santé publique et de la Population, 23 mars 1953.
[586] AGO FOEFI 1954.
[587] AGO FOEFI 1955.

des enfants. Une proposition de Marguerite Graffeuil pour un achat dans le Nord est refusée : région trop froide et trop grise pour des enfants venant d'Indochine. C'est Maurice Grolleau, avec le titre de Délégué provisoire de la FOEFI en France, qui est chargé de l'aménagement des foyers et en premier lieu de leur achat. Fort de l'expérience acquise dans son parcours antérieur, il se révèle être « l'homme de la situation »[588].

À la fin de l'année 1954, en Touraine dont il est originaire, Grolleau achète au nom de la FOEFI et avec des fonds du Commissariat général de France en Indochine, une ancienne auberge située au Pont de Cisse à Vouvray (30 novembre) et un ancien prieuré à La Source à Semblançay (15 décembre). Ces deux établissements, tous les deux situés en Indre-et-Loire, deviennent les principaux foyers de garçons de la FOEFI. L'épouse de Maurice Grolleau aménage d'abord celui de Vouvray au tout début de l'année 1955. Elle est aidée par Paul Susini, qui travaillait au collège de Cholon et qui, sentant monter une pression hostile après Dien Bien Phu, est revenu en France comme rapatrié sanitaire en juillet 1954. Grâce à ses contacts militaires et sportifs, Grolleau récupère 200 lits et 400 couvertures dans une caserne à Tours, il recrute en urgence du personnel (cuisinier, femmes de ménage, chauffeur, etc.) afin d'accueillir le premier convoi d'une cinquantaine d'enfants qui arrive de Saigon. Ensuite, au printemps 1955, toujours avec l'aide de Susini, il équipe le foyer de Semblançay destiné aux enfants en bas âge[589]. Cette année-là, le conseil d'administration de la FOEFI rend hommage à Grolleau, qui est en outre chargé de l'inspection des foyers de garçons – un peu à l'instar de Graffeuil pour les filles – et à son épouse qui s'est donnée « un mal considérable » pour accueillir à Vouvray les premiers enfants[590].

En 1956, la FOEFI achète également le château de Rilly-sur-Loire, proche d'Amboise, « une de nos plus belles acquisitions », déjà aménagé pour recevoir des colonies de vacances, et l'hôtel particulier Magenta à Tours destiné aux pupilles poursuivant leurs études dans la ville et ne pouvant pas être internes. La FOEFI gère donc alors six foyers, un pour les filles à Saint-Rambert et cinq pour les garçons aux Sablons (qui a pris le relais de Saint-Pierre-du-Vauvray), à Vouvray, à Semblançay, à Rilly et à Tours. Chacun d'entre eux possède son identité propre et suivre leurs évolutions respectives est riche d'enseignements.

---

[588] Récit enregistré de Marguerite Graffeuil, 1990.
[589] « La FOEFI évoquée par ceux qui l'ont fait vivre : Vouvray par Paul Susini », *GDR*, n°40, mars 2010.
[590] AGO FOEFI 1955.

L'établissement de Saint-Pierre-de-Vauvray est soutenu activement par Pierre Mendès-France, député de l'Eure et maire de Louviers, président du Conseil des ministres de juin 1954 à février 1955. Apportent également leur concours le préfet du département, des chefs d'entreprises et l'évêque d'Évreux. Pendant les vacances, ce dernier met à la disposition du foyer des séminaristes – notamment Bernard Martin qui se prend d'affection pour les pupilles – qu'il autorise en la circonstance à s'habiller en civil. D'où cette constatation de la FOEFI : « il faut avouer que partout nous sommes épaulés et encouragés, dans les établissements scolaires comme dans le secteur administratif et même privé ». À Saint-Pierre, le prix de revient de chaque pupille (logé, nourri, instruit, soigné, habillé et chaussé) ressort à 15 000 francs par mois[591]. Ce coût, estimé tout à fait raisonnable, est bien supérieur à celui d'une pupille au foyer de Saint-Rambert où rappelons-le la FOEFI n'assume pas la charge financière du personnel. Les dépenses augmentent avec l'inflation de la fin des années 1950 : en 1958, le coût d'un pupille dans les foyers de garçons est de 25 765 francs contre 15 217 pour une fille à Saint-Rambert (cf. tableau n°2).

Tableau 2 – Coût de l'entretien des pupilles en France en 1957 et 1958 (en francs)

	Foyers de garçons	Foyer de filles (St-Rambert-en-Bugey)	Autres établissements	Total/Moyenne
Total des dépenses 1957	109 004 695	31 073 983	133 660 064	273 738 742
Total des dépenses 1958	91 517 514	34 324 210	197 377 510	323 219 234
Nombre de pupilles 1957	530*	191*	821	1 542*
Nombre de pupilles 1958	296*	188*	1 030	1 514*
Coût moyen annuel 1957	205 670	162 690	162 800	177 500
Coût moyen annuel 1958	309 180	182 390	191 628	213 487
Coût moyen mensuel 1957	17 140	13 557	13 567	14 960
Coût moyen mensuel 1958	25 765	15 217	15 969	17 790

Source : ANOM FOEFI 126

* Ces chiffres sont différents de ceux figurant sur les tableaux 1, 3 et 12. Il est pratiquement impossible de fixer précisément le nombre de pupilles par an, les entrées et sorties étant très nombreuses et permanentes. La FOEFI présente des chiffres établis sur des critères qui ne sont pas précisés.

---

[591] AGO FOEFI 1954.

Le foyer de Saint-Pierre-de-Vauvray accueille 134 enfants en 1954, mais sa dispersion en trois bâtiments complique son fonctionnement. Céré propose donc de créer un nouveau centre à six kilomètres, à Notre-Dame-de-Vaudreuil. Le bâtiment des Sablons y est acheté le 1er décembre 1954. Mais la volonté de Céré de réaliser une partie des travaux nécessaires avec les plus âgés des pupilles, contrairement aux conseils de la FOEFI, retarde le déménagement et alourdit la facture au grand dam du conseil d'administration qui lui impose des règles plus strictes en 1956. Les refusant, Céré démissionne, avant de vouloir revenir en faisant intervenir des personnalités en sa faveur. Mais Bazé reste inflexible, ne voulant pas « créer un dangereux précédent et installer à l'intérieur de la Fédération le régime de l'indiscipline et du désordre »[592].

Auparavant, en décembre 1955, le foyer des Sablons, bien qu'inachevé, a été inauguré en présence du président Mendès-France. Lui qui mit fin à la guerre d'Indochine en négociant et signant les accords de Genève en juillet 1954 s'adresse ainsi aux pensionnaires : « vous venez d'une terre lointaine, d'un pays cruellement ravagé par la guerre, certains de vous resteront en France, d'autres, un jour, retourneront là-bas. Mais tous soyez persuadés que vous avez un grand rôle à accomplir. Les relations entre la France et le Vietnam ne sont pas terminées ». Cette déclaration est tout à fait en phase avec la rhétorique de la FOEFI. Rappelant « les devoirs que nous avons à votre égard », et « des erreurs et des fautes commises par la France dans le monde », Mendès-France espère que de nouveau règnera entre les deux pays « un climat de fraternité et de paix fructueuse »[593].

En 1956, il n'y a aux Sablons que quatre WC pour 157 enfants et des douches de fortune. Quinze millions de francs sont dépensés en 1956 et 1957 pour améliorer les sanitaires, acheter du matériel de cuisine et reconditionner les bâtiments. Mais « aucun autre centre ne nous a occasionné autant de soucis ni d'inquiétudes que ce foyer dont le renflouement n'a cessé de nous préoccuper » écrit Bazé. La FOEFI y concentre les « pupilles âgés, indisciplinés, dont l'exemple aurait un effet déplorable sur les plus jeunes »[594]. Ces derniers sont placés dans les autres foyers en Touraine.

---

[592] AGO FOEFI 1957.
[593] « Le foyer des Sablons des jeunes eurasiens a été inauguré, hier, par le Président Mendès-France », *Paris-Normandie*, début décembre 1955.
[594] AGO FOEFI 1957 et 1958.

En janvier 1955, c'est par la presse locale que le directeur départemental de la Santé et le directeur de l'Hygiène sociale d'Indre-et-Loire apprennent que depuis un mois est installée une « maison d'enfants indochinois » à l'hôtel du Pont de Cisse à Vouvray. Intitulé « Des petits Français du Vietnam hébergés à Vouvray », l'article précise que 55 enfants et jeunes de 5 à 20 ans sont déjà arrivés (ce qui est vrai), qu'ils seront bientôt une centaine (ce qui est prévu), que la FOEFI prend en charge 3 000 enfants en France (ce qui n'est pas exact à l'époque) et qu'un autre centre est projeté à Semblançay (c'est vrai) pour 120 à 150 fillettes (c'est en fait pour des garçons). Malgré quelques approximations, les autorités sont suffisamment renseignées pour estimer que le caractère social de l'établissement ne faisant pas de doute, il doit relever des services du directeur général de la Population et de l'entraide qui ne semble pas avoir été prévenu de cette installation. La population environnante a elle bien accueilli l'initiative et a apporté avec gentillesse des cadeaux de Noël aux enfants[595]. Il faut néanmoins négocier avec le maire de Vouvray et le directeur de l'école primaire, submergé par un flot d'élèves dont beaucoup ne parlent pas ou peu français, pour créer une classe au sein même du foyer[596]. En avril 1956, les actualités télévisées montrent des pupilles vivant au foyer, présentés comme « les enfants d'un drame, ce drame des enfants sans nom »[597].

Après les deux premières années pendant lesquelles Grolleau assume la direction du foyer de Vouvray, celle-ci est confiée à Paul Susini dont l'épouse travaille également au centre[598]. « De tous nos foyers de garçons, Vouvray est véritablement, dans le genre, l'établissement pilote et le restera longtemps encore », affirme la FOEFI en 1957. Les locaux ont été adaptés au nombre des enfants, l'état sanitaire des enfants est excellent, le personnel à la hauteur de sa tâche, les relations avec la population locale sont présentées comme demeurant très bonnes et « le climat de Touraine convient parfaitement à nos enfants ». Il faut quand même signaler que le bâtiment donne directement sur une route passante, que la Cisse et la

---

[595] AN FOEFI 128, note pour le directeur général de la population et de l'entraide, 22 janvier 1955 ; article « Des petits français du Vietnam hébergés à Vouvray », s. t., s. d. ; « Dans une propriété à Vouvray. 140 petits Eurasiens abandonnés apprennent à devenir de jeunes Français », *France-Soir*, 30 mars 1956.

[596] « La FOEFI évoquée par ceux qui l'ont fait vivre : Vouvray par Paul Susini », *GDR*, n°40, mars 2010.

[597] INA actualités télévisées, 25 avril 1956.

[598] Témoignage de Paul Susini, 03/12/2021.

Loire sont très proches et que le terrain est en partie inondable, ce qui n'est pas une configuration idéale pour la sécurité des enfants.

Pour la FOEFI, le foyer de Semblançay « vient immédiatement en seconde position, derrière celui de Vouvray, si nous établissons un parallèle entre les satisfactions que nous avons enregistrées de part et d'autre ». Et le mérite en est attribué en grande partie à son directeur, ancien fonctionnaire d'Indochine, Jacques Teisserenc (1918-2005) et à son épouse Michèle qui le « seconde avec courage et dévouement »[599]. Engagé volontaire dans la 2ᵉ DB en 1944, Teisserenc prit part aux combats qui le menèrent en Allemagne, puis en Indochine dans le Sud-Vietnam et à Haiphong où il a débarqué « sous la mitraille ». Revenu à l'état civil, comme d'autres engagés pour assurer la relève des cadres, il travaille pour la Société indochinoise forestière et des allumettes et devient secrétaire général de l'usine de Ben Thuy. Fait prisonnier par le Vietminh le 20 décembre 1946, il n'est libéré que le 31 août 1954[600]. Teisserenc a relaté sa captivité de presque huit années en tant qu'un des otages civils de Vinh et l'un des derniers à être libérés en raison de sa conduite hostile. Dans les premières années, les plus difficiles, jusqu'en 1949, il connait les cages de bambous, la faim, les privations et les humiliations[601]. Il est pour cela décoré de la Croix de guerre, titulaire de la Médaille Coloniale. Bazé estime que les années de captivité en zone ennemie que Teisserenc a vécues lui permettent de « s'armer de patience, dans les moments les plus pénibles », et de « dominer la situation au poste délicat où nous l'avons placé ». L'intéressé lui-même, bien des années après, explique son engagement auprès des enfants par sa captivité : « pendant laquelle j'avais eu l'occasion, au milieu de beaucoup d'Eurasiens, de les connaître, de les comprendre et de les apprécier »[602]. Il en parle en effet beaucoup dans ses mémoires. Au foyer, il se fait appeler « parrain » par les pupilles et son épouse « marraine ». Susini, directeur du foyer de Vouvray trouve que ce n'est pas bien.

Les débuts du foyer de La Source à Semblançay sont laborieux pour deux raisons : la méfiance de la population, « en majorité rurale, aux yeux de qui toute innovation demande d'abord à être surveillée. C'était

---

[599] AGO FOEFI 1957.
[600] Julien Mary, « Réparer l'histoire »... thèse citée, 195 et 818.
[601] Jacques Teisserenc, *Les oubliés du Nord-Annam*, préface d'Henri Amouroux, Les Éditions de l'Orme Rond, 1985 ; Jacques Teisserenc, « La captivité des otages civils de Vinh » in Louis Armantier (éd.), *Paroles de rescapés... op. cit.*, p.141-147.
[602] « Accueil de M. Teisserenc », *GDR* n° 8, 1991.

le cas de l'énorme contingent d'enfants exotiques » ; le mauvais comportement (indiscipline, insolence, larcins, incidents dans les écoles) de certains enfants, « véritables petits sauvages », qui n'ont pas eu le temps d'être acculturés un minimum avant leur départ précipité pour la France. Anne-Marie Gauguin, qui a 8 ans en 1955 et habite Semblançay avec sa famille, se souvient bien de l'arrivée des « viets » comme les appelaient les gens du village, un peu apeurés par cette venue de garçons « différents » qui « faisaient un peu de ravages dans les fermes alentour où ils allaient dérober poules et œufs, fruits et légumes ». Ses parents sont embauchés au foyer comme chauffeur/aide-moniteur et femme de service : « maman adorait cela et ces enfants sont devenus (presque) les siens, et pour moi, tous sont devenus mes petits frères ! »[603].

Après plusieurs interventions des cadres de la FOEFI, Bazé en tête, la situation se stabilise au cours de l'année 1956 avec une ambiance interne meilleure et une plus grande acceptation de la part de la population environnante. Les autorités administratives, politiques et religieuses sont dans le même état d'esprit positif que vis-à-vis du foyer de Vouvray. Jacqueline Arnault-Delaunay, alors en dernière année de formation à l'école normale assure un remplacement en février 1956 dans la classe unique du Serrain, commune proche de Semblançay, où elle découvre six élèves eurasiens. L'un, connaissant mieux le français que ses camarades, sert d'interprète. Ayant eu « le coup de foudre pour ces gamins », à la rentrée suivante, elle devient l'institutrice d'une des classes qui ouvrent à La Source[604]. En effet, désormais tous les enfants sont scolarisés dans des classes au sein du foyer, ce qui a nécessité des travaux d'aménagements conséquents[605].

Le foyer de Rilly est lui parfaitement adapté à sa destination, avec un parc, une cour de récréation et une seule route d'accès. Pendant l'année 1956, André Peytraud, qui a été surveillant au collège de Cholon, administre le foyer sous le contrôle de Maurice Grolleau. Rilly accueille surtout des tout petits, arrivés par avion en mars 1956, qui retrouvent en son directeur une figure familière connue au Vietnam. Mais la FOEFI critique une affection trop exclusive des enfants pour Peytraud qui engendre leur mauvaise intégration. La population environnante critique « le comportement farouche et antipathique » des enfants, même si les autorités locales soutiennent le foyer. Après la démission de Peytraud, un

---

[603] « Semblançay par Anne-Marie Gauguin », *GDR* n°40, 2010.
[604] « Mes premiers élèves », Jacqueline Arnault-Delaunay, *GDR* n°9, 1991.
[605] AGO FOEFI 1957.

couple gère le foyer, lui est chef de bataillon en retraite, « jeune et dynamique », et elle infirmière[606].

Les pupilles sont répartis dans les écoles primaires voisines. La concentration de 55 enfants à l'école publique de Vallières-les-Grandes provoque des tensions. Pour la FOEFI, « nos enfants portent une grosse responsabilité », mais il est aussi mentionné que « en cette région, nos pupilles ne connurent jamais l'accueil chaleureux, voire touchant, que la population réserva à leurs petits camarades du foyer de Vouvray ». Et il est envisagé de ramener ces 55 enfants à Rilly et d'y ouvrir des classes spécifiques comme à Semblançay. Il semble que la cause de cette hostilité du voisinage soit due au fait que des enfants arrivés en mars 1956 étaient atteints de la teigne :

> « nous n'insisterons jamais assez sur le tort considérable que ce convoi du 25 mars [celui-là même raconté par l'hôtesse Jocelyne Odier] a porté à nos œuvres. La publicité qui lui est faite dans la région provoque une certaine émotion, les gens de la campagne ne cessant de s'interroger sur cette teigne, si difficile à guérir, qui gagne de proche en proche. Beaucoup craignent que leurs enfants ne l'attrapent à l'école. Si le fait se produisait, nous assisterions vraisemblablement à un tollé général ».

Il faut ajouter à cela, comme pour les autres foyers, que « la population française se montre hostile à des enfants qui rappellent bien innocemment les mauvais souvenirs d'une guerre perdue »[607].

Le foyer situé à Tours entre en fonctionnement en 1957 et constitue la pension des pupilles qui sont élèves demi-pensionnaires dans la ville. À cette date, 32 garçons y séjournent, tous sont « des sujets choisis qui méritent de faire des études ». Les rapports insistent sur leur très bonne intégration à la vie urbaine et la qualité des relations qu'ils entretiennent avec leurs camarades dans les établissements scolaires, allant jusqu'à les inviter au foyer[608]. L'hôtel Magenta est également le siège de l'inspection générale des foyers de garçons assurée par Maurice Grolleau. Mais cette organisation est remise en cause par les troubles qui interviennent en 1957 dans les foyers.

---

[606] AGO FOEFI 1957.
[607] AGO FOEFI 1957 et 1958.
[608] AGO FOEFI 1958.

Tableau 3 – Effectifs des foyers de garçons

	Saint-Pierre-de-Vauvray puis « Les Sablons » à Notre-Dame-de-Vaudreuil	« Le Pont de Cisse » à Vouvray	« La Source » à Semblançay	Rilly	« Hôtel Magenta » à Tours	Total des effectifs des foyers de garçons
1952	12					12
1953	102					102
1954	134	55				179
1955	207	125	70			402
1956	157	132	126	127		542
1957	130	110	115	97	33	485
1958	22	72	64		35	193
1959	24	58	50		30	162
1960		50	28		31	113
1961		49	33		34	116
1962		42	25		6	73
1963		45	47			92
1964		34	25			59
1965		44	6			50
1966		?				?
1967		65				65
1968		?				?
1969		145				145
1970		?				?
1971		110				110
1972		89				89
1973		5				5
1974		54 ?				54 ?
1975		?				?

Source : ANOM FOEFI 90 APC 4291 à 4294

Les « révoltes » de 1957

Dix ans après les premiers convois de 1947 et quelques années seulement après les grands flux de 1954-1956, la FOEFI prend en charge 1 600 enfants, répartis dans 356 établissements et dans 226 communes de France (et aussi en Suisse). Le contrôle de cette organisation est quasi impossible pour une association comme la FOEFI. En février 1957, deux inspections générales sont mises en place, l'une pour les filles confiées à Marguerite Graffeuil et l'autre pour les garçons, confiée à Maurice Grolleau[609]. Sur ces 1 600 enfants, 485 garçons sont dans les foyers directement gérés par la FOEFI qui connaissent des soubresauts allant jusqu'à remettre en cause leur existence. Ces faits posent la question de savoir si la prise en charge dans des foyers constitue la meilleure manière d'éduquer et d'intégrer ces enfants.

Dans les premières années (1954-1957), le personnel éducatif des foyers est constitué surtout de personnes qui étaient au collège de Cholon (Grolleau, Céré, Susini, Peytraud) ou ont vécu en Indochine (Teisserenc). Au sein de l'association FOEFI, se reconstitue également, à un niveau bien plus élevé, une sociabilité de notables qui existait en Indochine avec William Bazé, Marguerite Graffeuil, Pierre Varet. Leur appréhension de la prise en charge des enfants eurasiens ne peut pas ne pas être contingentée, d'une manière ou d'une autre, par l'expérience personnelle qu'ils ont de l'Indochine et de ses populations. Ces expériences subjectives sont très valorisées par la FOEFI qui les tient pour gages de bonne compréhension du caractère eurasien et de réussite de l'entreprise d'assimilation.

Au contact direct des enfants, les éducateurs du foyer « William Bazé » à Saint-Pierre ne le sont que de nom, comme l'indique René Garnier (né en 1932) qui au cours de l'été 1953 passe de moniteur de colonies de vacances à éducateur puis adjoint au directeur Céré. Il rencontre Marguerite, la sœur d'un Eurasien du foyer qui est arrivée en 1947 sur l'*Athos II* et a été prise en charge par des religieuses à Dijon. Ils se plaisent, et après l'accord du frère de Marguerite, ils se marient en 1955, avec le soutien financier de la FOEFI[610]. Aux Sablons, c'est un ex-pupille de la FOEFI qui remplit les fonctions de secrétaire jusqu'au début de l'année 1958. En 1956, il n'y a que deux surveillants à Rilly, dont un a été recruté « pour un tout autre emploi ». Deux des plus grands pupilles font office d'aides-moniteurs. La même carence en éducateurs professionnels se retrouve lors du démarrage de Semblançay[611] : « au cours des premiers mois les moniteurs préféraient ne pas affronter les grands Eurasiens, on a dû les remplacer par des éducateurs plus aptes » se souvient Henry[612]. Didier Moreau, qui a été surveillant à Vouvray, précise qu'il n'y avait

---

[609] AGO FOEFI 1958.
[610] René Garnier, *Ainsi va la vie…*, imprimé, s. d., s. l., p.26-31 et témoignage, 21/06/2021.
[611] AGO FOEFI 1957.
[612] Henry, questionnaire, 2022.

que deux pions pour 120 pensionnaires, ce qui prouve selon lui que si les enfants étaient très fiers et susceptibles, ils n'étaient pas si difficiles à encadrer[613].

Un ancien pupille, Alexandre Thomas (né en 1947), qui a connu Vouvray et Semblançay s'interroge a posteriori : « les gens chargés de notre éducation étaient-ils tous préparés et formés à cette population de "sauvageons" que nous étions ? Probablement non. Ils ont dû pas mal improviser et faire ce qu'ils ont pu, avec les moyens – et les lacunes – du bord, parfois avec générosité et cœur, parfois disons… moins »[614]. En 1957, la FOEFI identifie comme « urgente » la question des recrutements et est consciente qu'elle « ne doit plus, sous prétexte d'économies, engager des surveillants par annonces dans les journaux. Elle a intérêt à s'assurer les services de véritables éducateurs sortant des centres de formation des moniteurs de colonies de vacances et des maisons d'enfants ». Mais des candidats potentiels font valoir que l'œuvre de la Fédération est forcément éphémère – puisque l'extinction des effectifs interviendra rapidement –, d'où l'idée d'augmenter les salaires en compensation de cette précarité. Une autre piste est de demander à l'administration le détachement dans les foyers de personnel qualifié, mais elle fait long feu[615].

Depuis l'installation des foyers, y compris à Saint-Rambert, la question des relations avec les autochtones est demeurée cruciale pour établir et maintenir de bonnes relations avec les autorités locales. Après une accalmie, la tension repart de plus belle en juin 1957 à Rilly, peut-être parce que des éléments difficiles sont venus des Sablons, peut-être aussi par le trop grand nombre d'interdits comme l'écrit Jean Sern[616]. Le préfet de Loir-et-Cher signale à la FOEFI « les dépravations commises par les enfants dans les propriétés environnantes », que le directeur du foyer estime très exagérées par la population locale et certains instituteurs. À l'inverse, un certificat médical prouve que deux pupilles ont été violentés par le directeur de l'école de Vallières. Les ministères de la France d'Outre-mer et des Affaires étrangères sont mis au courant de cette situation par une plainte du député communiste Bernard Paumier. Ce dernier écrit également à Bazé qui en réponse promet de « retirer les éléments indésirables » en espérant que ces « quelques faits regrettables à Rilly, ne devraient, en aucun cas, porter atteinte à une œuvre qui compte à son

---

[613] Témoignage dans film *Inconnu, présumé français*.
[614] Alexandre Thomas, *GDR* n°41, 2010.
[615] AGO 1957.
[616] Jean Sern, *L'enfant aux yeux clairs*, op. cit.

actif tant de brillants résultats ». Mais avant l'application de cette mesure, des habitants de Rilly, après avoir molesté un pupille, viennent manifester devant le foyer le 15 septembre. La dispersion du foyer est alors décidée en urgence et 97 enfants envoyés dans divers « établissements religieux particulièrement choisis pour la qualité de leur enseignement et la valeur éducative de leur personnel », ce qui indique en creux que tel n'était pas le cas à Rilly[617]. André, 9 ans, est envoyé chez des religieuses à Saint-Georges de l'Isle en Mayenne, il est donc séparé de son petit frère envoyé dans un autre établissement. Aujourd'hui, il dit comprendre l'attitude méfiante qui a été celle de la population. Finalement, le foyer de Rilly ferme ses portes en novembre 1957 après une très courte existence. La FOEFI loue le château où s'installe une clinique psychiatrique.

Ailleurs, ce sont des tensions internes aux foyers qui posent un problème. Si l'épisode d'une certaine opposition des filles aux religieuses a été jugulé facilement en 1956 à Saint-Rambert, début août 1957, se produisent à Semblançay des événements qualifiés de « graves » par la FOEFI, mais aussitôt minorés dans les rapports d'activités : « passager », « importance restreinte », « sans aucune répercussion ». Que dit la version de la FOEFI ? Le 9 août, une quarantaine de pupilles « conduits par quelques meneurs » se montrent si agressifs que Teisserenc fait appel à la gendarmerie. Bazé accourt, sermonne les enfants en vietnamien et en français et le soir fait évacuer les 9 meneurs. Le président explique cet accès de fièvre par les traumatismes psychologiques subis par les enfants eurasiens qui ont connu la guerre et l'exode[618]. Telle est la relation officielle de l'incident de Semblançay. Les enfants de l'époque se souviennent de l'épisode d'une autre manière.

En 2010, un numéro de *Grain de riz* consacre un dossier aux évènements de 1957. Alexandre Thomas, 10 ans à l'époque des faits, évoque, « face à cette rébellion digne de "la guerre des boutons" », des moyens « gigantesques et disproportionnés : plusieurs cars de gendarmes, chiens berger-allemand, mitraillettes, pistolets, menaces par haut-parleur, heureusement il n'y eut ni gaz lacrymogène ni hélicoptère… ». Il explique ainsi la révolte :

> « un après-midi, il faisait chaud, c'était en été, nous nous occupions de nos poules au fond du parc, peut-être même qu'un combat de coqs était en cours de discussion… L'heure de la sieste obligatoire a sonné. Personne n'avait envie d'y aller, on traînait un peu les pieds. L'un des moniteurs nous aurait-il

---

[617] AGO 1958.
[618] AGO 1958.

intimé un ordre trop brusquement ? Désobéissance délibérée, inconscience, ras-le-bol dû à notre enfermement entre les murs du foyer sans contact avec l'extérieur, sentiment d'extrême dépendance (en effet, on avait droit à de l'argent de poche, un franc ou deux, que si on obtenait une moyenne de 6/10) »[619].

Henri Lison raconte :

« les plus grands eurasiens discutaient des revendications, puis ils avaient demandé à monsieur le directeur de les recevoir pour négocier. La première des revendications c'était l'argent de poche, puis des broutilles sont venues : du beurre à la place de la margarine, sortie libre le soir, aller aux spectacles, au cinéma… Le directeur prenait note pour en référer à la hiérarchie »[620].

Puis les choses dégénèrent, vient le moment des incompréhensions, des insultes, du chahut. Les plus durs s'entêtent. Teisserenc appelle les gendarmes, deux arrivent, reçus à coups de pierres, ils sortent leurs armes, l'un tire en l'air. Une débandade suit avec l'éparpillement des enfants dans le parc et les bois. Henri Lison poursuit : « les fantasmes et les bruits fusaient aussi. Il y avait un mort ! Mais qui est mort ? Personne n'en savait rien, donc j'ai décidé d'aller voir de plus près ». Il est pris par les gendarmes. Teisserenc intervient en sa faveur, selon Henri Tison « il n'y avait pas de panique dans ses yeux, il était pâle mais calme, il s'inquiétait pour les Eurasiens ». L'ordre est rétabli, les enfants enfermés dans un garage pendant une journée entière. Les plus grands sont expédiés ailleurs. Alexandre Thomas est transféré à Vouvray, ce faisant il est séparé de son frère aîné, Charles, qui est envoyé dans un centre des Orphelins Apprentis d'Auteuil. Accompagné par le séminariste Bernard Martin – qui s'est opposé en vain à ce départ et à la séparation des deux frères –, Charles est accueilli par ces mots du directeur du centre : « jusqu'à maintenant tu as connu tes droits, maintenant, tu vas apprendre tes devoirs ». Brillant élève, il en en ressort cinq années plus tard avec un CAP de tourneur-fraiseur et a été « loué » aux agriculteurs du coin pour arracher les pieds de maïs l'hiver. Aujourd'hui, Alexandre Thomas se demande « comment une telle décision a pu être prise avec une telle cruauté et un tel cynisme : séparer deux enfants et surtout envoyer mon frère dans un orphelinat ». Le rapport de la FOEFI lui semble bien laconique, oubliant des vies brisées. Selon lui, Teisserenc, qui fut de longues années prisonnier du Vietminh, « a dû beaucoup souffrir car il ne fut pas au bon endroit au

---

[619] Alexandre Thomas, « La guerre de Semblançay », *GDR* n°41, 2010.
[620] Henri Lison, *GDR* n°41, 2010.

bon moment » vu son passé, et pose la question : « qui était au courant de la situation psychologique particulière du directeur du foyer ? »[621]. Bazé et toute l'quipe dirigeante de la FOEFI indiscutablement.

En réponse à Alexandre Thomas, Roger Arnault (né en 1932), alors moniteur à Semblançay, estime que « les causes de ces quelques jours de "désordre" ne seront jamais objectivement établies ! ». Et de renvoyer dos-à-dos les erreurs pédagogiques commises et l'instabilité de pré-ados et d'ados. Il reconnaît que tout n'a pas été parfait dans l'accompagnement, « mais dans l'ensemble, nous nous sommes beaucoup investis ». Pour lui, Teisserenc avait l'obligation d'avertir les autorités de la fugue des « révolutionnaires »[622]. Quant à Jean-Claude Marcel, 12 ans en 1957, pupille concerné par les événements, il pense qu'évoquer cet épisode « ne peut que raviver de mauvais souvenirs pour certains ». Il se souvient d'avoir reçu une raclée par Bernard Martin assisté de Mme Teisserenc lors de son retour de cavale. Il estime que la « révolution » n'a fait que précipiter des départs qui auraient eu lieu de toute façon, car dès avant les plus âgés du foyer avaient été expédiés dans divers centres en France. Lui est envoyé chez les Frères des Écoles chrétiennes à Auxerre[623].

Le foyer de Vouvray reste calme en 1957, tout comme celui de Tours. Bien longtemps après, Paul Susini ne comprend toujours pas ce qui a pu motiver l'appel aux gendarmes, si ce n'est une crainte excessive de Teisserenc[624]. Il faut dire que les deux directeurs sont un peu en concurrence, tous les deux à la tête des foyers de garçons les plus appréciés par la FOEFI. D'ailleurs, lui aussi à Vouvray confisque l'argent de poche pour des motifs que les pupilles ne comprennent pas, prélève une partie de l'argent gagné par les pupilles qui font les vendanges. Ceux-ci ne se révoltent pas pour autant, même s'ils s'en souviennent encore aujourd'hui comme une injustice.

Ayant forcément eu vent des événements par les gendarmes, la préfecture d'Indre-et-Loire missionne Mme Cottret, inspectrice de la Direction départementale de la population et de l'aide sociale (DDPAS), pour mener une enquête sur le foyer de Semblançay afin d'en étudier le fonctionnement et aussi faire la lumière sur les événements survenus en août. Le rapport de visite note qu'outre Teisserenc, absent le jour de la visite car en congé, l'équipe ne comporte pas d'éducateur et que les quatre

---

[621] Témoignage d'Alexandre Thomas, mai 2022.
[622] Roger Arnault, *GDR* n°41, 2010.
[623] Jean-Claude Marcel, *GDR* n°41, 2010.
[624] Témoignage de Paul Susini, 03/12/2021.

moniteurs sans diplôme ont été recrutés par annonce ou par relation. À part Arnault, présenté comme le meilleur élément, les autres ne restent pas très longtemps. Le personnel dit « secondaire », c'est-à-dire de service est lui en revanche très stable. L'école est assurée par quatre instituteurs publics dont une institutrice pour les plus petits. L'inspectrice signale qu'il n'y a pas de règlement intérieur. Quant aux événements du 9 août, ils sont relatés, en l'absence de Teisserenc, par Roger Arnault. Mme Cottret insiste sur le déploiement des forces de gendarmerie : celles de Neuillé-Pont-Pierre, Luynes et Loches arrivées en cars, avec des chiens policiers. La nuit tombée, tous les enfants sont repris et les 10 meneurs (âgés de 13 à 15 ans) sont gardés par les gendarmes dans la chapelle désaffectée. Elle indique que c'est le directeur départemental de la Population – et non Bazé – qui a le lendemain dispersé 9 d'entre eux vers des centres d'observation et de rééducation. Selon l'inspectrice, et aussi le maire de la commune, « il semble que la direction ait manqué un peu de maîtrise et de pondération au moment où les garçons refusaient de faire la sieste et que l'incident, bénin en soi, ne méritait pas tant de bruit ». De même, le directeur de l'école est étonné d'apprendre que l'un de ses élèves, qui a réussi en juin son certificat d'étude et en qui il avait toute confiance, soit présenté comme l'un des meneurs et ait été envoyé au centre de rééducation de La Chaumette.

Pour l'inspectrice, une certaine indiscipline règne encore parmi les enfants, dont se plaint la population environnante, et à laquelle les personnalités du directeur et de son adjoint, « très doux et bons » ne seraient pas étrangères. Selon elle, Teisserenc et Arnault sont mal secondés dans leur tâche : il faudrait auprès d'eux des éducateurs formés et davantage de moniteurs. Le nombre des enfants est deux fois supérieur (130) à ce qu'il devrait être pour un foyer de ce type (60). L'inspectrice déplore que « le foyer vive replié sur lui-même, sans contact avec la population », sauf lors de la messe dominicale. Elle estime que « rien n'est tenté jusqu'à présent pour assimiler les enfants » et préconise de trouver des familles qui pourraient les recevoir chez elles et leur « donner un semblant d'atmosphère familiale qu'une vie en collectivité ne peut offrir ». En fait, pour Cottret, le problème est d'ordre général :

> « il semble qu'à la base même de l'organisation de l'œuvre, il y ait une erreur. Rassembler en milieu confiné 130 enfants de même race, de même langue, va à l'encontre du but prévu, qui est l'intégration de ces enfants, rejetés par leur pays, aux mœurs d'Extrême-Orient, dans une communauté, celle de leurs pères, dans une société où s'ils ne sont pas rapidement intégrés, ils ne feront que des aigris, que des inadaptés ».

L'inspectrice est marquée par le fait qu'entre eux ils parlent vietnamien. Et de se demander : « peut-être, une dispersion dans des collectivités d'enfants déjà organisées, serait-elle préférable »[625]. Malgré les faits, malgré ce rapport, Bazé ménage beaucoup Teisserenc et minore sa responsabilité dans l'affaire. Peut-être est-ce dû au passé du directeur et à un certain respect du Président de la FOEFI vis-à-vis de lui, attention qu'il n'a pas pour beaucoup d'autres employés, fussent-ils directeurs de centres.

Le foyer des Sablons est lui aussi touché par des désordres. Les « plus âgés et les plus indésirables » commencent à être évacués à la fin de l'année 1957, car il est « impossible de continuer à entretenir dans l'inactivité des pupilles qui ne font aucun effort pour trouver du travail », mais ils continuent à poser des problèmes où ils sont placés en apprentissage. Rétrospectivement, il apparait à Bazé que « trop de malades ou de débiles mentaux encombraient » le foyer, « alors que leur place était dans des établissements spécialisés ». Il demande donc à Marguerite Graffeuil de « nettoyer les Sablons ». Cette dernière raconte y avoir trouvé « des garçons qui ressemblaient à des hippies avant l'heure »[626]. Tous les pupilles du foyer des Sablons sont dispersés, « la Fédération se trouve ainsi soulagée des éléments les moins recommandables »[627]. Le 30 septembre 1959, l'établissement ferme ses portes. Matériel et équipements sont dispersés dans les autres foyers[628]. Le directeur du foyer prend la direction de celui de Tours. La propriété est vendue pour 450 000 nouveaux francs au début de l'année 1962 à la ville de la Courneuve pour y organiser des colonies de vacances. Cette transaction permet à la FOEFI de récupérer tous les fonds engagés dans cet établissement. Ainsi se termine une expérience qui avait été mal engagée dès le départ[629]. En 1960, Bazé écrit que les réformes commencées en 1958 ont été poursuivies en 1959 et qu'elles ont porté leurs fruits : « les sujets inadaptés qui nous avaient suscité tant de difficultés ont complètement disparu de nos foyers de garçons »[630].

---

[625] AN FOEFI 128, « Enquête effectuée sur le foyer des jeunes Eurasiens de Semblançay », 30 août 1957, 6 p.
[626] Récit de Marguerite Graffeuil, 1990.
[627] AGO FOEFI 1959.
[628] AGO FOEFI 1960.
[629] AGO FOEFI 1962 ; AN FOEFI 128, lettre du directeur DDPAS de l'Eure au ministre de la Santé publique et la Population, 23 octobre 1959.
[630] AGO FOEFI 1960.

Remise en cause et changement de politique

L'incident de Semblançay, la fermeture du foyer de Rilly en 1957, puis de celui des Sablons en 1959, suscitent l'attention des autorités et des administrations de tutelle de la FOEFI, attention attirée sciemment par certains personnels qui ont été « remerciés » à la suite des événements de 1957. Ceux-ci sont en partie attribués par la FOEFI à l'échec de l'inspection générale des foyers de garçons – créée quelques mois plus tôt au profit de Maurice Grolleau – qui « ne put prévenir un relâchement général de la discipline qui se traduisit par des actes d'insubordination plus ou moins caractérisés ». Aussi, dès l'automne, l'inspection est remplacée par un service d'assistantes sociales, comme cela se faisait depuis dix ans avec les filles[631]. Maurice Grolleau, artisan de la création des foyers, est donc limogé en octobre 1957, il quitte ses fonctions le 7 novembre. D'autres moniteurs qui critiquent la nouvelle politique de dispersion des enfants, sont également licenciés.

En avril 1958, l'abbé Bernard Martin (1931-2009), originaire de Baugé (Maine-et-Loire), séminariste aux Missions africaines de Paris, moniteur bénévole dans les foyers de la FOEFI depuis 1954 aux Sablons, 1955 à Vouvray et 1956 à Semblançay, regrette auprès des assistantes sociales de la FOEFI le départ de trois enfants du foyer de Semblançay. D'autant que parmi eux se trouve un de ses filleuls qui depuis trois ans passait un mois l'été dans sa propre famille. Il réitère aussi sa demande pour que certains enfants puissent passer quelques jours avec leurs mamans qui sont en France et sollicite l'autorisation de visiter les apprentis[632]. Alexandre Thomas est l'un de ses enfants qui veulent « sortir » de Semblançay, pour aller voir leur mère, la sienne a été retrouvée à Noyant-d'Allier. Bernard Martin l'avait cru quand il avait affirmé que lui et son frère Charles n'étaient pas orphelins[633].

La réponse de Bazé est cinglante. Le président de la FOEFI s'étonne d'abord que l'abbé se soit arrogé la mission de visiter les pupilles de la FOEFI et même leurs familles, puisqu'il n'a jamais été mandaté pour cela. Il refuse l'autorisation demandée et souhaite : « que vous cessiez vos relations avec les pupilles car seul le personnel de la Fédération est qualifié pour avoir de tels contacts ». Comme toujours face aux critiques,

---

[631] AGO FOEFI 1958.
[632] AN FOEFI 126, lettre de l'abbé Bernard Martin aux assistantes sociales de la FOEFI, 26 avril 1958.
[633] Témoignage d'Alexandre Thomas, mai 2022.

Bazé rappelle l'ancienneté de son engagement et ses origines. Il précise que la dispersion des pupilles qui est mise en œuvre après 1957 se justifie car « il est de leur intérêt d'être plus profondément intégrés dans la nation française » ; « nos pupilles sont des Français et mon ambition est d'en faire des Français sains de corps et d'esprit ». D'où sa volonté de les élever socialement, c'est d'ailleurs selon lui la seule chance pour ceux qui voudraient retourner au Vietnam de pouvoir le faire compte tenu des restrictions des autorités vietnamiennes en matière d'immigration. Au contraire, il accuse Martin de « faire naître dans l'esprit des pupilles des complexes » que lui s'emploie à détruire »[634].

La rupture est donc consommée et l'abbé, bénévole, est limogé. Mais celui-ci continue à s'intéresser au sort des enfants eurasiens. La correspondance échangée est intéressante car elle montre des approches très différentes du problème eurasien. Martin rappelle d'abord que c'est sur la demande du commandant Grolleau qu'il est intervenu dans les foyers. Mais depuis la disgrâce de ce dernier, cet argument a peu de chance de toucher Bazé. Martin joint des extraits de correspondances reçues d'un directeur de foyer, d'un moniteur et de plusieurs pupilles qui le remercient tous pour son action. Même s'il ne connait pas le problème eurasien depuis aussi longtemps que Bazé, Martin plaide pour une approche humaine face à la solitude et à la détresse de certains enfants – il évoque des envies de suicide – et affirme que c'est ce qu'il a voulu faire en tant que moniteur et que futur prêtre. Il rejette avec force l'accusation d'empêcher les enfants de s'intégrer dans la nation française : les comprendre, les accompagner en tenant compte « des conditions psychologiques, sociales et familiales » ne l'empêche pas, bien au contraire. D'ailleurs, la vingtaine d'enfants accueillis pendant des vacances par les parents Martin n'en est que plus intégrée dans la société française. Enfin, il estime que visiter certaines mères des pupilles qui sont au CAFI de Noyant-d'Allier, « est un geste humain dont seule une maman est à même d'en juger la valeur »[635].

Le rendez-vous demandé par Martin ne sera pas accordé et sa mise à l'écart est irrévocable. Mais il ne désarme pas pour autant, recueille des soutiens à commencer par celui de Grolleau, selon qui « le vent a tourné et tout ce qui existait avant 1957 doit disparaître ». Sachant « ce qu'est l'ingratitude », il estime que Martin comme lui-même ont leur conscience pour eux car ils ont fait leur devoir, en aimant les enfants

---

[634] AN FOEFI 126, lettre de Bazé à Martin, 9 avril 1958.
[635] AN FOEFI 126, lettre de Martin à Bazé, mai 1958, 5 p.

eurasiens et « non pour nous en faire un marchepied politique ou autre », d'ailleurs ceux-ci leur en sont reconnaissants affirment-ils. C'est clairement Bazé qui est visé ici, avec les différents aspects de son engagement. « Un directeur de centre » partage la peine de Martin et regrette de ne pas l'avoir davantage mis en garde contre son projet d'écrire à la FOEFI. Moins concerné, le curé de Semblançay dénonce « l'attitude si violemment injuste de M. Bazé ». Une mère de pupilles de la FOEFI se trouvant en France remercie Martin pour son intervention en faveur de ses deux enfants. Elle estime que « cette fédération est inhumaine de vouloir séparer l'enfant de sa mère », et « lui faire croire qu'il est un enfant abandonné ». Elle, dont les deux filles placées à la FOEFI reviennent de temps en temps la voir, ne comprend pas pourquoi on interdit la même chose à ses deux garçons. Pour un ex-pupille de la FOEFI devenu adulte, la démarche de Martin est vouée à l'échec car « Paris ne veut pas qu'on s'immisce dans ses affaires ». Il rapporte qu'une infirmière de Rilly a voulu recevoir chez elle quelques pupilles, que cela lui a été refusé en lui précisant que Martin « a semé la pagaille dans les foyers en emmenant des gosses chez lui »[636]. Un apprenti qui est dans une usine à Baccarat se fait le porte-parole de ses camarades pour soutenir Martin qu'il appelle « bien cher chef ». Il écrit : « je sais bien chef que vous n'êtes pas Eurasien mais votre cœur est toujours eurasien ». Et de poursuivre, « quant à monsieur Bazé, je le connais bien, il a un mauvais caractère. Il a avalé tout notre argent et maintenant il veut nous laisser comme des chiens galeux. Oh ! Le salopard »[637].

Considérant que le modèle de prise en charge de la FOEFI, tel qu'il est en train d'évoluer vers la dispersion et l'isolement des pupilles, est néfaste pour les enfants ou en tout cas incomplet, Martin poursuit son combat en écrivant à des personnalités et des autorités administratives et politiques. Il développe tout particulièrement « quelques éléments de psychologie des Eurasiens de la FOEFI » et le « problème eurasien vu et jugé par les Eurasiens » avec les rubriques : « incompréhension du problème », « angoisse du problème », « attachement des Eurasiens pour leur foyer », « besoin de visite », « liens familiaux », « détresse », etc. Ce vocabulaire, qui insiste sur la psychologie et la subjectivité des pupilles, n'est pas celui qui est utilisé par la FOEFI.

---

[636] AN FOEFI 126, « Divers jugements sur la décision de M. Bazé » : « directeur de foyer » 10 mai 1958, « adulte à la Fédération » 21 mai 1958, « Grolleau » 2 juin 1958, « Maman étant en France » 2 août 1958.

[637] AN FOEFI 128, lettre d'un apprenti de Baccarat à Martin, 19 mai 1958.

Le 23 septembre 1959, Martin est reçu à Paris par les chefs de cabinet du ministre de la Population et du ministre de la Santé. Les archives conservent les notes manuscrites prises par l'un deux montrant que Martin insiste sur trois points : certains enfants ont été amenés en France sans que leur mère le sache, les mères restées en Indochine ont cependant des droits, la FOEFI refuse de rendre des enfants à leurs mères ; la dispersion des foyers est une faute ; des centaines de millions de subventions ont été versés à la FOEFI et il faudrait se poser la question de leur utilisation. Quelques jours plus tard, en remerciant ses interlocuteurs de l'avoir écouté, il tient à repréciser les éléments sur « le problème si méconnu et douloureux des jeunes eurasiens ». Laissant de côté le différend personnel qui l'oppose à Bazé, il estime être « le seul à pouvoir providentiellement prendre la défense de ces milliers de gosses » et de leurs familles. Selon lui, l'Association Sauvegarde de l'enfance de Tours va en parler à Robert Debré. Pédiatre reconnu, président du Centre International de l'Enfance, père du Premier ministre de l'époque Michel Debré, Robert Debré (1882-1978) possède une maison familiale à Amboise et est donc voisin des centres de la FOEFI[638].

Martin revient sur la dispersion des foyers en joignant une note présentant ses arguments sur « la nécessité des foyers » dans laquelle il identifie surtout « un problème affectif » qui nécessite pour les enfants d'avoir un lieu ou revenir régulièrement et non passer d'un établissement à un autre sans attache. « Quant à l'objection d'une adaptation plus totale à la vie française, il ne semble pas que la vie dans un foyer crée des complexes d'eurasiannisme » mais au contraire est un « point d'attache essentiel », « combien nous disent : c'est notre maison ! »[639]. Martin dresse également une liste de personnes susceptibles d'informer les ministères sur les activités de la FOEFI. Dans la liste figurent le Commandant Grolleau, « seule personne qualifiée pour donner tous renseignements valables sur la FOEFI », ayant fait partie du conseil d'administration de la FOEFI, il serait disposé à fournir un dossier complet sur les problèmes eurasiens. On trouve également les noms de Borne, ancien directeur du foyer des Sablons et de Roast, ancien directeur foyer de Tours, limogé le 1er octobre 1959 et devenu directeur d'un foyer pour enfants délinquants à Joué-lès-Tours, de Céré, ancien directeur de Saint-Pierre-du-Vauvray et des

---

[638] Yves Denéchère et Patrice Marcilloux (dir.), *Le Centre international de l'enfance (1949-1997). Des archives à l'histoire*, PUR, 2016.

[639] AN FOEFI 128, compte-rendu de l'entretien du 23 septembre, lettre de Martin aux directeurs de cabinet 29 septembre 1959 et note « Le problème eurasien – nécessité des foyers », 3 p.

Sablons. Et aussi Bernard Vignot, moniteur à Semblançay, séminariste des Missions étrangères de Bièvres, « l'un des moniteurs (bénévoles) qui a le plus compris le douloureux problème des enfants de la fédération », et qui aide un grand nombre d'apprentis. Quant à l'abbé Martin, il propose de « mettre à disposition pour enquête des centaines de lettres d'Eurasiens, tant enfants, qu'apprentis et étudiants, lettres envoyées depuis les premiers débuts de la Fédération en France jusqu'à ce jour ». Figurent aussi sur la liste le sénateur Join-Lambert, le cardinal Liénart, le maire d'Angoulême, et bien sûr les « mamans de Noyant-d'Allier »[640].

À la demande du ministère de la Santé publique et de la Population, Maurice Grolleau, qui habite alors à Nice, est reçu à deux reprises en octobre 1959 par le directeur DDPAS des Alpes-Maritimes. Preuve que les démarches de l'abbé Martin ne sont pas restées vaines. Lors de ces entrevues, Grolleau revient sur l'histoire de la FOEFI et son rôle en 1954 avant d'en venir à la situation des foyers. Pour lui, « les enfants y étaient heureux, bien logés, bien nourris, vêtus de façon convenable ». Il insiste sur le tournant de 1957, pas du tout sur les événements présentés plus hauts, mais sur le remplacement par Bazé en août 1957 du conseil d'administration de la FOEFI qui siégeait à Saigon par un autre conseil d'administration siégeant à Paris. Selon lui c'est ce nouveau conseil qui « jugea qu'il était plus facile de placer la grosse majorité des enfants en pension, généralement dans des établissements religieux, et les foyers où ils se sentaient heureux et chez eux furent peu à peu abandonnés ». Grolleau estime que « les dirigeants actuels de la Fédération n'ont qu'une idée et qu'une hâte : se débarrasser au plus vite des enfants ». Il se dit prêt à fournir de très nombreuses pièces financières relatives aux abus qu'il a relevés, mais ne pourrait le faire qu'au ministère, et en présence du sénateur des Français d'Indochine Motais de Narbonne, « au courant d'un assez grand nombre de faits qui peuvent être reprochés aux dirigeants de la FOEFI »[641]. Mais nulle trace d'un tel rendez-vous n'a pu être retrouvée, pas plus qu'un dossier sur le sujet.

Martin rédige également deux courts documents, en style télégraphique, assénant quelques idées fortes. Le premier intitulé « Problème eurasien vu actuellement » est une charge lourde contre la FOEFI : « administration de la FOEFI totalement incompétente », « incompréhension totale du douloureux problème humain de ces enfants », « assistantes sociales absolument incompétentes. Déplacent les enfants comme des

---

[640] AN FOEFI 128, « renseignements divers pour enquête », s. d. (1959-1960).
[641] AN FOEFI 128, entrevues avec le commandant Grolleau, octobre 1959.

pions. Aucune connaissance de l'enfant », « suppression des foyers », « renvoi des directeurs compétents », « aucune relation entre les foyers et Paris », « séparation des frères malgré les demandes des mères », « refus aux mamans de recevoir leurs enfants », « apprentis et étudiants pas assez suivis » et « éducation trop fermée pour les filles ». D'où : « Enfants aigris de plus en plus contre la France », « souffrances incroyables », « adolescents livrés à eux-mêmes » et « filles trop souvent et trop vite perdues dans la dure réalité de la vie qu'elles ignoraient »[642].

Le second document, intitulé « Diverses suggestions pour un projet futur », énumère les mesures les plus urgentes : « mener une enquête très approfondie sur l'administration de la FOEFI, ses méthodes et les conséquences malheureuses de celles-ci », « supprimer totalement l'administration de la FOEFI, dont le principal souci ne semble vraiment pas être le bonheur des enfants » et « prise en charge par les directeurs de la Population ». Il faudrait aussi remplir les foyers, rouvrir ceux qui ont été fermés, en créer d'autres si nécessaire. Tout cela sans séparer les frères, en permettant aux mères qui sont en France de les visiter. Il s'agirait de « tenir compte de la psychologie des enfants » et notamment « reprendre le problème des jeunes filles dont l'éducation cause de graves dangers »[643]. S'il est difficile d'évaluer les jugements de valeur sur l'organisation générale de la FOEFI, force est de constater que de nombreux points soulevés par Martin ont déjà été mentionnés dans des rapports antérieurs et que des questions méritent d'être posées.

Il est incontestable que la campagne menée par l'abbé Martin, et relayée peu ou prou par des anciens membres du personnel et quelques anciens pupilles de la FOEFI, a déclenché, ou amplifié, la méfiance de certaines autorités administratives vis-à-vis de la Fédération. La dimension financière est en effet aiguë. En 1958, la Commission interministérielle pour les rapatriés d'Indochine aborde sans ambages la question en évoquant les pupilles confiés à la FOEFI. Il est mentionné que la Fédération touche 300 millions de francs pour s'occuper de 2 000 enfants, or « l'instruction et l'éducation qui sont donnés à ces pupilles de la FOEFI sont loin de correspondre à l'importance des crédits accordés à cette œuvre ». Le Bureau des rapatriés d'Indochine, présidé par le sénateur Léon Motais de Narbonne (nom cité par Martin), dispose aussi de 300 millions mais pour 3 000 adultes et leurs enfants[644]. Cependant, les

---

[642] AN FOEFI 128, « Problème eurasien vu actuellement », s. d., 1959.
[643] AN FOEFI 128, « Diverses suggestions pour un projet futur » s.d. (1959).
[644] AN FOEFI 126, réunion Commission interministérielle pour les rapatriés d'Indochine, 2 octobre 1958.

subventions à la FOEFI ne sont pas remises en cause avant le milieu des années 1960. Bazé possède un réseau très vaste et sait s'adresser directement aux personnes les plus haut placées[645]. Une enquête menée par M. Rochefort, inspecteur général de l'administration du ministère de l'Intérieur, en 1959, au moment où la FOEFI passe sous la tutelle de ce ministère, montre l'étendue des relations de Bazé. Le ministre de l'Intérieur Jean Berthoin, qui souhaite accorder une augmentation de crédit à la FOEFI, sollicite l'arbitrage de Jacques Foccart, secrétaire général de la présidence de la République. Le feu vert étant donné, la FOEFI touche un cinquième trimestre exceptionnel de subvention pour l'année 1959 qui lui permet de faire face à toutes ses échéances[646].

Pour autant, les critiques de Martin sont graves et les autorités veulent vérifier ce qu'il se passe dans les foyers. Il semble y avoir comme une urgence pour les services administratifs à se pencher sur cette situation. En octobre 1959, le ministère de la Santé publique et de la Population demande à la préfecture de l'Eure une « enquête discrète » sur le foyer des Sablons, notamment sur deux points : à leur sortie, les enfants bénéficient-ils « d'un appui matériel et moral satisfaisant ? » et « quelles sont les dispositions prises afin de permettre aux jeunes eurasiens de conserver des rapports avec leur famille ? ». Le rapport envoyé quelques jours plus tard indique que le foyer vient de fermer, mais que beaucoup des Eurasiens qui ont quitté le foyer ne demeurent pas en relation avec la FOEFI et que la plupart « n'ont plus aucun rapport avec leur famille » puisqu'ils sont soit nés de parents inconnus, soit orphelins. Il est bien précisé que dans le cas où les parents ont été retrouvés, « ceux-ci possèdent les attributs de la puissance paternelle, la garde seule étant confiée à la Fédération »[647].

En Indre-et-Loire, l'inspectrice de la DDPAS Cottret est invitée à effectuer une nouvelle enquête sur le fonctionnement des foyers de Vouvray et Semblançay. Ces derniers rapports sont pourtant récents, datant de janvier 1958 pour Vouvray et août 1957 pour Semblancay. Concernant Vouvray, visité le 16 octobre 1959, l'inspectrice constate avec satisfaction que Susini a tenu compte des remarques précédentes « et s'est efforcé depuis de donner un caractère familial, indispensable à toute maison

---

[645] AGO FOEFI 1960.
[646] AN FOEFI 126, note de Jean Berthoin, ministre de l'Intérieur, à Jacques Foccart, secrétaire général de la présidence de la République, 1959.
[647] AN FOEFI 128, lettre du ministre de la Santé publique et de la Population au directeur DDPAS de l'Eure du 2 octobre 1959 et réponse du 23 octobre 1959.

d'enfants ». L'encadrement a également été amélioré. Les rapports avec les écoles sont bons mais les instituteurs déplorent un manque de suivi dans les leçons et devoirs, regrettent que Susini ait insisté pour présenter dix élèves au certificat d'étude alors que cinq seulement étaient valables et que la FOEFI élève les enfants « au-dessus de leur condition future », par exemple en les envoyant dans des colonies de vacances lointaines, comme en Corse ou à la montagne. L'orientation professionnelle est gérée avec le directeur du centre départemental dont la tâche est lourde avec les deux foyers FOEFI. La direction de la Fédération vient au moins une fois par trimestre à Vouvray. La nomination de Pierre Varet comme directeur administratif en 1957 est bien vue par Susini, tout comme le départ de Grolleau « qui avait une conception très militaire », même s'il lui rend hommage en tant qu'organisateur des foyers[648]. À Semblançay, l'inspectrice constate que le départ des plus grands a changé en bien l'ambiance du foyer et que l'encadrement s'est amélioré. Mais elle ne comprend pas bien la politique de la FOEFI dans deux domaines : d'une part le déplacement d'enfants d'un centre à un autre, sans que les directeurs puissent dire quoi que ce soit, ce que regrette vivement Teisserenc ; d'autre part l'orientation professionnelle des enfants qui semble être décidée par le Service social de la Fédération à Paris, là encore sans tenir compte de l'avis des directeurs de centres[649].

La direction générale de la Population s'intéresse particulièrement à ces rapports ce qui donne lieu à une communication téléphonique avec Cottret en novembre 1959, celle-ci confirme la « très bonne impression sur les directeurs » mais regrette que le siège de la FOEFI leur ait ordonné de ne pas lui donner la liste des enfants. Elle évoque une « ambiance très bonne dans les deux foyers » d'où les enfants partent à 12 ou 14 ans, placés par l'œuvre, pas par les directeurs. Une minorité revient pour les vacances. Selon les directeurs les « rapports avec les familles, dès que l'existence de celles-ci est connue, sont facilités au maximum ». La réduction des effectifs à une soixantaine d'enfants est une excellente évolution[650]. De son côté, la FOEFI fait procéder à une inspection de ses établissements par M. Sinoir, psychologue de l'éducation surveillée, en tant qu'expert technique. Sollicité par la même direction de la Population, il accepte de livrer ses principaux résultats : « il pense, en résumé,

---

[648] AN FOEFI 128, « Enquête effectuée le 16 octobre 1959 sur le foyer de Vouvray ».
[649] AN FOEFI 128, « Enquête effectuée le 20 octobre 1959 sur le foyer de Semblançay ».
[650] AN FOEFI 128, Direction générale de la population et de l'action sociale, enfants eurasiens, « communication téléphonique de mademoiselle Cottret, inspecteur de la population d'Indre-et-Loire », 14 novembre 1959.

que les organisateurs de la FOEFI n'ont aucun sens des exigences techniques de la pédagogie dans les maisons d'enfants actuelles : les dortoirs sont encore de 70 lits, le personnel est sans formation ». Sinoir dit avoir présenté son rapport à Varet, « qui a semblé comprendre ces critiques, mais il n'a pas plu à M. Bazé, qui semble très autoritaire, ne connait pas les questions d'éducation mais n'admet cependant aucun conseil »[651]. Lors de l'assemblée générale de la FOEFI en 1960, aucun de ces rapports n'est évoqué. Les conclusions sur les foyers de Vouvray et de Semblançay sont les suivantes : « à Vouvray, l'année 1959 s'est terminée dans une atmosphère de gaité et de joie. Les enfants sont ouverts et contents » ; « l'année 1959 a été pour le foyer de Semblançay une année de calme et de stabilité »[652].

En 1960, la FOEFI continue son « œuvre de dispersion des pupilles », de 130 enfants, la moyenne de fréquentation des foyers de Vouvray et Semblançay tombe à 50 pour le premier et 30 pour le second. Avec Tours, les trois foyers deviennent des « établissements de transit » pour régler les problèmes à l'arrivée des enfants, le passage des pupilles pendant les vacances, l'hébergement en urgence des caractériels renvoyés d'une pension avant qu'ils ne soient envoyés dans un établissement adapté, etc. Le corollaire de la dispersion est le recrutement de davantage d'assistantes sociales pour suivre les pupilles éparpillés dans toute la France. La FOEFI se plait à indiquer que l'objectif affiché par les autorités françaises est désormais qu'« il faut intégrer à la communauté métropolitaine moralement, civiquement et socialement ceux qui n'ont plus de place dans les pays d'outre-mer ». La FOEFI estime que sa politique de dispersion qu'elle « préconise depuis plusieurs années et met en pratique avec succès voit ainsi une sorte de consécration officielle ». Bazé développe, manifestement avec délectation, le cas de deux jeunes Eurasiens pris en charge au foyer des pupilles de la Nation de Boulogne où ils ont été placés au milieu d'Européens. Face à leur inadaptation le directeur de ce centre demande à la FOEFI de les accueillir dans un foyer réservé aux Eurasiens. Bazé lui répond que la conception de la FOEFI est exactement inverse : « l'expérience nous a appris en effet que le groupement des Eurasiens dans des organisations établies à leur intention ne donnait pas de bons résultats ». Et de préciser que ses 1 600 pupilles sont répartis

---

[651] AN FOEFI 128, Direction générale de la population et de l'action sociale, enfants eurasiens, « communication téléphonique de Monsieur Sinoir, psychologue de l'éducation surveillée », 10 novembre 1959.
[652] AGO FOEFI 1960.

dans plus de 600 établissements[653]. Malgré des arrivées importantes en provenance de la péninsule indochinoise en 1961, la FOEFI maintient sa politique[654]. La dispersion ne vaut pas garantie que tout se passe bien partout. Louis, arrivé en 1960 à l'âge de 8 ans chez les sœurs de l'orphelinat de La Rivière-Thibouville, se souvient d'une « discipline [...] très musclée. Nous étions souvent punis, et même frappés. Il y avait très peu de sécurité dans notre environnement : si on se blessait ou si on était malade les soins étaient très sommaires. Les religieuses témoignaient très peu d'affection à l'égard des orphelins ». Yves Lapie (né en 1943) moniteur à l'orphelinat des Filles de la Charité de Saint-Vincent de Paul en 1961 à Rennes, raconte que l'établissement accueillait 15 et 20 enfants eurasiens, soit un tiers de l'effectif. Leur mentalité différente le marque, ainsi que leur plus grande maturité (peut-être dû au rajeunissement afin de leur faire apprendre le français en classe primaire). Au terme d'une carrière dans l'éducation spécialisée, il estime que « l'institution était violente et maltraitante envers ces enfants »[655].

Le foyer de Tours est lui aussi sujet à un désordre en 1961. Selon Bazé, un pensionnaire, arrivé en France à plus de 18 ans a « réussi à créer un état d'esprit revendicatif qui aurait conduit à brève échéance à la constitution d'un foyer de blousons noirs prêts à toutes les révoltes ». Il est exclu du foyer et c'est la police qui doit lui en interdire l'entrée, tout comme lui faire quitter les bureaux du siège à Paris. Et les responsables de faire un triste constat :

> « nous savions déjà par le foyer des Sablons que le maintien en groupe d'éléments âgés n'était pas heureux. Les plus mauvais d'entre eux imposaient aux autres leur volonté et développaient une sorte de racisme à rebours pour justifier leur paresse. C'est pour cette raison que le foyer des Sablons a été fermé et les jeunes gens qui se révélaient aigris, vaniteux ou agressifs ont fini par se mettre au travail ».

La loi votée le 26 décembre 1961 « relative à l'accueil et à la réinstallation des Français d'outre-mer », en mobilisant les dispositifs de protection afin de faciliter l'intégration des rapatriés (surtout d'Algérie), est présentée par la FOEFI comme une confirmation de la voie qu'elle a tracée. « Pendant de nombreuses années, nous avions un peu l'impression

---

[653] AGO FOEFI 1961, lettre de Bazé au service départemental des anciens combattants et victimes de guerre de Paris, 2 février 1961.
[654] AGO FOEFI 1962.
[655] Témoignage d'Yves Lapie, 05/07/2022.

de prêcher dans le désert »[656]. Ce satisfecit pro domo est très exagéré car la conversion à la dispersion comme facteur d'intégration des enfants, forcée par les événements de l'année 1957, est récente. Et surtout, pourquoi alors continuer à concentrer des filles dans le foyer de l'abbaye à Saint-Rambert ? En fait, il apparait que les principes de la FOEFI, qui ont évolué rapidement en quelques années, sont également à géométrie variable en fonction du sexe des pupilles et de leurs situations. Les cas des pupilles africasiens montrent que le pragmatisme revendiqué dans les pratiques dissimule une philosophie mal établie et variable aussi selon les interlocuteurs de la Fédération.

---

[656] AGO FOEFI 1962.

Chapitre 10
Les enfants africasiens entre Indochine, Afrique et France

Sur les photographies d'enfants prises dans les centres de la FOEFI, tant au Vietnam que dans les foyers en France figurent des enfants métis noirs, des africasiens. Ce néologisme désigne les enfants nés d'un père africain, militaire du CEFEO, et d'une mère autochtone, le plus souvent vietnamienne. La question métisse africasienne dont la race (la couleur) constitue la principale donnée concerne, par extension, également des enfants nés de pères militaires originaires des tout nouveaux départements de Martinique, Guadeloupe, Guyane et La Réunion créés en 1946. L'historienne Sarah Zimmerman choisit pour nommer ces enfants les qualificatifs afro-vietnamiens, afro-laotiens, afro-cambodgiens[657]. En Indochine, ces enfants métis noirs sont davantage rejetés que les enfants eurasiens ce qui pose avec encore plus d'acuité la question de leur place dans la société où ils sont nés. Des pères militaires, à la fin de leur service, ont emmené leurs enfants africasiens dans leur pays ou département d'outre-mer d'origine avec parfois leurs mères. L'attitude des autorités vis-à-vis d'eux a été différente de celle à l'égard des militaires de métropole. Le parcours de vie de ces enfants d'Asie en Afrique a ceci de particulier par rapport aux Eurasiens qu'ils passent d'un territoire colonisé à un autre, d'une domination coloniale à une autre, qui se prolonge jusqu'au début des années 1960. En revanche, comme pour les enfants eurasiens, nombreux sont les enfants africasiens à ne pas être reconnus par leurs pères, à vivre seuls avec leur mère, certains d'entre eux sont confiés à la FOEFI. La Fédération en envoie quelques-uns en Afrique mais surtout en métropole où ils vivent une expérience de l'intégration à la fois comparable à leurs camarades eurasiens, mais avec une racisation différente.

---

[657] Sarah J. Zimmerman, *Militarizing Marriage. West African Soldiers' Conjugal Traditions in Modern French Empire*, Ohio University Press, 2020, p.171.

Les données du métissage africasien en Indochine

Dans l'entre-deux-guerres, le nombre d'enfants africasiens est minime comme le constate le médecin-commandant Ravoux qui examine en 1947 un groupe de 200 enfants eurasiens nés dans les années 1920 et 1930 et admis à l'école des enfants de troupe eurasiens de Dalat. Les 12 pères noirs des enfants étudiés sont tous militaires, dont 10 Martiniquais et 2 Sénégalais, l'un d'entre eux a reconnu son enfant quelques mois après la naissance, et un autre un mois avant[658]. Mais tout comme pour les Eurasiens, les effectifs d'enfants africasiens nés en Indochine sont très difficiles à préciser. Une autre publication anthropologique du début des années 1960 évoque un nombre « très faible » et une étude interrompue « par suite du départ de la plupart des enfants en Afrique »[659]. Mais cette dernière affirmation mérite d'être prise avec précaution.

En tout état de cause, la donne change avec la guerre d'indépendance et la présence en Indochine entre 1947 et 1954 de plus de 60 000 hommes originaires d'Afrique occidentale et d'Afrique équatoriale et plus de 120 000 d'Afrique du Nord, c'est-à-dire respectivement 14 % et 27 % des 450 000 militaires ayant servi en Indochine pendant cette période[660]. Bien entendu, comme pour les autres militaires, ils ont été en contact avec des femmes autochtones et des relations sexuelles ont eu lieu sous les formes de viols, de prostitution, de passades, d'histoires d'amour et d'encongaillages. Les querelles avec les autochtones, provoquées par des Africains jaloux et la concurrence amoureuse avec les supplétifs autochtones sont nombreuses, parfois violentes et sanglantes[661]. Bodin écrit que les Africains se méprenaient sur la véritable nature de leurs relations avec les femmes et se seraient fait facilement abuser par les femmes du Dich

---

[658] Ravoux, « Aspects sociaux d'un groupe d'Eurasiens », *Op. cit.*, p.180-190.

[659] Huard P., Lanchou G., Trân-Anh, « Les enquêtes anthropologiques faites en Indochine et plus particulièrement au Vietnam », *Bulletins et Mémoires de la Société d'anthropologie de Paris*, XIe Série, tome 3, 1962. p.372-438, p.429.

[660] Michel Bodin, *Les Africains dans la Guerre d'Indochine 1947-1954*, Paris, L'Harmattan, 2000, p.10 ; « Les Marocains dans la guerre d'Indochine (1947-1954) », *Guerres mondiales et conflits contemporains*, 2015, n°259 : 'L'armée d'Afrique', p.57-76 ; François Gérin-Roze, « La "vietnamisation": la participation des autochtones à la guerre d'Indochine (1945-1954) » in Maurice Vaïsse, *L'Armée française dans la guerre d'Indochine (1946-1954) : adaptation ou inadaptation?*, Bruxelles, Éditions Complexe, 2000, p.137-194, p.146 ; Anthony Guyon, *Les tirailleurs sénégalais. De l'indigène au soldat de 1857 à nos jours*, Paris, Perrin et ministère des Armées, 2018.

[661] Abdoul Sow, *Les tirailleurs sénégalais se racontent*, Dakar, L'Harmattan-Sénégal, 2018, p.342.

Les données du métissage africasien en Indochine 243

Van (service du Vietminh pour encourager les désertions). D'un autre côté, ces relations détournent les hommes des prostituées ce qui réduit le risque de maladies sexuellement transmissibles, et les rapports militaires soulignent qu'elles sont bonnes pour le moral des troupes[662].

Sarah Zimmermann invite quant à elle à repenser le fonctionnement de la race, de la sexualité et de la famille en dehors du binaire colonisateur/colonisé. L'étude des couples et des enfants afro-vietnamiens permettent de comprendre l'articulation du pouvoir colonial sexué et racialisé pendant les guerres de décolonisation. Les militaires africains ressortent à la fois des « nègres colonisés » et des « soldats colonisateurs ». En Indochine, les militaires africains ont adapté leurs traditions conjugales en faisant leur le modèle du personnel militaire français qui pensait que les femmes vietnamiennes étaient sexuellement disponibles pour eux par le biais de relations occasionnelles, transactionnelles, romantiques ou conjugales. Les autorités militaires ont bien tenté de réglementer les rapports des soldats africains avec les femmes autochtones en sanctionnant les relations sexuelles tarifées et en décourageant les relations romantiques « clandestines », mais leurs efforts ont échoué[663]. Dans un rapport sur les restrictions concernant les mariages contenues dans une circulaire de 1947 (qui s'applique brutalement à partir de 1951), à savoir que les mariages ne sont autorisés qu'après 12 ans de service pour la troupe et 8 ans pour les sous-officiers, le capitaine Christophe Soglo (1909-1983) affirme que ces mesures pèsent sur le moral des troupes africaines et demande que ces délais soient ramenés à 6 et 4 ans. L'auteur du rapport – futur président de la République du Dahomey (1963-1964 et 1965-1967) – est alors en poste au sein de la Base opérationnelle du Tonkin (BOTK) et personnellement concerné par la question puisqu'il qui vit avec une Vietnamienne avec laquelle il a eu plusieurs enfants[664].

Combien d'enfants naquirent de ces unions ? Malheureusement, aucune source disponible ne permet de répondre précisément à cette question. « Plusieurs centaines d'enfants », peut-on lire dans un ouvrage récent, mais avec la précision que « le nombre reste difficile à évaluer avec exactitude »[665] ; Sarah Zimmermann évoque « des centaines voire des

---

[662] Michel Bodin, *Les Africains… op. cit.*, p.59-60.

[663] Sarah J. Zimmerman, *Militarizing Marriage… op. cit.*, chapter 6 "Afro-Vietnamese Military Household in French Indochina and West Africa, 1930-56", p.170-194.

[664] SHD, 10H420, rapport du capitaine Soglo sur le moral des militaires africains, 9 mai 1952.

[665] Ivan Cadeau, François Cochet, Rémy Porte (dir.), *La guerre d'Indochine. Dictionnaire*, Paris, Perrin et ministère des Armées, 2021, notice « Africasiens », p.59-60.

milliers ». Lors de leur départ, certains militaires qui ont reconnu leurs enfants, souhaitent les emmener avec eux, parfois avec les mères, parfois sans elles. D'autres prennent en charge des enfants dont les pères sont des camarades déjà partis ou morts. Tel est peut-être le cas du tirailleur sénégalais Auguste Diba. Il rentre au pays à Ziguinchor en 1950 avec un enfant nommé Pierre Aguibou dont il est le tuteur. Sitôt arrivé, il le confie à sa sœur[666]. Quand leurs demandes déposées auprès des autorités ne reçoivent pas de réponse, certains tirailleurs se portent volontaires pour un second séjour dans le but de demeurer avec leur « famille indochinoise »[667]. C'est le cas d'Anicet Roisier, Martiniquais engagé dans l'armée à 19 ans, marié à une Vietnamienne avec qui il a deux enfants qu'on lui refuse d'emmener avec lui à la fin de son engagement[668].

La question est politique et sensible. En 1950, Léopold Senghor (1906-2001), député de l'Union Française pour la circonscription du Sénégal et de la Mauritanie, s'enquiert auprès du Gouverneur du Sénégal de la situation des enfants « métis nés de Sénégalais et d'Annamites » en Indochine. Son attention a été attirée par un certain M'Baye Seck, d'origine sénégalaise, représentant de commerce à Hanoi, qui s'occupe d'œuvres sociales en faveur de ces enfants métis. Aussi, il souhaite savoir si les militaires africains qui ont exprimé le souhait d'emmener leurs enfants lors de leur rapatriement sont prêts à les prendre en charge, et s'il existe en Afrique un organisme chargé de la réception de ces enfants et des centres d'éducation[669]. En réponse, le gouverneur général de l'AOF écrit que lui-même se préoccupe de cette question qui a fait l'objet de l'une de ses circulaires. Jusqu'alors, le nombre d'enfants concernés était très faible et les questions ont été traitées au cas par cas, notamment l'accueil éventuel d'enfants dans des centres d'éducation réservés aux métis eurafricains. Mais « a priori, il serait pourtant préférable de voir ces enfants confiés à leur famille paternelle ». D'où sa sollicitation adressée au Haut-Commissaire en Indochine de faire réaliser des enquêtes, dès que

---

[666] Sarah J. Zimmerman, *Militarizing Marriage… op. cit.*, p.2 et 170.
[667] SHD 10H420, rapports sur le moral des militaires africains, 1950 ; Michel Bodin, « Le plaisir du soldat en Indochine (1945-1954) », *Guerres mondiales et conflits contemporains*, 2006/2, n° 222, p.7-18.
[668] « J'ai même rencontré un père courage », *GDR* n°54, 2018, p.7.
[669] Archives Nationales du Sénégal (désormais ANS), fonds AOF série H « Santé et assistance publique », sous-série 2H « Assistance publique », carton 2H22, lettre de L. Senghor au Gouverneur Bailly, 25 juin 1950. Vifs remerciements à Martin Mourre, historien spécialiste de la mémoire coloniale en Afrique et de l'histoire des décolonisations, qui en partageant généreusement ses clichés réalisés à Dakar nous a permis d'exploiter ces archives.

l'intention d'un père africain est connue en Indochine pour s'assurer de l'accord et des moyens suffisants de la famille, car « il peut se faire que les familles des militaires rapatriés n'accueillent que de mauvais gré ces petits métis »[670]. Les autorités coloniales voient ainsi la question africasienne venir se greffer sur la question métisse en Afrique coloniale, déjà complexe et délicate, notamment en ce qui concerne la prise en charge et l'éducation des enfants[671].

Si le député Senghor et les autorités de l'AOF s'intéressent à cette question au regard de la situation en Afrique, elle se pose également avec acuité en Indochine. Répondant à une interrogation du Commandant supérieur des forces terrestres en AOF, s'inquiétant de voir arriver d'Indochine huit tirailleurs avec leurs enfants métis, le ministre de la France d'Outre-Mer indique en 1950 qu'il a dû prendre position sur cette question. Les autorités civiles et militaires d'Indochine, « justement émues par cette situation », l'ont convaincu de ne pas refuser à ces militaires l'autorisation d'emmener leurs enfants avec eux. En effet, « ils reconnaissent en général leurs enfants » – ce qui n'est pas le cas de tous les militaires français de métropole – et cela à des conséquences juridiques qui doivent être respectées. Et puis, « d'un point de vue strictement humanitaire, la situation de ces enfants demeurés en Indochine risquait de devenir un jour ou l'autre particulièrement délicate ». En conséquence, et « malgré les inconvénients qui résulteront vraisemblablement de la présence, en Afrique Noire, d'enfants métis africasiens », les militaires africains qui en feront la demande auront l'autorisation d'emmener avec eux leurs enfants. Il faut donc s'attendre à ce que « le nombre d'enfants ainsi dirigés vers les territoires africains soit assez élevé »[672]. Un mois plus tard, le 14 août 1950, *Le Champollion* quitte Saigon avec 26 Africains accompagnés de 26 enfants reconnus, tous âgés de 6 mois à 2 ans et demi (15 filles et 11 garçons), 6 d'entre doivent être acheminés ensuite à Dakar, et les 20 autres jusqu'à Conakry[673].

---

[670] ANS, 2H22, lettre du gouverneur général de l'AOF au gouverneur du Sénégal, 11 août 1950 (faisant référence à une lettre circulaire aux gouverneurs, chefs de territoire du groupe du 19 juillet 1950) ; lettre du gouverneur général de l'AOF au Haut-Commissaire en Indochine, 9 août 1950 et lettre au Commandant supérieur des forces terrestres en AOF, 28 août 1950.
[671] Owen White, *Children of the French Empire... op. cit.*
[672] ANS, 2H22, lettre du ministre de la France d'Outre-Mer au commandant supérieur des troupes terrestres d'AOF, 7 juillet 1950, et lettre du commandant au gouverneur général de l'AOF, 11 août 1950.
[673] ANS, 2H22, lettre du HC en Indochine au gouverneur général en AOF, 5 septembre 1950.

Dès 1950 donc, des militaires africains peuvent rentrer au pays avec les enfants qu'ils ont légalement reconnus, mais qu'en est-il du consentement des mères ? À la fin de l'année, trois mères s'opposent au départ de leur enfant, ce qui donne aux autorités l'occasion de préciser les conditions dans lesquelles les militaires africains peuvent exercer leur puissance paternelle aux dépens des mères. Si la reconnaissance de sa paternité sur l'enfant a été consignée en bonne et due forme, « et qu'il ne s'agit pas de filiation adultérine », un père qui a dû partir sans son enfant peut intenter une action près le tribunal en Indochine. Mais compte tenu du grand éloignement, des langues différentes, de l'incertitude de la situation politique, etc., « les procès à engager ne sont pas susceptibles d'aboutir avant de longs mois sinon des années »[674]. Autant dire que si une mère refuse de laisser partir son enfant, celui-ci n'accompagnera pas son père vers l'Afrique. Il n'empêche que les autorités civiles comme militaires favorisent plutôt la relocalisation des foyers afro-vietnamiens des « soldats africains » (appellation qui remplace celle de tirailleurs sénégalais en 1951) de l'Indochine vers les territoires d'origine.

La défaite de Dien Bien Phu vient rebattre les cartes de cette question comme de tant d'autres. Un rapport de synthèse sur le moral des militaires africains au premier semestre 1955 évoque le retrait des troupes en deçà du 17e parallèle – comme prévu par les accords de Genève – avec son lot d'amertume. Les hommes n'acceptent pas de laisser derrière eux leurs femmes et leurs enfants. Une comparaison est faite avec la situation des enfants naturels de combattants au lendemain de la fin de la Seconde Guerre mondiale en Europe, mais le problème se présente en Indochine « avec beaucoup plus d'acuité ». Anticipant le problème, le Haut-Commissariat a proposé au gouvernement vietnamien le rapatriement des enfants vers la métropole et les territoires de la France d'Outre-Mer. Mais le gouvernement vietnamien, sans répondre directement, se montre hostile à cette solution. En accord avec le service social des Forces terrestres d'Extrême Orient, il est donc envisagé de donner un tuteur à chaque enfant africasien abandonné. D'où des demandes d'adoption et de tutelles déposées sous couvert du service social de l'armée par des militaires africains auprès du tribunal de première instance de Saigon. Au 23 juillet 1955, 64 demandes avaient été déposées, dont certaines accordées, notamment pour le capitaine Soglo pour cinq enfants, et le lieutenant Ano pour quatre. Mais Soglo préconise d'aller beaucoup plus

---

[674] ANS, 2H22, lettre du ministre de la France d'Outre-Mer au commandant supérieur des forces terrestres de l'AOF, 13 janvier 1951.

loin : « prévoir également le rapatriement des enfants encore détenus par les mères vietnamiennes qui, vivant des dons librement consentis par les Africains, ne manqueront pas de les abandonner dans les crèches une fois privées de cette ressource après le départ des derniers éléments du corps expéditionnaire »[675].

À la fin de l'année 1955, le ministre de la Défense nationale et des forces armées évoque « le nombre important d'enfants africasiens emmenés par des militaires africains rapatriés d'Extrême-Orient ». Au moment où il écrit, 49 enfants se trouvent en transit à Marseille et peu auparavant un officier a ramené ses deux enfants légitimes et cinq autres dont il avait obtenu la tutelle par le tribunal. Même s'il n'est pas nommé, on peut affirmer qu'il s'agit du capitaine Christophe Soglo parti avec 7 enfants. Selon le ministère, des mères vietnamiennes se livreraient à de « véritables marchandages pour abandonner leurs enfants contre rémunération », surtout lorsque les pères sont gradés. Si rien ne peut empêcher ces pratiques, il demande de vérifier « qu'il s'agit bien d'enfants régulièrement reconnus » et de les surveiller après leur transfert en Afrique[676]. Un mois plus tard, le ministère de la France d'Outre-Mer précise que les 49 enfants « ont été dirigés sur leur territoire d'origine » et que 50 à 65 autres enfants doivent bientôt arriver à Marseille[677]. Ces chiffres montrent l'ampleur du phénomène au moment où les troupes françaises quittent progressivement le Vietnam. Dix ans plus tard, Mademoiselle Henry, assistante sociale du Consulat général de France à Saigon, estime que les soldats noirs ont presque tous emmené avec eux les enfants dont ils étaient les pères. Elle se souvient du dernier départ du *Pasteur* partant pour Marseille avec les soldats du corps expéditionnaire : « ils tenaient leur enfant à bout de bras sur le pont. Ils les embrassaient, certains en avaient deux »[678].

La FOEFI n'a pas affaire avec les Africains qui souhaitent garder leurs enfants, ni même avec ceux qui souhaiteraient lui confier leurs enfants. En mars 1955, un ex-inspecteur au commissariat des ports de Saigon, en instance de départ pour le Sénégal demande l'admission de ses trois plus

---

[675] SHD 10H420, document préparatoire et synthèse du capitaine Soglo, chef de bureau des Affaires militaires africaines de l'EMCEC, sur le moral des militaires africains durant le premier trimestre 1955, 26 août 1955.

[676] ANS, 2H22, lettre du ministre de la Défense nationale et des forces armées au commandant des forces terrestres, maritimes et aériennes d'Extrême-Orient.

[677] ANS, 2H22, dépêche du ministre de la France d'Outre-Mer au commandant supérieur des forces armées de la zone AOF-Togo, 30 janvier 1956.

[678] « Avec 24 autres enfants de Français et de Vietnamiennes, elle va découvrir la France, son pays, qu'elle ne connait pas », *France-Soir*, le 26 octobre 1966.

grands enfants (10, 9 et 4 ans) au collège de Cholon à titre payant. Après son licenciement, son épouse légitime vietnamienne a abandonné le foyer et est partie avec un militaire vietnamien. Un an plus tard, ses affaires n'étant pas réglées, le père réclame que la FOEFI prennent en charge les enfants, ce qui est refusé, puisqu'à cette date la Fédération ne prend plus en charge d'enfants à titre payant[679].

Parcours de femmes et d'enfants, d'Indochine en Afrique

Comment les enfants africasiens qui suivent leurs pères rentrant au pays s'intègrent-ils dans la société ? Quel accueil est réservé à ces enfants différents ? Évidemment les situations sont très diverses et dépendent avant tout de la configuration familiale. Certains enfants, légitimes, accompagnent père et mère, d'autres ne suivent que leurs pères qui les ont reconnus mais partent sans les mères : soit celles-ci ne veulent pas les suivre, soit ceux-là ne veulent pas les emmener. La situation des enfants « rentrés » avec leur père ou plutôt emmenés par leur père rentrant au pays suscite l'intérêt des autorités. D'où quelques données quantitatives et qualitatives conservées dans les archives. Un recensement effectué en 1951 au Sénégal dresse une liste de 45 enfants (dont 22 à Rufisque et 17 à Dakar) âgés d'un à seize ans, tous « ont été accueillis sans incident par la famille africaine ». D'ailleurs, « dans la majorité des cas, la mère indochinoise a accompagné son mari ». Les couples élèvent bien leurs enfants qui, à Dakar, vont à l'école[680]. Au Soudan français, un seul enfant africasien est répertorié à l'automne 1950. Il s'agit d'un bébé de sept mois, baptisé catholique, ramené d'Indochine par son père, brigadier-chef. L'épouse africaine de ce dernier accueille très bien l'enfant, le porte dans le dos et déclare vouloir l'adopter et l'élever comme son fils[681]. Le gouverneur du Soudan estime que « les milieux africains restent dans l'ensemble assez indifférents à cette question d'enfants métis.

---

[679] ANOM, FOEFI 90 APC 3857.
[680] ANS, 2H22, lettre du gouverneur du Sénégal au gouverneur général de l'AOF, 17 mai 1951.
[681] ANS, 2H22, lettre de l'administrateur du cercle de Bougouni au gouverneur du Soudan, 3 août 1950.

Le sort de ces enfants entre dans le cas général des métis : ils ne pourront former qu'une classe à part comme les enfants eurafricains »[682].

En avril 1950, lorsque quatre tirailleurs rapatriés via Marseille et Dakar arrivent à Port Bouet avec leurs enfants, le commandant de la compagnie de transition de Côte d'Ivoire leur expose les difficultés à venir pour élever ces enfants, « dont la présence sera difficilement acceptée dans les villages africains ». En marge du document, une mention manuscrite a été ajoutée par le lecteur : « cela reste à démontrer ». Le même commandant a conseillé aux pères de confier ces enfants à un orphelinat, ce qu'ils se sont engagés à faire. Il estime que si les métis de blancs et d'annamites « sont mal considérés », les métis de noirs et d'annamites « sont de véritables parias ». Et d'en tirer la conclusion que « dans ces conditions, il eut peut-être été préférable de les laisser en Indochine »[683]. Cette position semble partagée par le gouverneur de Haute-Volta qui signale en 1950 que des pères rentrant avec leurs enfants ne savent pas à qui les confier, « la plupart n'étant pas mariés, leurs familles répugnent à se charger de ces petits inconnus ». Situation d'autant plus problématique que ces militaires sont appelés à rejoindre d'autres affectations. Les établissements existants ne sont pas adaptés : d'une part les foyers pour métis ne prennent que des eurafricains de pères européens, d'autre part les foyers pour enfants abandonnés ne reçoivent que des enfants de plus de 5 ans, les enfants africasiens sont trop jeunes pour y être admis. Mais manifestement le regard du gouverneur évolue puisque quelques mois plus tard il écrit que « les familles font bon accueil aux jeunes métis ramenés d'Indochine par leur père »[684]. Peut-être est-ce tout simplement une manière de minorer le problème qu'il a pourtant analysé avec précision auparavant.

Dans les derniers mois de 1950, avec l'amplification du mouvement d'arrivées d'enfants africasiens, la vigilance des autorités se renforce. À chaque fois, il est demandé d'effectuer « une enquête discrète » en vue de déterminer si les familles des militaires sont prêtes à les accueillir, dans le cas contraire, il faut envisager leur placement dans des centres d'éducation administratifs ou missionnaires. Très régulièrement, le

---

[682] ANS, 2H22, lettre du gouverneur du Soudan français au gouverneur général de l'AOF, 5 novembre 1950. Un adjudant ayant servi en ZFO en Allemagne a ramené un enfant né en 1946, mais pas sa mère.

[683] ANS, 2H22, note de renseignements sur « le moral des Africains rapatriés d'Indochine », gouvernement général de l'AOF, 30 mai 1950.

[684] ANS, 2H22, lettre du gouverneur du Soudan français au gouverneur général de l'AOF, 15 janvier 1951.

Haut-Commissaire en Indochine informe le gouverneur de l'AOF de transferts d'enfants. Ainsi, le 24 novembre, le *Cap Tourane* quitte Saigon avec 17 militaires africains accompagnés chacun d'un enfant âgé d'un à deux ans (5 filles et 12 garçons) qui ont pour destination finale Dakar, Conakry et Port Bouet. Six mois plus tard, le même navire emmène 7 militaires africains accompagnés de leurs enfants âgés d'un à deux ans (4 garçons et 3 filles) qui doivent s'installer à Abidjan, Dakar et Conakry[685].

Le phénomène prend une tout autre ampleur après 1954. En juillet 1956, le service central de l'action sociale des forces terrestres d'AOF, lance une « enquête sur la position actuelle de tous les enfants africasiens, rapatriés sur l'AOF et leur adaptation au milieu, en vue du retrait éventuel de certains de ces enfants à leur famille ». L'enquête part donc d'un présupposé négatif. Globalement, il est admis que l'adaptation à la vie africaine est satisfaisante, mais quelquefois l'attitude des pères laissent à désirer. Notamment les pères célibataires qui dès leur arrivée en Afrique délaissent les enfants, les placent dans des établissements sans payer les frais de pension, etc. D'autres, mariés, accueillent l'enfant dans leur famille, mais leur épouse et leur belle famille manifestent « peu de sympathie, voire une hostilité marquée à l'égard du nouveau venu », qui s'expliquerait par la jalousie de la femme africaine pour la compagne étrangère qui se reporte sur l'enfant. Cet « état de chose infiniment pénible pour ces enfants, victimes innocentes de situations créées par la guerre et les événements politiques », même s'ils sont « exceptionnels », justifie un recensement de tous les enfants africasiens. Pour chaque enfant doit être établie par des assistantes sociales une « fiche sociale » en deux exemplaires, pour constitution d'un fichier local par territoire et d'un fichier central pour toute l'AOF. Les réponses sont attendues dans les deux mois (avant donc le 30 septembre 1956). Un modèle de fiche est joint portant un certain nombre de renseignements sur l'enfant lui-même et sur la famille dans laquelle il vit. En conclusion, il s'agit de définir si l'enfant est adapté, s'il reçoit soins et affection, s'il y a lieu d'envisager un placement hors du foyer familial[686]. Malheureusement, ces fichiers n'ont pas été retrouvés, mais quelques cas ont laissé des traces dans les archives.

Deux enfants africasiens, rapatriés d'Indochine au début de l'année 1956, une fillette d'un an et demi et un petit garçon de 5 ans et demi,

---

[685] ANS, 2H22, liste nominative adressée par le HC en Indochine au gouverneur général de l'AOF, novembre 1950 et juin 1951.

[686] ANS 2H22, note de service du service central de l'action sociale des forces terrestres d'AOF, 28 juillet 1956.

reconnus par leur père, et dont les mères sont restées au Vietnam font l'objet d'une demande de surveillance. N'obtenant pas de réponse, le ministère des États associés, sans doute sollicité par les mères, réitère sa demande six mois plus tard et réclame d'être mis au courant « sur l'adaptation de ces enfants au sein de leur nouvelle famille »[687]. Un an plus tard, il est répondu que sans adresse précise le garçon n'a pas pu être retrouvé dans la ville de Dakar ; que la fillette se trouverait en Guinée française alors que son père, caporal, est parti en mission en Afrique du Nord[688]. Quand les enfants arrivent avec leurs mères, la vigilance des autorités se reportent plutôt sur elles. Lorsqu'en 1956, un soldat sénégalais envoyé en Indochine en 1936 où il est resté comme civil ensuite rentre au pays avec son épouse vietnamienne et ses sept enfants, c'est la mère qui est surveillée. Celle-ci ne parle pas la langue du pays et son intégration est difficile, elle est néanmoins considérée comme entreprenante[689].

Dans son documentaire intitulé *Indochine : les traces d'une mère*, le réalisateur Idrissou Mora Kpai croise deux narrations : les témoignages d'anciens soldats béninois du CEFEO rentrés au pays avec leurs enfants, et la quête de leurs racines et origines par quelques-uns de ces enfants devenus adultes. Le film insiste beaucoup sur « l'enlèvement » des enfants par les pères qui laissent les mères au Vietnam, la vie plus difficile des enfants de soldats que celle des enfants d'officiers, les troubles psychologiques avec lesquels ils ont grandi. Le film évoque Christophe Soglo rentré au pays avec 7 enfants, dont s'est occupé Jean-Pierre Zocli, qui témoigne, lui-même père de 3 enfants qu'il a ramenés d'Indochine[690].

Le film de Laurence Gavron intitulé *Si loin du Vietnam* raconte comment des soldats africains sont rentrés au pays avec femme, enfants, et parfois belle-mère. Le film veut rendre hommage aux femmes vietnamiennes qui ont tout quitté et se sont retrouvées si loin de leur pays, de leur culture, de leur passé. Elles se sont adaptées, ont travaillé dur pour élever leurs enfants, ont parfois été confrontées à la polygamie. De cette migration singulière est née une communauté qui compte aujourd'hui quatre générations. Outre des images d'archives des troupes africaines et

---

[687] CADN, Archives du gouvernement général de l'AOF, 183PO/1/330, lettres du ministre des Affaires étrangères (relations avec les États associés) au Gouverneur du Sénégal, 6 juin et 13 décembre 1956.

[688] CADN, AOF 183PO/1/330, lettre au ministère des Affaires étrangères (relations avec les États associés), 4 février 1957.

[689] Témoignage d'Ousseynou Faye, dernier fils de l'adelphie, né en 1960, 2020, <https://www.youtube.com/watch?v=dzsuytNMJb0>

[690] Idrissou Mora Kpai, *Indochina: Traces of a Mother*, Bénin-France, 2010, 71 min.

des photos de couples et de familles mixtes, le film comporte des témoignages de pères, d'enfants et de mères arrivés au Sénégal en 1947, 1950, 1952, 1957… Un ex-militaire rapatrié en septembre 1957 à Saint-Louis, raconte comment en Indochine il a épousé une Vietnamienne mineure, ce qui n'a pas été sans complication. Puis le couple a eu un enfant à Saigon, tous les trois sont arrivés au Sénégal où le couple a eu quatre autres enfants. Une épouse cambodgienne arrive au Sénégal avec ses trois enfants et retrouve son mari rentré plus tôt au pays[691]. Dans le film, sont lus des extraits de la nouvelle d'Anne-Marie Niane *L'étrangère*. C'est le récit par une vieille dame des principales étapes de sa vie : sa jeunesse au Vietnam, son mariage avec Karim, un soldat français d'origine sénégalaise, son départ pour Dakar, les bons moments mais aussi les difficultés et les revers de fortune. Ce récit est basé sur l'expérience de la mère de l'auteure. Née en 1950 au Vietnam, d'un père sénégalais (resté 22 ans au Vietnam) et d'une mère vietnamienne, Anne-Marie Niane fait partie d'une adelphie de huit enfants dont l'ainée est née en 1936. Avec son père, sa mère et sa grand-mère maternelle, elle quitte le Vietnam en janvier 1955 et arrive à Dakar le 5 mars après avoir navigué sur le *Claude Bernard* puis le *Lyautey* et une escale de 22 jours à Marseille.[692].

Trabi-Yrie Micheline Coulibaly (1950-2003) est elle aussi née au Vietnam. Arrivée en Côte d'Ivoire en 1956 avec son père. Autrice de plusieurs livres pour les enfants et de nouvelles, elle se raconte dans un roman d'inspiration autobiographique : *Les larmes de cristal*. À travers cette saga romanesque et le personnage de Mé elle rend hommage à sa mère, fille de mandarin confrontée aux us et coutumes des sociétés asiatiques et africaines, entre souffrance, humiliation et frustration[693]. Dans son ouvrage sur les mariages des soldats ouest-africains, Sarah Zimmerman s'appuie sur plusieurs parcours de militaires rentrés au pays avec femmes et enfants. Le cas d'Abdou Karim Bâ est particulier. Soldat africain du CEFEO, il prend sous son aile Vuti Chat une petite Vietnamienne de onze ans, orpheline de la guerre et blessée. En 1956, il l'emmène avec lui à Kaolack, au Sénégal. La mère et les sœurs de Bâ élèvent Chat et deviennent sa seule famille. En 1962, Chat et Bâ se marient[694].

Tout à fait exceptionnelle est l'histoire de Jean-Bedel Bokassa (1921-1996) engagé dans l'armée française à l'âge 18 ans et qui fait partie du

---

[691] Laurence Gavron, *Si loin du Vietnam*, Sénégal, 2016, 60 min.
[692] Anne-Marie Niane, *L'étrangère*, Paris, Hatier, 2002.
[693] Micheline Coulibaly, *Les larmes de cristal*, Abidjan, Édilis, 2000.
[694] Sarah J. Zimmerman, *Militarizing Marriage… op. cit.*, p.1-2.

CEFEO. En Indochine, il a une première fille, Bixi, avec une Vietnamienne[695]. Puis il vit avec une autre Vietnamienne dont il a une fille, Martine, née en janvier 1953. Rapatrié en France puis mobilisé en Algérie, Bokassa abandonne ses enfants et leurs mères au Vietnam. Mais devenu président de la République centrafricaine après un coup d'État en 1966, il entreprend de retrouver son second enfant et sa mère en demandant l'aide des autorités françaises. En 1970, Martine débarque à l'aéroport de Bangui. Bokassa l'accueille en grande pompe. Un mois après, le quotidien de Saigon *Trang Den* révèle que la jeune femme arrivée en Centrafrique n'est pas la fille de Bokassa mais peut-être un agent à la solde d'un pays étrangers (France, USA ?). L'année suivante, la vraie Martine et sa mère sont accueillies avec faste à Bangui et à l'occasion de son 50ᵉ anniversaire Bokassa adopte quand même la « fausse Martine »[696].

La circulation des soldats africains et de leurs enfants, et parfois des mères de ceux-ci, contribue à élargir la question métisse en Afrique où se sont créées des associations dès l'entre-deux-guerres. Le 28 avril 1957 est fondée à Brazzaville l'Union Internationale des Métis qui confie la présidence d'honneur de son premier congrès (juillet 1957) à William Bazé. L'Union des Eurafricains des anciens territoires de l'AOF, de l'AEF, du Togo et du Cameroun, ainsi que l'Amicale eurafricaine et eurasienne du Tchad, placées devant les problèmes que leur pose la création de la Communauté française, se tournent vers Bazé et font appel à son expérience politique et associative pour les guider. Elles manifestent ainsi leur adhésion à sa doctrine : « les enfants d'origine mixte élevés dans l'amour de leur Patrie et de leur pays natal sont un trait d'union indissoluble entre deux races et deux civilisations »[697].

Pendant la guerre d'Indochine, des centaines de soldats africains – notamment marocains après l'exil de Mohamed V en 1953 – ont déserté l'armée française et se sont ralliés aux combattants vietnamiens par solidarité anticolonialiste. Certaines études sur ces soldats ne parlent pas de leurs enfants[698], mais Nelcya Delanoë les évoquent dans son livre *Poussières d'empire*, publié il y a plus de vingt ans[699]. Selon Trinh Van

---

[695] Christina E. Firpo, *The Uprooted... op. cit.*, p.156.
[696] « Les deux Martine », *Le Monde*, 6 janvier 1971 ; « Histoire des deux Martine », *Le Défi Centrafrique*, <https://www.centrafriqueledefi.com/pages/biographies-histoire/centrafrique-histoire-des-2-martine.html>.
[697] ANOM 1 HCI 802, documentation sur les associations de métis.
[698] Michel Bodin, « Les Marocains dans la guerre d'Indochine (1947-1954) », *Op cit.*, p.57-76.
[699] Nelcya Delanoë, *Poussières d'empires Op. cit.*

Thao, c'est par calcul politique ou par utopie révolutionnaire que le gouvernement de Hô Chi Minh a encouragé la constitution de familles maroco-vietnamiennes. Celles-ci purent ainsi vivre, résider et travailler aux frais de l'État nord-vietnamien après 1954[700]. En 1961, des Guinéens rentrent dans leur pays devenu indépendant, puis en 1964, c'est le tour d'Algériens après la signature d'un accord entre l'Algérie et le Nord-Vietnam. Ainsi 54 déserteurs ou ralliés – selon le point de vue adopté –, rentrent en Algérie après un voyage de dix-huit jours en train (Hanoi, Pékin, Moscou, Sofia) puis par avion. Certains sont accompagnés de leurs familles[701]. En 1972, après une longue attente, 85 familles maroco-vietnamiennes débarquent sur la base militaire de Rabat-Salé, il y a là des hommes âgés d'une cinquantaine d'années, leurs épouses vietnamiennes et leurs enfants. Le documentaire *Oulad l'Viêt Nam* livre une série de portraits de ces hommes et femmes, réalisés entre Casablanca et Sidi Yahia. Les anciens soldats évoquent leur ralliement, la rencontre de leurs femmes vietnamiennes, la naissance de leurs enfants. Les femmes vietnamiennes affirment n'avoir suivi leurs maris au Maroc que pour leurs enfants, regardent toujours la télévision vietnamienne, certaines espèrent retourner au pays. Quant aux enfants devenus adultes, ils parlent de leurs deux cultures, de leur double identité[702]. Dans un ouvrage récent intitulé *Casablanca-Hanoï*, co-écrit avec l'anthropologue Caroline Grillot, Nelcya Delanoë revient sur certaines trajectoires individuelles, notamment celle de Dung, fille de l'un de ces Marocains rapatriés en 1972 et celle d'une Vietnamienne restée au pays[703].

Aujourd'hui, les Africasiens et leur descendance forment de petites communautés au Bénin, au Sénégal, en Guinée, au Burkina Faso, mais aussi au Tchad. Pendant la guerre américaine du Vietnam, des Amérasiens sont nés de l'union de femmes vietnamiennes et de soldats noirs américains. Eux sont le plus souvent restés au Vietnam après le retrait des troupes américaines et beaucoup ont vécu des expériences difficiles[704].

---

[700] Trinh Van Thao, « Préface » de Nelcya Delanoë, *Poussières d'empire… op. cit.*, p.15-16.

[701] Nelcya Delanoë, *Poussières d'empires op. cit.*, chapitre « Partir, rester ».

[702] Yann Barte, *Oulad l'Viêt-Nam* (Les Enfants du Viêtnam), film documentaire, Maroc, Ali'n Prod, Casablanca et la Fondation ONA, 2005, 13 min.

[703] Nelcya Delanoë, Caroline Grillot, *Casablanca-Hanoï. Une porte dérobée sur des histoires postcoloniales*, Paris, L'Harmattan, 2021, préface de François Guillemot.

[704] Ivan Cadeau, François Cochet, Rémy Porte (dir.), *La guerre d'Indochine. Op. cit.*, p.60.

Les enfants africasiens envoyés en France

Quand les pères africains sont décédés, faits prisonniers à Dien Bien Phu, ou qu'ils n'ont pas reconnu leurs enfants ou ne souhaitent pas les ramener avec eux, la question de la prise en charge de ces enfants est posée. Comme pour les enfants eurasiens, les mères n'ont pas toujours, et peut-être encore moins, la possibilité de les élever dans de bonnes conditions matérielles et d'intégration dans la société vietnamienne. Par exemple Madame Duong a connu une enfance difficile. Née en 1954 d'un père africain et d'une mère vietnamienne, on l'appelle « la Noire » et elle s'interroge sur son père. À la mort de sa mère en 1994, elle apprend qu'elle est née d'un viol, que le criminel est revenu s'excuser avec des cadeaux auprès de sa victime, et que des sentiments sont nés entre sa mère et son violeur avant qu'il ne reparte en Afrique. Elle a essayé ensuite, en vain, de retrouver la trace de son géniteur[705].

Il faut aussi avoir l'esprit la grande complexité de certaines situations familiales. Par exemple, en novembre 1950, une Vietnamienne consent à ce que son fils né en juin 1949 parte avec son père, un militaire sénégalais qui rentre à Dakar. Auparavant, en 1946, elle avait au contraire refusé que ses deux enfants nés en 1943 et 1945 d'un autre père soldat du 9e RIC partent avec lui au Sénégal. Elle refuse ensuite la demande du père, qui est Infirmier à Thiès, et qui veut récupérer ses enfants. En 1952 il renouvelle sa demande, mais cette même année, la mère confie les deux enfants, âgés désormais de 9 et 7 ans, à la FOEFI. Elle vit alors avec un caporal sénégalais dont elle a eu un enfant[706]. Une mère, trois pères, quatre enfants : un vivant avec son père au Sénégal, un autre avec ses deux parents en Indochine, deux placés à la FOEFI, autant de parcours de vie très différents et incomparables. Autre cas, celui de Moussa, né en 1935 d'un père sénégalais reparti chez lui à Rufisque un mois avant sa naissance. Il est confié par sa mère à la FFEI à l'âge de 13 ans et élevé chez les Frères des Écoles chrétiennes à Hanoi. En 1953, à 18 ans, il quitte la FOEFI, qu'il n'a connu qu'en Indochine, et trouve un travail. En tant que Français, en 1955 il reçoit une convocation du consulat pour être rapatrié en métropole. En août 1956, il s'embarque pour la France[707].

Dès le début de la guerre et l'arrivée du CEFEO en Indochine, la FOEFI a intégré le fait que la question métisse ne concernait pas que les

---

[705] « Une Africasienne à Dien Bien Phu », *Le Courrier du Vietnam*, 9 octobre 2018.
[706] ANOM 90 APC, dossiers individuels.
[707] Moussa Gueye, *LDS* p.80-83 et témoignage 2019.

enfants eurasiens. Considérant que le décret du 4 novembre 1928 doit s'appliquer également aux enfants africasiens et que ceux-ci doivent être considérés comme Français, elle les accueille dans ses centres en Indochine. Il s'agit là d'une évolution notable par rapport au projet initial de la Fondation Brévié, bien que certains cas d'enfants africasiens pris en charge dès les années 1940 soient documentés, comme celui d'Henri Robert, fils d'un père africain de l'Ouest, enlevé à sa mère par une responsable de la Fondation[708].

En 1951, la fédération s'inquiète « que certains tribunaux répugnent à accorder un jugement attribuant la nationalité française à des africasiens ». Dans ces cas, puisque leurs pères sont membres du CEFEO, ces enfants doivent être pris en charge par les services sociaux de l'Armée, ce qui aux yeux de la FOEFI n'est pas la meilleure solution. L'année suivante, Bazé réitère son inquiétude sur la mauvaise application du décret en faveur des enfants africasiens[709]. Et en 1953, à propos des orphelins africasiens dont les pères sont tombés « à l'ombre de notre drapeau », la FOEFI constate que « les effectifs commencent à compter » et « qu'ils méritent que nous ne leur imposions pas un traitement à part ». Dans le même ordre d'idée, la FOEFI s'intéresse désormais aussi aux enfants d'Antillais et à ceux des Français de l'Inde, « cependant, en raison d'un certain ostracisme qui s'est fait jour dans le pays, récemment, et compte tenu des discriminations dont souffrent les Africasiens en Indochine, les orphelins de cette catégorie pourraient être dirigés sur Madagascar ou sur un autre territoire d'outre-mer ». Des contacts sont à prendre avec des œuvres sur place « en prévision de l'application du programme qui s'impose et de l'envoi d'un premier contingent d'enfants »[710]. Mais cette idée énoncée en 1953 ne sera pas mise en œuvre.

En réalité, des enfants africasiens nés en Indochine sont pris en charge par la FOEFI sur place et/ou envoyés en métropole. Certains sont clairement identifiés ainsi dans les listes de pupilles de la Fédération, jusqu'à la fin des années 1960[711], et dans leurs dossiers individuels bien sûr. Ainsi, cet enfant né en avril 1952 d'un père sous-officier originaire de Constantine rapatrié en 1956 et qui n'a plus donné de nouvelle, et d'une mère vietnamienne qui a trois autres enfants (tous Vietnamiens). La mère

---

[708] Il s'agit d'une trajectoire qui sert de fil rouge au livre de Christina E. Firpo, *The Uprooted, op. cit.*
[709] AGO FOEFI 1951 et 1952.
[710] AGO FOEFI 1954.
[711] AN 19760175, FOEFI 126, liste de pupilles, 1967.

confie son enfant métis à la FOEFI au motif qu'elle ne peut subvenir aux besoins de tous ses enfants. Un autre dossier montre la complexité de la situation d'un enfant né en mai 1952 à Cao-Bang d'un père africain sous-officier, rapatrié sanitaire en 1953 au Sénégal, et d'une mère vietnamienne décédée en 1955. L'enfant, qui n'a jamais fréquenté l'école, est en 1960 confié à la Communauté des Amantes de la Croix par sa grand-mère maternelle qui décède en 1962. La FOEFI le prend alors en charge au titre du décret du 24 novembre 1943 en tant que « pupille eurasien d'Indochine », et lui fait établir un acte d'état civil[712].

Jean-Jacques Barieux rapporte qu'au Domaine de Marie à Dalat ce qu'il appelle sa « fratrie » formait un « patchwork très hétérogène ». « Pour la plupart franco-indochinois, nous comptions cependant parmi nous des "eurasiens noirs" ». Et que cela ne posait pas de souci : « entre nous, jamais de problème racial. Nous étions tous des *Tây Lai*, des frères dans l'adversité »[713]. Sur les photos prises dans les foyers de la FOEFI en Indochine (Cholon, Dalat, Cap Saint-Jacques, etc.) comme en France (Saint-Rambert, Vouvray, Semblançay, etc.) des filles et des garçons africasiens sont bien présents. René, né en 1948 d'une mère vietnamienne et d'un père militaire guadeloupéen, se souvient d'avoir été mal considéré en Indochine. Il passe par le Domaine de Marie avant d'arriver à Vouvray en 1955. Il n'a plus aucune nouvelle de son père, pratiquement aucun souvenir de sa mère dont il ne possède pas de photo. Amélie, né en 1958, d'un père martiniquais, arrive à Saint-Rambert en 1963[714].

En décembre 1955, neuf jeunes Africasiennes s'envolent de Saigon pour rallier l'Afrique. Après un passage par Saint-Rambert, elles sont dirigées vers le Sénégal chez les sœurs de l'Immaculée Conception de Castres, à Dakar pour trois d'entre elles et à Rufisque pour deux autres, les quatre dernières vers le Cameroun. La FOEFI explique que « ces neuf pupilles sont des Africasiennes qui ont demandé à rejoindre le pays de leurs pères. Nous avons accédé à leurs désirs, à titre purement expérimental ». En effet, la Fédération anticipe la délicate question de leur emploi sur place, connaissant très mal la réalité de la vie dans les pays d'Afrique[715]. C'est pourquoi les enfants africasiens pris en charge par la FOEFI restent surtout en France, notamment ceux qui arrivent bien après le départ des pères militaires.

---

[712] AN FOEFI 129, dossiers de pupilles.
[713] Jean-Jacques Barieux, *Op. cit.*, p.17.
[714] René Fairn, dans *Inconnu, présumé français* ; registre des enfants eurasiens de Seno.
[715] AGO FOEFI 1956 et 1957.

Dans les années 1960 émerge la question de la nationalité des enfants africasiens dont les pères sont surtout sénégalais, camerounais, togolais, donc originaires de pays qui ont obtenu leur indépendance en 1960 : « nés à l'étranger, il n'est pas sûr que ces enfants aient acquis la nationalité des divers pays devenus indépendants et que, par application de la loi du 28 juillet 1960, ils n'aient pas conservé la nationalité française »[716]. Cette loi modifie en effet certaines dispositions du code de la nationalité pour « les personnes qui sont ou étaient domiciliées, à la date d'entrée en vigueur d'un traité portant cession de territoire ou de l'accession à l'indépendance, dans un territoire qui avait le statut de territoire d'outre-mer de la République française à la date du 31 décembre 1946 ».

En 1965 encore, le ministère de la Santé publique et de la Population s'interroge sur le bien-fondé de l'envoi en France d'enfants africasiens, en avançant un risque d'ostracisme de ces enfants différents en métropole. « Rester sur place, en recevant éventuellement des secours du consulat », constituerait peut-être une meilleure option[717]. Le consulat général répond que leur situation est de plus en plus intenable au Vietnam : « il est certain que l'ostracisme qui frappe les métis en général est encore plus marqué pour les Africasiens. Dans ce cas, la xénophobie se double d'un racisme dû à une coloration facilement repérable ». Selon lui, leur seul salut est de partir pour la France, « ils deviendraient ici des épaves »[718]. Il obtient gain de cause. Parmi les enfants qui arrivent en France, certains viennent de Seno (Laos), ultime point de fixation de la présence militaire française dans la péninsule indochinoise, comme Laby Camara, né en 1956 d'une mère vietnamienne et d'un père guinéen[719].

---

[716] CADN Saigon 590POA207, lettre du consulat général au MAE, juillet 1964.
[717] CADN Saigon 590POA207, lettre du MAE au consulat général à Saigon, 17 août 1965.
[718] CADN Saigon 590POA207, lettre du consulat général au MAE, 28 janvier 1966.
[719] Laby Camara (avec Nadine Bari), *L'enfant de Seno*, Paris, L'Harmattan, 2011.

Chapitre 11
Les enfants métis de Seno

Après Dien Bien Phu et les accords de Genève les forces françaises se replient au sud du 17ᵉ parallèle et la plupart d'entre elles sont rapatriées en métropole jusqu'en 1956. Des éléments restent néanmoins sur place et, au gré de l'évolution de la guerre qui oppose les deux Vietnam et de l'intervention américaine, se replient vers le Laos, notamment à Seno (près de Savannakhet) où la France dispose d'une base aérienne. Des milliers de civils les suivent, surtout des familles composées de mères vietnamiennes et de leurs enfants eurasiens ou africasiens, sans état civil, de pères présumés français. À la fin des années 1950 et au début des années 1960, des centaines d'enfants métis vivent autour de la base sous la protection des Français[720]. En 1962-1963, alors que la fermeture de la base est imminente après avoir été plusieurs fois repoussée, les autorités militaires françaises décident de donner un état-civil français aux enfants métis, leur permettant ainsi d'être pris en charge par la FOEFI et d'autres associations puis envoyés en France si leurs mères le souhaitent[721]. Jean-Claude Didelot (né en 1939), ancien responsable d'association qui dans les années 1960-1970 a œuvré dans l'humanitaire en faveur d'enfants de l'Asie du Sud-Est, conserve depuis plus de vingt ans un grand livre-répertoire au titre énigmatique « Registre des enfants eurasiens Seno ». Il le tient de Jacques Suant (1920-2006), dernier commandant français de la base aérienne française[722]. Alors qu'il avait 80 ans, en confiant ce registre, l'officier en retraite avait voulu en quelque sorte préserver la trace d'une histoire, sinon secrète du moins confidentielle, dans laquelle il a joué l'un des premiers rôles et qui concerne des centaines d'enfants envoyés en France au début des années 1960. Il s'agit d'une source unique pour

---

[720] CADN fonds Vientiane 732POA4 et 732POA80 et Archives du ministère des Affaires étrangères à La Courneuve (désormais AMAE), 132QO67 et 132QO140 : Statistiques, rapports et correspondances sur la base de Seno et la population civile.
[721] « Registre des enfants de Seno », archives privées.
[722] Entretiens de septembre et décembre 2009. Ce registre est conservé en sécurité et son dépositaire devait entamer des démarches pour le remettre à un centre d'archives (entretien du 18 décembre 2018).

comprendre les enjeux autour des enfants métis et de quelle manière on a pu en faire des enfants français au moment où s'évanouit – définitivement – l'aventure coloniale de la France en Asie du Sud-Est.

Catharsis au crépuscule de la présence militaire française

Maintenue française par les accords de Genève, la base militaire française de Seno (BMFS) abrite à la fin des années 1950 et au début des années 1960 une importante activité de renseignement qui constitue la principale contribution française à la défense du Laos dans le cadre de l'Organisation du Traité de l'Asie du Sud-Est (OTASE) constituée en 1954. Prévue pour deux divisions, avec un terrain d'aviation et une importante infirmerie, la base compte 500 hommes en 1958, 400 en 1962, 300 en 1963 avant de passer sous le contrôle des forces laotiennes. Sur un plan symbolique, selon Jean-Marc Lepage, un des rares historiens à avoir écrit sur cette base, « Seno est tout à la fois le marqueur d'une vision encore impériale de la France en Asie, et le lieu où cette ambition va s'éteindre et disparaitre »[723]. La question du sort des enfants métis se trouve au cœur de ce contexte de fin d'empire.

En 1957, le Laos compte environ 6 000 ressortissants français, dont « 850 eurasiens (550 hommes adultes, 300 femmes et enfants) de conditions généralement très modeste »[724]. Les effectifs d'enfants pris en charge par la FOEFI et rapatriés sont très modestes : 31 en 1955, 18 en 1956, 5 en 1957, 3 en 1958 et en 1959, 7 en 1960. Un seul de ces enfants est né après le retrait du CEFEO (1956). Aussi, en 1960, l'ambassade de France à Vientiane signale que la FOEFI pourrait sans inconvénient cesser son action dans le pays. Si à l'avenir des mères étaient obligées, par manque de ressources, de se séparer d'enfants nés de père français, ces derniers pourraient alors être rapatriés par l'ambassade[725]. Charles Leca, qui fut juge au tribunal de Vientiane jusqu'en 1957 et secrétaire trésorier du modeste comité local de la FOEFI au Laos, confirme qu'après les accords

---

[723] Jean-Marc Le Page, « La base de Seno, la France et l'Asie du Sud-Est (1953-1963) », *Guerres mondiales et conflits contemporains*, n°255, 2014, p.123-141.

[724] CADN Vientiane 732POA4 et 732POA80 et AMAE 132QO67 et 132QO140 : statistiques, rapports et correspondances sur la base de Seno et la population civile, dépêche de Gassouin, ambassadeur de France au Laos, à Pineau ministre des Affaires étrangères (MAE), 23 juillet 1957.

[725] AMAE 132QO141, télégramme de l'ambassade de France au Laos au MAE, 9 mai 1960.

de Genève, des pupilles furent évacués de Pakse et Savannakhet sur la métropole non seulement par la FOEFI mais aussi par le service social de l'armée, selon lui « non qualifié, et sans expérience »[726].

Mais au plus haut niveau de l'État, on porte de l'intérêt au « problème des populations civiles étrangères non laotiennes établies sur le territoire de la base française de Seno ». En mai 1961, le Premier ministre Michel Debré écrit au ministère des Affaires étrangères : « il me parait indispensable que nous garantissions l'avenir de ceux qui nous ont fait confiance. Il est, en effet, bien certain que tout abandon, même déguisé, de nos "protégés" porterait – à juste titre d'ailleurs – un coup très dur au bon renom et au prestige de la France ». La seule mesure sérieuse ne peut être que « la naturalisation des éléments méritants et susceptibles d'assimilation », l'émigration vers la France ou d'autres terres hospitalières[727]. On retrouve-là le populationnisme de Michel Debré – hérité de son père le pédiatre Robert Debré – qui le pousse à récupérer, même loin de la métropole, des éléments susceptibles d'augmenter la population française et de renforcer la nation. Debré s'appuie sur des informations fournies par le colonel Duault qui commande la base. Celui-ci explique que des populations civiles ont suivi « jusqu'au bout » les derniers éléments du corps expéditionnaire se repliant sur le Laos puisque la BMFS est également l'organe liquidateur du CEFEO. Environ 350 familles, 600 enfants dont « 145 enfants eurasiens et africasiens nés hors mariage, non reconnus par le père, beaucoup sont des apatrides nés d'unions de hasard ». Ces enfants pourraient avoir la nationalité de leur mère, mais dans la quasi-totalité des cas, la déclaration de naissance n'a pas été effectuée et en conséquence il est pratiquement impossible de régulariser leur situation au Laos. Le coût des formalités est un obstacle quasi insurmontable pour la plupart des mères qui ne possède pas les 5 000 Kip que coûte la procédure. Pourtant, pour le colonel, ces enfants « ne peuvent être confondus avec les populations autochtones et seule la France pourrait, par un texte d'exception, résoudre ce douloureux problème des métis abandonnés ». La plupart de ces enfants étant très jeunes (de 1 mois à 10 ans), « leur assimilation serait facile s'il était possible de les diriger sur la métropole avec l'accord de leurs mères »[728]. Michel Debré est prêt

---

[726] Charles Leca, « Histoire de la FOEFI du Laos des années 1947 à 1960 », *GDR* n°10, février 1992.

[727] AMAE 132QO67, lettre du Premier ministre au MAE, 27 mai 1961, « secret », en annexe note du 10 mai 1961.

[728] AMAE 132QO67, lettre du colonel Duault, commandant de la BMFS sur les populations civiles résidant sur la BMFS, 12 mai 1961.

à mettre en œuvre cette option au nom du soutien à une politique de développement de la population française. Deux ans plus tard, ayant quitté le gouvernement, en tant que député de La Réunion (élu en 1963), Debré soutient l'envoi en métropole de pupilles de l'État du département d'outre-mer initié depuis peu[729].

En 1962, la concentration s'accroit autour de la BMFS. Une source indique précisément 1 441 personnes civiles dont 664 enfants[730]. Mais une autre évoque 3 500 Vietnamiens, hommes, femmes et enfants. Évidemment, la base ne peut plus jouer de rôle militaire – toutes les armes ayant été évacuées – mais « il y a lieu de l'utiliser au service du rayonnement de la France auprès des populations qui croient encore en elle »[731]. Le successeur de Duault, le colonel Dunoyer de Segonzac, met en œuvre avec détermination une politique sociale[732]. L'infirmerie est transformée en hôpital accueillant les populations civiles. Une école, dont l'enseignement est assuré par des sous-officiers et des épouses d'officiers, accueille jusqu'à 1 000 élèves[733]. Les enfants sont logés, habillés, nourris, scolarisés, soignés et encadrés directement par les militaires français ou indirectement grâce aux actions de charité organisées sur la base[734]. Les anciens « enfants de Seno » évoquent bien l'école, l'infirmerie, la bibliothèque, toute une vie sociale dans des conditions modestes et une activité commerciale organisée dans l'enceinte et aux alentours de la base. La plupart des mères vendent quelques denrées[735].

Les militaires de Seno ne peuvent pas tout. En janvier 1962, ils alertent l'ambassadeur de France à Vientiane sur « les enfants eurasiens de tous âges, reconnus ou non, parfois fils ou filles de soldats français morts à l'ennemi avant d'avoir pu les légitimer, et vis-à-vis de qui nos responsabilités de conscience sont encore plus grandes »[736]. L'ambassade invite l'Association pour la Protection de l'Enfance au Laos (APPEL), qui

---

[729] Ivan Jablonka, *Enfants en exil... op. cit.*, p.99-125.
[730] CADN Vientiane, 732POA4, « Étude sur les populations civiles habitant sur le territoire contrôlé par la BMFS - 1962 ».
[731] Archives privées, *Registre des enfants eurasiens de Seno*, déclaration post-liminaire de Jacques Suant, p.1 et 2.
[732] Jean-Claude Darrigaud et Jean-Claude Didelot, *Les enfants du Mékong*, Paris, Fayard, 1989, p.74.
[733] Registre de Seno, p.1-2.
[734] CADN Vientiane, 732POA4, rapport d'activité de l'infirmerie de la base de Seno, 6 février 1959 ; note de Suant à Falaize, ambassadeur de France, 8 mars 1963.
[735] Témoignages et questionnaires.
[736] CADN Vientiane, 732POA80, lettre du colonel Duault à Falaize, 24 janvier 1962.

secoure des enfants vietnamiens, laotiens et chinois, à porter également attention aux enfants métis de Seno, dont le nombre est alors évalué à 500. René Péchard (1912-1988), Français installé au Laos et président de l'APPEL après avoir présidé l'association des amis du pensionnat Saint-Joseph à Vientiane, avoue : « le problème des enfants eurasiens nous avait complètement échappé »[737]. Cette association fonctionne grâce à des dons et des parrainages d'enfants, elle sert aussi d'intermédiaire pour l'adoption internationale. À l'automne 1962, le consul, Jacques Suant (chef de bataillon, commandant en second de la BMFS) et René Péchard sollicitent la FOEFI pour la prise en charge des enfants, celle-ci alerte le ministre des Rapatriés afin d'obtenir des moyens d'agir. L'APPEL est admise au nombre des œuvres affiliées de la FOEFI dont le président lui précise bien qu'elle « n'a le droit d'accueillir que les seuls Eurasiens de nationalité française », et que les personnes qui, en France, acceptent de parrainer les enfants, ne pourront sortir les enfants des établissements où ils seront placés que « de loin en loin » comme les autres parrains et marraines de la FOEFI[738]. Bazé tient d'emblée à fixer une limite à son partenaire. On sent déjà poindre des approches différentes dans la prise en charge des enfants entre les deux associations.

En novembre 1962, alors que la fermeture de la BMFS est annoncée pour le printemps 1963, Les officiers et l'APPEL décident d'accélérer les choses, car « le sort des enfants eurasiens, livrés dès lors aux seuls soins inhabiles de leurs mères sans expérience, trop souvent enclines à recourir aux remèdes prônés par les charlatans, deviendra plus précaire encore »[739]. Outre la raison impérieuse du « sauvetage » des enfants, toujours mise en avant, on voit en quelle estime les mères indigènes sont tenues. De son côté, la FOEFI est prête à prendre en charge ces enfants, mais ils sont nombreux et l'association manque de moyens, Bazé se démène donc auprès des administrations[740]. Le ministère des Rapatriés lui accorde exceptionnellement la somme de 460 000 francs et le ministère des Armées prend en charge le transport de « mes 194 orphelins », écrit Dunoyer, avec un terme impropre à la situation de ces enfants qui

---

[737] Assemblée générale de l'APPEL, 28 novembre 1963. Ce document et beaucoup d'autres sont réunis sur le CD accompagnant le livre de Jean-Claude Didelot, *Piété filiale. Des certitudes à la foi avec René Péchard*, Paris, Éditions du Jubilé, 2004.
[738] AGO FOEFI 1963, correspondance entre Suant, Péchard et Bazé, septembre-octobre 1962.
[739] CADN Vientiane, 732POA80, note de Duault à Falaize, 24 janvier 1962.
[740] CADN Saigon 590POA406, rapport du conseil d'administration de la FOEFI, 5 avril 1963.

efface les mères, mais nous y reviendrons. François Missoffe, ministre des Rapatriés, mobilise Jean Sainteny, ministre des Anciens combattants et Victimes de guerre, qui connait parfaitement la péninsule indochinoise et la question des Eurasiens pour avoir été en poste à Hanoi au début de la guerre d'Indochine : « à nous deux nous serons rapidement en mesure de vous rassurer sur l'avenir de ces enfants »[741]. Suant est chargé « d'activer au maximum la régularisation de l'état civil de ces enfants », condition sine qua non à leur prise en charge[742]. Celui-ci explique a posteriori qu'il fit recenser les enfants afin : « a) de les soigner, b) de les christianiser, c) de leur donner un état civil, et dans la mesure du possible, de leur assurer un avenir, donc de les envoyer en France (avec l'accord de la mère dans tous les cas) »[743]. Un adjoint civil de la base écrit que pour « les enfants eurasiens, et Dieu sait s'il y en a ! Pas de difficultés, un jugement leur donne la nationalité française et leur départ est prévu en groupe vers les institutions spécialisées, en France »[744].

Le moyen de naturalisation française le plus facile à mettre en œuvre est le jugement déclaratif de naissance. La procédure permet de constater une naissance qui n'a pas été déclarée dans le délai légal ; le jugement est transcrit sur les registres d'état civil[745]. Les cas relevant du décret de novembre 1928 ou de celui de novembre 1943 doivent respecter des conditions qui impliquent de recenser les enfants métis et de les éduquer – avec l'accord de leur mère – dans les institutions françaises (religieuses ou associatives). Ces établissements se chargent ensuite des démarches nécessaires afin qu'ils puissent obtenir la nationalité française. Un médecin militaire habilité délivre un certificat indiquant que l'enfant « présente les caractères ethniques de la race eurasienne », enfin « plusieurs témoins français attestent avoir bien connu le père de cet enfant qui était de race française et qui a quitté le Laos en l'abandonnant »[746]. Cette procédure, suivie pour de nombreux enfants métis depuis 1945, produit des documents attribuant la nationalité française à l'enfant concerné. Mais que se passe-t-il en amont de celle-ci ? Dans l'immense majorité des cas, il ne reste aucune trace expliquant comment l'on passe d'un enfant né

---

[741] CADN Vientiane 732 PO A 4, lettre de Missoffe à Falaize, 28 mars 1963.
[742] CADN Vientiane, 732 PO A 4, correspondances entre Suant, Dunoyer, Bazé, Falaize et Missoffe, mars 1963.
[743] Registre des enfants eurasiens de Seno, déclaration post-liminaire de Jacques Suant, p.1 et 2.
[744] Archives privées, lettre de M., un adjoint civil, au capitaine B., 15 novembre 1962.
[745] Loi du 20 novembre 1919, article 55 du code civil.
[746] ANOM 90 APC, dossiers individuels.

sans état civil en Indochine à un enfant de nationalité française, car les jugements des tribunaux prennent simplement acte des éléments présentés par les associations qui ont recueilli les enfants, mais comment ceux-ci sont-ils établis ? Pour répondre à cette question, le « Registre des enfants eurasiens Seno » est une source unique très instructive sur la manière de procéder et permet de mieux comprendre les enjeux autour des enfants métis.

La fabrique de la nationalité française

Le registre est le chaînon, trop souvent manquant, permettant d'expliquer la face cachée de la fabrique de la nationalité française. Il invite à s'interroger sur ce que représentent les enfants métis en contexte colonial/postcolonial et de quels enjeux biopolitiques ils sont investis. En croisant les informations qu'il donne avec d'autres archives émerge un tableau assez précis de la réalité vécue par les enfants concernés. Des témoignages publiés, notamment celui – romancé – de Jacques Suant[747] et celui de Laby Camara, un enfant métis de Seno[748] ainsi que des entretiens avec plusieurs « enfants de Seno », constituent également des sources essentielles[749]. Le registre permet de mieux faire connaissance avec ces enfants et leurs mères qui s'accrochent à la présence française en Asie du Sud-Est. Surtout, il interroge l'éthique de l'état civil en éclairant une étape très peu documentée, car illicite il faut bien le dire, de la fabrique de la nationalité : le moment précis où l'on fixe, en le consignant, le destin d'un enfant. Des pages du registre de Seno émergent des figures et des parcours d'enfants métis qui donnent chair à ce document unique. Précisément, le document répertorie 271 enfants pris en charge et recensés sur la BMFS. Une base de données réalisée à partir du registre permet de mieux connaître ces enfants et de croiser les informations concernant leurs parents[750]. On compte à peu près autant de filles (132) que de garçons (139), nés surtout entre 1952 et 1963 avec les plus grands nombres

---

[747] Jacques Suant, *Rizières de sang*, Paris, Arthaud, 1970 notamment les chapitres 15 à 17. Après sa retraite, il est devenu écrivain et publié des romans et des essais, notamment : *Viêtnam 45-70*, Paris, Arthaud, 1972.

[748] Laby Camara (avec Nadine Bari), *L'enfant de Seno. Op cit.*

[749] Témoignages d'enfants de Seno : Jean-Louis B., Yvonne F., Francine L. (et court portrait dans *LDS* p.109), Frank N, Jean-Louis N. (entre 2017 et 2023) ; témoignage de Jean-Claude M., ancien militaire ayant servi sur la base de Seno (2017-2018) ; Ludovic L., fils d'un enfant de Seno (2017-2018).

[750] Remerciements à Aurélie Hess, ingénieure technique CNRS du laboratoire TEMOS.

en 1956 et 1957, mais dont les plus âgés (quelques garçons principalement) ont déjà plus de vingt ans. Pour un certain nombre d'entre eux l'engagement dans l'armée française est le moyen le plus sûr de quitter Seno.

Chaque page de ce grand répertoire alphabétique (un peu plus grand qu'un format A3, style livre de compte), comprend trois fiches individuelles d'enfants, plus larges que hautes. L'ordre alphabétique est presque toujours respecté ce qui montre que le registre a été établi principalement en une fois, en 1963, ce que confirme l'uniformité de l'écriture manuscrite et la présentation normée des 271 fiches, dont 198 comportent une photographie d'identité en noir et blanc. En fait, ce registre vise à préparer la procédure judiciaire de jugement déclaratif de naissance en créant pour chaque enfant les éléments nécessaires à l'établissement d'un état civil, à partir, et en gardant trace, de son pedigree de naissance, plus ou moins connu et complet. Ainsi, sur chaque fiche, après « nom et prénom, date et lieu de naissance officiels », autant d'éléments créés par le registre, sont indiquées les informations suivantes : « date et lieu de naissance réels », « nom d'origine », « nom du père réel et situation ethnique », « nom et race de la mère », « moyen de naturalisation française ».

La comparaison entre la « date de naissance officielle » et la « date de naissance réelle » est très instructive sur la manipulation à l'œuvre. Pour 33 enfants, la date de naissance réelle n'est pas mentionnée (pas même l'année), ce qui laisse penser que ni l'enfant concerné, ni son entourage (mère, frères et sœurs ou quelqu'un d'autre de sa famille ou de connaissance) ne sont capables de fournir cette indication. Parmi les fiches sur lesquelles les deux indications sont portées, 32 marquent un écart moyen de 17,4 mois : 12 de plus de deux ans et 4 de plus de trois ans (cf. tableau n°4). Cela touche essentiellement les adolescent·es né·es à la fin des années 1940 et au début des années 1950, qui connaissent mal le français et qu'il faut rajeunir pour qu'ils/elles puissent apprendre la langue dans les classes primaires en arrivant en France. Ainsi, deux frères, nés en 1950 et 1953 sont respectivement rajeunis de 3 ans et de 2 ans, ils ont donc officiellement 10 et 8 ans en 1963.

Tableau 4 – « Date de naissance officielle » vs « date de naissance réelle » des enfants du registre de Seno

Variation entre les deux dates	Nombre d'enfants	%
Aucune différence entre les deux dates	206	76 %
Quelques mois de moins	8	3 %
Une année de moins	8	3 %
Deux années de moins	12	4,5 %
Trois années de moins	4	1,5 %
Date de naissance réelle non renseignée	33	12 %
Total	271	100 %

Source : Registre des enfants eurasiens Seno

Quant au « lieu de naissance réel » et au « lieu de naissance officiel », ils présentent également des distorsions. Officiellement, 32 enfants sont nés au Vietnam et un seul au Cambodge, tous les autres (238) sont nés au Laos (151 à Seno, 86 à Savannakhet, la grande ville voisine, et un à Vientiane). Mais en fait 50 de ces enfants sont réellement nés au Vietnam et pour 37 autres, le lieu de naissance réel n'est pas connu. Cet état de fait renvoie aux parcours des mères qui ont suivi les Français et ont fini par échouer à Seno. En effet, seulement 4 % des enfants sont nés de mères laotiennes, alors que 84 % des enfants ont une mère de « race » vietnamienne, selon la terminologie du registre (cf. tableau n°5).

Tableau 5 – « Race de la mère » des enfants du registre de Seno

« Race de la mère »	Nombre d'enfants	%
Vietnamienne	226	83,4
Laotienne	11	4,1
Eurasienne	6	2,2
Chinoise	4	1,5
Cambodgienne	3	1,1
Thaïlandaise	3	1,1
Vietnamienne de nationalité française	2	0,7
Non renseigné	16	5,9
Total	271	100

Source : Registre des enfants eurasiens Seno

Les mères sont très difficiles à suivre : l'écriture des patronymes est parfois aléatoire, certains enfants sont abandonnés par leurs mères de naissance qui n'ont « ni les moyens matériels, ni une moralité suffisante pour assurer une éducation convenable à ces enfants »[751]. Parfois elles les confient à d'autres femmes. Au début 1962, un état de la population civile habitant sur le territoire contrôlé par la BMFS fait état de 127 concubines (avec 76 enfants eurasiens) et 64 « gourgandines qui monnayent occasionnellement leurs charmes » (avec 46 enfants eurasiens). Il est préconisé d'abord d'expulser vers le Sud Vietnam les 110 femmes sans enfant, puis de régler le sort des 122 enfants métis « tous eurasiens ou eurafricains [sic] », et enfin d'expulser leurs mères[752]. Le registre mentionne bien des mères « expulsées de Seno pour inconduite notoire » en septembre 1962.

La « situation ethnique du père » est beaucoup plus variée, reflet de la composition du CEFEO, mais pas seulement (cf. tableau n°6).

Tableau 6 – « Situation ethnique du père réel » des enfants du registre de Seno

« ;Situation ethnique du père réel »	Nombre d'enfants	%
Français de métropole	87	32,1
Français des Antilles et de Guyane	34	12,5
Français de l'Océan Indien	6	2,2
Européens (Allemands, Italiens)	10	3,7
Eurasiens	24	8,9
Asiatiques (Vietnamiens, Indiens…)	43	15,9
Africains (Sénégalais, Ivoiriens…)	31	11,4
Non renseigné	36	14
Total	271	100

Source : Registre des enfants eurasiens Seno

Si l'on retient les fiches sur lesquelles l'information est mentionnée (235), trois grands ensembles se dégagent : 51 % des enfants peuvent être considérés comme des Eurasiens : de pères européens (surtout français, métropolitains blancs) ou eurasiens et de mères asiatiques ou eurasiennes ; 30 % peuvent être considérés comme des Africasiens : de père africain ou antillais, guyanais, réunionnais et de mères asiatiques ; 19 % sont asiatiques avec un père asiatique (Vietnamien ou Indien surtout) et une mère asiatique. Cette répartition illustre une fois de plus que le qualificatif « eurasiens » employé dans l'intitulé du registre est bien considéré

---

[751] CADN Saigon, 590POA207, lettre de Suant à Bazé, 26 septembre 1962.
[752] CADN Vientiane, 732POA4, étude, s. d.

comme englobant par ceux qui l'emploient. Et puis ce qualificatif est une sorte de sésame pour une prise en charge par la FOEFI. En effet, une partie non négligeable des enfants (1/5) ne sont pas eurasiens, voire ne sont pas métis. Cela signifie qu'ils ne devraient pas être concernés par l'application des décrets de 1928 et 1943. Pour certains enfants du registre, le nom réel du père est connu. Quelques pères sont encore à Seno, sans forcément s'occuper de leurs enfants, ni décider ce qu'ils souhaitent pour eux (17 en 1962, d'après une source)[753]. D'autres sont morts. Plus nombreux sont les pères partis pour la métropole ou une autre affectation, sans savoir qu'ils avaient un enfant, ou en le sachant et alors parfois en le confiant aux soins de l'État (par une déclaration de reconnaissance et d'abandon) ou sans rien faire.

L'étude de l'attribution des prénoms et noms aux enfants que l'on veut faire devenir français est complexe. Les cas de figure de ce que l'on pourrait appeler la renomination ou la transnomination des enfants sont très variés. Généralement, pour les métis, « que le nom soit de consonance purement française ou d'allure plus ou moins étrange, son origine ne peut absolument pas être décelée »[754]. Mais là encore, le registre est précieux car il permet de comprendre comment ont été forgés certains nouveaux prénoms et patronymes (officiels) et donne des éléments de compréhension sur les objectifs poursuivis et l'esprit du système mis en place à Seno.

Peu de patronymes des enfants correspondent à ceux des pères qui les ont reconnus avant de les abandonner. Plus nombreux en revanche sont les cas où il n'y a pas eu de reconnaissance de paternité mais où le nom du père est néanmoins connu. Aussi, le nom donné à l'enfant, un peu comme une charade, y fait référence. « En général, nous changeons quelques lettres, modifions une syllabe… Durand devient Duran ou Duland ou Durond », rapporte Suant[755]. Ainsi, un enfant d'un sous-officier français est prénommé comme son père, tandis que son frère reçoit le patronyme paternel raccourci de deux lettres, comme si Potin devenait Pot (exemple fictif). Ce peut être aussi un nom de hasard, un substantif quelconque de la langue française, ou un prénom comme pour 29 patronymes. Dans quelques cas, le nom donné est celui d'un homme ayant reconnu l'enfant d'un autre. Par exemple, une fiche a été établie

---

[753] CADN Vientiane, 732POA4, étude, sans date.
[754] Médecin-Commandant Ravoux, « Aspects sociaux d'un groupe d'eurasiens », *Op. cit*, p.181.
[755] Jacques Suant, *Rizières de sang, op. cit.*, p.148-152.

pour un enfant né en juin 1963, avec les noms réels du père français et de la mère vietnamienne. Mais cette fiche est barrée avec un renvoi vers une autre établie pour le même enfant, avec le même nom de la mère mais le nom d'un autre homme qui l'a reconnu.

L'étude des prénoms français attribués par les militaires sont ceux qui ont cours au début des années 1960. Les 132 filles reçoivent 74 prénoms différents dont 8 Jacqueline, 7 Hélène, 5 Monique, 5 Suzanne, 4 Marie, 4 Madeleine, 4 Marie-Thérèse, etc. 69 prénoms différents sont attribués aux 139 garçons : 12 Michel, 9 Jean, 6 Pierre, 5 Joseph, 5 Jacques, 4 François, 4 Henri, 4 Jean-Louis, etc. En de rares exceptions, des prénoms vietnamiens ou africains sont conservés.

Jacques Suant résume parfaitement ce qu'il se passe pour chaque enfant : « il a un état civil précis que nous lui avons fabriqué. Nous avons triché avec la loi, avec le règlement, avec le consul, comme d'habitude. Nous l'avons fait français ou, plus exactement, nous avons contrefait un acte qui prouve sa nationalité. Il n'était rien. Il n'existait même pas légalement »[756]. Les rôles sont ainsi répartis : les officiers de la base recensent les enfants métis (et d'autres aussi) et créent de nouvelles informations sur leur filiation paternelle, consignées dans le registre ; l'APPEL recueille les enfants ; René Péchard dépose la demande de jugement déclaratif de naissance avec les informations du registre données par les militaires ; le tribunal de Vientiane statue sur la requête, reconnaît que l'enfant est français ; la décision est transcrite sur les registres de naissance de l'ambassade de France à Vientiane ; la FOEFI, organise le « rapatriement » et l'éducation de l'enfant de nationalité française en métropole.

Incarnations du registre des enfants de Seno

Au-delà du document d'archive unique révélant la fabrique de l'attribution de la nationalité française aux enfants métis, mais aussi à d'autres qui ne le sont pas du tout, il y a des destins et des parcours individuels d'enfants, de femmes et d'hommes. Sur les 271 enfants métis du registre, 194 partent pour la France en 1963. Leurs mères ont donné un accord formel qui scelle leur sacrifice. Le registre mentionne expressément 20 refus, qui seront respectés, les enfants concernés restent donc au Laos avec leurs mères. Face à l'imminence de fermeture de la BMFS, après avoir refusé, des mères se résolvent à l'envoi de leurs enfants vers la France. Tous les

---

[756] *Ibid*, p.147.

témoignages écrits et oraux évoquent des scènes dramatiques lors des départs d'avions. Jacques Suant écrit : « Pitié ! Pitié ! *Zohoï ! Zohoï !*, elles crient toutes, les pauvres niaqouées et leur douleur perce le vrombissement de l'avion. Quand il disparait, elles se mettent à courir comme des folles vers le village… »[757] Jean-Claude M., soldat sur la base, se souvient d'avoir vécu ces scènes déchirantes sur les pistes d'envol[758].

Le registre de Seno a été un instrument pour solder les comptes de la présence militaire française, non pas en l'ignorant ou en la cachant, mais en l'assumant pleinement même longtemps après les faits. « À vrai dire, je ne regrette rien », écrit Jacques Suant dans le registre près de 40 ans plus tard au moment de s'en séparer, et il se rappelle « les briscards de la coloniale à qui j'avais fait donner des cours de puériculture (langes, biberons, etc.) à l'infirmerie et qui ont ramené dans leurs bras en France des dizaines de bébés et d'enfants »[759]. Dans cet épisode, idéologie postcoloniale, biopolitique, populationnisme et d'autres considérations se mêlent. L'envoi des enfants de Seno en France peut être considéré comme une fin pour les acteurs qui l'organisent. Pour les principaux intéressés, c'est une autre histoire. Ils n'ont oublié ni le bien qu'on leur a fait en les sauvant (« mais de quoi exactement ? » est toujours une question qui les taraudent), ni le mal du déracinement.

En France, la plupart des enfants rejoignent les autres pupilles de la FOEFI dans les foyers, des pensions ou des familles d'accueil. La Fédération n'est sans doute pas au courant de tout ce qui s'est tramé en amont à Seno. Peut-être a-t-elle eu des doutes sur la fabrique de la nationalité puisqu'en 1968, elle demande un nouveau jugement pour Jean né en 1954, reconnu en 1962 par le tribunal de Vientiane comme né de « père inconnu présumé français ». Le nouveau jugement établit que Jean est né de « père inconnu », seulement. Un conseil de famille de la FOEFI réuni en 1973 indique que Jean est donc de nationalité indéterminée[760]. Des enfants du registre de Seno ne figurent pas dans la liste des dossiers individuels de la FOEFI aux ANOM. Il s'agit des plus âgés qui ont contracté un engagement dans l'armée, ceux qui ont été adoptés, ceux qui ont été rapatriés avec leurs pères ou qui les ont rejoints a posteriori, par exemple à La Réunion ou à Madagascar, ou via la métropole en Afrique ou en Martinique.

---

[757] Suant Jacques, *Rizières de sang*, p.159-160.
[758] Témoignage de Jean-Claude M., 2018.
[759] Registre de Seno, p.2.
[760] « Petite mise au point, Jean Rey », *GDR* n°53, 2017.

Luu Thi Thiet est née en 1950 à Saigon. Après Dien Bien Phu sa famille se réfugie à Seno. Elle se souvient très bien de la vie sur la base qu'elle quitte en 1963 à l'âge de 13 ans et explique : « je ne suis pas née de père inconnu […] mon père s'appelait Luu Ba Yet ». Il était vietnamien, comme sa mère. La famille, 100 % vietnamienne donc, comptait 13 enfants. La petite fille qui voyait décoller des avions emmenant des enfants voulait partir elle aussi. Comme son père travaillait pour l'armée, le commandant Suant lui proposa qu'elle parte en France, en tant qu'Eurasienne. Pour cela la mère dut accepter de la laisser partir, le père dut accepter que sa fille soit considérée comme née de « père inconnu présumé français ». Cela est passé par un nouvel état civil dont la constitution est documentée par le registre. Elle raconte : « mon père voulait me faire appeler France et le commandant Suant lui a dit : "écoute ça fait un peu trop… appelle-la Francine, ça existe Francine" ». Et comme patronyme, le registre de Seno indique « Loubayette » : un nom à consonance française qui est la transcription phonétique du nom vietnamien de son père Luu Ba Yet. C'est ainsi que Luu Thi Thiet, née en 1950 de parents vietnamiens, devint Francine Loubayette, enfant métis de mère vietnamienne et de père inconnu présumé français, née en 1952, donc rajeunie de deux ans pour pouvoir apprendre le français à l'école primaire en arrivant en France. Le cas de Francine Loubayette illustre le fait que parmi les enfants de Seno, un cinquième d'entre eux n'était pas des métis, ce qui n'a pas empêché les protagonistes de les envoyer en France. Deux ans plus tard, dans un pensionnat tenu par des religieuses à Dreux, Francine a un choc en lisant sur un document la concernant qu'elle est née de « père inconnu présumé français » car elle n'était pas au courant de la manipulation nécessaire pour qu'elle puisse partir en France. « Mais j'ai compris cette démarche de mon père. J'ai compris, mais vraiment, j'ai très bien compris », affirme-t-elle[761]. Mais aucune explication ne lui a été donnée alors et elle a dû encaisser ce choc.

Yvonne est née en 1954 à Haïphong, elle arrive à Seno avec sa famille à l'âge d'un an et demi. Après avoir quitté l'armée française, son père eurasien est devenu chauffeur. Il est issu d'une famille de notables de l'Isère. Sa mère vietnamienne est d'extraction noble, son grand-père était chef de village. À Seno, les militaires français disent aux parents : « si vous voulez rester, restez avec les petits. Les grands, donnez-leur une chance d'aller en France pour étudier puis après qu'ils reviennent ». Ainsi, on retrouve Yvonne avec deux de ses frères nés en 1955 et 1957,

---

[761] Témoignage de Francine Loubayette, 10/01/2018 et *LDS*, p.108-111.

dans le registre de Seno, avec comme patronyme le nom de leur père. Elle part pour la France en 1963 à l'âge de 9 ans[762].

Hélène, née en 1957 à Seno, a 6 ans quand elle part pour la France le 6 mai 1963. Regardant une photographie prise le jour du départ, elle se souvient :

> « je suis la petite fille en petite robe et sandalettes, avec des tresses, une petite chaîne au cou, trop légèrement habillée pour un long voyage : maman m'avait dit que j'allais partir pour un pique-nique seulement, donc ce n'était pas la peine de bien s'habiller. Et durant tout le rassemblement des enfants à la bibliothèque de Seno et le petit trajet en car de la bibliothèque à l'aérodrome militaire, je ne comprenais pas pourquoi tout le monde (enfants et parents, maman y compris) pleurait, surtout si on partait pour un pique-nique en France ! ».

Examinant une autre photo prise un peu plus tard avec un autre groupe de filles, elle précise : « c'est bien moi mais avec des chaussures. Maman m'a fait changer de chaussures avant de monter dans le bus pour aller sur la piste ». Le grossier mensonge du pique-nique témoigne de l'impuissance de la mère d'Hélène à pouvoir « expliquer » à sa fille la situation, le départ et ses conséquences. « Finalement, une fois dans l'avion » raconte Hélène, « je me suis efforcée de pleurer comme tout le monde, et c'était difficile car les larmes ne voulaient pas couler. Mais je me souviens qu'à un moment donné, lorsqu'un soldat m'a soulevé dans l'avion (il n'y avait pas de passerelle pour l'embarquement), j'ai crié "Maman, Maman" instinctivement ». Dans l'avion, pour calmer ses pleurs, on lui dit que sa maman prendra le prochain vol, qu'elles se retrouveront en France. Il n'en sera rien[763].

Le groupe de filles de Seno qui arrive au foyer de Saint-Rambert en 1963, avec Yvonne, Hélène, Amélie et d'autres, est problématique. Pour les plus grandes, habituées à être très indépendantes à Seno, l'adaptation à la vie de l'abbaye n'est pas facile. Le cadre strict du foyer les contraint à un retour vers l'enfance et son corollaire : la limitation de leurs libertés. Dans l'ensemble, les filles parlent mal le français et « ont tendance à faire bloc ». C'est « une lourde tâche pour les religieuses que de fondre ce petit monde parmi les anciennes », indique un rapport de la FOEFI. Un an et demi plus tard, elles sont bien intégrées, ont pris du poids, fournissent des efforts scolaires méritoires. L'une d'entre elles, qui a une eu

---

[762] Témoignage d'Yvonne F., 09/01/2018.
[763] Témoignage d'Hélène M. et envoi de documents personnels, 2019.

« une enfance douloureuse, marquée par les événements d'Indochine, est inapte aux études ». D'autres suivent de très bons parcours secondaires[764].

D'autres enfants rejoignent des familles d'accueil. Tel Jean-Louis, né en 1952 à Hanoi d'une mère vietnamienne et d'un père français, arrivé en Indochine en 1951 en tant qu'officier de renseignements et reparti en 1953. Il n'a donc pas connu son père et a vécu avec sa mère qui tenait un restaurant à quelques kilomètres de la BMFS. Quand il a 10 ans et que la fermeture de la base est annoncée, sa mère lui demande : « "qu'est-ce que tu veux faire ? Tu veux rester avec moi ou tu veux chercher ton père ?" À l'époque, Paris, Paris, Paris… À dix ans, tu regardes des cartes postales, des journaux, tout ce qui concerne la France. Donc je dis : "je veux aller voir, je veux aller en France". Donc on a fait les papiers nécessaires pour que je puisse partir ». Le nom de son père lui est connu, sa mère lui donne une photo de lui avant son départ, mais sur le registre c'est le nom N. (un substantif français d'allure tout à fait banale pour cacher celui de son père) qui est inscrit et qui constituera désormais son identité en tant qu'enfant de père inconnu présumé français. Après trois mois passés au foyer de Vouvray, il est envoyé dans une famille d'accueil en Béarn[765].

D'autres enfants du registre ne sont pas pris en charge par la FOEFI mais par l'APPEL dont les responsables estiment que placer des enfants eurasiens dans des pensionnats comme le fait la FOEFI n'est pas le meilleur moyen de les intégrer dans la nation française. Bien qu'il exprime en 1963 une réelle gratitude à l'égard de la Fédération pour la prise en charge de certains enfants de Seno, lors d'un entretien accordé en 1989, René Péchard se montre très critique : « les jeunes eurasiens des années 1960 ont un foyer et un travail, certes, mais ils gardent au cœur un regret, celui de n'avoir pas ou peu rencontré de familles qui les auraient accueillis comme leurs propres enfants quand, après les péripéties et les incertitudes qu'on sait, les autorités françaises les ont rapatriés dans l'hexagone »[766]. Charles Leca, devenu administrateur de la FOEFI, répond à Péchard en dénonçant les placements d'enfants eurasiens effectués par l'APPEL « sans la présence à leurs côtés de camarades de même origine, auprès desquels ils pouvaient trouver appui et réconfort »[767].

---

[764] AGO FOEFI 1963 et 1964 ; ANOM 151 Fi 5 albums photos.
[765] Témoignage de Jean-Louis N., 09/11/2018.
[766] Compte rendu de l'assemblée générale de l'APPEL, 28/11/1963 ; propos de René Péchard dans Jean-Claude Darrigaud et Jean-Claude Didelot, *Les enfants…*, p.75.
[767] Charles Leca, « Histoire de la FOEFI au Laos des années 1947 à 1975 », *GDR*, 1992.

Estimant que seul l'accueil dans des familles permet la véritable intégration des enfants en France, l'APPEL développe des formes de prise en charge différentes de celles de la FOEFI. En 1964, les personnes intéressées par l'action de l'association envers les enfants laotiens reçoivent un imprimé intitulé « Parrainage et Adoption ». Jean-Claude Didelot, qui à partir de 1968 est responsable de la branche française de l'association (APPEL-France), organise ces actions en fonction des enfants à aider, de leurs origines, de leurs âges et de leurs besoins. Le principe essentiel est que tout enfant se retrouve au sein d'une famille métropolitaine[768]. Un hommage rendu à René Péchard par le chef de la section consulaire française à Vientiane indique qu'il a « sauvé de la misère plus de trois cents jeunes Français en les envoyant en France pour les placer, soit dans des œuvres françaises, soit dans des familles d'accueil[769] ». En 1966, la situation de la FOEFI étant compromise, nous y reviendrons, l'APPEL envoie des enfants en France en contactant directement les DDASS (directions départementales de l'action sanitaire et sociale, créées en 1964). Par exemple six garçons rejoignent l'École de l'Angélus à Presly (Cher). L'association fonctionne sans subvention de l'État, mais avec le soutien des ministères des Affaires sociales et des Affaires étrangères. Ce dernier précise que l'APPEL prend en charge environ 400 enfants eurasiens de nationalité française « dans les meilleures conditions possibles », et assure en France le placement de ces enfants. Il précise que « dans chaque cas, la décision de rapatriement est prise par mon Département après étude d'un dossier individuel établissant la nationalité de l'enfant et l'intérêt de ce rapatriement ». En bref, il s'agit d'une « œuvre qui se consacre avec désintéressement et efficacité à pallier les conséquences de la guerre d'Indochine et de la situation critique que connait depuis le Laos », toutes ses demandes sont donc à accueillir avec bienveillance[770]. Un rapport parlementaire de 1974 confirme que « l'APPEL aurait assuré des placements familiaux en France à plusieurs centaines d'enfants du Laos[771] ».

---

[768] Témoignage de Jean-Claude Didelot, 21/09 et 15/12/2009.
[769] Jean-Claude Didelot, *Piété filiale*... Documents (CD), documents n°2 et 3 du chapitre 3, lettre non datée.
[770] AN FOEFI 128, lettre du directeur de la DDASS du Cher au président de l'APPEL, 18 mars 1966 ; lettre de l'APPEL au ministère des Affaires sociales, 15 juillet 1966 ; lettre du MAE au ministère Affaires sociales, 12 septembre 1966.
[771] AN 19960015, ministère de l'Intégration et de la Lutte contre l'exclusion, article n°21, rapport Riviérez sur l'adoption, 1974, p.26.

C'est notamment le cas de Laby Camara, né en 1956 au Sud-Vietnam qui ne part pour la France qu'en 1969. Sa mère a d'abord été mariée à un Vietnamien, combattant du Vietminh, dont elle a eu deux enfants. Lorsqu'il a été emprisonné par les Français, elle a rencontré Maligui Camara, un soldat guinéen, vite reparti alors qu'elle était enceinte. Servant en Algérie, averti de la naissance de son fils, Camara demande par téléphone qu'il soit prénommé Naby (en souvenir d'un camarade de guerre), mais le message passe mal et ce sera Laby. À dix ans, celui-ci part tenter sa chance à Savannakhet et devient garçon de course dans un bordel. En 1969, la situation devenant intenable au Laos, René Péchard le fait partir en France, dans une famille d'accueil à Denain. Il est sans nouvelle de ses parents. Bien plus tard, partant à la recherche de ses origines et de ses familles, il apprendra que sa mère et sa famille vietnamienne d'une part et son père avec ses deux épouses et ses quatorze enfants en Guinée d'autre part, ne l'ont pas oublié[772].

À Seno, il ne reste plus de traces de toute cette histoire. Celles et ceux qui y sont retournés pour essayer de retrouver un peu de leur enfance n'ont pas reconnu grand-chose[773].

---

[772] Laby Camara (avec Nadine Bari), *L'enfant de Seno, op. cit.*
[773] Matthieu Geslain et Jean-Claude Jean, *Enfant d'Indochine*, 2010, NOVI productions, 56 min.

TROISIÈME PARTIE

Constructions subjectives

Les milliers d'enfants arrivés en France de l'Indochine coloniale et des États qui lui ont succédé ont à vivre une nouvelle partie de leur vie, loin de leurs racines et le plus souvent de leurs familles. Ils n'ont pas d'autre choix que de se (re)construire dans un environnement nouveau pour eux. La maîtrise de la langue française est un enjeu considérable qui détermine en partie les capacités d'acculturation de chacun·e. L'affirmation des individualités, à la fois encouragée et circonscrite par les opérateurs de la transplantation, se fait entre contrainte et agentivité en fonction des marges de manœuvres mobilisables, de l'âge et du genre. Le moment de la sortie du giron de la FOEFI est pour toutes et tous une étape clé, plus ou moins bien vécue. Le processus de construction subjective dépasse donc l'enfance et l'adolescence. À l'âge adulte, il faut composer aussi avec les aléas de la situation géopolitique de la péninsule indochinoise : des familles se reconstituent, d'autres demeurent séparées à jamais. Les ex-pupilles créent leurs propres familles, les mariages constituant un des principaux critères d'assimilation. Au début des année 1970, les jours de la FOEFI sont comptés. Apparaissant ou présentée comme une « œuvre du passé », elle ne peut plus résister aux pressions des autorités françaises. Sa fermeture met en lumière la question toujours aiguë de la nationalité des adultes que sont devenus les enfants nés en Indochine. Les décennies passant, ces personnes continuent à s'interroger sur leur identité, sur le métissage et se métissage. Se constituent en parallèle des mémoires collectives au sein d'associations et des mémoires individuelles au sein des familles où la transmission n'est pas toujours convoquée.

Chapitre 12
Les voies de l'acculturation

L'objectif de la FOEFI est de former une génération censée donner à la France des éléments de valeur qui maintiendront avec les pays de la péninsule indochinoise les liens noués au cours de la présence coloniale. Pendant quarante ans, William Bazé répète à l'envi : « les enfants d'origine mixte élevés dans l'amour de leur patrie et de leur pays natal sont un trait d'union indissoluble entre deux races et deux civilisations ». Les enfants quittent leur pays de naissance avec un état civil français, avec la nationalité française, avec des prénoms et des patronymes à consonance française, la plupart d'entre eux sont baptisés catholiques. Leur intégration ou leur assimilation dans la société française[774] nécessite une acculturation, c'est-à-dire des effets sur leur culture originelle provoqués par le contact permanent avec les métropolitains. Pour la FOEFI, cette transformation doit être spontanée, rapide. Les enfants métis doivent abandonner les oripeaux de leurs origines qui les empêchent de s'assimiler : leur langue maternelle, leurs mœurs, leurs souvenirs qui les rattachent trop à une période révolue de leur vie, parfois même leurs relations familiales ou adelphiques. Au contraire, ces enfants et ces jeunes doivent apprendre la France et les Français, leurs valeurs, leur mode de vie, et les faire leurs. L'ensemble constitue une véritable commotion culturelle. Loin de l'antienne prônant une éducation respectant les deux cultures, l'assimilation des enfants métis dans la société française passe par l'effacement de leurs origines et de leur identité. Les enfants eurasiens transplantés en France sont des exemples d'enfants palimpsestes. Comme ces vieux parchemins dont on a effacé la première écriture pour pouvoir écrire un nouveau texte.

---

[774] Voir sur ces deux concepts des sciences sociales : Michel Wieviorka, « L'intégration: un concept en difficulté ». *Op cit.* ; Stéphane Beaud et Gérard Noiriel, « L'"assimilation", un concept en panne ». *Revue internationale d'action communautaire*, 21, 1989, p.63-76. Voir également les billets de blog de Zoé Grumberg, programme EN-MIG : <https://enmig.hypotheses.org/695>

La priorité absolue : la langue française

La question de la langue est primordiale. Dès les années 1947-1948, le constat du faible niveau de français des pupilles envoyés en France est expliqué par la FOEFI en partie par l'occupation japonaise et les secousses de la Libération. Ces événements ont « arrêté nos anciens pupilles dans leurs études, ce qui explique la faiblesse des premiers contingents que nous avons acheminés sur la France après les évènements du Nord-Vietnam du 19 décembre [1946] et la faiblesse similaire de nos élèves d'Indochine », rapporte la FOEFI[775]. Pour remédier à cette carence, il est interdit aux pupilles de parler une autre langue que le français. Les sœurs de Notre-Dame des missions étaient déjà intransigeantes en Indochine, comme le rapporte Simone (née en 1939) : « lors de mes premières années à Lang Son, une copine plus âgée était ma "petite mère", elle s'occupait de moi. Quand je parlais vietnamien, comme les religieuses elle me tapait sur les doigts ». Installée à Saint-Rambert, Mère Jeanne tance les Eurasiennes qui « baragouinent le niakoué », mais ne peut empêcher les filles d'utiliser des mots vietnamiens lorsqu'elles veulent manifester un mécontentement ou parler entre elles secrètement. Jeannette, née en 1939 et arrivée en 1949, se souvient : « nous étions élevées, dressées pour faire de bonnes petites Françaises. Bien sûr on nous empêchait de parler le vietnamien. Dès qu'on nous entendait, on était punies »[776].

La même interdiction est imposée aux enfants qui arrivent du Cambodge[777] ou du Laos, comme Jean-Louis (né en 1958), arrivé de Seno en 1963 : « pour bien s'intégrer, on a préféré nous enlever notre culture, notre langue très rapidement. Tout de suite, ça a été assez radical ». Dans les familles d'accueil ou d'adoption où les enfants sont isolés, l'interdit est le même, parfois poussé jusqu'à son paroxysme comme l'indique Anne, adoptée en France à l'âge de onze ans : « quand je rêvais en vietnamien, mes parents adoptifs me réveillaient pour que je ne parle qu'en français ». À Vouvray, Alexandre a eu à écrire 1 000 lignes « Je ne dois pas parler le vietnamien », d'autres ramassaient les feuilles mortes dans la cour[778].

---

[775] AGO FOEFI 1953.

[776] Témoignages de Simone L, 05/03/2018 et Jeannette G., 12/01/2018.

[777] Magali Bigaud, « Rapatrier les enfants métis du Cambodge : un élément de la relation postcoloniale franco-cambodgienne », *Revue d'Histoire de l'Enfance Irrégulière*, n°22, 2011, p.67-83.

[778] Témoignages de Jean-Louis B., 09/11/2018, Anne C. 19/03/2018 et Alexandre 09/05/2023.

Même si la règle et la discipline des établissements qui éduquent les enfants métis sont strictes, la langue de naissance demeure un refuge offrant la possibilité de proférer quelques injures qui ne seront comprises que des initiés. René Garnier, moniteur qui seconde le directeur du foyer de Saint-Pierre-du-Vauvray de 1953 à 1955, indique que les adolescents parlaient français mais qu'ils proféraient des mots grossiers en vietnamien. Chez les Sœurs de Saint-Paul de Chartres à Illiers (28), Madeleine dit un jour en vietnamien « la mère supérieure est folle », mais une religieuse étant allée en mission en Indochine l'entend et comprend parfaitement. « Je me suis retrouvée punie, à devoir remplir un seau avec de la neige, à mains nues. Je vous assure qu'à partir de ce moment-là, je n'ai plus parlé vietnamien » ; « j'ai complètement perdu, mais complètement vous m'entendez bien, en quatre mois de temps, le vietnamien »[779]. Ce genre de commotion linguistique se retrouve dans de nombreux témoignages.

Ces pratiques rappellent bien sûr la politique linguistique dans la France du XIXe et du début du XXe siècle, quand parler les langues régionales était interdit à l'école. Le signalement par les élèves eux-mêmes de ceux qui fautaient et le symbole stigmatisant qu'ils se transmettaient les uns aux autres en sont les pratiques les plus connues[780]. Au crépuscule de la France coloniale, même si la loi Deixonne (1951) permet l'enseignement de langues régionales dans les écoles secondaires, l'impérialisme linguistique demeure, que ce soit outre-mer ou dans l'hexagone[781]. En 1971, alors qu'un médecin lyonnais d'origine vietnamienne ayant examiné une des pupilles de Saint-Rambert s'étonne auprès des sœurs qu'elle ne puisse pas lui parler en vietnamien, c'est Bazé qui lui répond en justifiant la politique de langue qu'il a imposée. « Mon expérience m'a conduit à interdire la langue vietnamienne », car les pupilles « qui m'arrivent toujours très en retard, ont tendance à ne parler que le vietnamien entre eux […] il convient dans leur intérêt de les affranchir de ce fâcheux état d'esprit ». En revanche, Bazé affirme que quand les pupilles ont atteint un niveau d'instruction suffisant, il « favorise en eux la culture vietnamienne »[782], ce qui n'est pas du tout évoqué par les personnes concernées.

---

[779] Témoignage de René Garnier, 21/06/2021 et de Madeleine M. 28/02/2018.
[780] Carmen Alén Garabato et Henri Boyer, « Un post-colonialisme linguistique ? », *Mots. Les langages du politique*, 126, 2004, p.5-12.
[781] Louis-Jean Calvet, *Linguistique et colonialisme. Petit traité de glottophagie*, Paris, Payot, 2002.
[782] Lettre conservée dans le Répertoire Pensionnat d'Eurasiennes, Saint-Rambert.

Le vietnamien s'oublie d'autant plus facilement qu'il est seulement une langue de l'enfance, liée aux jeux, aux activités du jeune âge, à la famille, et non une langue d'adulte. L'oubli de la langue natale, appelé « attrition de L1 » par les linguistes, concerne surtout les jeunes enfants qui ont peu pratiqué leur langue maternelle et l'ont délaissée rapidement au profit de la langue d'adoption. Il est aussi dû à une volonté de vouloir s'intégrer, même si celle-ci est impensée alors et non exprimée aujourd'hui, il y a donc des aspects neuropsycholinguistiques à prendre en compte[783]. Lang raconte : « j'ai ainsi perdu ma langue maternelle, ce fut pour moi un drame que j'éprouve plus encore aujourd'hui, cet isolement forcé m'a beaucoup perturbé durant toute ma vie »[784]. Cependant, la contrainte linguistique exercée sur les enfants eurasiens n'exclut pas une certaine agentivité et une analyse des opportunités qu'elle ouvre en termes de promotion sociale.

Quand en 1957 au foyer de Semblançay la rébellion éclate, William Bazé « sermonne les enfants avec sévérité en s'exprimant d'abord en français, puis en vietnamien »[785]. Preuve qu'une certaine insécurité linguistique persistait ou s'agissait-il d'un geste d'apaisement. Les filles comme les garçons se souviennent avoir mélangé les deux langues : « on mettait deux mots vietnamiens, trois mots de français et on se comprenait entre nous », se souvient Germaine, née en 1943, arrivée à 11 ans[786]. Cette « parlure hybride » ou « hybridation ethnosociolinguistique », bien identifiée par les linguistes dans les phénomènes d'acculturation liés aux migrations prend parfois une dimension épistolaire[787]. Ainsi, en 1954-1955, Imre Szabo correspond avec une amie déjà partie pour la métropole. Ils s'échangent des lettres « en eurasien » : « une écriture aléatoire où l'on commence une phrase en français pour la terminer en vietnamien, où l'on insère une expression d'une langue dans une phrase écrite dans l'autre […] de manière inattendue, sans raison apparente »[788].

Hormis pour les rares enfants et adolescents métis qui maîtrisent correctement le français en arrivant en France, le grand passage de la langue

---

[783] Barbara Köpke, Monika Schmid, « L'attrition de la première langue en tant que phénomène psycholinguistique », *Language, Interaction and Acquisition*, 2, 2011, p.197-220.

[784] Lang, questionnaire, 2021.

[785] « Compte rendu de l'incident de Semblançay (1957) », *GDR* n°41, 2010.

[786] Témoignage de Germaine D., 05/02/2018.

[787] Henri Boyer, *Introduction à la sociolinguistique*, Paris, Dunod, 2017, p.225.

[788] Imre Szabo, *Mémoires… op. cit.*, p.304-306.

natale au français est l'un des premiers défis auxquels sont confrontés les enfants eurasiens. Les différences importantes entre la langue vietnamienne, isolante, monosyllabique et tonale (six tons) et le français dont la syntaxe, la grammaire et les temporalités sont très exotiques pour des Asiatiques, nécessite en effet de faire un pas vers l'autre[789]. Comme le français n'est pas enseigné en tant que langue étrangère ou langue seconde avant les années 1980[790], ce sont les enfants qui doivent faire l'effort de s'adapter. À Vouvray et à Semblançay, des classes primaires ayant été ouvertes à l'intérieur des foyers, certains enfants demeurent entre eux en permanence, d'autres fréquentent les écoles des communes avoisinantes, c'est aussi le cas des filles à Saint-Rambert qui vont à l'école publique ou à l'école catholique. Les modalités du passage du vietnamien au français sont très variables d'un enfant à un autre en raison de la grande diversité des situations et des parcours des pupilles de la FOEFI sur une période de 35 ans. Vivre exclusivement entre Eurasiennes au foyer de l'abbaye ou être entre garçons dans un foyer tenu par des laïcs sont des expériences d'apprentissage du français très différentes. D'autres enfants se retrouvent à quelques-uns en pension dans des établissements où les métropolitains sont largement majoritaires. Certains sont isolés dans des familles d'accueil ou d'adoption.

Chacun·e vit cet apprentissage en fonction de son histoire, de son âge, de ses aptitudes. Josette, née en 1962, qui entre à Saint-Rambert à moins de trois ans, apprend le français au cours d'une scolarité identique aux enfants de métropole. Mais Nina V. (née en 1940), arrivée à 7 ans, considère qu'elle a dû apprendre le français « avec 7 ans de retard »[791]. Elle se souvient avoir eu une boulimie de lecture : « peu après mon arrivée, je suis tombée malade, parce qu'il faisait froid. J'étais collée dans mon lit et on me donnait des livrets de chansons. Et je passais mes journées toute seule dans ce grand dortoir à chanter "C'est la mère Michel" ». Madeleine, née en 1948, âgée de 8 ans à l'arrivée, insiste sur une difficulté de prononciation : « le "r" était très difficile pour nous, comme dans "a-rb-re" ou "p-riè-re". Mais ça a été très, très vite parce que la prière est revenue souvent ! Grace à la prière, le "r" est rentré plus facilement »[792]. Pour les plus âgé·es, la tâche est encore plus rude, comme pour Monique arrivée à

---

[789] Patrick Anderson, Laseldi-Grelis, « De la langue originaire à la langue de l'autre », *Éla. Études de linguistique appliquée*, 131, 2003, p.343-356.
[790] Michèle Verdhelan-Bourgade (dir.), *Le français langue seconde. Un concept et des pratiques en évolution*, Louvain, De Boeck, 2007.
[791] Témoignages de Josette L., 31/01/2018 et de Nina V., 17/01/2018.
[792] Témoignage de Madeleine M., 28/02/2018.

Saint-Rambert en 1951 à 15 ans et ne connaissant rien du français. Lors de son arrivée en 1968 à 12 ans, Valérie a peu de relations avec les autres filles car elle ne parle pas le français et ne connait personne : « j'ai dû comprendre rapidement que le vietnamien était strictement interdit. Une religieuse vietnamienne à qui je m'adressais en vietnamien m'avait signifié d'entrée que je devais oublier de parler vietnamien à l'abbaye ». Elle est placée d'office en classe de CP, mais très vite les institutrices se rendent compte qu'elle a un bon niveau en mathématiques et lui donnent des cours particuliers en français. Deux ans plus tard, à 14 ans, elle obtient son certificat d'études, et en est aujourd'hui encore très reconnaissante aux sœurs de l'abbaye et aux institutrices de Saint-Rambert[793].

Dans le foyer de Vouvray, en 1960 est fait le constat suivant :

> « un assez grand nombre de nouveaux arrivants ignorent le français. Si ce handicap ne présente que des difficultés mineures pour les plus jeunes, il pose un grave problème pour les adolescents de 12-14 ans […] Il leur faut six mois pour parvenir à comprendre le français […] la limite d'âge scolaire intervient avant qu'ils aient pu se mettre au niveau des classes de fin d'études primaires »[794].

Cette situation justifie aux yeux de la FOEFI de diminuer l'âge de certains de ses pupilles afin qu'ils puissent intégrer l'école primaire, comme nous l'avons vu pour certains enfants de Seno. Ce problème est encore bien identifié par l'Inspection générale des Affaires sociales en 1971 : « au moment où ils sont confiés à la FOEFI, les jeunes eurasiens ont une connaissance du français rudimentaire voire inexistante et le retard dans les études est d'au moins deux ans par rapport à la moyenne ». Le rapport pointe également que le regroupement des enfants dans des foyers dédiés a eu pour effet de « renforcer les complexes tenant à la race et à la rupture avec le milieu d'origine ; de plus le fait que les enfants pouvaient ainsi continuer à parler le vietnamien entre eux avaient pour conséquence de ralentir les progrès dans la langue française »[795]. Mais tous ces points ont été en partie réglés à la fin des années 1950 par la dispersion des foyers, sauf celui de Saint-Rambert.

Les archives et les témoignages montrent une grande permanence dans la politique de la langue de la FOEFI, que ce soit dans l'injonction à l'apprentissage du français ou dans la moindre considération portée à

---

[793] Valérie, questionnaire, 2021 et témoignage 23/05/2023.
[794] AN FOEFI 126, rapport sur les foyers daté de 1960.
[795] AN FOEFI 126, rapport de l'inspection générale des Affaires sociales, 1971, p.4.

la langue première. L'acculturation postcoloniale par la langue renvoie à la place de la langue française dans l'histoire impériale comme la langue coloniale qu'elle fut durant la conquête et l'administration de l'empire. Parler français, c'est pour les métis pouvoir prendre place dans le système colonial, ne pas le maîtriser constitue un empêchement dirimant à la promotion sociale. Dans son dernier livre, l'auteur de romans historiques Guy Levilain, métis indochinois né en 1936 et arrivé en France en 1946 avec sa famille, écrit :

> « très tôt, mon père m'a fait comprendre que je devais être fier de mon hybridité et de ma double culture. Il m'apprit que pour m'imposer et contrer l'arrogance des petits "Français purs", je devais les battre sur leur propre terrain, celui de la langue française. C'est ainsi que dès l'âge de dix ans, mes étés furent dédiés aux cahiers de devoirs de vacances, à l'étude de l'analyse grammaticale et logique, à la lecture dirigée et à l'enrichissement du vocabulaire. "On pense avec les mots, et plus tu en auras, mieux tu penseras", me disait mon père »[796].

Et ce qui est vrai pour les métis dans Indochine coloniale l'est encore davantage pour les enfants eurasiens déplacés en France en contexte de décolonisation.

Alors que les pères sont bien davantage absents des histoires des enfants que les mères, c'est la langue paternelle, la langue coloniale qui l'emporte sur la langue maternelle. L'expérience d'intégration/assimilation en contexte postcolonial, l'acculturation forgée par des pratiques coercitives, notamment le déni de la langue première, est à rapprocher d'autres entreprises d'acculturation d'enfants en contexte postcolonial, notamment en Guyane, où les enfants amérindiens subissent eux aussi une acculturation par la langue très coercitive ou les quelques centaines d'enfants métis « évacués » d'Afrique vers la Belgique et bien sûr les enfants de La Réunion parlant créole transplantés en métropole[797].

---

[796] Guy Levilain, *Dépatrié et exilé. Confessions d'un jeune homme de bonne famille*, Paris, Édilivres, 2020, p.12.

[797] Hélène Ferrarini, *Allons enfants de la Guyane. Éduquer, évangéliser, coloniser les Amérindiens dans la République*, Toulouse, Anacharsis Éditions, 2022 ; Sarah Heynssens, *De kinderen van Save: een geschiedenis tussen Afrika en België* [Les enfants de Save : une histoire entre l'Afrique et la Belgique], Antwerpen, Pelckmans Uitgevers, 2017.

Limiter les liens avec la famille et le pays natal

Selon la FOEFI, une fois qu'un pupille lui est confié la « mère conserve toutes ses prérogatives », jusqu'à une possible reprise de cet enfant (article 14 du décret de 1943). En même temps la Fédération organise l'acculturation rapide de ses pupilles. Cet équilibre est difficile à tenir. Par exemple, les visites dans les établissements sont permises aux mères présentes en France mais elles doivent être limitées pour ne pas distraire l'enfant du processus d'assimilation. Les relations épistolaires entre les mères et les enfants constituent un autre point névralgique. Leur limitation n'est pas propre à la FOEFI. L'aide sociale à l'enfance de l'époque ne pense pas autrement : « il en résultait que la famille de l'enfant était généralement oubliée. Elle était tacitement considérée comme inexistante ou mauvaise et il fallait en éloigner l'enfant pour l'en protéger ». En effet, l'article 69 du Code de la famille et de l'aide sociale avait prévu que « le lieu de placement du pupille reste secret, sauf décision contraire du tuteur prise dans l'intérêt de l'enfant ». Ce n'est qu'en 1976 qu'une circulaire du ministère de la Santé évoque les relations parents-enfants comme un droit et un besoin, ce qu'a affirmé avec force la loi du 6 juin 1984[798].

Dès leur arrivée en France, tout est fait pour montrer aux enfants métis qu'ils doivent tourner une page de leur vie. La FOEFI affirme entretenir des rapports réguliers avec les familles via des lettres rédigées en vietnamien, mais la plupart des pupilles qui en auraient la capacité n'ont pas le droit d'écrire en cette langue. Même quand cela ne leur est pas interdit, l'oubli de la langue natale fait son œuvre comme le raconte Pierre Cesario, né en 1949 et arrivé en France à 10 ans. Il commence par écrire à sa mère en vietnamien, « et puis j'ai oublié la langue et nous avons continué à correspondre en français. Ma mère se faisait sans doute aider ». Louis, né en 1952 et parti en 1960, reçoit des lettres de sa mère restée à Vientiane, écrites en français par son compagnon militaire. Marcelle, arrivée à 10 ans en 1960, correspond régulièrement avec sa mère et ses sœurs : « au début les lettres étaient toutes en vietnamien, rédigées par ma mère. Au bout d'une année ou peut-être moins, les lettres que ma sœur et moi écrivions étaient parsemées de mots français, pour finir un jour par être totalement en français. Nous avions perdu l'usage de notre langue maternelle ! »[799].

---

[798] Pierre Verdier, *L'enfant en miettes*, Paris, Dunod, 2013, p.22.
[799] Pierre Cesario, *LDS*, p.46 ; Louis et Marcelle, questionnaires, 2021-2022.

Les lettres écrites en français au Vietnam, au Cambodge ou au Laos et reçues par les pupilles témoignent du maintien du français dans les pays décolonisés et/ou du recours aux écrivains publics. Telle cette lettre d'un oncle à son neveu en 1966 lui apprenant la mort de sa mère, ou telle autre de sa grand-mère en 1967 lui racontant les conditions de vie à Saigon pendant la guerre[800]. L'acculturation en France de ces enfants loin de leur pays d'origine a donc aussi eu des effets qui ont entretenu la francophonie sur place. Si le français demeure la langue coloniale, rejetée par beaucoup de Vietnamiens dans les années 1960 et 1970, la « colonisation éducatrice » a été intégrée très tôt par une partie des élites vietnamiennes comme une page de leur histoire nationale[801]. Dominique Rolland rapporte la relation au français d'une petite Vietnamienne dans les années 1960 qui montre cette ambivalence entre rejet et maintien de la langue coloniale :

> « À l'école, c'était toute une histoire avec les cours de français. Elle n'aimait pas les Français, alors elle n'aimait pas leur langue […] L'instituteur lui donnait des coups de règle sur les doigts […] Son grand-père aussi est maître d'école, le maître d'une école de campagne avec des bancs de bois où s'entassent des petits paysans aux pieds nus qu'on entend de loin chantonner en chœur la conjugaison du verbe manger […] Il la prend sur ses genoux. Il lui explique. La langue et les gens ce n'est pas la même chose. La langue ce sont les livres que l'on peut lire. Il lui récite un poème qui s'appelle *Oceano Nox*. La langue et les gens, ce n'est pas la même chose »[802].

Les liens avec les familles restées au pays sont sciemment limités : quelques courriers, très surveillés, deux ou trois fois par an en général, à Noël et à Pâques, car les timbres sont chers. Les lettres des enfants sont souvent stéréotypées : « vous me manquez », « je vais bien », « je travaille bien à l'école »… Les plus inspiré·es sont copié·es par leurs camarades[803]. Les lettres arrivant du Vietnam – mais tous les pupilles n'en reçoivent pas – ne suffisent pas à répondre aux interrogations des enfants sur ce qu'ils vivent comme un abandon : « pour te donner une chance », « pour ton bien », « pas le choix », « c'était la seule solution », etc. La mère de Jacqui lui écrit de temps en temps des lettres en vietnamien qu'il trouve décevantes car elles ne répondent à aucune de ses questions sur les raisons

---

[800] Archives privées, André F.
[801] Pierre Journoud, « Stratégies francophones au Vietnam », *Études de l'IRSEM*, n°26 « Francophonie et profondeur stratégique », 2013, p.50-66.
[802] Dominique Rolland, *De sang mêlé. op. cit.*, p.103-104.
[803] Témoignages de Germaine D., Yvonne F., Marie-Dominique L, Monique W., 01 et 02/2018.

de son abandon. Valérie, née en 1955 et arrivée en France en 1968, reçoit une lettre de sa mère deux fois par an : « je savais qu'elle était toujours vivante dans la tourmente de la guerre. C'était le plus important pour moi »[804]. Dans les faits, les correspondances ne peuvent guère contribuer, à de rares exceptions près, au maintien d'un véritable lien, ni même à une idéalisation de celui-ci. Un rapport de l'IGAS daté de 1968 signale que « les relations épistolaires, auxquelles l'association [La FOEFI] semble attacher de l'importance, sont plus ou moins réelles »[805].

Pour qu'un lien se maintienne, encore faut-il que les lettres arrivent à leurs destinataires. À Bordeaux, Martha reçoit quelques lettres de son père légionnaire qui évoquent sa vie et la guerre, mais elle indique : « le courrier censé partir pour mon père ne partait pas, était déchiré devant moi. Motif : trop de plaintes de ma part ». À l'orphelinat de garçons de Saint-Vincent de Paul à Rennes, les religieuses écrivent parfois à la place des enfants et présentent ainsi la prise en charge de ceux-ci sous le meilleur jour : « elles faisaient de la com » selon Yves Lapie, moniteur en 1960-1961[806]. À Saint-Rambert, les correspondances entrantes sont ouvertes, les colis également, parfois ponctionnés au nom de l'intérêt général : un beau tissu brodé qui devait servir à tailler un chemisier se retrouve sur l'autel de la chapelle[807]. Un mandat de 100 francs envoyé par un oncle est retenu par les religieuses et compensé par une valise en carton. Colette sait que sa mère lui envoyait des colis de nourriture, « mais je n'ai jamais vu la couleur de ces envois, gardés sans doute par les bonnes sœurs ». Marguerite, née en 1950 et arrivée à Saint-Rambert en 1956 : « ma mère m'avait donné des boucles d'oreille en or, fait un carnet d'adresses avec des photos mis dans un cartable en cuir, la même chose pour ma sœur. Objets confisqués par les sœurs ». Lorsque Marie Paule gagne un prix départemental de dessin et reçoit une collection de timbres, celle-ci est conservée par les sœurs. Jeanine, chez les Sœurs de Saint-Vincent de Paul à Tours, vit une autre expérience : « je recevais de temps en temps des lettres dictées par ma mère retranscrites par mon oncle et j'ai reçu deux ou trois colis avec de très jolis chaussures en bois laquées, des mouchoirs brodés, des friandises »[808].

---

[804] Jacqui et Valérie, questionnaires, 2021.
[805] AN FOEFI 126, rapport de Louis Père-Lahaille-Darre, inspecteur général de l'IGAS, 1968.
[806] Martha, questionnaire, 2021 ; témoignage d'Yves Lapie, 05/07/2022.
[807] Témoignage de Paule M., 26/01/2018.
[808] Colette, Marguerite, Marie-Paule, Jeanine, questionnaires, 2021 et 2022.

La maman de Lang n'avait pas beaucoup de moyens, « néanmoins », se souvient-il, « elle m'envoyait parfois des colis contenant de la confiserie de mon pays natal. Pour ma première communion elle a même envoyé un peu d'argent pour me payer ma première montre ». Jean-Paul G., né en 1950 et arrivé en France à l'âge de douze ans, a correspondu avec sa mère tous les mois et recevait des colis avec « du nuoc-mâm, des fruits séchés et quelques pulls en laine car elle était douée pour tricoter ». Cette régularité n'est pas la règle. Avec la distance et le temps passant, vient souvent, peu ou prou, l'effacement du lien. Lolo correspond très peu avec sa mère, « et dans les années 60 plus rien... Après les souvenirs s'estompent avec le temps et les activités et l'âge ». Nina, née en 1940 écrit en 1996 : « le regard de nos mères s'est éteint trop tôt pour nous »[809]. Ce qui renvoie à ce que le pédiatre Donald Winnicott écrivait : « que voit le bébé quand il tourne son regard vers le visage de la mère ? Généralement, ce qu'il voit, c'est lui-même. En d'autres termes, la mère regarde le bébé et ce que son visage exprime est en relation directe avec ce qu'elle voit »[810]. Pour Nina, c'est la FOEFI qui a cassé le miroir : « des raisons d'État nous ont expatriées, à ce déracinement politique s'est ajouté un déracinement affectif »[811].

Le souvenir le plus fort de la famille restée au pays passe par les photographies que certain·es ont emportées. Ces photographies personnelles conservées par des Eurasien·nes – bien différentes de celles des archives de la FOEFI – sont porteuses d'expériences individuelles très difficiles à saisir par ailleurs. Elles permettent en effet de reconstruire historiquement l'avant. Ces photographies ont joué un rôle essentiel dans l'événement de la séparation mère/enfant et la construction subjective des Eurasien.nes. Croisées avec les témoignages des personnes concernées, elles constituent des sources irremplaçables pour l'historien.

Marie-Dominique, née en 1951, est arrivée en 1961 avec quelques clichés « qui représentent tout ce que je possédais, quelques rares photos résumant ma prime enfance en Indochine que j'ai pu garder précieusement ! » Elle correspond avec sa mère et lui envoie une photo d'elle quand elle a 12-13 ans, sa mère lui envoie aussi des photos, notamment de son père français, sans plus d'informations. Arrivé en France en 1954, André

---

[809] Lang, Paul et Lolo, questionnaires, 2021 et 2022 ; « À la recherche des racines perdues », Nina Varlamoff, *GDR* n°18, 1996.
[810] Donald Woods Winnicott, *Jeu et réalité*, Paris, Gallimard, 1975 : « Le rôle de miroir de la mère et de la famille », p.153-163.
[811] Nina Varlamoff, *GDR* n°18, 1996 et témoignage 2018.

perd le médaillon (ou on le lui vole) contenant la photo de sa mère, il n'en a aucune autre. Il ne reverra plus sa mère, décédée en 1965. Cette photo placée dans le médaillon constituait la preuve matérielle de la relation avec sa mère. Elle était aussi un artefact, une relique qui permettait de matérialiser l'absence. Ces deux dimensions que l'on retrouve dans le « ça-a-été » de Roland Barthes, expliquent pourquoi ces photographies ont été si fortement investies sur le plan affectif par les Eurasien·nes. Les photographies ne jouent pas le rôle d'aide-mémoire mais d'une contre-mémoire, qui prend la place de la mémoire, davantage comme une image de la perte plutôt que celle de la présence, accentuée encore dans le cas d'André par la perte du médaillon et de la photographie[812].

La photographie peut parfois porter en elle le pays originel comme dans le cas d'Hélène. Elle raconte ce qui s'est passé juste avant le départ de Seno :

> « maman et moi nous avions pris un rendez-vous chez le photographe à Savannakhet. Donc c'était un grand évènement, un peu comme les gens de la campagne se rendant à une grande foire. Il fallait donc se préparer pour aller à la grande ville, réserver son taxi et s'habiller comme il faut et surtout, c'étaient les étals du marché, le bruit, l'animation que j'attendais avec impatience, et maman bien sûr me gâterait en m'achetant quelque chose au marché ».

C'est donc tous ces bruits, ces odeurs, cette ambiance qu'Hélène emporte avec cette photo. En montant dans l'avion, elle emporte dans sa valise « trois robes, un cardigan, une paire de chaussettes et de sandales, et mon trésor le plus précieux, une enveloppe avec quelques photos. Cela voulait dire que j'avais une maman »[813]. Cette dernière phrase en dit long sur la valeur sentimentale de ces quelques clichés pour la petite Hélène. Les photographies sont ce que les mères ont pu laisser de plus tangible à leurs enfants. Elles sont des preuves matérielles d'un lien maternel qui a existé, qui perdure malgré, tout comme le montre l'exposition virtuelle réalisée pour Musea[814].

---

[812] Roland Barthes, *La chambre claire. Note sur la photographie*, Paris, Seuil, 1980.
[813] Témoignage d'Hélène M. et documents personnels, 2019.
[814] Voir l'exposition virtuelle Exposition virtuelle : « "Comme les rayons différés d'une étoile" : photos d'Eurasiennes "rapatriées" en France (1947-2020) », disponible en français, anglais et vietnamien sur http://musea.frexhibits ; notice : « Avant le "grand départ" pour la France: photos d'enfants eurasiens en Indochine » sur <https://ehne.fr/fr> avec une capsule vidéo intitulée : « La photo de Camille ». De nombreuses photos sont disponibles sur le site de l'Association FOEFI <https://foefi.net/>

Beaucoup d'enfants ont vécu le départ et la séparation sans le soutien de photographies familiales. Des photos ont été perdues ou volées dans les aléas du transport et des changements d'hébergements successifs. Le voyage est parfois un déchirement au sens littéral. Jean-Pierre, né en 1949, part à l'âge de 5 ou 6 ans. Il raconte : « dans l'avion, un grand déchire la photo de ma mère en me disant : "comme ça, tu seras comme moi, tu n'auras plus de maman" »[815]. Jeannette G., née en 1939, arrive en France à dix ans, sans savoir grand-chose de sa famille, mais les photos ont leur importance : « quand j'étais à Saint-Rambert, j'avais une photo de ma mère et une lettre d'elle mais, hélas pour moi, j'ai perdu cette photo dans tous mes déménagements et puis bon, n'ayant rien pour ranger… ». Anne, née en 1953, arrivée et adoptée en France en 1965, répond ainsi en 2019 à la sollicitation de l'historien sur l'importance des photographies :

> « le jour du départ, grand-mère [maternelle] me donne un petit panier en osier qui a servi à contenir des chocolats, dans le fond de ce panier elle a caché deux photos de E. (mon père, vêtu d'un uniforme), en précisant qu'avec ces photos, je pourrais le retrouver. Je ne pourrais pas vous fournir ces photos, car mes parents C. [adoptifs] les ont confisquées […] Parmi les véritables chagrins que j'ai eus, ce fut la perte de mes photos, c'était mon trésor et mes parents m'ont dépouillée »[816].

La relation à la mère est complexe, car celle-ci joue un rôle primordial dans la transmission de l'identité[817], ce qui explique qu'Eurasien·nes, Africasien·nes ou Indo-vietnamien·nes se considèrent comme ayant la même identité métisse, celle donnée par leurs mères. La position sacrificielle des mères rejetées par leur famille et leur communauté, acceptant de confier leurs enfants à la FOEFI, pour leur bien, n'est pas explicitée aux pupilles qui s'interrogent. Par exemple, Marie-Paule, Madeleine, Camille et Élise ont eu du mal à pardonner à leurs mères de les avoir « abandonnées », de leur avoir « menti ». Marie-Paule découvre sur ses papiers qu'elle est « née de mère inconnue », alors qu'elle a vécu pendant 4 ans avec elle. En ne donnant pas d'éléments de compréhension, l'encadrement entretient un questionnement déstabilisant. Les Eurasiennes n'ont compris que bien plus tard l'abnégation de leurs mères, parfois quand elles ont eu elles-mêmes des enfants et se sont rendu compte qu'elles n'auraient

---

[815] Jean-Pierre Maizaud, *LDS* p.118.
[816] Témoignages de Jeannette et Anne, 2018.
[817] Han Victor Lu, « Migration, métissage et transmission », *Le Coq-héron*, 3/230, 2017, p.58-79.

pas ce courage d'abandonner leur enfant, serait-ce pour son bien. Même non explicité à l'époque ce sacrifice initial et suprême des mères justifiait pourtant toutes les obligations imposées ensuite aux enfants : combien de fois les Eurasien·nes ont entendu que telle ou telle décision, telle ou telle obligation ou interdiction et jusqu'aux punitions s'imposaient « pour votre bien », « dans votre intérêt », pour devenir de vrai·es Français·es. Ce qui impliquait l'obéissance, l'acceptation des décisions prises pour eux par la FOEFI, les religieuses, les enseignants.

La découverte de la France et des Français

La FOEFI répétait vouloir « élever les pupilles pour qu'ils éprouvent un double amour pour la France et le pays de leurs origines », mais Nina s'interroge : « comment peut-on faire aimer un pays dont on vous interdit de parler la langue, dont on vous parle avec mépris ? ». Les enfants sont en effet constamment pris dans cette contradiction entre la négation de leurs origines et le renvoi permanent à celles-ci. L'interdit qui porte sur la langue natale a pour corollaire l'oubli de la culture du pays d'origine. Celle-ci n'est pas entretenue. Toutes les pupilles passées par l'abbaye à Saint-Rambert sont d'accord avec Valérie, qui y arrive à 13 ans en 1968, pour dire : « on ne parlait pas du Vietnam, ni de sa culture ». Seule mère Jeanne leur racontait parfois son école à Lang Son et comment elle l'avait défendue face aux Japonais, en mimant la scène. Jeanine, à Tours chez les Sœurs de Saint-Vincent de Paul entre 1956 et 1964, se souvient néanmoins qu'« un Français est venu deux ou trois fois, le jeudi matin, pour nous parler du Vietnam et nous montrer des photos du pays dans un livre ». Les garçons sont unanimes pour affirmer qu'ils n'ont pas entendu parler du Vietnam. Les adolescent·es ont davantage de possibilités que les petit·es de se tenir au courant de ce qu'il se passe dans leur pays de naissance, de la guerre. Joseph, arrivé en 1974 à l'âge de 17 ans pleure jusqu'à 20 ans sans trop savoir pourquoi, « après j'ai compris que c'était l'appel interne du pays de naissance qui se réveillait ainsi souvent »[818].

La priorité de la FOEFI est de faire connaître à ses pupilles la France et ses habitants. Ils doivent d'abord s'habituer à un climat beaucoup plus froid, à une nourriture avec des odeurs et des saveurs différentes, à l'absence de riz, aux pommes qu'on leur a tant vantées avant le départ. En 1955, Henry découvre « une nourriture française campagnarde de très bonne qualité. Les produits étaient frais et venaient de la région. Beaucoup

---

[818] Témoignages et questionnaires.

de fruits et légumes m'étaient inconnus. Je me suis mis à pleurer devant ma première assiette de betterave rouge car la couleur sang m'effrayait ». Mais quelques années plus tard, pensionnaire à l'Œuvre Jeanne d'Arc à Orléans, c'est « une nourriture française de pauvres, médiocre, de mauvaise qualité, les portions étaient petites, la soupe claire à tous les repas en saison froide ». Geneviève, arrivée en 1956, se souvient ne pas avoir aimé les olives ni le chocolat la première fois qu'elle en a mangé. Valérie, 13 ans, découvre à l'abbaye une nourriture complètement inconnue : « étant habituée à celle épicée de mon pays, je trouvais celle de France très fade, sans goût particulier. Mais je découvrais le saucisson pour la première fois et j'adorais ça ». Michèle, arrivée quelques années plus tard à l'âge de six ans se souvient encore de son premier repas à l'abbaye : « un cassoulet (en boîte je suppose), je n'ai jamais pu l'avaler. Et Mère Ursula nous faisait manger d'horribles puddings anglais, une horreur »[819].

La rencontre avec la population locale, outre les personnels des foyers et les enseignant·es, se fait d'abord à l'école au contact d'autres enfants. Là où les foyers concentrent beaucoup d'enfants métis, la situation est différente des nombreux établissements qui n'accueillent que des sujets isolés. André, arrivé en 1954 à l'âge de 6 ans, se souvient de relations normales, « légèrement tendues », à l'école primaire de Vouvray. À Orléans, Henry et la dizaine d'Eurasiens étaient très minoritaires dans leur pensionnat. Les relations étaient bonnes avec les autres élèves, même si « au début ils s'amusaient à nous traiter de "chinois verts à pattes jaunes", c'était un racisme gentillet d'enfants. Nous grandissions en bonne entente ». L'insulte la plus piquante est celle de « bâtards » que les pupilles de la FOEFI ne supportent pas. Elle accentue leur honte de ne pas avoir de parents. À Saint-Rambert, les premières filles arrivées sont traitées d'« yeux-bridés », de « chinetoques », de « chinoises vertes » par les autres élèves, ce qui les meurtrit. Peut-être faut-il voir dans ces insultes une référence à la bande dessinée *Le Chinois vert* publiée en 1956[820]. Monique se disait : « je viens de faire quatre ans de camps parce que Française, mes parents sont morts là-bas et ici on dit que je suis chinoise »[821]. Marie-Claire, arrivée en 1954, se souvient que les Eurasiennes désignaient les « Françaises » par le mot vietnamien *tây* qui veut dire « Ouest » et par extension « Français » : « nous nous défendions de leurs moqueries, assez sauvagement

---

[819] Henry, Geneviève, Michèle, questionnaires, 2021 et 2022.
[820] Marc Sleen, *Le Chinois vert. Les aventures de Néron et Cie*, n°13, Éditions Samedi, 1956. En 1969, Sylvie Vartan chante *Mon Chinois vert à pattes jaunes*. En 2011, Yasmine Modestine publie *Le Chinois vert à pattes jaunes*, Éditions Le Solitaire.
[821] Témoignage de Monique W., 09/02/2018.

lorsqu'elles nous traitaient de chinetoques ou de chinoises, ou de corbeaux à cause de nos capes noires qui nous rendaient toutes semblables ce qui nous complexaient terriblement. Nous nous faisions respecter par le nombre »[822]. Dans un reportage télévisé consacré à Vouvray en 1956, mademoiselle Jolly, assistante sociale de la FOEFI, affirme que les pupilles « s'adaptent très facilement » à la société française[823]. L'inverse n'est peut-être pas aussi vrai, par exemple les films français des années 1950 et 1960, comme la littérature de l'entre-deux-guerres, véhiculent toujours les mêmes stéréotypes sur les congaïes et les métis, par exemple dans *La Mort en fraude* (1957), *Fort du Fou* (1963) ou *Le facteur s'en va en guerre* (1966)[824].

Dans les années 1960, les « filles de l'abbaye » sont surnommées par les habitants de Saint-Rambert « les abeilles », pensionnaires d'une ruche vibrionnante qui constitue un monde et une société à part. Valérie qui fréquente l'école laïque à la fin des années 1960 ressent nettement l'altérité :

> « je savais qu'on était différentes d'eux. Par notre tenue vestimentaire. Les filles de l'abbaye avaient toutes une blouse semblable pour aller à l'école. Alors que les autres enfants étaient habillés par leur famille de façon ordinaire. Je n'avais aucun contact avec eux. On restait ensemble entre nous, instinctivement, comme pour nous protéger des agressions extérieures ».

Il existe néanmoins du copinage entre Eurasiennes et Rambertoises. Par exemple Marie-Claire est toujours en relation aujourd'hui avec une copine rencontrée dès son arrivée en primaire. Mais en dehors de l'école, elles ne se fréquentaient pas : « il était interdit d'aller en ville. Nous rentrions directement à l'abbaye ». Pourtant, une fois elle est invitée par une copine rambertoise : « grande exception, la copine avait de bonnes notes et les parents n'étaient pas communistes. J'avais certifié cette dernière condition sans rien comprendre mais le ton de la mère supérieure m'indiquait que c'était péché »[825].

Dans les foyers de la FOEFI, le sport offre aussi des opportunités d'aller vers les autres. Au foyer de Saint-Pierre-du-Vauvray, « le sport mené de front avec les études a révélé une pépinière d'athlètes ». L'établissement est d'ailleurs classé comme Centre éducatif en 1954. Le directeur adjoint

---

[822] André, Henry, Marie-Claire, questionnaires, 2021 et 2022.
[823] INA, journal télévisé, 25 avril 1956.
[824] Delphine Robic-Diaz, *La guerre d'Indochine… op. cit*, p.99-111.
[825] Marie-Claire, questionnaire, 2022.

René Garnier s'occupe de l'Association sportive des Français d'Indochine (ASFI) qui arbore un insigne bleu et jaune. Des pupilles sont inscrits en club de natation et remportent des victoires, l'équipe de foot est très performante. Le volley et le basket sont aussi pratiqués. En 1957, un terrain pour le basket est aménagé dans le parc de l'abbaye à Saint-Rambert, mais pour les pensionnaires seulement[826].

Les Eurasien·nes intéressent aussi les scientifiques. Ainsi, Georges Olivier, professeur d'anthropologie à l'Université de Paris, étudie les enfants métis eurasiens, « qui vont introduire en France des éléments génétiques nouveaux qui vont se diffuser dans la population ». Avec l'accord de la FOEFI, il examine les enfants, particulièrement les quarterons et « afrasiens » (sic) qu'il définit comme métis de Noirs et de Vietnamiens[827]. En 1967 sont publiés les résultats d'un travail de recherche visant à mieux définir « des hybrides de première génération (F1), des "demi-sang" comme on disait autrefois ». Il est précisé que les « sujets », 244 garçons et 100 filles de 2 à 18 ans, « ont été examinés dans les foyers de Vouvray, Semblançay et Saint-Rambert et dans quelques cas dans leur famille, en particulier les Afrasiens ramenés au Sénégal par leurs pères ». La FOEFI, à travers son directeur général Varet, est remerciée pour son esprit coopératif, ainsi que Mère Jeanne, Susini et Teisserenc pour leur « compréhension digne d'éloges »[828]. De leur côté, René, Yen-Noëlle, Hélène et bien d'autres se souviennent encore avoir ressenti une profonde humiliation à être « mesurés comme du bétail », parfois à plusieurs reprises[829]. Dans l'expression des personnes concernées aujourd'hui, cette expérience de racisation demeure très vivace. La publication de l'étude évoque la « bride mongolique » des yeux, qualifiée de « bride faible » ou de « bride ébauchée », l'implantation et la pigmentation des cheveux, la couleur des yeux, etc. Elle montre « l'existence chez nos franco-vietnamiens d'une légère vigueur des hybrides » c'est-à-dire que leur développement serait supérieur à celui de leurs parents. Elle avance que « la croissance pondérale et staturale s'est poursuivie selon le même rythme au Vietnam et en France ; en d'autres termes, le changement de milieu n'a pas eu de

---

[826] AGO FOEFI 1955, 1958 et 1962.
[827] AN FOEFI 128, lettre du professeur Olivier et réponse, 31 mars et 8 avril 1966.
[828] *Bulletins et Mémoires de la Société d'anthropologie de Paris*, XIIe série, tome 1, fascicule 1, 1967. Numéro thématique : *Anthropologie des métis franco-vietnamiens*, 114 p. Des chapitres portent sur « les caractères descriptifs », « la croissance », « les groupes sanguins » ou « les dermatoglyphes » des franco-vietnamiens. « Préambule », p.3-4.
[829] Témoignages dans le film *Inconnu, présumé français* ; témoignages et questionnaires.

répercussion sur la croissance »[830]. Ce qui contredit les comptes rendus de la FOEFI affirmant : « il est indéniable que nos enfants s'acclimatent vite en France et y connaissent ensuite un épanouissement physique qui ne se produit que très tard et plus lentement dans leur pays natal au climat chaud et humide à la fois »[831].

Les colonies de vacances accueillant des Eurasien·nes sont des occasions privilégiées de découvrir la France et des Français·es. Déjà en Indochine, à la fin des années 1940 et au début des années 1950, la FOEFI organisait des séjours pour que les pupilles respirent le bon air. Dès l'installation en France, l'habitude se poursuit d'autant plus que les colonies de vacances connaissent alors leur apogée en France, mais aussi en Indochine et en Algérie[832]. En 1949, 90 pupilles participent à des colonies dont une à Beauvezer (04). Certaines d'entre elles sont organisées par l'ADOSC. Céré en organise une en 1954 à Donville-les-Bains (50). Outre une amélioration du développement physique et moral des enfants, ces colonies permettent un « élargissement des liens et contacts s'établissant entre pupilles et métropolitains ». Mais les désordres de l'année 1957 conduisent la FOEFI à changer son organisation aussi dans ce domaine. Tout comme les pupilles sont dispersés dans de nombreux établissements à partir de cette date, ils sont pendant les vacances répartis « par fractions aussi petites que possible au sein de colonies disséminées dans toute la France et même à l'étranger ». Même si « une dizaine de mauvaises têtes » ont été renvoyées ou ont quitté leur colonie sans prévenir, la nouvelle organisation de 1958 est considérée comme un succès[833]. En 1960, 223 garçons et 182 filles sont envoyés dans 55 colonies non-mixtes à la mer, à la montagne ou à la campagne par groupe de 1 à 16, sauf pour les colonies de Saint-Rambert qui regroupent 64 filles, et qui montre là encore le maintien de la politique antérieure pour de ce foyer. 38 garçons et 20 filles font des camps et 13 garçons et 17 filles partent à l'étranger (surtout en Angleterre et en Espagne). Et « l'essaimage se poursuit à une échelle identique pendant les vacances de Noël et de Pâques et même aux

---

[830] *Anthropologie des métis franco-vietnamiens, op. cit.*

[831] AGO FOEFI 1956.

[832] Pour replacer ces colonies dans une histoire plus générale, voir Julien Fuchs, *Le temps des jolies colonies de vacances. Au cœur de la construction d'un service public (1944-1960)*, Presses universitaires du Septentrion, 2020. Yves Denéchère, « Politique et humanitaire à l'échelle locale pendant la guerre d'Algérie: jumelages et colonies de vacances dans l'Ouest de la France », *Annales de Bretagne et des Pays de l'Ouest*, n°124, 2017, p.143-169.

[833] AGO FOEFI 1959.

vacances de la Toussaint et de Mardi Gras »[834]. Marcelle, découvre les colonies de vacances à 10 ans en arrivant à Moulins en 1960 : « on nous envoyait soit au ski, en colonie ou à l'étranger. Nous étions très gâtées pour cela », plaisirs que les premières pensionnaires de Saint-Rambert n'ont pas connus. Pour Marie-Claire, arrivé un peu plus tard en 1954, les colonies de vacances sur la Côte d'azur ou en Bretagne sont des occasions de sortir de l'ambiance lourde de l'abbaye en lui permettant de « voir la France, de faire des connaissances de Françaises d'ailleurs et de vivre d'autres mœurs plus récréatives, de découvrir d'autres nourritures, d'autres libertés »[835]. Dans ces milieux plus ouverts, les pupilles prennent aussi conscience de leur individualité, de leur propre subjectivité. Enfin, les colonies de vacances fournissent aux plus grand·es des emplois de moniteurs et monitrices : c'est le cas pour 15 garçons et 29 filles en 1960.

Une autre occasion de rencontrer la population métropolitaine est le parrainage et l'accueil en famille. Dès 1949, la FOEFI mentionne qu'une trentaine de jeunes filles, qui font partie des premières arrivées en France, « sont en relation avec des familles qui les accueilleront et les suivront de près à leur sortie de pension. Très attachantes par leur affectivité, elles attirent assez facilement la sympathie des familles qu'elles approchent »[836]. Jacqueline, née en 1948 et arrivée en 1956, est accueillie régulièrement chez sa marraine de confirmation en Normandie. Paul L., né en 1950 et arrivé à l'âge de six ans, insiste beaucoup sur l'importance de ces parrainages par des familles modestes. Certains éducateurs, comme l'abbé Martin déjà évoqué, accueillent dans leur famille des enfants pour une fin de semaine ou une fête particulière. Ainsi Henry est invité à passer les fêtes de Noël 1956 à Tours dans la famille d'un de ses éducateurs de Semblançay, « malgré la jalousie des autres pensionnaires ». En effet, tous les enfants n'ont pas droit à cette évasion, les situations individuelles sont très variables. Pour Christiane, arrivée à 13 ans en 1961, « la FOEFI nous a bien intégrés dans la société française : nous pouvions aller dans des familles pour un week-end ou pendant les vacances, nous avons pu voyager en France, à l'étranger, faire du ski, étudier, deux fois par an nous allions au Bon Marché pour nous faire habiller ». Là encore, les filles de Saint-Rambert sont très loin de ce traitement. Parfois elles étaient invitées dans des familles de la commune le dimanche, telle Valérie à la fin des années 1960, et pour cela une formation minimale était indispensable

---

[834] AGO FOEFI 1961.
[835] Marcelle et Marie-Claire, questionnaires, 2022.
[836] AGO FOEFI 1950.

selon mère Jeanne : « elle nous donnait des cours de bienséance à la française tous les dimanches matin. Elle nous apprenait comment se tenir à table avec d'autres convives, comment répondre ou ne pas répondre aux gens, comment s'habiller correctement à l'extérieur ». Ces sorties constituent en effet non seulement la découverte de la vie quotidienne de familles métropolitaines mais aussi une préparation à l'entrée dans la société française.

Les albums de photographies conservés aux ANOM témoignent des moments de vacances privilégiés et des rencontres avec des familles d'accueil. Ces épisodes sont manifestement très suivis par les assistantes sociales de la FOEFI et le personnel d'encadrement. Les photographies ont valeur de preuve de l'acculturation en cours[837]. Les trois albums consacrés aux centres de Normandie et Bretagne et datés de 1963 et 1964 sont destinés à la Fédération, l'un est dédié « à Monsieur le Président de la FOEFI et Madame Bazé de la part de leurs pupilles de la région Ouest et de leur assistante avec leurs vœux d'heureuse année 1964 ». Un autre se termine ainsi : « vos petits garçons de Rennes arrivent bien tard pour vous offrir leurs vœux… Ce n'est pas volontaire, car pendant les vacances, nous ne sommes pas restés à l'orphelinat : nous avons été reçus dans des familles de Rennes qui nous ont gâtés ». Les albums sont soigneusement confectionnés dans l'esprit de la politique éducative de la FOEFI. On n'y trouve aucun élément qui ne cadrerait pas avec ce qu'attendent de voir les responsables de la Fédération. Les photographies sont accompagnées de courtes légendes explicatives, de quelques dessins d'enfants et bulletins de notes scolaires. Les vacances d'été 1963 sont très présentes dans l'album : camps à Plougastel (29), à Tailleville et à Bernières-sur-Mer (14), mais aussi pour deux pupilles un voyage en Allemagne dans le cadre des relations entre les jeunesses de Caen et de Weinheim. On y trouve aussi des photos individuelles des pupilles sur des téléskis de sport d'hiver lors de la colonie de Noël à Saint-Jean-de-Maurienne (73). Plusieurs photos mettent en scène l'harmonie entre les Eurasiens et les autres enfants des camps, par exemple avec cette légende : « Normands et Eurasiens donnent l'exemple d'une bonne entente »[838].

Pour la FOEFI, l'acculturation et l'assimilation de ses pupilles passent par un encadrement serré et des moyens financiers suffisants pour leur assurer une éducation et une ouverture sur le monde épanouissante. Mais

---

[837] ANOM 151 F1 2, trois albums de photos de la région Ouest, 1963 et 1964.

[838] ANOM Fonds FOEFI 151 Fi 1, album photos du foyer de l'abbaye à Saint-Rambert-en-Bugey, 1947-1951 : 151 Fi 2, trois albums de la région Ouest, 1963-1965.

cette politique doit composer avec un certain nombre de contingences politiques et financières. De leur côté, les enfants doivent s'affirmer entre les contraintes des institutions qui les prennent en charge et l'agentivité qu'ils sont peu ou prou en mesure de développer.

Chapitre 13

S'affirmer entre contrainte et agentivité

Les enfants métis d'Indochine envoyés en France ont été accueillis dans une telle multitude d'établissements scolaires, d'apprentissage, universitaires qu'il serait illusoire de prétendre présenter une synthèse des théories et des pratiques éducatives auxquelles ils ont été confrontés. En revanche, il est possible d'interroger leur construction subjective, c'est-à-dire le processus mobilisé pour devenir des sujets conscients de leur place dans la société. Dans un contexte postcolonial, cette construction s'est opérée dans trois dimensions. Ils et elles ont dû se construire en tant que migrant·es, en tant que métis·ses et en tant que jeunes hommes/femmes en activant des mécanismes qui peuvent être qualifiés de résilients. La question est de savoir si l'éducation et la formation qu'ils ont reçues les ont accompagné·es de manière satisfaisante et en quoi leurs expériences individuelles, partagées au sein du groupe des Eurasien·nes ou plus intimes, ont participé à cette construction. Les pupilles de la FOEFI ont été soumis·es aux grands principes éducatifs et moraux de la Fédération avec une contrainte peu ou prou forte en fonction des générations d'enfants concernées, des établissements fréquentés, des situations familiales. Ils ont aussi développé, là encore dans des proportions variables, leur propre agentivité, c'est-à-dire leur capacité à agir, à faire des choix. En effet, la contrainte n'obère pas l'agentivité. Des enfants ont pu devenir acteurs, mais à quels moments ? Pas lors du déplacement lui-même, peut-être dans les foyers, avec quelles marges de manœuvre ? Sans doute davantage chez les garçons que chez les filles de Saint-Rambert ? L'analyse de la dimension genrée de la prise en charge est un élément déterminant pour comprendre comment se sont construit·es les filles et les garçons, les moments du service militaire et l'entrée dans la vie active sont à cet égard très parlants. De même, les modalités de sortie de la tutelle de la FOEFI marquent le passage à l'âge adulte qui constitue la véritable entrée dans la société française.

Composer avec les principes éducatifs de la FOEFI

L'ordre est un des principes d'organisation et d'action de la FOEFI. Les archives montrent que les relations entre les œuvres et la Fédération, entre les foyers et la rue Washington, entre la FOEFI et ses différentes tutelles successives, sont empreintes de rigueur, de discipline, gages d'efficience et de reconnaissance. Le règlement intérieur et les modalités d'admission des pupilles en sont de bons exemples. L'organigramme de la Fédération est lui-même très pyramidal avec la figure d'autorité tutélaire de William Bazé en son sommet. Les employés de la FOEFI, qui pour une raison ou pour une autre, sortent du cadre en font les frais. Il ne faut donc pas s'étonner que la discipline soit un des principes cardinaux de l'éducation donnée aux pupilles. Les épisodes de révolte de 1957 ont toutefois montré que malgré sa dureté la règle a pu être remise en cause mais que la leçon en a été tirée en termes d'organisation générale (dispersion des foyers) et que l'ordre demeure. En guise d'exemple supplémentaire, on peut lire à propos de la situation à Vouvray, où la fin des vacances 1962 a été pénible : « certains grands pupilles se sont montrés difficiles et ont donné le mauvais exemple à maintes reprises : tenues excentriques, coiffures ridicules, etc. Ce sont notamment les apprentis qui ont fait preuve de mauvais esprit. Ces éléments seront désormais éliminés dès le début des vacances scolaires »[839]. Le terme employé est explicite.

L'appréhension de la discipline par les pupilles varie beaucoup en fonction des établissements fréquentés : laïcs ou religieux, plus ou moins ouverts, foyers de la FOEFI ou non. Et entre les foyers, il y a de grandes différences entre Saint-Rambert et les foyers de garçons, et même entre Vouvray et Semblançay, sans oublier la multitude d'établissements qui accueillent des pupilles. René Garnier, qui a été moniteur au foyer des Sablons au début des années 1950, décrit des Eurasiens livrés à eux-mêmes, avec quelques leaders parmi les plus âgés, sans horaires fixes, assumant des tâches plus ou moins partagées sous la houlette du directeur Céré, un peu dépassé[840]. André et Rémy confirment. Tous les deux nés en 1948, ils arrivent en France en septembre 1954 sur le *Claude Bernard* et intègrent le foyer « William Bazé » à Saint-Pierre. Ils décrivent un établissement où la discipline n'était pas trop sévère, où les relations entre pupilles étaient fraternelles. Après avoir connu la fermeture des Sablons en 1956, ils rejoignent le foyer de Rilly. Et après les difficultés et la fin

---

[839] AGO FOEFI 1963.
[840] Témoignage de René Garnier, 21/06/2021.

de ce foyer, André part ailleurs et est définitivement séparé de son frère. C'est cela qui le marque surtout, bien plus que le degré de discipline.

Lang insiste surtout sur le changement imposé par la transplantation : « la discipline était dure pour des enfants comme nous, nous étions libres au Vietnam »[841]. Sentiment partagé par des filles ayant vécu à Saint-Rambert. Henry se souvient qu'à Semblançay « la discipline était bienveillante pour les plus jeunes, souple pour les moyens, mais plus difficile à faire respecter par les plus grands ». Placé ensuite à l'Œuvre Jeanne d'Arc à Orléans, un pensionnat catholique, le cadre urbain est très différent, mais les religieuses sont « très gentilles » et les prêtres-éducateurs « humains ». Il n'empêche que la discipline est stricte comme dans l'ensemble des établissements qui accueillent des Eurasien·nes, et aussi dans l'ensemble des pensionnats de l'époque. Marcelle, arrivée en 1960 à 10 ans à Moulins, protège sa petite sœur : « je la défendais, au point même qu'un jour j'ai giflé une monitrice qui avait giflé ma sœur »[842].

Les « filles de Saint-Rambert » parlent toutes d'un carcan pesant. Marie-Claire, arrivée en 1954, évoque « une discipline très sévère, très dure, on était des numéros, avec la crainte des bonnes sœurs, surtout de sœur Bernard qui régnait par la terreur et ses gifles magistrales. La Supérieure tenait le manche du martinet et fouettait. Nous obéissions par crainte, par devoir ». Elle se rebelle, contre les injustices surtout, les mauvais traitements sans raison valable et donc reçoit un certain nombre de coups. Monique, arrivée en 1956, raconte aussi « les paires de claques qui tombaient vite », les coups de martinet, les injustices qui poussaient à défendre les unes ou les autres[843]. Les témoignages montrent qu'il y a une évolution dans le temps, que « les sœurs se sont adoucies » au fil des ans. En effet, Valérie arrivée en 1968 n'a pas connu les mêmes sanctions que les filles arrivées plus tôt. Michèle, parmi les dernières entrées en 1974, estiment que « l'ambiance était bonne, voire très bonne. Je respectais Mère Jeanne d'Arc qui me semblait très vieille, j'adorais une sœur, si douce et si discrète »[844].

La sélection des meilleurs éléments constitue un autre grand principe éducatif de la FOEFI, déjà évoqué avec la question de l'apprentissage du français. Dans les comptes rendus d'activités présentés au conseil d'administration et à l'assemblée générale, Bazé tient scrupuleusement à jour

---

[841] André Felix, *GDR* n°51, 2015 ; Lang, questionnaire, 2021.
[842] Henry et Marcelle, questionnaires, 2022 ; témoignage d'Yves Lapie, 05/07/2022.
[843] Marie-Claire, questionnaire, 2022 ; témoignage de Monique P., 25/03/2018.
[844] Valérie et Michèle, questionnaires, 2021.

la liste des « résultats obtenus par la FOEFI » – présentés ainsi – aux examens. En 1960, il veut apporter « la preuve que [...] les enfants que nous avons sortis de la brousse et de la rizière pour faire de bons Français – certains sont même des sujets d'élite – feront honneur, j'en suis persuadé, à la France, leur patrie, et au Vietnam, leur pays natal »[845]. Jacqueline se souvient encore d'une phrase répétée par Mère Jeanne : « que devez-vous à la FOEFI, tout, que vous doit la FOEFI, rien », les sœurs disent souvent : « honorer la France qui vous a sauvées » et cela passe d'abord par de bonnes notes à l'école[846]. Incontestablement les résultats sont là : par exemple en 1967, toutes les élèves présentées au certificat d'études sont lauréates. Pour l'Inspection générale des Affaires sociales qui examine la FOEFI, « les résultats des examens pour la période 1958-1971 sont satisfaisants (cf. tableau n°7) et font apparaître une promotion sociale indéniable »[847].

---

[845] AN, FOEFI 126, lettre de Bazé au préfet Sirvent, Commissariat à l'aide et à l'orientation des Français rapatriés, 23 septembre 1960.
[846] Témoignage de Marie-France, 23/05/2023 ; Jacqueline, questionnaire, 2022.
[847] AN, FOEFI 126, rapport de l'IGAS, 1971.

Tableau 7 – Diplômes obtenus pas des pupilles de la FOEFI entre 1958 et 1971

	1958	1959	1960	1961	1962	1963	1964	1965	1966	1967	1968	1969	1970	1971	Total
Certificat d'Études Primaires (CEP)	22	36	22	46	89	67	80	38	40	65	40	27	23	11	611
Certificat d'Aptitude Professionnelle (CAP)	52	35	45	38	34	29	33	44	40	53	52	35	50	27	558
Certificat Formation professionnelle d'adultes (FPA)										5	13	18	25	16	77
Brevet d'enseignement premier cycle	20	15	11	27	23	34	48	37	55	41	57	50	44	47	509
Brevet d'Enseignement professionnel (BEP)			11	7		6		5	8	4	9	4	11	7	71
Brevet de technicien	8	14		8	10	2	6	4	3	3	3	6	7	8	82
Baccalauréat	6	8	6	9	7	6	5	6	13	15	18	21	22	38	178
Diplôme d'enseignement supérieur (facultés et grandes écoles)	10	7	9	7	7	3	5	5	3	7	5	5	7	11	91
Total	118	115	104	142	170	147	177	139	162	193	197	266	189	165	2 177

Source : AN, FOEFI 126, rapport de l'IGAS, 1971

Ces résultats constituent l'aboutissement d'un long et draconien processus de sélection entamé dès avant le départ pour la France. Celles et ceux qui n'ont pas les capacités requises – surtout les connaissances en français – pour suivre des études sont destiné·es aux emplois de service. En novembre 1967, la FOEFI se prépare à accueillir une cinquantaine de garçons grands, mais Bazé prévient :

> « comme il s'agit sans doute de garçons d'un niveau scolaire extrêmement bas, je sais par expérience que leur scolarisation sera refusée. S'ils espèrent faire des études, ils gagneront à connaître à l'avance que la situation qui les attend est celle d'un ouvrier et même, pour commencer, celle d'un manœuvre ».

Le président tient à informer ces grands pupilles afin qu'ils ne se bercent pas d'illusion et pour éviter toute frustration ou toute récrimination ultérieure. La FOEFI fait même signer une déclaration aux mères et aux adolescents de plus de 13 ans. Ils doivent reconnaître que si leur niveau scolaire est insuffisant, ils devront travailler (apprentissage ou formation pour adulte) à leur arrivée en France, ou s'engager dans l'armée. L'intégration des filles est considérée par la FOEFI comme « plus facile », avec de nombreuses institutions féminines privées comme les écoles d'enseignement ménager « qui aident à l'adaptation de l'adolescente ». Avec un « bagage intellectuel assez simple », elles peuvent donc trouver des places de bureau (mécanographe, dactylographe) moins pénibles que les travaux manuels qui attendent les garçons incapables de faire des études[848].

L'ex-directeur de l'hôtel-château de Beauvois à Luynes (37), se souvient d'avoir embauché dans les années 1970 quelques Eurasiens, notamment « un jeune plongeur, inévitablement surnommé "Mao" par ses collègues, enfant de la FOEFI, placé par l'organisation ». C'était un « un gros travailleur, gentil, discret, sans histoire. Apprécié de ses collègues et de ses chefs ». Fort de cette bonne expérience le directeur embauche quelques autres pupilles de la FOEFI : « je dois à la vérité de dire que ce n'était pas toujours un choix judicieux, ayant eu affaire à des garçons souvent instables, caractériels, difficiles à gérer… Je comprenais fort bien les traumatismes qu'ils avaient pu subir, néanmoins j'ai dû mettre fin assez vite à ma collaboration avec la FOEFI, cette voie de recrutement étant devenue problématique »[849]. Ce témoignage semble faire écho à la

---

[848] AGO FOEFI 1968.
[849] Echange de courriels avec Patrice P., 8-10/01/2022.

situation des Sablons en 1958 quand Bazé dénonçait des pupilles qui ne pouvaient pas rester où ils étaient placés et rechignaient à travailler.

Arrivés en France, à la fin de l'école primaire, les meilleurs élèves sont repérés et envoyés vers de bons établissements secondaires. Toutefois, les filles n'ont pas toutes les mêmes chances que les garçons de faire des études. En grandissant, les pupilles de la FOEFI sont inscrites dans des collèges, écoles ménagères ou de formation professionnelle, plus rarement des lycées[850]. Certaines pensent entrer au lycée pour préparer le bac et se retrouvent dans un établissement professionnel en CAP commerce. Marguerite Graffeuil détourne une autre de son envie de faire une licence de lettres et l'oriente vers un BTS de secrétariat, et encore une autre de son envie de devenir journaliste-reporter vers une école d'infirmière. Beaucoup estiment aujourd'hui qu'elles n'ont pas été poussées à faire des études, et que leur orientation scolaire et professionnelle leur a été imposée. Les filles qui ont un certificat d'études primaires sont orientées vers la sténodactylographie, la comptabilité, le secrétariat, le commerce, la mécanographie ; celles qui n'ont pas de CEP sont orientées vers des écoles ménagères pour obtenir un CAP ou un monitorat de repassage, de cuisine ou de couture[851]. Christiane, arrivée en 1961 à 13 ans, n'avait « pas de souhait particulier », elle suivit des études commerciales, obtint un CAP d'aide comptable à Paris. Marie-Claire ne savait pas ce qu'elle voulait faire, « mais on ne nous le demandait pas non plus. Et il était difficile d'avoir des souhaits en vivant en autarcie, sans modèle social, sans ouverture d'esprit, sans fenêtre ouverte sur l'extérieur ». Envoyée chez les Salésiennes où on la destine à devenir monitrice d'enseignement ménager, elle proteste et réussit à préparer un BES (brevet enseignement social) en secrétariat médical, la plus haute formation que proposait cette école. D'autres estiment avoir toujours été encouragées et soutenues dans leur volonté de faire des études[852]. Marcelle, arrivée à 10 ans en 1960 à Moulins, indique avoir fait les études qu'elle souhaitait et a obtenu le CAPES d'anglais. Toujours est-il que les chiffres globaux laissent penser que les filles de la FOEFI, comme les garçons d'ailleurs, obtiennent un niveau d'instruction égal ou supérieur à l'ensemble de la jeunesse

---

[850] ANOM 90 APC 4291 à 4294, statistiques des réussites scolaires des Eurasiennes dans les rapports d'activités annuels de la FOEFI.
[851] AGO FOEFI 1957, « Rapport sur les activités du service social de la FOEFI (section féminine) ».
[852] Témoignages de Monique F., Josette L., Paule M, 2018.

française, y compris compte tenu de l'élévation du niveau d'études des différentes générations[853].

Un rapport de l'IGAS signale en 1968 que les filles réussissent fréquemment comme secrétaires de direction, infirmières ou auxiliaires de puériculture « en raison de leurs qualités d'attachement et de discrétion »[854]. L'idée que « certaines carrières conviennent bien aux aptitudes naturelles » des pupilles était déjà avancée par le commandant Grolleau qui estimait que dans les foyers ouverts en 1954-1955 : « certains talents asiatiques demandent à être conservés et développés. Nos petits Eurasiens, par exemple, sont d'adroits et de minutieux dessinateurs »[855]. Mais très vite il s'agit surtout de pousser les plus doués vers les études, avec une réelle ambition, et ceux qui ont le moins de dispositions vers l'apprentissage. L'orientation se fait sous la tutelle du directeur départemental de l'orientation professionnelle. Mais en 1959 un rapport de la DDPAS d'Indre-et-Loire pointe une conséquence néfaste de l'existence de deux foyers dans le même département. Celui-ci ne dispose pas d'assez de places pour la formation professionnelle et les enfants doivent être envoyés parfois très loin[856].

La « décompression » du foyer de Tours au début des années 1960, entraîne l'embauche d'une nouvelle assistante sociale, Cécile Grandjean (née en 1927), afin de suivre plus de 200 garçons. Elle couvre une grande partie de la France, de Lille à Perpignan, ne comptant pas ses heures, la direction de la FOEFI se souciant peu des conditions de travail : « si ça ne vous convient pas, vous pouvez chercher ailleurs » répond Varet à toute demande. Pendant seize ans, elle trouve des établissements scolaires pour accueillir les pupilles, effectue les formalités nécessaires répond aux convocations des directeurs d'école, cache à la direction des échecs et des renvois afin de ne pas pénaliser les enfants[857].

La propagande de la FOEFI repose sur les réussites scolaires, voire universitaires : une des premières pupilles arrivées obtient deux baccalauréats, deux licences et est reçue à l'école de la magistrature en 1953, une

---

[853] Louis Chauvel, « L'évolution du niveau d'études par génération en France et en Europe », <http://louis.chauvel.free.fr/exduc1.pdf>

[854] AN FOEFI 126, rapport de Louis Père-Lahaille-Darre, inspecteur général de l'IGAS, 1968.

[855] « Dans une propriété à Vouvray. 140 petits Eurasiens abandonnés apprennent à devenir de jeunes Français », *France-Soir*, 30 mars 1956.

[856] AN FOEFI 128, enquêtes effectuées par la DDPAS d'Indre-et-Loire sur le fonctionnement des foyers de Vouvray et Semblançay en octobre 1959.

[857] Témoignage de Cécile Grandjean, 08/03/2022 ; *GDR* n°40, 2010.

autre devient médecin. Le rapport de 1968 compte parmi les pupilles 3 étudiants en médecine, 12 en droit, sciences ou lettres, une dizaine dans des écoles supérieures[858]. D'autres ont eu à faire des choix difficiles. Ainsi Henri Boivin raconte celui que lui propose mademoiselle Bourgeac, l'assistante sociale qui le suit : « on veut bien que tu continues les études, si tu réussis tant mieux, on continuera à te soutenir, si tu as un seul échec dans tes études, la Fédé te coupe les vivres […] ou tu vas à l'école d'imprimerie à Albi, là nous avons prévu une bourse sur cinq années, avec ou sans réussite ». Il « choisit » la seconde option pour éviter tout risque de se retrouver sans soutien. En 1958, un pupille de 22 ans, en formation d'agent technique est détourné de viser plus haut : « il ne me semble pas que vous soyez capable ensuite de poursuivre en section Ingénieurs, votre culture de base étant insuffisante », lui écrit Bazé. Dès qu'un pupille « faute », l'avertissement est immédiat, par exemple pour ce garçon qui en rentrant des congés se présente à son collège le soir au lieu du matin et se voit menacé d'une mise au travail « immédiate ». Varet lui écrit : « vous êtes de ceux qui doivent réussir à l'examen de fin d'année : la Fédération compte sur vous »[859].

Les étudiants sont généralement suivis jusqu'à la fin de leurs cursus, ce qui est aussi un moyen de les surveiller. La FOEFI estime au début des années 1970 que ce qu'elle appelle « la santé morale des enfants », est une « tâche […] immense », tant les « dérèglements de pensée » sont prégnants dans une société française en mutation. Bazé se réjouit que les pupilles ne soient pas trop atteints « par les propagandes qui cherchent chez les jeunes des troupes nécessaires à toute action politique ». À propos de la grève de mars 1973, il estime inadmissible que les étudiants de la FOEFI participent à l'agitation dans les universités et leur envoie une circulaire afin de les détourner de cette tentation. Il insiste sur la gratitude que les pupilles doivent avoir envers lui, la FOEFI et l'État : « Eurasien comme vous, je vous rappelle que grâce à la Fédération dont j'assume la présidence depuis plusieurs décennies, j'ai pu vous soustraire à la jeunesse malheureuse que j'ai connue et que vous auriez vécue sans moi », et d'insister sur le fait que tout cela a pu être accompli grâce au soutien du gouvernement français qui subventionne la FOEFI[860]. Gouvernement contre lequel les Eurasiens ne sauraient donc manifester.

---

[858] Témoignages de Jeannette G., Paule M. et Nina V., 01 et 02/ 2018.
[859] ANOM 90 APC, dossiers individuels.
[860] AGO FOEFI 1973.

Sans que la FOEFI l'inscrive clairement dans son projet éducatif, l'enseignement de la religion catholique tient une place importante et participe à la construction individuelle des pupilles. Rétrospectivement, en 1992, une nièce de Marguerite Graffeuil, Sœur Claire-Marie, écrit : « dès le début, je sais que ma chère petite tante – et M. Bazé aussi – a voulu que la FOEFI soit tout à fait non confessionnelle »[861]. Cependant, fidèle à son statut de Fédération regroupant des œuvres laïques et religieuses, pendant toute la durée d'existence de l'association siègent à son conseil d'administration des ecclésiastiques, le père Seminel puis le père de Monjour bien sûr, et des représentants des congrégations missionnaires. En métropole, la FOEFI place de nombreux enfants dans des établissements catholiques, ce qui lui est parfois reproché, mais elle répond toujours que ceux-ci sont plus arrangeants et moins coûteux que des établissements laïcs. De fait, les enfants placés sous la tutelle des religieuses des congrégations de Notre-Dame des Missions, de Saint-Vincent de Paul, de Saint-Paul de Chartres et bien d'autres, reçoivent une éducation religieuse. Les témoignages sont nombreux racontant prières, messes, confessions, catéchisme, communion, etc. Il est clair que la FOEFI ne contrarie pas cette dimension de l'éducation, au contraire. Dans les foyers laïcs de Vouvray et Semblançay, des séminaristes et prêtres participent à l'encadrement des activités, surtout l'été. Dans les rapports d'activités annuels de ces centres, une rubrique « activités religieuses » répertorie les baptêmes, communions et confirmations[862].

Selon les établissements fréquentés et l'âge des enfants, les récits des personnes concernées et le degré d'acceptation ou de rejet de la religion varient. Christiane, arrivée à 10 ans 1961, raconte : « au début, j'ai très mal accepté car on m'a forcée à me convertir ». Quand Henry quitte Semblançay pour une pension catholique à Orléans, il ressent la différence : « cours de catéchisme, prières à la chapelle matin et soir, messe du dimanche, toute la liturgie du calendrier, confession hebdomadaire, Communion solennelle. C'était une éducation catholique très solide, indélébile. On a profité de ma naïveté personnelle ». Et quelle place cette éducation catholique occupe-t-elle dans la construction personnelle des pupilles ? Henry est resté un catholique pratiquant jusqu'à l'âge de 24 ans, ensuite il est devenu agnostique, « mais mon comportement reste très marqué par ce catéchisme reçu depuis 1953 » confie-t-il.

---

[861] Lettre du 2 mai 1991, *GDR* n°9, 1991.
[862] AGO FOEFI 1963.

Louis fréquente plusieurs établissements religieux « où tout écart était péché : nous devions nous confesser toutes les semaines mais avec quel péché ? Il va de soi que je n'ai pas un bon souvenir de cette religion. Aujourd'hui, je n'appartiens à aucune église »[863]. Pour Nina, Jeannette et d'autres, passées par Saint-Rambert ou ailleurs, le rejet est total. Mais pour certaines, l'éducation religieuse a constitué un cadre structurant. Marcelle allait tous les dimanches à la messe à la cathédrale de Moulins. Aujourd'hui, elle dit ne pas en être mécontente : « je continue à vivre avec les principes moraux que les religieuses m'ont enseignés. Je reste croyante mais je me suis éloignée des pratiques liées à la religion catholique »[864].

Éprouver les lois du genre

La construction juvénile des garçons de la FOEFI est mieux documentée que celle des filles car ils se sont exprimés davantage, notamment dans *Grain de riz*. De même les témoignages masculins sont bien plus nombreux dans les films documentaires de Philippe Rostan et Frédérique Pollet-Rouyer. Enfin, dans le livre de Sophie Hochart, tiré de l'exposition « Le déracinement silencieux » (2017), sur 39 portraits et témoignages, on en compte 34 d'hommes et seulement 5 de femmes. Pourtant, parmi les pupilles de la FOEFI, sans être égale à celle des garçons, la proportion de filles est importante. Sur les 4 240 pupilles pris en charge par la FOEFI dont il est possible de déterminer le sexe par le prénom, on compte 2 372 garçons (56 %) et 1 868 filles (44 %)[865].

Malgré le discours tenu par la FOEFI sur la nécessité pour les filles de se suffire à elles-mêmes en travaillant, très classiquement on attend d'elles qu'elles puissent devenir de bonnes mères de famille. C'est encore plus vrai pour celles qui arrivent en France avec du retard scolaire et parlant très mal le français, comme la cinquantaine de jeunes Eurasiennes de 17-18 ans arrivées de Saigon en 1955. Quelques années plus tard, la FOEFI se félicite que 23 d'entre-elles soient mariées et que 39 gagnent leur vie en tant qu'employées de maison, après être passées dans des écoles ménagères rurales, reproduisant ainsi dans un contexte postcolonial le

---

[863] Christiane, Henry et Louis, questionnaires, 2021-2022.
[864] Témoignages de Nina et Jeannette, 2018 ; Marcelle, questionnaire, 2022.
[865] ANOM 90 APC FOEFI, répertoire nominatif des dossiers individuels, consulté sous dérogation. Dans cet inventaire, quelques prénoms manquent, certains sont épicènes, d'autres étrangers impossibles à genrer.

lien entre colonialisme, domesticité et migrations[866]. L'effet de genre est patent dans les résultats scolaires des pupilles. Sur 15 diplômés de l'enseignement supérieur (toutes disciplines confondues) en 1960-1961, on compte 12 garçons et 3 filles (2 en propédeutique lettres et une en études commerciales). L'année suivante, seulement 2 filles sur 13. En 1965 sur les 18 étudiant·es recensés, on compte 17 garçons et une seule fille. En 1967, 10 garçons et 4 filles obtiennent le baccalauréat[867].

La construction subjective des filles et des garçons passe par l'éducation à la féminité ou à la masculinité. La place des référentes féminines et des référents masculins, pour les unes comme pour les autres, est déterminante. Certains garçons et filles voient de temps en temps leur mère installée en France. Mais la figure du père est totalement absente.

Les pensionnaires des foyers pour garçons de la FOEFI doivent devenir des hommes, avec tous les attributs attendus. Toute faiblesse est stigmatisée, moquée. Il leur faut grandir vite, les grands ayant un ascendant certain, parfois violent, sur les petits. Un ancien éducateur de Semblançay écrit dans *Grain de riz* : « vous n'étiez pas tous des tendres même entre vous au fond du parc »[868]. Un euphémisme pour évoquer des bagarres et violences entre pensionnaires. Henry se souvient : « au début certains grands jouaient aux chefs de bande, ils m'incitaient à voler, ils me brimaient ». Alexandre évoque également « les brimades violentes des plus grands ». Jean-Pierre, arrivé au foyer en 1953 à l'âge de 6 ans, raconte : « moi le Cambodgien, j'étais le souffre-douleur des autres Eurasiens qui venaient tous du Vietnam. On se détestait ». Jean-Paul G., arrive à 12 ans en 1962, se souvient d'avoir trié « parmi mes nouvelles connaissances, étant né dans le Nord nous nous méfions des "Sudistes", vantards, menteurs… C'était l'image qu'on avait alors ». Jacqui Maurice écrit, à la manière de Georges Perec : « je me souviens de mon arrivée à Vouvray, au pont de Cisse, j'avais 8 ans. Je me souviens des grands qui brimaient les petits. Je me souviens des grands qui aimaient bien les petits, trop ». Les directeurs des foyers de la FOEFI, comme la plupart des responsables de ce genre de centres à l'époque, considéraient ces comportements comme inhérents à toute vie en collectivité et les surveillants fermaient les yeux. Le personnel d'encadrement se livre parfois

---

[866] Nasima Moujoud et Jules Falquet, « Cent ans de sollicitudes en France. Domesticité, reproduction sociale, migration et histoire coloniale », *Agone*, n°43, 2010, p.169-195 ; Solène Granier, *Domestiques indochinoises*, Paris, Vendémiaire, 2014.

[867] AN FOEFI 126 et 127, rapports d'activités de la FOEFI et rapport de l'inspection générale des affaires sociales, 1971.

[868] Roger Arnault, *GDR* n°41, 2010.

lui-mêmeà des exactions sur les enfants : à Vouvray, deux moniteurs sont renvoyés par Susini pour cette raison. Robert, arrivé au foyer des Sablons à 13 ans en 1953 y est « victime d'abus de la part d'une personne de l'encadrement » jusqu'à ses quinze ans. « Je n'étais pas le seul », écrit-il, « mais personne n'en parlait car on nous menaçait de nous envoyer en maison de correction ». Un week-end, il se réfugie chez un copain : « c'est là que j'ai découvert ce qu'était une maman, quelqu'un qui vient vous embrasser, vous border dans votre lit... »[869].

Pour les garçons, les principaux référents masculins sont les directeurs des foyers, les éducateurs et moniteurs. Ils sont aussi en contact avec quelques femmes dont les épouses des directeurs de foyers. À Semblançay, Mme Teisserenc est appelée « marraine ». À Vouvray Mme Susini s'occupe de l'intendance et n'a pas laissé de très bons souvenirs aux anciens qui considèrent qu'elle « avait ses têtes », faisait trop de différences entre les enfants. Ceux-ci ont aussi affaire à des assistantes sociales de la FOEFI dont ils se souviennent encore des noms aujourd'hui : Bourgeac, Cany, Jolly, Mundler, Grandjean. En 1957, une inspectrice de la DDPAS d'Indre-et-Loire constate que le « complexe antiféminin » dont on affuble les pupilles n'est pas justifié. La preuve, une institutrice stagiaire tient parfaitement la classe des minimes et est même revenue l'été passer 15 jours de congés au foyer auprès d'eux[870].

L'appréhension et l'apprentissage de la féminité[871] par les Eurasiennes sont impactés par le contexte postcolonial, le cadre contraint dans lequel elles vivent et l'éducation reçue. Dans leurs établissements, les filles ont pour référentes féminines surtout des religieuses qui portent un habit dissimulant leur corps de femme, leurs formes, leurs cheveux. Une pensionnaire, arrivée à 3 ans à Saint-Rambert, se souvient d'avoir perdu ses repères quand les religieuses ont abandonné le port de leur voile à la fin des années 1960. La Sainte Jeanne d'Arc, le nom en religion de la Supérieure, est célébrée, tout comme la fête des mères, Mère Jeanne, incarnant en quelque sorte la figure de la mère de toutes les pupilles, ce qui met mal à l'aise certaines pensionnaires. La seule figure véritablement féminine dont les ex-pensionnaires de Saint-Rambert se souviennent est celle de Marguerite Graffeuil qui venait y passer un mois chaque année. Toutes

---

[869] Henry et Jean-Paul, questionnaires 2021 et 2022 ; Jacqui Maurice, *GDR* n°44, 2011 ; Robert Bongnon et Jean-Pierre Boudiguet, *LDS*, p.32-35 et 38-39.
[870] AN FOEFI 128, rapport de la DDPAS d'Indre-et-Loire, 1957.
[871] Tim Allender, *Learning Femininity in Colonial India, 1820-1932*, Manchester University Press, 2016.

se souviennent d'elle comme « une Parisienne », toujours bien habillée, qui « sentait bon ». C'était une « femme de cœur », une « grande fée bienveillante » qui recevait les filles une à une, leur donnait des bonbons, s'intéressait à leur orientation scolaire, les recadrait si nécessaire. Mêmes les plus critiques reconnaissent qu'elle faisait preuve pour le moins d'un grand dévouement et d'une réelle empathie, voire d'affection et même d'amour. William Bazé écrit : « elle entoure nos fillettes de soins véritablement maternels », ce qui présente un intérêt comparatif certain avec l'attitude des religieuses[872].

Quant aux référents masculins des filles, ils sont très rares. Les seuls hommes qu'elles côtoient sont le jardinier et homme à tout faire de l'abbaye, le médecin du village, l'aumônier. Marie-Claire se souvient du père Riminiac :

> « il avait exercé longtemps au Vietnam, en connaissait la langue et les coutumes au point où son allure en était même apparentée, il portait un costume noir à col mao, une coiffe noire et une barbichette de Chinois. C'était un réconfort visuel pour moi. De plus il traduisait les lettres écrites en vietnamien pour les filles qui en recevaient de leur mère. C'était un homme chaleureux et bienveillant, sécurisant ».

Michèle arrivée vingt ans plus tard en 1974 se méfiait du nouvel aumônier « car il voulait toujours nous inviter chez lui et nous prendre en photo »[873]. William Bazé était une figure tutélaire paternelle certes, mais très lointaine. Il ne vint que quelques fois à Saint-Rambert, fief réservé à Marguerite Graffeuil. Quant aux rares courageux garçons qui quelquefois avançaient jusqu'à l'abbaye, ils inquiétaient les filles – qui appelaient au secours les sœurs – et étaient reçus à coups de fusil tirés en l'air par le jardinier.

En empêchant l'intersubjectivité des sexes – tout flirt étant impossible – tous ces interdits ont accentué le repli homolatique des Eurasiennes, c'est-à-dire la socialisation entre filles, entre pairs[874]. Ensemble elles partageaient les mêmes goûts, les mêmes représentations, la même normalisation, étaient solidaires contre les agressions extérieures, complices face aux sœurs. Elles se souviennent surtout de leur grande méfiance vis-à-vis d'autrui. Toujours en groupe, toujours se tenant par la manche, refusant

---

[872] AGO FOEFI 1950.
[873] Marie-Claire et Michèle, questionnaires, 2022.
[874] Caroline Moulin, *Féminités adolescentes. Itinéraires personnels et fabrication des identités sexuées*, Rennes, PUR, 2005.

le contact avec les autres dans la rue, se méfiant quand on leur posait des questions. Les jeunes aumôniers qui venaient dans les établissements ou animaient les activités de patronage suscitaient les premiers émois amoureux. Les colonies de vacances dans lesquelles elles étaient envoyées comme pensionnaires puis comme monitrices étaient l'occasion des premières vraies rencontres avec des garçons. On leur disait qu'elles étaient de « jolies filles », elles se rendaient compte qu'elles plaisaient[875].

Les albums de photographies conservés aux ANOM, sont révélateurs des stéréotypes genrés de la prise en charge des pupilles de la FOEFI. Les garçons y sont toujours présentés à leur avantage : actifs, débrouillards, sportifs, aventureux, organisés. Les corps sont valorisés par des photos d'enfants en maillot de bain, musclés (« M. surnommé "le gorille" à cause de ses larges épaules et de son torse bien développé »). Plusieurs photos montrent des garçons entourant des monitrices, des promenades avec des filles, des garçons « intriguant beaucoup de jeunes filles de la plage », « Les jeunes Allemandes fraternisent avec les garçons venus de Normandie », etc. L'album consacré au foyer de l'abbaye de Saint-Rambert regroupant des photos datées de 1947 à 1951 est beaucoup plus austère. Il faut tenir compte du fait qu'il a été réalisé par les religieuses et une décennie avant ceux confectionnés par les assistantes sociales de la FOEFI. Les légendes sont réduites au minimum, une date, un lieu. Les photos de paysages, des bâtiments et des intérieurs de l'abbaye marquent l'importance du cadre dans la mission éducative des sœurs. Les photos de groupes très statiques, dans le style des photos de classe, sont très nombreuses, même pour illustrer une sortie au lac du Bourget en 1948 ou les vacances de 1951. Les filles sont toutes habillées de la même manière et de la tête aux pieds, elles sont passives, la seule activité montrée est la promenade. Quelques clichés montrent les filles en train d'apprendre leur métier dans un atelier de confection. Contrairement aux albums des garçons, les filles ne sont pas individualisées, ne sont jamais seules sur une photo, hormis « Paulette au travail ». Aucun homme, aucun garçon ne figure sur les clichés[876]. Il est aussi significatif que les pupilles ne recevaient pas d'argent de poche à Saint-Rambert, pourtant versé par la FOEFI, ou alors un franc avant de partir en colonie de vacances, ce qui faisait honte aux filles. Les garçons des foyers eux touchaient dans les années 1960, quand

---

[875] Témoignages et questionnaires.
[876] ANOM FOEFI 151 Fi 1, album photos du foyer de l'abbaye à Saint-Rambert-en-Bugey, 1947-1951 ; 151 Fi 2, trois albums de la région Ouest, 1963-1965.

tout allait bien et qu'il n'y avait pas de retenue, 5 francs quand ils étaient en 6ᵉ et 5ᵉ, 10 francs en 4ᵉ et 3ᵉ et 15 francs au-delà[877].

Pour les pupilles de la FOEFI, le service militaire est, comme pour tous les jeunes hommes français de l'époque, une étape essentielle de la construction masculine. Au-delà ce qui est considéré comme un devoir et une preuve de l'attachement à la patrie, l'engagement dans l'armée est présenté comme une porte de sortie pour les « fortes têtes », qui souvent « se distinguent au feu par leur tempérament de baroudeurs ». En 1954, 78 garçons s'engagent ou devancent l'appel, dans tous les cas avec l'accord écrit signé par Bazé lui-même ; 18 garçons sont engagés dans le CEFEO. Il n'est pas exclu que certains d'entre eux demandèrent à partir en Indochine pour s'y faire ensuite démobiliser et y rester. Plusieurs, présentés comme des exemples, tombent à Dien Bien Phu, d'autres sont faits prisonniers. Parmi eux, des anciens élèves de l'École des enfants de troupe eurasiens de Dalat.

Émile Tissot, né en 1937, orphelin de mère, intègre l'école en 1949 après être passé par le collège de Cholon. L'établissement militaire est chargé de l'instruction de jeunes garçons sélectionnés par l'armée[878]. La discipline et l'ordre sont deux piliers de l'école. Outre un enseignement scolaire et technique, et une éducation morale, les enfants reçoivent une instruction militaire, apprennent à respecter le drapeau, l'uniforme, la hiérarchie, les valeurs militaires. En 1951, l'école perd sa spécificité eurasienne et devient l'École d'enfants de troupe de Dalat, mais les Eurasiens constituent toujours la majorité des élèves. La défaite de Dien Bien Phu est ressentie très cruellement par les enfants et leurs instructeurs. En septembre 1954, l'école se replie sur le site de celle de Cap Saint-Jacques, ce qui est compris par les élèves comme un signe de déclin de la puissance française. En 1956, l'école est transférée en métropole et s'installe dans une annexe de l'école militaire préparatoire d'Autun. De nombreux anciens enfants de troupe font des carrières militaires et servent pendant la guerre d'Algérie[879], comme Émile Tissot en tant que sergent de 1957 à 1959.

Moussa, né en 1935 et confié à la FOEFI de 13 ans à 18 ans en Indochine, se souvient de la tristesse ressentie après Dien Bien Phu pour ses camarades de l'école des enfants de troupe de Dalat. À 21 ans, il part

---

[877] Récit enregistré de Marguerite Graffeuil, interventions d'ex-pupilles, 1990.
[878] Émile Tissot, *Métis déraciné, op. cit.*
[879] Violette Dolin, « L'école d'enfants de troupe eurasiens de Dalat : une œuvre française en Indochine », mémoire de master 2, Université Lumière Lyon 2, 2022.

Éprouver les lois du genre 317

pour la France et s'engage dans l'armée où il passe des diplômes ; dans les années 1960, il milite contre la guerre du Vietnam. Pierre Louis (né en 1935), pris en charge par la FOEFI et arrivé en France à 12 ans en 1947 se souvient « avoir [à 19 ans] pleuré pour les soldats français qui étaient tombés à Dien Bien Phu. La présence française en Indochine me paraissait naturelle. C'est en Algérie, alors que j'effectuais là-bas mon service militaire, que j'ai changé de regard sur la colonisation ». Il devient anticolonialiste et syndicaliste[880]. En novembre 1967, Bazé estime que pour les garçons qui arrivent en France grands et avec un niveau scolaire en français trop faible, « l'engagement dans l'armée est une solution satisfaisante, mais les autorités militaires deviennent également exigeantes »[881]. En 1971, un ex-pupille s'engage à 19 ans après avoir raté son CAP en raison de son faible niveau en français. A l'armée apprend la mécanique et passe tous les permis de conduire.

Alors que leur corps se développe et que leur féminité s'affirme, les filles ne reçoivent aucune éducation en ce domaine. La nudité est un péché dans les établissements religieux, comme tout ce qui concerne le corps. À Saint-Rambert, la douche se prend une fois par semaine, en sous-vêtements : il est interdit de se toucher, interdit de se regarder. Tout comme à Dreux – où un simple miroir est considéré comme un instrument d'amour de soi malsain – les cheveux ne sont lavés qu'exceptionnellement, mais beaucoup se lèvent la nuit pour le faire plus souvent, à l'eau froide. Une combinaison à la mode reçue dans un colis est considérée comme un péché, idem pour le maquillage et l'épilation (que les grandes apprennent néanmoins aux plus jeunes). Toute manifestation de coquetterie est assimilée à de la vanité.

L'expérience intime de la menstruation génère une grande incompréhension. Elle place toutes les filles face à un phénomène nouveau issu d'un corps qu'elles connaissent mal, sans y avoir été le moindrement préparées. Le tabou est absolu, chez les religieuses plus qu'ailleurs[882]. Une souffre-douleur des religieuses qui n'ose pas se signaler, part souillée à l'école, « avec de la confiture sur la jambe ». Les sœurs ne donnent pas ce qu'il faut et les filles doivent se débrouiller avec des linges inadaptés, lavés le soir dans le noir. Là encore, ce sont les grandes qui montrent ce qu'il faut faire, plus qu'elles n'expliquent. À Dreux, au bout d'un dortoir,

---

[880] Moussa Gueye et Pierre Louis, *LDS*, p.83 et 115.
[881] AGO FOEFI 1955 et 1967.
[882] Élise Thiébaut, *Ceci est mon sang. Petite histoire des règles, de celles qui les ont et de ceux qui les font*, Paris, La Découverte, 2017.

il y a le « carré des grandes » – interdit aux petites –, une pièce où elles se lavent, « se débrouillent » avec deux bidets et de l'eau froide[883].

De même, lorsque leurs seins se développent, les filles doivent parfois réclamer longtemps pour obtenir un soutien-gorge. Cette négation de la puberté, de la construction féminine, du passage de la fillette à l'adolescente peut peut-être s'expliquer par une volonté de lutter contre la représentation hypersexualisée des congaïs de l'époque coloniale[884]. D'ailleurs, certaines jeunes filles se souviennent d'avoir vu dans les regards de certains hommes posés sur elles le fantasme sexuel et exotique de la métisse asiatique[885]. Sans parler d'éducation sexuelle, peu répandue à l'époque quelles que soient les structures éducatives, les informations minimales ne sont pas données et les étapes de la féminisation non accompagnées. Les Eurasiennes doivent donc se contenter d'une éducation sexuelle informelle[886]. L'une d'elles rapporte avoir voulu faire des études d'infirmière pour pouvoir découvrir – enfin – son corps. Ce n'est pas dans la bibliothèque de l'abbaye qu'il faut chercher des réponses, même si l'on y trouve quelques romans à l'eau de rose signés Delly aidant à l'éducation sentimentale. Les revues pour jeunes filles introduites en douce sont immédiatement confisquées. Le foyer est loin de toute « culture jeune » et des formes d'expression de la jeunesse française : musique, cinéma, littérature[887].

Sortir de la FOEFI : déchirure ou libération ?

La fin de la prise en charge par la FOEFI constitue un moment crucial de la construction subjective des pupilles. Les modalités de sortie du giron de la Fédération sont diverses et interviennent à des âges variables en fonction des circonstances. Des dossiers individuels conservent des demandes d'émancipation des pupilles avant leur majorité (21 ans

---

[883] Témoignages de Francine L., Nina V., Jeannette G., Yvonne F., Marie-Dominique L., Monique W., Germaine D., 2018.

[884] Gisèle Bousquet et Nora Taylor (eds.), *Le Viêt Nam au féminin / Viêt Nam: Women's Realities*, Paris, Les Indes Savantes, 2005 ; Pascal Blanchard, Nicolas Bancel, Gilles Boëtsch, Dominic Thomas, Christelle Taraud, *Sexe, race & colonies. La domination des corps du XV siècle à nos jours*, Paris, La Découverte, 2018.

[885] Notamment témoignage de Yên-Noëlle dans le film *Inconnu, présumé français*.

[886] Régis Révenin, *Une histoire des garçons et des filles, Amour, genre, sexualité dans la France d'après-guerre*, Paris, Vendémiaire, 2015.

[887] Richard Ivan Jobs, *Riding the New Wawe. Youth and the Rejuvenation of France after the Second World War*, Stanford University Press, 2007.

jusqu'en 1974). Mais cette requête n'est pas toujours acceptée, notamment pour les filles, comme pour cette pupille née en 1948 qui demande en 1967 à être émancipée puisqu'elle a un emploi stable. Marguerite Graffeuil lui répond d'attendre au moins ses 20 ans[888]. Pour d'autres, la sortie de la FOEFI est plutôt subie, la majorité des pupilles doit couper le cordon et s'affranchir de règles et d'un cadre contraint mais rassurant au moment où ils passent de l'adolescence à l'âge adulte, entre 18 et 21 ans. Pour les pupilles nés entre 1947 et 1954, les plus nombreux, ce moment intervient dans les années 1965-1975 (cf. graphique n°5).

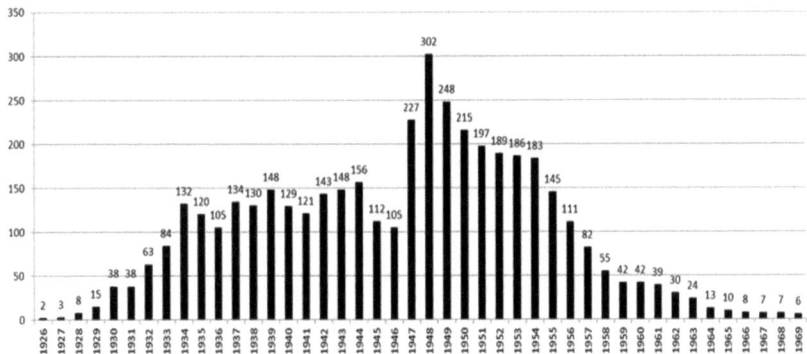

Graphique 5 – Années de naissance des pupilles de la FFEI/FEFI/FOEFI envoyés en France

NB On compte aussi une naissance en 1921, une autre en 1923 et une en 1972.

Source : ANOM répertoire du fonds FOEFI 90 APC (4 305 informations)

En 1971, les 133 garçons relevant du foyer de Vouvray ont entre 16 et 20 ans, sauf 4 d'entre eux qui ont entre 8 et 14 ans. Un rapport de la DDASS d'Indre-et-Loire signale qu'il faut éviter que des habitudes de retour au foyer se créent chez certains jeunes travailleurs qui « seraient enclins à quitter, sans motif, un emploi d'autant plus qu'ils seraient assurés de trouver au foyer un accueil sympathique »[889]. En effet, des années de foyer et d'internat ont rendu les adolescents très dépendants des structures qui les accueillent et les assistantes sociales de la FOEFI veillent particulièrement à ce moment. Les personnes concernées ont vécu très diversement le fait de quitter la tutelle de la Fédération.

---

[888] ANOM 90 APC, dossier individuel.
[889] AN FOEFI 126, rapport de la DDASS d'Indre-et-Loire sur le foyer de Vouvray, 29 novembre 1971.

Les Eurasiennes, surtout celles qui ont grandi à l'abbaye à Saint-Rambert, sont très majoritaires à penser que l'éducation reçue ne les a pas préparées à la « vraie vie », hors les murs. Certes, la FOEFI était là pour les accompagner, considérant qu'elles devaient « être défendues contre les tentations de la vie et contre elles-mêmes », ce qui autorisait bien des coercitions. Par exemple un rapport de la Santé publique signale en 1965 que les filles qui souhaitaient rentrer dans leur pays de naissance étaient systématiquement dissuadées par la FOEFI[890]. La fin de prise en charge était « une grande aventure » qu'elles vivaient seules, avec un mélange de peur et d'espérance, qu'avec le recul certaines comparent à l'impression ressentie lors du départ d'Indochine. Les anciennes estiment que « prises en main du matin au soir, [elles] ne savaient pas s'autogérer », qu'à vingt ans, elles étaient « immatures et nunuches ». N'ayant jamais eu d'argent en poche, elles ne savaient pas comment acheter un ticket de bus, comment faire leurs courses, ayant toujours été encadrées, elles ne savaient pas comment faire sonner un réveil, comment fonctionnait la société en général. Elles avaient appris la discipline, les travaux ménagers, la politesse, la rigueur. Madeleine, née en 1948 et arrivée en 1955, n'a jamais été pensionnaire à Saint-Rambert mais dans différents établissements plus ouverts où elle a appris « le piano, la broderie, la danse, les cours de maintien et de bienséance, des stages dans les châteaux et une bonne culture générale, dans l'esprit de l'école de Mme de Maintenon » : « j'ai donc été projetée dans la vie, sans rien connaitre de la vraie vie »[891]. La FOEFI convient en 1975 qu'il s'agit de « qualités morales qui peuvent paraître démodées à notre époque dissolue […] mais qui font d'elles des mères de famille équilibrées »[892]. Au contraire, plusieurs estiment que cela explique qu'elles soient demeurées méfiantes, un peu sauvages, un peu rebelles[893].

Jeannette, née en 1939 et arrivée à Saint-Rambert à 10 ans est sortie du giron de la FOEFI à sa majorité à 21 ans et a travaillé aussitôt. Marguerite estime ne pas avoir eu les informations nécessaires pour choisir son orientation et qu'elle n'était pas préparée à affronter la vie en sortant

---

[890] AN FOEFI 126, rapport sur la FOEFI de Nafissa Sid-Cara, inspecteur général de la santé publique, 10 septembre 1965.
[891] Témoignages de Josette, Madeleine et Monique P., 31/01/2018, 28/02/2018 et 25/03/2018.
[892] AGO FOEFI 1975.
[893] Témoignages de Camille, Geneviève, Germaine, Marie-France, Marie-Paule et Valérie, 23/05/2023.

Sortir de la FOEFI : déchirure ou libération ? 321

de la FOEFI à 18 ans : « je n'avais pas de repère, ni un métier bien rémunéré. J'étais aide-soignante chez les Ursulines rue de la Santé à Paris, nous avions logement et nourriture et petit salaire ». Denise, née en 1946 et arrivée à l'âge de 8 ans quitte la FOEFI 11 ans plus tard, elle évoque aujourd'hui « des angoisses quand je me suis sentie abandonnée à 19 ans. Je me suis trouvée une chambre en foyer et me nourrissais d'une baguette de pain et d'un camembert, avec 30 francs que ma meilleure amie m'avait glissés dans la main pour mes premiers instants de ma vie d'adulte. Chacune de nous, individuellement et à tâtons, nous nous sommes formées à notre vie d'adulte suivant nos ressentis ». Colette, arrivée à 12 ans en 1956, n'a pas fait les études qu'elle souhaitait et estime que la FOEFI l'a « laissée tomber et j'ai dû me débrouiller toute seule pour avoir une bonne situation sans aide de la FOEFI »[894].

Marie-Dominique se souvient de l'inquiétude ressentie face à l'avenir : « on partait, on n'avait rien à part une petite valise avec un petit trousseau. On avait peur mais on espérait, on avait envie de partir ». Martha n'est plus prise en charge par la FOEFI à partir de 15 ans, son père, dont elle dépend, lui demande de travailler très vite. Selon elle, « la FOEFI a fait ce qu'elle devait faire : intégration, éducation et assimilation, mais pour ce qui est de la vie d'adulte, personne ne nous a conseillées. C'était la débrouille. Il fallait sentir les dangers que la vie à Paris, pour une toute jeune fille, pouvait entraîner ». Pour Monique : « on était des proies, oui des proies faciles ». Marie-Dominique raconte : « j'ai eu des propositions… je sais que certaines ont mal fini ». Mais on leur disait qu'en cas de coup dur, elles pouvaient contacter Marguerite Graffeuil…[895]

Marie-Claire cesse d'être encadrée par la FOEFI à 19 ans, diplôme en poche et travail assuré, mais elle estime :

> « en dehors de l'éducation basique que sont le respect, les bonnes manières, la reconnaissance, il y a bien des lacunes qui ont gêné notre autodétermination, notre discernement, etc. Notre naïveté, notre manque de culture sociale, d'échange avec les différentes couches de la société et le manque d'éducation faite par la vie à l'extérieur ont été un handicap majeur qu'il me fallait comprendre, analyser et rattraper à mes dépens. Les religieuses ont un regard très incomplet, limité, étroit, censuré, ignorant, qui nous a

---

[894] Témoignage de Jeannette, 12/01/2018 ; Marguerite, Denise et Colette, questionnaires, 2021.
[895] Témoignages de Marie-Dominique L. et Monique P., 2018 ; Martha et Marie-Thérèse, questionnaires, 2021 et 2022.

handicapées et certainement fragilisées dès notre sortie, et je dirais même que l'ignorance a pénalisé certaines filles ».

Christiane, arrivée en 1961 à 13 ans, cesse d'être prise en charge à 20 ans quand elle trouve un emploi : « le premier mois la FOEFI a payé le loyer, après je me suis débrouillée. L'éducation que j'ai reçue m'a préparée pour trouver un emploi mais pas pour une vie familiale et tenir une maison »[896].

Elles sont aussi nombreuses a expliquer qu'elles n'étaient pas douées pour les relations sociales, ne sachant pas comment se comporter avec les autres. C'est pourquoi on les considérait parfois comme « fières », « hautaines », « pimbêches », alors qu'elles étaient plutôt timides, manquant de confiance, ne disposant pas des codes des relations en société, ne maîtrisant pas les bonnes formules pour s'exprimer. D'où des intégrations en milieu professionnel parfois laborieuses. L'analyse de la situation de plus de 2 000 pupilles à leur sortie de la FOEFI montre que les deux tiers sont au travail entre 1956 et 1973, période où la croissance économique génère de nombreux emplois (cf. graphique n°6).

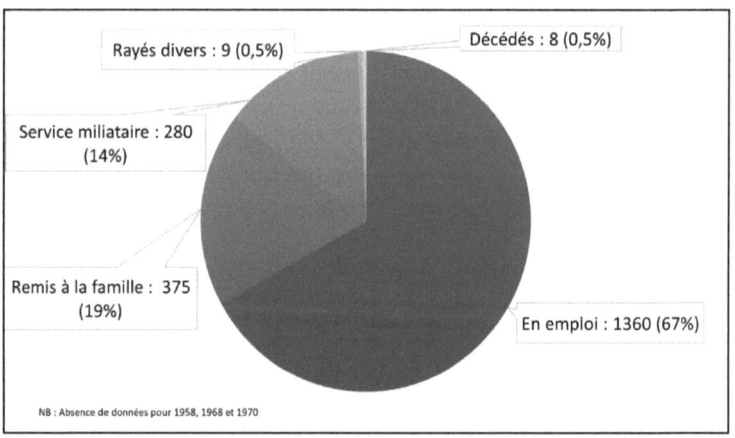

Graphique 6 – Situation de 2 032 pupilles à la sortie de la tutelle de la FOEFI entre 1956 et 1973
Source : ANOM 90 APC 4291 à 4294

---

[896] Marie-Claire et Christiane, questionnaires, 2022.

Quitter la tutelle de la FOEFI c'est pour certain·es se confronter au racisme, au regard des autres : « les femmes ne m'aimaient pas, pour elles j'étais une salope et les hommes me regardaient comme un objet », rapporte Anne. D'autres ont du mal à louer un appartement, s'entendent dire « retourne d'où tu viens », sans compter les inévitables « chinetoques », « Mao » ou « face de jaune ». Cependant plus de la moitié des répondant·es au questionnaire affirment qu'ils n'ont jamais ressenti de racisme, mais tout dépend bien sûr de la définition et du périmètre que l'on attribue au phénomène[897].

Les garçons sont en proie à des difficultés comparables à celles des filles en quittant la tutelle de la FOEFI. Lolo raconte : « la FOEFI favorisait et forçait notre intégration dans la société française ». Il en est sorti en 1967 à 18 ans : « étudiant à Paris avec 330 francs par mois, logé dans une chambre de bonne au 6ᵉ étage c'était une période "cool", mais responsable », et il témoigne d'une certaine reconnaissance envers la FOEFI. En 1968, à 21 ans, âge de la majorité, Lang doit quitter la tutelle de la Fédération :

> « j'ai été balancé dans la vie "d'adulte" sans ménagement. N'ayant aucune expérience de la vie en dehors des pensions qui étaient mon cadre de vie au quotidien, je me suis retrouvé seul un beau matin avec ma valise, et un maigre pécule que m'avait donné la FOEFI. À charge pour moi de trouver travail et logement. Un sacré challenge, que j'ai heureusement bien géré grâce aux personnes rencontrées qui ont pris soin de moi et m'ont aidé sur ce parcours de vie ».

L'utilisation du terme « pécule » est intéressante car il renvoie à une pratique contenue dans la loi, stipulant que « les établissements hébergeant des mineurs de plus de quatorze ans, en état de travailler, doivent leur constituer un fonds de pécule au double titre de récompense et d'encouragement pour leur conduite et leur travail ». Il ne s'agit pas tout à fait de cela ici. Bazé précisait que « tous les pupilles de la FOEFI en France ont régulièrement de l'argent de poche. Les dépenses qu'ils occasionnent sont prélevées sur ces sommes. Le reliquat leur est payé à leur majorité »[898]. À 21 ans également et la même année que Lang, Jacqui connaît à peu près la même chose, « à la suite d'une dispute avec une assistante sociale qui m'avait traité de voleur. C'était absolument faux et c'était elle qui s'était emmêlée dans ses comptes ». Après cet épisode, il ne veut plus entendre parler de la FOEFI : « c'était très dur de se retrouver seul

---

[897] Questionnaires, 2021 et 2022.
[898] CADN 590 POA406, lettre de Bazé au consul général à Saigon, 8 juillet 1968.

sans aucun soutien. Heureusement il y avait les camarades »[899]. Tous ces exemples se situent à la fin des années 1960, à un moment où les moyens de la FOEFI diminuent et où émanciper les pupilles devient une nécessité. D'où une grande amertume de ceux qui s'estiment avoir été « abandonnés », « virés » des pensionnats. Dans les faits, il y a clairement deux poids deux mesures, notamment en faveur de ceux qui poursuivent des études longues.

Paul G., dont la mère est en France, est averti après le lycée qu'il doit se débrouiller seul. Ayant obtenu une bourse d'études supérieures, il la verse à la FOEFI qui accepte de le maintenir sous sa responsabilité. Louis est assez critique : « les études, l'apprentissage d'un métier était l'objectif de la FOEFI, plus important que de témoigner de l'affection, de la compassion envers nous et de maintenir les liens entre frères et sœurs vivant en France ». Mais il reste encadré jusqu'à 23 ans durant ses études supérieures : la FOEFI lui donne un petit complément financier à sa bourse. Jean-Pierre qui a fait des études de pharmacie estime que la FOEFI l'a bien suivi, bien conseillé, bien aidé financièrement. Lors de ses études de médecine, Roland est suivi par la FOEFI jusqu'à ses 27 ans. Sur un des albums déjà évoqués, on voit la photo d'un étudiant avec cette légende : « Jean-Jacques B., dans sa petite chambre d'étudiant, bûche dur : reçu premier au concours de l'institut de chimie de Caen, il espère obtenir trois certificats de licence au cours de l'année scolaire 1963-1964 ». Bien plus tard, il résume son parcours ainsi : « c'est grâce à la "Fédé" que j'ai pu entreprendre des études et devenir un citoyen français à part entière et utile à mon pays, la France »[900]. En revanche, d'autres ancien·nes pupilles se refusent d'exprimer la moindre reconnaissance envers une institution qui a décidé de leur sort qu'elles et ils n'avaient pas choisi.

André, arrivé en 1954 à 6 ans, a de bons résultats scolaires et est envoyé dans une école qui prépare les concours de la Marine Marchande. Il quitte la FOEFI « exactement à l'âge de 21 ans, lorsque j'ai commencé la navigation dans la marine marchande et disposant d'un bon salaire pour me débrouiller, enfin, tout seul ». Henry suit les études qu'il souhaite et obtient une licence de mathématiques. Il considère que la FOEFI « a fourni le maximum » ; qu'elle « n'est pas responsable de mes erreurs personnelles. Elle ne pouvait pas pallier l'absence de ma mère. J'ignorais

---

[899] Lolo, Lang et Jacqui, questionnaires, 2021.
[900] Paul, Jean-Pierre et Roland, questionnaires, 2021 et 2022 ; Jean-Jacques Barieux, *Né de père inconnu présumé français*, op. cit.

quasiment tout d'une vie familiale, de la vie sociale et économique réelle ». Paul S. rapporte à peu près la même chose :

« on faisait pension, colo, pension, colo, pension, colo… Ce qui fait que, lorsque la FOEFI m'a lâché, j'étais complètement paumé, je ne savais pas comment se déroulait la vie à l'extérieur. Et donc j'ai demandé à une assistante sociale ce que je pouvais faire, elle m'a dit : "tu peux t'engager dans l'armée !" Ce que j'ai fait, je me suis engagé quatre ans dans l'armée de l'air, et là, rebelote, j'ai retrouvé un système d'assistance ».

En 1971 Pierre a 21 ans : « après l'armée, j'ai eu un sentiment d'abandon. Tout à coup, plus personne n'était derrière moi, ni curés, ni bonnes sœurs, ni militaires… J'étais tout seul et il a fallu que je construise tout de A à Z »[901]. Ces témoignages apportent ainsi une explication supplémentaire sur les raisons de l'engagement dans l'armée de certains. Après le service militaire, la FOEFI considère que les ex-pupilles deviennent des travailleurs comme les autres, s'ils ne trouvent pas d'emploi, ils doivent s'inscrire au chômage. Néanmoins, en 1967, à un ex-pupille qui fait valoir une situation difficile, la nécessité de frais dentaires et demande une aide de 400 francs, Varet lui accorde, « à titre tout à fait exceptionnel », un mandat de 200 francs[902].

Dispersé·es dans toute la France, les ex-pupilles de la FOEFI sont souvent isolé·es, chacun·e luttant pour se faire une place dans la société, pas toujours très accueillante. Certains jeunes hommes reconstituent de petits groupes dans les grandes villes comme Paris, Lille, Tours ou Toulouse, surtout les étudiants, les autres étant déjà dans la vie active. Jean, écrit :

« Au cours de mes pérégrinations, j'ai eu la chance de trouver un repère fixe. Mon étoile polaire se trouvait dans la petite chambre de bonne de Maurice à Paris. Nous allions alors retrouver Robert et Christiane, Paul et Josy, André et Françoise, Serge et Liliane, etc. Parfois nous avions des visites surprises, d'anciens de la FOEFI comme Christian ou Rémy et nous étions tout simplement heureux de nous retrouver et de constater que chacun de nous avait plus ou moins bien avancé dans la vie et avait gardé intacts les souvenirs de la FOEFI »[903].

Un groupe d'anciens de Semblançay se réunit à Rouen autour d'un ancien moniteur du centre, Bernard Vignot, qui écrit : « j'ai su que pour

---

[901] André, Henry, Paul et Pierre, questionnaires, 2021 et 2022.
[902] ANOM 90 APC, dossier individuel.
[903] « La bohème », *GDR* n°44, 2011.

beaucoup c'était la galère. Certains restaient dans leur pension de fortune, leur dernier séjour de bahut, en espérant que les directeurs des centres respectifs leur trouveraient un travail et un lieu pour coucher. Et parfois le rêve devenait réalité pour certains »[904].

Dans l'enquête réalisée en 2021-2022, à la question « Connaissez-vous des Eurasien·nes qui ont eu des difficultés d'intégration sociale (dépression, alcoolisme, inadaptation sociale, autre…) ? », les réponses sont discrètes, mais affirmatives : « Oui, mais il s'agit d'une minorité », « Oui bien sûr et ils sont nombreux », « Oui… Pas de noms », « Bien sûr y compris ma sœur qui a passé beaucoup de temps chez des psychiatres. Ma sœur aînée et mon frère refusent de parler de leur passé tant ils ont souffert », « Certaines se sont suicidées, ou ont été tuées par l'alcool, la prostitution, etc. », « Beaucoup ont mal tourné car très instables, professionnellement et familialement. Un a été recruteur pour le Katanga et a fait plusieurs années de prison », etc. Ces parcours sont très difficiles à saisir par l'historien par le témoignage direct, les personnes concernées n'acceptant pas de parler, n'étant pas joignables.

Selon la FOEFI, la réussite de sa mission d'éducation et d'assimilation des pupilles se mesure à plusieurs critères : un métier qui assure un emploi, un mariage avec un·e Français·e et la stabilité psychologique. Les diplômé·es de l'enseignement supérieur, celles et ceux qui ont fait de « bons mariages » et font preuve de reconnaissance envers la FOEFI touchent à la perfection. Jacques garde précieusement une lettre de William Bazé reçue en juillet 1958, le félicitant pour sa réussite dans ses études :

> « Mon cher Pupille, je viens d'apprendre que tu as été reçu en mathématiques élémentaires. Cette nouvelle m'a fait le plus vif plaisir et je t'envoie mes très sincères félicitations. Ton succès fait honneur à la Fédération. J'espère que tu auras à cœur de continuer à bien travailler pour te faire une belle situation et que je pourrais te citer en exemple à tous tes camarades. Je t'envoie, Mon cher Pupille, mes sentiments affectueux »[905].

De même, Marguerite Graffeuil, dans sa correspondance ou dans les albums photos qu'elle constitue, évalue si les ex-pupilles sont devenues de bonnes épouses et de bonnes mères de famille[906]. Malgré la situation originale défavorable des pupilles, par ces « réussites » la FOEFI entend

---

[904] « Souvenirs de Bernard Vignot », *GDR* n°53, 2017.
[905] <http://www.francaislibres.net/liste/fiche.php?index=53982>
[906] ANOM 90 APC 4296, correspondance de M. Graffeuil ; 151 Fi 3 à 5, 5 albums de photos de famille.

montrer que ces générations auraient pu incarner un avenir en Indochine, que les indépendances ont aboli.

La construction subjective des Eurasien·nes, entre eux, entre elles, non sans une certaine agentivité, se fait en partie contre ou au moins en marge de l'expérience familiale et coloniale vécue en Indochine. Raymond, né en 1954 et arrivé en 1969, écrit avoir « fait le choix de venir en France et de ne pas retourner au Vietnam. Si j'avais pris la décision à l'époque de retourner au Vietnam, j'aurai dû rejoindre la France en boat people 6 ans plus tard ! ». Si certain·es s'interrogent sur les modalités de leur prise en charge en France par la FOEFI, ils sont très rares à la remettre vraiment en cause. Pour Valérie, dans les années 1970 la FOEFI est « une figure protectrice qui avait tout pouvoir sur mon parcours de vie future »[907]. L'histoire de la construction subjective des Eurasien·nes est évidemment à replacer dans son contexte. Par exemple, la plupart des filles de cette époque n'ont pas reçu davantage d'éducation sexuelle et d'apprentissage à la féminité. Et le traitement subi par les Eurasien·nes s'intègre plus globalement dans la biopolitique de l'« assimilation des enfants indigènes »[908] qui concerne aussi bien les enfants réunionnais et guyanais que des enfants algériens et d'autres colonies[909]. Comme d'autres enfants ayant subi le choc de la migration, ils et elles ont été capables de mobilisées des ressources pour reprendre racine dans un pays qui n'était pas le leur, pour devenir des hommes et des femmes adapté·es à la société française. Dans ce cheminement, la (re)construction d'une famille constitue un enjeu considérable.

---

[907] Témoignage de Valérie, 23/05/2023.
[908] Ivan Jablonka, *Les enfants de la République. L'intégration des jeunes de 1789 à nos jours*, Paris, Seuil, 2010.
[909] « Être adolescent au temps de la guerre d'indépendance algérienne, d'Alger au Béarn », témoignage de M. Frédéric Ferdjioui recueilli et mis en contexte par Yves Denéchère in 'Enfances (dé)colonisées', *Revue d'Histoire de l'enfance « irrégulière »*, n°22, 2020, p.103-128.

Chapitre 14

(Re)Faire famille en France

Enfants migrants déplacés « sans famille », entretenant un lien distendu avec les leurs restés au pays natal, les pupilles de la FOEFI retrouvent parfois des membres de leur famille dans les années qui suivent leur arrivée en France. Ces reconstitutions familiales ne sont pas si nombreuses et souvent il s'agit de recompositions partielles avec des mères remariées. Les retrouvailles avec les familles des pères sont rares. Des membres d'une même adelphie séparés par des milliers de kilomètres ou parfois seulement quelques dizaines en France vivent très mal cette situation qu'ils considèrent encore aujourd'hui comme injustifiable. Des adoptions, au sens juridique du terme, ou des accueils en famille permettent à certains enfants de trouver des familles de substitution. Mais le « faire famille » passe surtout pour la plus grande majorité des pupilles par le mariage. Pour la FOEFI, « les mariages illustrent par excellence l'intégration dans la nation française ». Ceux-ci sont donc particulièrement répertoriés et suivis puisqu'ils constituent l'un des critères de réussite de l'entreprise de la FOEFI facilement quantifiable et considéré comme très probant. Dans le contexte de la fin de la guerre du Vietnam, la question se pose parfois aux ex-pupilles devenus adultes de faire venir leur mère ou d'autres membres de leurs familles en France. Ainsi se reconstituent des familles, le plus souvent incomplètes, parfois très longtemps après leur éclatement.

Retours en famille

Dès la première assemblée générale de la FOEFI en 1950, est indiqué « le nombre de pupilles qui nous ont quittés pour rejoindre leurs familles dont la situation s'est trouvée améliorée et qui ont demandé à les reprendre ». Ils sont 30 en Indochine et 10 en France[910]. En 1952, 23 pupilles sont remis à leurs familles, dont 8 (sept garçons et une fille) qui « ont regagné l'Indochine », les 15 autres sont pris en charge « par des parents en France dont les recherches avaient révélé les adresses ».

---

[910] AGO FOEFI 1950.

Peut-être s'agit-il des familles de leurs pères. En effet une distinction est faite par la FOEFI entre les retours des enfants vers les familles paternelles ou vers les familles maternelles. Ainsi en 1953, il est précisé que trois pupilles ont été « repris avec empressement » par leurs familles paternelles retrouvées et que 44 enfants ont été rendus à leurs familles maternelles « pour raisons diverses, toutes indépendantes de notre volonté ». Ce qui est très explicite sur ce que la FOEFI considère comme étant la meilleure solution pour ses pupilles. En 1954, 9 filles sont « reconduites au sein de leur famille retrouvée ». En mars 1956, quatre enfants sont rendus à leurs familles (sans plus de précision) dès leur arrivée en France. Néanmoins, la prise en charge par la famille paternelle n'est pas forcément gage d'un « faire famille » comme le montre l'exemple de Joseph, confié à la FOEFI en 1951 à l'âge de 7 ans. Deux ans plus tard il est envoyé en France pour rejoindre sa famille paternelle. Sa tante l'attend à Orly mais il est mis en pension très rapidement, se retrouve seul et conserve un sentiment de grande tristesse d'avoir quitté ses camarades eurasiens[911].

Dans le répertoire des Eurasiennes conservé à Saint-Rambert, 76 filles sont indiquées comme ayant été « reprises » par leur famille, ce qui correspond à 15 % de l'effectif (cf. graphique n°7). La mention « reprise par son père » figure 21 fois, par exemple pour trois sœurs, nées entre 1949 et 1955 et arrivées à Saint-Rambert en 1962. La mention « reprise par la mère » figure 35 fois comme pour Geneviève, née en 1948, arrivée à l'abbaye en 1956 et reprise par sa mère en 1959 ou pour trois sœurs rendues à leur mère en 1955, ou pour deux autres en 1965[912].

---

[911] Joseph, questionnaire, 2022.
[912] Abbaye de Saint-Rambert « Répertoire Pensionnat d'Eurasiennes ».

Retours en famille

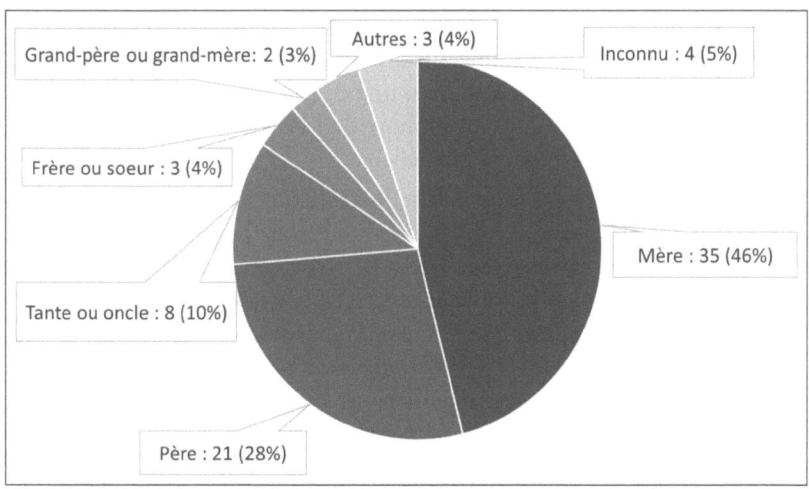

Graphique 7 – Pupilles de la FOEFI prises en charge par la congrégation Notre-Dame des Missions et reprises par des membres de leur famille
Source : Répertoire Pensionnat d'Eurasiennes (76 filles sur 506)

La reprise des enfants par les mères, souvent arrivées en France après leurs enfants, n'est pas chose aisée. Il y a d'abord les conditions prévues par l'article 14 du décret de 1943 – mentionné dans le « certificat de décharge » ou l'« engagement » signé par la mère – qui stipule que la FOEFI est seule habilitée à décider si cette option est bonne pour l'enfant, et l'obligation pour la mère de rembourser les dépenses que la Fédération a engagé pour l'enfant. Outre la dimension financière, mais aussi celle du logement, les situations familiales sont aussi parfois complexes. Paul L., né en 1950 d'un père reparti en métropole, arrive en France en 1956, suivi par sa mère, mariée à un autre Français. En 1958, Paul est repris par sa mère et son beau-père et tous repartent pour le Vietnam. Après la mort de son beau-père en 1964, Paul revient en France avec sa mère dans des conditions difficiles[913].

En juillet 1968, sur 3 100 enfants pris en charge par la FOEFI en France depuis 1947, 538 ont été remis à leur famille (17,35 %), surtout en 1964 et 1965, années pendant lesquelles le déséquilibre financier de la Fédération a été particulièrement important. Ce qui laisse penser que tant qu'elle pouvait garder les enfants la FOEFI le faisait, et que les difficultés budgétaires l'ont poussée à davantage rendre d'enfants à

---

[913] Paul, questionnaire, 2021.

leurs familles. La question est de savoir si celles-ci les réclamaient et/
ou avaient les moyens de subvenir à leurs besoins. « Dans certains cas,
ce fut, comme il fallait s'y attendre, une déception, dans d'autres, la joie
des retrouvailles », indique un rapport de l'IGAS[914]. Revoir sa mère ne
signifie pas toujours (re)vivre avec elle.

Paul G. et son frère voient leur mère rejoindre la France deux ans
après être arrivés à Vouvray, mais ils restent sous la tutelle de la FOEFI.
C'est également le cas des deux frères R. arrivés en France en 1955. Leur
mère et leur beau-père les suivent en 1958. Les deux enfants passent les
vacances chez leur mère à Paris, mais restent sous la tutelle de la FOEFI.
Après des années passées à Semblançay sans nouvelle de sa mère, Jean-
Pierre est surpris de la voir arriver un jour avec sa sœur et son beau-père,
« mais je comprends très vite qu'il n'est pas question qu'elle me reprenne
avec elle ». Quelques années plus tard la FOEFI contraint la famille à le
reprendre. C'est un peu la même histoire que vit Marie-France, née en
1948 et arrivée en France en 1956 avec sa petite sœur. Sa mère eurasienne
qui travaillait dans l'armée française et était mariée à son père, arrive en
France en 1958 mais les deux sœurs restent à Saint-Rambert. En 1962,
Marie-France part vivre avec sa mère qui est malade pour l'aider. Quelques
mois après son arrivée à Vouvray, Michel revoit sa mère : « la déception
fut brutale, à la fin de la visite, elle m'a laissé en promettant de revenir ».
Effectivement, Michel passe les vacances chez sa mère, mais « chaque
retour au Pont de Cisse était un déchirement. J'en venais à envier mes
camarades qui n'avaient jamais eu de nouvelles de leur mère ». Quand il
a 15 ans, en 1964, la FOEFI demande à sa mère de le reprendre : « j'étais
content sans plus, car moralement épuisé ». Madeleine, arrivée en France
à 7 ans en 1955, vit à peu près la même chose et angoisse beaucoup « aux
vacances de quitter la pension, et à la fin des vacances de quitter le milieu
familial, deux mondes différents qu'il fallait que je réajuste chaque fois.
Je n'étais qu'une enfant ballottée »[915].

C'est pour éviter la déstabilisation des enfants que la FOEFI ne voit
pas toujours favorablement les visites des familles, outre le fait qu'elles
détournent les enfants du processus d'intégration. Aussi, les autorisations
de visite dans les établissements où sont placés les enfants et les séjours
de ceux-ci dans les familles sont très encadrés. C'est le président de la

---

[914] AN FOEFI 126, rapport de M. Leger, inspecteur des Finances sur la gestion de la FOEFI, juillet 1968 ; rapport de Louis Père-Lahaille-Darre, inspecteur général de l'IGAS, 1968.
[915] Témoignages et questionnaires.

FOEFI, « tuteur en vertu du décret du 24 novembre 1943 portant institution des pupilles d'Indochine », qui seul peut autoriser ces visites et séjours[916]. C'est notamment le cas des deux frères G. qui retrouvent régulièrement leur mère installée au CAFI de Sainte-Livrade. Au contraire, déjà séparé de ses frères et sœurs, Alexandre ne peut que très difficilement voir sa mère installée à Noyant-d'Allier. Les raisons de ces différences de traitement ne sont pas faciles à cerner. En 1963, la FOEFI refuse que Germaine (née en 1949 et arrivée en 1954) puisse rejoindre sa mère adoptive à Phnom Penh pour quelques mois, au motif « qu'elle a besoin de rester en France pour s'adapter à la vie française ». En revanche, elle peut voir son frère qui travaille en France[917].

Certaines reconstitutions de familles sont contrariées. Pierre, parti avec son père en 1954 pour La Réunion est vite délaissé. Il vit chez son grand-père, dans une incompréhension totale : lui ne parle que vietnamien, son aïeul le créole et lui impose de ne s'exprimer qu'en français, langue que Pierre n'a jamais apprise, les coups de baguette le rappellent à l'ordre. En 1960, son père rentre d'une campagne militaire à Madagascar, marié avec une Française rencontrée là-bas. Il reprend son fils avec lui, mais les relations sont difficiles. Pierre est le plus souvent avec sa belle-mère qui le fait trimer à longueur de journée et se plaint de son attitude à son mari. Celui-ci devient violent et frappe régulièrement l'enfant. Pierre fugue et vit un temps livré à lui-même, survivant en chapardant de la nourriture. Repéré par les services sociaux, il est pris en charge et son père déchu de l'autorité parentale. En 1960, à 14 ans, il rejoint l'orphelinat de l'Association des pupilles de l'école publique (APEP) à Hell-Bourg, connu pour être un lieu de maltraitance physique et sexuelle[918], au moment où la DDASS commence à y regrouper des enfants avant les envoyer vers la France à partir de 1962. En 1968, à 20 ans, Pierre profite des actions du Bureau pour le développement des migrations intéressant les départements d'outre-mer (BUMIDOM) pour partir en France et y suivre une formation professionnelle accélérée (FPA) en limousinerie à Lardy[919]. Pierre fait partie des 2 000 mineurs de la Réunion transplantés

---

[916] AN FOEFI 128, autorisation de la FOEFI, 18 mars 1971.
[917] ANOM 90 APC, dossier individuel.
[918] Camille Baptiste, *Les orphelins d'Hell-Bourg. Vous deviendrez des hommes*, Paris, L'Harmattan, 2021. L'auteur a 8 ans quand il arrive à Hell-Bourg en 1960, la même année que Pierre.
[919] Questionnaire et témoignage de Pierre, 16/02/2022. Sur le BUMIDOM, voir Sylvain Pattieu, « Un traitement spécifique des migrations d'outre-mer : le BUMIDOM (1963-1982) et ses ambiguïtés », *Politix*, 2016/4, p.81-113.

dans l'Hexagone selon des modalités très critiquables et bien documentées désormais[920]. Après 6 années passées au Vietnam et 14 à La Réunion, il vit une seconde transplantation.

Les foyers et autres pensionnats ne sont pas les seules modalités de prise en charge des pupilles en France. Des enfants sont confiés à des familles d'accueil mais « le placement en famille est exceptionnel. La règle générale est le placement en établissement », est-il constaté dans un rapport de l'IGAS en 1968[921]. Ce sont donc des enfants répondant à des critères spécifiques qui sont ainsi placés en famille. Minh, née en 1949 et arrivée en France à trois ans avec un militaire qui l'a reconnue, connait un parcours heurté. Laissée à sa grand-mère qui la maltraite, elle est signalée aux services sociaux qui la confient à la FOEFI. N'ayant jamais connu les foyers de la Fédération ni en Indochine, ni en France, on lui trouve une famille d'accueil[922]. En 1956, au plus fort des arrivées en France, 47 pupilles sont confiés à des familles sous le contrôle de Maurice Grolleau (15 garçons) et de Marguerite Graffeuil (25 filles et 7 garçons en bas âge). Répartis dans une quinzaine de départements, « beaucoup sont élevés par les familles comme leurs propres enfants, s'y attachent »[923]. Arrivé en 1955 à l'âge de 5 ans, M. est accueillie par un couple sans enfant afin de lui éviter l'internat. La FOEFI assure les frais et le suivi. Arrivée à l'âge de 3 ans en 1963, Y. est accueillie par une famille de professeurs et elle les suit dans leurs différentes mutations[924]. Mais tout ne se passe pas pour le mieux dans tous les cas. Marie-Thérèse écrit :

> « j'en veux à la FOEFI de m'avoir placée dans une famille où j'étais le vilain petit canard, sans doute de ma faute car je n'étais pas facile, mais je n'étais pas aimée. Chez eux je me suis sentie moins que rien d'où mon manque de confiance, mon mal être, mon agressivité, ma violence. J'aurais préféré rester à l'orphelinat et dans les foyers avec les autres Eurasiennes, j'aurais eu une famille »[925].

---

[920] Philippe Vitale, Wilfrid Bertile, Prosper Ève, Gilles Gauvin, « Étude de la transplantation de mineurs de La Réunion en France hexagonale (1962-1983) », rapport à Madame la ministre de l'Outre-Mer, 2018.
[921] AN FOEFI 126, rapport de Louis Père-Lahaille-Darre, inspecteur général de l'IGAS, 1968.
[922] Minh P., *LDS* p.140-143.
[923] AGO FOEFI 1957 et 1958.
[924] ANOM 151 Fi 4 album photos.
[925] Marie-Thérèse, questionnaire, 2022.

Jean-Louis, né en 1952, est placé avec un autre enfant eurasien dans une famille d'accueil dans les Landes où ils restent quatre ans, travaillant dur à la ferme. Il se souvient des visites de l'assistante sociale de la FOEFI : ce jour-là ils étaient bien habillés et avaient ordre de ne pas parler du manque de nourriture et des mauvais traitements[926]. En 1966, la Fédération déplore avec gravité qu'un pupille de 16 ans, qui vivait dans une famille d'accueil, a été retrouvé pendu dans sa chambre. Il a laissé un mot d'adieu avec avis aux journalistes pour interdire que son suicide soit signalé dans les journaux : « je veux que cette affaire se passe en silence »[927].

Au contraire, parmi les enfants placés en famille d'accueil, certains expriment leur gratitude vis-à-vis de gens souvent modestes avec qui ils sont restés en excellentes relations, comme Minh qui les revoit régulièrement. Des familles souhaitent même adopter les pupilles de la FOEFI qui leur sont confiés, telle cette femme qui en 1967 a la charge d'un enfant depuis plusieurs années.

Adoptions

La FOEFI détermine dès sa création sa position vis-à-vis des adoptions de mineurs. Celles-ci sont cadrées par la loi de 1939, qui institue une « adoption » sans rupture avec la famille de naissance et une « légitimation adoptive » qui rompt tout lien. C'est cette seconde forme de création d'une filiation juridique qui est surtout mise en œuvre pour les enfants métis d'Indochine. Pour la FOEFI, l'adoption, comme mesure de protection de l'enfance, est strictement réservée aux orphelins complets très jeunes, cette situation devant être indiscutablement établie. Sont exclus de tout projet d'adoption tous les enfants confiés par leurs mères. Dès 1949, il est fait mention de 6 cas d'adoption « que nous avons favorisé dans l'intérêt des bébés nés de parents légalement inconnus ». Il est à noter que naître de parents inconnus ne signifie pas automatiquement être orphelin, il s'agit là d'une utilisation problématique du vocabulaire bien identifiée dans l'histoire de l'adoption[928]. Les parents adoptifs sont tous métropolitains, des « personnes de cœur » sur lesquelles ont été recueillis préalablement d'excellents renseignements[929].

---

[926] Témoignage de Jean-Louis N., 09/11/2018.
[927] AGO FOEFI 1966.
[928] Yves Denéchère, 2011, « Histoires croisées des orphelins et de l'adoption », in Magali Molinié (dir.), *Invisibles orphelins*, Paris, Autrement, p.62-70.
[929] AGO FOEFI 1950.

En 1955, 17 enfants Eurasiens de nationalité vietnamienne sont adoptés sur place, la FOEFI ne pouvant les acheminer en France selon la convention de 1955. Suit la liste de ces enfants (13 filles et 4 garçons), 10 d'entre eux ont un nom et un prénom, les 7 autres seulement un prénom car abandonnés sans état-civil. Les adoptants sont surtout des couples (15) – dont un a adopté deux enfants, le frère et sœur, afin de ne pas les séparer –, une femme et un médecin militaire. Leurs patronymes sont tous français sauf un à consonance vietnamienne[930].

En France, c'est surtout après Dien Bien Phu que les demandes d'adoption arrivent nombreuses à la FOEFI. En 1955, l'Association familiale nationale des foyers adoptifs (AFNFA) se renseigne sur la possibilité d'adopter des enfants eurasiens, notamment pour un couple qui demande « un enfant victime de la guerre »[931]. À la fin 1955, ces demandes augmentent fortement, « surtout après le convoi du 13 décembre 1955 ». L'arrivée à Brétigny-sur-Orge d'un avion affrété exprès a été en effet médiatisée par des journalistes et des photographes, et des images ont été diffusées à la télévision[932]. Tous les ingrédients du processus émotionnel dû à un traitement médiatique jouant sur le pathos sont ainsi réunis : les enfants sont tous des bébés ou en bas âge, la presse les présente comme orphelins complets, leurs pères ayant été tués au combat, leur sort est très incertain dans un pays menacé par le communisme. La scène n'est pas sans rappeler le traitement médiatique de l'arrivée aux États-Unis du pasteur Harry Holt et de sa femme Bertha tenant dans leurs bras des enfants métis nés pendant la guerre de Corée (1950-1953) en octobre 1955[933]. En effet, l'adoption internationale qui commence à se développer peut être considérée comme une dimension familiale et spirituelle de la guerre froide. Pour des chrétiens américains politisés (christian americanist) comme Holt, travailler au sauvetage des enfants de GIs en Corée (*Social Work*) c'est aussi travailler pour Dieu (*God's Work*). Anticommunisme et catholicisme se retrouvent également chez certains protagonistes de la prise en charge des enfants métis d'Indochine : Bazé, Graffeuil, Péchard, et bien sûr les congrégations impliquées[934].

---

[930] AGO FOEFI 1956.

[931] AN FOEFI 128 correspondance entre l'AFNFA et la direction générale de la population, 28 avril, 4 et 18 mai 1955.

[932] INA Journal télévisé 14 décembre 1955

[933] Yves Denéchère, *Des enfants venus de loin. Histoire de l'adoption internationale en France*, Paris, Armand Colin, 2011.

[934] Yves Denéchère, « L'adoption transnationale entre idéologies, humanitaire et catharsis. Fins de guerres, décolonisation et guerre froide en France et aux États-Unis (1945-1975) », *Annales de Démographie Historique*, 2021/1, n°141, p.95-122.

Le public est bouleversé par les images et les récits d'arrivées d'enfants eurasiens et « d'innombrables demandes d'adoption de toutes les classes de la population » affluent. Les enfants n'étant pas tous orphelins, loin de là, et donc pas tous adoptables, « il n'a pas été possible de donner immédiatement suite aux demandes » écrit la FOEFI. Il est convenu qu'après vérification scrupuleuse des dossiers des enfants, une liste des orphelins complets sera établie et « lorsque ce travail sera terminé, les personnes charitables désireuses d'adopter des enfants pourront se rendre dans les établissements qui en ont la garde et choisir elles-mêmes ». Cette procédure, qui peut choquer aujourd'hui, était celle en vigueur à l'époque. Dans tous les cas, la FOEFI affirme qu'elle prendra tous les renseignements pour assurer le maximum de garanties[935].

Effectivement, « la FOEFI a pu motiver son refus en maintes occasions » peut-on lire dans les archives, par exemple lorsqu'« une œuvre d'adoption, dirigée par M. B., magistrat à la chancellerie, s'est montrée particulièrement tenace ». Bazé est obligé de répéter que la situation des enfants ne permet leur adoption que dans des cas exceptionnels. B. insiste pour connaître la situation de 9 enfants qu'il a repérés. Bazé lui précise que 4 sont adoptables, 4 ne le sont pas (dont deux pris en charge par des familles), un pourrait l'être « sauf opposition de M. et Mme C, qui l'ayant prise en affection semblent s'y être sérieusement attachés », ce qui montre le respect des sentiments des familles d'accueil. Bazé explique que la FOEFI a continué à « caser au mieux nos orphelins 100 %, comme nous n'avons cessé de le faire depuis deux décades ». Il y a eu des réussites – « considérés en bloc, les enfants adoptés n'ont fait que des heureux, jusqu'à ce jour » est-il indiqué en 1955 – comme c'est le cas pour L. signalé par Marguerite Graffeuil dans l'un de ses albums de photos : « adoption heureuse qui a été légalement faite en 1973 ». Mais il y a aussi des échecs : « nous avons eu à enregistrer de profondes déceptions dont nous ne sommes venus à bout qu'en récupérant, quelquefois non sans difficultés, les enfants que nous avions confiés ». La volonté de préserver l'avenir des enfants et les prérogatives des mères est clairement affichée. Une délibération du conseil d'administration de la FOEFI du 30 mai 1958, prise à l'unanimité, stipule : « de ne donner suite à aucune demande d'adoption ou de transfert de tutelle en faveur d'un tiers dans la mesure où la mère du pupille en cause figure en nom sur l'extrait de son acte de naissance ». Une telle réaffirmation laisse supposer que l'application de ce principe n'a pas toujours été respectée antérieurement[936].

---

[935] AGO FOEFI 1956.
[936] AGO FOEFI 1959.

Ainsi, des adoptions initialement envisagées ou espérées ne peuvent aboutir. Jacqueline, Eurasienne née en 1948 au Cap Saint-Jacques et délaissée dès sa naissance par sa mère, est recueillie par les religieuses qui tiennent l'orphelinat de Ba Ria. Elle est confiée en 1954 à une famille d'accueil vietnamienne, dont le père est le patron respecté d'une scierie-menuiserie, au sein de laquelle elle est heureuse. Le couple, qui a aussi un garçon parti faire ses études en France, souhaite adopter Jacqueline. Mais en 1956, sans préparation, la FOEFI la retire de cette famille : « j'ai été arrachée à ma famille adoptive subitement en pleine nuit pour partir en France », raconte-t-elle, « c'était un déchirement pour nous tous ». Aussitôt, le père réclame auprès de William Bazé que Jacqueline lui soit de nouveau confiée, il se dit prêt à rembourser tous les frais engagés pour la petite depuis sa naissance. La réponse est malheureusement manquante, mais sans doute la FOEFI a-t-elle précisé que l'enfant n'a pas été juridiquement abandonnée par sa mère. La famille candidate à l'adoption en prend acte : « étant donné les motifs émis dans votre correspondance, nous ne trouvons plus de parole pour solliciter le maintien de la petite Jacqueline au Vietnam, au sein de notre famille », mais elle demande que le départ de Jacqueline pour la France soit retardé le plus possible et qu'en attendant elle puisse continuer à vivre avec eux. Devant le refus de la FOEFI, fin mai, la famille sollicite Jacques Le Van Duc, propriétaire foncier, journaliste, fondateur de plusieurs œuvres sociales et citoyen français, pour intervenir en sa faveur. Celui-ci s'adresse à l'ambassade de France au Sud-Vietnam en critiquant la FOEFI, ne comprenant pas pourquoi « sous prétexte de faire de la charité... elle manque à la charité – même à l'humanité », « pourquoi cette insistance à garder cette petite Jacqueline, à l'arracher à l'amour de toute une famille ? » Il se dit « écœuré de cet... enlèvement, au nom de la philanthropie mais pas au nom de la vraie charité chrétienne qui doit être "compréhensive" avant tout ». Très remonté, il ne se fait guère d'illusion sur sa démarche : « je sais que cette histoire aura un dénouement dramatique et je me poserai devant qui de droit en témoin ou même en accusateur ». En septembre, la famille apprend par une lettre de la Supérieure des Filles de la Charité de Saint-Vincent de Paul de l'orphelinat de Saint-Georges-de-L'Isle à Saint-Fraimbault-de-Prières (Mayenne) que Jacqueline est bien arrivée dans son établissement. Grâce à la compréhension des religieuses, une correspondance régulière s'instaure entre la petite et sa « famille » vietnamienne. Jacqueline a gardé les lettres et les photos reçues qui témoignent d'une vraie relation filiale et d'un amour sincère et durable malgré l'éloignement. En 1964 encore, le père de famille indique qu'il a tout tenté pour retrouver la mère de naissance de Jacqueline, sans succès. La correspondance cesse sans explication en 1968 et Jacqueline n'aura plus jamais de nouvelle de sa « famille » du Vietnam[937].

Les autorités françaises sont également saisies de demandes d'adoption, par exemple en 1960 par un couple qui vit en Algérie, composé d'un militaire français marié à une jeune femme vietnamienne stérile, qui voudrait adopter un « bébé eurasien ayant quelques ressemblances avec elle ». Ou encore ce ménage habitant dans le Nord qui souhaite adopter deux enfants eurasiens qui sont dans un orphelinat à Orléans. À chaque fois les autorités renvoient vers la FOEFI qui, dans l'immense majorité des cas, ne peut que refuser étant donné le statut des enfants. Geneviève a appris plus tard que les parents d'une camarade d'école de Saint-Rambert auraient souhaité l'adopter, et que mère Jeanne leur avaient expliqué que c'était impossible[938]. En 1966, les Sœurs de Saint-Paul de Chartres qui tiennent l'orphelinat de Phu My, proche de Saigon, découragent l'association Terre des Hommes-Belgique qui cherche des enfants à adopter : « franchement, il y a relativement peu d'enfants adoptables dans les orphelinats »[939].

Le « registre des enfants eurasiens Seno » mentionne 16 adoptions, qui ne concernent pas la FOEFI mais l'APPEL, puisqu'ils sont adoptés en amont de la prise en charge des enfants par la Fédération. En effet, indique Jacques Suant « j'ai accentué le mouvement, et l'ai étendu jusqu'à des "adoptions", le bouche à oreille fonctionnant. Je n'ai pas toujours eu l'appui des services consulaires de l'ambassade et j'ai bien conscience d'avoir enfreint la loi française de l'époque ». En effet, des enfants délaissés par leurs mères ont été reconnus par des militaires français – qui n'en étaient pas les pères – puis ceux-ci les ont officiellement abandonnés afin qu'ils puissent être adoptés. La reconnaissance fictive suivie de l'abandon d'un enfant en vue de son adoption est l'une des pratiques illicites bien identifiées dans l'histoire de l'adoption[940]. Sur le registre de Seno, quelques fiches mentionnent des précisions sur l'adoption de l'enfant. Ainsi, cette petite fille née en novembre 1962 d'une mère vietnamienne et d'un père sergent français rapatrié en France. Elle est adoptée en 1963

---

[937] Jacqueline L., questionnaire, 2021 et archives privées.
[938] AN FOEFI 128, lettre du ministre de la Santé publique à la DDPAS de Constantine, 28 septembre 1960 ; lettre du ministre à la DDPAS du Loiret, 25 août 1960 ; témoignage de Geneviève, 23/05/2023.
[939] Cité in Chiara Candaele, « Exceptional Childhood. Legitimising Transnational Adoption in Postcolonial Belgium » thèse de l'université d'Anvers, 2023, p.137.
[940] Yves Denéchère et Fabio Macedo, *Étude historique sur les pratiques illicites dans l'adoption internationale en France*, op. cit.

par une famille française installée à Vientiane. Sa demi-sœur, née en 1957 de la même mère et d'un autre militaire français, déclarée sous un autre nom que sa sœur, est adoptée en 1963 par une famille de métropole. Les deux sœurs sont séparées, l'une d'elles cherche l'autre encore aujourd'hui[941].

En 1965, Anne née en 1953 au Cambodge, délaissée par sa mère, aidée par la Fondation Gravelle, quitte sa grand-mère pour être adoptée en France par un couple. Sa sœur avait été confiée dès sa naissance à des Vietnamiens. Cette fois-ci, c'est la FOEFI qui organise les choses, sans doute en recueillant l'acte d'abandon de la mère en bonne et due forme. Dans le dossier d'Anne il est inscrit qu'elle ne possède pas de tares physiques. Elle raconte ainsi son changement de famille :

> « Avant de monter dans l'avion, ma mère vietnamienne est apparue pour me dire au revoir, à vrai dire je n'avais pas compris que c'était pour toujours. Lorsque je suis arrivée à Orly, j'avais en main les photos de mes parents adoptifs, et eux avaient la mienne, c'est comme ça que je suis devenue une autre petite fille. Ma mère adoptive m'a dit que je ne devais pas pleurer la perte de ma famille car ma grand-mère ne m'aimait pas puisqu'elle m'avait vendue »[942].

Robert Lespes, né en 1951, est pris en charge dès sa naissance par la FOEFI à Dalat, il grandit en pensant que ses parents sont morts. En 1954, il arrive à Marseille à l'orphelinat des Saints Anges tenu par les sœurs de Saint-Vincent de Paul, où il vit heureux. À 12 ans, la FOEFI le place dans un internat tenu par un couple qui l'accueille au sein de sa famille et souhaite l'adopter ; la FOEFI refuse car son père ne l'a jamais abandonné. Le couple adopte alors une petite laotienne, tout en continuant à le considérer comme faisant partie de la famille[943].

Dans le contexte du développement de l'adoption internationale, des enfants sont adoptés par des Français en mal d'enfants ou soucieux de les soustraire aux affres de la guerre. Ce mouvement humanitariste n'a pas grand-chose à voir avec la FOEFI qui a fait adopter peu d'enfants (alors que 31 % des 2 000 enfants de La Réunion ont été adoptés en France), mais il crée parfois confusions et incompréhensions, notamment dans le contexte de la guerre du Vietnam. En 1967, trois enfants vietnamiens arrivent en France pour y être adoptés, l'année suivante, le consulat de

---

[941] Registre des enfants eurasiens de Seno ; témoignage de Monique C. 23/03/2021.
[942] Témoignage d'Anne C., 19/03/2018.
[943] Témoignage de Robert Lespes, 29/04/2022 https://www.youtube.com/watch?v=2seTiFZAric.

France à Saigon délivre 92 visas pour des enfants vietnamiens[944]. Les reportages diffusés dans le cadre des actualités télévisées, les photos insoutenables d'enfants brûlés par les bombardements au napalm, le livre de Bernard Clavel *Le massacre des innocents* contribuent aussi largement à mobiliser les occidentaux contre la guerre du Vietnam[945]. Mais une circulaire du gouvernement du Sud-Vietnam précise : « envoyer des orphelins à l'étranger pour y être élevés jusqu'à leur majorité, sans se préoccuper de ce qui leur adviendra ensuite, est non seulement en contradiction avec l'esprit de nos lois, mais peut aussi porter atteinte au prestige national ». En 1970, le Premier ministre vietnamien tient à viser personnellement toutes les demandes de visa à destination de la France, « en raison de départs clandestins qui ont été décelés par les services de la sûreté vietnamienne au cours de l'année 1969 »[946]. En 1974, 600 enfants arrivent en France pour y être adoptés[947]. Les événements militaires du début de l'année 1975, favorables aux armées nord-vietnamiennes, provoquent un véritable déferlement de demandes d'adoptions d'enfants sud-vietnamiens « parfois pour leur sauver la vie, souvent pour les arracher aux griffes du communisme ». Le Quai d'Orsay et les œuvres d'adoption sont débordés[948].

En mars 1975, face à l'avancée inexorable des forces armées du Nord-Vietnam, le Quai d'Orsay signale à l'ambassade de France à Saigon qu'il a décidé d'accorder « des visas d'entrée en France à un certain nombre d'enfants vietnamiens adoptés par des familles françaises et qui se trouvent actuellement dans des orphelinats du centre Vietnam, Da Nang et Qui Nhon notamment »[949]. Le 2 avril, Da Nang tombe. Le lendemain, le Président américain Gerald Ford déclenche *Operation Babylift* dont l'objectif est d'évacuer les enfants métis nés de pères GIs, ceux qui sont en cours d'adoption par des Américains et plus généralement les

---

[944] AMAE, fonds Conventions administratives et Affaires consulaires (désormais CAAC), AC 1 n°6, dépêche du consul général de France à Saigon au MAE, 27 mars 1969.
[945] Bernard Clavel, *Le massacre des innocents,* Paris, Robert Laffont, 1970.
[946] AMAE CAAC, AC 1 n°6, dépêches du consul général de France à Saigon au MAE, 14 mars 1970.
[947] AMAE CAAC, AC 1 n°6, note du MAE sur l'adoption d'enfants vietnamiens par des familles françaises, s.d.
[948] « Les longues formalités de l'adoption », *Le Figaro*, 8 avril 1975 ; « L'accueil des réfugiés en France. Les enfants du Babylift », *Le Monde*, 23 mai 1975.
[949] AMAE Archives de la Mission pour l'Adoption Internationale (MAI), n°16, télégramme du MAE à Saigon, 27 mars 1975.

orphelins de la guerre dont le nombre est estimé à 70 000. Aussitôt, les œuvres d'adoption françaises qui travaillent au Vietnam demandent à pouvoir faire partir « leurs » enfants vers les États-Unis, les autorités françaises pourraient ensuite accorder des visas d'entrée en France. Ne pouvant plus compter sur des autorités de Saigon complètement débordées, l'ambassadeur français donne le feu vert[950]. Dès le 4 avril, 52 enfants de l'hospice des sœurs de Saint-Paul de Chartres sont embarqués grâce à Friends for All Children dans un avion Galaxy C-5 de l'US Air Force. Juste après avoir décollé, l'appareil connaît une avarie qui le contraint à opérer un demi-tour. Il s'écrase non loin de l'aéroport de Saigon[951]. Sur les 310 à 330 personnes embarquées, on dénombre plus de 150 morts dont près de 100 enfants.

L'opération se poursuit jusqu'à la chute de Saigon le 30 avril 1975. *Le Monde* avance que la trentaine de vols de l'opération *Babylift* a permis à plus de 2 000 enfants de rejoindre les États-Unis et 200 la France. Pour le quotidien, « rarement sans doute, ne fut aussi crûment mise à nue l'ambiguïté des accès de générosité collective » ; « le sort de centaines d'enfants s'est trouvé fixé en quelques heures par des bonnes volontés parfois plus soucieuses des mauvaises consciences occidentales que du sort des enfants orphelins »[952]. Afin de couper court aux polémiques qui dès les premières évacuations s'étaient faites jour, le Quai d'Orsay demande de détruire les papiers relatifs aux enfants. Quant aux associations qui ont participé au *Babylift*, compte tenu de la position très en retrait de l'État français et des positions critiques de la presse, la discrétion était de mise. On comprend donc que la mémoire du *Babylift* n'a pas été entretenue et que l'opération soit restée en France confidentielle[953].

Mariages

Pour beaucoup d'Eurasien·nes devenu·es jeunes adultes, faire famille passe le mariage. Celui-ci apparaît pour les jeunes filles comme un moyen de sortir d'une tutelle pesante, ce qui d'ailleurs correspond aux vœux de la FOEFI – « les mariages illustrent par excellence l'intégration dans la

---

[950] AMAE MAI, n°16, télégrammes de Saigon et du MAE, 2 et 4 avril 1975.
[951] AMAE MAI, n°16, correspondance du 5 avril 1975.
[952] « L'accueil des réfugiés en France. Les enfants du Babylift », *Le Monde*, 23 mai 1975.
[953] Yves Denéchère, « Babylift (avril 1975) : une opération militaro-humanitaire américaine pour finir la guerre du Viêtnam », *Guerres mondiales et Conflits contemporains*, n°252, 2013, p.131-143.

nation française » – et des religieuses qui les ont formées à devenir de « bonnes épouses ». Des premières unions sont célébrées dès 1950 : 4 en Indochine et 3 en France, et « à l'exception de deux pupilles, toutes les autres sont heureuses et, dans l'ensemble, ont épousé des hommes sérieux ayant devant eux un bel avenir ». On remarquera que le « bel avenir », la belle situation concerne les époux et non les Eurasiennes elles-mêmes. Un trousseau et la robe de mariée sont offerts par la FOEFI ainsi qu'une petite somme d'argent pour démarrer en ménage (500 francs en 1967) et un membre du conseil d'administration sert de père et témoin. Les dossiers individuels des pupilles conservent des billets et lettres de remerciements à l'attention de Bazé et Graffeuil[954]. William Bazé lui-même mène quelques mariées à l'autel. Marguerite Graffeuil est souvent invitée aux mariages : « toutes les pupilles qui partent ainsi ne manquent jamais de nous témoigner leur gratitude »[955]. En 1955, sur 11 mariages célébrés en Indochine, 7 jeunes filles épousent des sous-officiers français, qui sont encore sur place mais sont sur le départ, elles les suivront donc en France. En 1959, une ex-pupille de Saint-Rambert fait célébrer à l'abbaye son mariage avec un médecin, ce qui marque les pensionnaires. « Madame Graffeuil était présente. L'illustration était parfaite, la messe était bien préparée, nous chantions très joliment » se souvient Marie-Claire. Un exemple à suivre en somme : « il y avait le rêve du mariage avec un homme que Dieu nous destinait, nous le reconnaîtrions sur notre chemin, nous serions de bonnes épouses, à l'abri du besoin puisque nos maris auront une "bonne situation" »[956].

Les archives montrent que pour la FOEFI les mariages des filles revêtent plus d'importance que les mariages des garçons. Ceux-ci n'interviennent qu'après le service militaire et une fois les ex-pupilles entrés dans la vie active à un moment où les distances ont déjà été prises avec la FOEFI. En 1972-1973 la FOEFI compte un mariage par semaine en moyenne, il s'agit d'un générationnel puisqu'ils concernent les enfants arrivés nombreux en 1954-1957[957] (cf. tableau n°8).

---

[954] ANOM 90 APC, dossiers individuels.
[955] AGO FOEFI 1950 et 1954.
[956] Marie-Claire, questionnaire, 2022.
[957] AGO FOEFI 1972 et 1973.

Tableau 8 – Nombre de mariages d'Eurasien·nes célébrés en France

1949	1950	1951	1952	1953	1954	1955	1956	1957	1958	1959	1960	1961	1962
3	3	?	1	3	?	7	?	15	?	23	27	32	34
1963	1964	1965	1966	1967	1968	1969	1970	1971	1972	1973	1974	1975	**total**
52	49	52	?	48	38	45	45	54	56	40	45	30	**702**

Source : ANOM FOEFI 90 APC 4291 à 4294, AGO FOEFI 1950-1976

Pour la FOEFI, les mariages des pupilles « prouvent que leur intégration dans la nation française réalise des progrès qui vont en s'accroissant chaque année. Certains de ces mariages ont été particulièrement brillants. Dans l'ensemble les jeunes ménages vivent heureux, même lorsqu'ils sont d'un rang modeste ». En 1960, lorsque deux ex-pupilles se marient ensemble, l'information est relayée avec sympathie et en 1961 pour un autre mariage entre pupilles, la Fédération fait imprimer des cartons invitant à la cérémonie religieuse : « La FOEFI est heureuse de vous faire part du mariage de Mademoiselle A. B. [...] avec Monsieur C. D. [initiales fictives] ». Bazé les félicite de leur union et de « la perspective qu'un jour prochain il vous sera possible de retourner au pays natal. C'est très beau de votre part »[958]. On remarquera que pour le président, leur place semble être au Vietnam plutôt qu'en France. En effet, l'objectif poursuivi par la FOEFI est tout autre puisqu'elle semble considérer qu'il n'y a de véritable assimilation que par le miscégénation. D'ailleurs, l'échec d'un autre mariage entre deux ex-pupilles est attribué par Marguerite Graffeuil à « deux caractères eurasiens qui ne se sont pas très bien entendus, peut-être à cause de l'origine laotienne » de l'un deux[959]. Il y eut aussi des mariages entre Eurasiennes et Vietnamiens venus en France pour leurs études et qui s'y installent définitivement[960].

Un inspecteur de l'IGAS note que de 1947 à 1968, environ 750 jeunes filles relevant de la FOEFI ont fondé un foyer (y compris au Vietnam), une dizaine avec des Vietnamiens, une douzaine avec des étrangers (Européens et Américains), « les quelque 730 autres sont entrées dans des familles françaises, certaines d'excellents milieux, où elles ont été le plus souvent, semble-t-il, adoptées et appréciées ». Une dizaine d'entre elles

---

[958] AGO FOEFI 1956 et 1960 ; ANOM 90 APC, dossier individuel.
[959] ANOM 151 Fi 5, album photos.
[960] Martine Gayral-Taminh, « Une immigration invisible, gage d'intégration ? Récits de vie d'étudiants vietnamiens émigrés en France dans les années 1955-1970 », *Ethnologie française*, 2009/4 Vol. 39, p.721-732. Témoignages de Monique F., Jeannette G., Yvonne F., 2018.

Mariages

sont mariées avec des médecins, d'autres avec des ingénieurs, des officiers et sous-officiers, des comptables, agents commerciaux et professeurs, et aussi des ouvriers, employés, artisans. Nombreux sont les couples avec deux, trois voire quatre enfants[961]. Certaines racontent qu'en devenant mères elles ont mieux compris ce qu'elles considèrent aujourd'hui comme le sacrifice de leur mère faisant partir son enfant pour le sauver.

Les albums de photographies de mariage des filles, constitués par Marguerite Graffeuil, avec des commentaires évolutifs au fil du temps qui passe, indiquent bien les canons de la réussite selon la Fédération. Par exemple, toujours avec des initiales fictives : « 1965. Mariage d'E. F. avec G. H., comptable. 1983, E. est mère au foyer. 4 filles. Ménage très heureux. Possède un grand appartement » ; « 1962. I. J. épouse K. M. secrétaire d'ambassade à Paris, en présence de l'ambassadeur du pays », « 1983. I. s'est bien adaptée aux obligations officielles de son mari diplomate » ; « N. O. mariée à P. ingénieur. À toujours été femme au foyer. Deux grands enfants très bien élevés » ; « Q. R. institutrice mariée à S. T. ingénieur des travaux publics, d'une très bonne famille de la Martinique, père magistrat ». Sur les 34 Eurasiennes accueillies par les sœurs de Notre-Dame des Missions à Fribourg en Suisse, « une douzaine de nos pupilles se sont bien mariées » écrit Graffeuil. Certaines jeunes femmes abandonnent leur formation ou leur travail pour se marier, telle U. qui interrompt ses études d'infirmière pour épouser un sous-officier de carrière. Au contraire, en 1964 Graffeuil fait patienter un prétendant qui lui demande l'autorisation de se marier avec une pupille – âgée de presque 21 ans –, le temps que celle-ci termine sa formation[962]. D'autres ont une « adolescence difficile » mais une religieuse aide l'une d'entre elles « à atteindre l'âge du mariage », la jeune fille peut ainsi épouser un « homme simple et bon qui sut la comprendre et la rendre heureuse ». Les albums montrent également d'autres filles qui ne sont mariées comme V., arrivée en 1947, qui fait une belle carrière comme cadre de santé. Sous deux de ses photos Graffeuil a noté : « V. à 20 ans, avec encore son inquiétude de l'avenir », « 1983, restée célibataire, V. s'est aménagé un joli intérieur ». Plusieurs jeunes filles, dont deux sœurs entrées en noviciat chez les Sœurs de Notre-Dame des Missions prononcent leurs vœux. Une autre prend l'habit chez les Sœurs de Saint-Joseph de Cluny et part comme missionnaire dans le Pacifique[963].

---

[961] AN FOEFI 126, rapport de l'IGAS, 1968.
[962] ANOM 90 APC, dossier individuel.
[963] ANOM FOEFI, 151 Fi 3 à 5, albums photos de mariage de Marguerite Graffeuil.

Devenu·es adultes, les Eurasien·nes ont tout à faire et à entreprendre : s'intégrer, faire une carrière, fonder une famille. Les mariages introduisent dans les parcours individuels et l'histoire des Eurasien·nes des tiers, les épouses et les époux, qui accompagnent leur construction subjective. Certains témoignages et questionnaires révèlent que les conjoint·es ont eu des attitudes très variables, certain·es pensant qu'il faut tourner la page, d'autres au contraire qu'il faut entretenir cette mémoire, d'autres encore s'investissant très fortement dans les retrouvailles : « mon mari était plus jaune que moi » affirme Monique. Lors d'une discussion collective organisée à Saint-Rambert en mai 2023 avec des Eurasiennes, celles-ci ont évoqué à plusieurs reprises leurs relations avec leur maris ou compagnons, expliquant certains de leurs propres comportements par leur expérience vécue. Voici ce qu'écrit l'un d'eux en 1994 :

> EURASIENNES, je vous aime !
> Vous représentez le monde ; les deux plus grandes moitiés de notre astre sont en vous.
> Vous êtes le lieu entre l'Occident et l'Orient dit extrême…
> Vous êtes aussi un des mélanges régénérateurs de l'être humain, qui s'affaiblit génétiquement quand il ne croise pas ceux qui sont d'origine raciale différente.
> Soyez fières de votre mosaïque, de votre charme asiatique, de votre caractère dominant fort de ces deux courants ascendants et heureuses de votre universalité.
> Vous êtes à découvrir, à conquérir pour nous ravir, et surtout le creuset du Citoyen Mondial à venir[964].

Dans le groupe, toutes affirment qu'elles ne se seraient pas mariées avec les Eurasiens, qu'elles considèrent comme trop dominants.

Dès les premiers numéros de *Grain de riz*, des hommages sont rendus par des Eurasiens à leurs épouses pour leur compréhension, leur patience, leur soutien. Voici un « Petit rollet destiné aux femmes », avec acrostiche, écrit par l'épouse d'un Eurasien :

> Epouse attentive tu seras, n'oublie pas l'alcool de riz !
> Unanime avec ton mari, toujours de son avis seras
> Rassurante dans la tempête, quand on rit jaune et qu'il rouspète !
> Aimante, cela s'impose, ont-ils pensé aux bouquets de roses ?
> Sans compliquer accueilleras souvenirs d'enfance et grandes joies.
> Idolâtre, mais pas trop, c'est pourtant vrai qu'ils sont beaux
> Ebattements à l'asiatique… Le péril jaune, c'est fatidique !

---
[964] *GDR* n°14, 1994.

Nébuleuse est leur enfance, créons pour eux une famille d'espérance
Sois dans l'amour tout cela, et tu verras, on t'aimera[965].

Dans le n°66 de *Grain de riz* (septembre 2023), une photo montre des épouses d'Eurasiens, lors d'un rassemblement d'anciens, discuter entre elles de leurs expériences. Quelques mois plus tard, trois épouses sont présentes lors d'une rencontre entre Eurasien·nes et étudiant·es. Elles disent avoir beaucoup appris sur leurs maris respectifs à ces occasions[966].

Reconstitutions familiales

La question d'éventuelles retrouvailles, et au-delà celle du rassemblement familial en France est très liée au contexte international, à la situation politique de l'Asie du Sud-Est et se pose surtout à partir de 1975. Néanmoins, dès 1972, un ex-pupille de la FOEFI, âgé de 30 ans, écrit à Bazé à propos de la situation de sa mère. Rendant hommage au président, « le seul père à qui nous pouvons confier nos peines », il lui demande d'intervenir auprès des autorités françaises pour obtenir le paiement du voyage pour sa mère qu'il souhaite faire venir en France. Étant ouvrier, il sait qu'il « n'aura jamais la somme nécessaire pour faire rentrer ma mère, seule, vieille dans un pays où la violence et la guerre font rage ». Comme argument il croit bon d'ajouter que c'est le gouvernement français qui l'a séparé de sa mère « en me rapatriant seul en France sans elle ». Bazé lui répond très vite qu'aucun organisme en France ne prend en charge ce genre de dépense, mais que sa mère doit s'adresser au consulat général de France à Saigon. Surtout, il tient à rétablir les faits : « c'est votre mère qui a sollicité votre envoi en France parce qu'elle n'avait pas les moyens d'assurer votre existence. Elle pouvait vous conserver auprès d'elle. [...] mais personne, contrairement à ce que vous croyez, ne l'a contrainte à agir comme elle l'a fait »[967]. Le même type de réponse et de mise au point est adressée aux demandes, bien plus nombreuses qui arrivent par la suite.

La fin de la guerre du Vietnam génère beaucoup d'inquiétudes chez les pupilles ou ex-pupilles de la FOEFI. Les accords de Paris, le départ des

---

[965] *GDR* n°5, 1989.
[966] Témoignages d'Eurasiennes, mai-juin 2023 ; *GDR* n°66, 2023.
[967] ANOM 90 APC, dossier individuel.

Américains, la chute de Saigon le 30 avril 1975 et la victoire du Vietnam du Nord entrainent la réunification du Vietnam. Quelques jours plus tôt, le 17 avril, les Khmers Rouges ont pris Phnom Penh et gagné la guerre civile, le Cambodge devient le Kampuchéa Démocratique. Deux États de la péninsule indochinoise sont désormais communistes. De nombreux civils fuient ces nouveaux régimes qui dès 1977 se font une guerre qui aboutit à l'occupation du Cambodge par l'armée vietnamienne en 1979. Plusieurs vagues de réfugiés prennent la mer sur des embarcations de fortune, d'abord dans un mouvement spontané, puis davantage organisé[968]. Parmi ces *Boat People* nombreuses sont les personnes ayant connu la colonisation française et la présence américaine qui craignent des représailles. Les femmes ayant vécu avec des militaires français et ayant confié leurs enfants à la FOEFI sont dans cette situation, mais la plupart ne partent pas sur des embarcations de fortune, mais par avion, dans le cadre des règles qui définissent l'immigration familiale des parents étrangers d'enfants français[969]. Certaines d'entre elles demandent l'aide de leurs enfants, désormais devenus de jeunes adultes. Ainsi, Jacques aide à la venue de sa mère, Françoise, et de son petit frère dès avant la chute de Saigon.

Lors de la visite en France du Premier ministre Pham Van Dong en avril 1977, le Vietnam et la France tombent d'accord pour faciliter le départ des Eurasien·nes, mais la mise en pratique est laborieuse. En novembre 1979, devant le consulat général de France à Hô Chi Minh-Ville quelques centaines d'Eurasiens manifestent, escaladent les murs d'enceinte : ils réclament que la France les accepte. Enregistrés dans l'ethnie Métisse *Lai*, ils sont encouragés à revendiquer d'être envoyés en France par les autorités de la République socialiste du Vietnam. Un an plus tard, *Le Monde* publie une pétition signée par 111 Eurasiens du Vietnam. Le quotidien met en avant la situation de trois d'entre eux vivant à Hô Chi Minh-Ville, qui ont obtenu des visas de sortie du gouvernement vietnamien mais attendent l'autorisation de Paris pour se rendre en France. Le Quai d'Orsay veut vérifier qu'ils sont bien nés de pères membres du CEFEO entre 1945 et 1957 exclusivement. Les Franco-Vietnamiens estiment que 1 000 familles ont été rapatriées depuis 1976, mais qu'il en reste encore 3 000 en attente. Les autorités françaises précisent qu'au 30 juin 1980, 2 368 métis franco-vietnamiens et leurs

---

[968] Martine Gayral-Taminh, « Voyage au bout de la mer : les boat-people en France », *Hommes & Migrations*, n°1235, 2010, p.163-171.
[969] « Le problème des Eurasiens du Vietnam après 1975 », *Le Monde*, 18 septembre 1980.

Reconstitutions familiales 349

« dépendants » sont arrivés en France, tout en signalant au passage que beaucoup d'entre eux n'avaient pas opté pour la nationalité française. Pierre Brocheux fait remarquer que toutes ces personnes ont le droit d'être rapatriées sans tracasserie administrative. Une fois encore Bazé active ses réseaux, écrit une lettre au *Monde*, sollicite le député Michel Aurillac (fils du diplomate Jean Aurillac qui a aidé au développement de la FOEFI) qui pose une question au ministre des Affaires étrangères, et d'autres comme Léo Hamon ou Jean Letourneau. Il prend fait et cause pour tous les Eurasiens, y compris ceux nés avant 1945, et demande que l'on cesse de leur réclamer un certificat d'hébergement, qu'ils sont la plupart du temps incapables de fournir. Il stigmatise la différence entre l'accueil de plusieurs dizaines de milliers de réfugiés asiatiques et les restrictions au rapatriement des Eurasiens. Au passage il vante les résultats obtenus par la FOEFI en termes d'intégration et estime à un million le nombre d'Eurasiens vivant en France (les familles eurasiennes installées en France depuis 1947 et leurs descendants, les pupilles de la Fédération, les familles qu'ils ont fondées et les enfants qu'ils ont eus), ce qui parait très exagéré. La FOEFI souhaite « poursuivre son action jusqu'à ce que les Eurasiens ne soient plus en butte aux persécutions de l'administration métropolitaine et deviennent enfin des Français à part entière »[970], ce qui témoigne d'une belle constance depuis la fin de la Seconde Guerre mondiale.

Ces migrations très particulières contribuent à des reconstitutions familiales qui sans ces conditions politiques n'auraient peut-être pas eu lieu. Le contexte provoque des reprises de contacts entre des pupilles et ex-pupilles et des mères, des oncles et tantes, des demi-frères ou demi-sœurs, et souvent également des beaux-pères. Grâce à un certificat d'hébergement signé par l'un de ses fils, une mère s'installe à Marseille en 1975 : « après 15 ans de séparation, ce n'était plus vraiment ma mère », écrit Louis. En 1977, Pierre S. « fait rentrer » sa mère (qu'il revoit alors pour la première fois depuis son départ 23 ans plus tôt), mais aussi sa sœur, son mari, ses enfants et un demi-frère. Pierre V., arrivé en France en 1959 avec deux de ses frères, retrouve le reste de son adelphie, sa mère et son beau-père. Joseph, né en 1957, l'un des derniers arrivés avec la FOEFI en 1974, voit sa sœur et son cadet le rejoindre en 1975 : « je les

---

[970] « Les difficultés des métis franco-vietnamiens à émigrer en France et l'attitude de Paris » et « Vietnam. L'émigration des métis franco-vietnamiens », *Le Monde*, 18 et 20 septembre 1980 ; lettres de Bazé à Jacques Fauvet, directeur du *Monde*, 30 septembre et 14 octobre 1980 ; tribune de Pierre Brocheux, 13 février 1981.

aidais de mon mieux à s'intégrer ». En 1979, il fait venir une autre sœur, puis une tante en 1983. Le reste de sa famille s'installe aux États-Unis. C'est le même cas pour Christiane dont « toute la famille est venue en France ou partie en Amérique ». La famille proche de Marcelle émigre en France en 1976. Jean-Pierre, arrivé à 7 ans en 1954, réussit à faire venir sa mère en 1985. Lang reste en contact avec sa mère jusqu'à son décès en 1973, et réussit à faire venir en 1980 sa sœur avec sa famille : « nos relations sont très bonnes, malgré le fait que nous n'avons pas eu le même parcours ». Il témoigne de l'inquiétude ressentie par les Eurasiens de France envers celles et ceux restés au pays : « j'ai été très affecté durant la maladie de maman, et ensuite très inquiet pour ma petite sœur pris dans la tourmente des évènements de la guerre et de la débâcle américaine ». Les Eurasien·nes suivent avec anxiété l'évolution politique et idéologique de la péninsule, par exemple à partir de 1975, Jeanine n'a plus aucune nouvelle de sa famille[971].

Les conditions ne sont pas toujours réunies pour permettre une reconstitution de la famille. Par exemple les demi-sœurs de Colette voulaient qu'elle les sorte du Vietnam, « malheureusement, avec le nouveau régime, c'était impossible ». Martine, arrivée en France en 1954 à l'âge de deux ans avec son père, n'a pour ainsi dire pas connu sa mère. Jeune adulte, elle retrouve sa trace au Vietnam grâce à la Croix Rouge belge et tente de la faire venir en France au début des années 1970 mais les formalités n'aboutissent pas. Certaines familles ne demandent rien aux leurs qui sont en France. Marcelle voit arriver son frère en 1973 puis sa mère, deux sœurs et deux neveux en 1976, mais elle n'a pas été sollicitée en quoi que ce soit pour les aider. Le frère d'André émigre en France en 1975 par ses propres moyens. Paul n'apprend qu'après coup que sa mère a tenté des démarches pour venir en France, en vain, sans avertir son fils. D'autres, comme la mère de Gustave, refusent l'aide proposée[972].

Enfin, certain·es Eurasien·nes ne pardonnent pas leur « abandon ». Lorsque l'oncle et la tante de Jacqui arrivent en France 1968, ils lui apprennent que sa mère vit plutôt bien au Vietnam, qu'elle exerce des responsabilités politiques. Cela renforce son incompréhension sur son abandon et le silence de sa mère face à ses questions. Quand elle reprend contact avec lui en 1975, étant alors dans une situation délicate politiquement, et lui demande de la faire venir en France, il ne donne pas suite. Mais beaucoup plus tard, il fait venir sa sœur qui a vécu bien des

---

[971] Témoignages et questionnaires.
[972] Témoignages et questionnaires.

malheurs. Paule voit sa mère arriver en France en 1969. Elle écrit : « après vingt années de séparation, nous nous étions retrouvées, ma mère et moi. Cela n'a pas marché entre nous », puis c'est le silence. Quand Anne, qui a été adoptée après avoir été abandonnée par sa mère la retrouve 34 ans après, celle-ci lui demande de l'argent, des cadeaux. Elle lui donne quelque chose puis coupe les ponts, « finalement je lui ai pardonné lorsqu'elle est morte »[973]. Plusieurs témoignages font état de mères très intéressées par l'argent, demandant beaucoup d'attentions mais donnant peu de réponses aux nombreuses interrogations de leurs enfants sur leur vie, leur famille, leur père, d'où des liens difficiles à renouer. Et puis ces arrivées compliquent parfois les situations familiales. Marguerite Graffeuil note sous la photo de mariage d'un de ses ex-pupilles : « la trop forte emprise de la mère vietnamienne de W. X. sur son fils a amené la mésentente dans le mariage. Il a divorcé »[974]. Certaines mères acceptent de venir en France, mais seulement en visite. En 1992, la mère de Valérie obtient un visa touristique pour un séjour de trois mois. Mais elle rentre au pays au bout de deux mois, car elle ne supporte pas le froid en France, même en plein été. En 1997, la mère de Rémy, âgée de 70 ans, passe trois mois en France, en 2019, c'est le tour de ses deux sœurs.

Il y a aussi des retrouvailles inespérées. Robert Lespes, qui croyait que les membres de sa famille étaient morts, n'ayant plus eu de nouvelles d'eux depuis son arrivée en France, par un concours de circonstances retrouve deux demi-sœurs et apprend que son père et sa mère sont vivants. En 1993, il se rend au Vietnam et retrouve sa mère près de quarante ans après son départ. Elle lui explique que c'est son père qui l'a placé à la FOEFI car il ne voulait pas qu'il devienne cireur de chaussures. L'année suivante, Robert emmène ses enfants voir leur grand-mère qui décèdera en 2008. Puis il consulte son dossier individuel aux ANOM et y retrouve des lettres envoyées par sa mère qui ne lui avaient jamais été remises[975].

Le temps passant, les personnes concernées vieillissant, les cicatrices demeurent mais les douleurs s'estompent parfois. Les fins de vie des mères sont l'occasion d'apaisement. Roland, prend chez lui sa mère devenue handicapée et vit avec elle jusqu'à son décès. D'autres apprennent le décès de leur mère, en France ou au Vietnam, par des demi-frères ou demi-sœurs, des cousins ou de parents éloignés. La recherche du père

---

[973] Témoignages et questionnaires ; Paule Migeon, *Chinoise verte ! Op. cit.*, p.184.
[974] ANOM 151 Fi 4, album photos.
[975] Témoignage de Robert Lespes, 29/04/2022.

constitue une autre quête qui a tout à voir avec la question de l'identité des personnes concernées. Dans cette quête, la FOEFI n'est pas toujours d'une grande aide. Certain·es lui reprochent même d'avoir fait volontairement de la rétention d'informations. À partir de la fin des années 1970, la Fédération cessant d'exister, ils doivent se débrouiller par eux-mêmes.

Chapitre 15

Fin de mission pour la FOEFI

Lorsque les premières cohortes d'enfants métis envoyés en France à la fin des années 1940 atteignent l'âge adulte dans les années 1960, la situation de la FOEFI est très difficile. En effet, faute de moyens financiers suffisants, la Fédération doit se résoudre à ne pas accueillir d'enfants venant du Sud-Vietnam entre 1962 et 1965. Se succèdent aussi des missions d'inspection diligentées par les autorités de tutelle, des bras de fer pour obtenir le versement des subventions de l'État, des remises en cause de la politique éducative de la FOEFI. Dans une ambiance morose, les crises aigües alternent avec de courtes accalmies, chacun des protagonistes campant sur ses positions. En fait, la FOEFI constitue comme un anachronisme dans la France des années 1960 et 1970. Son organisation, l'extrême personnification de sa présidence, la période coloniale et la décolonisation qu'elle rappelle, son projet éducatif, tout semble en décalage avec les évolutions de la société française. Dans le même temps, l'organisation de l'aide sociale à l'enfance a été réformée, deux circulaires (1969 et 1972) recommandent la mise en place au niveau national d'un service unifié de l'enfance, remis en ordre et plus professionnalisé[976]. La FOEFI apparait comme un particularisme qui n'a plus lieu d'être. Enfin, ce qui était prévu dès l'origine se produit avec le tarissement naturel sur le plan démographique de la composante eurasienne de la population de l'ex-Indochine. Tout cela concourt à la fermeture de l'œuvre.

La remise en cause d'une « œuvre du passé »

Au lendemain de la Seconde Guerre mondiale, la FOEFI a su composer avec le contexte de la décolonisation, puis avec les nouveaux États créés dans la péninsule ainsi qu'avec les changements politiques et institutionnels en France. Elle a su s'adapter à l'évolution de la question métisse et de la typologie des enfants concernés. Elle a aussi su changer sa politique d'intégration, notamment – et c'est le plus marquant – en

---

[976] Pierre Verdier, Fabienne Noé, *L'aide sociale à l'enfance*, Paris, Dunod, 2013, chapitre 2 « L'évolution des conceptions et des pratiques », p.11-52.

prenant la décision en 1957 de disperser les foyers de garçons. Pendant toutes ces années, la Fédération demeure incarnée par un homme, son président William Bazé, dont l'autorité et la détermination ne faiblissent pas. Il est secondé par Pierre Varet et Marguerite Graffeuil, qui assurent avec constance la continuité entre les œuvres de naguère en Indochine et le projet postcolonial mené en métropole. De fait, ce trio impose une manière de voir et de faire aux instances de la FOEFI, à son conseil d'administration notamment qui suit aveuglément les analyses, les propositions, les décisions de Bazé, en les validant parfois a posteriori comme le montre l'étude des rapports moraux annuels.

Bazé a dès le début placé ses relations avec les ministères impliqués dans les déplacements et la prise en charge des enfants sous le signe de l'expertise incomparable de la FOEFI. Pour lui, elle est seule capable, en raison de la qualité et du statut de ses dirigeants, de comprendre et de traiter la question eurasienne. Cette approche n'est pas dénuée d'une grande méfiance à l'égard des institutions, teintée d'un peu de paranoïa. Tout au long des années, Bazé développe en leitmotiv sa certitude que la FOEFI est jalousée et attaquée par les protagonistes de l'aide à l'enfance qui ne lui pardonneraient pas d'obtenir de meilleurs résultats qu'eux dans l'éducation des enfants. Se sentant menacée en permanence, assiégée, la FOEFI doit donc faire la preuve que les enfants s'en sortent bien (mieux que ceux de l'aide sociale à l'enfance) pour un coût qui est certes peut-être plus important mais avec de meilleurs résultats.

La FOEFI ne vit que grâce aux subventions de l'État et la question budgétaire est fondamentale : le bon fonctionnement de la Fédération est suspendu aux versements trimestriels qui arrivent souvent avec un peu de retard, ce qui contraint Bazé à de multiples démarches en mobilisant les membres de son réseau qui demeure actif. Malgré une augmentation forte de l'aide de l'État, 350 000 000 francs (anciens francs) en 1959 et 6 250 000 francs (nouveaux francs) en 1964 (soit presque un doublement) (cf. tableau n°9), la FOEFI ne peut pas augmenter l'effectif des enfants pris en charge en métropole, environ 2 000 à cette date, répartis dans toute la France (cartes 8 et 9 p. 366 et 367).

Tableau 9 – Comptes généraux de la FOEFI 1959-1964

	Dépenses totales (en francs 1960)	Subventions (en francs 1960)	Nombre de pupilles
1959	3 956 000	3 800 000	2 324
1960	3 982 000	4 000 000	2 305
1961	4 621 000	4 350 000	2 353
1962	5 854 000	5 600 000	2 204
1963	6 494 000	6 080 000	2 232
1964	6 965 000	6 650 000	1 936

Source : ANOM FOEFI 90 APC 4292

Fin novembre 1961, le conseil d'administration de la FOEFI informe le consulat général de France à Saigon de la suspension de l'accueil de nouveaux pupilles en France jusqu'en mai 1962. Et ce, « en raison de difficultés financières ». Le consul adjoint, en allié objectif de la Fédération, estime qu'il est regrettable de retarder le départ des petits Eurasiens au moment où l'évolution politique du Vietnam est si incertaine. Mais les chiffres sont tenaces et la situation budgétaire de la FOEFI critique. En 1963, les frais de premier équipement à l'arrivée en France d'un pupille sont fixés à 500 francs et les frais d'entretien mensuels à 300 francs (soit 3 600 francs par an). C'est sur ces bases que la FOEFI calcule ses demandes de subvention auprès des autorités françaises[977]. Mais celles-ci ne répondent pas favorablement aux augmentations sollicitées.

En 1962, une « couchette-entrepont » en troisième classe en bateau coûte 1 322 francs (les enfants de moins de 12 ans sont deux par couchette), un siège d'avion en classe touriste 2 125 francs (les enfants de moins de 12 ans sont deux par siège)[978]. Robert Boulin, secrétaire d'État aux Rapatriés, estime qu'avec des enveloppes budgétaires contraintes, il faut « adapter le nombre d'enfants à rapatrier aux possibilités financières réelles de la FOEFI ». Jobez, consul général de France à Saigon depuis l'ouverture du poste en 1956, estime qu'elle seule peut prendre en charge correctement ces enfants[979]. Mais au printemps 1963, face à l'absence de résultat concret la FOEFI renouvelle sa décision de ne pas accueillir

---

[977] CADN Saigon 590POA406, lettre de Bazé à Vairat, secrétaire général de la FOEFI à Saigon, 12 avril 1963.

[978] CADN Saigon 590POA406, lettres du consulat général à Saigon au MAE, 9 janvier 1962 et 20 octobre 1964. En 1964, Air France propose un tarif préférentiel à 1 238 francs, mais cela reste couteux.

[979] CADN Saigon 590POA207, correspondance entre Jobez et le MAE, août 1962.

d'enfants venant du Vietnam. Si bien qu'en 1962, 1963 (hormis le transfert des enfants de Seno rendu possible par un financement exceptionnel) et en 1964, aucun enfant supplémentaire n'est pris en charge par la FOEFI.

Prenant acte de cette situation, le consulat général envisage dès mars 1962 de procéder à l'envoi de 146 enfants en France qui seraient confiés, puisque la FOEFI fait défaut, à l'aide sociale à l'enfance[980]. L'année suivante, le Quai d'Orsay étudie la possibilité de rapatrier en France des enfants eurasiens, « en dehors du cadre, devenu trop étroit, de la FOEFI de Paris », et de faire prendre en charge leur placement en France par le ministère de la Santé publique et de la Population, c'est-à-dire l'aide sociale à l'enfance. Le nombre d'enfants eurasiens, prêts à partir mais « bloqués à Saigon » par la décision de la FOEFI, est estimé à 360[981]. Devant cette menace directe contre la Fédération – sans doute trop sous-évaluée par Bazé lors de sa décision de suspendre tout nouvel accueil –, le président ne reste pas inerte. En 1963, il multiplie les démarches non seulement auprès des ministères, mais aussi auprès de l'Élysée. Entre novembre 1963 et novembre 1964, il écrit deux fois au général de Gaulle, rend visite à des chargés de mission de la présidence, au secrétaire général Étienne Burin des Roziers et à Jacques Foccart. Ce dernier lui indique lors d'un rendez-vous à l'Élysée que le Président suit la question. De Gaulle a également été sensibilisé par une lettre du général Catroux, grand chancelier de la Légion d'honneur, ancien Gouverneur général de l'Indochine. Le vice-président du Conseil supérieur des Français de l'étranger Morice intervient aussi sur cette question. Tous reprennent des éléments de langage fournis par Bazé[982]. Mais la FOEFI n'obtient aucune réponse favorable à ses demandes de subvention supplémentaire.

En effet, le ministère des Affaires étrangères n'est pas enclin à céder en faisant remarquer que la FOEFI a touché en 1964 7 millions de francs pour s'occuper de 2 000 enfants, ce qui lui semble largement suffisant. Selon lui, « il est infiniment peu probable que cet organisme reçoive jamais l'augmentation des crédits à laquelle il entend subordonner l'accueil de nouveaux enfants ». Le Quai d'Orsay commence donc à

---

[980] CADN Saigon 590POA207, lettre de la FOEFI au consulat général, 30 novembre 1961 ; lettre du consulat général au MAE, 14 décembre 1961, 22 mars 1962.

[981] AN FOEFI 126, lettre du ministre des Affaires étrangères au ministre de la Santé publique et de la population, 22 mai 1964 ; lettre du consul général au MAE, 20 octobre 1964.

[982] CADN Saigon 590POA207, correspondance de Bazé avec Foccart, Catroux et Morice, novembre 1963-janvier 1964.

organiser lui-même le placement en France d'enfants eurasiens en dehors de la FOEFI. À leur arrivée, sept pupilles de la nation sont directement pris en charge par l'ONACVG, 12 pupilles eurasiens d'Indochine (toujours en référence au décret de 1943) sont eux pris en charge par le ministère de Santé publique et de la Population et répartis dans des services de protection de l'enfance, de préférence dans les départements du sud de la France en raison du climat. D'autres arrivées suivent, et en nombre important[983].

C'est dans ce contexte, où finalement la FOEFI n'assume plus l'accueil des enfants eurasiens qui arrivent en France, que plusieurs questions épineuses se conjuguent pour fragiliser la FOEFI. Depuis 1959, l'application du décret de 1928 permettait aux Eurasiens de recevoir par décision du tribunal de grande instance un état-civil en même temps que la nationalité. En 1963 encore, le TGI de la Seine répond favorablement aux 166 demandes de jugement pour état civil. Mais en 1964, le TGI décide ne de plus appliquer cette disposition en raison de la caducité du décret vieux de 36 ans, qui n'en est pas à sa première remise en cause. Désormais les Eurasiens sont soumis aux dispositions générales du code de la nationalité, d'où « d'invraisemblables complications », selon Bazé, pour les adultes et les mineurs. Pour faire établir une carte nationale d'identité, tous ceux qui sont nés à l'étranger doivent s'adresser au juge d'instance de leur domicile mais la réglementation n'est guère stabilisée avec des « formalités qui prennent un caractère vexatoire de ségrégation et s'apparentent vite à des mesures racistes » selon Bazé[984]. La Fédération fait valoir l'article 55 du code de la nationalité alors en vigueur stipulant que « l'enfant recueilli en France et élevé dans des conditions lui ayant permis de recevoir, pendant cinq années au moins une formation française, soit par un organisme public, soit par un organisme privé présentant les caractères déterminés par un décret en Conseil d'État » peut réclamer la nationalité française. C'est le cas notamment en 1967 pour un pupille né en 1949 de père et mère inconnus, confié à la FOEFI en 1954 et arrivé en France en 1957[985].

Cette évolution intervient au moment où les ministères s'interrogent sur l'avenir de la FOEFI. En effet, « logiquement, le nombre d'enfants de nationalité française nés en Indochine et susceptibles d'être pris en charge par cette association, n'a pu que diminuer de façon considérable

---

[983] CADN Saigon 590POA207, lettre du MAE au consulat général de France à Saigon, janvier 1965.
[984] AGO FOEFI 1973.
[985] ANOM 90 APC dossier individuel.

depuis 10 ans » constate le ministère de l'Intérieur qui exerce le contrôle et la tutelle financière de la FOEFI depuis le 1ᵉʳ janvier 1959. Et un fonctionnaire de s'étonner « que la FOEFI fasse état de 313 enfants entretenus ou secourus par elle actuellement au Vietnam, et dont elle demande le rapatriement, et de 92 enfants dans les mêmes conditions au Cambodge ». La question est posée sans ambages : « convient-il d'admettre de tels procédés ? Ou bien doit-on considérer qu'il n'y a plus en Indochine d'enfants eurasiens susceptibles d'être rapatriés sous l'égide de la FOEFI ? ». En 1964, Jobez, toujours très favorable à la FOEFI, explique au Quai d'Orsay – avec des arguments suggérés par Bazé – que le rapatriement du CEFEO s'est échelonné au moins jusqu'en 1958, voire 1960 pour les derniers marins. Donc certes tous les enfants de moins de 4 ans doivent être présumés comme n'étant pas des enfants de militaires français, mais les autres peuvent l'être. Cette question du tarissement des naissances d'Eurasien·nes revient très régulièrement par la suite, notamment en 1968 quand le ministère des Affaires sociales, prenant comme année de référence 1954, estime que les enfants à rapatrier « devraient donc, semble-t-il, avoir tous dépassé 14 ans »[986].

En effet, la FOEFI, dix ans après la fin de la guerre d'Indochine, distribue toujours des aides pour des enfants restés auprès de leurs mères, même si elle en a réduit les modalités à plusieurs reprises. Déjà en 1959 un rapport de l'inspecteur général de l'administration avait préconisé la suppression des secours distribués « en Indochine », payés par le contribuable français. Bazé avait répondu « qu'en son âme et conscience, il ne saurait souscrire à une pareille mesure qui ferait de lui le complice du "massacre des innocents" »[987]. Au 30 juin 1964, la FOEFI s'occupe encore de 405 pupilles en Indochine dont 98 placés en institutions au Vietnam et 15 chez les Sœurs de la Providence à Phnom Penh. Les autres (soit 292 enfants de moins de 8 ans) sont assistés chez leurs mères auxquelles la Fédération verse 300 piastres par mois. Le nombre de pupilles âgés entre 9 et 13 ans qui vivent avec leur mère ayant les moyens de les prendre en charge et réunissant les conditions pour être envoyés en France, « si les mères en manifestent le désir », est estimé à 450[988].

Finalement, pour le ministère de l'Intérieur, qui a récupéré pleinement la tutelle de la FOEFI en 1964 après la fermeture du ministère des

---

[986] CADN Saigon 590POA207, lettre de Jobez au MAE, 11 avril 1964 ; lettres du ministère des Affaires sociales au MAE, 28 octobre 1968.
[987] AN FOEFI 127, note du ministère de l'Intérieur, s. d. (1964), sur l'avenir de la FOEFI.
[988] CADN Saigon 590POA207, lettre à Bazé, 12 juin 1964.

Rapatriés auquel il l'avait en quelque sorte déléguée, il n'est pas souhaitable de mettre fin aux activités de la FOEFI. Mais à terme, il semble absolument nécessaire de prendre toutes dispositions « en vue de limiter cette action dans le temps et réduire progressivement les charges de l'État, sans porter atteinte aux intérêts des enfants en cause ». En 1964 le nombre de pupilles en France s'élève à 1 780, dont 252 âgés de moins de 10 ans pour lesquels le suivi doit donc mathématiquement se poursuivre encore pendant au moins une dizaine d'années. Pour le ministère de tutelle, la première mesure à mettre en œuvre est de rendre à leur famille tous ceux qui ont des parents en France. Et toute nouvelle admission à la FOEFI doit recevoir l'accord du ministère puisque celle-ci ne vit que de l'aide de l'État. Il est proposé que, « dans l'intérêt des pupilles », la FOEFI passe sous la tutelle du ministère de la Santé publique et de la Population[989].

Lors d'une réunion interministérielle tenue le 16 septembre 1964, ce transfert de tutelle est décidé sous réserve d'une inspection. L'enquête est confiée à Nafissa Sid-Cara, inspectrice générale de la Santé publique et de la Population, et à M. Pierson, inspecteur général de l'administration désigné par le ministère de l'Intérieur. Le rapport de ce dernier reprend le plan et les grandes lignes du rapport Rochefort de 1959, demeuré confidentiel[990]. Si ce dernier est favorable à la FOEFI, le rapport de l'inspectrice générale est nettement à charge. Élue députée d'Alger en 1958, Nafissa Sid-Cara (1910-2002) a été secrétaire d'État auprès du Premier ministre Michel Debré de 1959 à 1962, chargée des questions sociales en Algérie et de l'évolution du statut personnel de droit musulman. Elle a été ainsi la première femme dans un gouvernement sous la Ve République, et première femme musulmane dans un gouvernement français. Par son parcours de vie personnel et son engagement, elle est particulièrement sensibilisée aux questions d'acculturation postcoloniale.

Il est intéressant de remarquer que dans les préliminaires de son rapport, Sid-Cara précise que dès avant le début de sa mission, elle a été contactée par Michel Aurillac, conseiller technique au cabinet du Premier ministre, qui lui a fait savoir l'intérêt qu'il portait à la FOEFI. C'est en effet un des plus fidèles soutiens de la Fédération. Le docteur Borey, membre du Conseil économique et social, délégué permanent à l'UNESCO et membre du conseil d'administration de la FOEFI, lui a particulièrement recommandé l'œuvre. Le député de l'Ain Marcel Anthonioz lui a fait part de l'inquiétude de Mère Jeanne devant l'éventualité

---

[989] AN FOEFI 127, note du ministère de l'Intérieur, s. d. (1964), sur l'avenir de la FOEFI.

[990] AN FOEFI 126, rapport au ministre de l'Intérieur, 10 août 1965.

du passage du foyer de l'abbaye sous la tutelle de l'aide sociale à l'enfance. Et de demander si le foyer ne pourrait pas accueillir 50 pensionnaires supplémentaires. Le maire de Saint-Rambert soutient également l'établissement. En revanche, l'inspectrice générale note que le maire de Vouvray et conseiller général n'est pas au courant des activités du foyer et que les préfets et sous-préfets d'Indre-et-Loire et de l'Ain, départements dans lesquels sont installés les foyers, pas plus que les directeurs de l'action sanitaire et sociale, ne connaissent la FOEFI[991]. On sent à cette énumération que pour Sid-Cara, il y a là un indice intéressant – et critiquable – sur le positionnement de la FOEFI : elle est soutenue par les politiques, moins par les responsables des administrations compétentes sur les questions de l'enfance.

Sid-Cara inspecte les foyers de Vouvray, Semblançay et Saint-Rambert, consultent de nombreux responsables de la FOEFI, analyse tous les comptes rendus des assemblées générales et des réunions du conseil d'administration. Le premier point de son rapport porte sur la caducité des statuts de la FOEFI « pour n'avoir pas été réajustés aux circonstances » : de fait, elle n'est plus véritablement une fédération, le vrai conseil d'administration est désormais celui qui se tient à Paris et non celui de Saigon, deux comités locaux ne fonctionnent plus (Hanoi et Hué), d'où une FOEFI qui n'est pas en règle sur le plan juridique. En second lieu, est évoquée, comme dans le rapport Rochefort de 1959, la nécessité de « fixer une date limite à la qualité d'Eurasien ». Une autre interrogation porte sur le terme « enfants abandonnés » : « il semble donc que le fait, pour une mère vietnamienne, veuve ou abandonnée par le père de l'enfant, de se décider à confier son enfant – français ou présumé tel – à la FOEFI, constitue, au regard de cette dernière, à partir du moment où elle l'a reçu, un abandon d'enfant ». Et de pointer que souvent les mères ont confié leurs enfants parce qu'elles avaient reçu l'assurance qu'il leur reviendrait à 18 ans, ce qui a été très rarement le cas. En cas de conflit entre un enfant et la Fédération ou une mère et la Fédération, l'inspectrice considère comme anormal que la FOEFI, qui est juge et partie, ait tout pouvoir pour trancher. Elle pose une question fondamentale : « les mères sont-elles prévenues, au moment où elles vont signer leur engagement, que des textes juridiques peuvent jouer contre elles ? »[992]

Il est vrai que quelques situations particulières interrogent sur les pratiques. Ainsi en 1964, un pupille de la FOEFI adresse une requête au

---

[991] AN FOEFI 126, rapport sur la FOEFI de Nafissa Sid-Cara, inspecteur général de la santé publique, 10 septembre 1965.

[992] AN FOEFI 126, rapport sur la FOEFI de Nafissa Sid-Cara, inspecteur général de la santé publique, 10 septembre 1965.

Président de la République, demandant à être renvoyé au Vietnam chez sa mère. Le Quai d'Orsay, sans vouloir donner trop d'importance à ce cas, se demande néanmoins « si d'autres enfants eurasiens transplantés en France sous la tutelle de la FOEFI ne se trouvent pas dans les mêmes sentiments que celui-ci, sans oser l'avouer ». Il préconise « une plus grande circonspection dans l'examen des candidatures au rapatriement »[993].

Par ailleurs, les critiques de Sid-Cara sur les foyers sont nombreuses. À Vouvray : dortoirs mal équipés, ne ménageant pas à l'enfant l'intimité et le confort nécessaires, mais ordre et propreté. En revanche, « impression de total abandon » à Semblançay qui ne répond pas aux normes de sécurité et de confort. Le rapport pointe aussi des différences de traitement (repas, logement du directeur) entre les enfants et le personnel. Le couperet tombe : « il est impossible d'accepter le maintien de ces deux foyers ». Quant à l'abbaye, elle est propre, nette, avec la participation des filles aux tâches ménagères, les repas sont bons, il y a des poupées sur les lits. Sid-Cara suggère qu'on parle aux filles de leur famille. En somme, « avec des méthodes d'éducation réellement rajeunies » et sous la tutelle de l'aide sociale à l'enfance ce foyer pourrait être maintenu.

Tableau 10 — Effectifs des foyers FOEFI à partir de 1964 (au 31 décembre de chaque année)

	« Foyer de l'abbaye » Saint-Rambert	« Le Pont de Cisse » Vouvray	« La Source » Semblançay
1964	94	34	25
1965	85	44	6
1966	?	?	
1967	82	65	
1968	?	?	
1969	81	145	
1970	79	?	
1971	69	110	
1972	76	89	
1973	64	5	
1974	53	54 ?	
1975	?		
1976	?		

Source: ANOM FOEFI 90 APC 4292 à 4294

---

[993] CADN Saigon 590POA406, lettre du MAE au consul général de France à Saigon, 14 septembre 1964.

Les conclusions du rapport de 49 pages, très défavorables à la FOEFI, sont résumées par deux formules chocs : « œuvre du passé » et « manifestation d'un colonialisme désuet et qui veut survivre ». Une longue liste d'appréciations est ensuite déclinée. Sur l'économie générale de la FOEFI, le rapport émet une lourde critique, basée sur des données précises, sur la gestion financière. Il est par exemple noté que plusieurs exercices déficitaires n'ont pas empêché des achats de titres pour des montants supérieurs au disponible en début d'année. Alors que la FOEFI fonctionne à 95 % avec des fonds publics, aucune convention ne détermine ses droits et obligations, « la gestion de l'œuvre reposant intégralement entre les mains du président et de ses collègues du conseil d'administration ». Concernant les enfants :

> « au point de vue matériel, ils sont dans une situation bien inférieure à celle qui est faite aux enfants placés sous la tutelle ou la protection des services départementaux d'aide sociale à l'enfance, sur le plan moral, il n'apparait pas que la tutelle s'exerce dans le souci du respect de la personnalité de l'enfant et de son épanouissement moral ».

L'exemple est donné d'une jeune fille voulant revoir sa mère à qui on apprend que cette dernière est indigne puis un peu plus tard qu'elle est décédée depuis quatre mois.

Pour Sid-Cara, « dans l'intérêt des enfants, il serait très souhaitable que leur sort soit purement et simplement confié aux soins et à la tutelle du service d'Aide sociale à l'enfance du ministère de la Santé publique et de la Population qui déciderait leur répartition de la manière la plus humaine. Ainsi, les intérêts des enfants et ceux des finances du ministère se rejoindraient ». En termes d'urgences absolues, l'inspectrice préconise : de reconsidérer le décret de 1943, de rendre le plus possible les enfants à leurs familles, de fixer une date limite à la qualité d'Eurasien français, d'étudier « la possibilité d'entretenir et d'instruire en Indochine, auprès de leurs familles, ceux qui y vivent encore et dont la nationalité française est incontestable ». Enfin, dernière suggestion : que les enfants revoient leur famille restée au pays, tous les deux ans par exemple[994]. Si globalement la charge du rapport est très lourde, elle est très argumentée et reprend plusieurs critiques antérieures.

---

[994] AN FOEFI 126, rapport sur la FOEFI de Nafissa Sid-Cara, inspecteur général de la santé publique, 10 septembre 1965.

Chronique d'une mort annoncée

Le transfert de la tutelle de la FOEFI au ministère des Affaires sociales est effectif le 1er janvier 1966. Sans l'attendre, dès mai 1965, une assemblée générale de la FOEFI avait décidé de transférer son siège social à Paris. Un certain nombre d'items du rapport Sid-Cara sont examinés de manière pointilleuse et Bazé n'aura de cesse à partir de ce moment de dénoncer une attitude hostile du ministère de tutelle. L'assemblée générale de la FOEFI du 18 octobre 1966 revient bien sûr sur le rapport et ce dès l'avant-propos. Bazé écrit que « Melle Sid-Cara s'est permis, en effet, des appréciations inspirées d'un racisme que l'on aurait pu croire disparu, surtout chez une personnalité à qui la France a tant donné. Sa nationalité d'origine aurait dû l'inciter à une certaine prudence dans ses jugements sur les problèmes eurasiens, sur lesquels elle n'avait aucune compétence ». Et de souligner que les conclusions du rapport de l'inspecteur général Pierson sont bien plus positives puisqu'il préconise que la FOEFI poursuive sa tâche jusqu'à la majorité de tous les enfants (décembre 1980 peut-être)[995].

Conformément à l'injonction du ministère des Affaires sociales, la FOEFI demande un agrément comme œuvre de placement (article 97 du code de la famille) ce qui lui vaut entre mai et septembre 1966 trois inspections de la part de l'aide sociale à l'enfance de la Seine. Le rapport établi est très favorable et l'agrément est accordé le 20 janvier 1967[996]. Les préfets sont ensuite chargés d'exercer la surveillance habituelle pour ce genre d'œuvres, « afin d'être en mesure d'apprécier en toute connaissance de cause la gestion de la FOEFI »[997]. Des assistantes sociales des services sociaux se rendent donc dans de nombreux établissements où séjournent des Eurasien·nes, créant une certaine confusion auprès des enfants et des responsables de ces structures. Les résultats reçus d'une trentaine de départements signalent des « placements satisfaisants, des enfants convenablement suivis, des prix pratiqués assez normaux ». Même si elle est plutôt favorable à la FOEFI, Bazé s'élève contre cette surveillance en rappelant les statuts de la Fédération et le décret de 1943 qui justifie une spécificité pour les pupilles eurasiens d'Indochine. Il demande d'ailleurs à Jean Letourneau, ancien ministre des Relations avec les États associés,

---

[995] AGO FOEFI 1966.
[996] AN FOEFI 128, rapport au directeur de l'aide sociale à l'enfance de la Seine, 14 octobre 1966 ; arrêté du préfet de la Seine, 20 janvier 1967.
[997] AN FOEFI 129, lettre du ministre des Affaires sociales aux préfets, 22 décembre 1966.

qui connait et a soutenu la FOEFI, à François Missoffe, ministre de la Jeunesse et des Sports, et à Jacques Chaban-Delmas, président de l'Assemblée nationale, de défendre ce point de vue auprès du ministre des Affaires sociales Jean-Marcel Jeanneney qui ne répond pas à ses demandes de rendez-vous. Ce dernier met les points sur les « i » en rappelant le rapport de 1965 et la réticence de la FOEFI à se conformer aux exigences des administrations. Enfin, il ajoute ne pas apprécier « les termes dans lesquels M. William Bazé s'exprime à l'égard de mon administration et de moi-même, non plus que les menaces qu'il profère »[998].

S'ensuit une passe d'armes sur cette fameuse spécificité de la FOEFI relative au décret de 1943 sur les pupilles eurasiens d'Indochine :

> « elle les nomme ses pupilles parce qu'à l'origine, des textes aujourd'hui dépourvus de base, lui confiaient l'autorité des gouverneurs et chefs de territoire et quelque chose de la tutelle qui est en France exercée sur les pupilles de l'État par les préfets (mais il n'existait pas en Indochine, évidemment, de services départementaux tels que ceux de la métropole qui exercent la tutelle ou la protection par délégation du préfet) ».

Néanmoins, la principale préconisation de Sid-Cara, à savoir confier les pupilles de la FOEFI à l'aide sociale à l'enfance est écartée par le gouvernement. En effet, il apparait que toute solution brutale engendrerait des difficultés plus importantes que celles que pose le fonctionnement de la FOEFI[999]. Cette analyse repose sur l'accueil en France d'enfants eurasiens dans les années 1964-1967, sans le concours de la FOEFI qui ne pouvait plus alors prendre en charge de nouveaux enfants.

À Saigon, le nouveau consul général de France, Lambroschini, déploie cette nouvelle politique avec zèle. Il estime que les enfants abandonnés par leurs mères « qui désormais veulent vivre avec des militaires américains qui ne veulent pas de ces enfants » doivent être envoyés en France. Il écrit : « il est du reste saisissant de voir ces petits Eurasiens conscients de cet état de choses, accompagnant leurs mères venues exposer leur intention d'abandon, et qui manifestent leur accord et leur désir de partir ne France »[1000]. Tout le débat tourne alors autour de cette notion d'abandon. En juin 1965, *Le Journal de l'Extrême-Orient* titre « 360 enfants

---

[998] AN FOEFI 126, lettre de Bazé à Letourneau, 6 juin 1966 ; lettre de Bazé à Chaban-Delmas, 12 décembre 1966 ; lettre de Jeanneney à Chaban-Delmas, 18 décembre 1966.
[999] AN FOEFI 128, note « Fédération des œuvres de l'enfance française en Indochine », s.d. (1967).
[1000] CADN Saigon 590POA207, lettre de Lambroschini au MAE, 30 janvier 1965.

eurasiens sont rapatriés sur ordre du ministère des Affaires étrangères par le service social du consulat général de France à Saigon ». Un premier groupe de 11 garçons et une fille est parti par un vol Air France et sera confié à l'aide sociale à l'enfance à son arrivée en France. Il est précisé que ces enfants étaient « jusqu'en 1961, à la charge de la FOEFI »[1001]. Un an plus tard, en octobre 1966, *France-Soir* et *Le Monde* rapportent que « 25 enfants vietnamiens abandonnés vont trouver une vie sociale normale en France ». Âgés de 8 à 18 ans, on les présente comme ayant été sauvés de la vie misérable qui s'offrait à eux par Lambroschini et l'assistante sociale du Consulat, mademoiselle Henry. Depuis 1964, en quatre convois, 118 enfants sont partis grâce à leur initiative, 150 autres enfants devraient être acheminés bientôt. Sans mentionner une seule fois la FOEFI, l'article laisse entendre que le consulat général est à l'origine de tous les rapatriements d'enfants métis depuis longtemps[1002].

Bazé dénonce dans le mensuel *Le Droit de Vivre*, organe de la Ligue Internationale contre l'antisémitisme (LICA qui deviendra LICRA en 1979), dans la rubrique « Documents pour les antiracistes », le sort réservé aux petits Eurasiens qui se retrouvent à « l'Assistance publique ». Bazé préfère toujours utiliser ce terme connoté négativement – alors que depuis 1953 il a été remplacé par celui d'aide sociale à l'enfance – pour mieux stigmatiser une prise en charge inhumaine. Après un plaidoyer *pro domo* en rappelant l'historique et les modalités de son action, il assène que seul de tous les ministères qui ont assumé la tutelle de la Fédération, « l'actuel ministère des Affaires sociales refuse obstinément de m'écouter ». En réalité, les archives montrent que les autres ministères de tutelle étaient fréquemment dans le collimateur de la FOEFI. Bazé critique le ministère qui « préfère broyer dans l'anonymat de l'Assistance publique des enfants qui me connaissent, que j'aime et que j'ai soutenus ». Il pousse ainsi la personnification de l'action de la FOEFI à son paroxysme en mentionnant « mon conseil d'administration », « mes collaborateurs et assistantes sociales », un ministère qui s'acharne « à me déposséder d'une mission que je n'ai cessé de poursuivre avec passion ». Il prédit « la désarticulation d'une œuvre séculaire honorée sur les rives de la mer de Chine » ; « j'assiste, au soir de ma vie [il a désormais 68 ans], à

[1001] « 360 enfants eurasiens sont rapatriés », *Le Journal de l'Extrême-Orient*, 8 juin 1965, p.1 et 4.

[1002] « Avec 24 autres enfants de Français et de Vietnamiennes, elle va découvrir la France, son pays, qu'elle ne connait pas », *France-Soir* le 26 octobre ; « 25 enfants vietnamiens abandonnés vont trouver une vie sociale normale en France », *Le Monde*, 25 octobre 1966.

une tentative de destruction systématique de ce qui me paraissait acquis pour toujours. Les journées les plus sombres, je croyais les avoir vécues sous l'occupation ennemie »[1003]. Bazé montre ainsi toute son amertume en même temps que son acharnement à sauver ce qui peut l'être.

Cette année 1966 constitue un apogée de la crise de la FOEFI. Bazé et le conseil d'administration sont ulcérés par ce qu'ils considèrent comme de la défiance à leur égard. Et de développer un raisonnement qui renverse l'un des arguments de Sid-Cara qui accusait la Fédération de voir un abandon d'enfant dans tout confiage d'enfant par une mère. Comme seuls les enfants abandonnés peuvent être pris en charge par l'aide sociale à l'enfance, Bazé accuse le consulat général d'avoir forcé des mères à abandonner leur enfant alors qu'elles ne le voulaient pas, ce que la FOEFI n'a jamais fait, affirme t-il. Effectivement, en août 1966, le ministère des Affaires sociales rappelle au ministère des Affaires étrangères qu'il est prêt à prendre directement en charge des pupilles eurasiens, à la condition toutefois que soit établi pour chaque enfant « un acte d'abandon formel consécutif à un avertissement donné par l'autorité qui le recevra quant aux conséquences irrévocables de cette décision ». Un modèle de formulaire d'abandon est joint et tout dossier individuel d'enfant doit désormais en comporter un[1004]. Pour Bazé, « il n'est pas pensable, ni logique, ni juridique de provoquer le jeu de la "procédure d'abandon" prévue par l'article 350 du code civil (loi du 11 juillet 1966) ». L'acte d'abandon qui est désormais exigé de la mère n'est pas du tout la même chose que le certificat de décharge/engagement demandé par la FOEFI. D'ailleurs, après réflexion, le ministère des Affaires sociales lui-même est « assez réticent à ces modalités d'accueil » organisées par le consulat général. Certains de ces enfants n'auraient d'ailleurs pas été correctement pris en charge[1005].

En 1967, d'autres enfants arrivent encore sans que la FOEFI soit concernée : « je n'ai même pas reçu l'autorisation de rendre visite aux enfants », se plaint Bazé[1006]. Il ne peut que rappeler, une fois de plus, d'où viennent les prérogatives de la FOEFI et qu'elle « a bénéficié de tout temps d'une attention particulière de la part du gouvernement et des hautes autorités locales ». Selon lui, le décret de 1943 – il y revient

---

[1003] « 118 petits Eurasiens venus du Vietnam voués à l'assistance publique nous révèle William Bazé », *Le Droit de Vivre*, janvier-février 1967, p.10-11.

[1004] CADN Saigon 590POA207, lettre du ministre des Affaires sociales au MAE, 17 août 1966.

[1005] AN FOEFI 126, note pour le directeur de cabinet du ministère des Affaires sociales, 17 octobre 1968.

[1006] AGO FOEFI 1970.

toujours – a « engendré des droits qui demeurent acquis quels que soient par la suite les changements ». S'appuyant sur l'article 2 du Code civil stipulant qu'« il y a lieu de respecter les effets acquis », il refuse absolument de faire considérer les enfants de la FOEFI comme des enfants abandonnés : il s'agirait d'un abus de confiance de la FOEFI vis-à-vis des mères si « elle devait faire admettre, par des personnes qui lui avaient fait confiance, qu'elles avaient abandonnés leurs enfants ». Il demande de ne rien changer car la mission de la FOEFI est bientôt terminée. Il rappelle aussi que les enfants nés de père français et de mère vietnamienne peuvent opter pour la nationalité vietnamienne à leurs 18 ans[1007], disposition qui d'après les témoignages récoltés et les archives n'a que très rarement été présentée aux intéressé·es.

Après la crise aiguë des années 1965-1967, l'apaisement revient à la fin de l'année 1967 : le ministère des Affaires sociales donne son accord et les moyens pour que la FOEFI reçoive « 180 mineurs eurasiens de nationalité française, abandonnés au Vietnam, Laos et Cambodge », dont 50 filles et 30 garçons de moins de 14 ans[1008]. Les relations entre le consulat général à Saigon, dont le titulaire est désormais Giovangrandi, et la FOEFI redeviennent constructives. Georges Bazé, frère aîné du président, est nommé délégué bénévole au Sud-Vietnam, afin surtout de garder un contact « avec les mères autochtones ». Après l'offensive du Têt qui pousse des mères à solliciter le départ de leurs enfants, en 1968 et 1969 des convois importants sont régulièrement organisés en bonne intelligence entre la FOEFI et le consulat général. Giovangrandi, sous la pression des événements et craignant des attaques sur Saigon, pousse à ces rapatriements massifs afin de permettre « au bon grain que nous avons malgré tout semé de se développer favorablement ». Ces nouveaux départs se font après signature par la mère de l'« engagement », qui n'est en rien d'un acte d'abandon aime à répéter Bazé[1009].

Cependant, si la situation de la FOEFI semble s'améliorer au Vietnam, en France la fin des années 1960 n'est qu'une longue suite de tensions, négociations, crises et accalmies. Le versement des subventions trimestrielles se fait toujours au dernier moment, ce qui complique le fonctionnement de la Fédération. De fait, reste en suspens bon nombre

---

[1007] AN FOEFI 128, lettre de W. Bazé au ministre des Affaires sociales, 17 avril 1967.
[1008] AN FOEFI 128, lettre du MAE au ministère des Affaires sociales, 22 décembre 1967.
[1009] CADN Saigon 590POA406, correspondance entre Bazé et le consulat général, décembre 1967 ; CADN Saigon 590POA207, correspondance entre la FOEFI, le consulat général et le MAE, 1968 et 1969.

des questions posées par les rapports de 1959 et 1965. Par exemple, quel est l'intérêt de maintenir des comités locaux puisque de fait la FOEFI n'est plus la véritable fédération qu'elle était au moment de la dernière révision de ses statuts en 1953 ?

Les tergiversations des années 1964-1966 ont retardé l'envoi en France d'enfants qui ont pendant ce temps grandi et dont l'intégration en métropole, notamment sur le plan scolaire est désormais plus difficile. C'est pourquoi la FOEFI plaide désormais pour des envois d'enfants en petit nombre et non en grands convois comme auparavant. Il s'agit d'« atténuer le choc émotionnel provoqué chez nos pupilles par la rupture avec le milieu familial et l'environnement natal » et d'« éviter d'attirer l'attention de la presse dont les commentaires amplifient ce choc et sont parfois très néfastes ». Bazé comprend d'autant moins toutes les difficultés que rencontre la FOEFI que désormais, « les métis américains nés en Indochine partent aux États-Unis avec l'accord de leurs mères vietnamiennes, sans qu'il faille entreprendre des formalités excessives ». D'ailleurs les Américains s'inspirent de ce que qu'a fait la FOEFI, comme tend à le prouver la demande d'informations que lui a adressée le Congrès[1010].

Une éclaircie est apportée en 1968 par la conclusion d'un rapport de vérification du ministère des Finances qui loue la gestion de la FOEFI, réalisée « dans un esprit d'économie et d'efficacité. Ses dirigeants ont su tirer le parti maximum des crédits naguères insuffisants qui leur étaient attribués » et qui confirme « les conclusions favorables des deux enquêtes du ministère de l'Intérieur (1959 et 1965) »[1011]. Ce rapport de l'inspection des finances « consacra notre réputation » écrira plus tard Bazé[1012]. La même année, un autre rapport, d'un inspecteur général de l'IGAS, note que la FOEFI, qui « bénéficie de longue date, d'une sorte d'investiture officielle », détient une expérience de nature à permettre l'adaptation des enfants dans les premières années et à « faciliter l'assimilation » de ceux-ci. Il note également que si elle assure un rôle analogue aux services départementaux d'aide sociale à l'enfance, elle est financée par des subventions et non par une dépense de caractère obligatoire prise en charge par l'État, ce qui complique son fonctionnement. Voilà qui doit ravir la Fédération. Mais ce rapport pose surtout une question fondamentale.

[1010] AGO FOEFI 1968 ; AN FOEFI 126, lettre de William Bazé au ministre des Affaires sociales, 6 novembre 1967.

[1011] AN FOEFI 126, rapport de M. Leger, inspecteur des Finances sur la gestion de la FOEFI, 8 juillet 1968.

[1012] Assemblée générale extraordinaire FOEFI, 8 novembre 1983.

On peut y lire que « ces pupilles, compte tenu de l'aide apportée, ont de meilleures chances de promotion sociale que des enfants issus de familles françaises modestes. En contrepartie, les liens naturels avec la mère restée en Extrême-Orient s'atténuent ou s'estompent dans le plus grand nombre de cas ». S'il est indiqué que le destin de ces jeunes eurasiens est devenu bien meilleur que celui qu'ils auraient pu avoir en général en demeurant dans leur pays d'origine, « il n'est cependant pas possible de passer sous silence, ne serait-ce que sur le plan moral, la situation des mères ». Car souvent, est-il mentionné, il y a de fait une rupture définitive des liens affectifs : « nous laissons à chacun le soin d'en juger les conséquences et de les interpréter suivant sa propre conception du bonheur ». En somme, c'est poser le choix entre promotion sociale ou liens affectifs. Mais qui est maître de ce choix ? Qui est capable de le faire en toute connaissance de cause ? Comment évalue-t-on les risques et les effets sur les enfants concernés ? La conclusion du rapport semble indiquer que ces questions si fondamentales sont un peu dépassées puisque, « compte tenu des sorties prévisibles, l'activité de la Fédération devrait décroître vers 1970-1971 »[1013]. C'est effectivement ce que montre la pyramide des âges des pupilles de la FOEFI.

Tableau 11 – Répartition des pupilles par année de naissance
(au 1er janvier 1967)

1941-1945	1946	1947	1948	1949	1950	1951	1952	1953	1954	1955	1956	1957	1958	1959	1960 et +	Total
26*	23	79	172	171	150	132	135	116	89	76	47	38	17	12	26	1 309

*majeurs en 1967

Source : AN FOEFI 128

[1013] AN FOEFI 126, rapport de Louis Père-Lahaille-Darre, inspecteur général de l'IGAS, 1968.

Le fait qu'en 1969 Bazé revienne encore sur le rapport Sid-Cara montre que celui-ci a eu des effets importants sur les dirigeants de la FOEFI. L'objectif et la méthode sont toujours les mêmes : démontrer par les faits et les chiffres que le rapport de l'inspectrice générale reposait sur « des contrevérités notoires ». Ainsi dénonce-t-il ses critiques sur le coût trop élevé d'études longues, de séjours à l'étranger et de vestiaires (le terme de vêture, utilisé dans l'administration de l'aide sociale à l'enfance est absent du vocabulaire de la FOEFI). Bazé estime que la Fédération a été précurseur puisque désormais l'aide sociale à l'enfance (qu'il désigne toujours toujours assistance publique) agit de la même façon envers ses pupilles (vestiaires, études, etc.). La Fédération réclame donc que les enfants eurasiens confiés à l'aide sociale à l'enfance entre 1965 et 1967 lui soient remis. Son argumentation est la suivante : ces enfants ont été placés à l'ASE en violation de la convention franco-vietnamienne du 16 août 1955 et en faisant valoir des actes d'abandon « illégaux parce qu'arrachés aux mères vietnamiennes sous la contrainte et rédigés en français sans traduction au regard. Les signatures de ces mères, qui ne comprenaient rien, ont été légalisées ensuite par un fonctionnaire français, au lieu et place d'une autorité vietnamienne régulièrement mandatée ». La FOEFI n'hésite pas à avancer comme argument : « beaucoup de ces enfants ont leurs frères et sœurs à la Fédération et souffrent de la discrimination dont ils sont les victimes »[1014], imposant ainsi l'idée que les pupilles de la FOEFI sont mieux traités que ceux de l'ASE.

Une autre inquiétude de la FOEFI porte sur le sort des adolescents et jeunes gens restés au Vietnam en raison du retard pris dans leur « rapatriement » entre 1965 et 1967 ou « qui ont cru pouvoir se créer une situation » mais à qui le retrait progressif des Américains ôte toute espérance. « Je ne pense pas que nous ayons le droit de leur refuser l'accès au sol français » déclare Bazé, sinon ils tomberaient dans une « déchéance morale et physique ». Plusieurs dizaines de ces jeunes âgés de 17 à 19 ans arrivent effectivement en 1969-1970, mais avec un niveau d'instruction très faible qui rend leur intégration problématique. *Le Figaro* estime qu'il reste encore 300 jeunes Eurasiens, de pères français, à rapatrier[1015]. La FOEFI partage cette évaluation, mais n'a pas les moyens de prendre en charge ce contingent. Il y a là un enjeu géopolitique et de relations de pouvoir entre une ex-puissance coloniale et un pays divisé luttant pour sa réunification, le tout dans le contexte de la guerre froide.

[1014] AGO FOEFI 1969.
[1015] AGO FOEFI 1970.

Mais une fois encore les contingences financières l'emportent. La secrétaire d'État auprès du ministre de la Santé Marie-Madeleine Dienesch autorise la FOEFI à accueillir en France des Eurasiens, « dans la mesure toutefois ou l'effectif des partants est compensé par celui de leurs camarades qui, ayant achevé leurs études, quittent la FOEFI pour s'établir définitivement en France et où par conséquent il ne peut pas résulter de ce transfert une augmentation de charges financières »[1016]. Or, la Fédération a déjà dégraissé ses effectifs depuis 1964 en poussant certains pupilles vers la sortie et entend maintenir son suivi des meilleurs éléments qui poursuivent des études, car ils incarnent la réussite de l'œuvre. Contrairement aux prévisions successives des différentes administrations, l'activité de la FOEFI ne semble pas encore devoir s'arrêter. En 1972, Robert Boulin, ministre de la Santé publique – « pour nous un ministre providentiel », écrit Bazé –, accorde une subvention complémentaire de 4 300 000 francs, qui permet à la FOEFI de régler toutes ses dettes. Cependant, René Lenoir, directeur de l'action sociale du ministère (1970-1974), demande à la Fédération de prévoir la cessation de ses activités éducatives dans un délai de quatre ans venant à échéance le 31 décembre 1976. Un plan d'extinction de la Fédération est donc mis en place à la cadence de 150 pupilles par an[1017].

Ce tournant est concomitant de la fin de la guerre du Vietnam qui bouleverse bien évidemment l'organisation des déplacements d'enfants. Après les accords de Paris de janvier 1973 qui consacrent la « vietnamisation » de la guerre et le retrait américain, les mères qui avaient toujours voulu garder avec elles leurs enfants s'inquiètent plus que jamais de ce qu'ils pourront devenir en restant au Vietnam et demandent à la FOEFI de se charger d'eux. Mais les autorités du Sud-Vietnam sont de plus en plus réticentes face à ces départs, craignant que des jeunes en profitent pour fuir leurs obligations militaires alors que le pays reste en face-à-face avec le Nord-Vietnam. Tout dossier est donc scrupuleusement étudié par les autorités vietnamiennes, mais aussi par le Quai d'Orsay et le ministère des Affaires sociales. Dix seulement sont validés en 1973, 77 de janvier à octobre 1974. Les départs dépendent en fait des conditions politiques et diplomatiques et les arrivées des conditions économiques et sociales.

[1016] AN FOEFI 128, lettre de Marie-Madeleine Dienesch à Maurice Schumann, MAE, 3 septembre 1969.
[1017] AGO FOEFI 1973.

La liquidation et la question de la nationalité des ex-pupilles

Pour Pierre Verdier, qui a été un directeur de DDASS, le début des années 1970 constitue « un intense moment de réflexion sur l'Aide sociale à l'enfance et sur la nécessité d'une meilleure adaptation du service »[1018]. La légalisation de la contraception en 1967 change le paradigme d'enfant subi en celui d'enfant voulu. Si une femme a un enfant, c'est désormais qu'elle l'a désiré et la société n'a donc plus le droit de les séparer. En découle une nouvelle évidence : un mineur doit avant tout vivre au sein de sa famille, fût-elle monoparentale, pauvre ou délinquante. La réévaluation de la famille d'origine est recommandée en 1971 par le groupe de travail de Dupont-Fauville[1019]. Cette remise à plat du système, notamment par les deux circulaires de 1969 et 1972, constitue la cause profonde de la fin de la FOEFI.

Par ailleurs, l'inflation due à la crise consécutive au choc pétrolier de 1973-1974, fait s'envoler les prix de journée alors que tous les ministères cherchent à faire des économies. La réforme de la majorité citoyenne et du droit de vote à 18 ans (1974) change aussi beaucoup de choses pour la FOEFI. Celle-ci décide que ses pupilles, désormais majeurs plus tôt, qui continuent leurs études au-delà de 18 ans (comme auparavant après 21 ans) pourront continuer à être suivis par la FOEFI mais que « les autres s'établiront comme ils le souhaiteront », mais trois années plus tôt qu'avant 1974, ce qui n'est pas sans conséquences sur les jeunes[1020].

Les pupilles grandissant, le foyer de Vouvray, le seul demeurant en exercice pour les garçons (celui de Semblançay a été fermé en 1965), n'a plus vraiment lieu d'être. En 1967, le foyer emploie dix personnes, dont un seul moniteur[1021]. Le directeur Paul Susini donne sa démission le 1er juillet 1973 ce qui précipite la fin du foyer. À l'abbaye, les sœurs de Notre-Dame des Missions poursuivent leur tâche avec des effectifs de plus en plus réduits qui ne sont même plus précisées dans les comptes rendus d'assemblée générale de la FOEFI.

[1018] Pierre Verdier, Fabienne Noé, *L'aide sociale à l'enfance*, Op. cit., p.28-29.
[1019] Ivan Jablonka, *Enfants en exil... op. cit.*, p.145-146.
[1020] AGO FOEFI 1974.
[1021] AN FOEFI 126, état du personnel à Vouvray, 1967 : outre le directeur P. Susini et son épouse comme intendante, on compte un chauffeur, une couturière, une

Tous ces éléments contribuent à l'ultime fragilisation de la FOEFI. En 1975, alors que la chute de Saigon entraîne de facto la fermeture de la délégation locale de la Fédération dont la situation est intenable, le ministère des Affaires sociales rechigne à augmenter une nouvelle fois la subvention. Il argue que le nombre de pupilles ne cesse de diminuer et qu'il n'y aura plus d'arrivées nouvelles. Au contraire la FOEFI fait valoir qu'en grandissant les pupilles engendrent des frais supplémentaires. Bazé menace de confier directement aux DDASS les 325 pupilles qui relèvent d'établissements scolaires et de liquider la situation des autres pupilles dans les 3 à 4 mois, tout en avisant le « monde eurasien » « de la destruction prématurée d'une œuvre qui est un peu leur maison ». Un compromis élaboré par René Lenoir, devenu secrétaire d'État à l'Action sociale, est acté in extremis en décembre 1975. Les versements des subventions sont garantis pour les années 1975 et 1976 mais la FOEFI devra cesser toute activité au 31 décembre 1976. Le conseil d'administration a préféré cette option à celle de l'abaissement du prix de journée avec maintien des activités jusqu'à fin de 1978. Bazé s'incline donc. Même s'il est persuadé que l'ASE ne pourra pas répondre aux besoins des jeunes :

> « l'Eurasien venu tard dans un pays où sa langue maternelle est à peu près inconnue, traumatisé parce qu'il est né et a grandi dans la guerre, séparé de sa famille habitant un pays lointain et profondément différent du nôtre, très sensible à toutes les interprétations raciales et malveillantes de ses origines, a besoin d'être entouré de soins moraux et intellectuels plus vigilants et plus longs que les jeunes Français »[1022].

Le dernier baroud d'honneur de Bazé est d'écrire au président Giscard d'Estaing en décembre 1975 et de lui exposer que la défaite américaine va nécessairement provoquer un afflux d'Eurasiens en France, et qu'il serait opportun de maintenir les activités de la FOEFI. Il ne reçoit aucune réponse.

En décembre 1976, la Fédération cesse donc de recevoir de l'argent public et ne prend plus en charge d'enfants. La responsabilité des 235 derniers pupilles est conférée aux DDASS. À cette date l'aide sociale à l'enfance s'occupe de quelque 230 000 enfants, cet apport supplémentaire ne pèse guère. Cependant, les membres de la FOEFI et notamment ses piliers (Bazé, Varet, Graffeuil) maintiennent en activité le siège social

---

femme de ménage, deux cuisinières, une lingère, un homme à tout faire et un moniteur.

[1022] AGO FOEFI janvier 1976.

de l'association, « afin d'aider nos anciens pupilles à s'insérer dans la nation » ; et « surtout continuer à donner des conseils utiles aux anciens pupilles afin qu'ils puissent faire valoir leurs droits ». En 1978, Bazé écrit encore à Madame Giscard d'Estaing « pour faire appel à son cœur de mère », dans l'espoir qu'elle se penche sur le sort des Eurasiens, mais admet-il « elle ne me répondit pas davantage que son époux »[1023].

Cessant ses activités, la Fédération doit procéder au licenciement du personnel, apurer ses comptes, liquider sa succession. En 1967, la FOEFI employait 15 personnes à son siège[1024], avec la diminution de ses activités, cela n'est plus possible. Cécile Grandjean raconte un licenciement très dur, avec interdiction de dire véritablement au revoir aux enfants dont elle s'occupe. Elle ne pourra pas non plus leur envoyer la lettre qu'elle avait préparée pour eux[1025]. Les obligations et autres titres sont vendus. Les immeubles situés au Vietnam sont entre les mains du nouveau pouvoir, le foyer de Vouvray s'avère difficile à vendre, mais c'est chose faite en 1978, au contraire du siège social de la rue Washington à Paris. Reste le cas du foyer de l'abbaye à Saint-Rambert. Dès l'achat de la propriété en 1949, il était convenu qu'elle revienne à la congrégation de Notre-Dame des Missions par dévolution le jour où la FOEFI fermerait ses portes. Cela avait été confirmé à Mère Jeanne en 1967 lorsqu'elle s'inquiétait des premiers bruits annonçant la fin de la FOEFI. Et c'est ce qui est acté lors d'une assemblée générale extraordinaire en octobre 1976, « en compensation de trente années de service en France sans rétribution, ni sécurité sociale ». En comparant avec le coût de fonctionnement du foyer de Vouvray, Bazé estime à 20 millions de francs l'économie ainsi faite : « on peut donc affirmer sans crainte d'être démenti que Saint-Rambert a représenté l'une des pièces maîtresses de l'organisation de la FOEFI. Sans l'abbaye nous n'aurions jamais pu continuer à vivre ». C'est un point très important qui explique sans doute pourquoi le foyer de Saint-Rambert a continué de fonctionner si longtemps en vase clos, quand les foyers de garçons étaient fermés ou devenaient des centres de transit. Le foyer de l'abbaye ne coûtait pas cher et les filles y étaient tenues. Le dévouement des sœurs et leur « tâche admirable » sont loués. D'ailleurs, après la cessation des activités de la FOEFI, elles continuent de suivre les pupilles qui entrent

---

[1023] AGO FOEFI 1979.
[1024] AN FOEFI 126, état des personnels, 1967 : la directrice M. Graffeuil, une secrétaire de direction, une secrétaire comptable, deux sténodactylos, quatre secrétaires administratives, six assistantes sociales.
[1025] Témoignage de Cécile Grandjean 08/03/2022 et *GDR* n°38, 2009.

La liquidation et la question de la nationalité 375

dans la vie active[1026]. La supérieure générale de Notre-Dame des Missions, Sœur Marie-Bénédicte, ne manque pas d'exprimer sa « gratitude pour ce don qui récompense les sœurs de leurs service généreux dans cette maison »[1027]. Une pupille écrit alors : « je suis bien contente que les sœurs ont pu garder l'abbaye car elles le méritent beaucoup »[1028], mais d'autres, encore aujourd'hui, n'acceptent pas ce don, notamment parmi les premières arrivées comme Nina, Jeannette ou Colette.

Michèle, arrivée du Vietnam dans les toutes dernières en 1974 à l'âge de 6 ans, reste à l'abbaye désormais sous la tutelle de la DDASS de l'Ain, avec une vingtaine d'autres Eurasiennes, jusqu'en juillet 1979, date de la fermeture définitive du foyer. Ensuite elle est prise en charge dans un foyer de la DDASS du Haut-Rhin. La demande formulée par les sœurs d'accueillir d'autres enfants n'est pas acceptée. Mère Jeanne meurt la même année. Ses obsèques ont lieu en plein air devant l'abbaye en présence de beaucoup de ses anciennes pensionnaires. La FOEFI lui rend hommage en rappelant que depuis 1926 et son arrivée à Haiphong, elle n'a jamais cessé de s'occuper des Eurasiennes[1029].

Les responsables de l'association effectuent un travail important sur leurs archives, notamment sur les quelque 4 300 dossiers individuels des pupilles. Des éléments d'état civil sont envoyés par lettre recommandée à celles et ceux ayant atteints la majorité et dont ils connaissent les adresses[1030]. La FOEFI juge indispensable « de débarrasser les dossiers des correspondances qui n'ont plus d'intérêt ou qui pourraient être mal interprétées par des personnes étrangères à la psychologie de l'Eurasien ou tout simplement malveillantes ». En fait, est-il précisé, « nous estimons que les dossiers doivent désormais se limiter aux pièces d'état civil et aux documents ayant trait aux pièces de leur état civil et de leur nationalité ». Jean Sern raconte cette expérience de recevoir quelques documents, qui « fixaient ma vie » écrit-il. Marguerite Graffeuil donne à Marie-Paule son dossier, avec quelques objets : une médaille, un billet de banque. Ce qui

---

[1026] Assemblée générale extraordinaire FOEFI, octobre 1976.
[1027] ANOM, FOEFI, 90 APC 4296, lettre de la supérieure générale de Notre-Dame des Missions, 27 février 1977 ; témoignage de Sœur Marie-Bénédicte, 01/02/2018.
[1028] ANOM, FOEFI, 90 APC 4296, lettre du 9 septembre 1977.
[1029] AGO FOEFI 1979.
[1030] Une loi du 17 juillet 1978 a instauré un droit d'accès des citoyens aux documents administratifs. Ainsi, toute personne peut obtenir communication des documents détenus par une administration dans le cadre de sa mission de service public, mais le statut des archives de la FOEFI n'est pas si évident à déterminer.

interroge sur le parcours de ces objets[1031]. Mais les correspondances avec les familles, si importantes pourtant selon le discours de la FOEFI, et avec les établissements d'accueil sont presque toutes supprimées[1032]. Ce travail de tri et cette destruction de nombreuses pièces qui auraient pu fournir aux personnes concernées des réponses à leurs questions ont été menés de manière inégale, certains dossiers demeurant plus fournis que d'autres, mais globalement, les pertes sont considérables. Cécile Grandjean estime que c'étaient aux assistantes sociales d'effectuer ce travail avec compréhension et respect des parcours et des besoins des ex-pupilles[1033]. Il semble que l'absence de culture de l'archive, très répandue à l'époque, ne soit pas la seule explication de cet élagage. Une volonté délibérée de laisser le moins de traces possible était aussi à l'œuvre.

Les dernières assemblées générales sont pour Bazé autant d'occasions de clouer au pilori le secrétaire d'État Lenoir qu'il juge comme le principal responsable de l'acharnement contre la FOEFI – bien davantage que la ministre dont il dépend, Simone Veil – et de dresser le bilan de l'action de la FOEFI et la sienne : « bien sûr j'ai exigé d'être indépendant. C'est ce que l'administration supportait mal ». Il regrette même que le gouvernement n'ait pas confié à la FOEFI l'accueil des réfugiés du Vietnam, les *boat people*[1034]. Dans *Le Quotidien du Médecin*, Bazé explique la décision de Lenoir par le fait que la FOEFI constituait « un exemple gênant, voire insupportable » de réussite face aux carences de l'aide sociale à l'enfance. Selon lui, la décision d'arrêter le financement de la FOEFI revient à un nivellement par le bas[1035]. En réalité, Lenoir a juste mis en œuvre les réformes de l'aide sociale à l'enfance pour la faire passer d'un service de protection de l'enfance (souvent contre les parents) à un service d'aide à la famille. Ainsi le nombre de mineurs définitivement recueillis (pupilles) est en baisse constante au profit de formes d'intervention plus souples et moins ségrégatives. La FOEFI faisait partie de « l'organisation protéiforme de l'aide à l'enfance » qui créait un certain « malaise dans la bienfaisance »[1036].

[1031] Jean Sern, *L'enfant… op. cit.* ; témoignage de Marie-Paule, 2023.
[1032] AGO FOEFI 1978.
[1033] Témoignage de Cécile Grandjean, 08/03/2022 ; *GDR* n°40.
[1034] Assemblée générale extraordinaire FOEFI, octobre 1976.
[1035] « Une décision contestée : la suppression de la subvention à la FOEFI », *Le Quotidien du Médecin*, 16 mars 1977.
[1036] Pierre Verdier, Fabienne Noé, *L'aide sociale à l'enfance, Op. cit.*, p.11-52.

La liquidation et la question de la nationalité 377

Au début de l'année 1977, à l'occasion des vœux de Nouvel An, des anciennes pupilles écrivent à Graffeuil en lui exprimant leurs remerciements alors que la FOEFI cesse ses activités. « Je ne vous oublierai jamais et je vous remercie pour tout ce que vous avez fait pour moi » ; « avec Odette nous évoquons souvent votre souvenir et votre amour pour nous les Eurasiennes. Jamais nous ne vous oublierons » ; « personne ne peut nier votre dévouement, ni celui de Monsieur Bazé. Chacun a sûrement exprimé sa gratitude à telle ou telle occasion. Même le plus ingrat ne peut pas rester indifférent à une aussi grande générosité ». Mais c'est pourtant sans doute le cas car toutes les filles n'ont pas été suivies de la même manière par Graffeuil et seulement quelques garçons, parmi ceux arrivés les plus petits, sans que les raisons en soient bien établies. D'ailleurs une lettre exprime ces traitements différenciés : « sachez que les "privilégiées" (sic) que nous avons été n'oublieront pas votre affection et votre dévouement ». En accusant réception de leurs documents d'état civil, dont le contenu est très aléatoire, mais toujours avec au moins quelques informations, certaines ont un déclic : « j'ai réalisé pour la première fois de ma vie combien il était bon de savoir que j'avais des racines quelque part ». C'est pour elles parfois l'occasion d'essayer d'en savoir plus sur leurs pères : « je me permets de vous demander un éclaircissement au sujet de mon père, j'aimerais tellement avoir de ses nouvelles »[1037].

Des pupilles s'adressent encore à la FOEFI en demandant de les aider à trouver un emploi. Ce que fait Graffeuil en 1978, pour cinq jeunes filles ayant achevé leurs études, alors que « les services de l'aide à l'enfance ne s'occupent pas de leur placement »[1038]. Surtout, des jeunes rencontrent des difficultés à prouver leur nationalité française. En effet le ministère de la Justice considère que les jugements conférant la nationalité française établis après la convention vietnamienne sur la nationalité de 1955 sont considérés comme nuls car reposant sur le décret de 1928 rendu caduc par ladite convention. La conséquence est que la personne concernée est considérée comme étrangère et ne peut que solliciter la naturalisation. Même des jeunes gens ayant effectué leur service militaire peuvent se retrouver dans cette situation, certains se voient retirer leur carte d'identité que la FOEFI leur avait obtenue quand ils étaient pupilles. Bazé ne démord pas que le décret de 1928 n'a jamais été abrogé par les autorités françaises et peut donc continuer à s'appliquer. Pour

---

[1037] ANOM 90 APC 4296, lettres envoyées à Madame Graffeuil, 9 janvier, 19 février et 7 avril 1977, 4 juillet 1978.
[1038] AGO FOEFI 1978.

chaque cas, la FOEFI explique, argumente et obtient parfois, après des mois, un résultat positif, notamment en faisant valoir l'article 57-1 du code de la nationalité qui prévoit qu'une personne qui a joui pendant les dix dernières années de la possession d'état de Français peut réclamer la nationalité française devant le juge d'instance[1039].

En 1980, ces difficultés relatives à la nationalité des anciens pupilles occupent la plupart du temps des responsables de la FOEFI qui reçoivent de nombreux appels à l'aide. La presse, par exemple *Europe 1* le 29 juillet 1980, se fait écho de cas particulièrement incompréhensibles pour le grand public. Certains ex-pupilles découvrent que deux jugements déclaratifs de naissance les concernent, d'autres qu'ils ont la même identité qu'une autre personne, des cas de même nature sont traités différemment par la justice, la situation des femmes mariées à des étrangers est souvent inextricable, etc.

En 1982, un conservateur en chef des archives nationales vient rendre visite, à leur demande, aux responsables de la FOEFI afin de mettre au point la meilleure méthode d'archivage. Constatant que le tri a été fait, il met à disposition des cartons de rangement. Le moment venu, seuls les dossiers individuels, les compte rendus des assemblées générales et quelques albums photographiques seront déposés puisque tous les autres documents ont été détruits, ce qui est une perte irréparable, mêmes si d'autres fonds permettent de combler les manques sur le fonctionnement de la FOEFI[1040]. Les ex-pupilles pourront demander à consulter leur dossier individuel conserver aux archives nationales « pour les affaires qui les concernent. Mais bien peu sauront les utiliser », précise Bazé. Aussi en juin 1983, une circulaire leur est envoyée pour préciser la démarche à suivre[1041].

La dernière assemblée générale de la FOEFI se tient le 8 novembre 1983. Y participent le président Bazé, le vice-président Varet, la secrétaire générale et trésorière Graffeuil, Monseigneur Paul Seitz, ancien évêque de Kontum, Jean Morice, avocat général honoraire et ancien président du comité local de la FOEFI au Cambodge, Charles Leca, conseiller à la

---

[1039] AGO FOEFI 1979.

[1040] Ces destructions ne sont pas conformes à la loi sur les archives promulguée le 3 janvier 1979, mais il est vrai que le tri effectué par la FOEFI avait débuté avant cette date. Sur 4 315 dossiers individuels, 2 538 sont consultables au 01/012024, c'est-à-dire qu'ils ne comportent pas de pièce postérieure à 1974.

[1041] AGO FOEFI 24 mars 1982 et 8 novembre 1983, contenant la lettre circulaire du 15 juin 1983.

cour d'appel de Versailles et ancien président du comité local de la FOEFI au Laos et Gilberte Cany, assistante sociale de la FOEFI jusqu'en 1976. Au terme d'un prolongement de sept années de fonctionnement après la fin de la prise en charge directe d'enfants, l'assemblée vote la dissolution de l'association au 31 décembre 1983. Auparavant, Bazé revient longuement sur l'historique de la Fédération et ses réussites. Il boucle la boucle en rendant hommage à l'action de Jules Brévié en Indochine, fondatrice de la cause des enfants eurasiens : « mon vœu le plus cher aujourd'hui est que les Eurasiens, qui ont acquis des situations souvent très belles en France, comprennent qu'ils doivent leurs succès à un homme de grand cœur, le Gouverneur général Jules Brévié. Ils ne devront jamais l'oublier ». Il termine par ces mots :

> « C'est une tâche bien douloureuse. La rue Washington nous rappelait encore un peu cette terre d'Indochine que nous avons tant aimée. Avec la Fédération disparait peut-être le dernier lien officiel qui rattachait la France aux lointaines terres d'Asie. Heureusement il reste les Eurasiens, et je crois que nous pouvons être fiers de les avoir aidés à devenir des Français de qualité »[1042].

William Bazé meurt deux mois après la dernière assemblée générale et quelques jours après la dissolution de la FOEFI, le 6 janvier 1984 à Neuilly-sur-Seine, à l'âge de 84 ans. Il est inhumé au cimetière de Pantin. Les ex-pupilles de la FOEFI ne sont pas prévenus de son décès, ni même certains membres de sa famille. Monique est l'une des rares à être présentes à un enterrement « presque dans l'anonymat »[1043]. Bazé avait terminé ainsi la dernière lettre envoyée le 15 juin 1983 à ses ex-pupilles : « en vous faisant mes adieux, et en vous souhaitant bonne chance dans la vie, je sous assure de mon fidèle et affectueux souvenir »[1044]. Il n'aura pas survécu au grand œuvre de sa vie. La mémoire de la FOEFI sera désormais entretenue par quelques cadres et surtout par les anciens pupilles.

[1042] AGO 8 novembre 1983, clôture de la FOEFI par M. William Bazé.
[1043] Témoignage de Monique P., 2018.
[1044] ANOM 90 APC 4296, lettre circulaire du 15 juin 1983.

Chapitre 16

Identité et mémoires du métissage et du déplacement

Les expériences vécues par les enfants métis déplacés en France, très différentes les unes des autres, ont généré des mémoires diverses. Dès 1987, des anciens pupilles créèrent une « association FOEFI » qui est toujours active aujourd'hui. L'histoire de cette mémoire collective, peut s'appréhender notamment à partir du bulletin de liaison de l'association intitulé *Grain de riz,* de témoignages oraux, de l'enquête menée en 2021-2022 et de l'observation participante menée depuis 2015. Cette étude est très riche d'enseignements sur le regard évolutif que les personnes concernées portent sur la période de leur enfance et le basculement de leur vie. Le comment et surtout le pourquoi sont les leitmotivs de leurs interrogations avec plusieurs corollaires : qui sommes-nous ? Qui suis-je vraiment ? La question de l'identité, individuelle et collective, dans ses différentes acceptions par les sciences humaines et sociales, taraude de nombreux Eurasien·nes. Cependant l'« association FOEFI » et deux autres associations mémorielles, l'une éphémère et l'autre récente, ne rassemblent qu'une toute petite partie des personnes qui ont connu cette expérience. Si quelques-unes ont publié leurs témoignages, ont parlé dans des médias ou se sont exprimés artistiquement, beaucoup d'autres refusent de raconter, de se souvenir même, le vécu étant toujours douloureux. La famille constitue un lieu de mémoire où se croisent mémoire individuelle, mémoire collective et identité[1045]. Les plus âgées des personnes concernées ressentent une certaine urgence à témoigner, à passer le flambeau, à transmettre aux générations des enfants et des petits enfants des bribes d'une histoire familiale métissée et complexe.

Mémoires collectives et associatives

Maurice Halbwachs a établi que « la reconstruction du passé » par un individu révèle nécessairement les « cadres sociaux » auxquels il appartient

---

[1045] Katie Barclay and Nina Javette Koefoed, "Family, Memory, and Identity: An Introduction", *Journal of Family History*, 46-1, 2021, p.3-12.

(le langage, le temps, l'espace, les groupes sociaux, etc.). Selon lui, les souvenirs d'un individu sont uniquement le reflet d'un réseau de significations collectives en lien avec les nécessités d'un présent spécifique, ce qui remet en cause l'existence d'une mémoire strictement individuelle[1046]. Cependant, Florence Haegel et Marie-Claire Lavabre ont démontré l'importance de s'intéresser d'abord aux trajectoires individuelles pour pouvoir étudier des « mémoires partagées »[1047]. Le processus de construction d'une mémoire collective requiert enfin l'intervention d'entrepreneurs de mémoire qui conçoivent des références communes et veillent à leur respect et à leur transmission. Ces derniers possèdent la confiance du groupe auquel ils appartiennent pour le savoir qu'ils détiennent et qui leur octroie, consciemment ou non, une place dominante vis-à-vis de ceux qui en savent moins[1048]. Concernant les mémoires des Eurasien·nes, ce rôle est joué par un certain nombre d'anciens pupilles responsables successifs d'associations.

La fin de la prise en charge des enfants par la FOEFI en 1976 et la dissolution de la Fédération en 1983 constituent des tournants pour les derniers pupilles, qui sont remis à l'aide sociale à l'enfance, mais aussi pour les ex-pupilles entrés dans la vie active. Parmi les plus anciens, alors âgés entre quarante et cinquante ans, certains ressentent le besoin et l'envie de se retrouver entre eux, entre elles, « en famille », sur les lieux de leur enfance, à Vouvray ou à Semblançay pour les garçons, à Saint-Rambert pour les filles, parfois autour de celles et ceux qui les ont éduqué·es. Au printemps 1987, pour fêter ses 40 ans, René et son épouse Florence ont l'idée de réunir un groupe d'amis eurasiens. Grâce au Minitel, ils réussissent à contacter beaucoup d'anciens de la « promo 1947 ». Ils se retrouvent environ vingt ans après leur sortie de la FOEFI, « soirée mémorable qui a été le déclencheur d'un formidable élan pour concrétiser ce dont nous rêvions tous : la création d'une grande association qui réunirait tous les anciens de la FOEFI […] Auparavant chacun se retrouvait en petits groupes d'amis, à partir de ce jour la famille s'est agrandie et c'est là que tout a commencé »[1049].

[1046] Maurice Halbwachs, *Les cadres sociaux de la mémoire*, Paris, Alcan, 1925. Voir également son œuvre posthume : *La mémoire collective*, Paris, Albin Michel, 1997 (1950).

[1047] Florence Haegel et Marie-Claire Lavabre, *Destins ordinaires. Identité singulière et mémoire partagée*, Paris, Presses de Sciences Po, 2009.

[1048] Michel Johann, *Mémoire et histoire, des identités personnelles aux politiques de reconnaissance*, Presses universitaires de Rennes, 2005.

[1049] « Les 25 ans de l'association », *GDR* n°44, 2011.

Dans la foulée de cette rencontre, en juillet ont lieu dans l'enceinte du château de la Source à Semblançay, devenu un institut médico-pédagogique, des retrouvailles beaucoup plus larges. Des anciens personnels de la FOEFI contribuent à l'organisation de la journée : les Teisserenc, Gauguin, Arnault, Vignot et Grandjean. L'acte de création d'une association loi 1901 nommée « Association FOEFI » est posé[1050]. Un an plus tard la première assemblée générale ordinaire se réunit (toujours en Indre-et-Loire) pour élire un conseil d'administration et un bureau. L'association compte alors 108 membres, le montant annuel de la cotisation est de 120 francs. Le rapport moral de l'année 1988-1989 rappelle les objectifs de l'association : « favoriser les contacts des uns avec les autres […], faire mémoire du passé, mieux connaître l'histoire de la FOEFI, rechercher les personnes qui se sont dévouées pour cette œuvre afin de les informer de notre existence, leur exprimer notre gratitude ou honorer leur mémoire ». Si l'association a été créée par des Eurasiens qui se sont connus entre 1954 et 1964 dans les foyers de Semblançay, Vouvray et Tours, ce noyau souhaite s'ouvrir à d'autres ex-pupilles de la FOEFI : les plus anciens comme les plus jeunes et les filles[1051]. Effectivement, l'association accueille en mars 1989, les premières Eurasiennes et Marguerite Graffeuil qui, à 94 ans, voit l'association comme une reconstitution de la « grande famille » de la FOEFI. Des contacts sont pris avec l'Amicale des AET-Dalat (Anciens Enfants de Troupe) qui se réunit tous les ans à Vogüe en Ardèche[1052]. Pour être au plus près de tous les Eurasiens, des délégations régionales sont créées.

Un bulletin de liaison est édité deux ou trois fois par an et rend compte des activités de l'association, il prend le nom de *Grain de riz* en janvier 1990 : « un grain de riz c'est tout petit et modeste, mais c'est l'occasion de partage, d'amitié et d'esprit d'équipe. Alors cette humble nourriture sera à chaque fois pour nous repas de fête »[1053]. Dans le numéro 4 (1989) il est précisé que la publication constitue « un lieu où des liens peuvent se tisser entre nous, ou chacun peut donner et recevoir, où on peut partager un peu de sa vie, un peu de soi-même »[1054]. La parole est donnée autant aux éducateurs qu'aux anciens pupilles de la Fédération : les « Foefiens »

[1050] Petit film sur le site Internet de Association FOEFI : <http://foefi.net/hist-asso.html>; « Retour aux sources pour des Eurasiens de Semblançay », *La Nouvelle République*, s. d. (1987).

[1051] « Éditorial », *GDR* n° 6, 1990.

[1052] Site Internet de l'Amicale : <http://www.aet-dalat.net/>

[1053] « Éditorial », *GDR* n°6, 1990.

[1054] « Les 25 ans de l'association », *GDR* n°44, 2011.

comme ils s'appellent eux-mêmes. L'association se dote d'une commission loisirs en 1990, année où un rassemblement estival est organisé à La Couvertoirade (Aveyron), où habitent les Teisserenc. La rencontre estivale de 1991, avec un rallye, rassemble 230 personnes. Une Foefienne et un Foefien, tous deux âgés de 49 ans, qui se sont connus par l'association se marient ensemble en 1991.

Dès les premières années de l'association, des débats s'engagent dans *Grain de riz* sur les activités qui doivent être menées. La célébration de la fête du Têt, le nouvel an vietnamien, qui est un succès en 1989, est notamment interrogée. Un Eurasien est contre, estimant que les Vietnamiens n'aiment pas les Eurasiens (« j'ai moi-même reçu des menaces de mort à l'âge de 4 ans ») et que les *boat people* ont été mieux traités que les Eurasiens. On lui répond que « célébrer le Têt sur la terre de France pour les Eurasiens, c'est l'occasion de rappeler à notre conscience notre identité particulière ». En cela l'association des ex-pupilles ne fait que poursuivre une célébration à laquelle William Bazé était attaché : en 1957 il participait à la fête du Têt, aux côtés de l'ambassadeur de la République du Vietnam en France et bien d'autres personnalités au milieu de plus de 2 000 Vietnamiens et Français[1055]. D'autres tensions émergent sur le regard que les Eurasiens peuvent porter sur leurs expériences respectives.

En 1990, une scission s'opère et une seconde association nommée « L'Eurasie » est créée par des anciennes pupilles. Marguerite Graffeuil avait encouragé « les filles » à rejoindre l'association des garçons, mais certaines d'entre elles considéraient qu'elles n'y étaient pas reconnues à leur juste place, ni suffisamment représentées dans les instances de l'association. De plus, en 1988, M. Graffeuil avait demandé à quelques ex-pupilles de l'aider à mettre en ordre ses papiers, à actualiser les adresses des anciennes. Ce faisant, certaines lui raconteront leur quotidien à Saint-Rambert et elle se serait montrée « effarée » par ces révélations ne cadrant pas avec ce qu'elle voyait lors de ses visites[1056]. Très tournée vers la culture vietnamienne, « L'Eurasie » répond en quelque sorte au vœu du président de la FOEFI de voir les métis devenir des traits d'union entre la France et le Vietnam, fiers de leurs deux cultures. Quelques années plus tard, « L'Eurasie » s'éteint, faute de candidates aux responsabilités, et seule demeure l'Association FOEFI. Les femmes sont peu représentées dans le bureau de l'association qui est née d'une initiative d'hommes. Le mari d'une Eurasienne écrit dans une tribune intitulée « L'union contre

---

[1055] « Les Vietnamiens de Paris ont fêté le Têt », *Le Monde*, 1er février 1957.
[1056] Témoignage de Monique P., 2018.

la scission » : « les membres et les amis de cette association se doivent de faire taire leurs rancœurs d'un passé révolu, leurs jalousies, leurs déceptions ou leurs ambitions personnelles en son sein »[1057].

Le début des années 1990 est marqué par un certain nombre de décès des cadres de la FOEFI. En 1991, deux des principaux responsables de la FOEFI disparaissent. Pierre Varet, qui a été successivement membre du conseil d'administration de la FOEFI-France, président du comité local de la FOEFI en France, directeur général et vice-président de la FOEFI[1058], meurt à 89 ans. La même année, Marguerite Graffeuil décède à 96 ans et de nombreuses Eurasiennes sont présentes à ses obsèques en l'église Saint-François-Xavier à Paris, certaines étaient restées plus particulièrement proches d'elle jusqu'à sa mort. Des hommages individuels appuyés lui sont rendus dans *Grain de riz*, par des textes, des souvenirs, des poèmes aussi. Certain·es la considèrent « comme une deuxième mère ». En 1990, lors d'une rencontre avec elle à son domicile, quelques pupilles l'avaient enregistrée racontant certains épisodes de l'histoire de la FOEFI[1059]. L'Eurasie dépose une plaque dans le caveau familial avec ces mots « L'Eurasie à Marguerite Graffeuil 1895-1991 ». En 1992, un « comité Graffeuil », composé d'ex-pupilles qui estiment devoir lui rendre un hommage tout particulier, est créé au sein de l'Association FOEFI. Il reçoit une quarantaine de contributions pour la réalisation d'une plaque funéraire. Celle-ci est aussi installée dans le caveau avec l'inscription : « Un cœur sans frontière, un modèle si présent, dans l'esprit de ses enfants, telle est notre mère. Association FOEFI ». Des poèmes sont dits sur sa tombe à cette occasion[1060]. Le comité fait dire régulièrement des messes pour le repos de son âme, au moins jusqu'en 1997. En 1992, Yvonne Bazé, épouse de William Bazé décède à 92 ans, *Grain de riz* lui rend hommage : reconnaissance à la laquelle Varet n'a pas eu droit dans les colonnes du bulletin, pas plus que dans les témoignages des ancien·nes pupilles recueillis récemment.

[1057] « L'union contre la scission », G. GU., *GDR* n°11, 1992.

[1058] Dans les derniers documents de la FOEFI de novembre 1983, il est présenté comme vice-président de la FOEFI depuis 1956, ce qui est curieux car dans d'autres il ne semble occuper cette fonction qu'à partir de 1971.

[1059] Vidéo « Mme Graffeuil raconte », disponible sur le site Internet de l'association FOEFI avec cette légende : « Conversation avec Mme Graffeuil. Réalisée par l'éphémère "L'Eurasie" avec des Eurasiennes et des transfuges Eurasiens ». <https://foefi.net/archives-AV.html>

[1060] « Compte rendu 1992 », *GDR* n°12, 1993.

En avril 1997, une quinzaine de membres de l'association FOEFI, le comité Graffeuil, et quelques « Eurasiens 1947 » se rendent sur la tombe de William Bazé au cimetière parisien de Pantin. Ils s'y recueillent et déposent des gerbes de fleurs et une plaque avec le texte suivant « Hommage à Monsieur William Bazé. Les enfants de la FOEFI reconnaissants. Association FOEFI ». Antérieurement là encore, l'association L'Eurasie avait également déposé une plaque avec ces mots « À William Bazé. L'Eurasie » avec un motif figuratif évoquant l'Indochine. Dans *Grain de riz* de novembre 1997, un texte rend hommage à Bazé : « monument de notre Histoire de chair et de sang, il est pour nous, le lien entre tous les métis de la terre [...] Beaucoup d'entre nous (sinon tous) ont été ses enfants, ses filleuls ou ses pupilles. La reconnaissance de nos origines, les sentiments de nos cœurs nous unissent dans son souvenir »[1061]. En 2005 et 2011, lorsque que les époux Teisserenc meurent, sur leur tombe à la Couvertoirade sont déposées des plaques : « Un grand merci à notre cher parrain présent à jamais dans nos cœurs. FOEFI », « À marraine. Ses enfants de la FOEFI reconnaissants » ; de même en Corse sur la tombe de Paul Susini décédé en 2022 : « À Paul Susini. Les enfants de la FOEFI reconnaissants ». Ce faisant, l'association poursuit l'un de ses objectifs initiaux vis-à-vis des cadres de la Fédération : « leur exprimer notre gratitude ou honorer leur mémoire ». *Grain de riz* signale également les décès des ex-pupilles, généralement avec un ou plusieurs petits textes de souvenirs écrits par leurs camarades les plus proches.

Le nombre d'adhérents à l'association connait un pic en 1992 avec 173 cotisations enregistrées cette année-là, puis décroit à 132 en 1995, 99 en 1999 puis oscille entre 70 et 110 jusqu'à aujourd'hui. La participation aux différentes activités, dont la fête du Têt et surtout les rencontres estivales qui ont perduré, connaissent les mêmes fluctuations avec un plancher au milieu des années 1990. Comme dans toute association, ces hauts et ces bas s'expliquent par les choix des équipes qui se sont succédé à la tête de l'association, une certaine lassitude des adhérents, leur non-renouvellement. Alors qu'au milieu des années 2000, la fête du Têt regroupe plus de 300 personnes, le nombre d'adhérents tombe à 56 en 2008, avant de remonter. Le *turn over* semble très important avec un nombre élevé d'Eurasien·nes qui participent pour une première fois à un événement, sans forcément revenir. Globalement, il s'agit donc d'une toute petite minorité des personnes concernées qui se sont intéressées ou s'intéressent encore aujourd'hui à l'association. Le bureau élu en 2005

[1061] « Hommage à Monsieur W. Bazé », *GDR* n°20, 1997.

en est bien conscient et propose de « reprendre contact avec d'autres membres qui l'ont quittée, soit par manque de temps, soit par lassitude, soit sur des malentendus divers » et de retrouver d'autres Eurasiens[1062].

Il faut dire que l'association est très liée à la vie dans les foyers de garçons de la FOEFI, et donc ne concerne pas tout le monde. Certains qui ne les ont jamais connus sont venus puis ne sont pas revenus, ne s'y retrouvant pas. D'autres ne veulent pas ressasser le passé, refusent l'esprit « ancien combattant », sont contre toute idée de gratitude envers la FOEFI, ou disent tout simplement que cela ne les intéresse pas comme Philippe qui n'a jamais connu les foyers. Jacques a participé à quelques rassemblements puis s'est détaché de l'association. Et puis celles et ceux qui ont eu des parcours difficiles ne se retrouvent pas dans les associations. Jean Rey, né en 1954, estime en 2009 que chaque fois qu'il participe aux rassemblements il a l'impression de revenir au foyer : « je pense qu'il est temps que nous grandissions, qu'on laisse les plaies se refermer plutôt que de les rouvrir »[1063]. À l'instar d'autres qui ont répondu à l'enquête, Paul estime que l'idée d'une association est excellente, « pour recréer une grande famille pour chacun d'entre nous à qui on a confisqué la nôtre », mais « sans qu'il y ait une exclusion de fait, on sent que cela ne concerne qu'un nombre restreint de foyers d'Eurasiens. Je pense qu'élargir par la diffusion d'une simple liste de tous les établissements de France qui ont accueilli les pupilles, aurait été plus inclusif »[1064]. Il est vrai qu'en 2009, les membres de l'équipe qui est à la tête de l'association sont présentés par leurs prénoms et noms suivis du nom du foyer FOEFI et de leur année d'arrivée. Sur les 14 responsables nationaux et régionaux, huit sont passés par Vouvray, trois par Semblançay et un par Rilly. Seulement un homme et la seule femme du groupe ne sont pas lié·es aux foyers[1065].

Pour Marcelle, ce sont les aléas de la vie qui l'ont empêchée de participer aux retrouvailles : « je n'ai jamais pu aller à une rencontre car c'était trop loin et j'étais très occupée avec mon travail et mes enfants ». Certain·es font l'amalgame entre l'association FOEFI et la FOEFI elle-même. Pour Martha, « comme beaucoup, j'ai hésité de reprendre contact et à revenir sur le passé décevant » et explique ne pas adhérer par le « mauvais souvenir de l'association et une rancœur de la façon dont ils ont manœuvré les orphelins sans compréhension et les ont maltraités ».

[1062] « Les objectifs du nouveau bureau », *GDR* n°34, 2005.
[1063] « Petite mise au point », Jean Rey, *GDR* n°53, 2017.
[1064] Philippe et Paul, questionnaires, 2021.
[1065] *GDR* n°38, 2009.

Isolée dans un orphelinat en tant que seule « étrangère », Odette n'a pas eu de liens avec des Eurasiennes et ne connait pas l'association. Isolée elle aussi dès son arrivée en France, Marie-Thérèse suit l'association sur le groupe Facebook depuis 2015, « pour ne plus être seule, mais souvent cela me fait mal de voir combien ils sont proches et ont réussi à former une famille ». En 2023, elle participe à une rencontre regroupant ancien·nes pupilles et étudiant·es et se promet de participer à des activités associatives. Imre Szabo, qui n'a pas connu les foyers et a un parcours bien différent de bon nombre d'anciens, adhère très tardivement à l'association, « poussé il est vrai par la volonté de participer à un débat sur l'image de la FOEFI en explicitant un point de vue autre que celui de beaucoup d'historiens de la "décolonisation" »[1066].

On trouve dans les premiers numéros du bulletin, au début des années 1990, des conseils de lecture (romans ou études), des critiques de films (*Dien Bien Phu* de Schoendoerffer notamment), des conseils pour (ré)apprendre le vietnamien, une réponse du conservateur du Centre des Archives d'outre-mer à Aix-en-Provence à une question sur les archives de la FOEFI, etc. Certains racontent aussi leurs retrouvailles avec des membres de leur famille, ou lancent des avis de recherche pour retrouver un frère ou une sœur arrivé·e en France mais séparément, ou plus simplement des camarades de pension. Des hommages sont rendus aux responsables des foyers, surtout « parrain » et « marraine » Teisserenc, mais aussi Mère Jeanne et sœur Marie-Bernard de Saint-Rambert, Sœur Marie-Claire, une institutrice de Semblançay, des éducateurs, etc. Des articles sont consacrés aux CAFI de Sainte-Livrade et Noyant-d'Allier. Une identité FOEFI se dessine entre anciens : des souvenirs de l'Indochine ou du Vietnam, le foyer et/ou les pensions, la solidarité et la camaraderie comme moyens de se soutenir, d'avancer dans la vie. Cette ligne éditoriale évolue au gré des bureaux de l'association et connait des variations. Les deux numéros de 2003 sont presque exclusivement consacrés aux souvenirs d'Henri Boivin, né au Cambodge en 1947 ; ceux de 2004 publient des documents d'archives de la FOEFI sur les foyers. En 2005, au moment où « nous abordons, pour la plupart d'entre nous, la fin de notre vie professionnelle », le bureau de l'association propose un *Grain de riz* étoffé avec des réflexions sur l'identité des Eurasien·nes, toujours des souvenirs, mais aussi des informations sur des sujets variés : la retraite, des faits de société, les risques d'acheter en ligne sur Internet, etc. D'où des numéros de plus de 50 ou 60 pages en 2005 et 2006[1067].

[1066] Marcelle, Martha, Odette, Marie-Thérèse, Imre, questionnaires, 2021 et 2022.
[1067] *GDR*, n°34 à 37, 2005 et 2006.

Après une coupure de trois années, *Grain de riz* reparait en décembre 2009 (n°38), l'association en difficulté ayant été reprise par une nouvelle équipe. Désormais en version numérique, la nouvelle formule est plus légère, recentrée sur les expériences vécues. Les activités de l'association, avec de nombreuses photos, et « l'époque plus ou moins heureuse de la vie dans les foyers ou les pensionnats » demeurent au centre de la publication, sans éviter les débats sur la sévérité de l'encadrement et la séparation avec les mères et les pères et entre frères et sœurs[1068]. Les membres de l'association portent un regard plus ou moins critique sur les modalités de leur migration vécue tout à la fois comme un sauvetage, plus ou moins justifié, et un déracinement subi. Ils sont aidés en cela par le film documentaire de Philippe Rostan *Inconnu, présumé français* (2009) qui montre une vraie camaraderie et l'expression du sentiment d'avoir été sauvés, mais le film est surtout un tournant important dans la mémoire des anciens de la FOEFI[1069]. Si le film comporte des erreurs factuelles dommageables (par exemple la création de la FOEFI par Bazé en 1938, ou l'affirmation que très peu de filles ont été envoyées en France), il s'agit néanmoins d'une production qui permet de poser des questions essentielles sur le processus de « rapatriement » : le consentement des mères, la dislocation des adelphies, les conditions de la sortie du giron de la FOEFI, etc. Le réalisateur, lui-même Eurasien, est un cousin germain de Jacqui Maurice, le président de l'association FOEFI, qui est le personnage central du film. Philippe Rostan explique : « son histoire est longtemps restée secrète au sein de ma famille. Je l'ai souvent questionné, mais il a été réticent pendant des années. C'est seulement à la soixantaine qu'il est prêt à me la livrer ». Effectivement, les témoins du film expliquent :

> « nous avons très peu parlé de notre blessure commune : de l'absence de nos mères et de nos pères. Cette blessure était si profondément enfouie en nous que très peu d'entre nous en ont parlé à leur femme, et surtout à leurs enfants. C'est pour rompre ce silence que nous avons accepté de témoigner [...]. À travers le film, nous avons voulu dire que nous avons tous eu à porter cette blessure et qu'il est temps aujourd'hui d'en parler, entre nous, avec nos enfants qui eux aussi ont souffert de nos silences et qui ont besoin de savoir »[1070].

[1068] *GDR* n°38, 42 et 44, 2009, 2010 et 2011.

[1069] Philippe Rostan, *Inconnu, présumé français*, France, 2009, 90 mn. Diffusé sur France Ô en avril 2010.

[1070] Dossier consacré au film de Philippe Rostan, *GDR* n°38, décembre 2009.

Outre les questions des blessures de la séparation et de la transmission familiale, le film rapporte les avis des personnes concernées sur la manière dont elles ont été prises en charge. Et la parole se libère. Un groupe Facebook « FOEFI » est créé en 2009 (il compte près de 400 membres en 2023). René Fairn, Paul Garnier, Maurice Loaique, Jacqui Maurice et Henri Moller, témoignent dans l'émission Cosmopolitaine sur France Inter en 2009 ; Madeleine Jillet sur France 3 en 2014 ; Paul Garnier, Madeleine Jillet, René Leblond, Jacqui Maurice, Paule Migeon, André Viret et d'autres racontent leur histoire sur France Culture en 2015 ; Gérard Addat, Jacqui Maurice et Jean Weber sur la radio nationale espagnole en 2015[1071].

Si le déracinement est évoqué dans le film de Philippe Rostan, l'arrachement est le thème principal du documentaire *Né sous Z* de Frédérique Pollet-Rouyer (2010) qui croise un cheminement personnel avec le fait historique du déplacement des enfants eurasiens. Le film suit la quête de Robert à la recherche de ses origines et des motivations de la politique dont les enfants eurasiens ont fait l'objet. On y trouve une même scène que dans le film de Rostan : la consultation du dossier individuel de pupille de la FOEFI aux ANOM dans l'espoir d'y trouver des traces du père. À propos de la justification de l'arrachement par la nécessité de sauver ces enfants, Robert s'interroge profondément : « est-ce qu'on avait besoin d'être sauvés ? »[1072]. En 2013, un rapport d'information de la Délégation sénatoriale à l'outre-mer, revient sur la question eurasienne, à partir des écrits et du spectacle de Dominique Rolland « La Tonkinoise à l'île de Groix », et des films de Philippe Rostan, mais sans donner la parole directement aux personnes concernées[1073]. Quelques années plus tard, dans son film *Héritiers du Vietnam*, la journaliste Arlette Pacquit s'intéresse aux descendants de couples martinico-vietnamiens, qui vivent aujourd'hui en Martinique, en suivant plusieurs parcours individuels[1074].

En 2018, Sophie Hochart, documentariste photographe, réalise une exposition intitulée « Le déracinement silencieux » qui évoque le déplacement des enfants eurasiens. Elle met en parallèle pour chaque

---

[1071] France Inter, Cosmopolitaine, 15 novembre 2009 ; France Culture, La Fabrique de l'Histoire, « Des enfances à rebours », 22 septembre 2015 ; Radio Nacional de España, « Cinco Continentales », 22 avril 2015.

[1072] Frédérique Pollet-Rouyer, *Né sous Z*, France-Belgique, 2010, 75 mn. Diffusé sur France 2 en novembre 2011.

[1073] Rapport d'information de la Délégation sénatoriale à l'outre-mer, n°149 (2013-2014) par M. Serge Larcher, déposé le 14 novembre 2013.

[1074] Arlette Pacquit, *Héritiers du Vietnam*, France, 2016, 84 min.

personne, une photo de l'enfance et une photo du présent. De courts textes explicitent l'une et l'autre. Cette exposition, qui a aussi donné lieu à un livre, constitue une entreprise mémorielle individuelle réalisée « à la mémoire d'Aliette, ma grand-mère tay lai », grâce et avec les associations des ancien·nes de la FOEFI. Croisés avec les photographies, les extraits des témoignages illustrent une variété de parcours en même temps qu'un destin commun[1075]. Il faut noter l'accueil très ouvert que l'association et ses membres ont toujours réservé à toutes les personnes s'intéressant à leur histoire, chercheur·es ou documentaristes, sans volonté d'imposer une manière de voir, mais intéressés par les points d'interrogation qui surgissent.

Ces productions documentaires, notamment cinématographiques, plutôt critiques sur la politique de la FOEFI et intégrant les avancées des études en sciences humaines et sociales sur les décolonisations, provoquent un véritable débat chez les foefiens et foefiennes. Surtout, les anciens responsables de foyers, éducateurs et assistantes sociales réagissent en critiquant une manière de regarder la réalité des années 1950 et 1960 avec les yeux, les mentalités, les valeurs des années 2000. Alors qu'il a été longuement interviewé et filmé par Rostan, Paul Susini ne comprend pas pourquoi il n'apparait pas dans le film, qui selon lui a été réalisé à charge contre la FOEFI et ses personnels. Pour les anciens pupilles, une parole s'est libérée, ils veulent pouvoir exprimer leurs déchirures en même temps que leur gratitude[1076]. C'est pendant le tournage du film que Jacqui et Roger découvrent davantage la vie dramatique de leur sœur Jeanne restée au Vietnam. Comme pour beaucoup d'autres épisodes traumatiques, le temps est nécessaire à l'expression du mal être, à la reconstruction, à une certaine résilience définie par Boris Cyrulnik comme « la capacité à se développer quand même, dans des environnements qui auraient dû être délabrants »[1077].

Ces dernières années, le thème du métissage et de l'identité est exprimé fortement, avec des références nouvelles (Édouard Glissant et son identité rhizome par exemple), en suivant des effets de mode et d'actualité aussi. La notion de « régime d'historicité » développée par

---

[1075] Sophie Hochart, exposition « Le déracinement silencieux », 2016, ouvrage autoédité en 2018.

[1076] « Lettre aux Eurasiens » de Cécile Grandjean et « Réponse de Jacqui Maurice » *GDR*, n°38, 2009.

[1077] Boris Cyrulnik et Claude Seron (dir.), *La résilience ou comment renaître de sa souffrance*, Fabert, 2003 ; Boris Cyrulnik, *Autobiographie d'un épouvantail*, Paris, Odile Jacob, 2010.

François Hartog[1078] est très éclairante pour comprendre la manière dont les anciens de la FOEFI articulent sans cesse leurs expériences du déplacement avec leurs préoccupations du moment. Les enjeux de mémoire s'accompagnent nécessairement d'une mise en récit destinée à les normaliser et à susciter justement « une conscience historique » qui doit transcender des consciences individuelles[1079]. Depuis 1987 et la création de l'« Association FOEFI » par les anciens, celle-ci s'est imposée comme la représentante quasi-officielle de la mémoire des Eurasiens et de son récit. Le sociologue et anthropologue Martin Denis-Constant utilise plutôt le terme de « narrativité », dont l'acception incite à rechercher l'ensemble des « porteurs » de la mémoire collective, contrairement au terme de « mise en récit » se rapportant davantage à la sphère de l'écriture selon lui[1080].

L'association ne porte aucune revendication d'aucune sorte vis-à-vis de la politique mise en œuvre par la FOEFI. On est bien loin des plaintes pour « rapt d'enfant » déposées en 2020 par cinq femmes métisses nées au Congo, arrachées à leur famille maternelle à l'âge de deux, trois ou quatre ans pour être placées dans une institution religieuse[1081]. L'association est également très éloignée des réclamations de celles regroupant des enfants de La Réunion qui évoquent des « déportations », terme jamais utilisé par les Eurasien·nes[1082]. La mémoire collective que les membres entendent entretenir passe par des gestes symboliques de réappropriation des lieux de leur enfance. En 2010 une plaque commémorative est posée sur le mur d'enceinte du domaine de La Source à Semblançay avec cette inscription : « De 1955 à 1967 à la Source, des garçons de la FOEFI ont vécu leur enfance en gagnant l'affection de tous »[1083]. À l'aune des travaux dirigés par Pierre Nora, qui considère les plaques commémoratives comme des lieux de mémoire[1084], ces mémoriaux illustrent de manière

---

[1078] François Hartog, *Régimes d'historicité. Présentisme et expériences du temps*, Paris, Seuil, 2003.

[1079] Michael Pollak, *Une identité blessée. Études de sociologie et d'histoire*, Paris, Métaillé, 1993

[1080] Martin Denis-Constant, *L'identité en jeux. Pouvoirs, identifications, mobilisations*, Paris, Karthala, 2010.

[1081] Dépôt des plaintes en juin 2020, procès en octobre 2021 et verdict en décembre 2021, déboutant les plaignantes.

[1082] Vitale, Bertile, Ève, Gauvin, « Étude de la transplantation de mineurs de La Réunion… *op. cit*, p.514-521.

[1083] Compte rendu de la cérémonie du 7/08/2010, *Grain de riz*, n°42, 2010.

[1084] Pierre Nora, *Les lieux de mémoire, 3 tomes : t. 1 La République (1984), t. 2 La Nation (1986), t. 3 Les France (1992)*, Paris, Gallimard.

empirique le cheminement effectué par la mémoire des Eurasiens et celle de la décolonisation de l'Indochine dans l'espace social[1085].

Passant par l'abbaye en 2010, une ancienne pensionnaire a l'idée d'y convier des camarades pour des retrouvailles. Celles-ci ont un écho dans *Grain de riz* et constituent un nouveau point de départ mémoriel du côté des Eurasiennes[1086]. En 2016, l'association FOEFI confie aux « filles » le soin d'organiser leur rencontre estivale. Si des anciennes participaient aux manifestations de l'association, et quelques hommes se joignaient aux femmes, notamment depuis 1995, la rencontre de Saint-Rambert en 2016 marque un tournant. Chaque groupe découvrant un peu plus le vécu de l'autre, la mémoire des femmes rencontrant la mémoire des hommes, ceux-ci se rendant compte que celles-là, notamment à Saint-Rambert, ont peut-être connu, globalement, une enfance plus rude que la leur ; ce qui est exactement l'inverse de ce que raconte Jean Sern[1087]. Aujourd'hui, une « Amicale des Eurasiennes », créée en 2018, entretient une mémoire vive de cette expérience. En juin 2019, dans le parc de l'abbaye, en présence d'élus locaux, a été inaugurée une stèle commémorant le soixante-dixième anniversaire de l'arrivée en ce lieu des premières Eurasiennes en 1949. Ce faisant, elles ont créé par elles-mêmes et pour elles-mêmes un lieu de mémoire, « aboutissement d'un processus mémoriel »[1088]. Ces dernières années, lors de chaque rencontre du mois de juin, pendant deux jours, les Eurasiennes (re)prennent possession de l'abbaye, les sœurs leur disent qu'elles sont chez elles. L'association a organisé des cérémonies en présence d'élus de Saint-Rambert, de quelques Rambertoises qui ont connu des filles de l'abbaye et a invité des associations laotienne (2021), cambodgienne (2022) ou vietnamienne (2023). Le maire de la commune se dit très attaché à l'abbaye et à l'histoire des Eurasiennes, en l'enjolivant un peu dans ses discours, car il se souvient que ses parents accueillaient le dimanche deux pensionnaires, Ginette et Simone, cette dernière est présente lors de ces rassemblements[1089].

[1085] Hugues Tertrais, *Regards sur l'Indochine, 1945-1954*, Paris, Gallimard, 2015. ; Éric Deroo et Pierre Vallaud, *Indochine française, 1856-1956. Guerres, mythes et passions*, Paris, Perrin, 2003.

[1086] « Assemblée des Eurasiennes à l'abbaye de Saint-Rambert-en-Bugey, 14-17/10/2010 », *GDR* n°42, 2010.

[1087] Jean Sern, *L'enfant... op. cit.*

[1088] Mechthild Gilzmer, *Mémoires de pierre. Les monuments commémoratifs en France après 1944*, Paris, Autrement, 2009.

[1089] Discours du maire de Saint-Rambert, juin 2023.

Lors des soirées festives, les Eurasiennes portent des habits traditionnels (*ao dai*), ce que ne font pas les hommes lors de leurs rassemblements en Touraine ou ailleurs. Les photographies sont également davantage mises en avant que lors des rencontres organisées par les hommes. C'est même l'une des activités favorites : sur les photos de groupes et de classes, il s'agit de retrouver qui est qui, qui est devenue quoi… En photographe amateure, Paule Migeon partage lors de ces rencontres les photos de sa vie. Sur des panneaux, elle réunit les portraits des personnes qui ont marqué son enfance : sa mère vietnamienne, son père militaire français (mort en 1945), Mère Jeanne, Marguerite Graffeuil, des membres de sa famille et quelques clichés de l'un de ses voyages au Vietnam avec d'autres Eurasiennes. Marie-Dominique réalise des montages pour trouver des ressemblances entre elle, sa mère, sa fille et sa petite-fille, et entre son père, son fils et son petit-fils[1090].

Qu'elles aient de bons souvenirs ou une vision moins positive de leur passage à Saint-Rambert, car « on ne peut pas sortir indemne de l'abbaye » et « l'abbaye laisse des traces », beaucoup d'Eurasiennes demeurent attachées à cette maison. Dans les années 1960 et 1970, jeunes femmes, jeunes mères (pas célibataires, les « filles mères » étant rejetées en tant que contre-modèles), certaines y sont revenues passer quelques jours dans un chalet préfabriqué que Mère Jeanne réservait à cet usage. Parmi les ex-pupilles les plus critiques, certaines n'ont jamais voulu y revenir car elles y ont trop de « mauvais souvenirs », toujours traumatisants. Quelques-unes y sont revenues très tardivement, avec beaucoup d'appréhensions, de larmes, de souffrances parfois. D'autres font une distinction nette entre la maison qui restera toujours la leur et le modèle d'éducation qu'elles y ont reçu et qu'elles rejettent. Avec une nostalgie liée à l'enfance, elles disent souvent « notre maison », « ma maison », en insistant sur le possessif, manière pour certaines de revendiquer un lieu, parfois pour contester symboliquement la propriété des religieuses. Marcelle, qui a été pensionnaire chez les Sœurs de Saint-Vincent de Paul dans l'orphelinat de Moulins-sur-Allier de 1960 à 1968 y est retournée bien des années plus tard. L'établissement était devenu une maison de retraite : « j'ai été très émue de revoir certaines traces de mon passé », écrit-elle[1091].

[1090] Voir leurs productions dans l'exposition virtuelle : « "Comme les rayons différés d'une étoile": photos d'Eurasiennes "rapatriées" en France (1947-2020) », par Yves Denéchère, disponible en français, anglais et vietnamien sur <https://musea.fr/exhibits>

[1091] Témoignages et questionnaires, 2021 et 2022.

Identité, mère et père

Les complexes rapports à l'identité sont liés à un certain nombre de marqueurs individuels. La nationalité française constitue l'un d'entre eux, commun à tous les ex-pupilles de la FOEFI, puisqu'il s'agissait d'un préalable pour devenir pupille de la Fédération. Cependant, pour celles et ceux qui ont été pris en charge après 1955, d'après la convention vietnamienne sur la nationalité de la même année, ils et elles ont pris la nationalité du père, mais ont gardé cependant la faculté d'opter, à l'âge de 18 ans, pour l'autre nationalité. Toutes les personnes de pères français consultées affirment que jamais ce choix ne leur a été présenté et les archives sont effectivement muettes sur ce point. En sens inverse, en 1965 le rapport de Sid-Cara signale que la FOEFI elle-même « a multiplié les déclarations d'option pour la nationalité française au profit de ses pupilles nés de pères étrangers »[1092]. Pour la plupart des personnes concernées, la nationalité française a été acquise dans un contexte et lors de procédures très particulières. À l'occasion d'une démarche administrative et surtout lors d'une demande de renouvellement de la carte d'identité, certain·es Eurasien·nes se trouvent en difficulté lorsqu'on exige qu'ils prouvent leur ascendance française. C'est le cas notamment de René qui doit batailler de longs mois pour y parvenir[1093]. En 1993, dans le contexte de la loi dite Pasqua réformant le droit à la nationalité, *Grain de riz* réitère des conseils, notamment celui de se faire établir un certificat de nationalité française sans en attendre la nécessité[1094].

Dans les témoignages recueillis ou lors des rencontres associatives, qui rappelons-le ne rassemblent qu'une petite minorité des milliers de personnes concernées, la camaraderie entre ancien·nes est constamment mise en avant comme un élément fort d'identité. En compensation des séparations familiales, des Eurasien·nes ont constitué entre eux et entre elles des familles de substitution. Dans les questionnaires de l'enquête reviennent souvent les expressions « grande famille des Eurasiens », « mes sœurs eurasiennes », « les Eurasiens de la FOEFI, c'est ma famille », etc. L'un d'eux témoigne : « mes enfants ont trouvé que j'avais "changé" depuis ces retrouvailles [avec l'association FOEFI], il devait me manquer la chaleur de mes copains, en fait ils ont été ma seule famille durant

---

[1092] AN, FOEFI 126, rapport sur la FOEFI de Nafissa Sid-Cara, inspecteur général de la santé publique, 10 septembre 1965.
[1093] Témoignage dans *Inconnu, présumé français*.
[1094] « Conseils pratiques », *GDR* n°13, 1993.

mes 10 années de FOEFI »[1095]. Marie-Claire affirme avoir conservé « une relation amicale indéfectible avec quelques vraies amies d'enfance. Ceci constitue le point positif le plus fort de mon passage à la FOEFI ». Quelques anciennes, des « filles du Nord » arrivées avec mère Jeanne à l'ouverture de l'abbaye en 1949, ont maintenu depuis cette date des liens très forts. C'est d'ailleurs bien l'esprit de camaraderie et de solidarité qui a conduit à la création de l'association en 1987. Lors des rencontres festives et/ou commémoratives, les années de pension, le Vietnam d'hier et d'aujourd'hui sont bien plus évoqués que les expériences personnelles et familiales[1096].

La camaraderie, la fraternité et la sororité eurasiennes affichées englobent aussi les Africasien·nes, Indo-vietnamien·nes et les autres métis·ses quelles que soient les origines des pères. Les personnes concernées indiquent qu'elles sont tous frères et sœurs par leurs mères, car c'est la mère qui donne la part asiatique de l'identité métisse. Et cette identité est la plus structurante, plus que celle du père, européenne, africaine ou autre. Il y a là comme un renversement car c'est l'exact contraire de ce qui a déterminé leur prise en charge par la FOEFI : la « race française » du père. Plusieurs travaux comme ceux de Le Huu To et plus récemment de Han Victor Lu ont bien étudié ces questions d'identité eurasienne et de rapport à la mère asiatique, que ce soit en situation coloniale ou d'immigration[1097]. La spécificité de la subjectivité juvénile des Eurasien·nes repose sur le métissage comme élément structurant leur construction individuelle. Ils ont réussi à créer et à entretenir une « mémoire de race » dans laquelle ils se reconnaissent. Tous ont une relation complexe à leurs origines et se définissent comme des sujets issus de deux cultures. La construction des identités métisses, ici eurasienne (ou africasienne), a été bien documentée, notamment pour la période de l'adolescence, avec la problématique bien connue de « l'inconfort de l'entre-deux »[1098]. Certains se sentent une âme asiatique, mais sont très frustrés de ne plus connaître la langue, qu'ils ont été contraints d'oublier, et de ne pas mieux

---

[1095] Témoignage dans *GDR*, n°44, 2011.

[1096] Observation participante de l'auteur lors des rencontres de Vouvray (2016), Saint-Rambert-en-Bugey (2018, 2019, 2021 et 2023), Nazelles-Négron (2021 et 2023) et Les Mathes (2022).

[1097] Han Victor Lu, « Migration, métissage et transmission ». *Le Coq-héron*, 3/230, 2017, p.79 ; Le Huu To, *L'interculturel et l'Eurasien*, Paris, L'Harmattan, 1993.

[1098] Marie-Rose Moro, *Enfants d'ici venus d'ailleurs*, Paris, Pluriel, 2011. Notamment « Devenir adolescent métis », p.101-116 ; Dominique Rolland, « Métis d'Indochine, l'inconfort d'un entre-deux », *L'Autre*, 2/vol 8, 2007, p.199-212.

connaître la culture, qu'on ne leur a jamais enseignée. On revient toujours à ces deux éléments fondamentaux de la politique de la FOEFI.

Réapprendre la langue perdue est très difficile pour celles et ceux qui tentent de le faire. L'anthropologue Dominique Rolland, elle-même issue du métissage franco-vietnamien, qui a fait cette expérience, estime que c'est un exercice très compliqué car de nombreux blocages liés à la culpabilité d'avoir oublié sa langue de naissance entrent en jeu. Plusieurs témoins ont rapporté la même chose, l'impression que quelque chose bloque. La frustration de ne pas réussir aussi bien que des personnes qui n'ont pas d'origine vietnamienne est difficile à supporter[1099]. Pour Jean-Louis B., il s'agit surtout de renouer avec la culture de son pays natal qu'on ne lui a jamais enseignée : « ça me fait plaisir de me rapprocher des Vietnamiens. Je rencontre des gens qui ont une histoire plus ou moins proche avec le pays ». Geneviève y réussit mieux après un voyage au Vietnam où la communication est laborieuse : « j'étais vexée et j'ai pris conscience qu'il fallait que je réapprenne le vietnamien. Je n'ai pas attendu, en rentrant en France je me suis inscrite pour prendre des cours de vietnamien. Il m'a fallu plusieurs années pour pouvoir comprendre et parler correctement, j'ai encore des lacunes ». D'autres cherchent à participer à des fêtes traditionnelles, pour apprendre la langue ou la cuisine. Mais les différences d'âge, de générations, de parcours de vie ne rendent pas les relations toujours faciles. En 1981, à 41 ans, pour retrouver sa culture d'origine, Nina a ouvert un restaurant vietnamien avec deux femmes réfugiées *boat-people* et a de nouveau parlé vietnamien : « on avait un vietnamien de cuisine [...] mais ça m'a fait du bien de reparler »[1100]. La cuisine et les goûts sont en effet très souvent évoqués dans les témoignages comme des vecteurs d'identité forts, qui ne s'oublient pas.

Il est aussi intéressant de constater que des Eurasien·nes choisissent de faire apparaître des éléments de leurs origines ou de leur parcours au sein de la FOEFI dans leurs identités numériques. Marie-Claire explique :

> « à Cholon, il me fut attribué un numéro, le 99. Je l'ai conservé durant toute ma vie de pensionnaire à Saint-Rambert. J'ai adopté ce numéro définitivement, c'est un marqueur d'identité. Le hasard a voulu que ce chiffre soit aussi celui qui distingue les personnes nées à l'étranger dans la composition du numéro de Sécurité Sociale. Mon amie d'enfance depuis cette époque de Cholon avait le numéro 144. C'est Camille ».

[1099] Témoignage de Dominique Rolland, 09/07/2021. Voir son livre *De sang mêlé. Chroniques du métissage en Indochine*, Bordeaux, Elytis, 2006.

[1100] Témoignages de Jean-Louis, Geneviève et Nina, 2018 et 2023.

Aujourd'hui, Marie-Claire et Camille ont intégré ces matricules dans leurs adresses électroniques à la suite de leurs prénoms. De même, pendant de nombreuses années Pierre-Marie, qui a été recueilli dès la naissance au Domaine de Marie, a collé « Dalatviet » à ses initiales dans son adresse. Antoine a choisi « LepontdeCisse », lieu-dit du foyer de Vouvray.

Un certain nombre d'ancien·nes sont resté·es autour des lieux l'implantation des foyers, dans l'Ain et en Touraine surtout. Frank a acheté une maison à quelques kilomètres de Saint-Rambert où il venait voir ses sœurs ; Anna qui a été pensionnaire à l'abbaye possède une maison de vacances dans le Bugey ; quelques autres se sont mariées autour de Saint-Rambert et y sont restées. De nombreux Eurasiens vivent en Touraine, certains y sont revenus à leur retraite. Jean-Pierre Maizaud qui a été interne dans un centre de formation privé pour orphelins en difficultés, y est revenu quelques années après en être sorti, comme enseignant et y a fait toute sa carrière[1101].

Certain·es ont toujours gardé des liens très forts avec leur pays de naissance. Simone Ayxabi Nguyen Dac a soutenu en 1988 un doctorat d'État intitulé « Réformes agraires comparées au Mexique et au Viêtnam ». Alors qu'il n'a jamais entendu parler de son pays d'origine pendant qu'il était à la FOEFI, devenu adulte Jacques a accumulé de façon compulsive tout ce qui avait trait au Vietnam et à l'Indochine : livres, émissions enregistrées, objets, autel des ancêtres, musique. Le mari de Marcelle, « très intéressé par l'histoire et la politique, s'étonnait toujours de mon manque de connaissances sur mon pays natal », rapporte-t-elle, « je crois que j'ai fait un blocage par rapport au Vietnam pendant de longues années ». L'attachement aux prénom et nom de naissance est un autre marqueur très important pour les un.es, qui le signalent nettement dans les enquêtes, pas pour d'autres. Raymond, qui a vécu avec sa mère et son père jusqu'au décès de celui-ci quand il avait 15 ans se rappelle qu'il lui disait toujours : « "n'oublie pas que tu as deux sangs dans tes veines et deux cultures et c'est ta première richesse". Le Vietnam c'est la moitié de moi-même, la France l'autre moitié, les deux racines sont en moi. Je comprends intuitivement les deux pensées »[1102].

Si après 1975 faire venir sa mère ou des membres de sa famille a été une question qui s'est posée à beaucoup d'Eurasien·nes, celle du retour au pays les a tous interrogés à un moment ou à un autre de leur vie. Cette question est intervenue bien après l'entrée dans la vie active des

---

[1101] Témoignages et questionnaires.
[1102] Marcelle et Raymond, questionnaires, 2022.

Eurasien·nes : « on n'avait pas le temps, il fallait travailler, fonder une famille, les enfants ». Beaucoup, s'intéressent davantage à leurs origines à partir de la retraite, parfois lors de la naissance des premiers petits-enfants, de la découverte d'un documentaire sur le Vietnam, de la sollicitation de l'historien… Que ce soit pour des séjours touristiques, des « pèlerinages », des retrouvailles familiales ou des installations plus durables, toutes et tous ont été confrontés à ce choix. Jeannette y retourne dès 1987, « la première année où le Vietnam s'ouvrait au tourisme ». Au début des années 1990 les voyages au Vietnam sont déjà nombreux et *Grain de riz* s'en fait l'écho, donne quelques conseils, quelques contacts sur place, publie des impressions de voyage dans presque chaque numéro à partir de 1995. Cela fait débat entre celles et ceux qui veulent y retourner et d'autres qui ne le souhaitent pas. Marie-Paule n'a jamais voulu aller au Vietnam, alors que son mari et ses enfants y seraient prêts, et elle n'a pas envie d'approfondir les raisons de ce choix. Dans d'autres cas, il y a aussi la dimension financière qui peut entrer en ligne de compte, le temps nécessaire, les impératifs familiaux et professionnels. Il faut parfois attendre que les enfants aient grandis, que les réticences tombent avec le temps, que les pays de naissance soient plus ouverts.

Les récits de voyage sont très divers, mais insistent sur plusieurs points essentiels. D'abord la manière dont on aborde le pays et comment celui-ci vous accueille. La connaissance ou non de la langue est encore une fois un facteur déterminant. Revenant pour la première fois au Vietnam en 2012, à 64 ans, Camille fait semblant de dormir quand la voiture traverse son village natal. Mais elle récupère l'album photos de sa mère et découvre des mots écrits en vietnamien qu'elle ne comprend pas. Un vieux cousin, resté au pays, est lui capable de les traduire en français[1103]. Marie-France retourne pour la première fois à Ho Chin Minh-Ville en 1998 avec sa mère et ses frères et sœurs ; ils ressentent beaucoup d'émotion. Entre celles et ceux qui estiment revenir à la maison, se sentent chez eux, reconnaissent des sons, des odeurs surtout, et celles et ceux qui n'éprouvent finalement pas grand-chose si ce n'est une certaine déception de ne rien retrouver, se décline toute une palette de ressentis, d'impressions, d'introspections.

[1103] Notice de l'Encyclopédie numérique de l'Europe « Avant le grand départ » et la capsule vidéo « La photo de Camille » sur
<https://ehne.fr/fr/encyclopedie/thematiques/l%E2%80%99europe-et-le-monde>

La position de trait d'union entre deux pays, tant mis en avant par Bazé pour définir les métis, est parfois vécue comme un inconfort, celui ne de ne pas se sentir bien ou reconnu dans son propre pays de naissance, comme l'a bien défini le sociologue Abdelmalek Sayad[1104]. Certain·es refusent d'y retourner, d'autres n'y vont qu'après une longue réticence comme Paul qui partage son expérience dans *Grain de riz*. Les premiers retours au pays sont parfois sans lendemain, ou inaugurent une longue série. Depuis 1980 et son premier voyage, 12 ans après être arrivée en France et qui l'a « libérée » dit-elle, Valérie ne compte plus le nombre de fois où elle est retournée au Vietnam : « quand j'étais en activité, une fois par an. Depuis ma retraite, je pars trois mois pendant l'hiver, pour me mettre à l'abri du froid ! », elle affirme que pour elle « c'est vital ». C'est aussi le cas d'Antoine ou de Paule. En 2015, plusieurs Eurasiens qui vivent une partie de l'année ici et l'autre là-bas témoignent de leurs expériences dans *Grain de riz*, en insistant sur la nécessité de connaître la langue. Certains ont franchi le pas de s'y installer définitivement. Ainsi, Alfredo, né en 1952, arrivé en France en 1968, retourne vivre au Vietnam en 1989 pour y tenir des chambres d'hôtes. C. retourne à Saigon pour aider sa mère à tenir un restaurant. À près de 80 ans, Maddy part s'installer dans une maison de retraite au Vietnam, où elle a retrouvé de la famille et noué des amitiés[1105].

La relation à la mère est un élément fondamental du rapport aux origines. Les retours au pays peuvent être l'occasion de révélations, de découverte d'un pan d'histoire personnelle, de rencontres avec des membres de la famille inconnus jusque-là. Un certain nombre d'Eurasien·nes sont toujours à la recherche de « traces de soi » dans une relation complexe à la généalogie[1106]. Les retrouvailles avec la mère sont toujours très chargées émotionnellement, comme pour Robert Lespes qui retrouve sa mère, qu'il n'a pas vraiment connue, à l'âge de 42 ans en 1993. Parfois la visite arrive trop tard pour que les retrouvailles aient lieu, le recueillement sur une tombe ou au temple sont alors des moments forts. Simone est retournée au Vietnam en 1993 : « ma mère m'attendait mais elle est décédée d'une bronchite en trois jours, quelques mois avant que j'arrive. Mes demi-frères ne me l'ont pas dit car ils craignaient que je change d'idée. L'argent que j'avais prévu de donner à ma mère, je l'ai donné à son

---

[1104] Abdelmalek Sayad, *La Double absence. Des illusions de l'émigré aux souffrances de l'immigré*, Paris, Seuil, 2014.
[1105] Témoignages et questionnaires.
[1106] Patrice Marcilloux, *Les ego-archives. Traces documentaires et recherche de soi*, Rennes, PUR, 2013.

fils qui s'était occupé de l'enterrement ». La mère de Colette est décédée dès 1962 : « je refusais de croire qu'elle était morte. J'ai toujours eu dans ma tête de revenir au Vietnam et de voir la tombe de maman », ce qu'elle a fait bien plus tard. Camille apprend que celle qu'elle croyait être sa mère adoptive, décédée sans qu'elle l'ait revue, est en réalité sa mère biologique qui, face à la pression sociale pesant sur les femmes ayant des enfants de Français, a dû cacher cette maternité aux yeux de sa famille. Revenant au Vietnam après avoir vécu au Sénégal avec son père et sa mère, Hélène retrouve son oncle de 91 ans, se recueille sur la stèle dédiée à sa mère (morte à Dakar en 1967) que la famille vietnamienne a érigée pour lui rendre hommage[1107]. Si le Minitel a permis les premières retrouvailles dans les années 1980, à partir des années 2000 l'Internet permet d'aller beaucoup plus loin dans les recherches d'un côté ou de l'autre. Des mères vietnamiennes recherchent leurs enfants qui ont fait leur vie en France. La chaîne de télévision vietnamienne VTV4 propose une émission intitulée « Comme s'il n'y avait pas eu de séparation » au cours de laquelle des mères et des enfants se retrouvent, des frères et sœurs aussi. Ainsi, en 2010, Jean, René et Jacqueline Weber retrouvent – 56 ans après – leur sœur aînée Huong perdue de vue depuis 1954[1108].

Depuis 35 ans, *Grain de riz* constitue un espace privilégié pour évoquer les mères. Diverses formes d'expression sont utilisées : « Prière à ma mère » (1993), « Le regard de nos mères s'est éteint trop tôt pour nous » (1996), des poèmes (notamment dans le n°40 en 2010), des témoignages sur la séparation d'avec la mère (n°51, 2015), « Ma mère, cette étrangère » (2018). Le ton général est un grand respect et une grande bienveillance pour ces femmes qui ont fait le sacrifice de se séparer d'un ou plusieurs enfants afin de leur donner une chance dans la vie. Les textes expriment très peu de ressentiment, l'incompréhension initiale de l'abandon – car pour eux c'est bien de cela qu'il s'agit – s'étant muée en une certaine forme de reconnaissance et d'empathie. Certain·es avancent que leurs mères ont été « plus malheureuses que nous ». Dans l'un des premiers numéros de *Grain de riz*, en 1991, Marguerite Graffeuil appelait les Eurasien·nes à faire preuve de compréhension vis-à-vis de leurs mères :

> « il ne faut pas les juger avec un esprit occidental qui fait une assimilation fâcheuse à ce qui se passe en Europe. Au Vietnam, la religion est le bouddhisme, qui admet la polygamie, les Vietnamiennes ont toujours

---

[1107] Laurence Gavron, *Si loin du Vietnam*, film documentaire, Sénégal, 2016, 60 min.
[1108] « Ils se sont retrouvés », *GDR* n°42, 2010 ; « Retrouvailles », Jean Weber, *GDR* n° 44, 2011.

aimé les Français et lorsqu'une union se créait, la femme bouddhiste n'était pas en faute car elle faisait une cérémonie à Bouddha pour se mettre en règle […] Une Vietnamienne ayant des unions successives n'était pas pour cela une "coureuse" mais une bouddhiste se mariant plusieurs fois par la force des circonstances ».

Cette manière de présenter les choses est très partielle voire partiale, très éloignée de ce qu'écrivait Vu Trong Phung dans les années 1930 sur une « industrie du mariage avec des occidentaux ». Globalement, chacun·e s'est fait un scénario d'une mère idéale, pauvre, obligée d'abandonner ses enfants pour les sauver. La réalité ne fut pas toujours celle-là.

Les motivations des mères lors de la remise des enfants à la FOEFI suscitent régulièrement des interrogations. Depuis quelques années, le temps passant, les mères disparaissant peut-être, le questionnement se fait plus pointu. En 2015, un édito de *Grain de riz* s'intitule « Si ma mère ne m'avait pas abandonné, que serais-je devenu ? », question fondamentale que chacun·e s'est évidemment posée et qui renvoie de fait à la responsabilité des mères dans le devenir de leurs enfants. En 2020, toute une série d'interrogations porte sur les raisons qui ont poussé « ces jeunes femmes indochinoises dans les bras de soldats français » :

« l'amour, le désir de sortir de la misère, de s'élever socialement ? Avaient-elles le choix, les a-t-on forcées ? Trouvaient-elles leur compte, étaient-elles heureuses ? Abandonnées par les pères, comment se sont-elles débrouillées avec leur(s) enfant(s) ? Comment ont-elles pu se battre pour les nourrir, affronter l'hostilité des autres et parfois aussi, le rejet de leur propre famille ? Qu'est-ce qui a poussé les mères à confier leur(s) enfant(s) à la FOEFI ? Savaient-elles qu'elles ne pourraient certainement plus le(s) revoir ? Quelle est la motivation principale entre la volonté de mettre leurs enfants à l'abri et le désir de se délester d'un fardeau avant de refaire leur vie ? Et qu'en est-il de celles qui ont refusé de confier leur(s) enfant(s) et les ont gardés malgré les vicissitudes ? »[1109]

Autant de questions qui ne peuvent guère recevoir de réponses génériques et qui doivent être conjuguées au cas par cas.

Si la mère est une figure centrale des origines, le père est le plus souvent une ombre pour les ex-pupilles de la FOEFI. Un couplet d'une chanson de Jean Ferrat, souvent mentionné par les personnes concernées, résonne à leurs oreilles : « Le vent violent de l'histoire/ Allait disperser à vau-l'eau/ Notre jeunesse dérisoire/ Changer nos rire en sanglots/ Amour orage amour amer/ L'image d'un père évanouie/ Qui disparut avec la guerre/

[1109] *GDR* n°56, 2020.

Renaît d'une force inouïe »[1110]. Dans la plupart des cas partis sans laisser de trace, il y a souvent peu à chercher, peu à (re)trouver sur ces pères. Une thèse récente sur les mémoires combattantes de la guerre d'Indochine évoque juste la naissance de « nombreux enfants eurasiens », mais n'aborde pas du tout la place de ceux-ci dans les mémoires des anciens du CEFEO, comme s'il s'agissait d'un impensé[1111]. Beaucoup d'Eurasien·nes estiment leurs pères coupables de les avoir abandonné·es, et aussi d'avoir abandonné leurs mères. Là encore, chaque cas est particulier, tel René Fairn qui en a beaucoup voulu à son père de l'avoir abandonné, avant de découvrir en 2004 dans son dossier aux ANOM que celui-ci s'était toujours préoccupé de lui, de loin. Le témoignage de son père, Hugues Fairn, apporte un point de vue rare[1112]. En effet, les militaires du CEFEO ont laissé très peu d'écrits, en tout cas sur leur paternité, et l'armée demeure muette sur le sujet. Le témoignage d'un ancien dans le film documentaire *Enfant d'Indochine* (2010) est d'autant plus précieux. Celui-ci est revenu au Vietnam 40 ans après pour retrouver la trace d'une femme vietnamienne qu'il a quitté pour partir en Algérie. Il pense encore qu'elle devait être enceinte à ce moment-là ; il ne l'a jamais retrouvée[1113].

Michèle, arrivée parmi les dernières en 1974, a toujours su qu'elle avait deux pères. Son géniteur ne l'a jamais reconnue, à la demande de sa mère dit-elle, mais elle l'a vu et l'appelait « daddy ». Les initiales de ses prénoms sont les mêmes que ceux des siens. Il est Américain et vit toujours en Turquie. Celui qu'elle appelait « papa », était un Eurasien qui l'avait officiellement reconnue. Elle apprend vers 18 ou 20 ans qu'il est recherché par Interpol pour plusieurs trafics : « j'ai donc toujours été ennuyée au passage des frontières par les douaniers, mais jamais de façon ouverte, puis en 2009 j'ai passé une frontière tranquillement, j'ai donc dit à mon mari "papa est mort". À notre retour de vacances, j'ai fait une demande d'extrait d'acte d'état civil qui m'a confirmé ce que j'avais déduit »[1114].

Le plus souvent, les Eurasien·nes n'ont que très peu d'indications sur leurs pères, données par leurs mères, glanées ici ou là, un nom, une

---

[1110] Jean Ferrat, « Nul ne guérit de son enfance », 1991.
[1111] Éric Coudray, « Une guerre oubliée ? Histoire et mémoires combattantes françaises de la guerre d'Indochine », thèse en histoire, Université de Montpellier, 2022, p.646-647.
[1112] Témoignages de René Fairn et de son père dans *Inconnu, présumé innocent*.
[1113] Matthieu Geslain et Jean-Claude Jean, *Enfant d'Indochine*, 2010, NOVI productions, 56 min.
[1114] Michèle, questionnaire, 2021.

photographie. Pour beaucoup, la place du père a disparu de la narration. Devenue adulte, Jeannette reçoit de Mère Jeanne une enveloppe : « dedans, il y avait deux photos de mon père. Et moi, j'étais tellement sidérée que je n'ai posé aucune question et elle, elle ne m'a rien raconté donc je ne sais rien du tout. J'ai deux photos d'un militaire français dont je ne connais pas le nom ». Parfois, les seuls indices pour entamer une recherche ont disparu. Anne, née en 1953, arrivée et adoptée en France en 1965, alors qu'elle est enceinte veut « voir si mon enfant aurait des traits de mon père. Là, ce fut un drame douloureux pour moi, mes parents [adoptifs] m'ont expliqué qu'ils avaient brulé mes photos. Parmi les véritables chagrins que j'ai eus, ce fut la perte de mes photos »[1115].

Pour Moussa, « rapatrié » en France en août 1956 par ses propres moyens avant de s'engager dans l'armée, son père ne représente rien. Il lui a écrit une fois à son adresse au Sénégal, a reçu une réponse très décevante et n'a pas donné suite[1116]. Jean-Pierre a cherché son père dès 1975 par voie administrative, sans résultat, puis par un détective privé en 1981 qui lui a donné les informations attendues. D'autres hésitent à rechercher en France un homme qui a une vie dans laquelle ils n'ont aucune place. Peut-être est-ce pour cette raison qu'un certain nombre d'entre eux hésitent encore à consulter leur dossier individuel aux ANOM, même si souvent, celui-ci ne comporte pas beaucoup d'indices sur ce point[1117]. En 2017, une Eurasienne commence, à l'âge de 66 ans, à chercher des informations sur son père, et retrouve au passage une sœur au Vietnam, 58 ans après son départ. En 2018, grâce à deux photos de son père français, Marie-Dominique, décidée à en savoir davantage, parvient à obtenir quelques informations – non identifiables – sur son père, grâce à l'uniforme qu'il portait. L'adjudant-chef Philippe Lafarguc du service historique de la Défense (Vincennes) a ainsi accompagné plusieurs Eurasien·nes dans leur quête. Il a permis à Madeleine, lasse de chercher après tant d'années, de retrouver le nom de son père, une tombe. Les éléments trouvés sont parfois douloureux. En 2014, Minh demande à consulter son dossier FOEFI à Aix après avoir discuté avec Philippe Lafargue, « jusque-là, je repoussais. Peut-être avais-je peur de trouver des choses difficiles ». Elle y trouve le jugement qui a déchu de la puissance paternelle l'homme qui l'avait reconnue comme étant sa fille. Rosette a pu retrouver la commune corse d'origine de son père. Elle a conversé plusieurs fois longuement au

---

[1115] Témoignages de Jeannette et Anne, 2018.
[1116] Moussa Gueye, *LDS*, p.80-83.
[1117] De 2014 à 2017, 32 personnes ont consulté leur dossier individuel aux ANOM.

téléphone avec son épouse française qui lui a appris qu'il avait été blessé gravement au ventre et avait été rapatrié mourant d'Indochine, guéri, il a ensuite été envoyé au Tchad. « Elle était très étonnée et un peu meurtrie que son mari ne lui ait jamais parlé de moi. D'autant plus que d'autres militaires d'Indochine étaient revenus au village avec femme et enfants ». Quant à elle, Marie-Paule recherche la trace de son père surtout pour avoir des renseignements sur ses antécédents médicaux[1118].

Quand les recherches via les archives militaires ou les ANOM ne donnent aucun résultat, reste la génétique pour espérer retrouver des traces du père. En 2020, pour la première fois *Grain de riz* évoque la recherche par test ADN en présentant l'association Amerasians Without Borders[1119]. Interdits en France (article 226-28-1 du Code pénal), des tests ADN sont proposés par des entreprises américaines. En 2022, les premiers témoignages sont partagés sous le titre « L'ADN : un outil utile pour retrouver un parent ». Jason, bébé du *Babylift* en 1975, adopté aux États-Unis, retrouve ainsi sa mère biologique, Jeanne, une Eurasienne restée au Vietnam alors que ses deux demi-frères Jacqui et Roger étaient envoyés en France. Ayant la preuve que la recherche par ADN fonctionne, Jacqui, président de l'Association FOEFI, entreprend à 74 ans la même démarche en espérant retrouver trace de son père. Son ADN matche avec celui d'une femme et ensemble ils découvrent que son père à lui, jusque-là totalement inconnu, était un des frères de sa grand-mère à elle. Il peut ainsi se rendre dans la commune de naissance de son père en Corse et découvre l'arbre généalogique du côté paternel. Germaine, présidente de l'Amicale des Eurasiennes, se lance elle aussi, à 78 ans. Elle connait désormais l'identité de son père biologique et a pu lire son nom sur le mémorial des guerres en Indochine à Fréjus. Elle a aussi découvert une autre famille avec laquelle elle est entrée en relation[1120]. Plusieurs personnes concernées ont indiqué être intéressées par cette démarche, mais sauter le pas est difficile. Plus que la dimension financière ou le détournement des règles françaises, elles craignent de remuer le passé, de découvrir des choses qu'elles ne veulent pas connaître[1121]. Pour d'autres, se retrouver éventuellement devant un vieil homme qui dirait « je suis ton père » n'a plus beaucoup de sens, et puis la peur d'être rejeté·e, expérience qui a été vécue par certain·es, constitue un frein puissant.

[1118] Témoignages et questionnaires.
[1119] *GDR* n°56, 2020.
[1120] Témoignage de Germaine, 2023 ; *GDR* n°61 et 63, 2022.
[1121] Jean-Luc Bonniol, Pierre Darlu, « L'ADN au service d'une nouvelle quête des ancêtres? », *Civilisations*, 2014/1 p.201-219.

Le rapport aux origines passe également par le rapport au pays de naissance et sa société dans leurs évolutions sur plusieurs décennies. Vietnam, Cambodge et Laos ont connu des histoires tourmentées, ensanglantées, marquées par des régimes autoritaires, un développement erratique. Quelles relations les Eurasien·nes ont-ils entretenues avec ces pays, avec leur population ? En 1997, le « Comité Graffeuil », au sein de l'association FOEFI, s'engage en tant que personne morale à parrainer deux fillettes vietnamiennes de 5 et 8 ans pour les aider moralement et matériellement durant leur cursus scolaire. Ce parrainage se fait par l'intermédiaire de sœur Béatrice du Domaine de Marie à Dalat, que des ex-pupilles ont pu connaître car elle y œuvre depuis très longtemps. Des Eurasien·nes parrainent aussi individuellement des enfants, l'une écrit:

> « je me dis que nous avons eu de la chance d'avoir rencontré sur notre chemin un William Bazé, une Marguerite Graffeuil. Que représente un billet de 100 F sur notre budget mensuel ? Deux places de cinéma ? Quelques pâtisseries ? Pour un petit Vietnamien, c'est sa survie, son avenir ! Alors, soyons pour lui ce William Bazé ou cette Marguerite Graffeuil, et tissons avec lui des liens qui nous rattacheront plus intensément au pays où nous sommes nés »[1122].

Il s'agit en fait de boucler la boucle, de donner, de s'engager pour des enfants nécessiteux, au même endroit que le firent en leur temps les deux figures tutélaires de la FOEFI. De leur côté, les membres du bureau de l'association FOEFI rappellent que celle-ci « n'a pas de vocation caritative. Nous laissons à nos membres la liberté de pratiquer personnellement leur générosité envers les œuvres de leur choix ». Des membres sont gênés par cette frilosité : honorer la mémoire de Bazé et Graffeuil, n'est-ce pas agir à leur suite, « continuer leur œuvre, tendre la main à notre tour » ? Un débat s'engage : faut-il aider des religieuses au Vietnam ? Faut-il accompagner la jeune association Trait d'union France-Vietnam qui veut « contribuer au développement solidaire entre pays, à l'entente entre peuples, et à l'épanouissement de la jeunesse franco-vietnamienne par un enrichissement mutuel » ?

Individuellement, des Eurasien·nes adhèrent à des associations, comme Marie-Thérèse avec Côtes d'Armor Vietnam et Armor Mékong (ce type d'associations franco-vietnamiennes est présente un peu partout en France) et elle a un « filleul » vietnamien avec l'association La Crèche. Pierre Louis,

---

[1122] Yves Denéchère, « Les parrainages d'enfants étrangers au 20e siècle. Une histoire de relations interpersonnelles transnationales », *Vingtième Siècle. Revue d'Histoire*, n°126, 2015, p.147-161.

décédé aujourd'hui, qui fut syndicaliste CGT puis CFDT, a été membre de l'association culturelle Touraine Vietnam, mais aussi vice-président de l'association Orange Fleurs d'espoir qui défend les victimes de l'agent orange utilisé par les Américains pendant la guerre du Vietnam[1123].

Joseph a adopté un enfant vietnamien. Née en 1995, une petite fille arrive dans son foyer en 1998. Le fait qu'il soit Eurasien et qu'il parle le vietnamien ne lui a pas facilité les démarches au Vietnam, ses interlocuteurs se méfiant de lui. Arrivés en France, Joseph parle en vietnamien à sa fille, le temps qu'elle s'acclimate, tandis que ses deux premiers fils lui apprennent le français. Très vite, comme les pupilles de la FOEFI, la petite oublie sa langue et n'a jamais souhaité l'apprendre. À ce jour, elle n'est pas retournée dans son pays de naissance[1124].

Transmissions

Faisant la distinction entre le souvenir et la mémoire, Paul Ricœur a montré que c'est lorsqu'un souvenir engendre un affect suffisamment important que l'individu est poussé à l'investir et en faire un élément constitutif et structurant de sa vie, que ce souvenir devient mémoire parce qu'il est « agi »[1125]. C'est au sein de la famille que cette expérience intime de remémoration cherche (d'abord) à « négocier » sa place[1126] afin de participer à renforcer « la cohésion du Nous familial », à la formation d'une mémoire jouant un rôle « d'articulation et de co-construction entre l'identité individuelle et l'identité familiale »[1127]. Ainsi, étudier ces mémoires familiales à travers les générations (conscientisation, transmission, silence et oubli)[1128] invite à considérer ce qui se joue entre les Eurasien·nes et leurs enfants et petits-enfants.

[1123] <https://maitron.fr/spip.php?article158688> notice Louis Pierre né Van Thanh Pham, dit Chénier, par Robert Kosmann, version mise en ligne le 6 mai 2014, dernière modification le 15 mars 2021.

[1124] Témoignage de Joseph, 09/05/2023.

[1125] Paul Ricœur, *La mémoire, l'histoire, l'oubli*, Paris, Point, 2003 (2000), p.18-31.

[1126] Terme utilisé par Maurice Halbwachs et repris par Michael Pollak pour évoquer le processus qui conduit la mémoire collective à s'accorder avec les mémoires individuelles. Michael Pollak, *Une identité blessée. Études de sociologie et d'histoire*, Paris, Métaillé, 1993, p.15-39.

[1127] Michèle Vatz Laaroussi, « Les usages sociaux et politiques de la mémoire familiale : de la réparation de soi à la réparation des chaos de l'histoire », *Enfances familles, générations. Revue internationales de recherche et de transfert*, n°7, 2007, p.112-126.

[1128] Anne Muxel, *Individu et mémoire familiale*, Paris, Hachette, 2007.

La question de la transmission pose d'abord celle des relations entre parents et enfants. Des Eurasiennes font remarquer qu'ayant manqué d'affection, elles ont reproduit un type de relation assez froid avec leurs enfants, avec peu de démonstrations affectives, peu de câlins, peu de paroles aimantes. Les naissances apportent parfois de la sérénité, comme pour Marie-Thérèse : « j'ai mis 34 ans, à la naissance de mon dernier fils, pour être un peu apaisée, un peu mieux dans ma peau et prendre réellement ma vie en main »[1129].

Lors des rassemblements festifs organisés depuis maintenant plus de 35 ans par les différentes associations, les enfants et les petits-enfants ont toujours été conviés. Évidemment, les enfants étaient nombreux lorsqu'ils étaient petits, mais comment leur présence a-t-elle évolué et comment se saisissent-ils ou pas de leurs histoires familiales ? L'association FOEFI comptait beaucoup sur eux pour reprendre le flambeau de la mémoire, espoir abandonné dans les années 2000. Néanmoins, lors des rencontres des associations, des enfants sont présents, parfois même quand leur père ou mère eurasien·ne est décédé·e afin d'en découvrir un peu plus sur eux.

Anne Muxel distingue trois fonctions de la mémoire familiale :

> « une fonction de transmission, s'inscrivant dans la continuité d'une histoire familiale et s'attachant à en perpétuer les particularismes ; une fonction de réviviscence liée à l'expérience affective et au vécu personnel ; une fonction réflexive, tournée vers une évaluation critique de sa destinée ».

Elle distingue aussi trois fonctions de l'oubli dans la mémoire familiale :

> « l'oubli comme ouverture, comme place laissée libre à l'introduction de valeurs nouvelles par rapport à la fonction de transmission ; l'oubli comme moyen de sauvegarde et comme écran protecteur, s'agissant de la fonction de réviviscence ; l'oubli comme gage de vérité s'agissant de la fonction de réflexivité »[1130].

Ces six fonctions se retrouvent, peu ou prou, dans les témoignages et les expériences des familles d'Eurasien·nes.

La transmission de l'histoire familiale à la génération des enfants a été compliquée car beaucoup des Eurasien·nes estimaient ne pas avoir grand-chose à raconter, pas grand-chose à transmettre, souvent pas la langue. Pourtant certains de leurs enfants sont déjà porteurs de quelque

---

[1129] Atelier d'archives, 22-24/05/2023 ; Marie-Thérèse, questionnaire, 2022.
[1130] Anne Muxel, *Individu et mémoire familiale, op. cit*, p.13-14.

chose, par exemple de prénoms asiatiques. Après avoir eu deux filles, Sophie et Agathe, Jacques donne à son troisième enfant le prénom Thomas Xuân. Les trois enfants de Simone ont des prénoms vietnamiens. Une Eurasienne née en 1938 et arrivée parmi les premières en 1947, étant mariée et vivant en Thaïlande, met sa fille en pension en France dans l'institution où elle a elle-même été prise en charge. Un certain nombre d'Eurasien·nes affirment dans leurs témoignages ou en répondant aux questionnaires au questionnaire que leurs enfants s'intéressent peu à leur histoire : « c'était ta vie maman », « c'est du passé tout ça », « tu devrais consulter un thérapeute ».

La parole, la transmission intime d'une expérience personnelle est difficile. En avançant en âge, les personnes concernées ont souvent du mal à conjuguer les trois axes de filiation : biologique (celui du matériel génétique), symbolique (celui des inscriptions, des livrets de famille, de la filiation par le nom, de l'affiliation par le prénom) et affectif (celui du faire famille). L'axe narratif est donc très difficile à établir[1131]. À la question « avez-vous parlé de votre histoire personnelle à vos enfants ? », un tiers répond négativement : « pas du tout », « non », « impossible de le faire, trop de mal-être » ou qu'ils l'ont fait très partiellement : « un peu », « oui, mais pas tout », « oui, des bribes », « vaguement », « tardivement », « après 50 ans », « rarement ». Paul a le sentiment d'avoir manqué quelque chose : « mes enfants me reprochent parfois de ne pas être davantage asiatique, de ne pas leur avoir parlé la langue »[1132]. Un autre raconte : « pendant très longtemps, je n'ai rien raconté à mes enfants. Un jour, ma fille a appris certaines choses en parlant avec quelqu'un. Elle est venue me voir et m'a engueulé de ne jamais lui en avoir parlé ». La difficulté de parler de leur histoire et de leurs origines avec leurs enfants, les Eurasien·nes l'expliquent par l'impossibilité de faire comprendre une situation familiale complexe dans un contexte très particulier : « je ne connaissais pas les réponses à mes questions, donc comment répondre aux questions de mes enfants ? » s'interroge Anne. Cette attitude se retrouve tout à fait dans une étude sur la difficile transmission de l'histoire familiale au sein des familles de réfugiés d'Indochine puis d'Asie du Sud Est[1133]. Paul ne parle

---

[1131] Bernard Golse, « Filiation, narrativité et interactions précoces », *Spirale*, n°84, 2017, p.77-86.

[1132] Paul Garnier, *LDS*, p.71.

[1133] Paola Revue, Marion Feldman et Marie-Rose Moro, « Travail sur des descendants de rapatriés d'Indochine : transmission et vécu identitaire », *L'Autre*, 3/vol.15, 2014, p.356-364.

pas à ses enfants, ne supportant pas d'évoquer son abandon par sa mère. Marie-Thérèse, arrivée à 4 ans en 1952, écrit : « j'avais tout bétonné, trop douloureux. J'avais du mal à parler, j'avais une sensibilité à fleur de peau, hyperémotive dès que j'essayais d'en parler, je pleurais et je mettais des jours à m'en remettre ». Valérie n'a jamais vraiment raconté son parcours à ses enfants, mais elle leur a en quelque sorte « imposé le Vietnam » lors d'un séjour de deux ans dans le pays. Le fils de Camille, revenant de l'école où il a fait l'objet de méchantes réflexions sur son physique, lui reproche, « tu ne m'as jamais dit que j'étais comme ça ! »[1134].

Pour la génération des « quarterons » – comme ils s'appellent eux-mêmes dans certains témoignages publiés –, le film de Rostan (2009) est une véritable révélation sur ce qu'ont vécu leurs parents et sur une histoire et des origines qui sont aussi les leurs. Ils réagissent notamment dans *Grain de riz* et sur le site Internet de l'association. Pour certains, le film est « un mélange d'émotions : tristesse, colère, compréhension, attendrissement… ». Ils ont envie d'en savoir davantage sur le parcours de leurs parents : « le film m'a permis de comprendre certaines choses sur votre passé. Car pour ma part, je peux le dire, j'ai toujours eu un manque. Je ne comprenais pas pourquoi on ne pouvait pas parler du passé. À ce jour je le comprends » ; ou encore : « mon père a eu le même parcours que vous tous. Il est né à Hué de mère vietnamienne et de père guadeloupéen. Il a été rapatrié en France par la FOEFI. Il a toujours refoulé son passé et ne veut pas en entendre parler ». En 2023, Marie-Thérèse, après avoir participé à une rencontre avec des étudiant·es autour du film *Inconnu, présumé français*, écrit que ce fut « l'occasion d'un partage nouveau et important avec ma fille. Elle savait que j'étais traumatisée par mon enfance »[1135].

Certains enfants s'intéressent beaucoup à cette histoire. Ils permettent parfois à leurs parents de débloquer la narration. Pour Martha, le tournant a lieu en 2007 : « j'ai eu la surprise, à mes soixante ans de recevoir une chanson écrite et composée par un de mes fils intitulée "1/4 de sang" dans laquelle il s'interroge sur mes origines. Je n'ai pu faire autrement que de lui en parler »[1136]. Plusieurs films ont été réalisés par ou sur des enfants d'Eurasien·nes à la recherche de leurs origines. La

---

[1134] Témoignages d'Anne, 2018 et de Valérie et de Camille, 2023 ; Paul et Marie-Thérèse, questionnaires, 2021 et 2022.

[1135] Plusieurs témoignages d'enfants d'ex-pupilles de la FOEFI dans *GDR* n°38, 2009, courriel de Marie-Thérèse à l'auteur, 2023.

[1136] Martha, questionnaire, 2022 ; Benjamin Ricour, auteur-compositeur-interprète, « ¼ de sang », Éditeur Warner Chappell Music, France, 2007.

fille de Colette, documentariste, a commencé un film sur sa grand-mère vietnamienne, les conséquences de la guerre, la séparation des enfants de leur mère. Damien, fils d'un Eurasien arrivé en France par la FOEFI en 1960, né en 1952 d'une mère vietnamienne et d'un père allemand de la légion étrangère, a construit un sociogénogramme de sa famille. Il découvre le récit de la vie de son père intitulé « L'épi de riz », écrit par lui-même pour ses enfants. Dans un podcast enregistré en 2021, il raconte sa quête d'informations sur l'histoire familiale, et il souhaite monter un spectacle sur le parcours de son père et le sien[1137]. En 2010, le film documentaire *Enfant d'Indochine*, de Matthieu Geslain, fils d'un ex-pupille de la FOEFI né en 1954 et arrivé en France en 1962, est une quête des origines au Vietnam et au Laos. Son père étant mort, c'est avec son oncle Yves, arrivé à 6 ans avec la FOEFI, séparé de son frère, qu'il se rend en Asie du Sud-Est. À partir de photos et de quelques adresses ils retrouvent des membres de leur famille, reconstituent les parcours de vie de leur mère et grand-mère vietnamiennes. Le film *Héritiers du Vietnam* s'intéresse spécifiquement aux enfants et aux petits enfants des couples martinico-vietnamiens qui vivent aujourd'hui aux Antilles. Que ce soit en Martinique ou au Vietnam, ces descendants ont grandi dans des sociétés fortement racialisées[1138].

C'est la fille de René qui le pousse à effectuer des recherches sur son père, voulant elle-même en savoir plus sur ses grands-parents[1139]. Le jour de son mariage la fille de Binta tient à s'habiller en vêtement traditionnel vietnamien. La fille de Marie-Paule a donné à son enfant un deuxième prénom vietnamien[1140]. En 2023, un fils réclame à sa mère que le rassemblement familial annuel se fasse lors de la rencontre de l'Amicale des Eurasiennes à l'abbaye de Saint-Rambert. Ainsi, sa mère Anna, née en 1940 et arrivée à l'abbaye à 14 ans, participe pour la première fois à un rassemblement des anciennes, à 83 ans. Le fils d'Anna, exprime ainsi son besoin de participer à cette rencontre : « j'ai plus appris sur ton passé par Germaine [la présidente de l'Amicale des Eurasiennes] qu'avec toi ». Christophe, qui n'a pas connu son père eurasien qui l'a abandonné, fréquente assidument les manifestations organisées par l'association FOEFI pour comprendre son histoire. Stéphane, qui n'a pas connu son

---

[1137] Secret de famille <https://www.youtube.com/watch?v=0FCgGJTxI1E>
[1138] Matthieu Geslain et Jean-Claude Jean, *Enfant d'Indochine*, 2010, Novi productions, 56 min, Arlette Pacquit, *Héritiers du Vietnam*, 84 min, 2015
[1139] Témoignage dans le film *Inconnu, présumé français*.
[1140] Témoignages de Binta, 2021 et de Marie-Paule, 2023.

père eurasien (né en 1939, arrivé en France en 1956), part sur ses traces en 2010. Il retrouve une demi-sœur et réalise sur cette quête un court métrage, *Entre d'Eux*. Peggy, née en 1977, fille d'un pupille né en 1949 et arrivé en France en 1963, ne sait rien de ce père mort très jeune et qui n'a jamais parlé de son histoire. C'est en parlant avec des camarades de son père lors des rassemblements d'anciens qu'elle retisse peu à peu le parcours de son père. Ce qui s'est joué avec la génération des enfants se rejoue parfois avec la génération suivante. « Avant d'être moi-même maman, je me devais d'en savoir plus sur mes origines avant de construire mon propre arbre généalogique », écrit la fille d'un Eurasien[1141].

Comme pour d'autres expériences traumatisantes, il est parfois plus facile aux personnes concernées de transmettre à la seconde génération, aux petits-enfants qui posent des questions directes. Comme Lang et Louis, Jean-Claude saisit bien ce saut de génération : « je n'ai pas beaucoup parlé de mon histoire à mes enfants. Aujourd'hui, ce sont surtout les questions de mes petits-enfants sur mes origines qui provoquent les discussions. J'en ai onze ! ». Rosette a entrepris de remplir le livre-questionnaire « Grand-mère, dis-moi tout » afin que ses petits-enfants en sachent un peu plus sur son histoire. Martha a raconté beaucoup de choses à ses petits-enfants : « oui, mes histoires étaient leurs livres de chevet. Soir après soir, pour les endormir, ils voulaient encore et encore des histoires du Vietnam ». Jean résiste puis cède aux demandes de sa petite fille : « Papi, raconte quand tu étais petit ! »[1142].

Des petits-enfants partagent sur les réseaux sociaux l'histoire de leur famille, comme celle d'Anicet Roisier qui quitte la Martinique à 19 ans en 1949 en s'engageant dans l'armée. En Indochine, il rencontre Bui Thi Dam. Après avoir laissé femme et enfant à la fin de sa mission, il retourne au Vietnam où il aura d'autres enfants avec Bui Thi Dam. En 1964, la famille décide de s'installer définitivement en Martinique. Cette histoire est racontée par deux de leurs nombreuses petites-filles[1143]. En 2020, Louis Raymond, journaliste né en 1992, rédige un texte pour l'Association française pour la recherche sur l'Asie du Sud-Est (AFRASE), qui

---

[1141] Témoignages d'Anna et de Peggy, juin 2023; « À la recherches des origines perdues », Christophe Travers, *GDR* n°46, 2012 ; « À mon père André Antona », Stéphane Plane, *GDR* n°42, 2010 ; *GDR*, n°38, 2009.

[1142] Jean-Claude Marcel, *LDS*, p.123 ; Rosette et Martha, questionnaires, 2022 ; Jean Sern, *L'enfant… op. cit.*

[1143] « L'histoire d'une famille antillaise, entre la Martinique et le Vietnam : Joséphine et Emily Floro, les descendantes nous racontent », *Histoire Caraïbes*, <https://histoirecaraibe.wordpress.com/>

est publié par *Les Cahiers du Nem* en 2022. Son grand-père eurasien né en 1923 a été recueilli très tôt par une société de protection de l'enfance et est devenu supplétif de l'armée française. Marié à une Vietnamienne, le couple a cinq enfants métis. Il meurt à 40 ans et sa femme confie les enfants à la FOEFI en 1963. Né en 1958, le père de Louis Raymond est envoyé du Cambodge en France à l'âge de 10 ans, il n'a jamais revu sa mère morte en 1973. Le journaliste s'interroge sur l'identité, la parole, le récit[1144]. Une étudiante en histoire décide de réaliser un mémoire de recherche sur la relation des Eurasien·nes avec le Vietnam, parce que son grand-père et sa grand-tante ont vécu cette histoire.

La transmission peut aussi passer par l'expression artistique des personnes concernées. Robert Bouchin dit Mihagui (1945-2017), Eurasien arrivé en France en 1958 avec la FOEFI, a été un peintre reconnu. Il a présenté ses œuvres à plusieurs reprises au Vietnam notamment en 2006 avec l'exposition « Retour à l'origine » en 23 tableaux reflétant ses méditations sur l'humanité, ses sentiments sur la recherche des origines, sur l'humanisme et sur les interférences entre les cultures occidentale et orientale : « dans mon sang il y a du *nuoc-mâm* » écrivait-il[1145]. En 1977, Jean-Claude Rémy, Eurasien qui n'a pas été pupille de la FOEFI, sort un disque avec notamment une chanson intitulée « Les corniauds », qui évoque son père militaire en Indochine, sa mère vietnamienne, les enfants métis[1146]. Le chanteur Gérard Addat, né en 1942 et arrivé en France à l'âge de 13 ans à Vouvray, exprime dans ses chansons ses sentiments, son amour pour son pays natal où sont ses racines. Son titre « Vietnam, ancienne terre de France » (2019) ne passe pas sur les radios vietnamiennes, car il rappelle trop la colonisation. Il doit le réenregistrer avec quelques paroles modifiées et un nouveau titre « Vietnam, terre pleine d'espérance » (2022). Il a ainsi la preuve qu'au Vietnam ses chansons sont à la fois appréciées et très surveillées[1147]. « En 1978, au moment de mon mariage », raconte Monique, née en 1953 et arrivée

---

[1144] Texte publié dans *Lettre de l'AFRASE* « Des histoires de familles » n°97, 2020, repris par *Les Cahiers du Nem*, 29 juin 2022, <http://lescahiersdunem.fr/pays-perdu-pays-retrouve/> Le père de Louis Raymond a été interviewé par Magali Bigaud : « Rapatrier les enfants métis du Cambodge : un élément de la relation postcoloniale franco-cambodgienne », in 'Enfances (dé)colonisées', *Revue d'histoire de l'enfance irrégulière*, n°22, 2020, p.67-83.

[1145] GDR n°43, 2011.

[1146] <http://www.jeanclauderemy.fr/chansonscontes/chansonsancien.html>.

[1147] Interview de Gérard Addat : <https://lepetitjournal.com/ho-chi-minh/communaute/gerard-addat-chanteur-saigon-263505?fbclid=IwAR1zM-V0KEdMXSx-HR7Dst7AGIU3V3qpbdjndz8wHAgAk28Oas4CI-t3orXw> ;

en France à 6 ans, « j'ai écrit un poème à ma mère. Il a été édité dans le cadre d'un concours de poésie de La Poste où je travaillais. C'est "La jonque endormie", un poème sur la vie »[1148]. *Grain de riz* offre une tribune, un lieu d'expression manifestement essentiel pour ceux, et celles moins nombreuses, qui s'en emparent. Les thèmes de l'exil, du départ, de la séparation, de l'identité, du pays perdu sont les plus fréquents dans les nombreux textes d'expression personnelle.

Depuis les années 2010, des personnes concernées ont écrit et publié. Kim Lefèvre est sans doute l'Eurasienne la plus connue de la littérature francophone. « Fruit d'une relation non égalitaire entre un colon et une colonisée, entre un dominant et une dominée », comme elle se définit elle-même, en 1989 elle publie un premier roman autobiographique qui raconte sa jeunesse au Vietnam, puis l'année d'après un récit de son retour au pays trente ans après en être partie, dans lesquels elle exprime son sentiment « d'être partout déplacée, étrangère »[1149]. Dans *L'Enfant de Seno* (2011), Laby Camara raconte son histoire. Africasien abandonné par son père tirailleur sénégalais, puis délaissé par sa mère vietnamienne, il grandit au Laos et à treize ans est envoyé en France. Il connaît la vie dans la rue, si loin de chez lui. Ses mémoires racontent aussi ses retrouvailles avec sa famille paternelle guinéenne, sa reconstruction et montrent le pouvoir libérateur de la parole et de l'écriture.

À la suite de Juliette Varenne qui publie *Juliette du Tonkin* en 2008, des Eurasien·nes écrivent leurs souvenirs, publiés surtout à compte d'auteur ou autoédités : Émile Tissot, *Métis déraciné* (2011), Jean-Jacques Barieux, *Né de père inconnu présumé français* (2012), Paule Migeon, *Chinoise verte !* (2014), Pham van Thanh dit Pierre Louis, *Enfance d'un petit Eurasien* (2014), Imre Szabo, *Mémoires d'entre deux mondes* (2019 et 2022), Jean Sern (pseudonyme), *L'enfant aux yeux clairs* (2023), ou des opuscules comme celui de Pierre-Marie Béryl « Vie et anecdotes d'un Eurasien » (2020). Des histoires sur plusieurs générations sont contées dans *Les trois cousines en Indochine* de Dominique Féger (2017) et *Un jour je viendrai te chercher* de Marc Zamichiei (2021). Le parcours de Madeleine, de son enfance jusqu'à la recherche de l'identité de son père, a inspiré le roman *De père légalement inconnu* de Françoise Cloarec (2014)[1150].

[1148] Témoignage de Monique Boldrini, 15/02/2018 ; « La jonque endormie », *Postésie*, 1998.

[1149] Kim Lefèvre, *Métisse blanche* et *Retour à la saison des pluies*, Paris, Bernard Barrault, 1989 et 1990.

[1150] Toutes ces références sont à retrouver dans la présentation des sources à la fin du livre.

Une des questions fondamentales des expressions et des prises de parole des personnes concernées porte sur leur devenir si elles n'avaient pas été envoyées en France, à l'instar de Pierre (né en 1949) arrivé en France en 1959 : « je me demanderai toujours ce que je serais devenu si j'étais resté au Vietnam ». Globalement, les Eurasiens pensent qu'ils auraient été des éléments de la population rejetés de toutes parts, qu'ils n'avaient aucun avenir, qu'ils ont eu de la chance. D'autres disent que ce qu'ils voulaient c'était rester avec leur mère avant tout. Cela renvoie à la situation des dizaines de milliers de personnes métisses qui, ayant ou non été prises en charge par la France, sont restées dans les pays de la péninsule indochinoise. Bien que leur sort soit très peu documenté, il constitue un point de comparaison pour les Eurasien·nes de France. Jeanne, sœur de Jacqui et Roger, restée à Saigon et abandonnée à elle-même, connait la misère et la prostitution dans des bordels pour militaires américains[1151]. Des Eurasiennes expriment clairement qu'elles seraient devenues « des filles de bar », « des putes pour les soldats Américains » (l'une d'elles le mentionne trois fois dans son témoignage), qu'elles n'auraient pas pu se marier, ou alors avec « de vieux Chinois », n'auraient pas été intégrées dans la société.

Très peu des personnes métisses restées dans leur pays de naissance ont livré leur témoignage, d'où l'importance du livre de Pham Ngoc Lân, Eurasien né en 1944 d'un père français qu'il n'a jamais connu. En 1954, sa mère refuse qu'il parte pour la France, il poursuit sa scolarité au collège d'Adran de Dalat où il côtoie quelques Eurasiens comme lui restés au pays. Pham Ngoc Lân est né Vietnamien, puis devenu Français par jugement déclaratif de naissance. En 1958, pour faciliter son insertion sociale sa mère obtient qu'il soit reconnu fils de son mari vietnamien. Ces changements de noms et prénoms sont très pragmatiques : que les informations et les dates soient erronées importent peu face à la nécessité de garantir l'avenir. Il fait ensuite des études de pharmacie à Saigon. En 1968, il est mobilisé dans l'armée de la République du Vietnam (Sud-Vietnam) et en 1975 il connait les camps de rééducation. Ayant repris son travail d'assistant à la faculté de pharmacie et désirant partir en France, il s'adresse à Georges Bazé, représentant de la FOEFI à Saigon pour quelque temps encore. Il obtient finalement un visa et part pour la France en 1980[1152]. Selon Pham Ngoc Lân, les Eurasiens nés de père inconnu ont été peu nombreux à pouvoir poursuivre leurs études au Vietnam.

[1151] Témoignage de Jeanne dans *Inconnu, présumé français*.
[1152] Pham Ngoc Lân, *De père inconnu. Récit sur le Viêt Nam de la deuxième moitié du XXᵉ siècle*, Paris, L'Harmattan, 2015.

Frank, qui vit 9 mois par an au Vietnam, connait des Eurasiens restés au pays qui vivent misérablement. Dans un poème pour *Grain de riz*, un Eurasien arrivé en France avec la FOEFI évoque en 1994, « I. B., mon amie, qui répare les bicyclettes sur les trottoirs de Saïgon », une Eurasienne restée dans son pays de naissance. Il écrit : « personne n'a aimé/ cette chatte de gouttière/ chienne perdue sans collier/ fille de militaire. À plus de trente-cinq ans/ où est son avenir/ d'ailleurs sait-elle vraiment/ ce que ce mot veut dire. Oubliée par son père/ et par l'histoire de France/ un juge imaginaire/ la condamne à l'errance. Elle a dans le regard/ quelque chose de chez nous/ depuis longtemps les larmes/ ne coulent plus sur ses joues »[1153].

En 2018, sous l'intitulé « FOEFI or not FOEFI… ou les caprices du destin » *Grain de riz* brosse quelques portraits de ces Eurasiens du Vietnam : Trung, qui a vécu pauvrement avec sa mère puis a fait des petits boulots (porteur, balayeur), marié à une Vietnamienne il vend des billets de loterie ; Luong, né de mère vietnamienne et de père martiniquais, adopté par un oncle après le départ de ses parents, a été mobilisé à 18 ans dans l'armée nord-vietnamienne et est resté militaire jusqu'en 1981[1154]. Pham Ngoc Lân confirme que beaucoup d'Eurasiens, moins installés que lui, ont vécu dans des conditions difficiles. Lui-même a dû faire intervenir ses supérieurs hiérarchiques de la faculté pour convaincre le père de son amie vietnamienne, qui considère les Eurasiens en général comme des traitres et lui en particulier comme un danger pour sa fille, de les laisser se marier[1155]. En 2023, Valérie qui vit plusieurs mois par an au Vietnam identifie grâce à ses traits de visage une Eurasienne qui a à peu près son âge. Toutes les deux échangent en français, notamment sur le centre de Cholon. Valérie apprend que cette femme est toujours restée au pays, qu'elle n'a jamais eu de papiers pour être reconnue comme française, qu'elle vit misérablement dans une chambre de 3 m² partagée avec un frère alcoolique. Cette femme est persuadée qu'elle aurait eu une bien meilleure vie si elle avait quitté le Vietnam. Elles mangent ensemble, se parlent, Valérie lui donne un peu d'argent. Elle se projette en elle : « je me voyais à travers elle s'il n'y avait pas eu la FOEFI, j'aurais pu être elle, j'ai eu de la chance, pas elle »[1156].

[1153] « La poussière de la vie », Joël Luguern, *GDR* n°14, 1994.
[1154] « FOEFI or not FOEFI… ou les caprices du destin », *GDR* n°54, 2018.
[1155] Témoignage de Pham Ngoc Lân, 15/09/2022.
[1156] Témoignage de Valérie, 22/05/2023.

Conclusion

Que nous apprend la transplantation de ces milliers d'enfants métis d'Indochine sur la place et le rôle des enfants dans le processus de décolonisation et la fin de l'empire français, sur l'appréhension du métissage dans ce contexte et sur la construction subjective des personnes concernées ?

Il faut d'abord revenir sur les acteurs et bien voir que ces déplacements ont été surtout mis en œuvre par une FOEFI totalement incarnée en la personne de William Bazé : « il est notre drapeau » disait de lui le vice-président Varet. Des premières années précaires de sa vie à sa mort coïncidant avec la fin de l'œuvre qu'il a créée et dirigée, il mériterait une belle biographie qui permettrait de saisir les enjeux du métissage eurasien en situation coloniale et postcoloniale. Les traits de son caractère personnel, de ses engagements dans la Résistance, en politique dans le gaullisme et pour la cause des Eurasiens se sont retrouvés tout entiers dans la FOEFI. D'où une personnification à outrance des discours et des actes. Quand Bazé écrivait ou disait « je », c'est la Fédération dans son ensemble qui était légitimée ; quand il était critiqué ou attaqué en raison de son intransigeance, de sa certitude d'être le seul à pouvoir s'occuper des enfants métis, parce qu'il en était un lui-même, c'est la FOEFI qui se sentait menacée. D'où à l'inverse, certaines réactions tourmentées à tendance paranoïde de Bazé, prenant comme une remise en cause de lui-même toute critique adressée à la FOEFI. Sans doute la longévité de son action entre son premier engagement pour les enfants métis en 1923 et la dissolution de la Fédération en 1983, a été l'un des éléments constitutifs de l'anachronisme de la FOEFI dans les années 1960 et 1970. La France et le monde ont tellement changé en 60 ans. Bazé, comme beaucoup d'autres, a eu du mal à suivre ce passage d'une France coloniale, qu'il avait contribué à construire et à défendre avec courage, à une France contrainte au rétrécissement. En outre, l'organisation de la société et la prise en charge de l'enfance subirent des évolutions considérables. La FOEFI, relativement immuable, fut en quelque sorte en concurrence avec des services d'aide sociale à l'enfance qui évoluaient, se réformaient, s'amélioraient. La politique mise en œuvre pour les enfants métis, telle que pensée et mise en œuvre à partir de 1945, n'était plus souhaitée, ni même acceptée dans les années 1970. Et puis la constante volonté de Bazé de prolonger, encore et toujours, la question métisse franco-indochinoise était de plus en plus difficile à faire valoir. Le fait qu'il rappelle en 1983 l'engagement de Brévié pour les enfants métis, montre ce décalage chronologique. Quand en 1979 – époque où il définissait la biopolitique – Michel Foucault voyait dans les *boat people* « un présage de la grande migration du XXIe siècle », le mouvement de transplantation des enfants eurasiens était terminé. Mais comment ne pas lier ces deux moments de l'arrivée en France de populations du Sud-Est asiatique, ballottées par des politiques menées par des régimes pourtant bien différents, exerçant les uns et les autres un biopouvoir touchant à la vie de milliers d'hommes, de femmes et d'enfants ?

Pour Bazé, le règlement de la question eurasienne, c'est-à-dire offrir à tous les enfants métis un avenir, était une impérieuse nécessité tant les risques d'une abstention étaient porteurs de menaces pour l'empire français d'abord, puis pour la France elle-même ensuite. La mise en pratique – la contingence sinon l'intention – et le suivi des « rapatriements » et de l'assimilation générationnelle visée ont relevé de la FOEFI à laquelle l'État avait délégué un biopouvoir. Bazé a toujours pensé que la Fédération avait une obligation de résultats et qu'elle l'avait atteinte, comme le prouvaient les résultats aux examens des pupilles, leurs mariages, leurs insertions professionnelles, etc. En revanche, il a constamment dénoncé le fait que l'État avait une obligation de moyens qu'il n'assumait pas, mégotant régulièrement sur quelques millions de francs au lieu d'investir avec détermination dans la réussite de cette jeunesse française. Bazé eut juste le temps avant de mourir de voir, et donc d'affirmer, que ces enfants, devenus adultes, avaient fait la preuve qu'ils méritaient un engagement déterminé.

En fait, la répartition des rôles entre l'État et la FOEFI était quelque peu différente. La FOEFI se rêvait en leader de tous les acteurs impliqués dans les déplacements et l'éducation des enfants métis d'Indochine. Même si la FOEFI et Bazé affirmaient tout faire, l'État était en fait très présent : il finançait – presque entièrement – la FOEFI, la contrôlait – de plus en plus à partir de la fin des années 1950 – et l'a suppléée en mobilisant d'autres acteurs lorsque celle-ci a pensé pouvoir établir un rapport de force en décidant de ne plus s'occuper de pupilles supplémentaires en 1962. Enfin et surtout, c'est bien l'État qui a mis fin complètement aux activités de la FOEFI en 1976. S'il a délégué un biopouvoir à la FOEFI, ce n'était pas un blanc-seing, ce que regrettait amèrement et régulièrement Bazé. Pas moins que la FOEFI, l'État n'a sous-estimé la question eurasienne. Au-delà de la question de la légitimité de la Fédération à exercer un biopouvoir délégué, se pose aussi la question de la responsabilité de l'État français. À partir des années 1960, des responsables politiques et administratifs se sont progressivement distanciés de la FOEFI et de son immuabilité. Le contexte international évoluait, il fallait tourner la page du colonialisme et participer au mouvement transnational de l'affirmation des droits de l'enfant après la déclaration de l'ONU de 1959, puis les effets de mai 1968. Mais le bilan doit aussi être fait. Lorsque Bazé affirmait que la FOEFI obtenait de meilleurs résultats que l'aide sociale à l'enfance, c'était vrai dans de nombreux domaines. Brossant un tableau de l'ASE dans ces années-là, Pierre Verdier assène : « rechercher les préoccupations éducatives de cette époque, c'est hélas, se pencher sur une grande misère. Chercher un souci des conditions de vie non seulement matérielles mais aussi culturelles, éducatives et affectives, c'est se pencher sur un grand vide ». En prenant une situation qui offre des points de comparaison possible, il ne fait guère de doute que les Eurasien·nes ont eu (globalement) des conditions de vie meilleures que les enfants de La Réunion transplantés dans l'Hexagone. Encore faut-il se souvenir des grandes disparités de traitement à l'intérieur de la FOEFI. En tout cas en ce qui concerne la dislocation des adelphies, la FOEFI n'a pas fait mieux que l'ASE, certainement moins bien dans certains cas.

Il semble difficile d'en savoir davantage que ce qui est écrit dans ce livre sur le fonctionnement de la FOEFI, sa gouvernance, ses finances, la fabrique de sa politique. En effet, beaucoup d'archives ont été volontairement détruites par ses responsables dans les dernières années d'existence de la Fédération (1977-1983). Par exemple on ne retrouve pas les rapports mensuels du conseil d'administration. Ce faisant, ce n'est qu'à partir d'archives externes (ministères, administrations, rapports d'inspection, etc.) que l'on peut saisir l'économie générale de la FOEFI. Pour autant, peut-on qualifier l'action de la Fédération pendant quarante ans ? Sans doute est-il possible de proposer quelques adjectifs, dont certains pourront apparaître comme contradictoires. Incontestablement, l'œuvre de la FOEFI avait une dimension paternaliste liée à son président, humanitaire et humaniste aussi, et il faut évaluer à leur juste valeur les dévouements individuels qui, à tous les échelons, ont été à l'œuvre avec une sincère envie de bien faire et avec des résultats bénéfiques. L'entreprise peut être qualifiée de postcoloniale en ce sens où elle rappelait constamment le contexte colonial dans lequel s'était développée la question eurasienne et en quoi elle continuait à peser sur la société française. L'œuvre de la FOEFI démontre que le colonial a persisté après la décolonisation et a marqué profondément la société, en ce sens, elle justifie parfaitement une approche postcoloniale de cette histoire. Par des paroles employées, des actes posés, des décisions prises, elle reproduisait, consciemment ou non, des rapports de type colonial, tout en visant l'acculturation et l'assimilation de ses pupilles, dont le statut était si particulier qu'il a été régulièrement questionné.

Le statut de « pupille eurasien d'Indochine » créé par le décret de novembre 1943, copiant celui de 1904 sur les « pupilles de l'État », n'a existé nulle part ailleurs. La FOEFI s'appuyait sur cette référence lorsque cela l'arrangeait, surtout pour négocier un traitement d'exception, mais le dépassait lorsqu'il s'agissait d'intégrer dans sa politique d'intervention les enfants métis qui n'étaient pas eurasiens au sens défini par l'article 1 de ce décret. Ce positionnement opportuniste se retrouve également sur la question si sensible du consentement des mères. Pendant des années, la FOEFI a dit et écrit qu'il fallait capter les enfants métis dès leur plus jeune âge et faire entendre raison aux mères ; que le « certificat de décharge » signé par les mères n'était certes pas un acte d'abandon mais que les enfants passaient sous l'unique responsabilité de la FOEFI, juge et partie en cas de conflit avec la mère ; que parce qu'il n'avait pas été aboli expressément le décret de 1943 était toujours valable dans les années 1970, alors que tous les éléments le situant avaient disparu depuis 1954. Le même opportunisme se retrouve dans les modalités de prise en charge des pupilles : l'éparpillement initial des garçons (1947-1954) a laissé place aux foyers concentrant les pupilles (1954-1957) avant un retour à la dispersion à partir de 1957-1958, sauf pour les filles du foyer de Saint-Rambert (1949-1976) qui connurent une expérience unique. À chaque étape, à chaque virage, pour chaque contradiction, la FOEFI argumentait sur les raisons de son choix sans faire d'évaluation du système précédent, sans reconnaître d'erreurs, sans introspection, mais en trouvant parfois des boucs-émissaires parmi ses personnels. Constamment, la FOEFI a présenté la situation des enfants métis avec sa vision des choses et des références qui évoluaient au gré du contexte. La projection des enfants dans un futur autre faisait de ceux-ci des objets privilégiés d'une gestion politique des populations dans laquelle la construction subjective des enfants n'était pas une priorité.

Les enfants et les jeunes transplantés se sont peu interrogés sur les modalités de leur prise en charge. Ils n'étaient guère à même de la faire. C'est l'incompréhension qui fut le sentiment le plus partagé par toutes et tous, chacun·e s'interrogeant sur les raisons de l'absence et du défaut du père, de l'attitude et des décisions de la mère, du départ, de la séparation entre frères et sœurs, de l'affectation dans tel ou tel établissement, de telle décision prise à son égard, des choix faits pour son bien, etc. Rares sont celles et ceux qui peuvent prétendre aujourd'hui avoir exercer une forme de contrôle, dans la durée, sur ce qui leur est arrivé. Dans certaines circonstances, les enfants ont pu activer quelques marges de manœuvre pour orienter un choix, un tournant, une décision les concernant individuellement. Certains ont su mobiliser leur agentivité pour forcer le destin, pour transformer en opportunités des contraintes. Mais le plus souvent, ils ont été ballotés de foyer en pension, de colonie de vacances en internat, avec peu de temps et d'espace pour seulement envisager leur libre arbitre. Cette situation explique aussi leur détresse à la sortie de la FOEFI.

Le sentiment de chaque personne concernée à l'égard de la FOEFI dépend bien évidemment de l'expérience individuelle vécue. Certain·es ancien·nes pupilles sont très remonté·es contre la Fédération et de ses responsables, ne leur accordant aucun point positif, ni aucune intention louable ; d'autres les remercient vivement pour leurs engagements et leurs actions, leurs rendent hommage et rejettent la moindre critique. Entre ces deux positions, toute une variation de positions, d'expressions ou de ressentis existe avec des occurrences nombreuses sur la reconnaissance, le respect et la chance offerte mais aussi la coercition, le manque de respect et d'affection. Le silence est aussi très fréquent. En 2010, dans *Grain de riz*, Alexandre Thomas résume une position assez partagée, celle d'un bilan globalement positif mais qui n'exclut pas de s'interroger sur le sens et les modalités de l'entreprise :

> « si la lucidité acquise nous pousse à reconnaître la chance que nous avons eue d'être restés en vie grâce à la FOEFI, elle nous permet aussi de dire, sans ingratitude, que tout n'a pas été parfait dans le meilleur des mondes possibles. J'ai lu que certains ont pu parler de pardon : pardonner quoi, à qui ? Il ne s'agit ni de faute ni de culpabilité, mais d'ignorance, d'erreurs, de maladresses, d'incompétences parfois. Le reconnaître humblement n'a rien de déshonorant, bien au contraire ».

De même, en 2020 (groupe Facebook, FOEFI), Pierre Souchet évoque « l'acquisition d'une certaine sérénité, l'âge aidant, à parler d'une histoire sans lamentations ni jérémiades pour chaleureusement partager un passé qui nous fait un peu complices ». En répondant au questionnaire, Paul écrit :

> « l'intention de la FOEFI ne peut-être que louable mais ses modalités d'application sont critiquables. Qui est contre sauver des enfants de la guerre ? Mais qui trouve normal de le faire au prix d'une séparation d'avec la mère ainsi que toute la fratrie ? Les souffrances et dégâts psychologiques inévitables qui adviendraient à plus ou moins long terme ont été sous-estimés.

Je pense que les responsables de la FOEFI ont fait au mieux de ce qu'ils pensaient devoir faire ».

Pour Joseph, « M. Bazé a fait ce qu'il a pu pour sauver quelques enfants ». Germaine estime qu'elle était « une feuille ballotée allant de-ci de-là, une plante qui pousse sans soin. Heureusement la FOEFI nous a canalisées ». Quant à Valérie, en 2023 elle écrit : « on a survécu à la guerre. On a surmonté des épreuves imposées. On a endormi notre souffrance intérieure. On nous a préparés à accepter la vie comme elle nous a été livrée. Telle quelle ».

Entre injonctions normatives fortes et mobilisation de leurs propres ressources pour gagner en autonomie, devenir adulte a nécessité de la part des Eurasien·nes des agencements complexes entre honte des origines, mémoire intime et désir de reconnaissance par la société française. La mémoire coloniale et postcoloniale de l'enfance métisse a été marquée du sceau d'une certaine violence institutionnelle qui peut conduire à l'oubli, puis à des phénomènes de remémoration tardive, mais aussi à la construction d'un « chez soi » imaginaire ou fantasmé qui peut être lié à l'expérience de la transplantation. La mémoire a été parfois obérée par l'épreuve du déracinement, reconstruite en fonction des aléas de la grande histoire, du présent des personnes, du roman familial et de l'entreprise postcoloniale qui cherchait justement à effacer les origines, parfois avec un effet paradoxal inverse. Les modalités d'expression de ces mémoires, mais aussi du silence choisi ou subi, sont donc très variables.

Évoquer comme un ensemble les enfants métis concernés par cette histoire est pratiquement impossible. Certes ils ont connu, toutes et tous, des expériences sinon comparables du moins similaires du déplacement et de la séparation, mais les données de la chronologie, de l'âge et du genre déterminent des « générations » différentes, ou plus exactement des groupes ou des communautés partageant des éléments communs, surtout l'affectation dans un même établissement. Les premières filles et les premiers garçons arrivé·es en 1947 n'ont pas vécu la même chose que celles et ceux arrivé·es au début des années 1970 ; les garçons de Vouvray ont bénéficié d'une certaine forme de liberté que les filles de Saint-Rambert n'ont jamais connue ; la vie des garçons placés chez les Orphelins apprentis d'Auteuil ou des filles envoyées dans les établissements du Bon Pasteur était à des années-lumière de ce que vivaient des Eurasien·nes adopté·es ou placé·es dans des familles aimantes, même si pour certain·es l'expérience n'a pas toujours été belle, etc. Pour autant, le sentiment d'appartenance à une même et grande « famille », terme revenant très souvent dans les témoignages, est réellement partagé par nombre d'entre eux. Toutes et tous se disent Eurasien·nes, même issu·es d'autres métissages, car pour les personnes concernées le terme regroupe l'ensemble des métis d'Indochine, une identité donnée d'abord par la mère. L'appartenance à une famille de foefiens et foefiennes est nettement moins partagée. L'appréhension de la prise en charge par la FOEFI donne en effet lieu à toute une palette de positionnements. Cette variété est due bien sûr aux différents parcours vécus, mais aussi à des éléments plus intimes. Ainsi, deux personnes ayant connu le même établissement pendant la même période peuvent avoir un regard opposé sur la manière dont elles ont été prises en charge. Et puis surtout, il y a celles et ceux qui ne parlent pas, ne le veulent pas ou ne le peuvent pas. On serait tenté de dire que leurs silences sont éloquents face à une mémoire collective, perçue parfois comme « officielle », entretenue par les associations, qui croise gratitude et interrogations. Les témoignages de celles et ceux qui parlent et écrivent ne sont pas indemnes de tout tabou. Par exemple, les agressions physiques, psychologiques et sexuelles perpétrées par des adultes ou entre les enfants eux-mêmes, ne sont évoquées que du bout des lèvres. Les graves difficultés et les échecs de parcours rencontrés par certaines personnes sont également peu exprimés.

En contexte postcolonial, les expériences d'intégration et d'acculturation forgées par des pratiques coercitives (reconstitutions d'état civil, changements de prénoms, de noms, déni de la culture et de la langue d'origine, adhésion forcée à une autre religion) ont constitué un aller simple pour l'assimilation. Bien qu'il soit impossible d'avancer un chiffre, la plupart des personnes concernées sont devenues des « Français comme les autres, noyés dans la masse » ainsi qu'elles aiment se définir, car cette affirmation est pour ainsi dire la preuve qu'elles ont réussi leur intégration. Le prix à payer pour elles a été le déracinement et la perte de leur identité d'origine, sans échapper à une certaine racialisation, évoquée avec retenue, comme si les manifestations racistes à leur égard signifiaient leur propre échec d'intégration. Elles se défendent d'avoir subi un « réel » ou un « vrai » racisme, minimisant les surnoms connotés, les moqueries sur l'accent vietnamien, les insultes parfois, cependant, à un moment ou à un autre d'un entretien ou d'une discussion, ces blessures enfouies réapparaissent. Il est significatif que dans *Grain de riz*, à plusieurs reprises, la chanson de Jean Ferrat « Nul ne guérit de son enfance » soit mise en exergue, « en écho à notre jeunesse ».

La FOEFI a répété avec une grande permanence qu'un de ses objectifs était de faire des Eurasien·nes des traits d'union entre leur pays de naissance et la France. Cette idée du trait d'union était très valorisante, attribuant un rôle essentiel aux personnes censées constituer une composante importante des relations transnationales entre ces pays. Si les Eurasien·nes sont bien aujourd'hui dans un entre-deux, celui-ci n'est pas si confortable et les malaises liés à un positionnement difficile sont nombreux. En grandissant, en vieillissant, les personnes concernées ont été confrontées à un sentiment, non de double appartenance, mais plutôt de double absence dans lequel les a plongés leur expérience migratoire (post)coloniale. La question de la langue est primordiale. Être capable de la parler ouvre bien des portes au Vietnam qui sans cela restent fermées, d'où la grande frustration des Eurasien·nes que l'on a forcé·es à perdre leur langue de naissance. C'est là l'un des deux principaux reproches adressés aujourd'hui à la FOEFI alors qu'elle même revendiquait d'élever ses pupilles dans l'amour de leur pays natal. L'autre grande critique des ex-pupilles de la FOEFI porte sur l'éclatement des adelphies, la « pulvérisation des fratries » comme disent certains. Certes l'organisation générale de la prise en charge des enfants durant la période concernée n'était pas mixte, certes toutes les sœurs et tous les frères n'ont pas été séparé·es, certes la miscégénation était considérée comme le meilleur vecteur d'intégration. Mais le peu de cas que la FOEFI faisait de ces séparations, en restant sourde à des supplications d'enfants ou de leurs familles et en ne faisant pas ce qu'il aurait fallu pour que ces frères et sœurs se retrouvent ensemble temporairement et régulièrement, demeure à leurs yeux injustifiable. Beaucoup considèrent que les années de séparation n'ont pas pu être comblées. André, 75 ans, avoue avoir ressenti plus de peine quand son chat est mort que lorsqu'il a appris récemment que son demi-frère, dont il avait été séparé brutalement en arrivant en France et auquel il était très attaché enfant, était décédé. Il est en colère de cette situation et en veut beaucoup à la FOEFI d'avoir été responsable de leur séparation : « elle a fait beaucoup de bonnes choses, mais pas celle-là ».

Le nombre total d'enfants métis nés en Indochine pendant la guerre est très difficile à estimer, mais quel qu'il soit, la proportion des enfants restés au pays de naissance est bien plus importante que celle des enfants envoyés en France. Afin de s'approcher d'une histoire à parts égales, il avait été envisagé de réaliser une recherche historique sur la vie des métis restés en Asie du Sud-Est, et notamment parmi eux, ceux qui ont été pris en charge par la FOEFI en Indochine mais ne sont pas partis pour la France. Cette étude devait aussi permettre de répondre à la question fondamentale des personnes déplacées en France qui ponctue tous les témoignages recueillis : « que serais-je devenue si j'étais restée là-bas ? » ; « qu'aurait été ma vie si je n'étais pas venue en France ? » En 2020, un travail de repérage de parcours pour une campagne de sources

Conclusion

orales – bien plus difficile à mener qu'en France, ne serait-ce qu'en raison de la langue – a été effectué. La crise sanitaire du Covid 19 en a décidé autrement et pour longtemps. Ce travail d'envergure sera repris dans le cadre d'un programme de recherche financé en cours. Les résultats viendront compléter les apports de cet ouvrage.

Cette histoire est évidemment à replacer dans un contexte postcolonial plus large qui a concerné aussi bien les enfants réunionnais que les enfants amérindiens en Guyane et des enfants algériens et issus d'autres colonies françaises ou européennes. Ces épisodes renvoient à l'instrumentalisation des enfants au-delà des rapports de force internationaux et des défaites militaires et idéologiques de la décolonisation. Les enfants ont constitué un enjeu majeur pour les sociétés traumatisées qui leur ont assigné une fonction cathartique. Comme celles et ceux qui ont subi ce genre de migration ailleurs, des enfants eurasiens d'Indochine ont fait preuve d'une certaine résilience pour reprendre racine dans un pays qui n'était pas celui de leur naissance, pour devenir des femmes et des hommes adapté·es à la société française. Avançant en âge, ces personnes sont soucieuses de transmettre, et d'abord au sein de leur famille, même si cela est parfois très difficile pour elles. Car il faut compter parmi les personnes concernées par cette histoire, les mères et les frères et sœurs même s'ils n'ont pas été déplacés, parfois les pères lorsqu'ils font partie réellement de l'histoire, les descendants aussi. Ces derniers jouant parfois un rôle essentiel en réclamant un récit des origines.

La mémoire est un agencement de la réalité qui lui donne sens, mais elle doit répondre également à un impératif d'histoire, de vérité du passé. Le rôle de l'historien vis-à-vis des personnes concernées, en passeur empathique, est de produire un récit susceptible de permettre à chacun·e de replacer son histoire personnelle, son expérience vécue, sa mémoire, dans le cadre plus général de l'histoire. Ce livre espère aussi contribuer à cela pour les enfants eurasiens d'Indochine emportés par les vents de la décolonisation.

Sources

Archives nationales d'outre-mer (ANOM – Aix-en-Provence)

- *Archives privées des colonies*

Fédération des œuvres de l'enfance française d'Indochine
- 90 APC/1 à 4289 Répertoire nominatif des dossiers individuels des pupilles de la FOEFI (consulté sous dérogation)

Dossiers individuels : sur 4 315 dossiers, 2 538 étaient consultables à la fin de l'année 2023, les autres le seront entre 2024 et 2033.
- 90 APC/4290

« Règlement Intérieur – 1957 » ; « Rapport vérification de la gestion financière – 1968 »
- 90 APC/4291

Assemblée générale ordinaire – Exercices 1949-1959
- 90 APC/4292

Assemblée générale ordinaire – Exercices 1960-1972
- 90 APC/4293

Assemblée générale ordinaire – Exercices 1973-1975
- 90 APC/4294

Assemblée générale ordinaire – Exercices 1975-1977
- 90 APC/4295

Assemblée générale ordinaire – Exercices 1978-1983
- 90 APC/4296

Pièces isolées : courriers (signataires non identifiés) – 1976-1978
- 151 Fi 1

Album photos de Saint-Rambert

- 151 Fi 2

Trois albums de la Région Ouest : 1963 (2) et 1964

- 151 Fi 3

Un album « photos de famille » de M. Graffeuil

- 151 Fi 4

Deux albums « photos de famille » de M. Graffeuil

- 151 Fi 5

Deux albums « photos de famille » de M. Graffeuil, dont un consacré surtout à des filles venues du Cambodge

- *Indochine. Cabinet*

Souveraineté française dans les territoires de l'Union indochinoise 1909-1963 – Affaires suivies par le Service juridique du Cabinet 1911-1956

- 1 HCI 665

Problème des Eurasiens en Indochine 1947-1949

- 1 HCI 715

Fondation de l'enfance française d'Indochine (FEFI) et réorganisation en Fédération des œuvres de l'enfance française d'Indochine (FOEFI) : textes 1948-1950

Action sociale et sanitaire 1944-1954 – Œuvres sociales 1944-1953 – Associations 1953-1954

- 1 HCI 287

Fédération des œuvres de l'enfance française d'Indochine (FOEFI) Réorganisation des œuvres 1946-1954

- 1 HCI 802

Fédération des œuvres de l'enfance française en Indochine (FOEFI) : correspondance, note, comptes rendus d'assemblées générales 1950-1954.

- *Haut-Commissariat de France pour l'Indochine. Services du conseiller politique*

Situation en Indochine 1928-1952 – Questions juridiques 1945-1952 – Questions de nationalité 1946-1952

- 2 HCI 340

Eurasiens : correspondance et projets de statuts de la Fédération des œuvres de l'Enfance française en Indochine (FOEFI) 1948-1950.

Archives nationales (Pierrefitte-sur-Seine)

Ministère des Affaires sociales, Bureau de l'enfance, Politique de l'enfance – Versement 1976

Fédération des Œuvres de l'enfance française d'Indochine
- 19760175/126

Eurasiens – Statuts 1955-1965 – Comptes rendus des exercices 1961-1965, 1967, 1970 – rapports d'inspections générales. 1958-1971
- 19760175/127

Dossier comptable : Justificatifs – Gestion des crédits – Engagements et ordonnancements – Budgets – Demandes de suppléments de subventions 1959-1969
- 19760175/128

Correspondance générale 1953-1971 – Opérations de rapatriement d'enfants 1967-1971 – Enfants rapatriés confiés à l'ASE 1957-1966
- 19760175/129

Dossiers d'enfants abandonnés recueillis par la Fédération 1966-1970 – Mineurs placés par la Fédération 1966-1967

Archives du ministère des Affaires étrangères (AMAE)

Archives diplomatiques (La Courneuve)

Fonds 132 QO Laos (1955-1964)
- 132 QO 67-69

Base militaire française de Seno, hôpital de Seno 1960-1962, rapatriements 1963
- 132 QO 140-141

Français au Laos 1955-1964

Centre des archives diplomatiques de Nantes (CADN)

Fonds 183 PO Dakar, AOF Archives du gouvernement général de l'Afrique-Occidentale française
- 183 PO 1 330

Enfants africasiens

– 183 PO 1 357
Militaires et guerre d'Indochine
Fonds 590 PO Saigon Archives de consulat général de France à Saigon 1954-1978
– 590 PO A 162
École des enfants de troupe eurasiens 1954-1955
– 590 PO A 207
Rapatriements 1955-1977, Eurasiens 1955-1977
– 590 PO A 406-407
FOEFI : liste des dossiers de pupilles et correspondances 1956-1976, rapatriements des pupilles 1955-1961
– 590 PO A 408 à 424
Dossiers de pupilles (classement alphabétique)
- 590 PO A 425 à 432
Fichiers FOEFI (classement alphabétique)
Fonds 262 PO Hanoi Ambassade de France 1954-1990
– 262 PO 2002034 13
Rapatriements, cas des métis eurasiens 1977-1979
– 262 PO 2002034 79
Départs du Vietnam : métis, eurasiens, apatrides (1980-1986)
Fonds 732 PO Vientiane Ambassade de France au Laos 1945-1978
– 732 PO A 4
Mission militaire Seno
– 732 PO A 80
Hôpital de Seno

Archives nationales du Sénégal (ANS – Dakar)

Remerciements à Martin Mourre
  Série H santé – assistance
– 2 H 22
Enfance abandonnée – Métis eurafricains – « afrasiens » métis d'Africains et d'Indochinois 1943-1956.

Service historique de la défense (SHD – Vincennes)

Archives de l'Indochine – Sous série 10 H (1867-1956)
– 10 H 327
École d'enfants de troupe eurasiens de Dalat : organisation, notes 1948-1955
– 10 H 420
Rapports sur le moral des militaires africains 1948-1955
– 10 H 1112
Ecoles des enfants de troupe 1946-1956 – Organisation, fonctionnement – Élèves eurasiens 1954-1955
– 10 H 2267
Service social des enfants recueillis par les unités 1948-1955

Dossiers individuels du bureau Résistance
– GR 16 P 40467
Dossier administratif de résistant de William Bazé

Lois et décrets (ordre chronologique)

– Loi du 28 juin 1904 sur le service des enfants assistés, *JORF* du 30 juin 1904.
– Loi du 27 juillet 1917 instituant des pupilles de la nation, *JORF* du 29 juillet 1917.
– Décret du 4 novembre 1928 sur le statut des métis nés de parents inconnus en Indochine, *JORF* du 8 novembre 1928.
– Loi n°182 du 15 avril 1943 relative à l'assistance à l'enfance, *JO de l'État Français* du 21 avril 1943.
– Décret n°2986 du 24 novembre 1943 portant institution des pupilles eurasiens d'Indochine, *JO de l'État Français* du 27 novembre 1943.
– Décret n°3374 du 27 décembre 1943 *JO de l'État Français*, 1er janvier 1944.
– Décret n°1492 du 8 juin 1944, complétant le décret n°3374 du 27 décembre 1943, *JO de l'État Français*, 15 juin 1944.

Archives de l'abbaye – Saint-Rambert-en-Bugey

Albums photos
    Registre des arrivées de pupilles de la FOEFI
    Répertoire « Pensionnat d'Eurasiennes »

Archives de L'APPEL

Documents réunis sur le CD accompagnant le livre de Jean-Claude Didelot, *Piété filiale. Des certitudes à la foi avec René Péchard*, Paris, Éditions du Jubilé, 2004.

Bulletin de l'« Association FOEFI » : Grain de riz

Les premiers numéros, du n°4 (février 1989) au n°37 (décembre 2006) qui étaient parus en papier ont été numérisés par le laboratoire TEMOS dans le cadre du travail réalisé pour cet ouvrage. Les exemplaires suivants à partir du n°38 (décembre 2009) sont en format numérique. L'ensemble est consultable en ligne sur le site de l'association :
    <http://foefi.net/grainderiz.html>
    Nombreuses expressions des personnes concernées : poèmes, récits, partages de souvenirs, hommages. Informations sur le fonctionnement et les activités de l'association.

Récits de personnes métisses publiés ou autoédités

- Armantier Louis, *Le balancier. Indochine-Vietnam. Le temps des souvenirs*, Paris, L'Harmattan, 2012.
- Armantier Louis (témoignages recueillis et annotés par), *Paroles de rescapés. Indochine-Viêtnam. 2 Le temps des souvenirs*, Paris, L'Harmattan, 2016.
- Barieux Jean-Jacques, *Né de père inconnu présumé français*, 2012.
- Béryl Pierre-Marie, « Vie et anecdotes d'un Eurasien », fascicule autoédité, s. d.,
- Camara Laby (avec Bari Nadine), *L'enfant de Seno*, Paris, L'Harmattan, 2011.
- Carrel Dany, *L'annamite*, Paris, Robert Laffont, 1991.

- Cloarec Françoise, *De père légalement inconnu*, Phébus, 2014 (roman à partir d'un témoignage)
- Colonel Jean Leroy, *Fils de la rizière*, Paris, Robert Laffont, 1977.
- Combes Geneviève-Chantal et Dechaux Jean-Louis, *Les larmes versées sur le Vietnam perdu*, Paris, Éditions des écrivains, 1998.
- Coulibaly Micheline, *Les larmes de cristal*, Abidjan, Édilis, 2000.
- Féger Dominique, *Les trois cousines en Indochine*, Atelier fol'fer, 2017.
- Franchini Philippe, *Continental Saigon*, Paris, O. Orban, 1977.
- Lefèvre Kim, *Métisse blanche*, Paris, Bernard Barrault, 1989.
- Lefèvre Kim, *Retour à la saison des pluies*, Paris, Bernard Barrault, 1990.
- Levilain Guy, *Dépatrié et exilé. Confessions d'un jeune homme de bonne famille*, Paris, Édilivres, 2020.
- Bourgeois Marcel, *Itinéraire d'un coq de combat*, à compte d'auteur, 1995.
- Migeon Paule, *Chinoise verte !*, ronéotypé, 2014.
- Niane Anne-Marie, *L'étrangère*, Paris, Hatier, 2002.
- Pham Ngoc Lân, *De père inconnu. Récits sur le Viêt Nam de la deuxième moitié du XXe siècle*, Paris, L'Harmattan, 2015.
- Pham Van Thanh dit Pierre Louis, *Enfance d'un petit Eurasien*, Éditions Thê gio, 2014.
- Sern Jean, *L'enfant aux yeux clairs*, Paris, Le Lys Bleu Éditions, 2023.
- Sudre Margie, *Du Mekong au Quai d'Orsay*, Paris, Flammarion, 1998.
- Szabo Imre, *Mémoires d'Entre Deux Mondes*, The bookedition.com, 2 tomes 2019 et 2022.
- Tissot Émile, *Métis déraciné*, Copymédia, 2013.
- Varenne Juliette, *Juliette du Tonkin*, Publibooks, 2008.
- Wolff Charles et François, « 4 ans et 2 mois. Prisonniers du Viet-Minh », in Louis Armantier (éd.), *Paroles de rescapés Indochine-Vietnam*. Paris, L'Harmattan, 2016, p.67-72.

Photographies et témoignages d'Eurasien·nes dans des expositions

- Exposition virtuelle : « "Comme les rayons différés d'une étoile" : photos d'Eurasiennes "rapatriées" en France (1947-2020) », par Yves Denéchère, disponible en français, anglais et vietnamien sur <https://musea.fr/exhibits>

- Notice : « Avant le "grand départ" pour la France : photos d'enfants eurasiens en Indochine », par Yves Denéchère, sur <https://ehne.fr/fr> avec une capsule vidéo intitulée : « La photo de Camille ».
- *Le déracinement silencieux. Regards d'Eurasiens nés de la présence française en Indochine et « rapatriés » en France par la FOEFI*, exposition photos de Sophie Hochart, 2017. Un ouvrage en est tiré, sous le même titre, AB Numeric, 2018. <https://lederacinement.wixsite.com/livre>
- Exposition virtuelle des ANOM sur la Fédération des œuvres de l'enfance française d'Indochine <http://www.archivesnationales.culture.gouv.fr/anom/fr/Action-culturelle/Dossiers-du-mois/1904-FOEFI/Contexte.html>

Témoignages de protagonistes

- Amiral Thierry d'Argenlieu, *Chroniques d'Indochine 1945-1947*, Albin Michel, 1985.
- Chancel Jacques, *L'Eurasienne*, Saigon, Éditions Catinat, 1950.
- Chancel Jacques, *La nuit attendra*, Paris, Flammarion, 2013.
- Didelot Jean-Claude, *Piété filiale. Des certitudes à la foi avec René Péchard*, Paris, Éditions du Jubilé, 2004.
- Garnier René, *Ainsi va la vie…*, imprimé, s. d., s. l.,
- Le Pichon Jean, *Récits et lettres de l'Indochine et du Vietnam 1927-1957*, Paris, Les Indes Savantes, 2009.
- Odier Jocelyne, *C'était hier… Souvenirs de 1917 à 1962*, Paris, La Pensée universelle, 1990.
- Suant Jacques, *Rizières de sang*, Paris, Arthaud, 1970.
- Teisserenc Jacques, « La captivité des otages civils de Vinh » in Louis Armantier (éd.), *Paroles de rescapés Indochine-Vietnam*. Paris, L'Harmattan, 2016, p.141-147.
- Teisserenc Jacques, *Les oubliés du Nord-Annam*, préface d'Henri Amouroux, Les Éditions de l'Orme Rond, 1985.
- Varet Pierre, *Au pays d'Annam. Les Dieux qui meurent*, Paris, Ed. Eugène Figuière, 1932, préface de Maurice Graffeuil.

Sources imprimées

- Bonniot René, *L'enfance métisse malheureuse*, rapport présenté au Congrès de l'Enfance, Saigon, Imprimerie de l'Union, 1940, 18 p.
- Bonvicini Henri, *Enfants de la colonie*, Saigon, Éditions Orient-Occident, 1938.
- Bouchon Henri, *Mousson du Sud. Essai sur la vie indochinoise*, 1942.
- Chivas-Baron Clothilde, *Confidences de métisse*, Paris, Fasquelle, 1927.
- Douchet P., *Métis et Congaïes d'Indochine*, Hanoï, 1928.
- « Enquête sur les croisements ethniques », *Revue d'Anthropologie de Paris*, Tome XXII, 1912.
- Godart Justin, *Rapport de mission en Indochine 1er janvier-14 mars 1937*, Paris, L'Harmattan, 1994, présentation d'Alain Ruscio.
- Gravelle Charles, « Enquête sur la question des métis », *Revue Indochinoise*, 1er janvier 1913, p.31-43.
- Huard P., Lanchou G., Trân-Anh, « Les enquêtes anthropologiques faites en Indochine et plus particulièrement au Vietnam », *Bulletins et Mémoires de la Société d'anthropologie de Paris*, XIe Série, tome 3, 1962. p. 372-438.
- Lieutenant-colonel Bonifacy, « Les métis franco-tonkinois », *Bulletins et mémoires de la Société d'Anthropologie de Paris*, 1er décembre 1910, p.607-642.
- Marquet Jean, *La Jaune et le Blanc : roman des mœurs indochinoises*, Les Éditions du Monde Moderne, 1926.
- Martial René, *Les Métis – Nouvelle étude sur les migrations, le mélange des races, le métissage, la retrempe de la race française et la révision du code de la famille*, Paris, Flammarion, 1942.
- Mazet Jacques, *La condition juridique des métis dans les possessions françaises*, thèse de droit, Paris, Éditions Domat-Montchrestien, 1932.
- Rapport d'information de la Délégation sénatoriale à l'outre-mer, n°149 (2013-2014) par M. Serge Larcher, déposé le 14 novembre 2013
- Ravoux Médecin-Commandant, « Aspects sociaux d'un groupe d'eurasiens », *Bulletins et Mémoires de la Société d'anthropologie de Paris*, n°9, 1948. p.180-190.
- Tissot H., « La Société d'Assistance aux enfants Franco-Indochinois du Tonkin », 1937.

– Vitale Philippe, Bertile Wilfrid, Ève Prosper, Gauvin Gilles, « Étude de la transplantation de mineurs de La Réunion en France hexagonale (1962-1983) », rapport à Madame la ministre de l'Outre-Mer, 2018.
– Vu Trong Phung, *Profession ? Épouse d'Occidentaux !*, Collection Nous les autres, traduit du vietnamien par Stéphane Wattier, 2020 (1936).

Témoignages audiovisuels

– Enregistrement vidéo de Marguerite Graffeuil évoquant certains épisodes de la FOEFI, réalisé par des membres de l'association « L'Eurasie », 1990, 124 min.
– France Inter, Cosmopolitaine, 15 novembre 2009.
– France Culture, La Fabrique de l'Histoire, « Des enfances à rebours », 22 septembre 2015.
– Radio Nacional de España, « Cinco Continentales », 22 avril 2015.

Films documentaires avec témoignages

– Barte Yann, *Oulad l'Viêt-Nam* (Les Enfants du Viêtnam), Maroc, Ali'n Prod, Casablanca et la Fondation ONA, 2005, 13 min.
– Gavron Laurence *Si loin du Vietnam*, Sénégal, 2016, 60 min.
– Geslain Matthieu et Jean Jean-Claude, *Enfant d'Indochine*, France, NOVI productions, 2010, 56 min
– Mora Kpai Idrissou, *Indochina: Traces of a Mother*, Bénin-France, 2010, 71 min.
– Pacquit Arlette, *Héritiers du Vietnam*, France, 2015, 84 min.
– Plane Stéphane, *Entre d'Eux*, France, 2010, 18 min.
– Pollet-Rouyer Frédérique, *Né sous Z*. France-Belgique, 2010, 75 min.
– Rostan Philippe, *Inconnu, présumé français*, France, 2009, 90 min.

Sources orales

Les campagnes de constitution de sources orales ont été menées entre 2018 et 2023.
42 entretiens réalisés, face en à face ou par téléphone, le plus souvent enregistrés puis retranscrits.
Durée des entretiens : entre 40 minutes et 130 minutes.

Parfois deux entretiens ont été réalisés avec la même personne.

– 32 personnes concernées :

17 femmes :

Binta B., Monique C., Germaine D., Anne E., Yvonne F., Monique F., Jeannette G., Marie-Simone L., Josette L., Francine L., Marie-Dominique L., Hélène M., Paule M., Madeleine M., Monique P., Nina V., Monique W.

15 hommes :

Jean-Louis B., André D., Henry D., André F., Moussa G., Robert K., Paul L., Robert L., Jacqui M., Frank N., Jean-Louis N., Roland R., Pierre S., Paul S., Alexandre T.

– 11 personnes impliquées :

Paul Susini † (ancien directeur du centre de Vouvray), Cécile Grandjean (ancienne assistante sociale de la FOEFI), Sœur Marie-Bénédicte † et Sœur Marie-Laurent † (congrégation Notre-Dame des Missions), Jean-Claude Didelot (ancien responsable de APPEL-France), René Garnier (ancien éducateur à Saint-Pierre-de-Vauvray), Yves Lapie (ancien éducateur dans un établissement des Sœurs de Saint-Vincent de Paul à Rennes), Patrice Ponsard (ancien employeur, Vouvray), Nicole Joessel (ancienne hôtesse de l'air), Jean-Claude M. (ancien militaire ayant servi sur la base de Seno), Jean Bazé (petit-neveu de William Bazé).

Témoignages collectifs, ateliers d'archives et d'écriture croisée

– 5 témoignages d'hommes – 9 mai 2023, Angers :

André F., Joseph L. Louis P., Pierre S., Alexandre T. avec Yves Denéchère, Zoé Grumberg (post-doctorante programme EN-MIG) et Violaine Tisseau (chargée de recherche CNRS).

– 6 témoignages de femmes – 22-24 mai 2023, Saint-Rambert-en-Bugey :

Geneviève A., Marie-Paule C., Camille G., Marie-France L., Germaine S., Valérie V. avec Yves Denéchère et Zoé Grumberg.

Ces deux ateliers ont été filmés par le cinéaste Vincent Pouplard, les 15 heures de rushes constituent des sources précieuses.

Des billets de blog rédigés à la suite de ces ateliers par Zoé Grumberg, avec la participation des personnes concernées, sont disponibles sur <https://enmig.hypotheses.org/>

Témoignages collectifs, échange avec des étudiant·es en histoire de l'Université d'Angers autour du film Inconnu, présumé français :

– 10 Eurasien·nes présent·es à la rencontre du 6 décembre 2023 :
Paul B., Marie-Paule C., Jacques D., André F., Jacques G., Lang J., Jacqui M., Louis P., Marie-Thérèse S., Philippe V.

Enquête par questionnaire

Questionnaire comportant 99 questions (cf. annexe 6) distribué via les associations, des contacts personnels et à la suite d'annonces passées dans des titres de la presse régionale à l'automne 2021.

– 69 répondant·es entre septembre 2021 et avril 2023 :

29 femmes :

Valérie A., Michèle A., Denise A., Geneviève A., Rosette A., Chantal B., Hélène B., Anne E., Monique C., Jeannette D., Martine D., Germaine D., Marie-Claire D., Christiane D., Jeanine D., Marcelle F., Camille G., Jacqueline L., Martha L., Jeanine M., Hélène M., Madeleine M., Colette P., Jacqueline P., Marie-Paule P., Odette R., Monique S., Marie-Thérèse S., Marinette S.

40 hommes :

Gérard A., Guy A., Louis A., Pierre-Marie B., Paul B., Pierre C., Guy-Rolland C., Gérard C., Jean-Paul C., Henry D., Jacques D., André D., Gustave E., André F., Paul G., Rémy G., Antoine G., Jacques G., Jean-Paul G., Christophe J., Lang J., Joseph L., Paul L., Jean L., Jean-Pierre L., Raymond L., Jacqui M., Jean-Pierre M., Louis P., Roland R., Bernard R., Georges R., Rama S., Pierre S., Paul S., Imre S., Joseph T., Alexandre T., Philippe V, Jean-Pierre W.

Bibliographie

Allender Tim, *Learning femininity in colonial India, 1820-1932*, Manchester University Press, 2016.

Anderson Patrick, Laseldi-Grelis, « De la langue originaire à la langue de l'autre », *Éla. Études de linguistique appliquée*, 2003/3, 131, pp. 343-35

Audoin-Rouzeau Stéphane, *L'enfant de l'ennemi*, Paris, Flammarion, 2013.

Bacqué Marie-Hélène et Biewener Carole, *L'empowerment, une pratique émancipatrice*, Paris, La Découverte, 2013.

Baby-Collin Virginie, Souiah Farida (dir.), *Enfances et jeunesses en migration*, Paris, Le Cavalier Bleu, 2022.

Bancel Nicolas, Blanchard Pascal, Lemaire Sandrine, *La fracture coloniale. La société française au prisme de l'héritage colonial*, Paris, La Découverte, 2006.

Bancel Nicolas, Blanchard Pascal, Lemaire Sandrine, Thomas Dominic, *Histoire globale de la France coloniale*, Philippe Rey, 2022.

Bantigny Ludivine, *Le plus bel âge ? Jeunes et jeunesse en France de l'aube des "Trente Glorieuses" à la guerre d'Algérie*, Paris, Fayard, 2007.

Bantigny Ludivine, Jablonka Ivan (dir.), *Jeunesse oblige. Histoire des jeunes en France XIXe-XXIe siècle*, Paris, Presses universitaires de France, 2009.

Barclay Katie and Koefoed Nina Javette, "Family, Memory, and Identity: An Introduction", *Journal of Family History*, 46-1, 2021, p.3-12.

Beaud Stéphane et Noiriel Gérard, « L'"assimilation", un concept en panne ». *Revue internationale d'action communautaire*, 21, 1989, p.63-76

Bertile Wilfrid, Ève Prosper, Gauvin Gilles, Vitale Philippe, *Les Enfants de la Creuse. Idées reçues sur la transplantation de mineurs de La Réunion en France*, Paris, Le Cavalier Bleu, 2021.

Bezançon Pascale, *Une colonisation éducatrice ? L'expérience indochinoise (1860-1945)*, Paris, L'Harmattan, 2002.

Bigaud Magali, « Rapatrier les enfants métis du Cambodge : un élément de la relation postcoloniale franco-cambodgienne », in 'Enfances (dé)colonisées', *Revue d'histoire de l'enfance irrégulière*, n°22, 2020, p. 67-83

Bigaud Magali, « La France et le Cambodge, 1953-1970: du protectorat à la coopération », thèse en histoire, 2023, Université Rennes 2.

Birnbaum Jean, *Le courage de la nuance*, Paris, Seuil, 2021.

Blanc Guillaume, *Décolonisations. Histoires situées d'Afrique et d'Asie (XIXe-XXIe siècle)*, Paris, Le Seuil, 2022.

Blanchard Pascal, Bancel Nicolas, Boëtsch Gilles, Thomas Dominic, Taraud Christelle, *Sexe, race & colonies. La domination des corps du XVe siècle à nos jours*, Paris, La Découverte, 2018.

Blanchard Véronique et Niget David, *Mauvaises filles. Incorrigibles et rebelles*, Paris, Textuel, 2016.

Blazy Adrien, « Vichy et l'Indochine, entre réforme et continuité. L'exemple de la réforme du statut personnel », *Outre-Mers*, 2017, n°396-397, p.103-118.

Bodin Michel, « Les Marocains dans la guerre d'Indochine (1947-1954) », *Guerres mondiales et conflits contemporains*, 2015, n°259 thématique : 'L'armée d'Afrique', p.57-76.

Bodin Michel, *Les Africains dans la Guerre d'Indochine 1947-1954*, Paris, L'Harmattan, 2000.

Bonniol Jean-Luc, Darlu Pierre, « L'ADN au service d'une nouvelle quête des ancêtres? », *Civilisations*, 2014/1 p.201-219.

Boucher Ellen, *Empire's Children: Child Emigration, Welfare, and the Decline of the British World, 1867-1967*, Cambridge University Press, 2014.

Bousquet Gisèle et Taylor Nora (eds.), *Le Viêt Nam au féminin / Viêt Nam: Women's Realities*, Paris, Les Indes Savantes, 2005.

Bouteyre Évelyne, *La résilience scolaire, de la maternelle à l'Université*, Paris, Belin, 2008.

Bragagnolo Aldo, *Transports de troupes vers l'Indochine*, à compte d'auteur, 1999.

Branche Raphaëlle, *« Papa, qu'as-tu fait en Algérie ? ». Enquête sur un silence familial*, Paris, La Découverte, 2020.

Branche Raphaëlle, Descamps Florence, Saffroy Frédéric et Vaïsse Maurice, « La parole et le droit. Recommandations pour la collecte, le traitement et l'exploitation des témoignages oraux », in Véronique Ginouvès et Isabelle Gras (dir.), *La diffusion numérique des données en SHS – Guide de bonnes pratiques éthiques et juridiques*, Presses universitaires de Provence, 2018, p.103-127.

Bray Maryse J., et Calatayud Agnès, « La chanson populaire en France au temps des colonies : de l'insouciance à la contestation », *Remembering Empire*, n°1, 2002, p.81-98.

Brocheux Pierre et Hémery Daniel, *Indochine, la colonisation ambiguë*, Paris, La Découverte, 2001.

Brocheux Pierre, *Histoire du Viêt-Nam contemporain. La nation résiliente*, Paris, Fayard, 2011.

Cadeau Ivan, « Sud-Vietnam, printemps 1955 : la "guerre des sectes" à travers les archives du service historique de la défense », *Guerres mondiales et conflits contemporains*, 2019, n° 273, p.49-68.

Cadeau Ivan, Cochet François et Porte Rémy (dir.) *La guerre d'Indochine. Dictionnaire*, Paris, Perrin-ministère des Armées, 2021.

Cadeau Ivan, *La guerre d'Indochine. De l'Indochine française aux adieux à Saigon 1940-1956*, Paris, Tallandier, 2015.

Calvet Louis-Jean, *Linguistique et colonialisme. Petit traité de glottophagie*, Paris, Payot, 2002.

Cho Sumi, Williams Crenshaw Kimberlé, McCall Leslie, "Toward a Field of Intersectionality Studies: Theory, Applications, and Praxis". *Signs Journal of Women in Culture and Society*, 38/4, 2013, p.785-810.

Christensen Pia et James Allison (Eds.), *Research with children: Perspectives and practices*, Routledge, 2017 (1ère éd. 1999).

Cooper Frederick, *Français et Africains ? Être citoyen au temps de la décolonisation*, Paris, Payot, 2014.

Coudray Éric, « Une guerre oubliée ? Histoire et mémoires combattantes françaises de la guerre d'Indochine », thèse en histoire, Université de Montpellier, 2022.

Cyrulnik Boris et Seron Claude (dir.), *La résilience ou comment renaître de* sa souffrance, Fabert, coll. Penser le monde de l'enfant, 2003.

Dalloz Jacques, *Dictionnaire de la guerre d'Indochine 1945-1954*, Paris, Armand Colin, 2006.

Darrigaud Jean-Claude et Didelot Jean-Claude, *Les enfants du Mékong*, Paris, Fayard, 1989.

Dartigues Laurent, *L'orientalisme français en pays d'Annam, 1862-1939. Essai sur l'idée française du Viêt Nam*, Paris, Indes Savantes, 2005, p.140-141.

de Gantès Gilles, « 'đầu gà đít vịt'. La place improbable des métis franco-vietnamiens en situation coloniale », communication au 1er congrès du Réseau Asie, 2003.

de Gantès Gilles, « Histoire sociale et représentations contemporaines du passé colonial. Une étude de cas : les métis franco-vietnamiens », in

Isabelle Felici et Jean-Claude Vegliante (dir.), *Oublier les colonies. Contacts culturels hérités du fait colonial*, Paris, Mare et Martin, 2011, p.105-128.

Delanoë Nelcya, Grillot Caroline, *Casablanca-Hanoï. Une porte dérobée sur des histoires postcoloniales*, Paris, L'Harmattan, 2021, préface de François Guillemot.

Delanoë Nelcya, *Poussières d'Empires*, Paris, PUF, 2002.

Denéchère Yves, « Grandir et devenir adulte en France postcoloniale: adolescents racisés migrants des (ex-)colonies (1945-1970) », *Annales de Démographie Historique*, 2023/2, n°146.

Denéchère Yves, « L'adoption transnationale entre idéologies, humanitaire et catharsis. Fins de guerres, décolonisation et guerre froide en France et aux États-Unis (1945-1975) », *Annales de Démographie Historique*, 2021/1, n°141, p.95-122.

Denéchère Yves, « Expériences intimes et subjectivité juvénile des Eurasiennes envoyées en France à la fin de la guerre d'Indochine », *Outre-Mers. Revue d'Histoire*, 2020, n°406-407, p.227-247.

Denéchère Yves, « Biopolitics, State, and Displacements of Children in France between the End of World War II and the Fall of the Empire, 1945-1970 », *in* B. Scutaru et S. Paoli (eds), *Child Migration and Biopolitics. Old and New Experiences in Europe*, Londres, Routledge, 2020, chapitre 12

Denéchère Yves (dir.), *Enjeux postcoloniaux de l'enfance et de la jeunesse. Espace francophone (1945-1980)*, Berne, PIE Peter Lang, 2019.

Denéchère Yves, « Le projet postcolonial de la Fédération des Œuvres de l'Enfance française d'Indochine (FOEFI 1949-1983) », in Y. Denéchère (dir.), *Enjeux postcoloniaux de l'enfance et de la jeunesse. Espace francophone (1945-1980)*, Berne, PIE Peter Lang, 2019, p.121-130.

Denéchère Yves, « Les "enfants de Madame Massu". Œuvre sociale, politique et citoyenneté pendant et après la guerre d'Algérie (1957-1980) », *Revue d'Histoire Moderne et Contemporaine*, n°64-3, 2017, p.125-150.

Denéchère Yves, « Politique et humanitaire à l'échelle locale pendant la guerre d'Algérie: jumelages et colonies de vacances dans l'Ouest de la France », *Annales de Bretagne et des Pays de l'Ouest*, n°124, juin 2017, n°2, p.143-169.

Denéchère Yves, « Vivre un idéal de fraternité universelle: la "Tribu Arc-en-ciel" de Joséphine Baker », *Frères et sœurs du Moyen Age à nos jours*, F. Boudjaaba, C. Doucet, S. Mouysset (éd.), Berne, Peter Lang, 2016, p.589-602

Denéchère Yves et Marcilloux Patrice (dir.), *Le Centre international de l'enfance (1949-1997). Des archives à l'histoire*, PUR, 2016.

Denéchère Yves et Droux Joëlle (dir.), Enfants et relations *internationales au XXe siècle*, numéro thématique de *Relations Internationales*, n°161, 2015.

Denéchère Yves, « Les parrainages d'enfants étrangers au 20e siècle. Une histoire de relations interpersonnelles transnationales », *Vingtième Siècle. Revue d'Histoire*, n°126, avril-juin 2015, pp.147-161.

Denéchère Yves, « Babylift (avril 1975) : une opération militaro-humanitaire américaine pour finir la guerre du Viêtnam », *Guerres mondiales et Conflits contemporains*, n°252, 2013, p.131-143.

Denéchère Yves, « Les "rapatriements" d'enfants eurasiens en France à la fin de la guerre d'Indochine », *Revue d'Histoire de l'Enfance "irrégulière"*, n°14, 2012, pp.123-139.

Denéchère Yves, *Des enfants venus de loin. Histoire de l'adoption internationale en France*, Paris, Armand Colin, 2011.

Denéchère Yves, « Histoires croisées des orphelins et de l'adoption », in Magali Molinié (dir.), *Invisibles orphelins*, Paris, Éditions Autrement, 2011.

Denéchère Yves, « Des adoptions d'État : les enfants de l'occupation française en Allemagne », *Revue d'Histoire Moderne et Contemporaine*, n°57-2, 2010, avril-Juin 2010, p.159-179.

Descamps Florence, *Archiver la mémoire. De l'histoire orale au patrimoine immatériel*, Paris, Éditions de l'EHESS, 2019.

Descamps Florence, *Les sources orales et l'histoire. Récits de vie, entretiens, témoignages oraux*, Paris, Bréal, 2006.

Dolin Violette, « L'école d'enfants de troupe eurasiens de Dalat : une œuvre française en Indochine », mémoire de master 2, Université Lumière Lyon 2, 2022.

Dorigny Marcel, Klein Jean-François, Peyroulou Jean-Pierre, Singaravélou Pierre et Suremain Marie-Albane de, *Grand Atlas des empires coloniaux. Des premières colonisations aux décolonisations XVe-XXIe siècle*, Paris, Autrement, 2019 (2015).

Duroux Rose et Milkovitch-Rioux Catherine (dir.), *Enfances en guerre. Témoignages d'enfants sur la guerre*, Suisse, Georg Éditions, 2013.

Edwards Maura Kathrin, « Le Mal Jaune : The Memory of the Indochina War in France 1954-2006 », thèse en histoire, Université de Toronto, 2010.

Espagne Michel, « Écrire une histoire vietnamienne de la France ? », in Espagne Michel, Ba Cuong Nguyen, Thi Hanh Nguyen (dir.) *Hanoi-Paris.*

Un nouvel espace des sciences humaines, Paris, Éditions Kimé, 2020, p.71-89.

Ferdjioui Frédéric, « Être adolescent au temps de la guerre d'indépendance algérienne, d'Alger au Béarn », témoignage recueilli et mis en contexte par Yves Denéchère in 'Enfances (dé)colonisées', *Revue d'Histoire de l'enfance « irrégulière »*, n°22, p.103-128.

Ferrarini Hélène, *Allons enfants de la Guyane. Éduquer, évangéliser, coloniser les Amérindiens dans la République*, Toulouse, Anacharsis Éditions, 2022.

Firpo Christina Elizabeth, *The Uprooted. Race. Children and Imperialism in French Indochina. 1890-1980*, Honolulu, University of Hawai'i Press, 2016.

Franchini Philippe (dir.), *Saigon 1925-1945. De la Belle Colonie à l'éclosion révolutionnaire ou la fin des dieux blancs*, Paris, Autrement, 1994.

Fuchs Julien, *Le temps des jolies colonies de vacances. Au cœur de la construction d'un service public (1944-1960)*, Presses universitaires du Septentrion, 2020.

Gayral-Taminh Martine, « Une immigration invisible, gage d'intégration ? Récits de vie d'étudiants vietnamiens émigrés en France dans les années 1955-1970 », *Ethnologie française*, 2009/4 Vol. 39, p.721-732.

Gayral-Taminh Martine, « Voyage au bout de la mer : les boat-people en France », *Hommes & Migrations*, n°1235, 2010, p.163-171.

Gensburger Sarah et Lefranc Sandrine (dir.), *La mémoire collective en question(s)*, Paris, Presses universitaires de France, 2023.

Genel Katia, « Le biopouvoir chez Foucault et Agamben », *Methodos*, avril 2004.

Gérin-Roze François, « La "vietnamisation": la participation des autochtones à la guerre d'Indochine (1945-1954) » in Maurice Vaïsse, *L'Armée française dans la guerre d'Indochine (1946-1954): adaptation ou inadaptation ?* Éditions Complexe, 2000, p.137-194.

Golse Bernard, « Filiation, narrativité et interactions précoces », *Spirale*, n°84, 2017, p.77-86.

Goscha Christopher E., *Historical Dictionary of the Indochina War. An International and Interdisciplinary Approach*, Copenhagen, NIAS Press, 2011.

Goscha Christopher, *The Road to Dien Bien Phu: A History of the First War for Vietnam*, Princeton University Press, 2022.

Granier Solène, *Domestiques indochinoises*, Paris, Vendémiaire, 2014.

Grosser Pierre, *Histoire mondiale des relations internationale de 1900 à nos jours*, Paris, Bouquins éditions, 2023.

Guillaume Pierre, « Les métis en Indochine », *Annales de démographie historique*, 1995, p.185-195.

Guillemot François, *Viêt-Nam, fractures d'une nation. Une histoire contemporaine de 1848 à nos jours*, Paris, La Découverte, 2018.

Guillemot François et Larcher-Goscha Agathe (dir.), *La colonisation des corps. De l'Indochine au Viet Nam*, Vendémiaire, 2014.

Guyon Anthony, *Les tirailleurs sénégalais. De l'indigène au soldat de 1857 à nos jours*, Paris, Perrin et ministère des Armées, 2018.

Ha Marie-Paule, *French Women and the Empire. The Case of Indochina*, Oxford University Press, 2014.

Halbwachs Maurice, *La mémoire collective*, Paris, Presses universitaires de France, 1950.

Heynssens Sarah, *De kinderen van Save: een geschiedenis tussen Afrika en België* [Les enfants de Save : une histoire entre l'Afrique et la Belgique], Antwerpen, Pelckmans Uitgevers, 2017.

Jablonka Ivan, *Enfants en exil. Transfert de pupilles réunionnais en métropole (1963-1982)*, Paris, Le Seuil, 2007.

Jablonka Ivan, *Les enfants de la République. L'intégration des jeunes de 1789 à nos jours*, Paris, Seuil, 2010.

Jennings Éric, *Vichy sous les tropiques. La Révolution nationale à Madagascar, en Guadeloupe, en Indochine 1940-1944*, Paris, Grasset, 2004.

Jobs Richard & Pomfret David (eds.), *Transnational Histories of Youth in the Twentieth Century*, London, Palgrave Macmillan, 2015.

Jobs Richard Ivan, *Riding the New Wawe. Youth and the Rejuvenation of France after the Second World War*, Stanford University Press, 2007.

Journoud Pierre, « Stratégies francophones au Vietnam », *Études de l'IRSEM*, n°26 « Francophonie et profondeur stratégique », 2013, p.50-66.

Journoud Pierre, *Diên Biên Phu. La fin d'un monde*, Paris, Vendémiaire, 2019.

Joyaux François, *Nam Phuong. La dernière impératrice du Vietnam*, Paris, Perrin, 2019.

Joyaux François, *Nouvelle histoire de l'Indochine française*, Paris, Perrin, 2022.

Käuper Eva, « Children Born of The Indochina War: National 'Reclassification', Diversity, And Multiple Feelings of Belonging », in Lee Sabine, Glaesmer Heide, Stelzl-Marx Barbara (eds.), *Children Born of War. Past, Present and Future*, Routledge, 2021, p.256-287.

Köpke Barbara, Schmid Monika, « L'attrition de la première langue en tant que phénomène psycholinguistique », *Language, Interaction and Acquisition*, 2, 2011, p.197-220.

Laurens Henry, *Le passé imposé*, Paris, Fayard, 2022.

Le Page Jean-Marc, « La base de Seno, la France et l'Asie du Sud-Est (1953-1963) », *Guerres mondiales et conflits contemporains*, n°255, 2014, p.123-141.

Lee Sabine, Glaesmer Heide, Stelzl-Marx Barbara (eds.), *Children Born of War. Past, Present and Future*, Routledge, 2021.

Lefèvre Kim, « Èves jaunes et colons blancs », in Philippe Franchini (dir.), *Saigon 1925-1945. De la Belle Colonie à l'éclosion révolutionnaire ou la fin des dieux blancs*, Paris, Autrement, 1994, p.111-119.

Liebel Manfred, Decolonizing Childhoods. From *Exclusion to Dignity*, Policy Press, University of Bristol, 2020.

Loraux Nathalie, « Éloge de l'anachronisme en histoire », *Espaces Temps*, 2005, n°87-88, p.127-139.

Lu Han Victor, « Migration, métissage et transmission ». *Le Coq-héron*, 3/230, 2017, p.58-79.

Marcilloux Patrice, *Les ego-archives. Traces documentaires et recherche de soi*, Rennes, Presses universitaires de Rennes, 2013.

Marzocca Ottavio, « Biopolitique » in *Lexique de biopolitique. Les pouvoirs sur la vie*, Toulouse, Érès, 2009, p.43-50.

Massicot Simone, « Effets sur la nationalité française de l'accession à l'indépendance de territoires ayant été sous la souveraineté française », *Population*, 1986, n°3, p.533-546.

Maynes Mary Jo, « Age as a Category of Historical Analysis: History, Agency, and Narratives of Childhood », *The Journal of the History of Childhood and Youth*, 2008, vol. 1, n°1, p.114-124.

Mbembe Achille « Qu'est-ce que la pensée postcoloniale ? », entretien dans *Esprit*, décembre 2006, p.117-133.

Moro Marie-Rose, *Enfants d'ici venus d'ailleurs*, Paris, Pluriel, 2011.

Moujoud Nasima et Falquet Jules, « Cent ans de sollicitudes en France. Domesticité, reproduction sociale, migration et histoire coloniale », *Agone*, n°43, 2010, p.169-195.

Moulin Caroline, *Féminités adolescentes. Itinéraires personnels et fabrication des identités sexuées*, Presses Universitaires de Rennes, 2005.

Nora Pierre (dir.), *Les lieux de mémoire*, Paris, Gallimard, 1984-1992.

Noiriel Gérard, *Population, immigration et identité nationale en France XIXe-XXe siècles*, Paris, Hachette, 1992

Pignot Manon, *Allons enfants de la patrie. Génération Grande Guerre*, Paris, Seuil, 2008.

Pomfret David M., *Youth and Empire. Trans-colonial Childhoods in British and French Asia*, Stanford University Press, 2016.

Prados John, *La guerre du Viêt Nam*, Paris, Perrin, 2015.

Pujarniscle Eugène, préface d'Henri Copin, *L'Indochine dans la littérature française des années 1920 à 1954*, Paris, L'Harmattan, 1996.

Révenin Régis, *Une histoire des garçons et des filles, Amour, genre, sexualité dans la France d'après-guerre*, Paris, Vendémiaire, 2015.

Revue d'Histoire de l'Enfance Irrégulière, numéros thématiques 'Enfances déplacées', 1 – en situation coloniale, n°14 (2012), 2 – en temps de guerre, n°15 (2013) ; numéro thématique 'Enfances (dé)colonisées', n°22, 2020, sous la direction d'Yves Denéchère et Violaine Tisseau.

Revue Paola, Feldman Marion et Moro Marie-Rose, « Travail sur des descendants de rapatriés d'Indochine: transmission et vécu identitaire », *L'Autre*, 3/vol.15, 2014, p.356-364.

Ricœur Paul, *La Mémoire, l'histoire, l'oubli*, Paris, Éditions du Seuil, 2000.

Rivière Antoine, « De l'abandon au placement temporaire: la révolution de l'assistance à l'enfance (Paris, 1870-1920) », *Revue d'histoire de la protection sociale*, 2016, n°9, p.26-51.

Rolland Dominique, « De Saigon à Sainte-Livrade-sur-Lot, l'épopée des rapatriés d'Indochine, 1956-2009 », *L'Autre : Cliniques, cultures et sociétés*, n° 1, 2010, p.49-60.

Rolland Dominique, « Métis d'Indochine, l'inconfort d'un entre-deux », *L'Autre*, vol.8, 2007, p.199-212.

Rolland Dominique, *De sang mêlé. Chronique du métissage en Indochine*, Toulouse, Elytis, 2006.

Rolland Dominique, *Petits Viêt-Nams. Histoires des camps de rapatriés français d'Indochine*, Elytis, 2016.

Rosen Jacobson Liesbeth, *"The Eurasian Question": The colonial position and postcolonial options of colonial mixed-ancestry groups from British India, Dutch East Indies and French Indochina compared*, Uitgeverij Verloren, 2018.

Rosental Paul-André, *L'intelligence démographique. Sciences et politiques des populations en France (1930-1960)*, Paris, Odile Jacob, 2003.

Ruscio Alain, « Littérature et colonialisme. L'exemple du phénomène eurasien », *Ultramarines*, n°28, 2015, p.103-113.

Ruscio Alain, « Le regard français sur le phénomène eurasien en Indochine française à travers les sources littéraires (1858-1954) », *L'Information Psychiatrique*, n°6, 2004, p.477-484.

Ruscio Alain (dir.), *La guerre « française » d'Indochine (1945-1954). Les sources de la connaissance. Bibliographe, filmographie, documents divers*, Paris, Les Indes savantes, 2002.

Ruscio Alain, *La guerre française d'Indochine*, Bruxelles, Complexe, 1992.

Ruscio Alain, *Le credo de l'homme blanc*, Bruxelles, Complexe, 1995.

Ruscio Alain, *Que la France était belle au temps des colonies… Anthologie de chansons coloniales et exotiques françaises*, Paris, Maisonneuve et Larose, 2001.

Saada Emmanuelle, *Les enfants de la colonie. Les métis de l'Empire français entre sujétion et citoyenneté*, Paris, La Découverte, 2007.

Sayad Abdelmalek, *La Double absence. Des illusions de l'émigré aux souffrances de l'immigré*, Paris, Seuil, 2014.

Schaub Jean-Frédéric, « La catégorie "études coloniales" est-elle indispensable ? », *Annales. Histoire, Sciences Sociale*, n°3, 2008, p.625-646.

Singaravélou Pierre, Miské Karim, Ball Marc, *Décolonisations*, Paris, Le Seuil, 2020.

Singaravélou Pierre (dir.), *Colonisations. Notre histoire*, Paris, Le Seuil, 2023.

Soulé Bastien, « Observation participante ou participation observante? Usages et justifications de la notion de participation observante en sciences sociales », *Recherches Qualitatives,* n°27, 2007, p.127-140.

Sow Abdoul, *Les tirailleurs sénégalais se racontent*, Dakar, L'Harmattan-Sénégal, 2018,

Spensky Martine (dir.), *Le contrôle du corps des femmes dans les empires coloniaux*, Paris, Karthala, 2015.

Stoler Ann Laura et Cooper Frederick, *Repenser le colonialisme*, Paris, Payot, 2013.

Stoler Ann Laura, *Carnal Knowledge and Imperial Power: Race and the Intimate in Colonial Rule*, Berkeley, University of California Press, 2002.

Stoler Ann Laura, *Au cœur de l'archive coloniale. Questions et méthodes*, Paris, Éditions de l'EHESS, 2019 (2009).

Stora Benjamin, *L'arrivée. De Constantine à Paris 1962-1972*, Paris, Tallandier, 2023.

Taylor Lynne, *In the Children's Best Interests. Unaccompanied Children in American-Occupied Germany 1945-1952*, University of Toronto Press, 2017.

Thiébaut Élise, *Ceci est mon sang. Petite histoire des règles, de celles qui les ont et de ceux qui les font*, Paris, La Découverte, 2017.

Thuy Phuong Nguyen, *L'école française au Vietnam de 1945 à 1975. De la mission civilisatrice à la diplomatie culturelle*, Paris, Encrage, 2017.

Tisseau Violaine, *Être métis en Imerina (Madagascar) aux XIXe-XXe siècles*, Paris, Karthala, 2017.

Vaïsse Maurice, *L'Armée française dans la guerre d'Indochine (1946-1954) : adaptation ou inadaptation ?*, Bruxelles, Complexe, 2000.

Verdhelan-Bourgade Michèle (dir.), *Le français langue seconde. Un concept et des pratiques en évolution*, Louvain, De Boeck, 2007.

Verdier Pierre, *L'enfant en miettes*, Paris, Dunod, 2013.

Verdier Pierre, Noé Fabienne, *L'aide sociale à l'enfance*, Paris, Dunod, 2013.

Vermot Cécile (coord.), 'Les émotions des migrants. Une approche sociologique', *Migrations Société*, 168, 2017, p.15-118.

Verney Sébastien, *L'Indochine sous Vichy. Entre Révolution nationale, collaboration et identités nationales*, Paris, Riveneuve éditions, 2012.

Virgili Fabrice, *Naître ennemi. Les enfants de couples franco-allemands nés pendant la Seconde Guerre mondiale*, Paris, Payot, 2009.

Voisin Alice, « Quitter la colonie: l'accueil en métropole des Français d'Indochine de 1945 à aujourd'hui » in Olivier Dard et Anne Dulphy, *Déracinés, exilés, rapatriés ? Fins d'empires coloniaux et migrations*, Peter Lang, 2019, p.19-38.

Voisin Alice, « Le Centre d'accueil des Français d'Indochine de Sainte-Livrade : un lieu de formation pour les jeunes eurasiens (1956-1981) ? », in Y. Denéchère (dir.), *Enjeux postcoloniaux de l'enfance et de la jeunesse*, Peter Lang, 2019, p.111-120.

White Owen, *Children of the French Empire, Miscegenation and Colonial Society in French West Africa, 1895-1960*, Oxford, Clarendon Press, 1999.

Wieviorka Michel, « L'intégration : un concept en difficulté ». *Cahiers internationaux de sociologie*, n°125, 2008/2, p. 221-240.

Zahra Tara, *The Lost Children. Reconstructing Europe's Families after World War II*, Harvard University Press, 2011.

Zérane Girardeau, *Déflagrations. Dessins d'enfants, guerres d'adultes*, Paris, Anamosa, 2017.

Zimmerman Sarah J., *Militarizing Marriage. West African Soldiers' Conjugal Traditions in Modern French Empire*, Ohio University Press, 2020.

ANNEXES

Annexe 1

Tableau 12 – Effectifs des pupilles pris en charge par la FOEFI

Année	Nombre total d'enfants aidés	Enfants pris en charge en Indochine	Pupilles eurasiens pris en charge en France	Admissions annuelles en France*	Sorties annuelles en France*
1946	2 000	2 000	0		
1947	2 085	2 000**	185		
1948	2 022	1 795	227	+ 123	- 1
1949	3 773 2 002 garçons 1 771 filles	3 405	368	+ 64	- 19
1950	3 624	3 300**	324	+ 4	- 32
1951	3 314	3 000**	314	+ 47	- 57
1952	3 148	2 822	326	+ 52	- 40
1953	3 171	2 742	429	+ 140	- 37
1954	3 650	2 939 1 102 en établissement 1 837 assistés à domicile	711	+ 209	- 109
1955	3 161	2 039 376 en établissement 1 663 assistés à domicile	1 122 554 garçons 568 filles	+ 521 pour la plupart du Nord-Vietnam	- 154
1956	2 749	1 201 87 p en établissement 1 114 assistés à domicile	1 548 813 garçons 735 filles	+ 432	- 74

(*suite*)

Tableau 12 Suite

Année	Nombre total d'enfants aidés	Enfants pris en charge en Indochine	Pupilles eurasiens pris en charge en France	Admissions annuelles en France*	Sorties annuelles en France*
1957	2985	1 258 92 en établissement 1 166 assistés à domicile	1 727 957 garçons 770 filles	+ 167	- 126
1958	2 487	1 000**	1 487 793 garçons 694 filles	+ 90	- 124
1959	2 324 1 217 garçons 1 107 filles	806 399 garçons 407 filles 12 en établissement 794 assistés à domicile	1 518 818 garçons 700 filles	+ 137	- 106
1960	2 305	665 21 en établissement 644 assistés à domicile	1 640 903 garçons 737 filles	+ 225	- 103
1961	2 353	532 23 en établissement 509 assistés à domicile	1 821 1 057 garçons 764 filles	+ 316	- 135
1962	2 204	414 32 en établissement 382 assistés à domicile	1 790 1 033 garçons 757 filles	+25	- 56
1963	2 232	329 82 en établissement 247 assistés à domicile	1 903 1 096 garçons 807 filles	+ 224	- 111
1964	1 936	267 39 en établissement 228 assistés à domicile	1 669 976 garçons 693 filles	0	- 234

Tableau 12 Suite

Année	Nombre total d'enfants aidés	Enfants pris en charge en Indochine	Pupilles eurasiens pris en charge en France	Admissions annuelles en France*	Sorties annuelles en France*
1965	1 468	36 5 en établissement 31 assistés à domicile	1 432 845 garçons 587 filles	0	- 237
1966	1 377	25 2 en établissement 23 assistés à domicile	1 352	+ 4	- 89
1967	1 194		1 194	+ 15	- 173
1968	1 164		1 164	+ 141	- 171
1969	1 145		1 145	+ 115	- 134
1970	1 103		1 103	+ 84	- 126
1971	938		938	+ 13	- 178
1972	880		880	+ 62	- 120
1973	724		724	+ 10	- 166
1974	593		593	+ 44	- 186
1975	395		395	+59	- 257
1976	350		350		

Source des données : ANOM FOEFI APC 4291 à 4294, assemblées générales et extraordinaires de la FOEFI et diverses cotes d'archives des ANOM et des AN
Situation au 31 décembre de chaque année.
*La somme des admissions et des retraits ne correspond pas toujours à l'évolution du nombre de pupilles pris en charge en France
**Évaluation par recoupements

Annexe 2

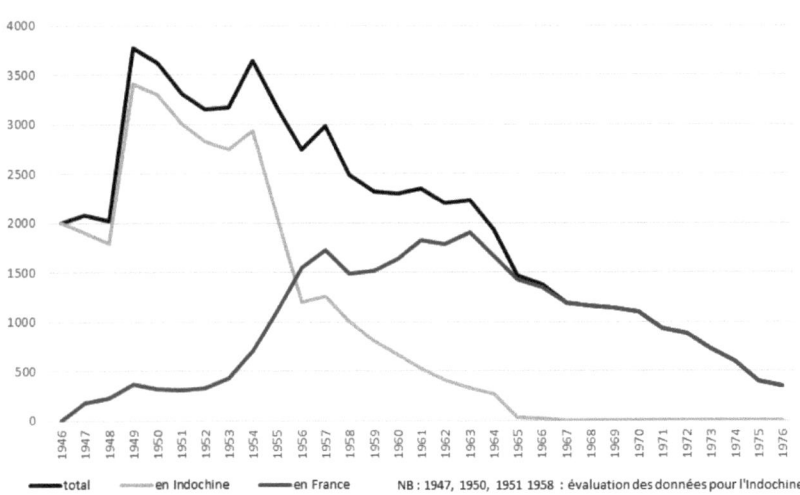

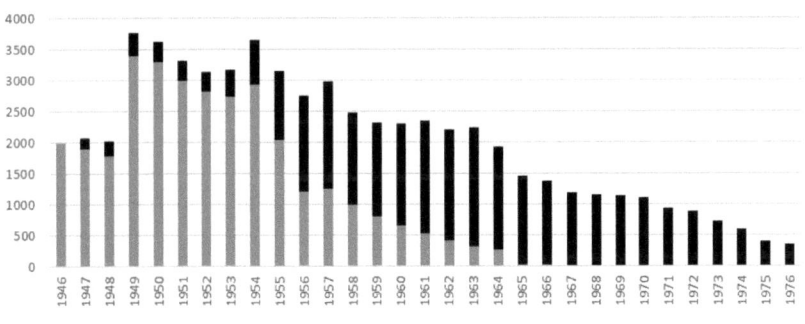

Graphiques 8 et 9 – Effectifs des pupilles pris en charge par la FFEI/
FEFI/FOEFI (1946-1976)
*Source des données : ANOM FOEFI APC 4291 à 4294, assemblées générales ordinaires et
extraordinaires de la FOEFI et diverses cotes d'archives des ANOM et des AN, réalisation
Y. Denéchère et A. Hess TEMOS CNRS*

Annexe 3

Cartes

Carte 1 – Géographie de l'Indochine française dans l'entre-deux-guerres

Carte 2 – L'Indochine des États associés dans l'Union Française en 1949

Annexe 3

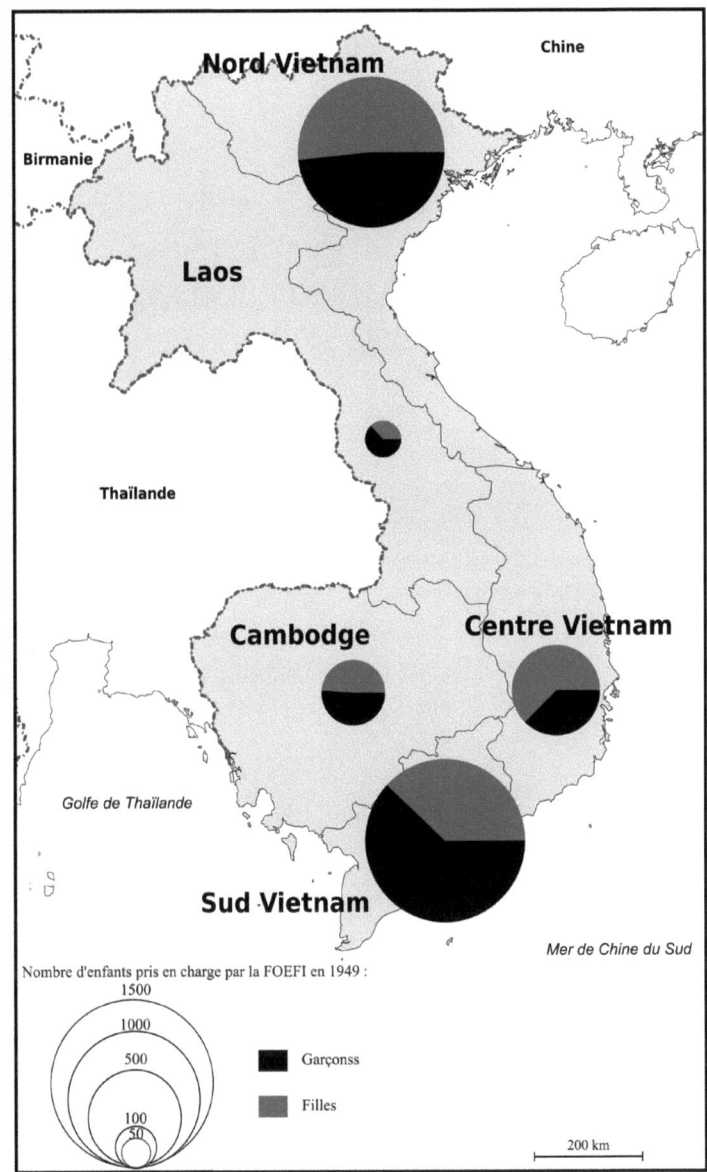

Carte 3 – Prise en charge des pupilles de la FFEI/FEFI en Indochine en 1949 (pensionnaires dans des œuvres ou bénéficiant d'une aide scolaire totale ou partielle)
NB Les délimitations et noms sont ceux utilisés par la FFEI/FEFI
Source des données : ANOM 90 APC 4291, assemblée générale ordinaire 1950, réalisation Y. Denéchère et A. Hess TEMOS CNRS

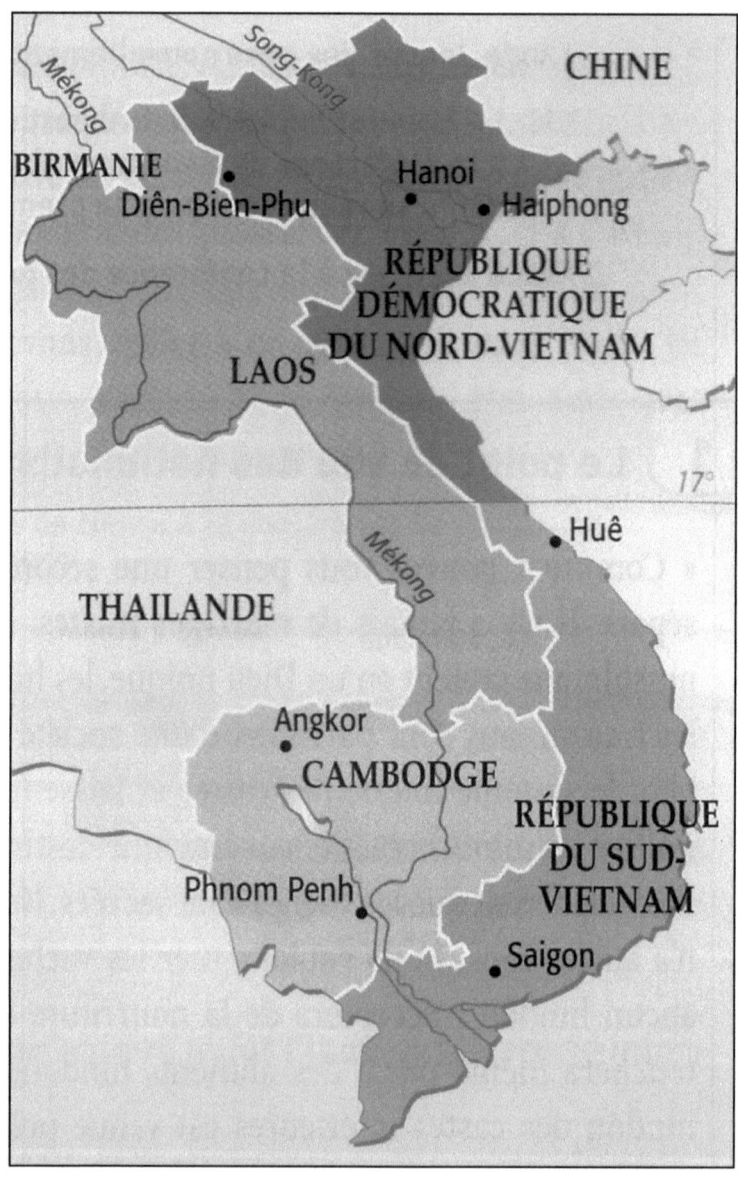

Carte 4 – La péninsule indochinoise après les accords de Genève (1954)

Annexe 3

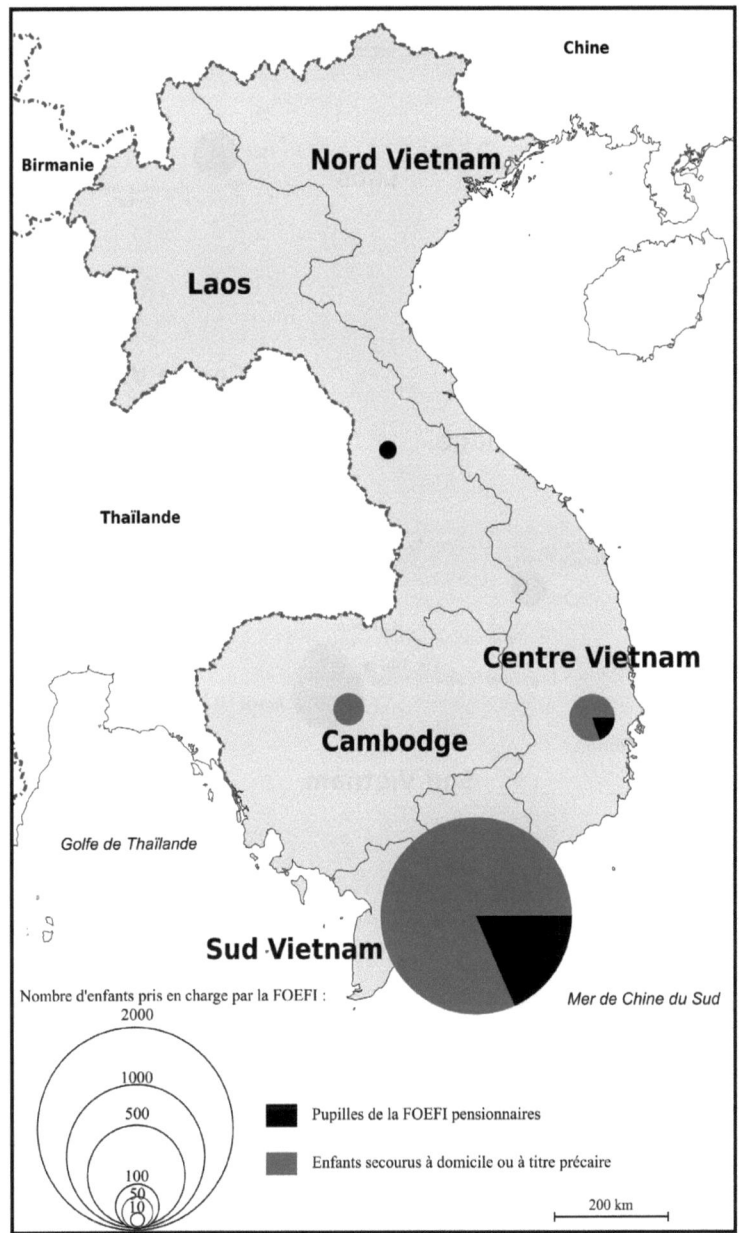

Carte 5 – Prise en charge des pupilles de la FOEFI dans l'ex-Indochine en 1955
NB Les délimitations et noms sont ceux utilisés par la FOEFI
Source des données : ANOM fonds FOEFI 90 APC 4291, assemblée générale ordinaire 1956, réalisation Y. Denéchère et A. Hess TEMOS CNRS

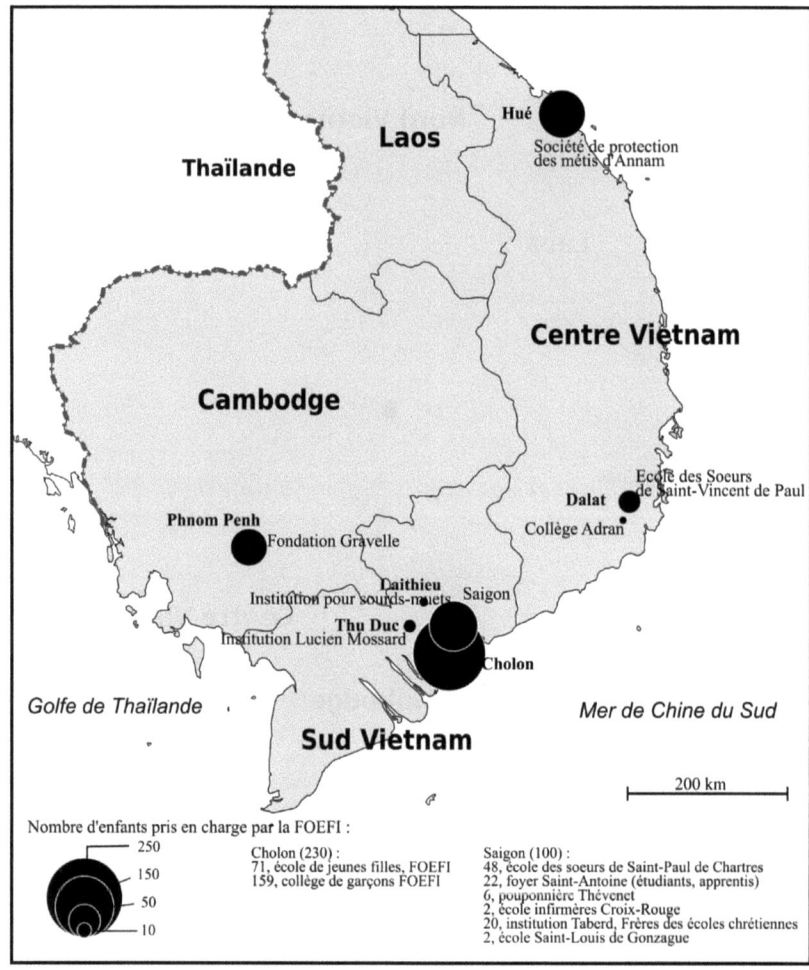

Carte 6 – Lieux d'hébergement des pupilles de la FOEFI en ex-Indochine en 1955

NB Les délimitations et noms sont ceux utilisés par la FOEFI

Source des données : ANOM fonds FOEFI 90 APC 4291, assemblée générale ordinaire 1956, réalisation Y. Denéchère et A. Hess TEMOS CNRS

Annexe 3

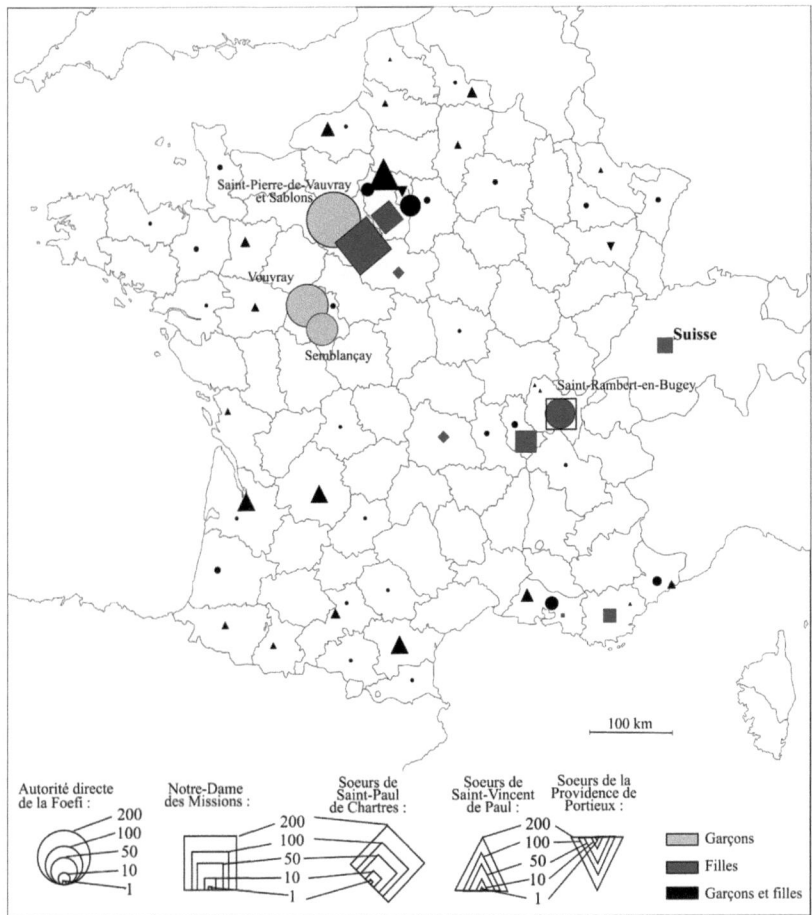

Carte 7 – Répartition géographique et principales œuvres d'accueil des pupilles de la FOEFI en France en 1955

Source des données : ANOM fonds FOEFI 90 APC 4291, assemblée générale ordinaire 1956, réalisation Y. Denéchère et A. Hess TEMOS CNRS

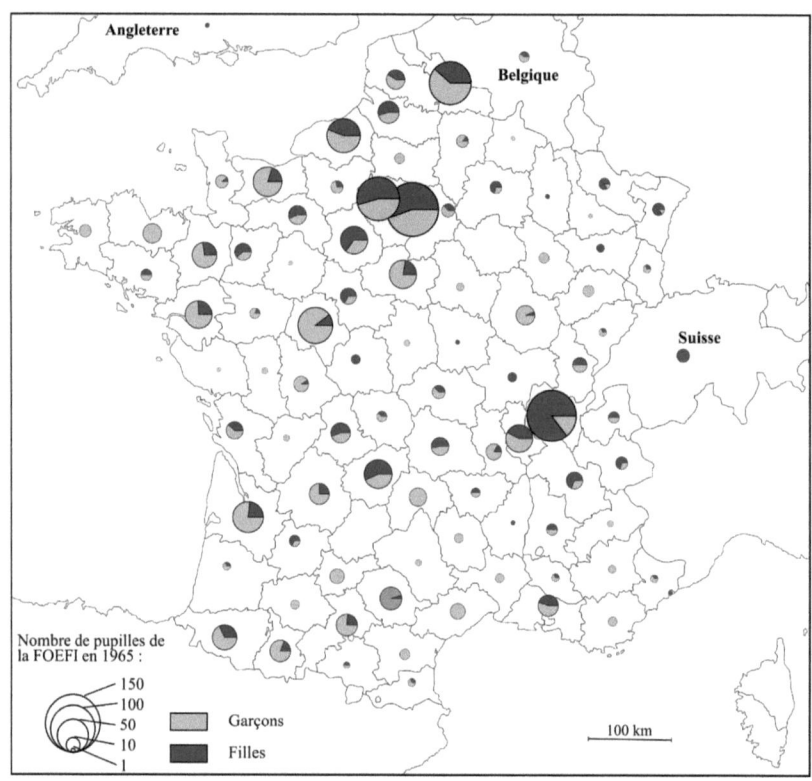

Carte 8 – Répartition géographique des pupilles de la FOEFI en France en 1965
Source des données : ANOM fonds FOEFI 90 APC 4292, assemblée générale ordinaire 1966, réalisation Y. Denéchère et A. Hess TEMOS CNRS

Annexe 3

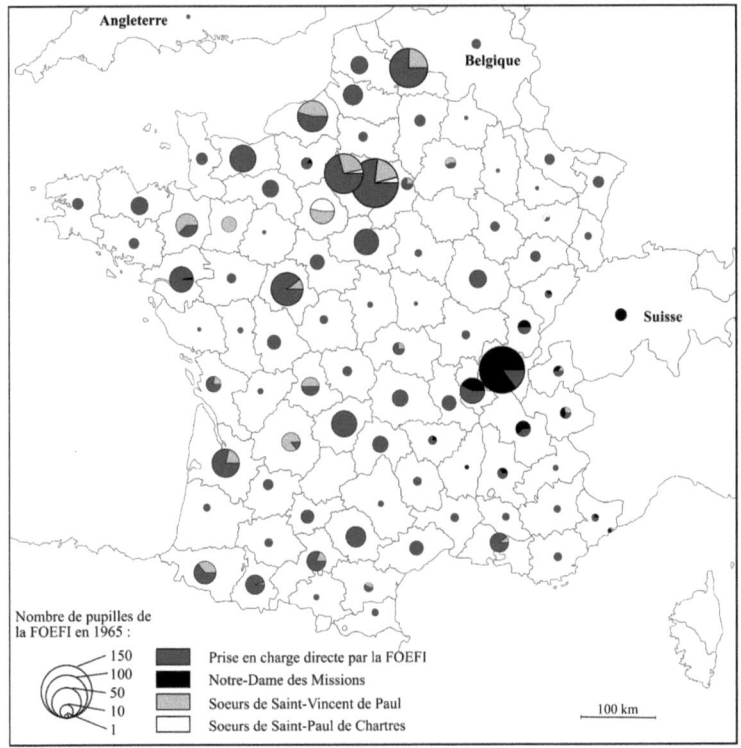

Carte 9 – Principales œuvres d'accueil des pupilles de la FOEFI en 1965
Source des données : ANOM fonds FOEFI 90 APC 4292, assemblée générale ordinaire 1966, réalisation Y. Denéchère et A. Hess TEMOS CNRS

Annexe 4

Repères chronologiques

Histoire de la péninsule indochinoise et de la France	Histoire de la question métisse et de la FOEFI
1887 – Création de l'Union indochinoise	
	1928 – Décret sur le statut des enfants métis nés de parents légalement inconnus en Indochine
	1939 – Création de la Fondation Brévié (août) et création de l'Ecole des enfants de troupe eurasiens de Dalat (septembre)
1940 – Le Japon garantit la souveraineté française sur l'Indochine ; la France de Vichy contrôle l'Indochine et crée la Fédération indochinoise	
	1943 – Décret créant le statut de « pupille eurasien d'Indochine »
1945 – Coup de force japonais en Indochine (mars), fin de l'Indochine vichyste ; prise de pouvoir par le Vietminh (août)	
1945 – Capitulation japonaise (2 septembre) ; proclamation de l'indépendance du Vietnam par Hô Chi Minh à Hanoi (2 septembre)	

1946 – IVe République française : l'empire colonial français est transformé en Union Française ; accord entre Hô Chi Minh et le gouvernement français : la France reconnaît la République démocratique du Viêt Nam dans le cadre de l'Union française avec Hô Chi Minh comme président. 1946 – Bombardement par la France de Haiphong (novembre) ; offensive du Vietminh à Hanoi (décembre) ; début de la guerre d'Indochine 1947 – Le Cambodge et le Laos adhèrent à l'Union française 1949 – Accords Auriol-Bao Dai : État associé du Vietnam, État associé du Laos, État associé du Cambodge 1950 – La Chine et l'URSS reconnaissent le gouvernement d'Hô Chi Minh ; les États-Unis reconnaissent le gouvernement de Bao Dai 1950 – Évacuation française du Nord-Ouest 1952 – Évacuation française de Hoa Binh 1953 – Indépendance du Cambodge	1946 – La fondation Brévié devient la Fondation Fédérale eurasienne d'Indochine (FFEI) 1947 – Premiers envois de groupes d'enfants par bateau organisés par la FFEI 1949 – Ouverture du foyer pour filles de l'abbaye à Saint-Rambert-en-Bugey, géré par Notre-Dame des Missions 1949 – La FFEI devient la FEFI Fondation de l'enfance française en Indochine (mai) puis prend le nom de Fédération des œuvres de l'enfance française d'Indochine FOEFI (décembre) 1950 – la FOEFI est reconnue d'utilité publique 1953 – Modification des statuts de la FOEFI ; le « certificat de décharge » en vigueur depuis l'année précédent est désormais systématiquement imposé aux mères par la FOEFI 1953 – Premiers convoyages d'enfants par avion

	1953 – Installation d'un « foyer William Bazé » à Saint-Pierre-de-Vaudreuil, puis aux Sablons
1954 – Défaite française à Dien Bien Phu (mai) ; Accords de Genève (juillet) et fin de la guerre d'Indochine 1954 – En métropole, premiers centres d'accueil des rapatriés d'Indochine (CARI puis CAFI, le terme « Français » remplaçant celui de « rapatriés »)	1954 – Importants envois d'enfants après Dien Bien Phu 1954 – Installation à Paris d'une délégation métropolitaine de la FOEFI 1954 – Ouverture du foyer FOEFI pour garçons de Vouvray
1955 – Convention franco-vietnamienne sur la nationalité	1955 – Ouverture du foyer FOEFI pour garçons de Semblançay 1955 – Convention franco-vietnamienne sur la nationalité
1956 – Retrait du CEFEO du Vietnam	1956 – Ouverture du foyer FOEFI pour garçons de Rilly 1957 – Ouverture du foyer FOEFI pour garçons de Tours 1957 – Troubles dans les foyers de Rilly et Semblançay ; fermeture du foyer de Rilly ; début de la politique de la FOEFI de dispersion des pupilles 1957 – Installation d'un conseil d'administration de la FOEFI dit « de France »
1958 – Ve République française – L'Union française est remplacée par la Communauté française	1958-1959 – Remise en cause de la nouvelle politique de la FOEFI par Bernard Martin 1959 – Fermeture du foyer des Sablons 1961 – Un « Engagement » des mères, remplace le « Certificat de décharge ».
1962 – Indépendance de l'Algérie 1963 – Évacuation de la base militaire française de Seno (Laos) 1964 – Création des Directions départementales de l'action sanitaire et sociale (DDASS)	1962 – Fermeture du foyer de Tours 1963 – Arrivées d'enfants métis de Seno (Laos)

	1965 – Fermeture du foyer de Semblançay
	1965 – Rapport de Nafissa Sid-Cara sur le fonctionnement de la FOEFI
	1965 – Transfert officiel du siège social de la FOEFI de Saigon à Paris
1968 – Offensive du Têt	
1973 – Accords de Paris	
1975 – Chute de Saigon ; fin de la guerre du Vietnam	1975 – Dernières arrivées d'enfants de la FOEFI
1975 – Première vague de *Boat People*	1975 – Fermeture du foyer de Vouvray
1976 – Réunification officielle en une république socialiste du Viêt Nam avec Hanoï pour capitale ; Saigon devient Hô Chi Minh-Ville	1976 – Fin de l'activité de prise en charge des pupilles pour la FOEFI
1978 – Loi autorisant l'accès des pupilles à leur dossier individuel	
1979 – Le Vietnam met fin au régime des Khmers rouges au Cambodge ; guerre sino-vietnamienne	1979 – Fermeture du foyer de Saint-Rambert-en-Bugey qui était sous la tutelle de la DDASS de l'Ain depuis 1977.
1979 – Deuxième vague de *Boat People*	
	1983 – Dissolution de la FOEFI
	1984 – Mort de William Bazé (né en 1899)
	1987 – Création par des anciens pupilles de « Association FOEFI »
	1990 – Premier numéro de *Grain de riz*, bulletin de l'association FOEFI
	1990 – Création de l'association « L'Eurasie »
	1991 – Mort de Marguerite Graffeuil (née en 1895)
	2018 – Création de l'association « Amicale des Eurasiennes »

Annexe 5

Décrets de 1928 et de 1943

Journal officiel de la République française, 8 novembre 1928, p.11872-11873

Statut des métis nés de parents légalement inconnus en Indochine.

RAPPORT AU PRESIDENT DE LA REPUBLIQUE FRANCAISE
Paris, le 4 novembre 1928.

Monsieur le président,

Le 22 août 1926, le gouvernement général de l'Indochine a saisi mon département d'un projet de décret tendant à faciliter l'accession à la qualité de citoyen français aux métis franco-indochinois d'origine européenne et nés de parents légalement inconnus.

Ce texte a été transmis pour avis au conseil de législation du conseil supérieur des colonies. Mais cette Assemblée, après discussion, a adopté un autre projet qui lui paraissait préférable.

Le nouveau projet a été remanié, délibéré et adopté par le conseil d'Etat dans sa séance du 2 août 1928. Il permet à tout individu né en Indochine de parents dont l'un, demeuré légalement inconnu, est présumé de race française, de se prévaloir de la qualité de citoyen français sous certaines conditions. Pour cela une action juridique devra être intentée devant la juridiction française par l'intéressé lui-même s'il est majeur, ou, s'il est mineur, soit par le ministère public, soit par une société protectrice de l'enfance agréée par l'administration. La présomption que le père ou la mère demeuré légalement inconnu est d'origine française pourra être établie par tous les moyens, notamment par le nom de l'enfant, le fait qu'il a reçu une formation, une éducation et une culture françaises, sa situation dans la société. Le jugement reconnaissant la qualité de citoyen français à un enfant mineur lui désignera en même temps un tuteur. Ce jugement devra dans tous les cas être transcrit sur les registres de l'état civil français et tiendra lieu d'acte de naissance.

Telles sont les principales dispositions du projet de décret que, d'accord avec le garde des sceaux, ministre de la Justice, j'ai l'honneur de soumettre à votre haute sanction.

Je vous prie d'agréer, monsieur le Président, l'hommage de mon profond respect.

Le ministre des Colonies,
LEON PERRIER.

Le Président de la République française,

Sur le rapport du ministre des Colonies et du garde des sceaux, ministre de la Justice,

Vu l'article 18 du sénatus-consulte du 3 mai 1851 :

Le conseil d'État entendu,

Décrète :

Art. 1er. – Tout individu, né sur le territoire de l'Indochine de parents dont l'un, demeuré légalement inconnu, est présumé de race française, pourra obtenir, conformément aux dispositions du présent décret, la reconnaissance de la qualité de Français.

Art. 2. – La présomption que le père ou la mère, demeuré légalement inconnu, est d'origine et de race française peut être établie par tous les moyens.

Les principaux éléments d'appréciation sont le nom que porte l'enfant, le fait qu'il a reçu une formation, une éducation et une culture françaises, sa situation dans la société.

Art. 3. – Les juridictions françaises sont seules compétentes pour connaître des actions introduites en vue de bénéficier des dispositions ci-dessus.

Art. 4. – L'action en reconnaissance de la qualité de citoyen français sera intentée par l'intéressé lui-même s'il est majeur ou s'il est encore mineur, soit par le ministère public, soit par une société protectrice de l'enfance agréée par l'administration.

Aucune fin de non-recevoir ne pourra être opposée à cette action du fait de décisions judiciaires rendues antérieurement à la publication du présent décret.

Art. 5. – Le jugement reconnaissant à l'intéressé la qualité de citoyen français sera, dans le délai d'un mois à compter du jour où il est devenu définitif, transcrit sur les registres de l'état civil français et tiendra lieu d'acte de naissance.

Dans le cas où un acte de naissance aurait été antérieurement établi, mention dudit jugement sera portée en marge de cet acte.

Art. 6. – Le jugement qui reconnaitra la qualité de citoyen français à un enfant mineur lui désignera en même temps un tuteur.

Les fonctions de la tutelle pourront être confiées soit à un Français, de l'un ou l'autre sexe, soit à une protectrice de l'enfance, agréée par l'administration, soit à un membre d'une de ces sociétés.

Les biens du tuteur ou de la société tutrice ne seront pas frappés de l'hypothèque légale instituée par l'article 2121 du code civil, la gestion des biens du pupille sera toutefois garantie par la société intéressée.

Art. 7. – La reconnaissance volontaire concernant un individu déclaré précédemment citoyen français, par application des dispositions ci-dessus, n'aura aucun effet légal quant à la nationalité, et ne pourra être transcrite sur les registres de l'état civil, si elle n'a pas été homologuée par le tribunal.

La reconnaissance volontaire émanée d'un ascendant étranger, si elle a été régulièrement homologuée, sera susceptible de faire perdre, le cas échéant, au mineur ainsi reconnu, la qualité de citoyen français qu'il peut posséder en vertu du présent décret.

Dans le cas où la reconnaissance émanerait d'une mère indigène et concernerait un enfant mineur, le tuteur désigné à cet enfant en exécution des prescriptions de l'article 6 ci-dessus conservera ses fonctions à moins que le tribunal n'en décide autrement.

Art. 8. – Le ministre des Colonies et le garde des Sceaux, ministre de la Justice, sont chargés, chacun en ce qui le concerne, de l'exécution du présent décret, qui sera publié au *Journal officiel* de la République française et au *Journal officiel* de l'Indochine et inséré au *Bulletin officiel* du ministère des colonies.

Fait à Paris, le 4 novembre 1928.

GASTON DOUMERGUE.

Par le Président de la République :

Le *ministre des Colonies,*

LEON PERRIER.

Le garde des sceaux, ministre de la Justice,

LOUIS BARTHOU.

Journal officiel de l'État Français, 27 novembre 1943, p. 3062-3063

Colonies
Décret n°2986 du 24 novembre 1943 portant institution des pupilles eurasiens d'Indochine.

Le chef du Gouvernement,

Vu l'acte constitutionnel n°12 ;

Vu le sénatus-consulte du 3 mai 1854 ;

Vu les décrets du 20 octobre 1911 portant organisation administrative et financière de l'Indochine et les textes modificatifs ;

Vu le décret du 30 décembre 1912 sur le régime financier des colonies ;

Vu le décret du 11 novembre 1939 accordant la capacité juridique à l'association indochinoise dénommée « Fondation Jules-Brévié » autorisée par arrêté du gouverneur général du 2 août 1939 ;

Sur la proposition du secrétaire d'État à la Marine et aux Colonies,

Décrète :

TITRE Ier
DÉFINITION

Art. 1er — Le présent décret s'applique à tout enfant mineur de l'un et l'autre sexe dont un des parents est réputé d'origine européenne et l'autre d'origine asiatique et qui en outre entre dans l'une des catégories suivantes :

1° Enfant né de père et mère inconnus trouvé ou déposé dans un lieu quelconque ou recueilli par une œuvre, un établissement d'assistance ou un particulier (enfant recueilli, déposé ou trouvé) ;

2° Enfant né de père ou mère connus sans qu'on puisse recourir à eux ou à leurs ascendants (enfant abandonné) ;

3° Enfant né de père ou de mère connus et non légalement reconnu par un ascendant de souche européenne qui ne reçoit pas une éducation ou une instruction convenables (enfant maltraité ou moralement délaissé) ;

4° Enfant n'ayant ni père ni mère ni ascendants et qui n'a aucun moyen d'existence (orphelin indigent) ;

5° Enfant dont les parents sont déchus de la puissance paternelle en vertu de la loi du 24 juillet 1889 (enfant moralement abandonné).

Art. 2 — Ces enfants peuvent être placés sous la tutelle de l'autorité publique et dits « pupilles eurasiens de l'Indochine ».

**TITRE II
MODE D'ADMISSION**

Art. 3 — Dans chaque pays de l'Union le chef de l'administration locale désigne l'établissement en les établissements ou peuvent être accueillis les enfants proposés pour être admis en qualité de pupilles eurasiens d'Indochine. L'admission à la qualité du pupille eurasien est prononcée par décision du chef d'administration locale.

CHAPITRE Ier
Enfants recueillis déposés ou trouvés
(Art. 1er, 1er alinéa.)

Art. 4. — L'admission a lieu sur demande écrite ou verbale adressée à l'autorité administrative française du lieu où réside l'enfant, soit par la personne qui l'a recueilli, soit par celle qui en assure l'entretien.

Art. 5. — Si l'enfant paraît âgé de moins d'un an et si la personne qui le présente refuse ou n'est pas en mesure de faire connaitre le nom, les lieu et date de naissance de l'enfant ou de fournir une de ces trois indications, acte en est pris et l'admission prononcée à titre provisoire. Cet enfant ne pourra être déclaré « pupille eurasien d'Indochine » par décision du chef d'administration locale qu'après vérification de son origine eurasienne par un examen médical.

En dehors de ce cas l'établissement d'assistance qui a accueilli l'enfant transmet immédiatement au chef d'administration locale avec son avis les pièces et tous renseignements recueillis sur l'enfant.

Celui-ci sera recueilli provisoirement s'il est jugé ne pouvoir attendre sans péril pour son existence la décision du chef d'administration locale.

CHAPITRE II
Enfants abandonnés, maltraité ou délaissés, orphelins indigents.
(Art. 1er, alinéas 2°, 3° et 4°.)

Art. 6. — Les enfants de ces catégories sont après enquête déclarés « pupilles eurasiens d'Indochine » et placés sous la tutelle administrative par décision du chef d'administration locale qui désigne en même temps l'établissement qui doit recevoir chacun d'eux.

Toute personne doit signaler à l'autorité administrative tout enfant qui lui parait entrer dans les catégories prévues par le présent article.

CHAPITRE III
Enfants moralement abandonnés.
(Art. 1er, 5e alinéa.)

Art. 7. — Les enfants de cette catégorie dont les parents ont été déchus de la puissance paternelle en vertu de la loi du 24 juillet 1889 et qui ont été placés par décision du tribunal sous tutelle administrative sont de plein droit « pupilles eurasiens d'Indochine » et soumis à la présente réglementation.

TITRE III
TUTELLE

Art. 8. — La tutelle des pupilles eurasiens d'Indochine est confiée dans chaque pays de l'Union au chef d'administration locale et exercée en son nom par le président de fondation Jules-Briévé ou sur sa délégation par le président ou le directeur de l'une des associations ou d'un des établissements affiliés à cette fondation.

Les dispositions de l'article 405 *in fine* du code civil ne sont pas applicables à la tutelle déléguée aux directrices de ces établissements ou associations.

Art. 9. — Le tuteur est assisté d'un conseil de famille formé par une commission de cinq membres nommés par le gouverneur général en conseil de gouvernement sur la proposition conjointe du chef d'administration locale, de l'inspecteur général du travail et de la prévoyance sociale et du président de la fondation Brévié. Ces nominations effectuées pour trois ans sont renouvelables. Le conseil de famille comprend, autant que possible, au moins un membre de sexe féminin.

Le tuteur ou son délégué assiste aux séances du conseil et y est entendu quand il le demande.

Art. 10. — Les attributions du tuteur et du conseil de famille sont celles que détermine le code civil, sous réserve des fonctions conférées ci-après aux trésoriers-payeurs dans les pays de l'Union, en ce qui concerne la gestion des deniers pupillaires. Elles comprennent en outre le droit de donner ou de refuser le consentement au mariage, à l'émancipation, à l'adoption, à l'engagement militaire.

Il n'est pas institué de subrogé-tuteur. Dans les cas d'émancipation le tuteur ou son délégué est seul tenu de comparaître devant le juge de paix. L'acte d'émancipation est délivré sans frais.

En cas d'émancipation le conseil de famille charge l'un de ses membres des fonctions de curateur.

Art. 11. — Les biens du tuteur ne sont pas soumis à l'hypothèse légale instituée par l'article 2121 du code civil.

Art. 12. — La gestion des deniers pupillaires est confiée au trésorier-payeur du pays de l'Union où ces pupilles sont domiciliés et garantie par le cautionnement de ce comptable. Les sommes dues aux intéressés à titre de rémunération de leur travail se recouvrent sur états dressés par l'inspecteur local du travail et de la prévoyance sociale et rendus exécutoires par le chef d'administration locale.

Les fonds sont placés en valeurs émises en garanties par l'État français ou le gouvernement général de l'Indochine.

Le tuteur peut autoriser au profit du pupille et dans son intérêt le retrait ou la transformation de tout ou partie des fonds visés par ce dernier alinéa.

Art. 13. — Les revenus des biens et capitaux appartenant au pupille à l'exception de ceux provenant de son travail et de ses économies sont perçus au profit de la fondation Jules-Brévié ou de l'association dont le président assume la tutelle jusqu'à l'âge de dix-huit ans à titre d'indemnité pour frais d'entretien échus et jusqu'à concurrence desdits frais, leur quotité étant fixée annuellement pour chaque établissement par décision du prédisent de la fondation Brévié, approuvée par le chef d'administration locale. Pour le surplus, ces revenus sont gérés par le tuteur pour le compte du pupille. Le président de la fondation Brévié, sous réserve de l'approbation du chef d'administration locale, peut faire en faveur du pupille, au moment de la reddition des comptes, toutes remises qu'il jugera équitable de la portion des revenus qui aura été perçue au profit du tuteur. Les comptes de tutelle sont rendus sans frais et ne sont pas producteurs d'intérêts.

Art. 14. — L'enfant réclamé par ses parents leur est remis à moins que le tuteur estime que la remise est contraire à l'intérêt de l'enfant. Dans ce cas, le rejet de la demande de remise est prononcé par décision du chef d'administration locale sur la proposition du tuteur. Toutefois, pour les enfants maltraités ou moralement abandonnés, cette remise ne pourra être faite aux parents déchus de la puissance paternelle qu'après accomplissement des formalités prescrites, par les articles 15 et 16 de la loi du 24 juillet 1880. Dans le cas de remise de l'enfant, les parents devront rembourser en une seule fois ou par versement mensuels échelonnés sur une ou plusieurs années, les dépenses faites pour l'entretien de leur enfant, à moins que sur leur demande le président de la fondation Brévié, après approbation du chef d'administration locale, ne les exonère de tout ou partie.

Art. 15. — Toute remise de l'enfant à d'autres qu'à ses parents ou grands-parents, même quand il est confié en vue d'une adoption ultérieure ne peut avoir lieu que sous réserve de la tutelle.

TITRE IV
RÉPARTITION ET PLACEMENT

Art. 16. — Les enfants déclarés « pupilles eurasiens d'Indochine » sont obligatoirement confiés à une des œuvres laïques ou religieusement agréées par l'administration pour les recevoir conformément à l'article 3.

Le choix de l'œuvre à laquelle sera confié un enfant doit être fait en tenant compte de son âge, de ses aptitudes physiques, intellectuelles et morales afin de déterminer l'orientation professionnelle qu'il conviendra de lui donner. Ce choix sera fait par le président de la fondation Jules-Brévié et approuvé par le chef d'administration locale.

Les pupilles en bas âge seront placés dans une crèche ou dans tout établissement similaire.

Les pupilles sans ressources bénéficieront d'une bourse personnelle suffisante pour assurer leur entretien et leur instruction suivant les modalités qui seront fixées par la fondation Jules-Brévié.

Les œuvres laïques ou religieuses peuvent remettre la garde des enfants qui leur sont confiés à des particuliers honorables sur autorisation du président de la fondation Brévié. Cette garde est toujours révocable jusqu'à la majorité de l'enfant.

Art. 17. — Le lieu de placement du pupille n'est communiqué aux tiers que sur décision du chef d'administration locale prise dans l'intérêt de l'enfant. La mère ou les personnes qui ont présenté l'enfant peuvent être admises à le visiter sur autorisation du chef de l'établissement sauf, au cas où cette autorisation leur aurait été refusée, recours au chef d'administration locale ou à son délégué.

Art. 18. — Les jugements qui seraient appelés à reconnaître la qualité de citoyen français aux pupilles eurasiens en exécution de l'article 6 du décret du 4 novembre 1928 ne pourront modifier l'organisation de la tutelle des intéressés.

TITRE V
ADOPTION ET LEGITAMITION ADOPTIVE

Art. 19. — L'adoption ou la légitimation adoptive ne peut être consentie qu'en faveur des pupilles dont la remise aux parents ne semble pas devoir être envisagée.

En cas d'adoption d'un pupille et lorsque l'adoptant a élevé l'enfant pendant deux ans au moins, la demande d'homologation de l'acte d'adoption est introduite par simple requête déposée avec l'expédition de l'acte entre les mains du ministère public qui la poursuit d'office devant la juridiction civile de première instance du domicile de l'adoptant.

Le ministère public reçoit et poursuit dans les mêmes conditions les requêtes aux fins de légitimation adoptive.

La transcription de jugement homologuant l'adoption ou prononçant la légitimation adoptive sur les registres de l'état civil du lieu de naissance de l'adopté, ainsi que la mention en marge de son acte de naissance s'il en a été établi un, sont remises d'office dans les trois mois par le ministère public.

TITRE VI
DÉPENSES

Art. 20. — Les dépenses pour l'entretien et l'éducation des pupilles sont supportées par l'association qui en exerce la tutelle. Celle-ci reçoit de la fondation

Jules-Brévié une allocation proportionnelle au nombre d'enfants qui lui est confié d'après un tarif fixé annuellement par le conseil d'administration de la fondation, indépendamment des subventions qui peuvent lui être accordées par diverses collectivités.

Art. 21. — Les biens des pupilles décédés, lorsqu'aucun héritier ne se présentera, seront recueillis par la fondation Jules-Brévié et consacrés à la création d'une masse de pécule administrée par la fondation qui fixera la quote-part devant retenir à chaque pupille au moment où il atteindra sa majorité.

Art. 22. — Les héritiers qui se présentent pour recueillir la succession d'un pupille sont tenus de rembourser à l'association qui a assuré la tutelle de l'enfant les frais de son entretien décomptés comme indiqué à l'article 13, déduction faite des revenus des biens du pupille déjà perçus par cette association.

Art. 23 — Les contestations relatives à l'admission des enfants comme pupilles eurasiens d'Indochine sont jugées sur recours gracieux par le gouverneur général. Toutefois, pour les enfants reconnus par leur ascendant d'origine européenne, les actions éventuelles en restitution formulées par cet ascendant seront portées devant les tribunaux civils.

Art. 24. — Les dispositions du présent décret seront applicables aux enfants qui ont déjà été recueillis par des œuvres de bienfaisance ou par des familles européennes au jour de la promulgation.

Art. 25. — Des arrêtés du gouverneur général pris en conseil de Gouverneur détermineront les conditions d'application du présent décret, notamment en ce qui concerne :

1° Les modalités suivant lesquelles l'administration exercera au point de vue matériel la surveillance de l'action des œuvres ou des particuliers en faveur des pupilles ;

2° La rééducation des pupilles déficients, difficiles ou vicieux.

Art. 26. —Toutes personnes ayant à s'occuper des « pupilles eurasiens » et appelées à avoir connaissance de renseignements d'ordre privé concernant les pupilles sont astreintes au secret professionnel et passibles des peines prévues par l'article 378 du code pénal.

Art. 27. — Le secrétaire d'Etat à la marine et aux colonies est chargé de l'exécution du présent décret, qui sera publié au *Journal officiel*.

Fait à Vichy, le 24 novembre 1943.

PIERRE LAVAL.

Par le chef du Gouvernement :

Le secrétaire d'Etat à la Marine et aux Colonies,

Al BLÉHAUT.

Annexe 6

Questionnaire de l'enquête sur les enfants métis d'Indochine envoyés en France

Informations :

a - NOM (sur votre carte nationale d'identité) :
b - Prénom (sur votre CNI) :
c - Autre(s) nom(s) que vous avez porté(s) :
d - Autre(s) prénom(s) que vous avez porté(s) :
e - Date de naissance :
f - Lieu de naissance (ville et pays) :
g - Adresse actuelle :
h - Téléphone et adresse mél :
i - Acceptez-vous que votre nom puisse figurer, éventuellement, dans les publications relatives à cette enquête ?

A – Enfance en Indochine, Vietnam, Cambodge ou Laos

1 - Avez-vous connu votre mère ?
2 - Quelles étaient ses origines, son milieu familial ?
3 - Quelle était son activité ?
4 - Combien de temps avez-vous vécu avec elle ? De quel âge à quel âge ?
5 - Quels souvenirs marquants gardez-vous de cette période de vie avec votre mère ?
6 - Avez-vous connu votre père ?
7 - Quelles étaient ses origines, son milieu familial ?
8 - Quelle était son activité ?
9 - Combien de temps avez-vous vécu avec lui ? De quel âge à quel âge ?
10 - Quels souvenirs marquants gardez-vous de cette période de vie avec votre père ?
11 - Quand vous viviez dans votre famille, de quelles personnes était-elle composée ?
12 - Avant d'être confié·e à la FOEFI (ou à un autre organisme), alliez-vous à l'école, si oui laquelle ?

13 - Quelle langue appreniez-vous à l'école ?
14 - Quelle langue parliez-vous en famille ?
15 - Aviez-vous alors une pratique ou une initiation religieuse, si oui laquelle ?
16 - Vous êtes-vous déplacé·e avec votre famille dans votre enfance, si oui pouvez-vous indiquer les différents lieux d'installation ?
17 - Quelles expériences personnelles et/ou familiales avez-vous de la guerre (Seconde Guerre mondiale, guerre d'Indochine ou guerre du Vietnam) ?
18 - Comment qualifieriez-vous votre enfance dans votre pays de naissance ?

B – Prise en charge par la FOEFI ou un autre organisme dans le pays de naissance

19 - En quelle année avez-vous été confié·e à la FOEFI (ou à un autre organisme) ?
20 - Pour quelle(s) raison(s) ?
21 - Dans quel établissement avez-vous été pris·e en charge et qui tenait cet établissement ?
22 - Avez-vous séjourné dans plusieurs établissements, si oui lesquels et à quelles dates ?
23 - Quelle éducation avez-vous reçue dans ces établissements ?
24 - Aviez-vous des contacts avec votre famille, avec votre mère ?
25 - Saviez-vous que vous alliez partir en France ?
26 – Comment vous a-t-on préparé à ce départ ?
27 - Que saviez-vous de la France ?
28 - Étiez-vous content·e de partir pour la France ?
29 - Quels souvenirs gardez-vous du moment du départ ?
30 - Aviez-vous conscience de partir pour très longtemps ?

C – Voyage

31 - Date de départ de l'Indochine, Vietnam, Cambodge ou Laos :
32 - Ville de départ :
33 - Date d'arrivée en France :
34 - Ville d'arrivée :
35 - Moyen de transport : avion ou bateau (dans ce cas, nom du navire) ?
36 - Au moment du départ, compreniez-vous ce qui se passait ?
37 - Êtes-vous parti·e seul·e ou avec quelqu'un de votre famille, si oui qui ?
38 - Quels effets personnels avez-vous emporté avec vous (objets, photos, lettres, etc.) ?

39 - Connaissiez-vous d'autres personnes (enfants et/ou adultes) qui faisaient le voyage en même temps que vous ?
40 - Quels souvenirs gardez-vous du voyage ?
41 - Quelles ont été vos premières impressions en arrivant en France ?

D – Prise en charge par la FOEFI en France

42 - Dans quelle structure (foyer, pensionnat, famille) avez-vous été accueilli·e à votre arrivée en France ?
43 - Saviez-vous pourquoi vous étiez en France ?
44 - À votre arrivée dans cette structure, connaissiez-vous d'autres personnes (adultes et/ou enfants) ?
45 - Que pensiez-vous de la nourriture ?
46 - Quel était le degré de discipline ?
47 - Quels types de relations aviez-vous avec les autres pensionnaires ?
48 - Quels types de relations aviez-vous avec les adultes travaillant dans ces établissements ?
49 - Quelles relations aviez-vous avec les autres enfants (non-métis) ?
50 - Quelles sont les personnes responsables de la FOEFI que vous avez rencontrées ? À quelles occasions ?
51 - Hormis la structure de premier accueil, avez-vous fréquenté d'autres établissements au cours de votre enfance/adolescents, si oui, lesquels à quelles périodes ?
52 - Dans ces établissements, avez-vous reçu une éducation catholique, si oui laquelle ?
53 - Que pensez-vous de l'éducation religieuse que vous avez reçue ?
54 - Comment vous parlait-on de votre pays de naissance, de sa culture ?
55 - Quelles relations entreteniez-vous avec votre famille restée au pays ?
56 - Avec qui avez-vous correspondu par lettres ?
57 - Receviez-vous des colis envoyés par votre famille, si oui que contenaient-ils ?
58 - Quelles relations entreteniez-vous avec des membres de votre famille présents en France (frères et sœurs notamment) ?
59 - Pendant cette période, aviez-vous des angoisses ou des peurs particulières ?
60 - Pendant cette période avez-vous tenu un journal ou un carnet ?
61 - Avez-vous pu suivre le type d'étude ou de formation que vous souhaitiez ?
62 - Quel est votre niveau d'études et/ou diplôme le plus élevé ?
63 - Quel était le discours de la FOEFI sur l'intégration dans la société française ?
64 - À quel âge avez-vous cessé d'être encadré·e par la FOEFI ?

65 - Après cette date avez-vous conservé des liens avec des responsables de la FOEFI ?

E – Vie d'adulte

66 - Pensez-vous que l'éducation que vous avez reçue vous a bien préparé·e à la vie d'adulte ?

67 - Quelle(s) activité(s) professionnelle(s) avez-vous exercée(s) au cours de votre vie active ?

68 - Avez-vous ressenti du racisme dans votre vie professionnelle, dans vos autres activités ?

69 - Connaissez-vous des Eurasien·nes qui ont eu des difficultés d'intégration sociale (dépression, alcoolisme, inadaptation sociale, autre…) ?

70 - Comment avez-vous rencontré votre conjoint ?

71 - Avez-vous eu des enfants, si oui combien ?

72 - Avez-vous parlé de votre histoire personnelle à vos enfants ?

73 - Avez-vous eu des petits-enfants, si oui combien ?

74 - Avez-vous parlé de votre histoire personnelle à vos petits-enfants ?

75 - À l'âge adulte, aviez-vous de l'intérêt pour votre pays de naissance, si oui de quelles manières ?

76 - Avez-vous fait venir en France des membres de votre famille ? Si oui, lesquels et à quelle date ?

77 - Êtes-vous retourné·e dans votre pays de naissance ? Si oui, dans quelle circonstance et à quel âge la première fois ? Combien de fois depuis ?

78 - Si vous n'êtes pas retourné·e, quelles en sont les raisons ?

79 - Quel a été votre ressenti en revenant dans votre pays de naissance ?

80 - Avez-vous retrouvé des membres de votre famille dans votre pays de naissance ? Quels liens de parenté avec vous ?

81 - Avez-vous depuis gardé des liens avec eux ?

82 - Si votre père vous était inconnu, avez-vous fait des recherches sur lui ?

83 - Si oui, à partir de quel âge et avec quelle motivation avez-vous entrepris ces recherches ?

84 - Avez-vous retrouvé des traces de votre père ? Si oui, Lesquelles ?

85 - Avez-vous ressenti le besoin de conserver des liens avec les autres pupilles de la FOEFI ?

86 - Avez-vous adhéré, à un moment ou à un autre, à une association d'anciens pupilles de la FOEFI : Association FOEFI, L'Eurasie, Amicale des Eurasiennes ?

87 - Si oui ou si non, pour quelle raison ?

88 - Avec qui évoquez-vous le plus souvent votre enfance et votre expérience du déplacement ?

89 - Quels sentiments avez-vous aujourd'hui vis-à-vis des responsables de la FOEFI et des foyers ?

90 - Quel est aujourd'hui votre regard sur le métissage ?
91 - Parlez-vous aujourd'hui votre langue de naissance ?
92 - Avez-vous écrit sur votre expérience ?
93 - Comment caractérisez-vous les effets du déplacement sur votre vie ?
94 - Avez-vous conservé des documents de votre enfance (correspondance, journal intime, photos) que vous accepteriez de me montrer ?
95 - À la dissolution de la FOEFI, avez-vous reçu votre dossier individuel ?
96 - Si non, avez-vous demandé à le consulter aux Archives Nationales d'Outre-mer ?
97 - Pourquoi avez-vous accepté de répondre à ce questionnaire ?
98 - Y a-t-il quelque chose que vous souhaiteriez raconter plus précisément ?
99 - Accepteriez-vous, éventuellement, de réaliser un entretien pour prolonger ces questions ?

N'hésitez pas à ajouter toute autre information ou tout autre ressenti que vous jugeriez utiles pour la compréhension de votre expérience avant, pendant et après votre déplacement en France.

Table des tableaux, graphiques et cartes

Tableau 1	– Effectifs des pupilles de la FOEFI sous contrôle de la congrégation Notre-Dame des Missions	197
Tableau 2	– Coût de l'entretien des pupilles en France en 1957 et 1958	216
Tableau 3	– Effectifs des foyers de garçons	222
Tableau 4	– « Date de naissance officielle » vs « date de naissance réelle » des enfants du registre de Seno	267
Tableau 5	– « Race de la mère » des enfants du registre de Seno	267
Tableau 6	– « Situation ethnique du père réel » des enfants du registre de Seno	268
Tableau 7	– Diplômes obtenus pas des pupilles de la FOEFI entre 1958 et 1971	305
Tableau 8	– Nombre de mariages d'Eurasien·nes célébrés en France	344
Tableau 9	– Comptes généraux de la FOEFI 1959-1964	355
Tableau 10	– Effectifs des foyers FOEFI à partir de 1964	361
Tableau 11	– Répartition des pupilles par année de naissance (au 1er janvier 1967)	369
Tableau 12	– Effectifs des pupilles pris en charge par la FOEFI	453
Graphique 1	– Nombre d'arrivées en France de pupilles de la FFEI/FEFI/FOEFI, par année	154
Graphique 2	– Nombre d'arrivées par année de pupilles de la FOEFI prises en charge par la congrégation Notre-Dame des Missions	195
Graphique 3	– Répartition par année de naissance des pupilles de la FOEFI prises en charge par la congrégation Notre-Dame des Missions	206
Graphique 4	– Âge à l'arrivée en France des pupilles de la FOEFI prises en charge par la congrégation Notre-Dame des Missions	207
Graphique 5	– Années de naissance des pupilles de la FFEI/FEFI/FOEFI envoyés en France	319

Graphique 6	– Situation de 2 032 pupilles à la sortie de la tutelle de la FOEFI entre 1956 et 1973	322
Graphique 7	– Pupilles de la FOEFI prises en charge par la congrégation Notre-Dame des Missions et reprises par des membres de leur famille	331
Graphiques 8 et 9	– Effectifs des pupilles pris en charge par la FFEI/FEFI/FOEFI (1946-1976)	457
Carte 1	– Géographie de l'Indochine française dans l'entre-deux-guerres	459
Carte 2	– L'Indochine des États associés dans l'Union Française en 1949	460
Carte 3	– Prise en charge des pupilles de la FFEI/FEFI en Indochine en 1949	461
Carte 4	– La péninsule indochinoise après les accords de Genève (1954)	462
Carte 5	– Prise en charge des pupilles de la FOEFI dans l'ex-Indochine en 1955	463
Carte 6	– Lieux d'hébergement des pupilles de la FOEFI en ex-Indochine en 1955	464
Carte 7	– Répartition géographique et principales œuvres d'accueil des pupilles de la FOEFI en France en 1955	465
Carte 8	– Répartition géographique des pupilles de la FOEFI en France en 1965	466
Carte 9	– Principales œuvres d'accueil des pupilles de la FOEFI en France en 1965	467

Table des matières

Avant-Propos 9
Abréviations 11
Avertissements 13
Sommaire 15
Introduction 17

Première partie Enfances racisées

**Chapitre 1   L'Indochine française au risque du
              « fait eurasien »** 37
Métissages dans le patchwork colonial indochinois 38
Les dimensions démographiques et juridiques de la question
eurasienne 43
Expressions indochinoises et métisses 48
L'approche raciste de l'Indochine vichyste 54

Chapitre 2   L'impérieuse assistance aux enfants métis 57
Mobilisations pour les enfants métis au tournant des siècles 58
Débat sur les moyens à mettre en œuvre 62
Le tournant du décret de 1928 67
La création des « pupilles eurasiens d'Indochine » 72

Chapitre 3   De nouveaux enjeux après 1945 77
Transitions d'après-guerre 77
L'élargissement du « problème eurasien » 82
L'affirmation de la Fédération des Œuvres de l'Enfance Française
d'Indochine 87

Chapitre 4   Enfances métisses en guerre(s) 97
Enfants nés de la guerre 97
Cacher les enfants eurasiens 103
Violences de guerre sur enfants 107

Chapitre 5 Récupérer les enfants eurasiens et les éduquer à la française 115
Les modalités d'admission des « pupilles eurasiens d'Indochine » 115
Les établissements de prise en charge en Indochine 127
La préparation au départ 134

Deuxième partie Histoires parallèles

Chapitre 6 Des « rapatriements » imposés par les événements ? 143
Un projet colonial dans le contexte de la guerre d'Indochine 144
Un projet postcolonial après les indépendances 154

Chapitre 7 Expériences enfantines de la transplantation 167
Les incompréhensions et les adieux 168
En bateau ou en avion 177
Dispersion et séparation des adelphies 183

Chapitre 8 Les filles de l'abbaye et d'ailleurs 191
L'abbaye : premier « foyer de groupement » de la FOEFI 192
Les établissements des autres congrégations 198
Grandir à l'abbaye 205

Chapitre 9 Les foyers de garçons 213
Philosophie et organisation des foyers de garçons 213
Les « révoltes » de 1957 222
Remise en cause et changement de politique 230

Chapitre 10 Les enfants africasiens entre Indochine, Afrique et France 241
Les données du métissage africasien en Indochine 242
Parcours de femmes et d'enfants, d'Indochine en Afrique 248
Les enfants africasiens envoyés en France 255

Chapitre 11 Les enfants métis de Seno 259
Catharsis au crépuscule de la présence militaire française 260
La fabrique de la nationalité française 265
Incarnations du registre des enfants de Seno 270

TROISIÈME PARTIE CONSTRUCTIONS SUBJECTIVES

Chapitre 12 Les voies de l'acculturation 279
La priorité absolue: la langue française 280
Limiter les liens avec la famille et le pays natal 286
La découverte de la France et des Français 292

Chapitre 13 S'affirmer entre contrainte et agentivité 301
Composer avec les principes éducatifs de la FOEFI 302
Éprouver les lois du genre 311
Sortir de la FOEFI : déchirure ou libération ? 318

Chapitre 14 (Re)Faire famille en France 329
Retours en famille 329
Adoptions 335
Mariages 342
Reconstitutions familiales 347

Chapitre 15 Fin de mission pour la FOEFI 353
La remise en cause d'une « œuvre du passé » 353
Chronique d'une mort annoncée 363
La liquidation et la question de la nationalité des ex-pupilles 372

Chapitre 16 Identité et mémoires du métissage et du déplacement 381
Mémoires collectives et associatives 381
Identité, mère et père 395
Transmissions 407

Conclusion 417

Sources 427

Bibliographie 439

Annexes 451

Table des tableaux, graphiques et cartes 489

Table des matières 491